Les régions du guide :
(voir la carte à l'intérieur de la couverture ci-contre)

Espagne Atlantique

Collection Le Guide Vert sous la responsabilité d'Anne Teffo

Édition
Anne Duquénoy, Aude Gandiol

Rédaction
Martin Angel, Christine Barrély, Delphine Berbigier, Alexandra Forterre, Matilde Miñon, Claire Nillus, Sarah Sergent, Delphine Talvat

Cartographie
Stéphane Anton, APEX Cartographie, Michèle Cana, Dominique Defranchi, DzMap Algérie, Thierry Lemasson, Severin Vlad

Relecture
Anna Crine

Remerciements
Didier Broussard, Maria Gaspar (iconographie), Lucie Prime, Sybil Terrier

Conception graphique
Christelle Le Déan

Régie publicitaire et partenariats
michelin-cartesetguides-btob@fr.michelin.com
Le contenu des pages de publicité insérées dans ce guide n'engage que la responsabilité des annonceurs.

Contacts
Michelin Cartes et Guides
Le Guide Vert
46 avenue de Breteuil - 75324 Paris - Cedex 07
✆ 01 45 66 12 34 - Fax 01 45 66 13 75
cartesetguides.michelin.fr

Parution 2011

Le Guide Vert, mode d'emploi

Le Guide Vert, un guide en 3 parties

- **Organiser son voyage :** les informations pratiques pour préparer et profiter de son séjour sur place
- **Comprendre la destination :** les thématiques pour enrichir son voyage
- **Découvrir** la destination : un découpage en **régions**

(voir carte générale dans le 1er rabat de couverture et sommaire p. 1)

En ouverture de chaque **région**, retrouvez un **sommaire** et une **carte** qui indiquent :

- les villes et sites traités dans le chapitre
- les circuits conseillés

Pour chaque chapitre, consultez « **Nos adresses…** » :

- des informations pratiques
- des établissements classés par catégories de prix
- des lieux où boire un verre
- des activités à faire en journée ou en soirée
- un agenda des grands événements de l'année

En fin de guide

- un **index général** des lieux et thèmes traités
- un **index** des cartes et plans du guide
- la légende des symboles du guide
- la liste de nos publications

Et en complément de notre guide

- Créez votre voyage sur **Voyage.ViaMichelin.fr**

Votre avis nous intéresse

- Rendez-vous sur **votreaviscartesetguides.michelin.fr**

Sommaire

ORGANISER SON VOYAGE

VENIR DANS LA RÉGION

AVANT DE PARTIR

SUR PLACE DE A À Z

EN FAMILLE

MÉMO

COMPRENDRE L'ESPAGNE ATLANTIQUE

ARTS ET TRADITIONS POPULAIRES

LA RÉGION, POLITIQUE ET ÉCONOMIQUE

CULTURE

ART ET ARCHITECTURE

NATURE ET PAYSAGES

HISTOIRE

DÉCOUVRIR L'ESPAGNE ATLANTIQUE

1 LA NAVARRE

2 LE PAYS BASQUE : SAINT-SÉBASTIEN ET LA PROVINCE DE GUIPÚZCOA

3 LE PAYS BASQUE : BILBAO ET LA BISCAYE

4 LE PAYS BASQUE : VITORIA ET LA PROVINCE DE L'ÁLAVA

5 LA RIOJA

6 LA CANTABRIE

7 LES ASTURIES

8 LA GALICE

9 LE NORD DE LA CASTILLE-ET-LEÓN

ORGANISER SON VOYAGE

M. Barraud/Ojo Images/Photononstop

Venir dans la région

En voiture

Le principal poste-frontière se trouve à l'extrémité ouest des Pyrénées : à Irún (pont international de Béhobie).

CARTES ET ATLAS

La carte Michelin National n° **734 et l'atlas routier Michelin Espagne & Portugal** couvrent l'ensemble du réseau routier espagnol (1/1 000 000). Sur place, vous pourrez utiliser les cartes **Regional** Michelin n° **572** (Asturies et Cantabrie), n° **573** (Pays basque - Navarre - Rioja) au 1/250 000, n° **571** (Galice) et n° **575** (Castille-et-León) au 1/400 000. Ainsi que les cartes **Zoom** Michelin n° **141** (Côte de Galice), n° **142** (Asturies, Costa Verde), n° **143** (Côte Cantabrique), n° **144** (Pyrénées Occidentales) au 1/150 000. La carte **Camino de Santiago** au 1/150 000 vous permettra d'aller de St-Jean-Pied-de-Port à Santiago de Compostela.

ITINÉRAIRES PAR INTERNET

Vous pouvez obtenir des feuilles de route personnalisées, des adresses d'hôtels et de restaurants, ainsi que des informations pratiques et touristiques sur les sites suivants **www.viamichelin.fr** et **www. Voyage.Viamichelin.fr**.

En avion

AÉROPORTS

(Voir « Transports » p. 26).

COMPAGNIES RÉGULIÈRES

Des vols directs relient Paris aux aéroports de la région *(voir liste p. 26)*. Pour un départ de province, il faudra emprunter une correspondance par Paris, Barcelone ou Madrid (certains charters font des vols directs ; vous les trouverez sur Internet). Les compagnies suivantes possèdent un comptoir aux aéroports Charles-de-Gaulle et Orly.

Air Europa – 174 bd Haussmann, 75008 Paris - ✆ 01 42 65 08 00 - www.air-europa.com.

Air France – Agence Opéra, 49 av. de l'Opéra, 75002 Paris (60 agences en France) - ✆ 36 54 - www. airfrance.fr.

Iberia – ✆ 0 825 800 965 - www. iberia.com.

Compagnies low-cost

Vueling – ✆ 0899 232 400 (1,34 €/ appel, 0,34 €/mn) - www.vueling.fr.

DISTANCE	Bilbao	Burgos	Pampelune	St-Jacques	Santander
Bilbao		159	156	586	102
Burgos	159		211	526	182
Pampelune	156	211		731	253
St-Jacques	586	526	731		495
Santander	102	182	253	495	

Vols directs au départ de Paris-CDG pour St-Jacques-de-Compostelle, et de Bruxelles pour Vigo. Vols via Barcelone pour La Corogne, Oviedo, Bilbao et Vigo au départ de Paris-Orly et Bruxelles.

Ryanair – ✆ 0899 194 747 (en français, 1,34 €/appel, 0,34 €/mn) - www.ryanair.com. Vols directs pour Santander depuis Paris-Beauvais et Bruxelles.

VOLS ÉCONOMIQUES

www.anyway.com – ✆ 0 892 302 301.

www.bourse-des-vols.com – ✆ 0 899 888 979.

www.ebookers.fr – ✆ 0 892 234 235, ou +33 1 73 02 02 35 depuis l'étranger.

www.govoyages.fr – ✆ 0 899 651 951.

www.fr.lastminute.com – ✆ 0892 686 100.

www.opodo.fr – ✆ 0 892 653 655 ou +33 1 73 00 89 00 depuis l'étranger.

www.promovacances.fr – ✆ 0 899 654 850.

www.voyages-sncf.com – ✆ 3635.

En train

On peut se rendre en train jusqu'à Vitoria ou Burgos par le train de nuit ELIPSOS. Avec un départ quotidien de Paris-Austerlitz, le Trainhôtel Francisco de Goya 409 arrive à Vitoria et à Burgos le lendemain matin. Il prend des voyageurs à Orléans-les Aubrais, Blois, Poitiers. Pour le retour, le Trainhôtel Francisco de Goya 407 effectue quotidiennement la liaison Burgos ou Vitoria et Paris-Austerlitz en desservant les gares de Poitiers, Blois et Orléans-les Aubrais.

Les prix des « Trainhôtel » ELIPSOS sont variables : de 72 € à 450 € le trajet simple. Vous pouvez acheter vos billets Trainhôtel ELIPSOS par le réseau de vente SNCF ou encore directement sur Internet www.voyages-sncf.com. Pour plus d'informations : **www.elipsos.com**.

Vous pouvez aussi emprunter le TGV qui relie Paris à Irún. De là, la RENFE prend le relais vers les principales villes de l'Espagne Atlantique. Dans ce cas, les changements sont nombreux et le temps d'attente entre les correspondances est parfois long.

Informations et réservations

SNCF – Ligne directe : ✆ 3635 (0,34 €/mn) - www.voyages-sncf.com.

Iberail France (représentation des chemins de fer espagnols « RENFE ») – 57 r. de la Chaussée-d'Antin, 75009 Paris - ✆ 01 40 82 63 60 - www.renfe.com.

Les réductions de la RENFE

La RENFE propose d'office 20 % de réduction sur tous les trajets nationaux. Sur présentation d'une pièce d'identité, les enfants de -12 ans ont droit à des réductions.

En autocar

C'est une façon de voyager assez fatigante (plus de 22h de trajet depuis Paris pour rejoindre St-Jacques-de-Compostelle), mais qui permet une liaison directe depuis un certain nombre de villes. Selon l'endroit où vous résidez en France, l'autocar est donc un moyen de transport qui peut s'avérer plus économique en évitant la correspondance à Paris. La compagnie Eurolines dessert les principales villes de l'Espagne Atlantique. Comptez de 100 à 210 € par personne.

Eurolines – Gare internationale de Paris-Gallieni - 28 av. du Gén.-de-Gaulle, BP 313, 93541 Bagnolet Cedex - ✆ 0 892 899 091 ou +33 (0) 1 41 86 24 21 depuis l'étranger - www.eurolines.fr.

Avant de partir

Fiche d'identité

Nom officiel : Royaume d'Espagne
Nom local : Espagne
Capitale : Madrid
Superficie : 505 182 km² avec les Baléares et les Canaries
Population : 46 millions d'hab.
Monnaie : Euro
Langues officielles : espagnol (castillan), basque, galicien

Météo

L'Espagne Atlantique se caractérise par un climat relativement doux toute l'année. La meilleure saison pour la découvrir, mer, montagne et campagne confondues, reste cependant le **printemps**. Les températures sont généralement clémentes, les paysages verdoyants, du sud de la Navarre au cap Finisterre (Galice), et le soleil alterne avec les giboulées. L'**été**, un climat océanique règne sur la côte, offrant une agréable alternative à la chaleur étouffante des terres. L'altitude, dans les Pics d'Europe et les monts Cantabriques, permet aussi de vivre un séjour à l'abri de la canicule. Attention toutefois à la forte amplitude thermique entre le jour et la nuit.
Douceur et pluie caractérisent enfin le littoral en **automne** et en **hiver**. L'arrière-saison peut être très ensoleillée, propice aux randonnées et à la cueillette des champignons, notamment dans l'arrière-pays.
Renseignements météo – *www.meteoconsult.fr/previsions-meteo/europe/espagne/*; *www.inm.es.*

Adresses utiles

OFFICES DE TOURISME

Pour organiser son voyage et rassembler la documentation nécessaire, il faut s'adresser en premier lieu à l'**office du tourisme espagnol – www.spain.info**
À Bruxelles – R. Royale 97, 1 000 - ✆ 32/2 280 19 26 - sur place

TABLEAU DES TEMPÉRATURES

	Janv.	Fév.	Mars	Avr.	Mai	Juin	Juil.	Août	Sept.	Oct.	Nov.	Déc.
Bilbao	13	15	16	17	20	23	25	26	24	21	16	14
	5	6	6	7	10	13	15	15	13	11	8	6
Burgos	7	9	12	13	17	22	26	27	23	17	11	8
	-1	-1	1	2	6	8	11	11	9	5	2	0
Pampelune	9	11	14	16	20	24	28	28	24	19	13	8
	1	2	3	5	8	11	14	14	12	8	4	2
St-Jacques	11	12	14	15	18	21	24	24	22	18	14	12
	4	4	5	6	8	11	13	13	12	9	6	5
Santander	13	14	15	16	19	21	23	24	23	20	16	14
	6	6	7	8	11	13	16	16	14	11	8	7

lun.-vend. 9h-14h, permanence téléphonique lun.-jeu. 9h-17h, vend. 9h-15h.
À Genève – 15 r. Ami-Lévrier, 1201 - ✆ 41/22 731 11 33 - ginebra@tourspain.es - lun.-jeu. 9h-17h, vend. 9h-14h30.
À Toronto – 2, Bloor Street West, M4W 3E2 - ✆ 1/416 961 3131 - toronto@tourspain.es - lun.-vend. 9h-15h.

SITES INTERNET

Tourisme

Galice – www.turgalicia.es, www.xunta.es.
Asturies et Cantabrie – www.infoasturias.com, www.cantur.com, www.turismodecantabria.com.
Pays basque et Navarre – www.turismoa.euskadi.net, www.turismonavarra.es, www.turismopaisvasco.com.
Rioja et Castille-et-León – www.lariojaturismo.com, www.larioja.gov.ar/turismo/home.htm, www.turismocastillayleon.com.
www.france.diplomatie.fr – Pour la rubrique « Conseils aux voyageurs ».

Actualités

www.elpais.es, www.elmundo.es (en espagnol) – Les sites Internet des quotidiens les plus lus en Espagne.
Quotidiens régionaux – www.diariodenavarra.es, www.noticiasdenavarra.com, www.elcorreodigital.com (Biscaye, Álava), www.eldiariomontanes.es (Cantabrie), www.diariodeburgos.es, www.nortecastilla.es, www.lne.es (Asturies), www.lavozdeasturias.es, www.lavozdegalicia.es.
www.elcomerciodigital.com – Portail d'information sur les Asturies.
www.noticiasgalicia.com – Ce portail fournit des brèves sur chacune des grandes villes de la province.

VOYAGISTES

Généralistes

Donatello – Agences à Paris, Lille, Lyon, Bordeaux, Lyon, Marseille, Nice et Cannes - ✆ 0 826 10 2005 - www.donatello.fr.
Go Voyages – ✆ 0 899 651 951 (vols secs) ou 0 899 654 749 (séjours) - www.govoyages.fr.
Voyageurs du Monde – 55 r. Ste-Anne, 75002 Paris, agences dans d'autres grandes villes - ✆ 01 42 86 17 01 - www.vdm.com. Séjours à la carte uniquement.

Spécialistes de l'Espagne

Flamenco – 12 r. Bégand, 10000 Troyes - ✆ 03 25 83 10 27 - www.flamenco-tours.com. Cette agence très pointue organise des circuits de découverte personnalisés, du plus traditionnel au plus insolite.
Iberica – 26 bd Beaumarchais, 75011 Paris - ✆ 01 49 29 48 48 - www.iberica.fr. Les prestations habituelles, avec des circuits à la carte uniquement.
www.nohaybilletes.com – Le spécialiste du voyage taurin propose également des voyages en fonction des fêtes locales.

Voyages culturels

Clio – 27 r. du Hameau, 75015 Paris - ✆ 0 826 10 10 82 - www.clio.fr. Circuits culturels avec conférencier, dont le chemin de St-Jacques-de-Compostelle (8 jours) et le musée Guggenheim à Bilbao (2 jours). Mieux vaut prendre rendez-vous.
Intermèdes – 60 r. de la Boétie, 75008 Paris - ✆ 01 45 61 90 90 - www.intermedes.com. Circuits de découverte (de 4 à 8 j.) avec conférenciers. Possibilité de séjours à la carte.

ORGANISMES OFFICIELS

Ambassade d'Espagne – 22 av. Marceau, 75008 Paris - ✆ 01 44 43 18 00 - fax 01 47 23 59 55 - www.amb-espagne.fr.

Consulat général d'Espagne – 165 bd Malesherbes, 75017 Paris - ✆ 01 44 29 40 00 - fax 01 40 54 04 74 - www.cgesparis.org - cog.paris@maec.es. Autres consulats généraux à Bayonne, Bordeaux, Lyon, Marseille, Montpellier, Pau, Perpignan, Strasbourg et Toulouse.

CENTRES CULTURELS

Institut Cervantes – 7 r. Quentin-Bauchart, 75008 Paris - ✆ 01 40 70 92 92 - www.paris.cervantes.es.
Bibliothèque Octavio-Paz (Institut Cervantes) – 11 av. Marceau, 75016 Paris - ✆ 01 47 20 70 79.
Librairie espagnole – 7 r. Littré, 75006 Paris - ✆ 01 43 54 56 26.

Formalités

DOCUMENTS IMPORTANTS

Carte d'identité, passeport

La carte nationale d'identité en cours de validité ou le passeport (même périmé depuis moins de 5 ans) sont valables pour les ressortissants des pays de l'Union européenne, de l'Andorre, du Liechtenstein, de Monaco et de la Suisse. Les mineurs voyageant seuls ont besoin d'un passeport en cours de validité ou d'une carte d'identité accompagnée d'une autorisation parentale sous forme d'attestation délivrée par la mairie ou le commissariat de police. Les Canadiens devront présenter leur passeport en cours de validité.

Permis de conduire

Pour les ressortissants de l'Union européenne et de la Suisse, le permis de conduire national (permis rose à trois volets pour la France) suffit. Les Canadiens doivent avoir leur permis de conduire provincial et se procurer un permis de conduire international (PCI) auprès de l'Association canadienne des automobilistes (CAA – www.caa.ca). Les ressortissants de l'Union européenne et de la Suisse doivent posséder une attestation d'assurance nationale, les Canadiens doivent faire la demande d'une assurance frontière (assurance temporaire de responsabilité civile).
Le conducteur doit être en possession d'une autorisation écrite du propriétaire si celui-ci n'est pas dans la voiture, ainsi que de l'accord de la compagnie d'assurances.

Équipement

Il est obligatoire d'être équipé de deux triangles de présignalisation ainsi que d'un gilet de sécurité réfléchissant (celui-ci est à garder à l'intérieur de la voiture et non dans le coffre).

ASSURANCES SANTÉ

Les Français doivent se procurer, avant le départ, la **carte européenne d'assurance maladie**, qui permet la prise en charge d'éventuels soins médicaux.
Elle s'obtient en 2 à 3 semaines sur simple demande auprès de votre Caisse primaire d'assurance maladie, sur www.ameli.fr ou par téléphone au ✆ 3646. Si votre départ est précipité, vous pouvez retirer dans votre centre une attestation provisoire.
Renseignez-vous aussi auprès de votre banque, car vous pouvez bénéficier de certaines assurances par l'intermédiaire de votre carte bancaire.

TOURISME ET HANDICAP

Il existe plusieurs organismes en France qui proposent des voyages adaptés aux personnes à mobilité réduite. On peut en trouver la liste sur Internet : www.unat.asso.fr/f/org/handicape.html.

Vous pouvez également vous renseigner auprès de la Fondation Once - ✆ 915 068 888 - www.fundaciononce.es.

DOUANES

Vous pouvez rapporter jusqu'à 10 l d'alcool fort, 20 l d'alcool intermédiaire (type xérès ou vin cuits), 90 l de vin (dont 60 l de vin mousseux) et 110 l de bière. Il n'y a plus de limitation pour les cartouches de cigarettes en provenance d'Espagne. Renseignements : www.douane.gouv.fr.

ANIMAUX DE COMPAGNIE

Pour voyager en Espagne, les chiens et les chats doivent posséder un **passeport européen**. Délivré par le vétérinaire, il prouve que l'animal a été vacciné contre la rage et qu'il est identifiable (tatouage, puce électronique).
Attention, sur place, les animaux ne sont admis ni dans les restaurants ni dans les trains et seulement dans certains hôtels.

Budget

HÉBERGEMENT-RESTAURATION

Afin de vous aider à préparer votre voyage, voici des budgets indicatifs calculés en fonction des différentes catégories d'établissements que nous vous proposons. Chaque prix indiqué (par jour et par personne) comprend la nuit en chambre double et les repas.
Premier prix (environ 65 €) : une chambre dans un petit hôtel ou une pension, un repas léger et un repas complet dans un restaurant *(voir tableau p. 17 et « Nos adresses à »)*.
Budget moyen (environ 95 €) : une nuit dans un bon hôtel ou une pension dans une grande ville, un repas léger et un autre dans un restaurant de niveau moyen

TRANSPORTS

Comptez 6-8 € pour un trajet en **taxi** en ville, 1 € pour un ticket de **bus** (variable selon les villes) et 200 à 400 € selon la saison et le loueur pour la location d'une **voiture** pour une semaine. Une assurance jeune conducteur (21-25 ans) pourra être ajoutée au prix de base.

VISITES

Beaucoup de **musées** sont gratuits. Certains le sont seulement pour les ressortissants des pays de l'Union européenne sur présentation d'une pièce d'identité, les autres vous coûteront 2-5 € (jusqu'à 8 € pour quelques-uns).
Il faut s'acquitter d'un droit d'entrée pour quelques cathédrales, mais la plupart des **églises** sont gratuites.

RÉDUCTIONS

La **carte d'étudiant internationale ISIC** (International Student Identity Card) coûte 12 € (+1 € de frais) et offre des réductions dans de nombreux pays du monde. Elle est réservée aux collégiens, lycéens et étudiants. Vous pouvez vous la procurer en ligne sur www.isic.fr (www.isic.org à l'international), ou auprès d'un revendeur (liste disponible en ligne). De nombreux monuments et musées acceptent aussi la carte d'étudiant française.
Pour les moins de 26 ans, étudiants ou non, la carte **IYTC** (International Youth Travel Card) offre le même genre d'avantages (mais un peu moins bien) au même prix que la carte ISIC. Elle est disponible en ligne ou auprès de revendeurs sur www.isic.fr.
Les plus de 65 ans ont droit à d'importantes réductions dans les transports, les accès aux monuments, aux musées et aux spectacles.

Se loger

Vous pouvez contacter directement les hôtels, campings ou pensions *(coordonnées dans « Nos adresses à » pour chaque localité, dans la partie « Découvrir »)* ou passer par une centrale de réservation.

NOS CATÉGORIES DE PRIX

Notre sélection d'hôtels et de pensions est présentée sur la base du prix d'une chambre double en basse et haute saison, toutes taxes comprises.
Lors de la **Semaine sainte**, les prix peuvent doubler. De plus, pour cette période, il vous faudra réserver votre hébergement au moins deux mois à l'avance (deux ou trois semaines suffisent le reste du temps en saison haute). À Pampelune (en juillet) et à St-Sébastien (en juillet et août) et à Bilbao (en août), tenez aussi compte des **ferias** et autres **fêtes locales** qui remplissent les hôtels !

LES DIFFÉRENTS TYPES D'HÉBERGEMENT

Les hôtels

Certaines chaînes hôtelières et certains hôtels proposent des tarifs réduits le week-end. Il est également possible d'obtenir des coupons pour une ou plusieurs nuits à des prix très intéressants. Renseignez-vous à l'avance auprès des agences de voyages ou directement :
NH Hoteles – ✆ 902 11 51 16 (24h/24) - www.nh-hoteles.com. Offres spéciales le week-end.
Bancotel – ✆ 915 096 122 - www.bancotel.com. Offres de dernière minute et chéquiers de coupons d'une valeur globale de 150 et 250 € valables pendant deux ans dans plusieurs pays dans des hôtels 3, 4 et 5 étoiles. Réductions très intéressantes par rapport aux prix affichés (jusqu'à - 65 %). La TVA est à régler séparément dans les hôtels.
Halcón Viajes – ✆ 916 630 282 - www.halconviajes.com. Coupons individuels (une nuit pour une ou deux personnes) à prix réduit. L'agence propose aussi vols et locations de voitures.
Hoteles Meliá – ✆ 0800 91 91 30 - www.solmelia.com. Carte de fidélité gratuite MAS (avec avantages immédiats) et nombreuses offres spéciales.

Les paradores

Le luxe « à l'espagnole ». Anciens couvents, châteaux ou palais, devenus la plupart du temps propriété de l'État et transformés en hôtels de grand confort, ils occupent en général des sites idéalement placés en centre-ville ou sur des hauteurs avec vues imprenables. Comptez entre 95 et 200 € pour une chambre double (TVA en sus).
Réductions spéciales : « Días Dorados » pour les plus de 55 ans (-35 %) ; carte « 5 nuits » (103 € la nuit pour 2) ; deux nuits ou plus consécutives dans un même établissement (-20 % en demi-pension) ; « Escapada Joven » pour les 20-30 ans (56,53 € la nuit pour une personne avec petit-déjeuner). Avec la « Tarjeta Amigos de Paradores » (« carte des amis des paradores », gratuite), vous pouvez cumuler des points pour avoir des nuits gratuites et bénéficier de certains avantages. Enfin, « la route des Paradores » propose un circuit préétabli de 3 ou 7 nuits, à partir de 150 € par personne (hébergement et petit-déjeuner).
Réserver depuis la France – Iberrail France - ✆ 01 42 21 27 27.
Réserver depuis l'Espagne – Requena, 3 - 28013 Madrid - ✆902 54 79 79 - www.parador.es. Soyez

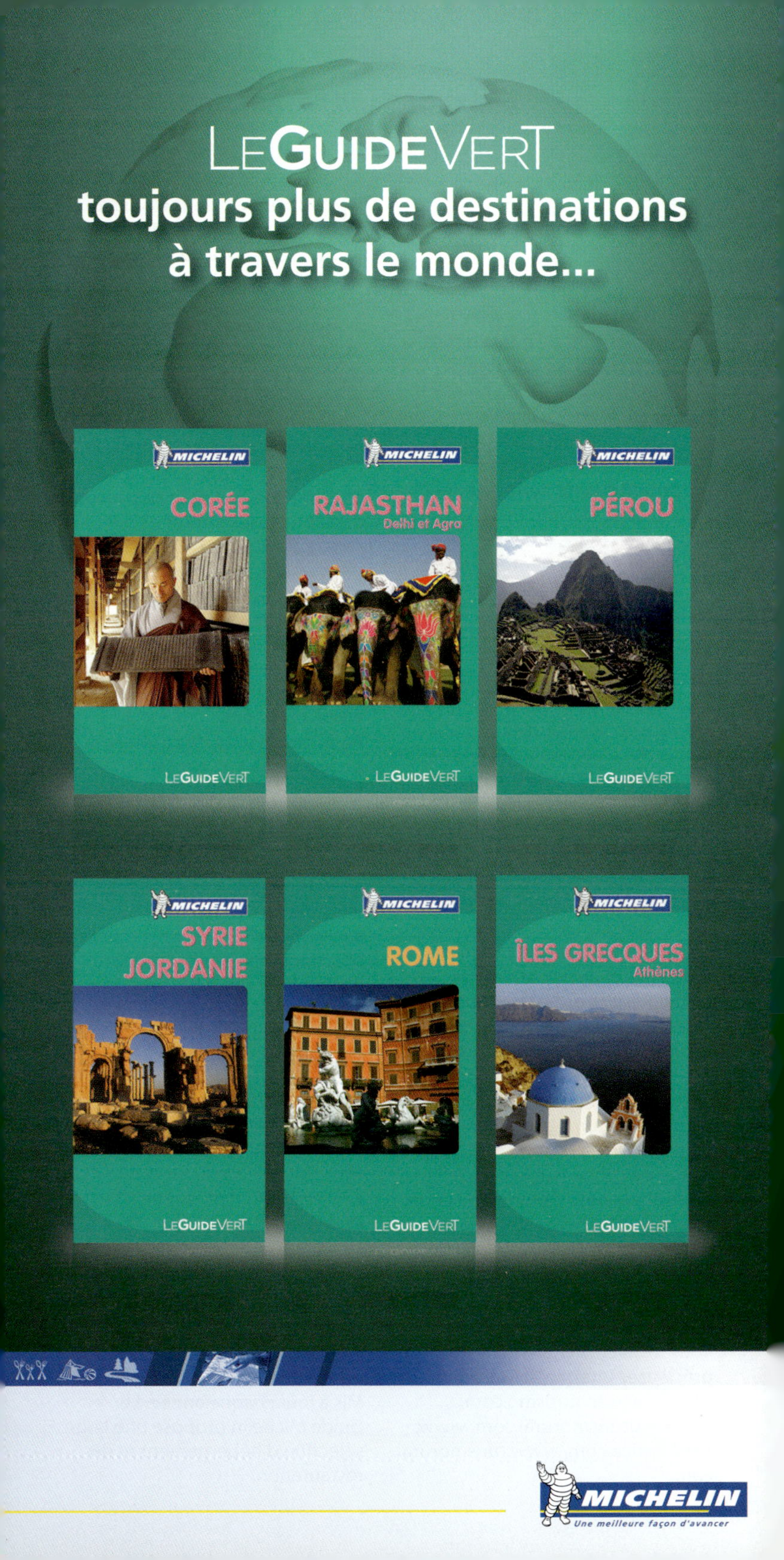
LEGUIDEVERT
toujours plus de destinations
à travers le monde...
MICHELIN
CORÉE
LEGUIDEVERT
MICHELIN
RAJASTHAN
Delhi et Agra
LEGUIDEVERT
MICHELIN
PÉROU
LEGUIDEVERT
MICHELIN
SYRIE
JORDANIE
LEGUIDEVERT
MICHELIN
ROME
LEGUIDEVERT
MICHELIN
ÎLES GRECQUES
Athènes
LEGUIDEVERT
MICHELIN
Une meilleure façon d'avancer

attentifs, en Espagne les prix sont indiqués hors taxes et ne comprennent pas toujours le petit-déjeuner.

Les « hostales »

Les *hostales* sont de petits hôtels de type familial, assimilables à des pensions. La salle de bains est parfois sur le palier, le paiement par carte de crédit n'est pas toujours possible, et en général ils ne proposent pas de petit-déjeuner. Mais ils sont souvent très bien situés, bien tenus et un peu plus personnels que les hôtels habituels. On a parfois vraiment l'impression de loger chez l'habitant.

Les gîtes ruraux

Le **tourisme rural** est de plus en plus plébiscité par un grand nombre de voyageurs à la recherche d'authenticité, de charme et de calme. L'**Asociación de las Empresas Turísticas** (AEMTUR) gère et propose de nombreux hébergements dans toute l'Espagne, situés en zone rurale. Ces hébergements se déclinent en *casas rurales* (maison rurale), *hoteles rurales* (hôtels ruraux), *posadas* (hôtels de charme), *centros de turismo rural* (centres de tourisme ruraux, généralement des fermes), *apartamentos rurales* (appartements ruraux) et *albergues* (auberges). Cette association possède un portail internet : www.guiascasasrurales.com, où il vous suffira de cliquer sur le lieu de votre choix pour obtenir une large sélection d'hébergements, avec photos et commentaires.

AEMTUR – Pso. Carlos III, 24, 28200 San Lorenzo de El Escorial, Madrid - ✆ 918 961 196.

Vous trouverez également de précieuses informations sur les sites : www.ecoturismo.com, www.ecoturismorural.com, www.ruraliberica.com, www.turismorural.com.

Les auberges de jeunesse (albergues juveniles)

La **Red Española de Albergues Juveniles** (REAJ) gère un large réseau d'auberges de jeunesse à travers toute l'Espagne et organise un grand nombre d'activités sportives, culturelles et touristiques. Pour se loger dans l'une de ces auberges, il faut posséder la carte des auberges de jeunesse (individuelle ou de groupe) que l'on peut se procurer dans toutes les auberges du réseau ou auprès de la centrale de réservation, ou présenter la carte de la Fédération internationale des auberges de jeunesse (*voir ci-dessous*). Les tarifs sont variables selon l'âge et la saison. Informations complémentaires sur **www.reaj.com**.

Fédération unie des auberges de jeunesse – 27 rue Pajol, 75018 Paris - ✆ 01 44 89 87 27 - www.fuaj.org. Cette organisation délivre une carte permettant non seulement de bénéficier d'un hébergement parmi les auberges de jeunesse, mais aussi d'obtenir des prix préférentiels sur l'entrée de nombreux musées et attractions diverses. Il existe également une carte « famille » valable pour 2 adultes et 1 ou plusieurs enfants âgés de moins de 14 ans.

Le camping-car

Le **Guide Camping-car Michelin Europe** propose tous les ans une sélection d'aires de services. On y trouve des renseignements pratiques, une sélection de sites touristiques, des circuits accompagnés et des cartes détaillées.

LE GUIDE MICHELIN ESPAÑA & PORTUGAL

Mis à jour chaque année, Le Guide Michelin propose une large sélection d'hébergement et de restauration.

NOS CATÉGORIES DE PRIX		
	HÉBERGEMENT	**RESTAURATION**
Premier prix	jusqu'à 65 €	jusqu'à 16 €
Budget moyen	plus de 65 € à 100 €	plus de 16 € à 30 €
Pour se faire plaisir	plus de 100 € à 160 €	plus de 30 € à 50 €
Une folie	plus de 160 €	plus de 50 €

Se restaurer

Nous vous proposons une sélection de restaurants pour tous budgets dans la rubrique « Nos adresses » de la partie « Découvrir ».

Le prix indiqué pour les restaurants correspond à un repas comprenant entrée, plat principal et dessert. La boisson n'est pas comprise (voir le tableau ci-dessus des catégories de prix).

La plupart des petits restaurants sont aussi des **bars à tapas**. Les Espagnols s'y retrouvent en groupe à l'heure de l'apéritif et écument ainsi plusieurs lieux, ce qui s'appelle **« ir de tapeo »** (« aller de tapas en tapas »).

En général, au comptoir, vous pourrez déguster diverses assiettes de **tapas** (en moyenne 2-3 € l'assiette), qui sont des amuse-gueules ou des plats cuisinés en petite quantité, allant des olives aux calamars et du jambon cru aux pommes de terre à la mayonnaise.

En salle, vous aurez le choix entre des **raciones** et des **1/2 raciones** (*media raciones*), qui reprennent les plats proposés en tapas, mais version grande assiette. Un plat en *1/2 ración* suffit en général pour une personne (compter 7-14 € pour un plat, jusqu'à 18 € pour du jambon cru).

Selon les restaurants, les prix sont annoncés **hors taxes** *(más IVA)* ou TTC *(IVA incluido)*. Vérifiez sur le menu (hors taxes, il faut ajouter 7 % au prix initial).

Attention, les plats sont servis sans accompagnement. Si vous commandez une *1/2 ración* de fromage ou de jambon, vous n'aurez rien d'autre dans votre assiette. Si, à table, on vous apporte du pain ou des olives, sachez qu'ils vous seront facturés (environ 1,50 € chacun) à moins que vous ne les refusiez immédiatement. L'eau est également payante dans certains établissements.

Les **desserts** (*postres*) dans les petits restaurants ne sont pas très variés, voire inexistants, à moins qu'il n'y ait une spécialité de la ville. On vous proposera souvent du **flan** (crème caramel), le dessert le plus courant en Espagne, et parfois comme dessert un jus d'orange (*zumo de naranja*). Il y a plus de choix dans les restaurants luxueux.

Sur place de A à Z

ADRESSES UTILES

Junta des Asturies – www.jgpa.es.
Junta de la Cantabrie – www.gobcantabria.es.
Junta de Castille-et-León – www.jcyl.es.
Xunta de Galice – www.xunta.es.
Junta de Navarre – www.navarra.es.
Junta du Pays basque – www.euskadi.net.
Junta de La Rioja – www.larioja.org.

Junta est l'équivalent de conseil régional.

Renseignements touristiques nationaux – ✆ 901 30 06 00 (8h-22h).

Sur les plans de villes de ce guide, les offices de tourisme sont signalés par le symbole ℹ. Vous trouverez leurs adresses et numéros de téléphone dans la partie « Découvrir », rubrique « S'informer ».

AMBASSADES ET CONSULATS

Ambassade de France – Calle Salustiano Olozaga, 9, 28001 Madrid - ✆ 914 23 89 00 - www.ambafrance-es.org.

Consulats de France
À Bilbao – Calle Iparraguirre, 26 - 5° Dcha, 48011 - ✆ 94 425 51 80 - www.consulfrance-bilbao.org.
À Vigo – Av. Camelia 56-58, 38211 - ✆ 986 227 596.

Ambassade de Belgique (à Madrid) – Paseo de la Castellana, 18, 28046 Madrid - ✆ 915 77 63 00 - www.diplomatie.be/madrid.

Consulats de Belgique
À Bilbao – Paulino Mendívil, 8 - 48930 Getxo - ✆ 944 644 840.

Ambassade de Suisse (à Madrid) – Edificio Goya, calle Núñez de Balboa, 35, 28001 Madrid - ✆ 914 36 39 60 - www.eda.admin.ch/madrid.

Consulat de Suisse
À Bilbao – Calle de Telésforo Aranzadi, 3 - 3° B - 48008 Bilbao - ✆ 944 704 360.

Ambassade du Canada – Torre Espacio, Paseo de la Castellana 259 D, 28046 Madrid - ✆ 913 828 400 - www.espagne.gc.ca.

En cas d'urgence

Police – ✆ 091
Pompiers – ✆ 112
Urgences médicales – ✆ 061

Mise en garde

Comme dans tous les lieux touristiques, il vous faudra faire attention aux pickpockets. Ne gardez pas d'argent ni de papiers dans des poches extérieures et ne laissez rien en vue dans votre voiture. Si vous devez garder des affaires dans le coffre, évitez de l'ouvrir une fois stationné. Si vous avez une voiture de location, vous pouvez y laisser un journal espagnol pour faire « couleur locale ».

ARGENT

Devises

L'Espagne fait partie de la zone **euro**.

Les ressortissants de la zone euro peuvent en théorie utiliser leur chéquier. Mais, en pratique, le **chèque** est très peu répandu en Espagne et de nombreux commerçants ne l'acceptent pas. Les **chèques de voyage** sont sûrs en cas de vol mais ne sont pas non plus d'une grande maniabilité.

Mieux vaut payer en liquide ou par carte de crédit. Les principales **cartes de crédit internationales** (Visa, Eurocard/Mastercard) sont acceptées dans presque tous les commerces, hôtels et restaurants. Elles permettent de réaliser des retraits d'espèces.

Attention cependant, la plupart des bars à tapas, les parkings et certaines pensions ne sont pas équipés de systèmes de paiement par carte de crédit.

En cas de perte ou de vol de carte, téléphonez immédiatement à :

Visa – ✆ 900 991 124 (n° Vert uniquement depuis l'Espagne).

American Express – ✆ 00 33 1 47 77 72 00 (numéro en France, 24h/24) - ✆ 913 938 216 (pour les Travelers Cheques).

Diners Club – ✆ 00 33 1 70 75 51 18 (service de blocage de carte, 24h/24), et ✆ 00 33 1 70 75 51 16 (lun.-vend. 8h-18h).

Eurocard/Mastercard – ✆ 900 97 12 31 (n° Vert uniquement depuis l'Espagne).

En cas de vol, vous devrez également faire une déclaration de vol auprès de la police.

BAIGNADE EN MER

Les plages fréquentées du littoral atlantique sont en général surveillées en été. Il convient cependant de faire attention aux déferlantes du fait de leur puissance et des courants qui entraînent le nageur loin des côtes. La côte est découpée – les *rías* formant parfois de hautes falaises qui se jettent dans la mer – et ponctuée de petites plages et de criques.

Naturisme – De nombreuses plages de la côte atlantique tolèrent le naturisme ou lui sont réservées. Consultez la liste sur le site de la Fédération nationale des naturistes espagnols, www.naturismo.org.

COURSES DE TAUREAUX ET CORRIDAS

La corrida est très peu répandue en Espagne Atlantique, mis à part au Pays basque et à Pampelune. Pour connaître le programme détaillé des corridas de chaque feria, rendez-vous sur le site espagnol **www.mundotoro.com**, rubrique *carteles*. Les affiches sont rendues publiques environ un mois avant le début de l'événement. Vous pouvez généralement vous procurer des places à l'avance sur le site Internet de chacune des arènes ou au guichet le matin de la course.

ÉLECTRICITÉ

Le voltage est le même qu'en France : 220 V.

GOLF

Très verdoyante, l'Espagne Atlantique est devenue une terre d'élection pour la pratique du golf. On recense plusieurs parcours en Castille-et-León, en Cantabrie, en Navarre et au Pays basque. La Real Sociedad de Golf de Neguri, en Biscaye, figure d'ailleurs parmi les terrains les plus renommés de la péninsule. Renseignements : www.alquiler-directo.com/golf-fr/parcours-de-golf-espagne.htm.

Federación Española de Golf – www.golfspainfederacion.com.

HEURE

L'Espagne a la même heure légale que la France, été comme hiver, c'est-à-dire GMT + 1h en hiver et GMT + 2h en été.

Les changements d'heure s'effectuent en même temps.

HORAIRES D'OUVERTURE

Repas

La matinée *(mañana)* dure jusqu'à 14h, heure à laquelle on prend le déjeuner *(almuerzo ou comida)*.

Ensuite c'est la sieste et l'après-midi *(tarde)* commence vers 17h. Vers 20h on pense à l'apéritif qui entame la soirée (*noche*). Le dîner (*cena*) est servi à partir de 21h et la soirée peut se poursuivre fort tard.

Visites

Les horaires d'ouverture des offices de tourisme, musées et autres curiosités varient parfois entre l'information relevée par téléphone, sur les sites Internet, sur les brochures, et la réalité sur place. Ils sont donc à prendre avec précaution. Pour les plus petites curiosités ou à l'écart des grands circuits touristiques, il est en général préférable de se renseigner à l'avance, en particulier hors saison.

De manière générale, la plupart des **musées** ferment entre 14h et 17h, à part les grands musées qui ouvrent toute la journée. Le jour de fermeture est généralement le lundi.

Les conditions de visite des **églises** ne sont spécifiées que si l'intérieur présente un intérêt particulier. Les cathédrales et églises réputées pour leur intérêt touristique sont ouvertes une bonne partie de la journée, les autres se visitent durant les messes (en général, l'église ouvre une demi-heure avant et ferme une demi-heure après la messe).

Les **monuments et musées** sont en général fermés les 25 décembre, 1er janvier, 6 janvier, Vendredi saint et 1er mai. Pour les autres jours fériés, renseignez-vous auprès du monument en question ou de l'office du tourisme de la localité.

Horaires de visite – En Espagne, la **notion de matin et après-midi** n'est pas la même qu'en France. Ainsi quand on dit « ouvert le matin » cela signifie en général de 10h à 13h30 ou 14h, « ouvert l'après-midi » étant de 16h ou 17h à 19h ou 20h et « ouvert toute la journée » indiquant des horaires de 10h à 19h ou 20h. Concernant les **horaires d'hiver et horaires d'été,** l'Espagne Atlantique comprend en général deux types d'horaires qui diffèrent selon la période de l'année. Les horaires d'hiver et les horaires d'été sont fixés à des dates qui varient. Le plus souvent, les horaires d'été s'étendent de début juin à fin septembre, mais ils peuvent aussi ne concerner que les mois de juillet et août. Il faut donc vous renseigner dès votre arrivée auprès de l'office du tourisme de la localité qui vous fournira une liste des monuments à visiter avec leurs horaires d'ouverture pour la période en cours.

Banques

Elles sont ouvertes du lundi au samedi de 8h30-9h à 13h-14h et ferment le samedi en été et dans les petites villes.

Shopping

Les magasins sont généralement ouverts de 9h30-10h à 13h30-14h et de 16h-17h à 20h-21h, parfois 22h dans les grandes villes. Cependant, de plus en plus de commerces (grands magasins ou hypermarchés) restent ouverts à l'heure de la sieste. Ils sont fermés le dimanche, parfois même le samedi après-midi.

INTERNET

Dans les villes, la plupart des hôtels sont désormais équipés de connection Wi-Fi gratuite. Vous trouverez des cybercafés dans toutes les grandes villes à un prix très raisonnable (à partir de 0,50 € la 1/2h, 1 à 3 € l'heure). La recherche est moins aisée dans les villages et les petites villes, mais l'offre évolue rapidement. Renseignez-vous auprès de votre hôtel ou de l'office de tourisme.

MÉDIAS

Les principaux **quotidiens** sont *ABC, Diario 16, El Mundo, El País* et *La Vanguardia*, et les **hebdomadaires** *Cambio 16, El Siglo, Época, Tiempo.* En ce qui concerne la presse locale, on peut par exemple citer *La Voz de Galicia* en Galice, *Berria* et *El Correo* au Pays basque, *Diario de Navarra* et *Diario de noticias* en Navarre et *La Alerta* en Asturies. En télévision analogique, l'Espagne compte 6 chaînes nationales : 2 chaînes publiques (TVE 1 et TVE 2) et 4 chaînes privées (Antena 3, la Quatro, Tele 5 et la Sexta), ainsi que des chaînes régionales (Asturias TV en Asturies, Canal 4 et Canal 6 en Navarre, ETB1 et ETB2 au Pays basque, et TV Galicia en Galice). On trouve aussi Canal + (l'équivalent du Canal + français) avec décodeur. Et désormais, chaque fournisseur offre tout un bouquet de chaînes régionales, nationales et internationales par câble ou satellite.

JOURS FÉRIÉS

Établir une liste exhaustive se révèle difficile, car chaque localité a ses propres jours fériés. Voici les jours fériés communs à toute l'Espagne : 1er janvier (Nouvel An), 6 janvier (Épiphanie), Jeudi et Vendredi saints, 1er mai (fête du Travail), 15 août (Assomption), 12 octobre (fête nationale d'Espagne), 1er novembre (Toussaint), 6 décembre (fête de la Constitution), 8 décembre (fête de l'Immaculée Conception) et 25 décembre (Noël).

PÊCHE

Les Pyrénées et les monts Cantabriques offrent aux pêcheurs un grand choix de rivières, lacs et étangs.

Quel que soit l'endroit choisi, il convient d'observer la réglementation en vigueur et d'être affilié à une association de pêche et de pisciculture agréée. Il vous faudra même demander un permis de pêche aux services d'Agriculture et de Pêche de la communauté autonome (Euskadi ou Navarre) où vous avez décidé de pêcher. Pour connaître les conditions de pêche, contactez les fédérations espagnoles. Le permis s'obtient auprès des services officiels d'Agriculture de chaque région, sur présentation du passeport.

Federación Española de Pesca y Casting – C. Navas de Tolosa, 3e étage - 28013 Madrid - ✆ 915 32 83 52 - www.fepyc.es.

Federación Vasca de Pesca y Casting – Puerto de Anoeta, 24 - 20014 Donostia-San Sebastián (St-Sébastien) - ✆ 943 46 67 90 - www.fvpyc.org.

Federación Navarra de Pesca – Paulino Caballero, 13 - 31004 Pamplona - ✆ 948 203 518.

Federación Cántabra de Pesca – Avda. del Deporte s/n - 39012 Santander - ✆ 942 05 85 80 - www.fcpesca.es.

Federación Asturiana de Pesca Deportiva – C. Fernando Moran Lavandera, 9 bajo - 33205 Gijón - ✆ 985 393 848 - www.faspd.org.

PELOTE BASQUE

Chaque village du Pays basque possède son fronton ou son trinquet, où des parties de pelote ont lieu régulièrement. C'est un véritable sport régional. Vous pouvez tout aussi bien vous y initier qu'encourager les bons joueurs. En **été**, il est facile d'assister à un match.

Federación Vasca de Pelota Pedro Uriarte – Barrio Astola, 26 - 48220 Abadiño - ✆ 946 818 108 - www.euskalpilota.com.

POSTE

Les bureaux de poste, signalés par le nom **Correos**, sont généralement ouverts du lundi au vendredi de 8h30 à 20h30 (14h30 pour les petites villes) et le samedi de 9h30 à 14h. Les timbres *(sellos)* sont également en vente dans les bureaux de tabac *(estancos)*. L'envoi d'une carte postale pour l'Union européenne vous coûtera 0,64 €. Pour plus de renseignements : **www.correos.es**.

POURBOIRE

Même si le service est compris, il est de bon usage de laisser un pourboire dans les bars, les restaurants, les hôtels ainsi qu'aux chauffeurs de taxi.

RANDONNÉE PÉDESTRE, ÉQUESTRE ET VTT

Dans une région aussi verte que l'Espagne Atlantique, les **parcs nationaux et naturels** offrent d'innombrables possibilités en matière de randonnée.
Pour tous renseignements, vous pouvez consulter les sites des organismes suivants :
Federación española de deportes de montaña y escalada (Fedme) – C/ Floridablanca, 84 - 08015 Barcelona (Spain) - ✆ 934 264 267 - www.fedme.es.
Federación Hipica Española – C. Monte Esquinza, 28 - 28010 Madrid - ✆ 914 364 200 - www.rfhe.com.
Federación de Ciclismo Español – Ferraz, 16 - 28008 Madrid - ✆ 915 400 841 – www.rfec.com ou www.ciclistas.org.

Le chemin de Saint-Jacques

La randonnée en Espagne Atlantique est bien évidemment indissociable du célèbre chemin de St-Jacques-de-Compostelle.
Il y a deux principaux chemins,le « **camino francés** », de loin le plus fréquenté, dont vous trouverez le circuit p. 138 et celui du Nord, qui suit la côte, et que les Espagnols réhabilitent petit à petit en prévoyant par exemple des hébergements pour les pèlerins. Reportez-vous à la partie « Comprendre » (p. 40) pour en connaître l'histoire, ainsi qu'à « Chemin de St-Jacques » p. 137 pour en savoir plus.
Renseignements – **www.caminosantiago.com**. Ce site en plusieurs langues – dont le français et l'espagnol – décrit le chemin en Espagne étape par étape et donne tous les renseignements utiles pour l'hébergement, l'équipement, les formalités, etc.
Formalités – Une carte d'identité ou un passeport sont indispensables à tout voyage transfrontalier, mais le vrai pèlerin doit aussi se munir d'une sorte de carte officielle, appelée *creanciale* lorsqu'elle est délivrée par l'évêché (celui dont on dépend ou celui de départ), ou *credencial* lorsqu'elle est émise par une association de pèlerins. Cette carte fait office de passeport, chaque étape du chemin étant tamponnée par une instance officielle (civile ou religieuse).
Elle permet parfois d'avoir des réductions sur l'entrée de certains musées ou monuments, mais elle est surtout indispensable, côté espagnol, pour accéder aux gîtes. Enfin, c'est sur sa présentation que sera délivrée la *compostela* à St-Jacques.
Se loger – Les gîtes d'étape sont de plus en plus nombreux aux abords des chemins de St-Jacques-de-Compostelle. Il devient parfois plus difficile de trouver une place en été ou à l'automne car beaucoup d'Espagnols rattrapent le chemin pour les deux ou trois derniers jours de marche.
Renseignements :
www. caminosantiago.org
www.mundicamino.com.
www.caminodesantiago.consumer.es

SANTÉ

Il n'y a pas de maladies particulières en Espagne Atlantique mais pensez quand même à la trousse de pharmacie.

Urgences

Pour appeler les urgences médicales, composez le **061** ou le **112** (numéros nationaux gratuits).

Pharmacies

Les pharmacies sont généralement ouvertes de 9h30 à 13h30 et de 16h30 à 20h. Dans les grandes villes, elles peuvent rester ouvertes toute la journée. Pour les gardes de nuit et du week-end, la liste des pharmacies ouvertes est affichée en vitrine et publiée dans la presse.

SOUVENIRS

Entre gastronomie, vins de La Rioja et artisanat, la région possède de nombreuses richesses.

Artisanat

Symbole de la France, **le béret**, originaire du Béarn, est aussi devenu celui du Pays basque. Les plus réputés sont fabriqués à Tolosa, par la maison Elosegui. Le béret est porté par les hommes dans de nombreuses occasions notamment pour jouer à la pelote basque.
En Castille-et-León, la vannerie de León, les tapis de Val de San Lorenzo et surtout les **couvertures** pure laine de Palencia.
La Galice est quant à elle réputée pour la **céramique** de Sargadelos, les dentelles de Camariñas et le **cuir** d'Allariz.
Depuis le Moyen Âge, St-Jacques-de-Compostelle est célèbre pour ses **bijoux en jais** *(azabaches)* souvent travaillés avec de l'argent, qui se vendent dans les boutiques autour de la cathédrale et plus particulièrement près de la façade de la Azabacheria qui doit son nom à cette spécialité.

Gastronomie

Les vins, le cidre et l'orujo

La **Rioja** est la région du vin par excellence. Elle est réputée pour produire les meilleurs vins d'Espagne.
Cependant la Galice n'est pas en reste avec l'**Albariño** et le **Ribeiro**.
Lors de votre passage dans le Pays basque, vous pourrez apprécier la saveur du **Txakoli** (vin blanc).
N'oubliez pas de goûter au célèbre cidre asturien et à l'**Orujo**, eau-de-vie élaborée principalement en Galice et en Cantabrie.

Pâtisseries

Les gourmands pourront se régaler de *sobaos* (biscuits à l'huile) en Cantabrie, de la célèbre tarte de Santiago (à base d'amandes) et celle de Mondoñedo en Galice, des *Galletas* d'Aguilar de Campoo (biscuits traditionnels) et des *Capiruetas* de León (à base de jaune d'œuf, de sucre et d'amandes pilées) en Castille-et-León et enfin du chocolat de Tolosa et des confiseries de Vitoria.

Charcuterie

Vous pourrez en goûter dans tous les bars à tapas. Jambon cru, chorizo ou encore *morcilla,* ce boudin noir sec des Asturies. Le jambon cru de montagne *(serrano)* est une spécialité incontournable. Malheureusement, le prix peut grimper très haut (jusqu'à 50 € le kg pour certains, le plus réputé étant le *pata negra de Jabugo*). En Asturies, ne manquez pas le saucisson de sanglier *(salchichón de jabalí)* et la *cecina*, similaire au jambon mais élaborée avec du bœuf.

Fromages

Chaque région a sa spécialité en la matière et il y en a pour tous les goûts : le *cabrales* (sorte de roquefort) dans les Pics d'Europe, la *tetilla* (fromage de vache doux) et en Galice le fromage de *Cebreiro* (fromage de vache, en général frais, en forme de toque de cuisinier). Au Pays basque vous goûterez au fromage d'*Idiazabal* (lait de brebis) et en Navarre vous dégusterez le fromage de *Roncal* (lait de brebis).

Piments et anchois

Contrairement à ce que l'on pourrait croire, les célèbres *pimientos de Padrón* (Galice) sont plutôt doux. Ils se dégustent de fin juin à mi-septembre. Ceux de Lodosa (Navarre) sont également célèbres. Les anchois de Santoña sont quant à eux une spécialité cantabrique.

SPÉLÉOLOGIE

Le nord de la **Castille-et-León**, la **Cantabrie** et **les Asturies** possèdent des zones montagneuses étendues et creusées de cavités souterraines, qui permettent la pratique de la spéléologie, à mi-chemin entre le tourisme amateur et le tourisme sportif, voire de haut niveau.
Federación española de Espeleología – C. Ayala, 160 - 28009 Madrid - ✆ 913 093 674 - www.fedespeleo.com.

SPORTS D'HIVER

Plus que le ski de descente, on pratique surtout le ski de fond dans les Pyrénées basques et navarraises. C'est le cas dans la vallée de Salazar ou celle de Belagua versant sud.
La station d'**Abodi Salazar**, située au-dessus d'Ochagavia, dispose néanmoins de pistes de ski alpin.
Se renseigner : Carretera de Francia - 31680 Ochagavia (Navarra) - ✆ 948 394 022.
Office du tourisme d'Ochagavia - ✆ 948 890 641.
Celle de **Larra Belagua**, surplombant la vallée de Roncal et Isaba, déploie quant à elle 25 km de pistes signalisées.
Se renseigner : Zona Refugio de Belagua - 31417 Isaba (Navarra) - ✆ 948 893 153.
Les montagnes de la cordillère Cantabrique offrent aussi de superbes domaines skiables ainsi que de nombreuses possibilités de randonnées. En voici quelques-unes : San Isidro et Leitareigos, à León ; Lunada et Valle del Sol, à Burgos.
Renseignement :
Federación Española de Deportes de Invierno – Avenida de los Madroños, 36, 28043 Madrid - ✆ 913 769 930 - www.rfedi.es.

SPORTS NAUTIQUES

Là encore, les Pyrénées et les monts Cantabriques offrent de multiples possibilités en la matière. Canoë-kayak, canyoning, hydrospeed, rafting, etc. y sont à l'honneur.

Le surf

Il est très pratiqué sur la Côte basque et principalement sur les plages de Bakio, Mundaka ou Getxo, en Biscaye, ou encore à Orio, Deba, Zarautz ou St-Sébastien, en Guipúzcoa.
EHSF (Euskal Herriko Surfing Federazioa-Basque Country Surfing Federation) – Julian Gaiarre 44 - 48004 Bilbao - ✆ 944 73 51 25 - www.euskalsurf.com.

Voile, planche à voile

La Côte basque fait également le bonheur des amateurs de voile et de planche à voile. Les vagues sont belles, les vents sont forts et les sites plutôt nombreux.

Voir la rubrique « Sports et Loisirs » dans « Nos adresses » de la côte de Biscaye.

Federación Vasca de Vela – Pº de Anoeta, 5 - 20014 Donostia-San Sebastián (St-Sébastien) - ✆ 943 45 37 67 - www.euskalbela.es.
Elle recense les clubs nautiques des côtes guipúzcoane et biscayenne, et fournit le calendrier des régates.

TAXI

En général, on en trouve assez facilement (lumière verte : taxi libre) et la course n'est pas très chère (6-8 €). Il existe un tarif de jour et un tarif nuit, week-end et jours fériés.

TÉLÉPHONE

Les numéros de téléphone espagnols comptent 9 chiffres et sont aujourd'hui le plus souvent présentés 3 par 3.
Pour les appels locaux et nationaux composez les 9 chiffres.
Pour appeler l'Espagne depuis la France, la Belgique, la Suisse et le Canada, composez le 00 suivi du 34 (l'indicatif du pays) et du numéro du correspondant à 9 chiffres.
Pour appeler l'étranger depuis l'Espagne, composez le 00 suivi de l'indicatif du pays de destination (33 pour la France, 32 pour la Belgique, 41 pour la Suisse et 1 pour le Canada) et du numéro du correspondant (sans le 0 initial pour la France).
Service de renseignements – ✆ 11 818 (Telefónica), 11 888 (Yell), 11 811 (Telegate) ou 11 822 (Movistar).
Renseignements internationaux – ✆ 11 825, 11 886, ou 11 880.
Les cabines téléphoniques fonctionnent avec des pièces ou des cartes téléphoniques *(tarjetas telefónicas)* en vente dans les bureaux de poste *(correos)* et les bureaux de tabac *(estancos)*.

Téléphones portables

Les opérateurs français de téléphonie mobile proposent des formules spéciales pour les appels de l'étranger. Attention, ces appels comptent souvent pour du hors-forfait et restent donc chers ; de plus, en règle générale, vous payez aussi les appels reçus. Renseignez-vous auprès de votre opérateur avant le départ pour éviter les mauvaises surprises.
Vous pouvez aussi vous procurer une carte SIM locale pour environ 15 € (téléphone simple et crédit de communication compris).

THERMALISME

L'Espagne Atlantique compte un nombre important de stations thermales. On notera principalement l'abondance des sources dans la région des Pyrénées ainsi qu'au sud de la Galice (dans la région d'Ourense).
Asociación Nacional de Estaciones Termales – Calle Rodriguez San Pedro, 56, 28015 Madrid - ✆ 902 11 76 22 - www.balnearios.org.

TRANSPORTS

Autocar

Les autocars sont un moyen pratique et économique pour se déplacer. Plusieurs lignes relient les grandes villes de l'Espagne Atlantique entre elles et il existe également de nombreuses liaisons avec les autres villes espagnoles. Vous pourrez vous informer des compagnies, des lignes, des horaires et des prix dans la gare routière *(estación de autobus)* des principales localités.

Avion

La région compte 12 aéroports reliés aux autres parties de

l'Espagne : St-Jacques-de-Compostelle, La Corogne, Vigo, St-Sébastien, Bilbao, Vitoria, Pampelune, Oviedo (*aeropuerto de Asturias*), Santander, Logroño, Burgos, León.

Pour avoir des renseignements sur les vols et les horaires, un seul numéro centralisé : **AENA** (Aeropuertos Españoles y Navegación Aérea) - ✆ 902 404 704 - www.aena.es.

Principales compagnies aériennes :

Air Europa – ✆ 902 401 501 - www.air-europa.com.

Iberia – ✆ 0 825 800 965 - www.iberia.com.

Spanair – ✆ 902 13 14 15 - www.spanair.com.

Train

C'est la compagnie **RENFE**, (renseignements et réservations 24h/24 – ✆ 902 24 02 02 - www.renfe.com), qui gère le réseau ferroviaire et pratique des tarifs relativement avantageux. Elle propose également des réductions spéciales (plus ou moins applicables selon le train choisi).

Le Talgo est un train de haute technologie (200 km/h) qui a bénéficié de l'infrastructure de l'AVE (l'équivalent de notre TGV). Il relie Madrid aux principales villes de l'Espagne Atlantique. Pour les très longues distances comme Madrid-St-Jacques, sachez qu'il y a des trains de nuit *(voir p. 9)*.

Réductions

Chez les **jeunes**, les enfants de moins de 4 ans voyagent gratuitement à condition de ne pas occuper de siège. De 4 à 14 ans, ils bénéficient d'une réduction de 40 %. Et jusqu'à 26 ans, avec la carte ISIC *(voir p. 13)*, ils ont 20 à 25 % de réduction sur certains trajets.

Si vous effectuez un trajet **aller-retour**, vous bénéficiez automatiquement d'une réduction de 20 % sur le prix de l'aller simple. De plus, si vous réservez sur les trains AVE et les longues distances plus de 7 jours à l'avance, vous pouvez bénéficier jusqu'à 40 % de réduction *(tarifa Estrella)*.

La **Tarjeta Interrail** (carte Interrail) permet une libre circulation sur tout le territoire pendant une durée d'un mois. Les tarifs varient en fonction du nombre de jours de voyage et des options choisies (109 € pour 3 j., 229 € pour 8j., réductions pour les moins de 26 ans). www.interrailnet.com.

Gares vertes

Les gares vertes se trouvent à proximité de différents sites naturels. Haltes idéales pour les amateurs de randonnée, de VTT et pour tous ceux qui souhaitent partir à la découverte de la beauté de l'Espagne Atlantique rurale. Renseignements et horaires dans les gares des chefs-lieux de province *(voir le tableau p. 28)*. Renseignements touristiques sur www.renfe.es/empresa/mundo/medio_ambiente.

Trains touristiques

La FEVE (Ferrocarriles españoles de vías estrechas) est une société privée gérée par les provinces, dont le réseau complète celui de la RENFE. À vocation plutôt touristique, ses lignes relient Bilbao à Ferrol en passant par Santander et Oviedo. La carte FEVERail donne accès à tous les trains du réseau pendant 30 j. pour 75 € (60 j. pour 126 €). La FEFE propose également différents séjours complets de 4 à 8 jours à bord de ses trains touristiques de luxe. Renseignements sur www.feve.es.

VIGNOBLE

Visite des caves viticoles

La Navarre et La Rioja alavesa comptent parmi les vignobles les plus réputés de la péninsule

LES GARES VERTES EN ESPAGNE ATLANTIQUE		
Province	**Gare verte**	**Ligne**
Guipúzcoa	Andoain	Madrid-Hendaye
Vizcaya	Orduña	Madrid-Hendaye
Àlava	Agurain/Salvatierra de Ãlava	Madrid-Hendaye
Navarra	Uharte-Arakil	Saragosse-Almansa et Tudela-Tarazona
Logroño	Calahorra	Castejón-Bilbao et Saragosse-Alsasua
Burgos	Pancorbo	Madrid-Hendaye
Palencia	Aguilar de Campoo	Venta de Baños-Santander
Santander	Bárcena	Venta de Baños-Santander
Oviedo	Pola de Lena	León-Gijón
León	Ponferrada	Palencia-La Corogne
La Corogne	Betanzos	Betanzos-Ferrol/Puerto
Lugo	San Clodio-Quiroga	Palencia-La Corogne
Ourense	Laza-Cerdedelo	Zamora-La Corogne
Pontevedra	Tui	Monforte-Vigo-Santiago

Ibérique. Les caves sont généralement ouvertes à la visite et proposent quelquefois des dégustations. Vous trouverez leurs coordonnées dans les offices de tourisme. Il en va de même avec le vignoble du txakoli (vers Bakio en Biscaye et Getaria en Guipúzcoa) et les vins Ribeiro en Galice.

Consejo Regulador Denominación de Origen Navarra – Rúa Romana s/n. - 31390 Olite - ✆ 948 74 18 12 - www.vinonavarra.com.

Consejo Regulador Denominación de Origen Calificada Rioja – Estambrera, 52 - 26006 Logroño (La Rioja) - ✆ 941 50 04 00 - www.riojawine.com.

Consejo Regulador Denominación de Origen Txakoli de Bizkaia – Barrio Mendibile 42, 48940 Leioa (Bizcaia) - ✆ 94 607 60 71 - www.bizkaikotxakolina.org.

Consejo Regulador Denominación de Origen Ribeiro – Salgado Moscoso 11 - 32400 Ribadavia (Ourense) - ✆ 988 477 200 - www.ribeiro.es.

VOITURE

Location de voitures

Vous pouvez louer une voiture dans les aéroports, les gares, les grands hôtels et les agences de location. Si vous partez durant la pleine saison touristique, mieux vaut réserver votre voiture à l'avance et depuis la France pour bénéficier de tarifs intéressants. Attention : même si en Espagne l'âge minimal légal pour conduire est de 18 ans, la plupart des agences refusent de louer aux moins de 21 ans.

Autoescape – ✆ 0 892 46 46 10 (0,34/mn) - www.autoescape.fr.

Avis – ✆ 0 821 230 760 - www.avis.fr.

BSP Auto (comparaison de prix de plusieurs compagnies de location) – ✆ 01 43 46 20 74 - www.bsp-auto.com.

Budget – ✆ 0 825 003 564 - www.budget.fr.
Europcar – ✆ 0 825 358 358 - www.europcar.fr.
Hertz – ✆ 01 39 38 38 38 - www.hertz.fr.

Limitations de vitesse

En Espagne, la vitesse est limitée à 50 km/h dans les villes et agglomérations, 100 km/h sur les routes nationales et 120 km/h sur les autoroutes et voies rapides. Les changements de limitation sont fréquents sur un même tronçon (notamment en cas de virages ou tunnels).

Taux d'alcoolémie

Il est comme en France de 0,5 g d'alcool/litre de sang ou 0,25 mg d'alcool/litre d'air expiré. Pour les **nouveaux conducteurs** (moins de 2 ans) et les professionnels, il est de 0,3 g d'alcool/litre de sang ou 0,15 mg d'alcool/litre d'air expiré.

Signalisation routière

La signalisation routière est sensiblement la même qu'en France : interdiction de stationner *(No aparcar)* signalée par des bandes jaunes.
Le téléphone portable est toléré en formule mains libres uniquement.
L'utilisation de détecteurs de radars est interdite.
Les Espagnols sont très respectueux des passages piétons – veillez à vous arrêter avant même que le piéton ne soit engagé.

État du réseau routier

Le réseau routier de la Cantabrie et des Asturies s'est nettement amélioré tant au niveau de l'état des routes que de la signalisation.
Il en est de même pour le Pays basque, la Navarre, La Rioja et le nord de la Castille et León, surtout en ce qui concerne les grands axes de circulation et les zones montagneuses.
En revanche, si en Galice une autoroute relie La Corogne à Vigo, en passant par St-Jacques-de-Compostelle, l'intérieur de la région a encore des efforts à faire pour améliorer ses axes routiers.
D'un point de vue général, la circulation est fluide, excepté l'été où les embouteillages sont courants dans les grandes villes.
Information routière – Dirección General de Tráfico – ✆ 900 12 35 05 (appel gratuit, en espagnol) et www.dgt.es.

Stationnement

Il est très difficile de stationner dans les centres anciens des grandes villes, véritables enchevêtrements de ruelles étroites et coudées. Le mieux est de se garer dans un **parking souterrain**. De même, pour les petits villages, garez-vous à l'entrée pour éviter des manœuvres compliquées.

Assistance automobile

RACE – ✆ 902 40 45 45 - www.race.es.

Carburant

À titre indicatif, en septembre 2010, le prix de l'essence était en moyenne de 1,15 € pour le sans plomb 95, 1,27 € pour le sans plomb 98 et 1,09 € pour le gazole.
Il n'existe pas de distributeurs GPL en Espagne.

VU DU CIEL

Vol à voile, voile libre, ULM, montgolfière… autant de moyens de transport aériens dont vous trouverez toutes les références sur les sites indiqués ci-dessous.
Federación Navarra de Deportes Aéreos – C/Paulino Caballero, 13 - 31002 Pamplona - ✆ 948 221 323 - www.fnda.es.
Federación Vasca de los Deportes Aéreos – C/Jose Maria Eskuiza, 16 - 48013 Bilbao - ✆ 944 394 988 - www.eakf.net.

En famille

Les sites à faire en famille sont signalés dans la partie « Découvrir » par le symbole 👪. Le tableau ci-dessous récapitule les activités.

👪 SITES OU ACTIVITÉS À FAIRE EN FAMILLE			
Chapitres du guide	**Nature**	**Musées**	**Loisirs**
Allariz		Musée du cuir	
Balmaseda	Grotte Pozalagua		Karpin abentura
Vallées du Baztan et de la Bidassoa		Centre d'interprétation du parc de Bertiz	
Bilbao		Musée Guggenheim, Musée maritime, forge El Pobal	Funiculaire d'Artxanda
Burgos			Train touristique
La Corogne		Aquarium Finisterrae, Domus-maison de l'être humain	
Côte de Biscaye		Baleinier Aita Guria (Bermeo)	
Côte Cantabrique	Plages, grotte El Soplao		
Côte de Guipúzcoa		Ensemble archéologique de Sta-María-la-Real, musée romain (Oiasso)	
Côte Verte	Grottes de Tito Bustillo, plages	Musée du milieu marin (Peñas)	
Durango			Circuits pédagogiques à partir de la maison du parc d'Urkiola
Fontarabie			Le bateau pour aller à Hendaye
Gijón	Jardin botanique	Aquarium, musée du Train	
Guernica	Réserve d'Urdabai	Musée de la Paix	Œuvres d'Agustin Ibarrola à découvrir dans la forêt de Oma
León	Grotte de Valporquero		
Vallée de la Navia		Musée ethnographique	
Olite	Lagunes de Pitillas	Château des rois de Navarre	
Oviedo	Grotte de Huerta, Maison de l'ours	Parc de la Préhistoire (Teverga)	
Palencia	Canal de Castille	Villa romaine La Olmeda	
Pampelune	Parc de la Taconera	Planétarium	
Pics d'Europe	Grotte de El Buxu	Centres de Sotama et de Pedro Pidal	Téléphérique de Fuente Dé, funiculaire de Buines
Reinosa		La Domus romana Julióbriga, centre d'interprétation d'art roman (Villacantid)	
Rías Bajas		Aquarium Galicia (Roberedo)	
St-Sébastien		Musée de la Science, Miramon, aquarium, maison du cidre basque (Astigarraga)	Parc de loisirs du mont Igueldo, petit train Txu-Txu
Sanctuaire de St-Ignace-de-Loyola		Musée de l'Environnement, musée du Chemin de fer (Lasao)	
Sangüesa	Belvédère du défilé d'Arbayún	Château de Javier	
Santander	Plages, grotte du Castillo	Musée de la Préhistoire, Musée maritime	Mini-zoo, parc de Cabárceno
Santillana del Mar	Grotte d'Altamira		
Villaviciosa		Musée du Jurassique-MUJA	
Vitoria-Gasteiz	Jardin botanique Sta Catalina, salines d'Anaña, Monte Santiago	Musée des Cartes à jouer, musée des Sciences naturelles, musée du Sel	

Mémo

Agenda

Nous ne prétendons pas donner une liste exhaustive de toutes les manifestations. Ici sont citées les principales fêtes, mais les offices de tourisme vous renseigneront sur les calendriers des fêtes régionales.

JANVIER

Pontevedra (Galice) – Fête de San Sebastián (20 janv.).

St-Sébastien (Pays basque) – Fêtes patronales (20 janv.).

FÉVRIER

Santoña (Cantabrie) – Carnaval marin.

Vitoria (Pays basque) – Sem. du cinéma basque (fin fév.-déb. mai).

MARS

Baiona (Galice) – Fête de l'Arribada. 1er w.-end de mars.

AVRIL

Dans toute l'Espagne Atlantique – Semaine sainte. Processions solennelles.

Balmaseda (Pays basque) – Chemin de Croix vivant, avec toutes les étapes reconstituées jusqu'à la Crucifixion.

San Vicente de la Barquera (Cantabrie) – La Folía.

Ribadavia (Galice) – Fête du vin de Ribeiro (fin avr.- déb. mai).

St-Sébastien (Pays basque) – Festival du film sous-marin.

Palencia (Castille-et-León) – Romería de Santo Toribio (30 avr.).

MAI

Bilbao (Pays basque) – Festival du cinéma fantastique (1re quinz. de mai).

Vitoria (Pays basque) – Festival international de folklore.

Santo Domingo de la Calzada (Rioja) – Fêtes de Santo Domingo de la Calzada (10 au 15 mai).

St-Sébastien (Pays basque) – Festival publicitaire ibéro-américain de San Sebastián (fin mai).

León (Castille-et-León) – Semaine internationale de la truite et concours gastronomique.

Allariz (Galice) – Festa do Boi (fête du bœuf), de fin mai à début juin).

JUIN

Getxo (Pays basque) – Festival international de blues de Getxo (déb. juin).

Burgos (Castille-et-León) – Fêtes del Curpillos (à proximité du monastère de Las Huelgas) (15 juin).

La Corogne (Galice) – Fête de la San Juan (feux de la Saint-Jean). Nuit du 23 au 24 juin.

St-Pierre (Pays basque) – Patron des pêcheurs, saint Pierre est honoré et célébré dans beaucoup de ports de Biscaye chaque 29 juin (Ondarroa, Lekeitio, Mundaka, etc.).

Burgos (Castille-et-León) – Fête de San Pedro y de San Pablo (29 juin).

Haro (Rioja) – Bataille du vin (29 juin).

JUILLET

Getxo (Pays basque) – Festival international de jazz (1re sem.).

Castro Urdiales (Cantabrie) – El Coso Blanco (1er vend.).

Gijón (Asturies) – Semana Negra, pendant 10 j (1re ou 2me sem.).
Vitoria (Pays basque) – Festival de jeux dans la rue (fin juin-déb. juil.) et festival de jazz (3e sem.).
Pampelune (Navarre) – Fêtes de Sanfermines : courses de taureaux et concours de chant (2e sem.).
O Grove (Galice) – Fêtes de la Virxe do Carmen (mi-juil.).
Ribadavia (Galice) – Fête internationale du théâtre (mi-juil.).
Anguiano (Rioja) – Danzadores sobre Zancos (danseurs sur échasses) (22 juil.).
Ortigueira (Galice) – Festival du monde celte (2e quinz. de juil.).
St-Jacques-de-Compostelle (Galice) – Fête de saint Jacques. (2e quinz. de juillet). Temps fort dans la nuit du 24 au 25.
Tudela (Navarre) – Fêtes patronales de Ste-Anne (24-30 juil.).
Santander (Cantabrie) – Fêtes de la St-Jacques : courses de taureaux.
St-Sébastien (Pays basque) – Festival de jazz (fin juil.).

AOÛT

Cambados (Galice) – Fête du vin d'Albariño. 1er week-end.
Arriondas et Ribadesella (Asturies) – Descente du Sella en canoë-kayak (1er ou 2e w.-end d'août).
Vitoria (Pays basque) – Nuit de los Faroles, procession du rosaire (4 août) et fêtes de la Vierge Blanche (6 août).
La Corogne (Galice) – Fêtes de María Pita (du 1er au 31 août).
Semana Grande – Bilbao et St-Sébastien (Pays basque), Gijón (Asturies) (mi-août).
San Roque – Vilagarcia de Arousa et Betanzos en Galice (mi-août).
Pontevedra (Galice) – Fêtes de la Peregrina (15 août).
Ribadavia (Galice) – Fête de l'Histoire (dernier samedi d'août).
Santander (Cantabrie) – Festival international de théâtre, de musique et de danse.
Laredo (Cantabrie) – Fête des fleurs. Dernier dim. d'août.
St-Sébastien (Pays basque) – Régates de traînières. Fin août-déb. sept.

SEPTEMBRE

St-Sébastien (Pays basque) – Euskal Jaiak (1ère quinz . de sept.). et Festival international du cinéma (fin sept.).
Logroño (Rioja) – Fêtes de la Vendimia Riojana (20 au 26 sept.).
Pampelune (Navarre) – Concours de chant Julian Gayarre (2e et 3e sem. de sept. les années paires) et Concours international de violon Pablo Sarasate (années impaires).
Laredo (Cantabrie) – Fête du débarquement de Charles Quint (fin sept.).

OCTOBRE

León (Castille-et-León) – Fêtes de las Cantaderas et de San Froilán (5 oct.).
Lugo (Galice) – Fêtes patronales de San Froilán (5 au 12 oct.).
La Corogne (Galice) – Fêtes patronales de N.-S. del Rosario (7 oct.).
St-Sébastien (Pays basque) – Festival du film fantastique (oct.-nov.).
Oviedo (Asturies) – Prix du Prince des Asturies (fin oct.).

NOVEMBRE

Bilbao (Pays basque) – Festival de marionnettes, concours international de chant (années paires) et, Zinebi, festival de films documentaires et de courts-métrages (fin nov.).

Bibliographie

HISTOIRE ET RELIGION

Origines et histoire des chemins de Compostelle, Jacques Chocheyras, éd. Ouest-France, 2004.
La ville de León et sa juridiction, J.-M. Buiguès, éd. Casa de Velazquez, 2005.
Le régionalisme en Espagne : l'exemple de la Cantabrie, E. Simon, éd. L'Harmattan, 2003.
Le Labyrinthe espagnol, G. Brenan, éd. Ivréa, 1984.
L'Archipel basque, C. Dendaletche, éd. Privat, 2005.
Histoire du peuple basque, J.-L. Davant, éd. Elkar, 2000.
Les Morisques et l'Inquisition, L. Cardaillac, éd. Publisud, 1990.
L'Espagne contre Napoléon : la Guerre d'Indépendance 1080-1844, J.- R. Aymes, éd. Nouveau Monde, 2003.
La Guerre d'Espagne, A. Beevor, éd. Calmann-Lévy, 2006.
L'Espagne : De Franco à Zapatero, J. Chalvidant, éd. Atlantica, 2006.

ART ET ARCHITECTURE

Les Maîtres de la sculpture romane dans l'Espagne du pèlerinage à Compostelle, Jacques Lacoste, éd. Sud Ouest, 2006.
Galice romane, M. Chamoso Lamas, éd. du Zodiaque, 1973.
Merveilles des chemins de Compostelle, Patrick Huchet, éd. Ouest-France, 2003.
Images et idées dans la peinture espagnole du 17e s., Jonathan Brown, éd. G. Monfort, 1993.
Art préroman hispanique (2 tomes), éd. du Zodiaque, 1973 et 1977.

RÉCITS DE VOYAGE

Le Chemin de St-Jacques en Espagne, de Saint-Jean-Pied-de-Port à Compostelle, Jean-Yves Grégoire et Louis Laborde-Balen, éd. Rando, 2007.
Sur les chemins de Compostelle, Patrick Huchet, éd. Ouest-France, 2006.
Christophe Colomb : Mémoires, avec la complicité de Stephen Marlowe, éd. du Seuil, 1989.
Un Voyageur béarnais en Navarre à la fin du 18e s., Jacques Faget de Baure, éd. Cairn.

ROMANS

Téodosio, C. Labat, éd. Elkar, 2005.
Olentzero, C. Labat, éd. Elkar, 2005.
Ces deux ouvrages sont des contes basques adaptés pour petits et grands enfants…
Priscillien de Compostelle, Ramón Chao, éd. Terres de Brume, 2004.
Le Lac de Côme, Ramón Chao, éd. Terre de Brume, 2003.
La Famille de Pascal Duarte, Camilo José Cela, éd. du Seuil, 1997.
Le Crayon du charpentier, M. Rivas, éd. Gallimard, 2002.
Vers Compostelle la Galice, M. Gonzalez Lopo, éd. Ouest-France, 2002.
Arantxa, Éric Gonzalez, éd. Cairn, 2001.
Jamais je ne t'oublierai, José Javier Abasolo, librairie L'Atalante, 2001.
Galiciens, corbeaux et parapluies, Álvaro Cunqueiro, Actes Sud, 1992.

Discographie

La **musique basque** offre un large choix. En voici quelques exemples.
Euskal Herriko Musika, compilation de musiques basques, éd. Elkar.
Desertore, par Oskorri, éd. L'Autre Distribution.
Hitaz Oroit, par Benito Lertxundi, éd. Ihl/Elkar.
Bizi Bizian, Errobi, éd. Import 3/Elkarlanean.
Haatik, Amaia Zubiria, éd. Elkar.
Les Asturies et la Galice sont, elles, tournées vers la musique celtique :
Cornemuses de Galice, Arc Music, 2001.
Chants et musiques traditionnels de Galice, 2003.
Dance and festive music of Galicia and Asturias, Pan Americana, 2005.

ViaMichelin
Evitez les bouchons
avec ViaMichelin Trafic
pour iPhone
ViaMichelin Trafic
MARSEILLE
MICHELIN

COMPRENDRE L'ESPAGNE ATLANTIQUE

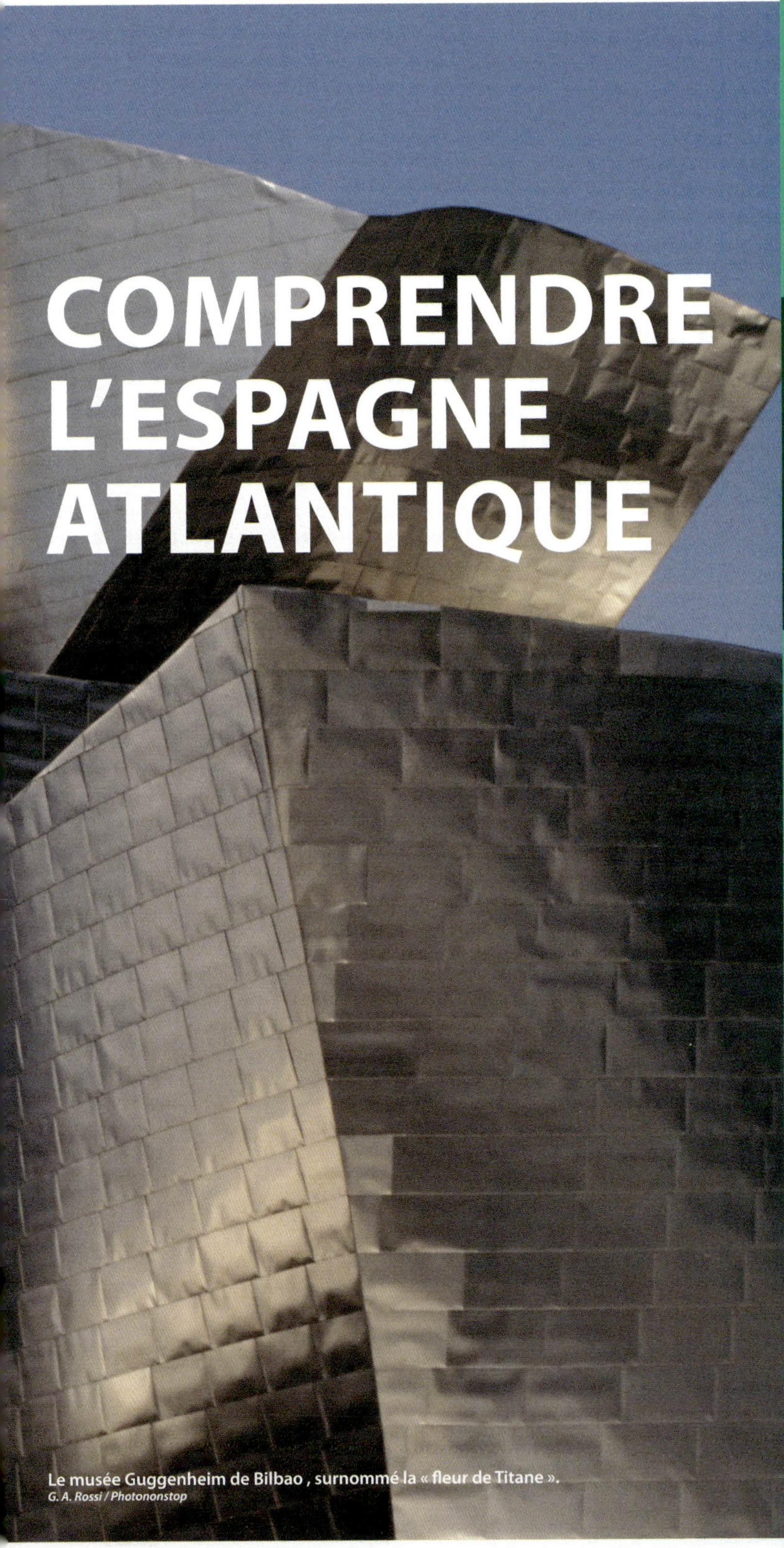

Le musée Guggenheim de Bilbao , surnommé la « fleur de Titane ».
G. A. Rossi / Photononstop

Arts et traditions populaires

L'Espagne est un pays où les traditions sont restées vivantes et où l'on participe intensément aux fêtes, très souvent fortement théâtralisées, célébrées tout au long de l'année. Ces festivités, différentes et variées selon les régions, témoignent de la richesse et de la diversité du pays.

Fêtes et traditions

FÊTES PATRONALES

Les villes et les villages espagnols célèbrent tous, avec plus ou moins d'exubérance, leur plus importante fête en l'honneur du saint patron de la localité. Ces fêtes ont lieu en été. Les plus renommées sont les **Sanfermines de Pampelune**, en Navarre. Célébrées en l'honneur de saint Fermin (7 juillet), elles débutent avec le *chupinazo* (tir d'un ballon) et, pendant une semaine, la ville vit nuit et jour dans une ambiance de fête ininterrompue qui connaît ses moments forts lors des spectaculaires *encierros* du matin (on conduit les taureaux, qui sont précédés d'une foule de jeunes gens, à travers la ville jusqu'aux arènes pour les enfermer dans les *toriles*) et des corridas du soir.

ROMERÍAS ET SEMAINE SAINTE

Les **romerías** sont des pèlerinages à un sanctuaire ou à un ermitage isolé où l'on se rend en procession, groupé par confréries, par quartiers ou par villages. De nombreux pèlerins revêtent le costume régional et scandent leur marche de chants folkloriques. C'est l'occasion de se retrouver, de déjeuner sur l'herbe, de danser. En Cantabrie, en Asturies et en Galice, la *romería* est toujours accompagnée des sons aigrelets de la « **gaita** », variante du biniou, et parfois du tambourin et des castagnettes. Elle honore les plus vieux métiers du terroir : vachers, bergers, marins. Les fêtes les plus typiques sont celle des vachers *(vaqueiros)* à Aristébano, en été, et la Fête des bergers *(pastores)*, aux environs du lac d'Enol. Les danses les plus courantes en Galice sont la *muñeira* (danse de la Meunière), la danse des épées, réservée aux hommes, et la *redondela*.

Les processions de la Semaine sainte, dont le caractère varie selon le tempérament de chaque région, sont une autre manifestation de cette foi catholique si profondément enracinée dans l'âme espagnole.

Dans de nombreuses localités, les gens accompagnent la Passion du Christ. La beauté des statues qui sont pour la plupart de véritables œuvres d'art et que l'on mène en procession, la solennité des cortèges et la ferveur des

Mozos pendant les fêtes de Pampelune.
D. Arizona Bonuccelli / Photononstop

participants peuvent impressionner les croyants comme les non-croyants.

LES FÊTES DE NOËL

Les fêtes de Noël sont les fêtes familiales par excellence. Les cadeaux traditionnels à cette occasion sont les *cestas de Navidad*, grandes corbeilles d'osier, souvent à plusieurs étages, garnies de bouteilles, de jambons et de dragées, de *turrón* (nougat ou touron) et de massepain. Une autre tradition est le défilé des Rois mages le soir du 5 janvier. Ils parcourent les villes distribuant des bonbons aux enfants.

PAYS BASQUE ET NAVARRE

Les danses

Coiffés du fameux béret rouge, vêtus d'un costume blanc ceinturé de rouge, les hommes exécutent des rondes, au son des **zortzicos** (chants), du **txistu** (flûte) et du *tamboril*. La plus solennelle est l'*aurresku*, que les hommes dansent après la grand-messe, en se donnant la main. L'« **espata-dantza** » (danse des épées) a des réminiscences guerrières, celle des fileuses ou celle des bâtons évoquent des travaux quotidiens. Autre particularité basque, les concours sont très populaires.

La pelote basque

La pelote est de loin la grande passion des Basques. Elle se joue sous différentes modalités : à la **chistera** (gouttière en osier prolongeant le gant protecteur), à la **cesta punta**, importée d'Amérique latine, qui se joue sur un fronton couvert *(jaï-alaï)*, avec une raquette en bois ou *pala*, ou à la main **(a mano)**. À Markina en Biscaye fonctionne une célèbre université de la Pelote. *Voir p. suivante et p. 21 « Organiser son voyage ».*

COURSES DE TAUREAUX ET CORRIDAS

La corrida est très peu répandue en Espagne Atlantique, mis à part au Pays basque et à Pampelune, en Navarre. Universellement connues grâce à Ernest Hemingway, les

LA PELOTE BASQUE
Chaussé de tennis et vêtu d'un pantalon et d'une chemisette de couleur blanche, avec pour seule tache de couleur la ceinture, ou *cinta*, le joueur de pelote a le choix entre plusieurs types de terrains différents dont le fronton et le trinquet , ce dernier étant une salle fermée. La **pelote**, plus grosse qu'une balle de tennis, noyau de caoutchouc enrobé de coton et protégé de cuir, est envoyée avec des gants et raquettes. Le **chistera** est une prolongation du gant par une sorte de gouttière courbe en osier. Le **rebot** est une variante plus petite, tandis que la **pala** est une raquette en bois massif. Il y a différentes sortes de jeux. Depuis 1900, la formule la plus appréciée des touristes est le jeu au grand chistera, très rapide, qui se joue contre le fronton à deux équipes de trois joueurs. Une variante du jeu de chistera, spectaculaire et athlétique, connaît une faveur plus récente : la *cesta punta*, importée d'Amérique latine. Elle se joue sur un fronton espagnol couvert *(jaï-alaï)* à trois murs (devant, derrière, à gauche).

corridas de la **Sanfermines (St-Firmin)** de **Pampelune** sont les plus célèbres et attirent une grande foule entre le 6 et le 14 juillet (réservation indispensable). Les taureaux qui combattent dans l'arène l'après-midi sont lâchés au petit matin dans la rue, encadrés de bœufs dressés : c'est l'**encierro** qui se déroule sur un trajet de 800 m délimité par de hautes barrières. Des jeunes gens courent devant eux, *templant* (tempérant) la charge à l'aide d'un journal plié. Mais attention ! On ne s'improvise pas *corredor* d'*encierro* et les accidents, parfois graves, affectent surtout les profanes : restez donc spectateurs, de cette course (rendue encore plus dangereuse par la foule qui se presse sur le trajet dans le seul souci de se donner des émotions fortes), en restant derrière les barrières fermant les issues, ou sur les gradins des arènes où la course se termine.

Les vrais *aficionados* ne manquent sous aucun prétexte les **corridas générales de Bilbao** (une semaine autour du 15 août), un des sommets de la saison taurine espagnole. Les corridas de **St-Sébastien** sont également courues (Semana Grande, avant le 15 août). Vous pourrez aussi assister aux ferias de moindre réputation de **Tudela** (juillet) et de **Vitoria** (feria de la Virgen Blanca, autour des 4-6 août).

Le pèlerinage de Saint-Jacques

Depuis des siècles, le chemin de St-Jacques-de-Compostelle rassemble des jacquets de plus en plus nombreux. Le long de l'ancienne voie romaine allant de Bordeaux à Astorga, passant par St-Jean-Pied-de-Port, en Basse-Navarre, c'est un pèlerinage toujours chargé d'émotions.

L'APÔTRE ET SA POSTÉRITÉ

L'apôtre

Selon la légende, l'apôtre Jacques le Majeur aurait été chargé par Jésus d'évangéliser l'Espagne. De retour en Palestine, il fut décapité en l'an 42 sur l'ordre d'Hérode et son corps, placé dans une barque, aurait échoué sur la Côte de Galice. Il aurait alors été enterré à Compostelle… puis oublié jusqu'au début du 9e s. où un ermite du nom de Pelayo (Pélage) vit soudain une mystérieuse étoile le guider vers l'emplacement du tombeau du saint. Il découvre

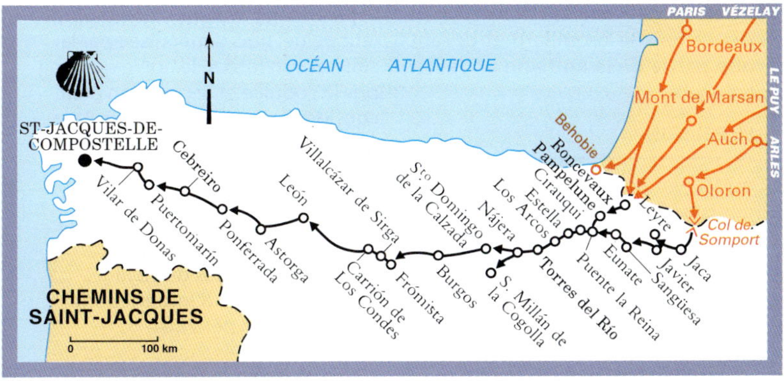

alors les saintes reliques qu'un évêque local décrète appartenir à l'apôtre (Rome attendra 1884 pour officialiser cette identification). Le roi des Asturies Alphonse II ordonne alors d'élever une église sur le « champ de l'étoile », ou *Campus stellae* qui deviendra Compostelle. Le lieu attire aussitôt les pèlerins malgré un raid audacieux conduit par le futur calife de Cordoue, al Mansūr (997)… qui toutefois respecta le sépulcre de l'apôtre.

Entre-temps, lors de la bataille de Clavijo opposant en 844 le roi des Asturies aux Maures, Jacques serait apparu pour prodiguer ses conseils au roi chrétien. Il aurait même participé au combat sur un cheval blanc, et terrassé les Maures (d'où son surnom de « Matamore »). Bien que cette bataille et ce haut fait soient imaginaires, ils ont fait de l'apôtre le symbole de la Reconquête. Son image de saint batailleur lui valut même d'être « exporté » aux Amériques par les *conquistadores* sous le surnom de « Mataindios » ! Il est aujourd'hui le saint patron de l'Espagne.

LE CHEMIN DE LA FOI

Au Moyen Âge, le tombeau de saint Jacques le Majeur attire en Espagne une foule considérable de pèlerins venus de toute l'Europe. La dévotion envers « Monsieur saint Jacques » est si vivante que **Santiago de Compostela** devient un lieu de rassemblement exceptionnel, d'autant que les deux grands lieux de pèlerinage de la chrétienté sont alors inaccessibles (Jérusalem) ou en plein déclin (Rome). Depuis le premier pèlerinage accompli par l'évêque du Puy en 951, des millions de jacquets, jacquots ou jacobits, ont pris la route pour aller vénérer les reliques de l'apôtre.

Une organisation très complète d'**hospices** facilitait le voyage et pourvoyait, le long des principaux itinéraires, à l'hébergement des pèlerins et au maintien de leur bonne santé spirituelle.

Les itinéraires pour les pèlerins venus du nord convergeaient à Ostabat, en Basse-Navarre, avant le franchissement des Pyrénées, opérant leur jonction. St-Jean-Pied-de-Port représentait la dernière étape avant l'ascension vers le col frontière. Les pèlerins gagnaient Roncevaux par la route des hauteurs, section de l'ancienne voie romaine de Bordeaux à Astorga. Chaque pèlerin portait une croix de feuillage faite de ses mains avant la montée. Au terme de la première escalade, au col de Cize (Ibañeta), près de la Croix de Charles, le jacquet priait, chantait et plantait sa croix.

À l'ermitage voisin, la cloche sonnait par temps de brouillard et durant une partie de la nuit afin de rallier les égarés.

LE PÈLERIN

Au Moyen Âge, la pratique des grands pèlerinages fit du pèlerin un personnage familier des villages qui ponctuaient le chemin. Il était accueilli avec respect, voire enthousiasme, car il contribuait à la vitalité du commerce local. Son costume ressemblait à celui des voyageurs de l'époque : une vaste cape et un mantelet court (esclavine), une panetière (musette), une gourde, un couvert et une écuelle. En plus de cela, il était équipé d'un coffret contenant les papiers et les sauf-conduits ainsi que d'un gros bâton à crosse (bourdon). La route n'était pas sans dangers : des bandes de « coquillards », faux pèlerins, dont fit partie le poète **François Villon**, rançonnaient sans vergogne les jacquets en leur imposant des péages quand ils ne les dépouillaient pas de leurs biens. De multiples trafics sévissaient : ainsi à l'église de Villafranca del Bierzo (León), les pèlerins découragés par l'ascension du dernier col avant la Galice pouvaient se procurer de faux certificats contre monnaie sonnante et trébuchante.
Enfin parvenus à Santiago, ils se voyaient remettre les insignes du pèlerinage : coquille et médaille, ainsi que la « **compostela** », attestation en latin, d'abord destinée à prouver que ceux qui avaient été condamnés à effectuer le pèlerinage avaient bien accompli leur peine, puis généralisée par la suite. À son retour, le fidèle qui avait pris la coquille et le bourdon était considéré comme un notable. Les confréries de St-Jacques avaient leur chapelle particulière dans les églises ; elles constituaient des fraternités (frairies ou *hermandades* en Espagne) et conservaient les comptes rendus de voyage, précieuse source d'informations pour les futurs pèlerins.

LA COQUILLE

Fréquente sur les côtes de Galice et en particulier au cap Finisterre, la coquille de *vieira* était donnée aux pèlerins qui la rapportaient en témoignage de leur équipée après l'avoir accrochée à leur manteau ou à leur chapeau. Devenue l'un des symboles du pèlerinage (et l'un des attributs du pèlerin avec le bourdon), elle prit bientôt le nom de coquille St-Jacques. Depuis lors, elle orne les façades d'églises et de demeures nobles, qui ne sont parfois liées que de loin au pèlerinage.

LE RENOUVEAU

Desservis par de longues périodes d'insécurité et de lourdes démarches administratives, les pèlerins reprennent la route de Compostelle. Néanmoins, ceux qui se font remettre la *compostela* après avoir vénéré les reliques sont aujourd'hui tout aussi nombreux que les randonneurs, les cyclotouristes, voire les cavaliers.
Voir les chapitres « Les chemins de Saint-Jacques » p. 137 et « Saint-Jacques-de-Compostelle » p. 431.

LES ATTRIBUTS DU PÈLERIN

Coquille St-Jacques et bâton, bien entendu, et surtout le *credencial*, ce passeport du pèlerin qui ouvre de nombreuses portes, notamment dans les gîtes d'étape espagnols.
Pour plus d'informations et de conseils, reportez-vous p. 22 et 139.

Spécialités gastronomiques

Les provinces du nord de l'Espagne ont fait de la gastronomie un art de vivre et ce n'est sans doute pas un hasard si la région basque concentre d'excellents restaurants.

Pays basque

La cuisine basque est le fruit d'une laborieuse préparation avec de nombreux plats en sauce, des ragoûts de poisson, de morue, de colin préparés en sauce verte, au piment, les *chipirones en su tinta* (petits calmars préparés dans leur encre). Le *marmitako*, plat typique des villages de pêcheurs, est composé de thon, de pommes de terre et de poivrons et souvent accompagné d'un bon *txacoli*, vin blanc au goût sec et fruité. Les restaurants proposent également du **crabe farci**, des **palourdes** et des **araignées de mer**. La **pibale**, future anguille, est un mets rare, souvent réservé aux fêtes. Frite dans l'huile et l'ail, elle se déguste dans une cassolette à l'aide d'une petite fourchette de bois. Les amateurs de viandes goûteront avec délice **l'axoa** (sorte de ragoût d'agneau ou de veau coupé en dés avec du piment), le boudin et, partout, le **jambon** : du savoureux **jabugo** à la viande de cochon sauvage ou de sanglier au **serrano** (viande des montagnes), ou le délicieux **bellota**, préparé avec de la viande de cochon nourri de glands et de châtaignes, à déguster arrosé d'un verre de cidre.

Impossible de repartir du Pays basque sans avoir goûté à son chocolat ! Les meilleurs se dénichent à St-Sébastien ou Tolosa, selon une tradition remontant au 16e s. Les amateurs de sucreries apprécieront également les *vasquitos et nesquitas* de Vitoria, le *goxua* (une sorte de baba au rhum nappé de crème pâtissière et de caramel) et, bien entendu, le gâteau basque au cœur de cerise ou de crème d'amande.

Galice

La cuisine galicienne doit sa finesse à la qualité des produits de la mer : poulpe, merlu, daurade, coquilles Saint-Jacques *(vieiras)*, moules *(mejillones)*, pouces-pieds *(percebes)*, gambas, cigales de mer et langoustines. Mais on y trouve aussi le pot-au-feu local, **el caldo gallego**, et le jambonneau aux feuilles de navet, **el lacón con grelos**. On arrose tout cela de vins locaux : le **ribeiro** blanc ou rouge et l'**albariño** blanc. En tapas, les **empanadas** (petits chaussons fourrés au thon), le **pulpo gallego**, poulpe pimenté, les **pimientos de Padrón**, petits piments verts frits, sont d'inoubliables plaisirs que l'on termine avec une part de **tarta de Santiago**, délicieux gâteau aux amandes servi avec un verre de Jerez doux.

Asturies et Cantabrie

Poissons et fruits de mer sont aussi à l'honneur, mais la plus grande spécialité est une sorte de cassoulet baptisé **fabada**, l'un des plats les plus typiques du nord de l'Espagne. Pour sa réalisation, on utilise la **faba,** ou fabe, un haricot blanc de qualité exceptionnelle. Préparé à base de charcuterie régionale, de morcilla, de chorizo séché au four, d'épaule de porc ferme et savoureuse ainsi qu'avec du lard, un os de jambon, une oreille, un pied ou une queue de porc. Ses variantes, le *pote asturiano* et le *cocido montañés*, sont servis avec des pommes de terre et du chou. Dans la région, vous trouverez du saucisson de sanglier, les anchois de Santoña, de l'orujo, eau-de-vie fabriquée en Galice et en Cantabrie, dans la vallée de Liébana, des fromages aux laits de vache mélangés comme le fameux Cabrales. Enfin, ici, le **cidre** (sidra) est une institution.

LES FROMAGES D'ORIGINE CONTRÔLÉE	
	GALICE
Tetilla (vache)	Les zones de production, élaboration et maturation comprennent les provinces de La Corogne et Lugo. Sa forme caractéristique lui vaut son nom (teta = sein). C'est un fromage à pâte molle, de couleur jaune tirant vers l'ivoire.
Arzúa-Ulloa (vache)	Élaboré dans les régions de Arzúa (La Corogne) et Ulloa (Lugo) avec du lait de vache cru ou pasteurisé. De couleur jaune, on peut le trouver frais ou affiné.
San Simón da Costa (vache)	Cette dénomination d'Origine contrôlée comprend les communes de San Simón, Samarugo, Villapedre, et Moreda de Lanzós (Villalba), Balsa et Viveiró (Muras). D'une forme assez similaire au fromage de Tetilla, celui-ci est néanmoins fumé.
O Cebreiro (vache)	La zone de production comprend huit communes de la zone orientale de la région de Lugo. Il a une forme particulière qui rappelle un gros champignon ou une toque de chef cuisinier. On le trouve soit frais (blanc) soit affiné (jaune).
	ASTURIES
Gamoneu (vache, brebis et chèvre)	Fromage bleu élaboré dans le village de Gamonedo, dans la région de Cangas de Onís. On utilise pour son élaboration un mélange de lait de vache, brebis et chèvre. Il se caractérise par un arôme intense de fumée, et une saveur légèrement *picante*.
Cabrales (vache, brebis et chèvre)	Cette dénomination d'Origine contrôlée couvre les zones de productions de la municipalité de Cabrales, ainsi que Peñamellera Alta, dans les Pics d'Europe asturiens. C'est un fromage fort et sec, de couleur vert-bleu. Il existe également la crème de Cabrales, qu'on peut vous proposer au dessert dans les Pics d'Europe : âmes sensibles s'abstenir !
Afuega'l pitu (vache)	Il se fabrique avec du lait de vache pasteurisé. Il est crémeux, avec une légère tendance acide et un arôme très particulier. Il peut se consommer frais (blanc) ou bien affiné (jaune).
	CANTABRIE
Cantabrie (vache)	La zone de production et d'élaboration du fromage de Cantabrie s'étend sur toute la région du même nom, sauf la communauté de Liébana. C'est un fromage élaboré avec du lait entier pasteurisé, à pâte pressée et de couleur ivoire.
Liébana (vache, brebis et chèvre)	Il est fabriqué dans de nombreux villages de la région de Liébana avec du lait pasteurisé de vache, brebis et chèvre. Il existe en version fumée ou non-fumée.
Picón Bejes-Tresviso (vache, brebis et chèvre)	Fromage bleu élaboré avec un mélange de laits crus. Son goût est légèrement relevé. Il est élaboré dans les villages de Tresviso et Bejes. La maturation de ces fromages se fait dans les grottes des Pics d'Europe, ce qui lui donne une caractéristique unique.
	PAYS BASQUE ET NAVARRE
Idiazabal (brebis)	C'est un fromage élaboré exclusivement avec du lait de brebis, à pâte pressée non cuite. Les zones de production, élaboration et maturation comprennent les provinces de l'Álava, la Biscaye et la Navarre, sauf la vallée de Roncal.
Roncal (brebis)	Élaboré avec du lait de brebis, uniquement dans les sept municipalités que comprend la vallée de Roncal. C'est un fromage à pâte dure, couleur ivoire, avec une croûte dure.

PLANTES DU NOUVEAU MONDE
Les ports basques furent des entrées importantes de la plupart des plantes venant du Nouveau Monde. Maïs, pommes de terre, haricots, tomates, courges, potirons, piments sont cultivés depuis très longtemps au Pays basque et en Navarre, suffisamment longtemps pour que les paysans aient là aussi utilisé leur savoir-faire pour sélectionner ces végétaux et produire des variétés adaptées aux conditions locales. Aujourd'hui, plusieurs variétés sont réputées, comme les piments de Lodosa ou de Guernica, les haricots de Tolosa.

Les fromages

LE CABRALES, FROMAGE DES PICS D'EUROPE

D'Appellation contrôlée, il est l'un des fromages les plus célèbres de la péninsule Ibérique. Son goût intense, piquant dans la bouche, phénomène qui augmente avec le temps de maturation, son aspect vert-bleuté rappellent le roquefort français. Il est encore élaboré de façon artisanale avec le lait des vaches, des brebis et des chèvres alimentées dans les hauts pâturages de la vallée du Cares. Fabriqué par quelque soixante entreprises familiales, il est ensuite affiné dans les grottes naturelles de la montagne, pendant au moins trois mois, au maximum six mois. On le déguste sur du pain, avec du cidre fermier.
Tableau des fromages (p. 44).

Les vins de La Rioja

La Rioja est la région la plus exportatrice d'Espagne, dont elle produit les vins les plus prisés. Son vignoble de 47 000 hectares divisés en trois sous régions (lLa Rioja Alta, La Rioja Baja et La Rioja Alavesa) est le premier à avoir obtenu la Denominacion de Origen Calificada (DOC).
Si ses vins ont un air de famille avec les bordeaux, ce n'est pas un pur hasard : beaucoup de producteurs bordelais, ruinés par le phylloxéra s'y installèrent au 19e s., et expérimentèrent leurs méthodes de vinification sur ces terres, qui se révélèrent d'excellent aloi...
Le **tempranillo** y est le cépage roi. Il est à la base de tous les bons Rioja dont le style est reconnaissable entre tous : force, corps, structure et aptitude au vieillissement, les qualités essentielles des grands vins d'assemblage dont certains domaines de marques comme **Palacios Remondo, Marques de Riscal,** ou **Marques de Murrieta** se sont faits les chantres internationaux.
Pour en savoir plus, reportez-vous aux pages consacrées à la région de La Rioja dans la partie « Découvrir l'Espagne Atlantique ».

La région, politique et économique

Réunissant plusieurs régions à l'identité forte, dont le Pays basque et la Galice qui ont chacune leur propre langue, l'Espagne Atlantique apparaît cependant homogène par ses paysages verts, son histoire et son économie. Constitué de six des dix-sept communautés autonomes d'Espagne, ce territoire est caractérisé par l'omniprésence des côtes baignées par l'océan Atlantique (à l'exclusion de la Navarre, la Castille-et-Léon et de La Rioja qui n'en sont pas très éloignées).

L'Espagne contemporaine

JUAN CARLOS ET L'AVÈNEMENT DE LA DÉMOCRATIE

Après une quarantaine d'années au pouvoir, marquées par l'intransigeance et le conservatisme, Franco meurt le 20 novembre 1975. Il s'est choisi un successeur : un petit-fils d'Alphonse XIII, sacré roi sous le nom de Juan Carlos Ier. Mais le jeune souverain surprend les franquistes en restaurant la démocratie. La censure est abolie, les partis politiques et les syndicats retrouvent une existence légale. Le démocrate chrétien Adolfo Suárez est alors élu président du gouvernement en 1977 et une nouvelle Constitution est approuvée par référendum en 1978. Les statuts d'autonomie de la Catalogne, du Pays basque et de la Galice sont reconnus.

Les deux années suivantes marquent un tournant décisif : un coup d'état avorte en 1981 grâce à l'intervention de Juan Carlos Ier, le socialiste Felipe González est élu président du gouvernement en 1982.

LA MODERNISATION

Le pays entame une mue spectaculaire, qui voit sa modernisation sur tous les plans : économique, social, urbanistique, artistique, etc. En 1986, le pays entre dans la Communauté européenne. En 1992 (soit cinq siècles après la découverte de l'Amérique), Barcelone accueille les Jeux olympiques, Séville organise une exposition universelle et Madrid est proclamée « capitale de l'Europe ». José María Aznar est élu en 1996, marquant le retour de la droite après quatorze ans de pouvoir socialiste : c'est le début d'une alternance démocratique normalisée, qui voit le retour

À Llanes, les cubes de la mémoire.
P. Lazzarin / Tips/Photononstop

des socialistes en 2004, avec l'élection de José Luís Zapatero à la suite des attentats de Madrid, le 11 mars 2004.
L'euro est adopté en 2002 et, en 2005, le « oui » l'emporte au référendum sur la Constitution européenne : après des années de conflits et de conservatisme, l'Espagne connaît un essor spectaculaire jusqu'à la crise financière en 2009.

POLITIQUE ET ADMINISTRATION

La Constitution espagnole, approuvée en octobre 1976 par les Cortes (Assemblée et Sénat) et adoptée par référendum le 6 décembre 1978, définit la forme politique de l'État espagnol comme une **monarchie parlementaire** ; la souveraineté réside dans le peuple espagnol, et le pouvoir est séparé entre exécutif, législatif et judiciaire. Un **chef de l'État**, incarné dans la personne du roi, des **Cortes Generales** et un **gouvernement** sont les figures représentatives de ce système politique. Le roi dispose de pouvoirs importants : désignation du président du Gouvernement (ou Premier ministre), convocation et dissolution des Cortes, mais l'exercice du pouvoir réel revient au Premier ministre. Les Cortes, qui représentent le peuple espagnol, sont élues au suffrage universel tous les quatre ans ; elles disposent du pouvoir législatif et sont divisées en deux chambres : la **Chambre des députés** et le **Sénat**. Le gouvernement exerce la fonction exécutive par l'intermédiaire d'un président du Gouvernement, de vice-présidents et de ministres.
Le pouvoir judiciaire, dont l'organe supérieur est le **Tribunal suprême**, est un pouvoir indépendant déposé entre les mains de juges et de magistrats.
Du point de vue territorial, l'Espagne est organisée en communautés autonomes, provinces et municipalités.
– **Les communautés** : l'Espagne est divisée en 17 communautés autonomes constituées d'une seule province ou de plusieurs.

LES ATTENTATS DE MADRID
Le 11 mars 2004, dix bombes explosent dans des trains, faisant près de 200 morts et 1 500 blessés. Le Premier ministre José María Aznar, qui a engagé le pays aux côtés des États-Unis dans la guerre en Irak malgré l'opposition massive de la population, accuse immédiatement l'ETA, l'organisation indépendantiste basque. Mais l'enquête révèle qu'il s'agit d'un attentat islamiste et le gouvernement est accusé d'avoir manipulé l'opinion. La sanction tombe aux élections, avec la victoire du socialiste Zapatero, hostile à la guerre, qui rapatrie les troupes espagnoles.

Chacune dispose de son propre gouvernement, avec un conseil exécutif et une assemblée législative élue au suffrage universel; un président de communauté, élu tous les quatre ans, la dirige. Le transfert de pouvoirs des ministères centraux (le pouvoir central conserve la Défense, les Relations extérieures et la politique économique concernant l'ensemble du pays) vers les organismes autonomes est un processus encore inachevé, mais le régime d'autonomie que connaît l'Espagne est l'un des plus avancés d'Europe, chaque communauté ayant vu entre autres sa langue propre reconnue comme langue officielle au même titre que le castillan.

– **Les provinces** : la recherche d'une meilleure efficacité administrative a conduit les gouvernements d'Isabelle II (au 19e s.) à créer la première division du territoire en provinces. Actuellement, l'Espagne compte 50 provinces.

– **Les municipalités** : la plus petite division territoriale est aussi la mieux enracinée historiquement; chacune est dirigée par un conseil municipal, à la tête duquel se trouve un maire (*alcalde*).

Dans le cadre de cette organisation administrative, les communautés et les municipalités sont les organismes qui disposent des plus grands pouvoirs de gestion du territoire.

Les régions Atlantique

UN TERRITOIRE AVANT TOUT GÉOGRAPHIQUE

Il recouvre sept communautés autonomes : le long du littoral, la **communauté autonome basque** (provinces de Guipúzcoa, Biscaye, Álava), suivie par celles de **Cantabrie**, des **Asturies** et de **Galice** (provinces de La Corogne, Lugo, Ourense et Pontevedra); côté terre, la **communauté forale de Navarre**, la communauté de **La Rioja**. Dans ce guide, nous traitons aussi les localités liées au chemin de St-Jacques en **Castille-et-León**. Autant dire que les identités sont multiples, comme le présente le chapitre consacré à la culture et aux langues basque, asturienne et galicienne *(voir p. 52-55)*.

LA QUESTION BASQUE

La Constitution de 1978 divise l'Espagne en 17 communautés autonomes, dont trois ont un statut « historique » en raison de leur existence sous la 2e République : le Pays basque (ou Euskadi selon le statut d'autonomie de Guernica de 1979), la Galice et la Catalogne. On remarquera la concordance de ce statut particulier avec la forte survivance d'une langue et d'une culture particulière à chacune de ces régions. Si la Galice s'intègre sans trop de difficultés à l'ensemble des communautés autonomes, il n'en va pas de même pour celle d'Euskadi.

Une situation complexe

La communauté autonome basque (Euskadi) se distingue de la Galice et des autres communautés de l'Espagne Atlantique par un fort nationalisme.
Ses revendications rejoignent celles d'autres régions (Andalousie, Catalogne, Galice, etc.), auxquelles l'État espagnol répond par sa vision d'une nation espagnole unique composée de provinces aux statuts différents. Il négocie sur cette base. Or au Pays basque, le terrorisme d'ETA (Euskadi Ta Askatasuna, Pays basque et Liberté), actif depuis les années 1960, envenime le dialogue avec les nationalistes.

Les forces en présence

On peut schématiquement distinguer les composantes suivantes dans la vie politique basque en Espagne.
Les deux grands partis espagnols sont représentés par le **PSE-EE (Partido Socialista de euskadi - Euskadido Eskerra)**, parti centre-gauche socialiste, et le **PP (Partido Popular)**, la droite conservatrice. Le PSE-EE étant actuellement en position de force par rapport au PP. Une coalition de ces deux partis a pris le pouvoir au gouvernement basque en mai 2009, avec à sa tête Patxi López (PSE-EE).
Le **PNV (Partido Nacionalista Vasco)**, en place jusque-là, reste une importante force politique au Pays basque.
Le poids respectif des autres composantes fluctue régulièrement en fonction des différentes consultations.
D'autre part, la frange nationaliste basque radicale ou « gauche abertzale », autour de l'**ETA**, a été privée depuis 2003 de sa vitrine politique **Batasuna** (Unité).

Entre crises et négociations

La vie politique basque est marquée par une alternance de périodes d'accalmies, de trêves et de reprise de tension entre les séparatistes et le gouvernement espagnol. L'espoir suscité par l'ouverture au dialogue du président Zapatero s'évanouit avec l'attentat à l'aéroport de Madrid qui fait deux morts le 30 décembre 2006. Les tensions s'avivent encore lors des élections de mai 2007. L'ETA annonce la rupture du cessez-le-feu permanent le 5 juin 2007, laissant planer, malgré l'arrestation de plusieurs de ses membres, la menace de nouvelles violences.
En septembre 2010, l'annonce par l'ETA d'un nouveau cessez-le-feu et d'une volonté de poursuivre son projet indépendantiste à travers la négociation, a par conséquent été accueillie avec beaucoup de scepticisme par la classe politique espagnole.

Une question d'identité

Si la majorité des Basques rejettent la démarche terroriste, ils revendiquent néanmoins fortement leur identité basque. Ce sentiment d'appartenance permet, pour le plus grand bonheur des touristes, de maintenir des traditions et une culture très vivaces, parmi les plus fortes et les plus originales d'Europe.

La population

DIFFÉRENCES DE RÉPARTITION

L'encadré p. 51 indique que les régions les plus densément peuplées se trouvent sur la façade littorale : le Pays basque en tête (avec 1 152 658 habitants en 2009, Bilbao et la Biscaye concentrent plus de la moitié de la population d'Euskadi), puis la Cantabrie et les Asturies. La Galice fait figure

d'exception. Bien que la plus peuplée des communautés autonomes côtières, elle affiche la densité la plus faible du littoral. Cela s'explique en partie par la taille de son territoire.

À l'inverse, la Navarre et La Rioja, enclavées dans les terres, présentent une densité nettement inférieure à leurs voisines et à la moyenne nationale. Cette différence met en évidence une tendance qui date de l'industrialisation et qui n'a cessé de se renforcer au 20e s sur les côtes.

DES DUALITÉS

La première différence de peuplement **côte-arrière-pays** qui apparaît à l'échelle des communautés se confirme au niveau provincial. Ainsi, un quart des Guipúzcoans habitent à St-Sébastien. Dans les Asturies, l'essentiel de la population se concentre entre la côte, les grandes villes (Gijón, Avilès) et Oviedo, qui n'est qu'à une trentaine de kilomètres de la mer.

Ces constats mettent aussi en lumière une autre tendance démographique de l'Espagne Atlantique, commune à tous les pays d'Europe : le **développement des espaces urbains** au détriment des campagnes. L'exemple de la Navarre est à cet égard particulièrement représentatif. Aujourd'hui, un tiers de la population navarraise vit dans l'agglomération pampelonaise. La population de la ville a doublé entre 1960 et 1980, pendant que les vallées pyrénéennes au nord se sont désertifiées. Depuis les années 1960, Vitoria-Gasteiz a triplé le nombre de ses habitants. Tandis que cette dernière continue à attirer de nouveaux arrivants et immigrants avec un secteur tertiaire dynamique, Pampelune a vu sa population stagner depuis les années 1990, entre autres en raison d'une faible natalité.

Le territoire tend aujourd'hui à se structurer autour de ces grandes cités et agglomérations (Bilbao, Vitoria, Burgos, León...), qui concentrent communications et activités économiques. Seule la Galice échappe pour l'instant à ce schéma, peut-être en raison de son enclavement à l'extrémité septentrionale de la péninsule. Elle dispose d'un réseau de villes moyennes (Vigo, La Corogne, Ourense, St-Jacques-de-Compostelle) qui s'équilibrent pour l'instant, mais la région n'échappe pas au clivage : littoral-intérieur des terres, avec une densité d'environ 50 hab./km² vers Ourense et Lugo, contre 140 hab./km² autour de La Corogne et Pontevedra.

L'économie

D'une manière générale, ces dualités correspondent aux évolutions économiques des communautés autonomes et à la **tertiarisation** de l'économie. Dans toutes les provinces, les services occupent la majorité de la population active, qu'il s'agisse du Pays basque, des Asturies ou de la Galice (entre 60 et 65%).
À l'opposé, et à l'image des économies occidentales, le secteur primaire devient confidentiel : il occupe 2 % des actifs basques ou navarrais, 6 % des Asturiens et entre 14 et 25 % des Galiciens. Si la pêche a longtemps été subventionnée par l'Union européenne, elle doit faire face à l'appauvrissement des ressources halieutiques et aux quotas européens. Côté terre, les actifs continuent à vieillir, mais cela n'empêche pas l'agriculture de fournir encore une industrie agroalimentaire florissante, comme à Oviedo ou dans La Rioja.
Enfin, l'Espagne Atlantique vit encore de ses industries, plus ou moins reconverties selon les communautés. La plus efficace à cet égard a été le **Pays basque**, dont le revenu *per capita* dépasse de loin la moyenne nationale. En 1990, son secteur sidérurgique traditionnel est intégralement reconverti, et la région reste le premier **producteur d'acier** d'Espagne. Elle a aussi consolidé le secteur automobile et créé *ex nihilo* une nouvelle industrie aéronautique. Preuve de son dynamisme : les parcs technologiques regroupant les activités comme à Zamudio, près de Bilbao (217 entreprises* en électronique, télécommunications, environnement et aéronautique) ou à Miñano, près de Vitoria (télécommunication, informatique, technologie médicale). Son PIB, équivalent à 137 % du PIB moyen européen en 2008, témoigne aujourd'hui de la réussite de cette reconversion.

DISPARITÉS RÉGIONALES	Superficie en km²**	Population**	Densité en hab./km²**
Espagne	505 182	46 661 960	92,4
Asturies	10 604	1 085 289	101
Cantabrie	5 231	589 235	108,1
Galice	29 572	2 786 089	93,6
Navarre	10 421	630 578	60,6
Pays basque	7 089	2 172 175	300
La Rioja	5 045	321 702	63,7

** - Source : www.parque-tecnologico.net • ** - Source : INE (Instituto Nacional de Estadisticas) www.ine.es*

Culture

Chevaliers errants, fripons, mystiques, Dom-Juans et bandits de grands chemins chevauchent, orgueilleux, à travers les lettres espagnoles. La littérature du Nord du pays a toutefois une forte singularité par rapport aux lettres castillanes. L'histoire de cette région, farouchement attachée à son indépendance et qui possède trois langues en plus du castillan officiel, a forgé des œuvres originales.

Langues

Pas moins de trois langues sont parlées au nord-ouest de l'Espagne, en plus du castillan : l'asturien, le basque et le galicien, ces deux dernières ayant le statut de langues officielles régionales.

LE BASQUE

Dans le rabat de couverture, vous trouverez un lexique francais-castillan-basque.

On compte environ 20 000 personnes unilingues bascophones. En Espagne, le nombre de locuteurs[1] dépasse les 700 000 (dans les provinces de Biscaye, Álava, Guipúzcoa et de Navarre).

La langue basque, ou euskara, est une composante essentielle de l'identité basque. C'est une langue unique dont l'origine est très lointaine, antérieure aux parlers indo-européens (dont est issu le français). Fait remarquable, la langue a subi très peu de modifications au cours des siècles et ne possède pratiquement, si l'on excepte les nombreux emprunts aux langues romanes, aucun terme commun avec les langues européennes actuelles. Si les linguistes ne sont pas vraiment fixés sur l'origine première du basque, ils s'entendent pour estimer qu'il s'agit d'une des langues les plus anciennes.

Sur une population totale de près de 3 millions d'habitants répartis dans les 7 provinces bascophones de part et d'autre des Pyrénées, plus d'un quart est bilingue et environ 15 % ont une connaissance approximative du basque. Le bilinguisme est très variable selon les provinces. La Biscaye compte 1 152 000 habitants, dont plus de 26 % sont bilingues. Le Guipúzcoa, avec 705 000 habitants, a le plus grand nombre de locuteurs bascophones, soit près de la moitié de sa population. Sur les 313 000 habitants de l'Álava, plus de 13 % sont bilingues. La Navarre, province indépendante (630 000 habitants) ne compte qu'environ 10 % de bascophones, essentiellement regroupés dans le nord de la province[2].

La langue basque aujourd'hui

L'unification de la langue par l'**Académie de la langue basque** à partir de 1968 marque un tournant majeur soutenu par des écrivains comme le Guipúzcoan **José Luis Alvarez Enparantza « Txillardegi »** (né en 1929) ou le Biscayen **Gabriel Aresti** (1933-1975). En outre, ces

1 - Source : Eustat : http://www.eustat.es – 2 - Source : INE 2009, www.ine.es

auteurs « hétérodoxes » (parce qu'ils rejettent le catholicisme bourgeois du Parti nationaliste basque et son réformisme politique), libèrent la littérature basque de ses principaux tabous – sexuels, politiques ou langagiers – et la mettent au diapason des courants littéraires en vogue en Europe. Existentialisme, poésie sociale, néopaganisme, érotisme, humour noir… constituent les principales nouveautés introduites par ces auteurs. D'autres écrivains, plus jeunes, continueront d'élargir l'horizon de la littérature de langue basque. **Ramon Saizarbitoria** (né en 1944) introduit les formes du nouveau roman tandis que la romancière **Arantxa Urretabizkaia** (née en 1947) explore les voies du monologue intérieur.

Par ailleurs, l'enseignement bilingue n'est plus le fait exclusif des **ikastolas** (écoles associatives créées à partir des années 1960). Depuis 1983, l'enseignement bilingue s'est rapidement développé à l'école publique, proposant l'euskara tantôt comme matière, tantôt comme langue d'enseignement. Plusieurs réseaux d'enseignement de l'euskara pour les adultes se sont également mis en place, notamment pour répondre aux besoins de ceux qui doivent atteindre un certain niveau de maîtrise de la langue pour postuler à des emplois publics.

Le Pays basque a son **quotidien** *(Berria)*, entièrement rédigé en basque, une **chaîne de télévision publique**, ETB, qui émet exclusivement en euskara, de nombreuses **radios bascophones** et une industrie culturelle variée (livres, musique) qui produit 1 200 ouvrages par an en langue basque. La Foire du livre et du disque de Durango en Biscaye, qui a lieu tous les ans au début du mois de décembre et réunissant des dizaines de milliers de visiteurs et de professionnels autour de la production bascophone, constitue un des moments forts de la vie culturelle basque.

L'autonomie du fait littéraire

Dans le contexte de la « Transición » démocratique espagnole, un groupe de jeunes écrivains revendique l'autonomie du fait littéraire et le « désengagement » politique de l'écrivain. **Le groupe littéraire « Pott »** (Désastre), constitué dès 1978 à Bilbao, comporte quelques-unes des figures les plus marquantes de la vie littéraire basque des années 1980 et 1990, dont le poète et nouvelliste **Joseba Sarrionaindia** (né en 1958), auteur d'une œuvre poétique raffinée et de quelques recueils de nouvelles, ainsi que **Bernardo Atxaga** (né en 1951). Ce dernier obtient le prix national de Littérature d'Espagne et une reconnaissance de la critique internationale, inédite pour un auteur de langue basque, avec le recueil de nouvelles romancées *Obabakoak* (1988), depuis traduit en plus de vingt langues. Il y propose une relecture tragique du ruralisme littéraire de l'époque romantique.

Les années 1990 sont marquées par l'arrivée à maturité du genre romanesque qui ose enfin le réalisme urbain et contemporain. Le génie ironique de **Ramon Saizarbitoria** éclot en une série de romans où l'inconscient collectif basque contemporain est analysé avec autant de profondeur que d'humour : *Hamaika pauso (Les Pas incomptables* - 1995*)* ; *Gorde nazazu lurpean (Garde-moi sous terre* - 2000*)*.

L'ASTUR-LÉONAIS

L'asturien (asturianu) est également connu sous les noms d'asturo-léonais, astur-léonais, ou, plus rarement, **bable.** Même s'il est parlé par presque 600 000 personnes, il n'a pas le statut de langue officielle. Proche du portugais – dans la région de Miranda do Douro au Portugal, on parle une variante de l'asturien, le mirandais (*mirandés* ou *mirandês*) – l'asturien s'écrit au moyen de l'alphabet latin. Fondée en 1981, l'Académie de la langue asturienne (Academia de la Lingua Asturiana) a promulgué des normes orthographiques, largement inspirées de celles du castillan. L'asturien a aussi depuis l'an 2000 une convention orthographique spécifique, plus proche de l'orthographe du portugais, avec lequel il partage des traits de prononciation.

Histoire et modernité

Aux 13e et 14e s., l'asturien est présent dans la rédaction des actes administratifs, publics et notariaux, bien que les instances supérieures caractérisent la langue comme « de peu de noblesse ». De fait, l'asturien est maintenu dans les usages des classes sociales populaires.
Les grands noms de la littérature asturienne sont Antón de Marirreguera, Xosefa Xovellanos, Xuan María Acebal, Caveda y Nava, Teodoro Cuesta, Pin de Pría et Fernán Coronas.
C'est à partir de la transition démocratique espagnole que ressurgit (c'est le « xurdimientu ») la littérature astur-léonaise, avec des auteurs tels que Berta Piñán, Esther Prieto, Xuan Bello, Antón García, Miguel Rojo, Carlos Rubiera, Milio Rodríguez Cueto, Pablo Antón Marín Estrada et Martín López-Vega.

LE GALICIEN

Le galicien est une langue romane, proche du portugais. Tant le galicien que le portugais proviennent de la même variation du latin, le galaïco-portugais, né dans la province romaine de Gallaecia, qui comprenait le territoire de la Galice actuelle, le nord du Portugal et les territoires limitrophes de l'est. La langue se forme au 12e s. environ, à partir du latin vulgaire apporté par les conquérants romains au 2e s. de l'ère chrétienne.
Un courant minoritaire appelé « lusiste » prétend résister à l'hégémonie du castillan et défend le système linguistique galicien-portugais.
Le concept et la mise en œuvre d'une normalisation officielle du galicien ont généré des conflits en Galice durant ces dernières décennies. Le statut de la communauté autonome de Galice a alors octroyé aux pouvoirs publics galiciens toute compétence pour légiférer en la matière. Le 17 novembre 1982 la Junte de Galice (Xunta de Galicia soit l'équivalent du conseil régional en France) a établi l'existence d'une norme officielle pour la langue écrite. La loi du 15 juin 1983 relative à la normalisation linguistique a posé l'Académie royale galicienne (Real Academia Galega - RAG) comme autorité de normalisation et a relégué l'Institut de la langue galicienne (Instituto da Lingua Galega - ILG) comme référence légale. Ces deux institutions représentent les deux grandes options de l'évolution du galicien. Mais conflits et débats ne sont peut-être pas clos. En 2001, un processus de négociation a abouti à la réforme de 2003 actuellement en vigueur. Il s'agit des normes orthographiques et syntaxiques de la langue galicienne approuvées le 12 juillet 2003 par la RAG.

Histoire

Le galicien fut une langue de culture, y compris en dehors de la Galice et du Portugal. Ainsi, le roi de Castille Alphonse X le Sage a rédigé les Cantigas de Santa María (Chants de Sainte Marie) en galicien. Le galicien-

portugais a eu un statut officiel pendant presque sept siècles, mais la noblesse galicienne ayant choisi le camp des perdants dans les conflits de pouvoir de la fin du 13e s. et du début du 14e s., elle a été supplantée par une noblesse d'origine castillane. L'usage du galicien fut réprimé, et il cessa d'être utilisé en public, que ce soit dans les domaines politiques, juridiques, littéraires ou religieux, jusqu'à la fin du 19e s., et fut remplacé par le castillan.
Au même moment, le portugais a continué à se développer dans le seul État de la péninsule non soumis à la domination castillane (sauf, temporairement, de 1580 à 1640, pendant la réunion de la couronne portugaise aux couronnes d'Espagne).

Le galicien aujourd'hui

On compte actuellement presque trois millions de locuteurs du galicien, qui est la langue officielle régionale de la communauté autonome de Galice. Il est aussi parlé par une importante communauté galicienne émigrée dans le monde entier. Mais le galicien se parle moins parmi les jeunes. C'est pourquoi le gouvernement de Galice est en train de promouvoir une politique de normalisation de la langue, pour créer un modèle commun à tous les Galiciens.
Tous les ans a lieu le « Día das Letras Galegas » (Journée des lettres galiciennes), le 17 mai, consacré à un auteur dans cette langue (décédé depuis au moins 10 ans et choisi par l'Académie royale galicienne). Cette journée est mise à profit par les organismes officiels pour encourager l'utilisation et la connaissance de la langue galicienne.

Petit lexique de galicien

Les formules de politesse :
Bonjour : **boas días** ; au revoir : **adeus** ; bonsoir : **boas tardes** ; oui : **sí** ; non : **non**.
Les termes géographiques ou culturels :
Église : **igrexa** ; place : **praza** ; rue : **rúa** ; château : **pazo** ; monastère : **mosteiro** ; musée : **museo** ; plage : **praia** ; restaurant : **casa de xantar** ; ciel : **ceo** ; eau : **auga** ; feu : **lume** ; homme : **home** ; femme : **muller**, manger : **xantar** ; nuit : **noite** ; nostalgie : **morriña/saudade** ; orange : **laranxa**.

Littérature

Les provinces du Nord-Ouest ont apporté leur lot de grands auteurs à l'histoire littéraire espagnole. Mais, comme en peinture, on retrouve une influence plus grande de ces régions avant le Siècle d'or *(voir p. 87)*, qui est largement dominé par la littérature des auteurs castillans, puis à partir du 18e siècle. Leur présence est également très importante au 20e s. à travers une œuvre militante qui s'oppose à la dictature et propose un renouveau des genres.

APPORTS DU MOYEN ÂGE

Le premier apport littéraire important de la région est dû à Beato, un moine de Santo Toribio de Liébana *(voir p. 355)*, et son *Commentaire sur l'Apocalypse* écrit en latin au 8e s., qui a donné lieu à une série de remarquables manuscrits enluminés : les **Beatus**.
À partir du 11e s., par le biais des croisades, les hommes sont amenés à parcourir le monde, de St-Jacques-de-Compostelle jusqu'en Terre sainte, ce qui donne naissance à une littérature de voyage destinée aux pèlerins. Le *Codex Calixtinus* écrit en latin en 1139 est ainsi rédigé à l'intention des pèlerins de Saint-Jacques. Mais c'est un grand lettré du 13e s., le roi **Alphonse X le Sage,** qui compose par ailleurs des poèmes en galicien (*Cantigas de Santa María* ou Chants de Sainte

Marie) qui fait du castillan la langue officielle de son royaume, en remplacement du latin. L'expansion castillane imposera désormais ce dialecte au reste de l'Espagne, sauf en Catalogne où subsistera, comme langue littéraire, le catalan.

QUELQUES GRANDES ŒUVRES DES 18E ET 19E S.

Au 18e s., l'un des esprits les plus novateurs de l'Espagne des Lumières est issu de la petite noblesse de Gijón : **Gaspar de Jovellanos** y est né en 1744. Il a, outre les talents d'un poète remarquable, les qualités d'un économiste partisan du libéralisme et d'un homme politique éclairé. Nommé à divers postes de l'administration de l'État, il se fait remarquer pour sa volonté de réformer le pays, de lutter contre l'Inquisition et la richesse de l'Église. Destitué, il rentre à Gijón, où il devient conseiller d'État, mais se heurte encore à la vague conservatiste de l'époque. Accusé de diffuser une traduction du *Contrat social* de Rousseau, évidemment censuré, il est arrêté et déporté à Mallorque en mars 1801 et meurt en 1810.
Au 19e s., la période réaliste est illustrée par de grands romanciers : les critiques littéraires considèrent *Sotileza* (1884), une épopée sur les pêcheurs de Santander, comme l'un des meilleurs romans espagnols du 19e s. C'est l'œuvre la plus aboutie de l'écrivain **José María de Pereda**, né à Polanco près de Santander, également auteur de *Escenas montañesas* (1864), *Don Gonzalo González de la Gonzalera* (1879) et *El sabor de la tierruca* (1882). Nommé membre de l'Académie royale espagnole en 1896, il meurt à Santander en 1906. **Armando Palacio Valdés**, né à Entralgo (Asturies) en 1853, a laissé une œuvre très populaire, dont les ambiances sont souvent empruntées à sa région natale. Beaucoup traduit, et encore lu, de nos jours, *José* peint la vie et les amours contrariés d'un pêcheur asturien, *El maestrante* décrit l'adultère dans le monde aristocratique et bourgeois asturien et *La aldea perdida* s'attache aux troubles causés dans la vallée asturienne par l'implantation de l'industrie minière.
Née à La Corogne, **Emilia Pardo Bazá** (1851-1921) s'intéresse au naturalisme et à Zola lors d'un séjour à Paris. Elle a laissé une œuvre abondante (18 romans et des nouvelles dont la dernière est parue en 1920) et plus de 560 contes, dont les *Contes galiciens*.
Une autre galicienne remarquable et redécouverte récemment est **Rosalia de Castro** (1837-1885), auteur de trois livres : *Cantares gallegos*, *Follas novas*, *En la Orillas del Sar*. Les deux premiers sont en galicien, le troisième en espagnol. À travers ce dernier, elle cherche à faire connaître à un plus large public une Galice rurale et archaïque, très attachée à ses traditions et à sa langue, qui est celle des paysans. En 1985, lors de la célébration du centenaire de sa mort, l'Espagne a rendu hommage à une œuvre passée inaperçue à son époque et à la démarche solitaire et intérieure de son auteur.

LA « GÉNÉRATION DE 98 »

On ne peut aborder le 19e s. sans évoquer la personnalité de **Miguel de Unamuno** (Bilbao, 1864-Salamanque, 1936), écrivain et philosophe. Exilé par Primo de Rivera, il revient en Espagne à la fin de la dictature, en 1930, et retrouve sa charge de professeur à l'université de Salamanque. Il proclame la République en 1931 du haut du balcon de la mairie.

Préoccupé par l'avenir de l'Espagne, l'auteur du *Sentiment tragique de la vie* est aussi celui du fameux discours prononcé à l'université de Salamanque le 12 octobre 1936, en présence de l'épouse du *Caudillo* (terme qui signifie initialement le chef de file mais qui s'est banalisé pour désigner Franco), entourée de généraux et de ministres : « Cette université est le temple de l'intelligence. Et je suis son grand prêtre. C'est vous qui profanez son enceinte sacrée. Vous vaincrez parce que vous disposez de la force brutale ; vous ne convaincrez pas car il vous manque la raison. » Assigné à résidence, il meurt à Salamanque en 1936. On retiendra de son œuvre les thèmes suivants : l'obsession de l'immortalité, l'âme espagnole, le paysage espagnol, la préoccupation religieuse (« Je crois en tant que poète, je nie en tant que raisonneur. »), l'horreur des chaînes et le combat pour la liberté. Avec lui, deux des auteurs les plus importants de la « génération de 98 » (1898) sont le Galicien Ramon María del Valle-Inclan et le Basque Pío Baroja. **Ramon María del Valle-Inclan** est né à Villanueva de Arosa en 1869. Il est l'auteur de *Tirano Banderas,* roman qui va inspirer des générations d'écrivains latino-américains voulant dénoncer les dictatures. Styliste infatigable et brillant, anarchiste bohème, il incarne l'Espagne lyrique de son temps avec *Les Sonates*, roman où le marquis de Bradomín, dans une Galice féodale tout empreinte de sensualité morbide et automnale, part à la recherche du temps perdu et de sensations fortes. **Pío Baroja**, né à St-Sébastien en 1873, côtoie les écrivains de la génération de 98, tout en niant l'existence de cette dernière. Auteur d'une centaine de livres, il excelle dans la recherche du détail physique et moral. Son écriture rejette les effets littéraires et tente de serrer au plus près la réalité : la réalité des villes, lieu de modernité et du devenir (*La Ville du brouillard)*, la réalité basque qui l'obsède (*La lutte pour la vie),* la réalité de l'homme qu'il voit en aventurier actif (*Mémoires d'un homme d'action)*. Il meurt à Madrid en 1956 au terme d'un long exil.

LES PROCHES DU SURRÉALISME

Le mouvement ultraïste, mouvement poétique, voisin du dadaïsme, du cubisme ou du futurisme cherche néanmoins à passer outre *(ultra)* ces courants pour créer une nouvelle forme poétique, très différente des normes traditionnelles. Il est né en Galice avec la revue *Alfar*, manifeste du mouvement, lancée à La Corogne en 1921.

Gerardo Diego (Santander 1896-1987), auteur d'une abondante œuvre poétique et défenseur du mouvement créationniste en Espagne, y collabore avec **Juan Larrea**. Ce dernier préfigure dans le recueil *Metal de Voz* ce que sera l'écriture automatique en Espagne, dans la mouvance d'Apollinaire. Proche d'eux, un autre galicien, **Eugenio Fernandez Granell** (1912, La Corogne) fuit le régime franquiste et publie en 1959 au Mexique l'un des meilleurs textes de fiction jamais écrits sur la guerre civile, *Le roman de l'Indien Tupinamba*.

ÉCRIVAINS SOUS FRANCO

L'œuvre âpre et sarcastique du poète militant **Blas de Otero** (Bilbao 1916-1979) a été longtemps interdite en Espagne. Tandis que l'on emprisonnait, tuait les poètes ou les contraignait à l'exil, son livre le plus célèbre, *Pido la paz y la palabra (Je demande la paix et la parole)*, manie la parole comme une arme entre les mains du poète : comme le barde antique, celui-ci

doit entraîner le peuple et le faire penser, le guider, lui montrer le chemin.
En 1942, l'Espagne est totalement isolée de l'Europe à la suite de la guerre civile et de la Seconde Guerre mondiale. Il n'y a plus de littérature au pays de Cervantes. **Camilo José Cela** (1916-2002), né à Padron en Galice, publie en 1942 un livre court, violent, pimenté d'humour macabre qui raconte l'histoire d'un paysan assassin : *La familia de Pascual Duarte (La famille de Pascual Duarte).* Le succès du livre fait de son auteur le chef de file du « tremendismo », un style osé et cru qui tranche avec le lyrisme de ses prédécesseurs. C'est un des livres espagnols les plus traduits et vendus. En 1953, son second roman, *La Colmena (La Ruche),* décrit un Madrid de l'après-guerre traversé par la famine, la maladie, la misère, la méchanceté gratuite et la promiscuité. Dans quantité de romans, nouvelles, essais, il a fustigé sans vergogne les tabous de son époque et de son pays. Il est l'auteur d'un *Diccionario secreto (Dictionnaire secret)* des mots interdits de la langue espagnole et ses derniers livres sont tout aussi novateurs : *Oficio de Tinieblas (Office des Ténèbres)* (1973) et *Mazurca para dos Muertos (Mazurka pour deux morts)* (1983). Il a reçu en octobre 1989 le prix Nobel de la littérature et en 1995 le prix Cervantes.

LA RELÈVE

Parmi les contemporains, **Cesar Antonio Molina**, né à La Corogne en 1952, a publié *Épica* en 1974, *Últimas horas en Lisca Blanca* en 1979, *El fin de Finisterre* en 1988, *Para no ir a parte alguna* en 1994, *Olas en la noche* en 2001 et *En el mar de Ánforas* en 2005, traduits en plusieurs langues, et un recueil de poèmes en galicien, *A noite no crátere*. Il est aussi l'auteur de nombreux essais sur la littérature pendant la guerre civile et d'une importante anthologie de la poésie contemporaine publiée en 1984.
Julián Río, né en Galice en 1941, est l'auteur de *Larva* (1983), un texte qui a été salué par la critique pour sa modernité.

Musique

Aux côtés du folklore, l'Espagne développe depuis le Moyen Âge une musique d'une richesse étonnante, marquée par de nombreuses influences : wisigothique, arabe, mozarabe, française. Dès le 11e s., le chant polyphonique est étudié : c'est à St-Jacques-de-Compostelle, vers 1140, qu'a été composée la plus ancienne œuvre à trois voix connue, le *Codex calixtinus*. La musique basque, comme la musique celte des autres provinces du Nord, s'appuie essentiellement sur des instruments à vent et des percussions. Les plus répandus sont le **txistu**, flûte basque à trois trous. Vient ensuite la **gaïta**, ou **dulzaïna**, qui s'apparenterait à un hautbois et dont le son ressemble à celui d'une flûte arabe. Quant à l'**alboka**, c'est une corne dans laquelle on souffle pour produire une note continue. Le rythme est marqué par le **txalaparta**, formé de deux corbeilles et de planches sur lesquelles on frappe avec des bâtons. Sa version en métal se nomme la **tobera**.
Enfin, le **trikitixa**, un accordéon diatonique très apprécié des artistes contemporains, complète l'ensemble. Vecteur de culture, le chant est omniprésent, depuis les offices religieux jusqu'aux fêtes patronales. Celles-ci donnent parfois lieu à des défis entre **otxote** (formation à huit voix) ou entre **bersolari**, ces poètes qui improvisent en public des vers chantés. Chanter est une telle

institution que même pendant les parties de pelote, les points sont psalmodiés ! Les chants les plus anciens se reconnaissent à leur caractère modal (à l'instar du grégorien), tandis que les musiques plus récentes sont au contraire tonales, et syllabiques pour les mélodies populaires, c'est-à-dire qu'à chaque note correspond une syllabe. L'une des formes mélodiques les plus répandues est le **zortziko**.
La cornemuse est présente dans toutes les formations musicales celtes des autres régions du Nord-Ouest, Cantabrie, Asturies et Galice.

Cinéma

Pendant la guerre civile, puis durant toute la période franquiste, le cinéma espagnol est soumis à une censure redoutable et constitue l'un des principaux supports idéologiques du régime avec des films historiques, religieux, exaltant la mort et l'esprit de sacrifice. Mais l'Espagne est un pays d'artistes qui a néanmoins donné de grandes figures dans le cinéma. Le génie de Buñuel, Saura ou Almodóvar ne doit pas faire oublier un excellent cru de cinéastes issus du Nord-Ouest qui ont aussi atteint une renommée internationale à travers des films sérieux et nostalgiques.
Citons **Víctor Erice** qui se fait remarquer avec *L'Esprit de la ruche* (1973) et *El Sur* (1983), puis **Mario Camus** avec *La colmena* (« La Ruche ») en 1982, inspiré du célèbre roman de Camilo José Cela. Les films de **Manuel Gutiérrez Aragón**, *Les Démons dans le jardin, L'Autre Moitié du ciel* (1986), montrent les mutations économiques entre l'Espagne franquiste et démocratique.
Ces trente dernières années, le cinéma espagnol a produit de jeunes metteurs en scène, tels **Alex de la Iglesia** (*El día de la bestia*, 1995) et **Julio Medem** (*Les Amants du Cercle polaire*, 1998). Scénariste et réalisateur originaire de San Sebastián, Julio Medem a signé entre autres le long-métrage *Lucía y el Sexo* en 2000, et en 2003 le documentaire *La Pelota vasca : la piel contra la piedra*, qui traite de la situation du Pays basque et de la Navarre mais aussi de l'activisme de l'ETA. Depuis les années 1990, l'Espagne a connu des succès égaux à ceux jusqu'ici rencontrés par les productions hollywoodiennes comme avec *Secrets du cœur* (1997), de **Montxo Armendáriz,** originaire d'Olleta. Sa production est en partie le reflet de préoccupations sociales, comme dans *Tasio* (1984), où il filme les derniers mineurs de Navarrre, *Historias del Kronen* (1994), où il s'interroge sur la perte de repères des jeunes issus de la bonne société basque, ou *27 horas* (1986), sur le monde de la drogue, et *Las cartas de Alou* (1990) sur le racisme en Espagne. *Secretos de corazón* (1996) a obtenu le Grand Prix du Festival du film de Berlin et a été nominé aux Oscars. Enfin, en 2001, il a réalisé *Silencio roto*, sur un sujet non traité jusqu'ici et qui évoque la vie des groupes de résistants restés en activité dans le nord de l'Espagne après la guerre civile jusqu'à la fin des années 1940.

Art et architecture

L'Espagne du Nord s'est enrichie tout au long des siècles d'un patrimoine de splendides œuvres d'art : belles églises romanes, impressionnantes cathédrales gothiques, exubérants sanctuaires baroques, magnifiques manoirs, somptueuses peintures et sculptures… Au 20e s., ses provinces vont, comme la Catalogne, jouer un rôle essentiel dans la modernisation de l'art espagnol.

De la préhistoire à la conquête arabe

PRÉHISTOIRE

Mains isolées ou groupées, rouges et noires, frises de chevaux et de rennes bichromes, idéogrammes : ces motifs se retrouvent dans quelque 80 grottes peintes dans la région. Les premiers vestiges d'une activité artistique sur le sol espagnol appartiennent à l'époque du paléolithique supérieur. La grotte d'**Altamira** en Cantabrie est le plus célèbre témoignage de cette période. On y a découvert la fameuse « salle des polychromes » : dix-sept bisons, une grande biche, un cheval, plusieurs signes claviformes. À Puente Viesgo, dans la grotte **El Castillo**, à côté de Santander, on a décompté pas moins de 150 figures zoomorphes et une centaine de mains. Au Pays basque, de semblables découvertes ont été faites dans les grottes de **Santimamine** et **Ekain** (Deva), cette dernière contenant une vingtaine de chevaux qui figurent parmi les meilleures représentations d'équidés de l'art paléolithique (une réplique est en cours de réalisation pour faciliter les visites). Au néolithique (7500 à 2500 av. J.-C.), les hommes ont ensuite élevé des monuments mégalithiques, dont les dolmens de **Mataporquera** dans le sud de la Cantabrie.
Le climat de l'holocène, le réchauffement de l'Europe, avec ses changements de faune et de flore, va engendrer des modifications des modes de vie et des manifestations artistiques. C'est là qu'apparaît une autre forme de l'art préhistorique, les gravures ou **pétroglyphes** de la Galice, figures semi-naturalistes ou schématiques. Apparu à l'âge du bronze, cet art va perdurer jusqu'à la romanisation.

L'ESPAGNE ROMAINE (1er S. AV. J.-C. AU 5e S.)

Comme dans le reste de leur empire, les Romains tracent des voies de communication, construisent des ponts et des aqueducs, bâtissent des villes et des monuments : pont romain de **Orense**, thermes de **Gijón**, muraille romaine parfaitement conservée de **Lugo**. Mais la plupart des témoignages artistiques de cette période (monuments, portraits, sculptures…) ne sont pas représentatifs d'un art à proprement parler « espagnol ». Le temps aidant, artistes et artisans locaux finissent par imiter l'art romain, le reproduisant avec ses

Reproduction d'un bison dans la grotte reconstituée d'Altamira en Cantabrie.

caractéristiques, et l'adaptant localement, ce qui donne alors naissance à un art « hispano-romain ». Entre le 1er s. av. J.-C. et le 4e s. apr. J.-C., on retrouve des traces de l'art privé, en plus de l'art officiel, mais les motifs, les portraits et les dieux ne se distinguent pas de ceux que l'on trouve dans les autres pays colonisés : carrelages, mosaïques, fresques et mobilier des villas se ressemblent (comme à **Julióbriga** en Cantabrie et surtout **Chao Samartin** en Asturies, où l'on a même retrouvé des fragments de papier peint). De plus, l'influence romaine dans le nord de la péninsule reste modeste par rapport au reste de l'Espagne et disparaît à partir du 3e s. quand le christianisme impose à son tour sa volonté d'en finir avec l'image anthropomorphe des dieux.

LES WISIGOTHS (6e S. AU 8e S.)

Les Wisigoths qui arrivent en Espagne au 5e s. sont des tribus nomades sans tradition architectonique propre, si bien que la tradition paléochrétienne déjà pétrie d'influence byzantine et orientale va s'étendre sur toute la Bétique romaine jusqu'à la fin du 6e s. Pour de nombreux auteurs, la proclamation du 3e concile de Tolède (589), qui déclare l'unité du royaume, est à l'origine d'un nouveau type d'architecture.
Les premiers édifices religieux présentent à l'origine un plan basilical classique, légèrement modifié, qui évolue pour devenir cruciforme. Les nefs sont séparées par des colonnes ou des piliers qui soutiennent des **arcs outrepassés**. Les voûtes sont généralement en fer à cheval et les nefs présentent des **armatures de bois**. La décoration des murs, des impostes et des chapiteaux reflète une très nette **influence orientale** avec plus de **motifs géométriques** que de motifs végétaux et peu de représentations humaines. La plupart des temples wisigothiques ont été modifiés par la suite et seuls les plans des édifices primitifs sont reconnaissables. Parmi les monuments les mieux conservés,

à l'exemple de Santa María de Quintanilla de las Viñas à Burgos, on trouve, au sud d'Orense, la cathédrale **Santa Comba de Bande**.

L'art wisigothique le plus connu est l'**orfèvrerie**, qui atteint son plus haut degré de perfection au 7e s., produisant deux types d'objets : les objets liturgiques (croix de procession et objets votifs comme les célèbres couronnes) et les objets à usage personnel (fibules, bracelets, colliers, pendentifs), dont on peut admirer des exemplaires dans la **Cámara Santa** de la cathédrale d'Oviedo.

L'art préroman et roman (8e-13e s.)

ROMAN ASTURIEN

Du 8e au 10e s. se développe dans le petit royaume asturien un art de cour très évolué. À partir de Pélage, monarque mythique, résistant à l'invasion musulmane dans la cordillère Cantabrique, se crée un art et une architecture originale, encouragée par Alphonse II le Chaste, Ramire Ier et Aphonse III le Grand. La cour s'établit d'abord à Cangas de Onís en Asturies et construit l'église **Santa Cruz**, de transition wisigothique, sur un dolmen. Puis Oviedo devient la capitale du royaume : les églises **San Salvador** et **Santa María de Naranjo, San Julián de Los Prados** et **San Tirso** constituent de magnifiques témoignages de cet art. À l'image des sanctuaires du mont Naranco (**Santa María de Naranco** et **San Miguel de Lillo**), **Santa Cristina de Lena** présente la même structure, ainsi que **San Salvador de Valdediós**. Ces églises asturiennes se caractérisent par les lignes ascendantes de leur construction, et adoptent des basiliques latines le plan rectangulaire à trois nefs et narthex, les arcades en plein cintre séparant les nefs, le vaste transept précédant un chevet tripartite. La décoration intérieure reprend l'usage des fresques et emprunte à l'Orient les motifs des chapiteaux ou jambages de portes (entrelacs, jeux du cirque à San Miguel de Lillo) ou des garnitures des fenêtres.

L'ART MOZARABE

On qualifie de mozarabe l'art des chrétiens vivant sous la domination musulmane après l'invasion de 711. Les églises reprennent les traditions wisigothiques (arcs outrepassés) en les enrichissant d'apports arabes (coupole nervée, modillons à copeaux).

Les manuscrits enluminés sont les premières manifestations connues de la peinture médiévale espagnole. Exécutés aux 10e s. et 11e s. par les moines mozarabes, ils illustrent le *Commentaire sur l'Apocalypse de saint Jean* rédigé au 8e s. par le moine Beato de Liébana, d'où le nom de « **Beatus** » donné à ces manuscrits qui comportent de nombreux éléments arabes dans leur iconographie (costumes).

L'ART ROMAN « EUROPÉEN »

Le nord-ouest de l'Espagne s'ouvre aux courants étrangers sous le règne de Sanche le Grand de Navarre (au début du 11e s.) : fondation d'abbayes cisterciennes, ouverture des villes à des francs-bourgeois français (Estella, Sangüesa, Pampelune). À la même époque, le pèlerinage de Compostelle suscite l'édification de nombreux monuments religieux où s'affirment les influences françaises (poitevines à Sangüesa ; toulousaines à St-Jacques-de-Compostelle). La cathédrale de St-Jacques est le chef-d'œuvre incontesté de ce style.

L'art roman se fait particulièrement remarquer par la sculpture. Les sculpteurs de chapiteaux, à l'image de leur chef de file, le Maître de San Juan de la Peña, possèdent un style dont le symbolisme ne doit pas être pris pour de la maladresse : dans les visages disproportionnés aux yeux proéminents, l'artiste fait transparaître l'âme et c'est le sens religieux du geste qu'illustrent les mains tendues.
Au début du 12e s., la réforme de l'ordre cistercien fondée sur l'austérité entraîne un changement important dans l'architecture, initiant un style de transition qui annonce déjà le style gothique (voûtes sur croisée d'ogives, abside carrée). La décoration foisonnante du roman disparaît. En Navarre, Asturies et Galice, le travail des métaux précieux est remarquable et n'a sans doute pas d'égal au niveau européen à cette période : reliquaires, vases, livres illustrés, châsses, objets du culte... indispensables au prestige du culte dans le monde chrétien.

L'art gothique (à partir du 13e s.)

L'ARCHITECTURE

Importé de France, le gothique pénètre difficilement en Espagne, sauf en Navarre où depuis 1234 règnent les dynasties françaises. Au 13e s. apparaissent les premiers édifices vraiment gothiques. Dans quelques grandes villes de Castille (León, Burgos, Tolède), les évêques font venir de l'étranger plans et artistes pour élever leur cathédrale. Les premières innovations du gothique dans l'Espagne Atlantique s'imposent dans la cathédrale de St-Jacques-de-Compostelle et à Santa María de Pampelune, commencée en 1394, et dans tous les monastères des villes situées sur le chemin de Saint-Jacques.

LA PEINTURE

Elle s'exprime sur les polyptyques et des retables qui atteignent plus de 15 m de haut. Peignant traditionnellement sur fond d'or, les « primitifs » sont imprégnés d'influence italienne (douceur du modelé), française et flamande (riches étoffes aux plis cassés, réalisme minutieux). Cependant, de leur œuvre se dégage la recherche d'un naturalisme expressif et du détail piquant, caractères purement espagnols. Si une intense activité artistique se développe dans les États de la couronne d'Aragon, surtout en Catalogne, on trouve de beaux exemples de décoration murale dans la cathédrale de Pampelune, une abondante production en Navarre du peintre **Pedro Dias de Oviedo** et l'influence des Flamands, comme le retable peint par Roger Van der Weyden à Laredo, en Cantabrie.

LA SCULPTURE

Comme l'architecture, la sculpture s'affine. Le relief est plus accentué que dans l'art roman, les attitudes plus naturelles et les détails plus minutieux, le décor plus abondant à mesure que s'avance le 15e s. ; les visages s'individualisent au point de devenir pour les gisants de véritables portraits. Toute sculpture s'accompagne de dais ajourés au-dessus des personnages, et de frises de feuillage très fouillées autour des portes, sur les corniches et les chapiteaux. L'influence française, sensible aux 13e et 14e s., et celle des Flamands, qui domine le 15e s., enrichissent cet art qui aboutira avec le style isabélin à une création purement espagnole, dont le portail occidental de Santa María à Olite (Navarre) est un bel exemple. Les tombeaux sont d'abord des sarcophages décorés d'armoiries, parfois surmontés d'un gisant à l'attitude conventionnelle (les mains jointes, et au visage la sérénité du dernier sommeil). Les retables comportent une prédelle, bande horizontale formant la base, surmontée de plusieurs étages de panneaux sous dais sculptés à jour. Les stalles du *coro* enfin s'ornent de scènes bibliques et historiques ou imitent de délicats remplages.

LE STYLE ISABÉLIN

À la fin du 15e s., sous le règne d'Isabelle la Catholique (1474-1504), la politique de prestige du couple royal et des grands seigneurs favorise l'éclosion d'un style nouveau, dont le décor exubérant couvre toute la façade des bâtiments civils et religieux d'arcs aux formes libres et souples, de dentelures, de motifs héraldiques et de toutes les fantaisies d'une imagination fertile. À leur initiative sont construits les grands hôpitaux dans diverses villes, dont l'Hôpital des Rois Catholiques pour les pèlerins de Saint-Jacques, devenu *parador* *(voir p. 14)*.

La Renaissance (16e s.)

Au 16e s., l'Espagne connaît, à l'aube de son Siècle d'or, un fort courant national et crée un style dans lequel l'influence italienne n'est admise qu'interprétée par le génie espagnol. Le développement économique s'accompagne d'une richesse décorative déjà très marquée qui sera accentuée au siècle suivant à l'ère baroque.
Comme la richesse en provenance du Nouveau Monde abonde, le 16e s. est aussi une période de grandes constructions. Le style Renaissance, avec la disposition harmonieuse, symétrique des corps de bâtiments et l'importance donnée aux portails sculptés, apparaît à partir de 1526 dans la chapelle et l'université du Saint-Esprit à **Oñati,** en Guipúzcoa. L'église d'**Elorrio** est un exemple d'églises-halles à trois nefs de même hauteur, créant un espace unifié sur un modèle nordique. Sous l'influence castillane, la décoration sculptée des portails est souvent de **style plateresque**, imitant l'orfèvrerie.

LE STYLE PLATERESQUE

Ce premier style Renaissance fut appelé, en raison de son décor fin et dense qui rappelle le travail de l'orfèvrerie (*platero* : orfèvre), **plateresque**. Encore très proche du style isabélin par le foisonnement de ses sculptures et leur extension à la façade entière, il emprunte à l'Italie son arc en plein cintre et son répertoire ornemental (grotesques, rinceaux, pilastres, médaillons et corniches). Le style Renaissance d'inspiration italienne adopte des formes de l'Antiquité (arcs en plein cintre, colonnes, entablements, frontons) ; la décoration cède la première place à la perfection architectonique.

LA SCULPTURE

La Renaissance marque l'apogée de la sculpture espagnole. Au 16e s., on fait encore beaucoup de stalles, de mausolées et de retables d'albâtre ou de bois. Ces derniers sont peints selon la technique de l'**estofado**, c'est-à-dire passés à la feuille d'or avant l'application de la couleur, que l'on raye ensuite légèrement pour créer des reflets dorés ; leurs panneaux sculptés sont encadrés par des architraves et des pilastres corinthiens.

Le baroque (17e et 18e s.)

L'art hispanique fut à l'apogée de sa splendeur au milieu du 17e s. Le baroque connaît alors un succès remarquable et se diffuse partout, du 16e au 18e s., en réaction à l'austérité de la Réforme, avant un retour vers le gothique au 19e s.

ARCHITECTURE

La rénovation architecturale de St-Jacques-de-Compostelle est l'œuvre de Domingo de Andrade. On lui doit la tour de l'Horloge, dont la décoration faite de guirlandes, de fruits et de trophées militaires est typiquement baroque. Le triomphe ornemental de la cathédrale va influencer d'autres constructeurs et le baroque comme art populaire se développe dans les autres régions avec des particularités différentes.
En **Galice**, la dureté du granit se prêtant peu aux sculptures délicates, ce sont des lignes fortement accusées, des moulures qui traduisent le mieux l'esprit baroque : le meilleur exemple est là encore à St-Jacques, la façade de l'Obradoiro (1750), chef-d'œuvre de **Fernando de Casas y Novoa**.
Ailleurs, le style est plus sobre mais imposant, comme dans l'église de Segura en Guipúzcoa, ou bien avec un décor sculpté surabondant (celui de l'ancienne cathédrale Santa María de **St-Sébastien**). Le baroque a laissé une œuvre grandiose en Guipúzcoa : le **sanctuaire de Loyola** en l'honneur de saint Ignace, fondateur de la Compagnie des jésuites. Conçu par l'Italien Carlo Fontana (1634-1714), élève du Bernin, l'influence romaine est visible dans la spectaculaire coupole de 65 m de hauteur et le majestueux portique d'entrée.
Déjà apparus à la fin de l'époque gothique (retable flamand de Lekeitio en Biscaye - *voir p. 238*), les retables prennent une importance considérable à partir de la Contre-Réforme lorsqu'ils servent l'enseignement religieux et l'exaltation de la foi catholique. Ils réaffirment les dogmes, Trinité, Incarnation, Résurrection, et vénèrent la Vierge et les saints autour du tabernacle eucharistique. Pour ces signes ostentatoires de la richesse d'une paroisse ou d'une ville, avec l'éclat des dorures, les sculpteurs rivalisent d'ingéniosité dans l'agencement des différents niveaux ou registres, des multiples volets, bas côtés, autels latéraux. Outre les documents écrits, l'étude des styles des figures, des détails d'habillement, de la présence ou non d'éléments profanes, permet de dater ces ouvrages et de reconnaître la marque d'un sculpteur ou d'une dynastie de sculpteurs.
Dans toutes les provinces du Nord-Ouest, presque toutes les églises présentent de magnifiques retables, certains du 16e s. comme à Oñati en Guipúzcoa, la majeure partie du 17e s, du 18e s. et même du 20e s. (Arantzazu en Guipúzcoa).

Le néogothique (19e s.)

L'engouement pour le Moyen Âge, le sauvetage et la redécouverte des grandes cathédrales influencent les nouvelles constructions religieuses, car le style gothique apparaît alors comme le mieux adapté à l'expression de la foi, suivant un courant artistique en vogue.
Parmi les édifices néogothiques on peut citer, en Guipúzcoa, la ville de St-Sébastien, très marquée par l'influence française, qui se dote d'une nouvelle cathédrale de ce style.
Dès le début du 19e s., l'architecture urbaine se démarque complètement de l'architecture rurale. Destinée à des édifices municipaux de prestige, elle emprunte le style officiel à la mode dans les années 1800-1840, le **néoclassicisme**. Portiques et frontons, alignements de colonnades ou d'arcades, tous ces

éléments se retrouvent dans les grandes villes : en Biscaye, la Casa de Juntas de Guernica, les mairies de Bilbao et d'Orduña, à Vitoria le palais de la Deputación.
À Vitoria et Bilbao, les **plazas Nuevas** sont de majestueux quadrilatères très centrés, quasiment fermés. À St-Sébastien, la place de la Constitution est enserrée dans un réseau de rues quadrillées à angles droits car la ville est rebâtie après les destructions du début du 19e s. Ce même quadrillage caractérise les nouveaux quartiers, les **ensanches** (extensions) de Pampelune, Vitoria, St-Sébastien.

L'art au 20e s.

La paralysie générale dont souffrent les arts espagnols à la fin du 19e s. est rompue par un vaste mouvement culturel – **le modernisme** – qui remporte un grand succès en architecture. Dans le nord, on peut admirer certaines de leurs réalisations, commandes du marquis de **Comillas**, qui a gratifié cette petite ville balnéaire des œuvres qui font aujourd'hui sa fierté. On peut noter aussi, avant la guerre civile, quelques réussites modernistes au Pays basque : le club nautique de **St-Sébastien** (Aizpurua, 1929) et les constructions de Victor Eusa à **Pampelune**.
L'art espagnol de la première moitié du 20e s. est placé sous le signe d'un paradoxe frappant : paralysés, en retrait des grands réseaux culturels, en proie à la censure de la dictature, tous ceux qui n'envisagent pas un art conservateur doivent émigrer.
Si la peinture de cette période est féconde et variée, beaucoup d'artistes comme Picasso (l'auteur de Guernica), le cantabre Francisco Iturrino ou la native de Santander María Blanchard, vivent à Paris.
Tous les artistes émigrés de cette période atteignent cependant un tel degré de modernité qu'ils vont jouer avec les artistes catalans un rôle essentiel dans la modernisation artistique de la péninsule.

L'ART DE L'APRÈS-GUERRE

La guerre civile affecte donc l'art espagnol pour deux raisons fondamentales : d'une part, l'exil de plusieurs artistes représente une perte culturelle, d'autre part, se développe à un niveau officiel un mouvement dont la caractéristique est la monumentalité.
L'architecture illustre clairement ce fait : elle opte pour le gigantisme, destiné à exalter l'esprit de la victoire. Le monumentalisme franquiste est illustré par l'**Universidad Laboral** de Gijón (1946-1956), un des édifices les plus ambitieux de cette période. À côté, se multiplient les commandes officielles qui décorent places et monuments (bustes, statues équestres du Caudillo, apparition de sculptures allégoriques et de reliefs dédiés à la victoire, au travail, au nouvel idéal de beauté).
Toutefois, dans les années 1950 naissent deux groupes artistiques aux caractéristiques différentes mais avec un objectif commun : l'innovation artistique. Ce sont **« El Paso »**, constitué à Madrid par Antonio Saura, Manuel Millares, Rafael Canogar, Luis Feito, Manuel Viola et Martín Chirino, tous représentants de ce que l'on appelle la peinture d'action, et **« El Equipo 57 »** formé à Cuenca par Duart, le basque **Ibarrola**, Serrano et Duarte, artistes plus intéressés par le dessin. Dans ce mouvement informaliste s'inscrivent les sculpteurs **Eduardo Chillida**, qui dépouille ses œuvres réalisées en fer ou en bois de tout élément figuratif, **Jorge Oteiza** et Andreu Alfaro.

L'architecture contemporaine

La réintroduction de la démocratie s'est accompagnée d'une explosion créatrice et d'un désir de changement qui ont inspiré des édifices contemporains d'une grande originalité. C'est par exemple, à La Corogne, en Galice, le musée des Beaux-Arts et le musée d'Art contemporain réalisés en 1986 ; à Gijón, la moderne tour de l'Horloge élevée en 1989 au sein du quartier historique ; à Santander, le Teatro de Festivales, construit en 1984, qui affiche une insolente modernité. La Biscaye est aussi le théâtre de cette architecture ultramoderne d'autant que depuis les années 1980, le gouvernement basque a développé une politique ambitieuse en matière d'urbanisme et d'architecture.

Le musée Guggenheim, la « Flor de Titanio » de **Bilbao**, est le symbole le plus célèbre du pari culturel de rénovation d'une ville administrative et industrielle. Depuis 1997, l'œuvre de Frank Gehry, véritable fleur futuriste sur les rives du fleuve, a fait entrer Bilbao dans les grands circuits touristiques internationaux. À signaler également, toujours à Bilbao, le métro de Sir Norman Foster, l'aéroport de Sondika par Santiago Calatrava, le Palais des congrès et de la musique Euskalduna, de Federico Soriano et Dolores Palacios, évoquant les anciens chantiers navals…

Vitoria-Gasteiz, devenue capitale politique, a été dotée d'un palais de justice, d'un palais du Gouvernement, d'un musée d'Art moderne, l'Artium. À **St-Sébastien**, l'apparition des deux cubes de verre translucide du centre culturel du Kursaal de l'architecte Rafael Moneo, sur une nouvelle plage-promenade a transformé l'ancien *ensanche* de Gros.

En **Cantabrie**, le gouvernement régional se fait construire un bâtiment ultra-moderne à Puertochico, œuvre de Rafael Moneo. À Santander, le Palacio de Deportes de Franco et Palao, ouvert depuis 2003, fait face au récent Parque de las Llamas, qui accueillera le projet atypique du musée de la Cantabrie de Tuñón et Mansilla. En projet également, le Centro Botín de Arte y Cultura, qui viendra dynamiser le front de mer, a été confié à l'architecte italien Renzo Piano, à qui l'on doit, entre autres, le centre Pompidou à Paris.

La **Navarre** à son tour, grâce notamment au statut d'autonomie, se lance dans des constructions ou rénovations audacieuses : musée de Navarre, fondation Oteiza, sièges d'entreprises industrielles…

Des aménagements urbains ont été réalisés en commun par le sculpteur Eduardo Chillida et l'architecte Luis Peña Ganchegui (Peigne des Vents à Saint-Sébastien, plaza de los Fueros à Vitoria).

Des chais et boutiques vinicoles sont édifiés dans la prestigieuse **Rioja alavesa** par Gehry, Calatrava et Philippe Mazières, entre autres.

La **Galice** n'est pas en reste en termes d'innovation architecturale. La Corogne a enrichi son bord de mer avec entre autres le Palais des congrès de La Corogne, création de César Portela, et le Domus (Casa del Hombre), dessiné par le Japonais Arata Isozaki. À Vigo, la restructuration du musée de la Mer est due à Aldo Rossi et César Portela, tandis que le nouveau campus universitaire de la ville a été signé par le Catalan Enric Miralles.

L'Architecture traditionnelle

LA MAISON BASQUE

Les maisons du littoral

La ferme aux murs blancs et aux boiseries rouges trônant dans un écrin de verdure est devenue l'image d'Épinal de la maison basque (*etxea*). Elle ne concerne en fait que la maison de la façade océanique et on trouve d'autres types d'architecture dans l'arrière-pays.

Les maisons fortes

Parmi les plus typiques citons les **maisons-tours,** ou maisons fortes. Ce sont des constructions fortifiées imposantes, généralement « posées comme des sentinelles au centre des vallées » (Baeschlin). Elles datent de l'époque où les habitants des vallées se livraient des luttes fratricides (entre le 13e et le 15e s.) et servaient de refuge. Beaucoup portent un **blason** sur leur façade.

Les « palacios »

Dans le sud du Pays basque, les « palacios » ont été construits entre le 15e et le 18e s., souvent sur d'anciennes maisons-tours. Progressivement, les palais ont abandonné leur caractère militaire pour devenir d'agréables résidences donnant plus d'importance à la décoration extérieure. C'est ainsi que les tours défensives placées aux angles des constructions militaires sont devenues des pinacles d'ornement.

LES « HÓRREOS » ASTURIENS ET GALICIENS

L'*hórreo* est un grenier à grains construit en bois ou en pierre, élevé au-dessus du sol au moyen de piliers (*pegollos*, en asturien, *esteos* en galicien), surmontés de pierres plates pour en éviter l'accès aux rongeurs et éviter l'humidité. Appelés greniers à blé, ils étaient utilisés en réalité pour emmagasiner toutes sortes d'aliments et les conserver.
Leur origine remonte à l'époque romaine (*horreum*) mais ils sont typiques du nord de l'Espagne.
Si on en trouve encore quelques-uns en Cantabrie, Pays basque et Navarre, c'est en Galice et dans les Asturies qu'ils sont les plus nombreux et font littéralement partie du paysage.
Les plus anciens encore debout datent du 15e s. et l'on estime à près de 18 000 le nombre d'*hórreos* visibles en Asturies. Les *hórreos* appartiennent désormais au patrimoine touristique et rural des Asturies et de la Cantabrie, et si beaucoup sont en piètre état, on en voit d'autres bien conservés et coquettement couverts de tresses de maïs comme autrefois. De nouveaux *hórreos* voient même le jour, pour servir d'hébergement touristique rural.
Les *hórreos* galiciens sont rectangulaires, et si les matériaux de construction diffèrent, on retrouve généralement des murs en pierre et bois, et un toit en ardoise. En Galice, le plus grand *hórreo* est un véritable monument, situé dans la commune de Carnota *(voir p. 428)*, il mesure 35 mètres de long. Dans les Asturies, on distingue les *hórreos,* carrés, des *paneras*, rectangulaires et soutenues par au moins six *pegollos*. Ces dernières sont apparues à partir du 17e s. pour répondre au développement de la culture du maïs. Les *hórreos* et *paneras* asturiens sont généralement en bois, et utilisent des matériaux différents pour leur toit (bois, paille, ardoise, etc.), leurs piliers ou leur décoration. À partir du 18e s., ils sont souvent entourés d'un petit balcon.

LA MAISON ET LA SÉPULTURE

Dans la société traditionnelle basque, la maison était reliée à la sépulture par un chemin particulier *(hil bide)* qu'empruntait tout cortège funèbre. Avant l'aménagement des cimetières, chaque maison possédait sa sépulture dans la nef de l'église. Lors des offices, les femmes de la maison prenaient place sur une dalle appelée *jarleku* pour accomplir les rites funéraires tandis que les hommes étaient relégués au fond, puis plus tard, dans des galeries. Avec l'instauration des cimetières, la sépulture, orientée vers le soleil levant, était généralement signalée par une **stèle discoïdale** sur laquelle étaient sculptés le nom de la maison et différents signes dont certains renvoient à des conceptions très anciennes du monde et de la vie.

LE « PAZO » GALICIEN

Les *pazos* sont les manoirs qui jalonnent les paysages de la Galice. Le mot « pazo » puise sans doute son origine dans le latin « palatium » bien que le concept en tant que tel ne se fige qu'aux 18 et 19e s. Toutefois, les premières constructions palatines du genre sont datées autour de l'an 1500.

Ses caractéristiques renvoient à plusieurs modèles. Sur le plan architectural, le *pazo* est en partie l'héritier des villas romaines, mais aussi des châteaux forts et des palais urbains de l'époque médiévale. On y retrouve aussi des éléments des constructions rurales et religieuses, des maisons de style Renaissance italienne et des palais baroques, et des emprunts aux constructions du même type du Portugal tout proche ; enfin, le modèle des édifices Renaissance et néoclassique des provinces voisines n'est jamais très loin non plus. Malgré leur noble statut, ces manoirs se distinguent franchement de la maison bourgeoise des villes par ses grandes dimensions, adaptées à la vie agricole, et par les matériaux plus austères qui signent ce type d'architecture traditionnelle.

L'édifice est souvent augmenté de dépendances et d'une petite chapelle. Les dépendances sont dédiées à l'élevage et à la culture des terres alentour. La chapelle est généralement très décorée, montrant ainsi l'importance de la religion dans la vie des propriétaires. Au début du 16e s., une relative stabilité politique favorise le départ de la noblesse de province vers les villes. Le *pazo* devient alors un mode de vie seigneurial à la campagne. À partir du 19e s., il devient un lieu de villégiature.

LES « CASONAS INDIANAS »

En Asturies, on appelle « Indianos » les émigrants qui à la fin du 19e s. et au début du 20e s. sont partis aux Amériques (Cuba, Mexico et Chili notamment) et en sont revenus immensément riches. Il s'agissait en majorité de prêtres, militaires et fonctionnaires de la couronne qui recevaient en échange de leurs services d'immenses propriétés, les *casonas*, qui se sont ensuite transmises de génération en génération.

La mode de ces vastes maisons va perdurer jusqu'aux années 1930. L'argent des nouveaux riches attire les meilleurs architectes, comme les Santanderinins Casimiro Pérez de la Riva et Valentín Lavín Casalís ou le Français Edouard Brudard. Meubles, objets et peintures sont importés de Paris et de Londres.

Le style *indiano* est volontairement ostentatoire et luxueux, à l'image du musée de l'Émigration de Colombres, en Asturies, installé

ABC d'architecture

Les dessins présentés dans les planches de cet ABC offrent un aperçu de l'histoire de l'architecture dans la région et de ses particularités. La première planche, plus générale, a la vocation de vous rappeler les différents termes utilisés pour décrire une cathédrale ou un retable. Dans les pages qui suivent les planches, vous trouverez la définition de nombreux termes d'art utilisés en Espagne.

Façade latérale de la cathédrale de LEÓN (13e-14e s.)

Pour le monde gothique, la lumière est l'essence de la beauté et le symbole de la Vérité. León, la plus aérienne et la plus lumineuse des grandes cathédrales espagnoles, est la meilleure illustration de cette idée. La magnificence de ses vitraux suscite l'admiration de tous les visiteurs. Son plan s'inspire de celui de Notre-Dame de Reims et sa statuaire de celle de Chartres.

Portail

Art roman

Cathédrale de ST-JACQUES-DE-COMPOSTELLE (11e-13e s.)

Exemple type d'église de pèlerinage, cette cathédrale témoigne d'une forte influence française.

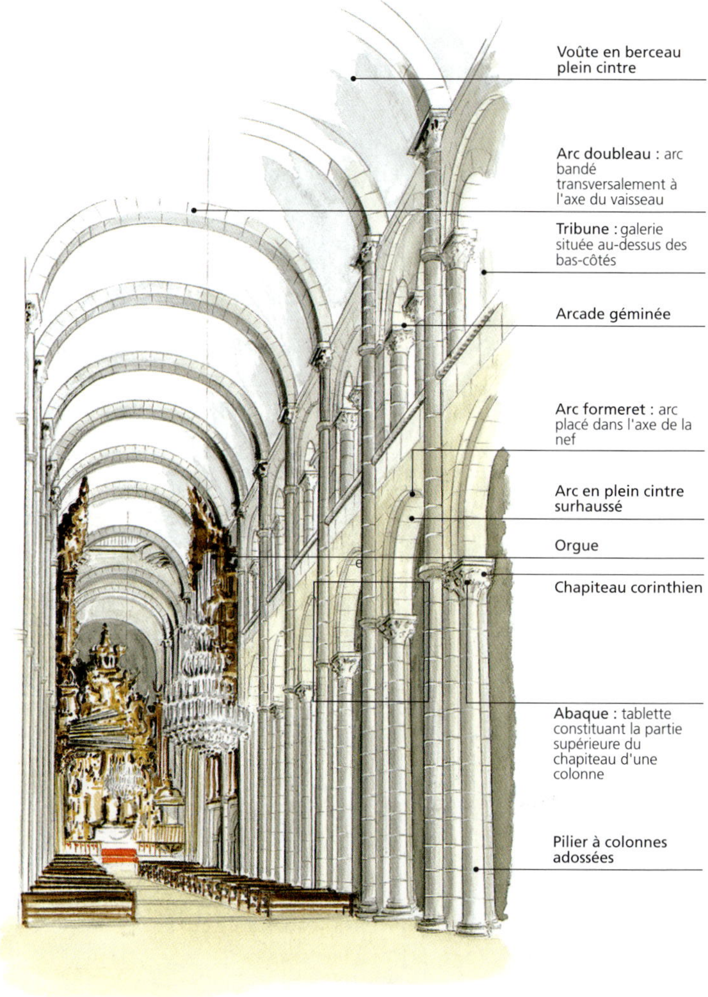

Chapiteau corinthien

H. Choimet/MICHELIN

COMPRENDRE L'ESPAGNE ATLANTIQUE

LAGUARDIA – Portail de l'église Sta-Maria-de-los-Reyes (12ᵉ-17ᵉ s.)

Sculpté au 12ᵉ s., ce portail gothique impressionne toujours par la richesse de son décor polychrome restauré et protégé depuis le 17ᵉ s.

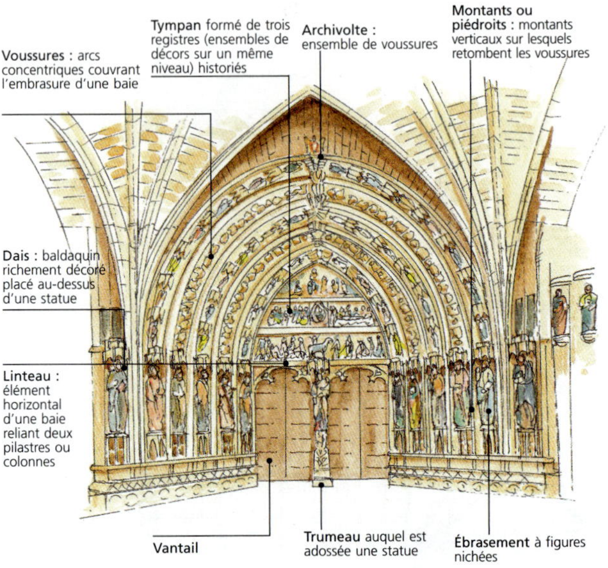

MONASTÈRE DE LEYRE – Crypte (11ᵉ s.)

Remarquable pour ces courtes colonnes et ses robustes chapiteaux, la crypte a été construite pour supporter l'église supérieure, de même plan.

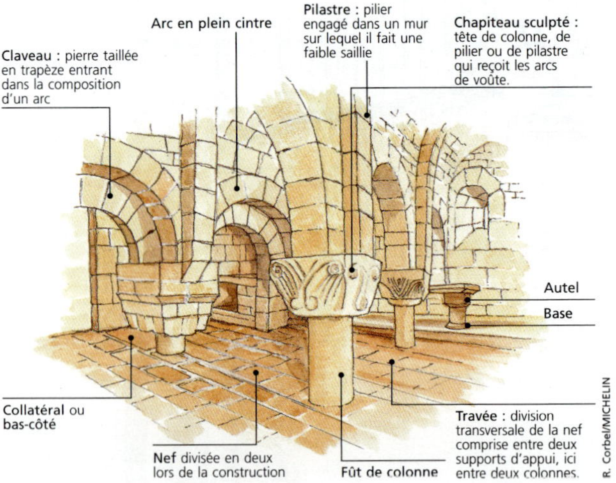

ART ET ARCHITECTURE

ZARAUTZ – Tour Luzea (15e s.)

Ce superbe palais-tour, sans doute le plus beau de la province, allie la solidité de sa construction et la beauté de son décor gothique.

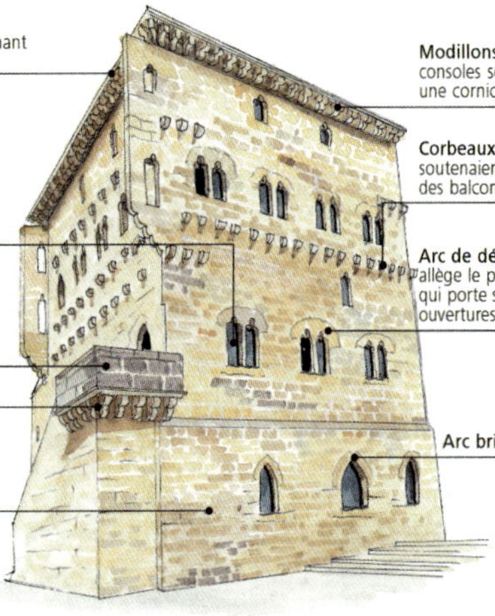

OÑATI – Université du Saint-Esprit (16e s.)

Dans cette université représentative de l'architecture Renaissance en Pays basque, la simplicité de l'appareil contraste avec la richesse décorative de son portail et des pilastres d'angle.

R. Corbel/MICHELIN

dans le somptueux palais **Quinta Guadalupe** construit en 1906 par Íñigo Noriega Laso, habitant de la ville qui a fait fortune au Mexique. Une incroyable variété de tendances et de goûts est convoquée pour une même construction. Jusqu'à la fin du 19e s., les *Indianos* se contentent de réhabiliter leurs maisons ou de construire des palais dans un style néoclassique de type français ou anglais, mais, petit à petit, sont introduits des mélanges « gothico-exotiques », créant un style tout à fait original. L'*Indiano* a en tête les grandes exploitations coloniales, où il a travaillé, et emploie de nouveaux matériaux (fer, béton et stucs) et des techniques nouvelles. Cela donne des palais baroques extravagants agrémentés de tours, galeries et autres balcons.
Ces différentes importations adaptées par ceux qui n'ont pas quitté le continent mais qui imitent ces constructions produisent alors le style régionaliste cantabre, dont l'un des meilleurs représentants est **Leonardo Rucabado**, qui a réalisé la Biblioteca y Casa-Museo de Menéndez Pelayo de Santander. La guerre civile et la crise économique vont faire cesser ces entreprises architecturales expérimentales et grandiloquentes et faire place à un style plus discret, moderne et fonctionnel. Malheureusement, aujourd'hui beaucoup de ces *casonas* classées monuments historiques tombent en ruines, leurs héritiers ne pouvant assumer les coûts de l'entretien.

Quelques termes d'art

Certains de ces termes sont en espagnol et n'ont pas d'équivalent en français.
Abside : extrémité arrondie d'une église, derrière la *capilla mayor* (chœur). Elle peut être en hémicycle, polygonale ou en fer à cheval.
Absidioles : petites chapelles en demi-cercle d'une abside.
Alcázar : palais royal arabe.
Alfarje : plafond en bois, généralement décoré, consistant en un plancher sur des poutres transversales (mudéjar).
Alfiz : moulure rectangulaire encadrant un arc, généralement outrepassé.
Alicatado : technique céramique d'origine perse qui consiste à découper de petits motifs géométriques à partir d'une pièce plus grande pour former des motifs de décoration. Très utilisée pour les soubassements (mudéjar).
Aljibe : mot arabe désignant une citerne.
Arabesque : terme romantique utilisé pour exprimer l'effet de décor de l'art islamique.
Archivolte : ensemble des voussures, moulures concentriques qui composent un arc ébrasé.
Artesonado : plafond à marqueterie où des baguettes assemblées dessinent des caissons en étoiles. Ce décor, né sous les Almohades, eut une grande diffusion, même en Espagne chrétienne aux 15e et 16e s.
Atalaya : tour de guet.
Ataurique : décor végétal stylisé inspiré de la feuille d'acanthe, caractéristique de l'art califal et adopté dans le style mudéjar.
Azulejos : carreaux de faïence vernissée.
Barbacane : ouvrage de défense avancé protégeant un point important.
Bossage : mur dont les moellons sont biseautés ou en saillie.
Camarín : petite chapelle située à l'arrière du retable, au premier étage, où l'on vénère généralement une statue de la Vierge précieusement vêtue.

Campanile : clocher isolé, souvent près d'une église.
Capilla mayor : chapelle placée dans l'axe de la nef et recevant le maître-autel. Équivaut au chœur des églises françaises.
Carole : nef contournant l'abside.
Chevet : partie extérieure de l'église, dite *cabecera* en Espagne.
Chrisme : monogramme du Christ, formé des lettres grecques khi (X) et rhô (P) en majuscule.
Churrigueresque : dans le style des Churriguera, famille d'architectes du 18e s. Désigne un décor baroque surchargé.
Clé de voûte : claveau placé au sommet du cintre de l'arc ou de la voûte, souvent décoré.
Colonne salomonique : colonne torse décorée d'un réseau végétal.
Coracha : mur qui relie une barbacane ou une tour de guet à la muraille principale.
Coro ou **cor** : une partie de l'église réservée au clergé. Dans les cathédrales espagnoles, cette enceinte était souvent établie au milieu de la nef principale ; elle peut également se trouver dans un étage supérieur.
Coufique : de la ville de Kufa ; écriture arabe aux lettres majuscules et anguleuses.
Créneau : dans le parapet d'un ouvrage fortifié, échancrure formant l'intervalle entre deux merlons.
Cuerda seca : technique de céramique vernissée par laquelle on sépare les couleurs à l'aide d'une ligne de matière grasse qui disparaît ensuite à la cuisson.
Église-halle : église dont les trois vaisseaux sont de même hauteur.
Écoinçon : tout arc est inscrit dans un rectangle imaginaire ; les deux triangles dont l'un des côtés est courbe et qui sont inscrits entre l'arc et ce rectangle s'appellent des écoinçons.
Entrelacs : décor géométrique formé d'une série de lignes entrecroisées qui composent des motifs polygonaux ou en étoile. Caractéristique de l'art arabe.
Estípite : pilastre dont la partie la plus étroite se situe à la base (tronc de pyramide inversé).
Fenêtre à meneaux : fenêtre avec deux arcs divisée par une colonne centrale.
Flamboyant : style décoratif de la fin de l'époque gothique (15e s.) ainsi nommé pour ses découpures en forme de flammèches aux remplages des baies.
Flèche : comble en pointe, conique ou pyramidal d'une tour.
Géminé : se dit des fenêtres ou colonnes unies par deux.
Grotesque : décor typique de la Renaissance qui mêle des éléments végétaux, des êtres fantastiques et des animaux enlacés formant un tout.
Lanterne : corps se trouvant sur la partie supérieure d'une coupole éclairant d'en haut l'édifice.
Mâchicoulis : parapet en encorbellement d'un château, soutenu par des consoles.
Madraza : *medersa*, université ou académie religieuse arabe.
Meneau : chacun des montants et traverses qui divisaient la baie des anciennes fenêtres.
Mihrab : dans la mosquée, niche ouverte dans le mur sacré *(quibla)* au grand luxe décoratif.
Minaret : tour de la mosquée d'où le muezzin appelle les fidèles pour la prière.
Miséricorde : petite console visible quand les sièges des stalles sont levés et servant aux chanoines ou aux moines à s'appuyer en donnant l'impression qu'ils sont debout.
Mocárabes : motifs décoratifs de l'architecture musulmane en forme de stalactites, employés sur les plafonds, les chapiteaux, les arcs et les corniches.

Modillon : pièce en saillie destinée à soutenir une corniche, le départ d'un arc, etc.
Mozarabe : chrétien vivant en territoire musulman avant la Reconquête.
Mudéjar : se dit de l'art des musulmans restés sous le joug chrétien après la Reconquête.
Paso : sorte de char montrant une étape de la Passion du Christ, représentée par un groupe sculpté en bois grandeur nature.
Pendentif : chacun des quatre triangles curvilignes qui soutiennent une coupole. Ils permettent de passer du plan carré au plan circulaire.
Pignon : couronnement triangulaire d'un mur dont le sommet porte le bout du faîtage d'un comble.
Presbiterio : espace entourant le maître-autel et séparé de la nef par des marches ou une clôture.
Quibla : dans la mosquée, mur normalement orienté vers La Mecque, où se dirige l'attention de ceux qui prient.
Retable : les églises baroques sont fréquemment décorées d'un retable monumental, dit « retablo mayor » (grand retable), qui s'élève souvent jusqu'à la voûte. Il est placé derrière le maître-autel, lui-même situé dans la *capilla mayor.*
Rinceaux : ornements de sculpture ou de peinture empruntés au règne végétal et formant souvent une frise.
Sagrario : chapelle où est conservé le Saint-Sacrement; parfois le sagrario est une église indépendante.
Sebka : décor à base de brique, consistant en la répétition jusqu'à l'infini de petits arcs polylobés ou mixtilignes formant un réseau de losanges (art almohade).
Soportales : portiques à colonnes de bois ou de pierre supportant le premier étage des maisons et qui forment une galerie ouverte autour de la plaza Mayor dans les villes et villages.
Stuc (yesería) : décor sculpté en plâtre.
Tambour : élément architectural cylindrique ou polygonal sur lequel s'élève une coupole semi-sphérique. Chacune des pièces cylindriques qui forment le fût d'une colonne (quand elle n'est pas monolithe).
Tour d'enceinte : tour extérieure qui protège un lieu stratégique. Elle est reliée à l'enceinte par un mur.
Transept : nef transversale qui coupe la nef principale.
Trasaltar : mur postérieur du chœur (*capilla mayor*), où se trouvent sculptures ou tombeaux.
Trascoro ou **trascor** : face postérieure souvent sculptée du coro.
Triptyque : ouvrage de peinture ou de sculpture composé de trois panneaux articulés pouvant se refermer.
Trompes : petites voûtes semi-coniques au sommet inversé, qui servent à transformer un plan carré en plan octogonal et à soutenir ainsi une coupole.
Tympan : surface intérieure d'un fronton. Espace généralement décoré, compris entre l'archivolte et le linteau, se trouvant sur la façade des églises.
Venera : élément décoratif en forme de coquille Saint-Jacques.
Voûte étoilée : voûte à plan carré ou polygonal formée par plusieurs arcs entrecroisés.

Nature et paysages

Le nord-ouest de l'Espagne présente d'innombrables attraits naturels : un littoral escarpé et des plages rocheuses, des criques retirées et d'abruptes falaises ; un relief accidenté avec de hauts sommets de plus de 2 500 m et de charmantes vallées. Soumis à des influences climatiques différentes, ce pays montagneux, où la mer n'est jamais très loin, est également occupé par l'homme depuis des millénaires. Et celui-ci a, au cours du temps, façonné cet espace pour en faire une fantastique mosaïque de milieux et d'écosystèmes différents.

Aperçu général de l'Espagne

L'Espagne continentale se partage avec le Portugal la péninsule Ibérique, que les Pyrénées séparent du reste du continent européen. Sa superficie – 505 182 km^2 avec les Baléares et les Canaries – la place au 4e rang européen, après la Russie, l'Ukraine et la France. L'Espagne possède plus de 4 000 km de côtes baignées par trois mers différentes. Sa population dépasse les 46 millions d'habitants.
C'est un pays montagneux où l'altitude moyenne est de 650 m et dont 1/6 s'élève à plus de 1 000 m d'altitude, avec, pour point culminant, le Mulhacén (3 482 m), qui domine la sierra Nevada.
L'un des traits dominants de la Péninsule est l'existence en son centre de la **Meseta**. Formation géologique la plus ancienne (hercynien) du pays, elle forme un plateau au sol dur, siliceux, légèrement incliné vers l'ouest et encerclé de longues barrières montagneuses qui l'isolent des régions côtières. Toutes sont la conséquence du plissement alpin de l'époque tertiaire : la **cordillère Cantabrique** au nord-ouest, prolongement des Pyrénées, la **cordillère Ibérique** au nord-est et la **sierra Morena** au sud. À la périphérie se trouvent les massifs les plus élevés : au nord les **Pyrénées** et, au sud, les **chaînes Bétiques** (qui comprennent la **sierra Nevada**), ainsi que deux vastes dépressions : celle de l'Èbre et celle du Guadalquivir.

L'Espagne Atlantique

L'Espagne Atlantique regroupe des régions côtières (Pays basque, Cantabrie, Asturies, Galice) qui s'étendent depuis les Pyrénées jusqu'à son extrémité la plus occidentale, mais aussi des provinces séparées de l'océan par la cordillère Cantabrique : la Navarre, La Rioja et la Castille-et-León.

UNE RÉGION CHARNIÈRE

Battu par l'océan Atlantique, traversé par des massifs montagneux (axe pyrénéo-cantabrique), le

Pays basque est à la charnière entre l'Europe continentale et la péninsule Ibérique. Les chaînes de montagne orientées est-ouest forment une ligne de partage des eaux sur l'**axe Gorbea-Irati**. Le versant nord (Biscaye, nord de l'Álava, Guipúzcoa, nord de la Navarre), dont les eaux débouchent dans l'Atlantique, est soumis à un climat océanique, doux et pluvieux : c'est le **versant atlantique,** humide et très vert. Sur le versant opposé, les eaux arrivent à la Méditerranée, à travers le cours majestueux de l'Èbre. Sur ce **versant sud**, sec et de couleur ocre jaune en été, c'est le climat méditerranéen qui s'impose. Cent cinquante kilomètres suffisent pour passer de paysages de haute montagne à des étendues subdésertiques.

UN VIGNOBLE CÉLÈBRE

Pays de confins et plus petite des communautés autonomes d'Espagne, La Rioja fait partie du bassin de l'Èbre et prolonge les paysages de la *ribera* navarraise par ses étendues de riches cultures irriguées. Elle tire sa réputation d'un célèbre vignoble, celui de la haute Rioja, autour de Haro, qui donne des vins de qualité supérieure mondialement connus.

LA SUISSE MARITIME

La **Cantabrie** et les **Asturies** ont des allures de Suisse maritime. La chaîne montagneuse, surgie au tertiaire, facteur d'homogénéité entre ces provinces côtières, ourle le nord de la Meseta. La **cordillère Cantabrique** forme une imposante barrière qui a valu à la province de Cantabrie le nom de *montaña*. Dans le massif des **Pics d'Europe**, à moins de 50 km de la mer, cette barrière s'élève à plus de 2500 m.

UNE CÔTE DÉCHIQUETÉE

Du Pays basque aux Asturies, les chaînes de montagne viennent se heurter directement à l'océan. Ce sont essentiellement des falaises qui plongent brutalement dans l'océan, témoins de la violence des éléments lors de l'émergence des montagnes. Elles ont à subir les attaques incessantes de la mer, et des phénomènes d'érosion spectaculaires. Les **estuaires** sont habités depuis fort longtemps. En Galice**,** les fameuses **rías**, ces bras de mer qui pénètrent dans le continent, ont sculpté le littoral de plusieurs manières. À l'origine, certaines furent favorisées par l'existence d'un réseau intense de fractures qui facilitèrent la pénétration de la mer : c'est le cas des **Rías Bajas** ; d'autres correspondent à la partie inférieure d'anciennes vallées fluviales inondées : c'est le cas d'Ortigueira, Ribadeo, Foz ou El Ferrol, dans les **Rías Altas** ; et d'autres encore, comme la ría de Arousa (Rías Bajas), sont d'anciennes fosses tectoniques. Toutes offrent un large éventail de paysages. Les granits et roches schisteuses, d'une grande diversité, acquièrent dans les rías des tonalités particulières.

L'EMPREINTE DE L'HOMME

Aujourd'hui, le Nord-Ouest est un pays de montagnes entrecoupées de vallées agricoles plus ou moins larges, avec des villes et des complexes industriels enfoncés au creux du relief. Les premières traces de présence humaine remontent bien avant, mais les paysages actuels ont été façonnés par les activités d'une civilisation de paysans-éleveurs qui existe ici depuis le néolithique, c'est-à-dire depuis environ 4000 ans. Les sommets des montagnes se sont dénudés sous la pression du feu des hommes et des besoins de leurs troupeaux.

La verte vallée d'Andoain près de St-Sébastien.
Office espagnol du tourisme

L'**industrie minière et métallurgique** très ancienne (plus de 2 000 ans !), comme en témoignent les mines à Aiako Harriak (Guipúzcoa), s'est accompagnée d'une très forte déforestation due à la fabrication de charbon. Au début du 19e s., l'exploitation massive du minerai de Biscaye, de Cantabrie ou des Asturies active le processus d'industrialisation. Certaines rías se trouvent ainsi profondément marquées, comme celle de Bilbao. L'extraction du charbon des Asturies a commencé en 1828, ainsi que le minerai de fer près de Santander. Dès le 19e s., des étrangers s'intéressent à ces ressources, surtout près de ports comme Gijón et Santander. L'aménagement des routes vers la Castille a favorisé cet essor industriel dès le milieu du 18e s. Des siècles d'histoire, de terres labourées, d'utilisation des ressources de la mer ou des terres, de construction de hameaux, de bourgs et de villes sur la frange maritime ou le long des grands axes de communication ont ainsi modifié les paysages.

Climat

Cette région est aussi appelée « L'Espagne verte » en raison de son climat doux et humide, où la brume se transforme bien souvent en crachin. Le climat y est franchement océanique : températures modérées, de faible amplitude, et pluies abondantes. Ces régions connaissent un été plutôt frais et souvent ponctué de périodes humides. Les températures maximales plafonnent autour de 22 et 23 °C pendant tout l'été et n'atteignent que très rarement 30 °C. La température de l'eau se situe autour de 19 à 20 °C au mois d'août. Les brises de secteur nord se rajoutent à cette impression de fraîcheur. De plus, c'est en été que l'on rencontre le plus souvent du brouillard sur ce littoral. Le début de l'automne est encore doux mais il se remet à pleuvoir. S'il fait encore autour de 20 °C en septembre, les températures n'atteignent plus que 15 °C au plus chaud de la journée en novembre, qui est le mois le plus arrosé sur la région cantabrique. En hiver, Il pleut quasiment un jour sur deux, la même quantité d'eau qu'à Brest et Cherbourg. En revanche, les températures sont douces (12 à 13 °C) en moyenne et il ne gèle pas souvent. Ce n'est qu'à partir du mois de mai que les précipitations baissent.

Faune et flore

SUR LES ROCHERS, LES PLAGES ET LES FALAISES

La zone battue par les vagues, notamment les rochers, abrite une vie intense de **crustacés** (crevettes, crabes, etc.) ou d'invertébrés (patelles, oursins, moules, étoiles de mer, etc.) et constitue un écosystème important. Les plages sableuses ou les vasières situées dans les estuaires abritent, quant à elles, des espèces fouisseuses comme des **annélides** (appelés communément « vers de vase ») et des **coquillages** comme les coques, les tellines… La côte, riche en falaises, est assez pauvre en colonies **d'oiseaux marins** qui y trouvent par contre la tranquillité nécessaire à leur reproduction.
Le **cormoran huppé** y niche en petits effectifs et les **goélands argentés** se reproduisent en nombre. Le petit archipel des îles Cíes en Galice abrite la colonie de mouettes la plus nombreuse de la région avec quelque 22000 couples reproducteurs.
Sur les falaises, hors d'atteinte des vagues, c'est le domaine des **pelouses** ou de la **lande à bruyère,** où des arbustes arrivent à pousser. Dans le Pays basque, on trouve même des espèces tropicales comme l'arbousier, le tamaris, ou le baccharis. Les **dunes** ont quasiment disparu suite à l'aménagement trop rapide de certaines côtes, mais des vestiges subsistent et sont protégés, notamment du côté de Santander à **Liencres**, ou dans les **îles atlantiques** de Galice, où le pin et l'eucalyptus ornent des paysages dominés par l'ajonc d'Europe.

DANS LES MONTAGNES

Le Parc des **Pics d'Europe** est le plus emblématique par sa vaste superficie (64660 ha) et par la diversité des habitats existants. La faune y est aussi abondante qu'il y a d'écosystèmes variés : alpages, cimes rocheuses, pâturages ouverts, forêts denses, grottes, lacs et gorges expliquent cette richesse. Le seigneur de la haute montagne sur les versants herbeux, est l'**isard cantabrique**, sorte de cousin du chamois devenu beaucoup plus qu'un symbole. Autrefois en voie d'extinction, il compte aujourd'hui une population de plus de 6000 individus. Dans la haute, moyenne et basse montagne habitent les craves à bec rouge et les chocards à bec jaune, le corbeau et la corneille, mais aussi les merles de roche, les accenteurs, les pipits, les traquets motteux et les niverolles. On pourra admirer le splendide **aigle royal** et les **vautours fauves**, espèce protégée dans le canyon d'Arbayún au Pays basque. Ils sont accompagnés par le percnoptère d'Égypte, le circaète Jean-Le-Blanc et, quoique plus rarement, l'aigle de Bonelli. Le **grand tétras cantabrique** se réfugie dans les forêts, en compagnie des pics noirs, des perdrix, des chevreuils, des cerfs, des sangliers, des lièvres, des renards, des chats sauvages et des genettes. **L'ours**, qui fait des incursions depuis le secteur oriental de la cordillère, et le **loup**, dernier échelon de la chaîne alimentaire, hantent aussi le parc. Les hôtes de

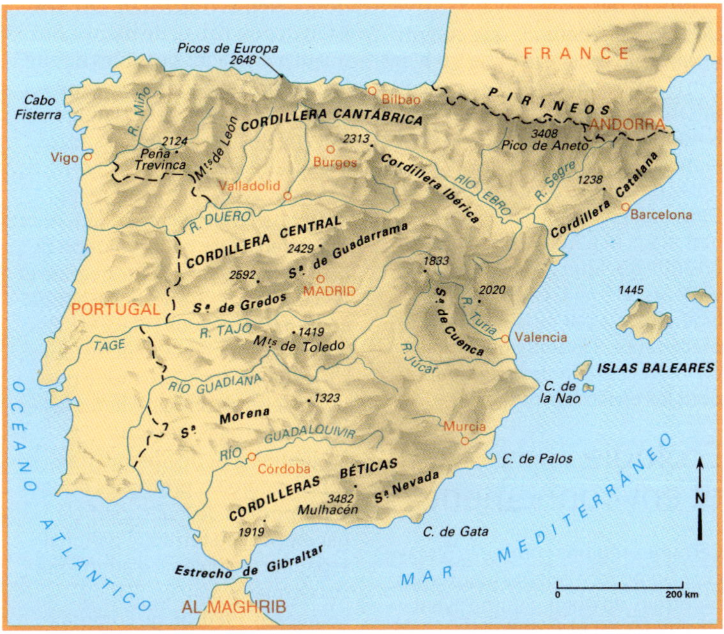

rivières sont la loutre, le martin-pêcheur d'Europe, le saumon atlantique et la truite.

PRAIRIES ET FORÊTS

Entre le niveau de la mer et les 2 500 mètres de certains sommets vivent plus de 700 espèces de plantes. Sur les hautes cimes, aucun arbre ne pousse. La flore apparaît entre 2 000 et 1 600 mètres. Des genévriers nains tapissent les prairies et des plantes à feuilles grasses luttent pour survivre entre les crevasses des rochers. Plus bas, à l'étage montagnard, entre 500 et 1 500 mètres, commence la végétation arborée : bouleaux pubescents, chênes et châtaigniers dans les sols acides (les plus pauvres). Sur les versants aux sols plus riches, le hêtre domine le paysage, avec noisetiers et alisiers. En dessous de 500 mètres, on retrouve des sols riches et le paysage redevient commun et varié, peuplé d'innombrables forêts et de sous-bois humides riches en fougères.

PARCS NATURELS ET NATIONAUX

La dénomination de « parc national » et de « parc naturel » relève uniquement d'une gestion différente : gouvernementale pour la première catégorie et locale pour la seconde. Ces parcs ont été créés pour protéger des zones naturelles privilégiées et permettre aux amoureux de la nature de profiter d'un environnement d'exception. Les régions de l'Espagne Atlantique possèdent 2 des 14 Parcs nationaux espagnols : **Parque Nacional de los Picos de Europa** (partagé entre les Asturies, la Cantabrie et la Castille-et-León), et les **îles Atlantiques** (Galice), ces dernières ayant été déclarées comme telles en 2002. Le **Parque Nacional de los Picos de Europa** possède tous les atouts d'un parc de montagne : un paysage de lacs glaciaires au milieu d'immenses forêts de hêtres (entre 800 et 1 500 m), de châtaigniers et de chênes. On peut y voir entre autres, des chamois, des renards, des chats sauvages, des écureuils, des loutres et des aigles royaux.

Des 135 Parcs naturels que compte le pays, pas moins de 29 se trouvent dans la zone couverte par ce guide, offrant tous des opportunités de randonnées, et d'observation de faune et flore. La plupart sont dotés de centres d'interprétation. Dans leur ensemble, les Parcs nationaux et naturels ont attiré en 2009 quelque 20 millions de visiteurs. Même si ce chiffre est en légère baisse par rapport à l'année précédente, il indique néanmoins un intérêt certain de la population pour les espaces protégés.

Écologie et environnement

Certaines régions comme la Biscaye et le Guipúzcoa ont été longtemps montrées du doigt comme ayant les rivières les plus polluées d'Europe. Une absence de prise de conscience environnementale au niveau industriel pendant des décennies explique que des **rivières** comme le Nervión, Urola ou Oria, étaient il y a encore peu de temps des cours d'eau sans vie, gravement pollués par des métaux lourds. La **mer** a reçu pendant des années des tonnes de déchets industriels et est souillée encore aujourd'hui volontairement (dégazages) ou accidentellement (naufrages des pétroliers *Erika* et *Prestige*) par des hydrocarbures.

Certains sites miniers abandonnés, comme les salines d'Añana, sont en reconversion.

Deux énormes projets à très forts enjeux illustrent l'importance des questions d'environnement, notamment au Pays basque : le projet de centrale nucléaire de Lemoniz et le barrage d'Itoiz.

Le premier, situé sur une petite crique en Biscaye tout près d'un parc naturel, fut définitivement abandonné en 1984, en phase finale de construction, à la suite d'une opposition sans précédent de la population et d'attentats de l'ETA. Il fait depuis l'objet de discussions quant aux usages possibles du site.

Le second, un énorme **barrage** sur la rivière Irati au niveau d'Itoiz en Navarre, imaginé dans les années 1970, a été réalisé au début du 21e s. dans des zones naturelles protégées. Son utilité (irrigation) est remise en cause par l'évolution de la politique agricole européenne et les craintes des opposants se sont confirmées en 2008 : placé sur des terrains géologiquement instables, son remplissage a provoqué des petits séismes entraînant des failles dans les terrains alentour.

En contrepartie, le nombre de zones naturelles protégées et la proportion de leur superficie par rapport au territoire national espagnol n'ont cessé d'augmenter ces dernières années. Si dans les années 1980, on ne comptait qu'une cinquantaine d'espaces protégés, il en existe aujourd'hui plus de 1 400, recouvrant plus d'un quart du territoire national.

Toutes les régions de l'Espagne Atlantique disposent de plus de 25% de territoires protégés, à l'exception de la Galice. Cette dernière s'efforce néanmoins de rattraper son retard, comme le montre par exemple la déclaration d'une nouvelle réserve de la Biosphère en 2009.

D'autre part, l'Espagne compte 44 réserves de la Biosphère, ce qui en fait le pays disposant de la biodiversité la plus variée et la mieux conservée d'Europe. Cette dénomination correspond à un programme de l'Unesco destiné à préserver les écosystèmes en intégrant la protection de la biodiversité, le développement durable de la zone et de ses habitants et la recherche scientifique. L'Espagne Atlantique compte 15 de ces 44 réserves de la Biosphère.

Histoire

L'histoire de l'Espagne offre une succession de moments de gloire entrecoupée de périodes sombres : une culture brillante au paléolithique; un royaume mythique assimilé à l'Atlantide; une série d'invasions : carthaginoise, romaine, wisigothique, arabe; un âge d'or musulman, grignoté lentement par la Reconquête; les persécutions religieuses de l'Inquisition; la conquête du Nouveau Monde et l'apogée colonial; le Front populaire et le franquisme; l'avènement de la démocratie et la modernisation du pays… Le Nord, au fil du temps, s'est tissé une identité nationale complexe, longtemps marquée par les conflits territoriaux et religieux.

Les origines

Les premières traces de civilisation dans la péninsule Ibérique appartiennent au paléolithique supérieur : une centaine de sanctuaires d'art pariétal, concentrés pour l'essentiel dans les provinces du Nord, témoignent d'une belle culture à l'époque magdalénienne. Les plus anciennes datent de 40 000 ans; la plus remarquable, la grotte d'**Altamira** *(p. 339)*, célèbre pour ses bisons, aurait été peinte entre **15500** et **11500 av. J.-C.**

Vers 3000 av. J.-C., les Ibères venus d'Afrique du Nord s'installent au sud de la Péninsule, puis des Ligures et des Celtes entrent par le nord. Réunis sous l'appellation **Celtibères**, ils développent une culture sédentaire et exploitent un sol riche en minerais (cuivre, étain, argent, or), qu'ils transforment en objets raffinés.

Ces richesses attirent les commerçants phéniciens qui fondent des comptoirs sur le pourtour méditerranéen (comme Cadix, en 1100 av. J.-C.), bientôt imités par les Grecs.

LE ROYAUME DE TARTESSOS

De ces féconds échanges commerciaux naît le royaume de Tartessos (nom ancien du Guadalquivir), parfois assimilé à la Tarsis biblique ou à l'Atlantide. Ses richesses et son raffinement, qui éblouirent Grecs et Phéniciens, continuent d'impressionner les archéologues. Le royaume disposait de lois écrites en vers, d'une organisation complexe en sept classes sociales et d'un art consommé du travail des métaux. Son roi Arganthonios, qui régna au 7e s. av. J.-C., fut loué par Hérodote, Anacréon et Pline. Malgré les nombreuses découvertes archéologiques, l'emplacement de la capitale n'a pu être établi avec certitude : on suppose qu'elle se trouvait vers Sanlúcar de Barrameda (province de Cadix).

L'INVASION CARTHAGINOISE

Vaincus pas les Romains au cours de la première guerre punique, les Carthaginois emmenés par Hamilcar Barca envahissent le sud de la Péninsule en 237 av. J.-C.

pour s'y établir. Ils chassent les marchands grecs et phéniciens, fondent Carthagène en 226 (Carthago Nova, la nouvelle Carthage) et provoquent la ruine du royaume Tartessien.
Un accord de paix est signé avec les Romains, faisant de l'Èbre la nouvelle frontière. Mais Hannibal, fils d'Hamilcar, repasse à l'offensive : il franchit l'Èbre et s'empare de Sagonte en 219. C'est le début de la deuxième guerre punique. Son armée, composée de nombreux Celtibères, traverse le sud de la Gaule pour attaquer l'Italie. L'expédition échoue. En représailles, les Romains rasent Carthage (202 av. J.-C.) et chassent les Carthaginois de la Péninsule.

Des Romains aux Wisigoths

Malgré le déséquilibre des forces, les Celtibères résistent longtemps au nouvel envahisseur : débutée en 210 av. J.-C. avec le débarquement de Scipion l'Africain à Ampurias, la conquête romaine ne s'achève qu'en 19 av. J.-C. avec la reddition des provinces du Nord.
En 133 av. J.-C., les habitants de Numance préférèrent brûler avec leur ville plutôt que de la livrer à Scipion l'Africain.

L'ESPAGNE ROMAINE

La guerre finie, Rome divise la Péninsule en trois provinces : la Tarraconaise au nord, la Bétique au sud, et la Lusitanie à l'ouest. Le latin devient la langue officielle. La population se convertit progressivement aux us et coutumes romains. Les villes et les campagnes connaissent une longue période de stabilité et de prospérité. Quelques citoyens illustres apparaissent, comme Sénèque le philosophe, ou Trajan et Hadrien, respectivement premier et deuxième empereur romain d'origine hispanique.
Le christianisme commence à se propager au cours du 1er s. Il s'impose officiellement en 392, sous le règne de Théodose, troisième empereur d'origine hispanique, qui interdit le paganisme.

LE ROYAUME WISIGOTH

Avec le 5e s. commence le déclin de l'empire romain. En 410, Rome est mise à sac par Alaric, roi wisigoth. Dans la Péninsule, les invasions se multiplient : Francs, Suèves, Vandales et Alains saccagent villes et campagnes. Les Wisigoths débarquent à leur tour : largement romanisés, mieux organisés, ils parviennent à s'imposer aux autres groupes et à fonder une dynastie.

Guernica, de Pablo Picasso.

En 586, leur roi Léovigilde expulse les fonctionnaires impériaux, mettant fin à huit siècles de présence romaine.
Tolède devient la capitale de leur royaume, qui s'étend des Pyrénées à Gibraltar. L'organisation sociale, calquée sur celle de Rome, conserve l'esclavage des Ibères et les grandes propriétés. La langue vernaculaire, d'origine latine, s'impose progressivement, supplantant celle des Wisigoths. En 587, leur roi Recarède se convertit au catholicisme. Un lien étroit se noue entre l'État et l'Église.
Au début du 8e s., des luttes de succession fragilisent le royaume. En 711, appelés en renfort par l'un des prétendants au trône, le Berbère **Tarik** traverse le détroit de Gibraltar avec une armée de 7 000 hommes. Il bat le roi Rodéric à la bataille de Guadalete, progresse vers le nord et entre dans Tolède : le royaume wisigoth s'effondre.

Al-Andalus, âge d'or musulman

Au début du 8e siècle, les musulmans (Arabes et Berbères) conquièrent la péninsule Ibérique en moins de trois ans, malgré un sérieux revers à Covadonga (Asturies). Ce fut une défaite importante car l'enclave servira de point de départ à la Reconquête chrétienne. La péninsule Iberique, que les Arabes nomment al-Andalus (« l'île aux Vandales ») va rester sous domination musulmane pendant près de sept siècles.

UNE CIVILISATION EXCEPTIONNELLE

Entre 711 à 1492, les musulmans apportent et développent en Espagne une culture d'une richesse sans précédent, que beaucoup considèrent aujourd'hui comme l'âge d'or de l'Islam. Les sciences telles que la pharmacie et la chimie sont en plein essor, la pensée grecque est étudiée à Tolède et Cordoue, les arts et l'architecture fleurissent. En agriculture, de nombreuses espèces sont introduites et on développe de nouvelles techniques d'irrigation. Enfin, la tolérance religieuse entre musulmans, juifs et chrétiens y demeure longtemps exemplaire.

La Reconquête

L'ESPAGNE CHRÉTIENNE DU 8E AU 14E S.

Au 8e s., toute la péninsule est aux mains des Arabes, à l'exception de quelques noyaux dans les montagnes des Asturies, en Navarre et en Aragon. Sur les zones frontières, parfois mal définies les chrétiens construisirent de nombreux châteaux d'abord pour protéger le royaume asturien, puis, pour défendre leur avancée vers le sud. Alfonso Ier fit fortifier la vallée moyenne de l'Èbre, et au 9e s., la frontière se situait dans la vallée du Duero. Les villes de Zamora et Burgos, entre autres, furent reconquises.

La désintégration du califat de Cordoue (1031) en plusieurs royaumes distincts appelés *taifas* favorisa les chrétiens. En raison de leur supériorité militaire, les royaumes chrétiens obtinrent des Arabes le paiement de tributs (*parias*) en échange d'une paix provisoire. Si la prospérité bénéficia en premier lieu à la noblesse et au clergé, elle favorisa aussi le développement des villes et du commerce. Au 11e s., le chemin de St-Jacques fut consolidé, et sous le règne de Sancho Ramírez en Aragon, et d'Alfonso VI en Castille, on construisit de nombreuses églises, ponts, hôpitaux et hébergements. Les chrétiens continuèrent à avancer vers le sud, et en 1085, Alfonso VI prit le royaume *(taifa)* de Tolède.

Durant le règne de Fernando III de Castille, les chrétiens s'emparèrent de Cordoue en 1236, de Jaén en 1246 et de Séville en 1248.

Au 13e s., les orientations économiques des différents royaumes chrétiens commencent à se définir plus clairement. Alors que la Catalogne, Aragón et Valence se tournent vers le commerce méditerranéen, la Castille, avec ses grandes étendues, développe l'élevage, source de sa richesse au Moyen Âge due aux exportations de laine vers les Flandres. C'est également à cette époque que sont créées les premières universités (Palencia, Valladolid, Salamanque).

Au 14e s., la peste noire provoqua une grave récession, surtout pour la couronne d'Aragon qui fut particulièrement affectée par la dépression économique qui sévit à travers toute la Méditerranée. La Castille fut plus résistante et put ainsi asseoir les bases de son hégémonie sur la péninsule.

LES ROIS CATHOLIQUES

En 1469, le mariage d'**Isabelle de Castille** et de **Ferdinand d'Aragon** scelle l'union des deux royaumes. Ce couple puissant et pieux, d'où le titre de « Rois Catholiques », s'engage à reconquérir les territoires qui restent aux mains des musulmans. Les villes de Ronda (1485), Málaga (1487), Baza (1489), Almería et Guadix (1489) tombent les unes après les autres. En 1492, **Boabdil**, dernier souverain arabe de Grenade, leur remet les clés de la ville. Ainsi s'achèvent plus de sept siècles d'occupation arabe.

Les monarques s'engagèrent à respecter la religion des personnes souhaitant rester dans le pays. Mais la guerre ayant été financée en grande partie par l'Église, le tribunal de l'Inquisition, dirigé par le dominicain Torquemada, exigea des dispositions plus drastiques. La même année (1492), les juifs sont chassés d'Espagne. Les musulmans eux aussi sont contraints de fuir ou de se convertir. Les synagogues et les mosquées deviennent des églises.

Cette même année, Christophe Colomb découvre l'Amérique. En 1519, Cortès débarque au Mexique. En 1532, Pizarro entre au Pérou. Les conquêtes se multiplient : prise de Naples, des Canaries et de plusieurs villes africaines. Des flots d'or et d'argent commencent à se déverser depuis le Nouveau Monde. L'Espagne se trouve à la tête d'un immense empire colonial.

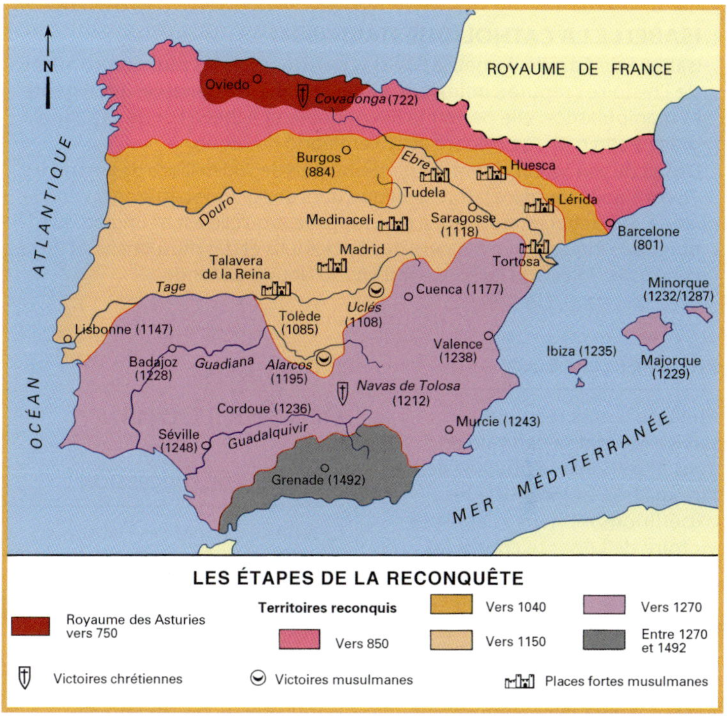

Les Habsbourg et le « Siècle d'or »

CHARLES QUINT : L'APOGÉE

Après les morts d'Isabelle et de Ferdinand, le petit-fils de ce dernier monte sur le trône : le jeune Charles Ier de Habsbourg qui ne parle pas castillan.
Deux ans plus tard, il hérite de son père le Saint-Empire romain germanique. Devenu **Charles Quint**, il règne désormais sur un empire immense, comprenant l'Espagne, les Amériques et une large part de l'Europe du Nord (approximativement l'Allemagne, l'Autriche, la Belgique et les Pays-Bas). L'expansion se poursuit grâce à son mariage avec Isabelle du Portugal. C'est le début du « Siècle d'or », qui marque l'apogée de la puissance espagnole et dure jusque vers 1650.
Mais l'immensité de l'Empire le rend difficile à gouverner, ses expéditions militaires l'épuisent, les taxes s'alourdissent et les révoltes locales se multiplient : la révolte des Comunidades (communautés) de Castille, par les **comuneros**, éclate en 1520, des insurrections ont lieu à Valence et à Majorque, durement réprimées par les troupes germaniques de Charles Quint. Fatigué, celui-ci abdique en 1556 et se retire au monastère de Yuste.
Philippe II, son fils, hérite de l'Espagne, des colonies, du royaume de Naples, du Milanais, des Pays-Bas et de la Franche-Comté, mais pas de l'Empire germanique qui revient à son frère, Ferdinand Ier.

ISABELLE LA CATHOLIQUE (1451-1504)
Isabelle de Castille demeure l'un des personnages les plus controversés de l'histoire : réputée inflexible, belle, ambitieuse, austère, intelligente et manipulatrice, elle permit la Reconquête et acheva l'unité espagnole grâce à son mariage célébré avec Ferdinand d'Aragon.
Du fait de son action, disent ses partisans, plus de 300 millions de personnes vivent aujourd'hui dans la foi catholique, dont une grande partie en Amérique latine. Ses détracteurs, quant à eux, rappellent qu'elle est à l'origine du tribunal de l'Inquisition, de la persécution des juifs et des musulmans, et de la conversion forcée de millions d'Indiens du Nouveau Monde.

PHILIPPE II : LE DÉCLIN

Philippe II, très religieux, fait de Madrid sa capitale en 1661. Il renforce le pouvoir de l'Inquisition et intensifie les expéditions militaires : après la victoire de Lépante contre les Turcs, en 1571, qui fait de lui le maître de la Méditerranée, il fait valoir ses droits sur le Portugal, qu'il envahit en 1580. En 1588, il attaque l'Angleterre protestante, mais l'expédition se solde par la destruction de sa flotte, l'« Invincible Armada », et l'Espagne perd sa suprématie maritime.
Ses successeurs Philippe III, Philippe IV et Charles II ne pourront enrayer le déclin économique de l'empire, malgré une étonnante florescence des arts. L'expulsion en 1609 des 275 000 morisques (musulmans), motivée par l'intolérance religieuse, est une catastrophe pour l'agriculture car ils représentaient une main-d'œuvre importante pour les travaux des champs. Dans le Nouveau Monde, les populations indigènes sont décimées par les maladies et les persécutions. Le Portugal se libère, imité en 1648 par les Pays-Bas au terme de l'épuisante guerre de Trente Ans.
L'Espagne est exsangue.

L'Espagne des Bourbons

LA GUERRE DE SUCCESSION

Le règne espagnol des Habsbourg s'achève avec Charles II, qui meurt sans descendance. Le petit-fils de sa sœur Marie-Thérèse et de Louis XIV, le français Philippe, duc d'Anjou, monte sur le trône en 1700 sous le nom de Philippe V. Mais l'Angleterre, la Hollande, le Danemark et les princes allemands se liguent contre lui pour défendre les droits de l'archiduc d'Autriche. La Catalogne, Valence et l'Aragon se rangent à leur côté. Le pays plonge en 1702 dans une longue guerre de succession, qui ne s'achève qu'en 1714 avec le **traité d'Utrecht** : les alliés reconnaissent Philippe V, mais l'Espagne perd en échange Gibraltar, Minorque et de nombreuses possessions italiennes.

LA RÈGNE DES BOURBONS

Philippe V et, surtout, son brillant successeur Charles III accentuent le centralisme de l'état et multiplient les constructions fastueuses, telles que le Prado et le Palais royal à Madrid. Ce dernier entreprend des réformes économiques judicieuses, qui stimulent l'agriculture et le commerce. Le pays va mieux, malgré une disette qui se solde par l'expulsion des jésuites, en 1766, parfaits boucs émissaires.

Charles IV monte sur le trône en 1788. Il laisse son épouse Marie-Louise gouverner en compagnie de son favori, Godoy. Ceux-ci entraînent l'Espagne dans une guerre contre la France révolutionnaire, avant de signer une alliance avec le Directoire français (traité de San Ildefonso, 1796) qui se solde par un nouveau conflit contre l'Angleterre et le désastre de Trafalgar, en 1805.

L'INVASION FRANÇAISE ET LA GUERRE D'INDÉPENDANCE

En 1808, le faible Charles IV est détrôné par Napoléon, qui envahit l'Espagne et offre la couronne à son frère Joseph. Madrid se soulève le 2 mai 1808 : c'est le début de la guerre d'Indépendance.
Les insurgés, inspirés par la Révolution française, réunissent les Cortes (Assemblée et Sénat) et rédigent la Constitution de Cadix, qui promulgue un régime démocratique. Soutenus par les Anglais, ils chassent Napoléon en 1814 et **Ferdinand VII**, fils de Charles IV, monte sur le trône. Mais le roi refuse de prêter allégeance à la nouvelle Constitution et inaugure un régime absolutiste.
Les colonies américaines commencent à proclamer leur indépendance : l'Argentine en 1816, le Chili en 1818, la Colombie en 1819.

LES GUERRES CARLISTES ET LA RESTAURATION

Lorsque Ferdinand VII meurt en 1833, un conflit éclate entre les partisans de son frère Charles, favorables à l'absolutisme, et les défenseurs de sa nièce Isabelle, qui aspirent à un régime libéral : c'est la première guerre carliste, qui s'achève en 1843 par la victoire des libéraux.

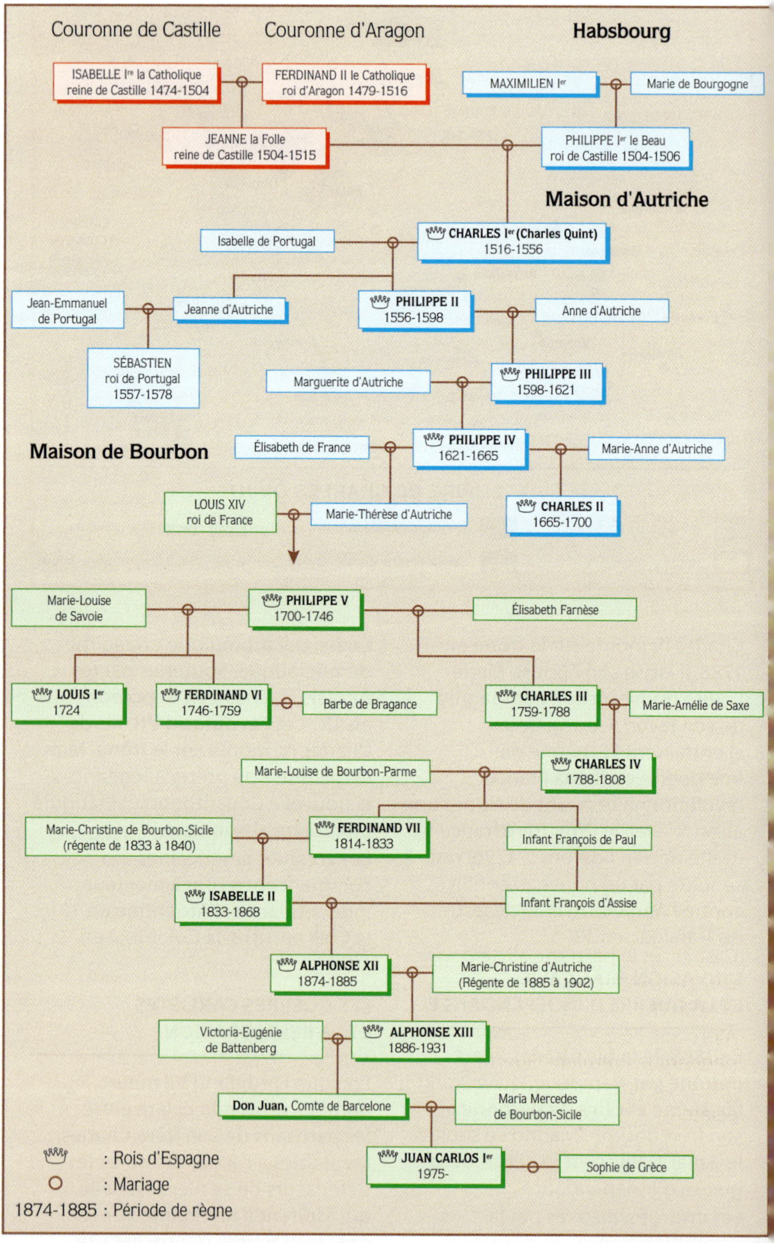
Couronne de Castille
Couronne d'Aragon
Habsbourg
ISABELLE Ire la Catholique reine de Castille 1474-1504
FERDINAND II le Catholique roi d'Aragon 1479-1516
MAXIMILIEN Ier
Marie de Bourgogne
JEANNE la Folle reine de Castille 1504-1515
PHILIPPE Ier le Beau roi de Castille 1504-1506
Maison d'Autriche
Isabelle de Portugal
CHARLES Ier (Charles Quint) 1516-1556
Jean-Emmanuel de Portugal
Jeanne d'Autriche
PHILIPPE II 1556-1598
Anne d'Autriche
SÉBASTIEN roi de Portugal 1557-1578
Marguerite d'Autriche
PHILIPPE III 1598-1621
Maison de Bourbon
Élisabeth de France
PHILIPPE IV 1621-1665
Marie-Anne d'Autriche
LOUIS XIV roi de France
Marie-Thérèse d'Autriche
CHARLES II 1665-1700
Marie-Louise de Savoie
PHILIPPE V 1700-1746
Élisabeth Farnèse
LOUIS Ier 1724
FERDINAND VI 1746-1759
Barbe de Bragance
CHARLES III 1759-1788
Marie-Amélie de Saxe
Marie-Louise de Bourbon-Parme
CHARLES IV 1788-1808
Marie-Christine de Bourbon-Sicile (régente de 1833 à 1840)
FERDINAND VII 1814-1833
Infant François de Paul
ISABELLE II 1833-1868
Infant François d'Assise
ALPHONSE XII 1874-1885
Marie-Christine d'Autriche (Régente de 1885 à 1902)
Victoria-Eugénie de Battenberg
ALPHONSE XIII 1886-1931
Don Juan, Comte de Barcelone
Maria Mercedes de Bourbon-Sicile
JUAN CARLOS Ier 1975-
Sophie de Grèce
: Rois d'Espagne
: Mariage
1874-1885 : Période de règne

Mais les crises se succèdent : une seconde guerre carliste (1847-1849) éclate au nord, tandis que les républicains se soulèvent au sud. La reine Isabelle est chassée par la révolution de 1868 et la République est proclamée. Elle ne durera pas : Alphonse XII, fils d'Isabelle, monte sur le trône en 1874 grâce à un coup d'état militaire. C'est la Restauration, qui inaugure une période de relative stabilité politique.

La chute de la monarchie

MOUVEMENTS SOCIAUX

Entre la fin du 19e et le début du 20e s., l'Espagne connaît de profondes transformations. Le pays perd ses dernières colonies (Cuba et les Philippines) en 1898, tandis que 1,5 million d'Espagnols émigrent en Amérique latine entre 1886 à 1913. L'industrialisation se développe en Catalogne, au Pays basque et dans les Asturies, où les ouvriers s'organisent en syndicats. La moitié de la population est analphabète et vit dans la misère, et les écarts de richesse entre régions nourrissent les régionalismes. Partout, les clivages politiques se durcissent : des mouvements anarchistes et socialistes se développent en Catalogne, en Andalousie et en Castille, et le parti socialiste gagne son premier siège au Parlement en 1910.

Alors que l'Espagne reste neutre pendant la Première Guerre mondiale, une grève générale éclate en 1917. Les troubles sociaux se multiplient. En 1923, le général Miguel Primo de Rivera, soutenu par le roi, réalise un coup d'état. La dictature militaire stabilise le pays, mais la crise de 1929 contraint le général à démissionner, bientôt imité par le roi.

LA DEUXIÈME RÉPUBLIQUE

La proclamation de la Deuxième République, en 1931, provoque une véritable liesse populaire. Le gouvernement de gauche entame une réforme agraire qui redistribue les terres au détriment de l'aristocratie foncière, instaure le mariage civil et s'attaque au pouvoir de l'Église. Les forces conservatrices, emportées pas le clergé, l'armée et les propriétaires terriens, unissent leurs forces autour de la Phalange, mouvement fondé en 1933 par José Antonio Primo de Rivera, fils du dictateur. La Catalogne proclame son autonomie et les mineurs des Asturies se soulèvent, mais la répression orchestrée par l'armée est très dure. En 1936, le Front populaire, alliance des partis de gauche, triomphe aux élections. L'armée réagit aussitôt : la guerre civile éclate.

LA GUERRE CIVILE

Les troupes dites « nationalistes » du général Franco, basées au Maroc, entrent en Espagne avec l'aide logistique des Allemands. Madrid, la Catalogne et Valence restent fidèles aux républicains du Front populaire, mais les nationalistes prennent rapidement le contrôle des régions agricoles conservatrices : Andalousie, Castille et Galice. Dix fois moins nombreux, les républicains bénéficient du soutien des Brigades internationales, mais souffrent en leur sein des dissensions entre anarchistes et communistes.

Les villes industrielles du nord tombent en 1937 (bombardements de Guernica par l'aviation allemande). Le gouvernement républicain se réfugie à Barcelone. L'année suivante, les nationalistes atteignent la Méditerranée et coupent l'armée républicaine en deux. Franco défait l'armée de l'Est à la bataille de l'Èbre,

LE RÔLE DES PROVINCES DU NORD DANS L'HISTOIRE DE L'ESPAGNE

Les Asturies furent le berceau de la Reconquête, avec la victoire de **Covadonga**. En 1808, le Nord-Ouest résiste à nouveau face à l'envahisseur : les Asturies et la Galice font partie des premières régions à refuser le joug bonapartiste. En 1833, deux des trois foyers carlistes qui contestent la succession de Ferdinand VII explosent au Pays basque et en Navarre : les deux guerres (1833-1843 et 1847-1849) préfigurent de futures revendications autonomistes.

En octobre 1934, la révolte des Asturies va aussi avoir des conséquences lourdes sur l'avenir politique de l'Espagne. Le mouvement part « d'en bas », poussé par le sentiment d'unité révolutionnaire qui anime les ouvriers : anarchistes, socialistes et communistes se lancent tous le 5 octobre dans l'insurrection. Le centre de la révolte, situé dans les mines de Mieres et Oviedo, est pris par 8 000 mineurs. Pendant neuf jours, l'aviation bombarde la ville, la garde civile obtient le renfort des régiments marocains dirigés par le général Lopez Ochoa aux ordres de Franco. Les révolutionnaires se dispersent dans les villages des montagnes. Pendant un an, la presse reprendra quotidiennement le thème des atrocités de ces quinze jours de représailles. L'Espagne a eu sa Commune : épouvantail pour les uns, symbole exaltant de l'héroïsme et des malheurs ouvriers pour les autres. L'état d'exception qui s'ensuivit fut un régime de la terreur (ouvriers congédiés, salaires diminués, réforme agraire stoppée…). La révolution des Asturies a déclenché de terribles réflexes conservateurs. La surprise de la victoire du Front populaire en février 1936 précipite encore plus vite le pays dans la Guerre civile.

avant de prendre la Catalogne en février 1939. La guerre s'achève avec la prise de Madrid, le 1er avril.

LE FRANQUISME

Le général Franco anéantit l'opposition, par des internements en camps de travail et des exécutions sommaires, et instaure un ordre fasciste et clérical ; le divorce et le mariage civil sont interdits, les manuels scolaires réécrits, tandis que les artistes et les intellectuels fuient en masse. À la fin de la Seconde Guerre mondiale, au cours de laquelle l'Espagne reste neutre, le Caudillo demeure le seul dirigeant fasciste d'Europe. L'Espagne s'isole sur le plan diplomatique.

L'ouverture vient avec la guerre froide : en 1953, le général Eisenhower propose à Franco d'héberger des bases militaires américaines en échange d'une importante aide financière. L'Espagne entre aux Nations unies en 1955. Les infrastructures, l'économie et le tourisme balnéaire de masse se développent. Mais les campagnes restent sous-développées et le centralisme de Franco provoque une résurgence des mouvements indépendantistes, en Catalogne et au Pays basque (création de l'ETA en 1959).

Quelques grands personnages

Pélage

Premier roi des Asturies (718-737), il est le fils de Favila, duc de Cantabrie. À la tête de 300 guerriers et des chrétiens réfugiés dans les montagnes de la Cantabrie et des Asturies, il convoque, en 718, une assemblée de notables (dont des

Le souverain Sanche III le Grand, figure d'unificateur au sein de l'Espagne chrétienne.
MICHELIN

nobles wisigoths catholiques) qui le proclame « caudillo » (chef suprême). Prenant alors le titre de roi, il fonde le royaume des Asturies, fixe sa capitale dans la petite ville de Cangas de Onís *(voir p. 362)*. Considéré comme l'initiateur de la Reconquête, le premier qui fit battre les Maures en retraite à la bataille de Covadonga en 722, Pélage est un héros de l'Espagne. Le titre de « Prince des Asturies » est d'ailleurs donné depuis à l'héritier de la couronne.

Sanche III le Grand

Entre 1003 et 1035, il est l'un des souverains occidentaux les plus puissants de son époque. Dominant la majorité des terres chrétiennes de la péninsule Ibérique, il ouvre les cols pyrénéens aux pèlerins de Saint-Jacques, permet la diffusion de la réforme monastique bénédictine ainsi que le développement de l'art roman dans ses possessions.

Ignace de Loyola

Ce noble guipúzcoan défend la cité conquise de Pampelune pour le roi de Castille lorsqu'un boulet navarrais le blesse gravement *(voir p. 206)*. Contraint à rester alité des mois entiers, il renie son passé militaire et fonde en 1537, avec son ami navarrais **François-Xavier**, la Compagnie de Jésus (ou jésuites). Ignace se consacre à la consolidation de son ordre religieux à Rome tandis que François-Xavier évangélise l'Asie (Inde et Japon). Saint Ignace devient le patron du Guipúzcoa et de la Biscaye, François-Xavier celui de la Navarre.

Franco, dit « El Caudillo »

Rien ne prédisposait Francisco Franco Bahamonde à devenir maître de l'Espagne. Né à Ferrol en Galice en 1892, deuxième d'une famille de cinq enfants, c'est un garçon complexé. Son père, qui est intendant général de la marine, mène une vie débridée dont souffre son fils. Dans un roman autobiographique qu'il écrit en 1940, *Raza*, le *caudillo* imagine la famille idéale : le père du héros meurt pour sa patrie à Cuba en 1898, la veuve élève avec courage ses quatre enfants. Francisco s'efforce de ne pas ressembler à son père : il ne boit pas, ne fume pas, on ne lui connaît pas de liaisons. Il est admis à l'Académie d'infanterie de Tolède en 1907. De petite taille (1,64 m), d'aspect malingre, doté d'une voix fluette, il est la cible des sarcasmes de ses camarades avec lesquels il se lie le moins possible. En 1912, sorti de l'école, il se fait envoyer au Maroc et s'y distingue en se portant volontaire pour des missions risquées et par ses mœurs austères. Insensible à la souffrance, la sienne et celle des autres, il gagne l'estime de ses chefs et se voit confier le commandement du premier bataillon de la Légion étrangère en 1920. Tandis qu'en métropole on avance à l'ancienneté, dans l'armée d'Afrique, on récompense le mérite : à 34 ans, Franco est donc promu général de brigade. C'est le plus jeune général d'Espagne. À 42 ans, il devient chef d'état-major de l'armée et réprime en 1934 la révolte des Asturies avec les méthodes de l'armée d'Afrique… Mais la victoire du Front populaire lui coûte son poste. Envoyé aux Canaries par Azaña, il revient en juillet 1936 pour prendre la première place dans le soulèvement, puis dans l'État. Le régime dictatorial qu'il a mis en place cessera à sa mort, en 1975.

Pablo Iglesias

Pablo Iglesias Posse naît également à Ferrol en Galice, en 1850. Il commence à travailler enfant comme apprenti dans une imprimerie à Madrid. En 1870, il intègre la section des typographes de la Fédération madrilène de l'internationale. En 1879, il fonde le PSOE (Parti socialiste ouvrier espagnol, actuellement au pouvoir en Espagne), qui deviendra le deuxième parti politique espagnol après la mort de Franco. Sept ans plus tard paraît le premier numéro de l'hebdomadaire *Le Socialiste*, qu'il dirigera jusqu'à sa mort en 1925. En 1888, il crée l'UGT, l'Union générale des travailleurs, un parti marxiste mais plus modéré que la CNT anarchiste. Le courant socialiste prend surtout force en Castille, en Biscaye et aux Asturies. Ses effectifs croissent régulièrement. En 1910, il est le premier député socialiste à entrer au Parlement espagnol.

Manuel Fraga

Manuel Fraga Iribarne, né en 1922 à Vilalba (Galice), fut ministre du Tourisme et de l'Information de 1962 à 1969 sous le régime du général Franco, ministre de l'Intérieur dans le premier gouvernement du roi Juan Carlos Ier, fondateur de l'Alliance populaire en 1976 et président de la Galice de 1990 à 2005. Manuel Fraga est aussi l'un des sept pères fondateurs de la Constitution espagnole de 1978. Dans sa jeunesse, Fraga milita activement au sein de la Phalange espagnole, dont il sera un conseiller national : sous la dictature, il est nommé ambassadeur d'Espagne au Royaume-Uni, avant d'entrer en 1962 dans le gouvernement du général Franco en tant que ministre du Tourisme et de l'Information. À ce poste, Fraga est le précurseur du marketing politique espagnol. Avec le slogan « L'Espagne est différente », il relance et modernise l'industrie touristique dans le pays, qui devient la première destination touristique au monde. Il fait inaugurer de nouveaux paradores, monuments historiques transformés en hôtels de luxe. Il introduit aussi une nouvelle législation sur la presse et supprime la censure. En 1966-1967, il entreprend une série d'initiatives aboutissant au rétablissement des relations diplomatiques avec Israël. En 1978, il fonde l'Alianza Popular, parti qu'il préside jusqu'en 1986 avant de le confier à José María Aznar, qui le rebaptise Parti populaire (PP) en 1989.

LES GRANDES DATES DE L'ESPAGNE

- **15 500 – 11 500 av. J.-C.** – Peintures rupestres d'Altamira.
- **15e-11e s. av. J.-C.** – Les Phéniciens et les Grecs fondent des comptoirs sur la côte méditerranéenne.
- **13e- 6e s. av. J.-C.** – Royaume de Tartessos.
- **237 av. J.-C.** – Les Carthaginois d'Hamilcar Barca envahissent la Péninsule.
- **206 av. J.-C.** – Les Romains chassent les Carthaginois.
- **586** – Les Wisigoths chassent les derniers fonctionnaires romains.
- **711** – Début de la conquête musulmane.
- **722** – Début de la Reconquête chrétienne.
- **756** – Établissement de l'émirat de Cordoue.
- **756** – Établissement du califat de Cordoue.
- **1031** – Dislocation du califat en royaumes de *taifas*.
- **1469** – Mariage d'**Isabelle de Castille** et de **Ferdinand d'Aragon.**
- **1478** – Création du tribunal de l'Inquisition.
- **1492** – Fin de la Reconquête. Expulsion des Juifs. Découverte de l'Amérique par Christophe Colomb.
- **1516** – Charles Ier, futur Charles Quint, monte sur le trône : début du règne des Habsbourg et du Siècle d'or.
- **1519** – Cortés débarque au Mexique.
- **1571** – Victoire de Lépante contre les Turcs. L'Espagne contrôle la Méditerranée.
- **1609** – Expulsion des musulmans.
- **1702-1714** – Guerre de succession. Les Bourbons succèdent aux Habsbourg.
- **1805** – Désastre de Trafalgar.
- **1808-1814** – Napoléon envahit l'Espagne. Guerre d'indépendance contre la France.
- **1833** – Début des guerres carlistes.
- **1874** – Alphonse XII monte sur le trône : début de la Restauration.
- **1898** – L'indépendance de Cuba sonne le glas de l'empire colonial espagnol.
- **1931** – Début de la IIe République.
- **1936-1939** – Guerre d'Espagne.
- **1939** – Victoire des nationalistes. Début du régime franquiste.
- **1955** – L'Espagne entre aux Nations unies et sort de son isolement diplomatique.
- **1975** – Mort de Franco. Juan Carlos monte sur le trône et met en place un régime démocratique.
- **1982** – Les socialistes gagnent les élections ; Felipe Gonzalez devient président du gouvernement.
- **1986** – L'Espagne entre dans la Communauté européenne.
- **1992** – 500e anniversaire de la découverte de l'Amérique. Jeux olympiques à Barcelone. Exposition universelle à Séville. Madrid élue « capitale européenne de la culture ».
- **2002** – Entrée en vigueur de l'Euro.
- **2004** – Attentats de Madrid. Élection de Zapatero.
- **2008** – Réélection de Zapatero à la tête du gouvernement.

DÉCOUVRIR LA NAVARRE

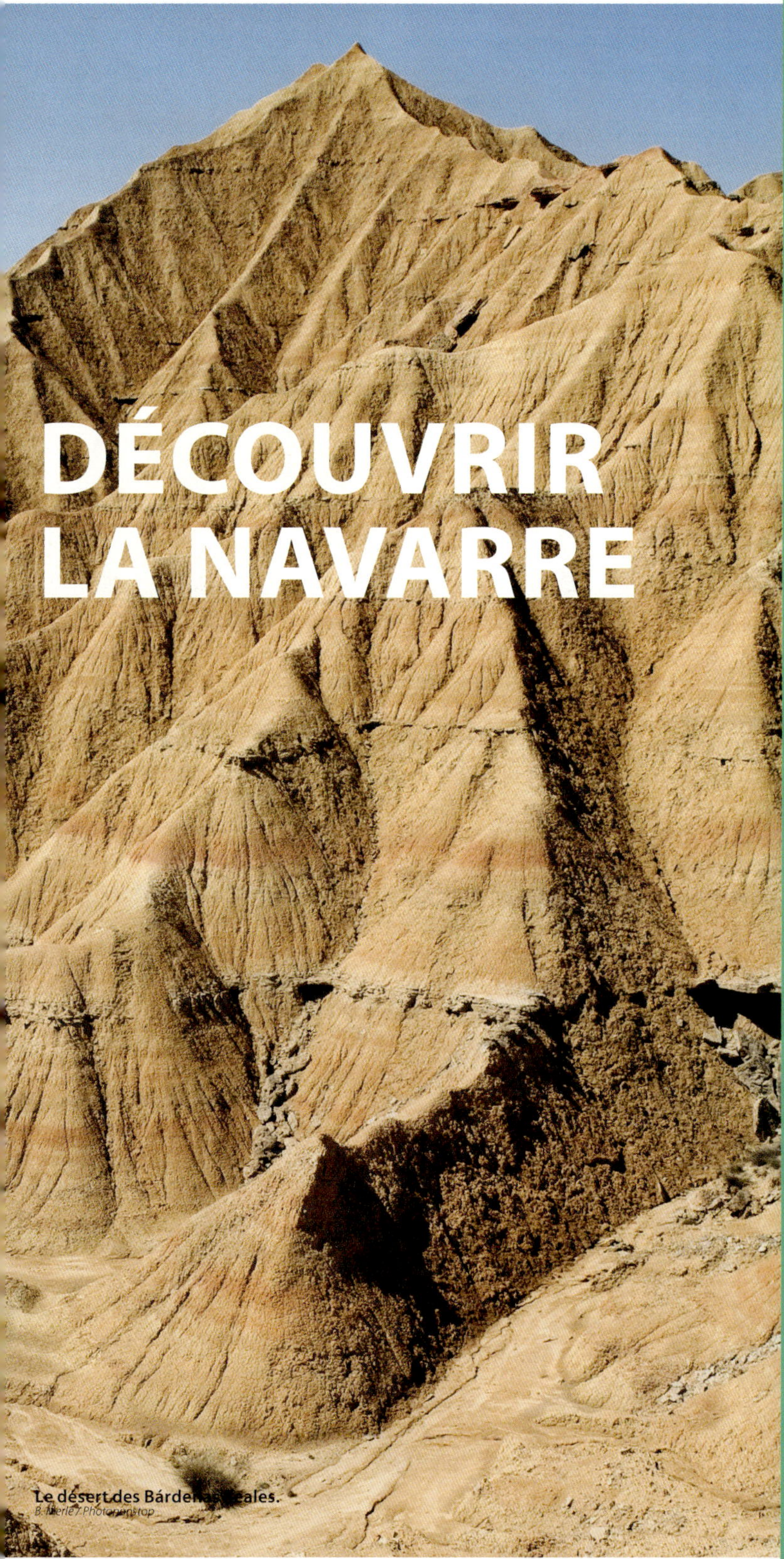

Le désert des Bárdenas Reales.
B. Merle / Photononstop

La Navarre 1

Carte Michelin Région n° 573 – Navarra

Mozos avec foulard rouge et drapeau pendant les Sanfermines de Pampelune.

B. Svensson / Agefotostock

LA NAVARRE

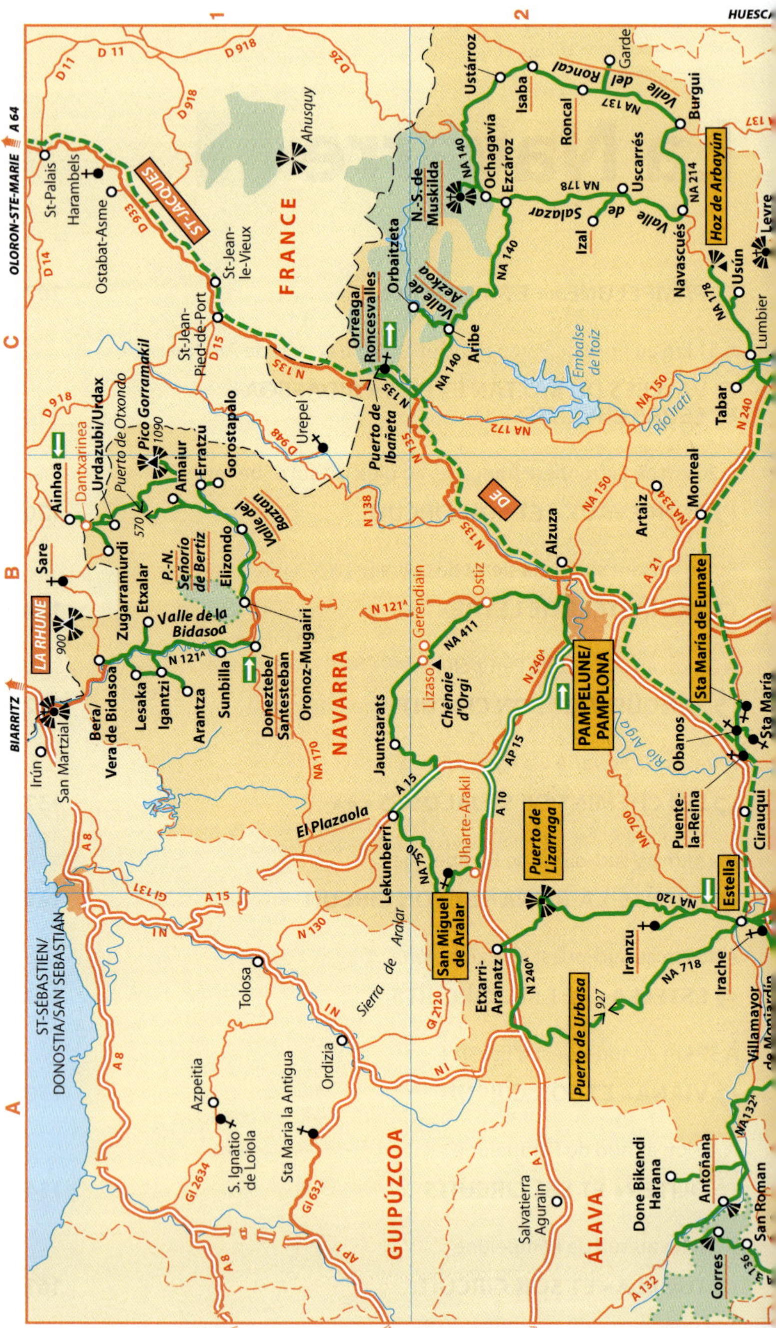
FRANCE
NAVARRA
GUIPÚZCOA
ÁLAVA
ST-SÉBASTIEN/
DONOSTIA/SAN SEBASTIÁN
PAMPELUNE/
PAMPLONA
Estella
LA RHUNE
ST-JACQUES
DF
Sare
Ainhoa
Dantxarinea
Urdazubi/Urdax
Puerto de Otxondo
Pico Gorramakil
Zugarramurdi
Etxalar
Valle de la Bidasoa
P.-N. Señorío de Bertiz
Elizondo
Valle del Baztan
Amaiur
Erratzu
Gorostapalo
Bera/ Vera de Bidasoa
Lesaka
Igantzi
Arantza
Sunbilla
Doneztebe/ Santesteban
Oronoz-Mugairi
Irún
San Martzial
St-Palais
Harambels
Ostabat-Asme
St-Jean-le-Vieux
St-Jean-Pied-de-Port
Ahusquy
Urepel
Puerto de Ibañeta
Orreaga/ Roncesvalles
Orbaitzeta
Valle de Aezkoa
Aribe
N.-S. de Muskilda
Ochagavía
Ezcároz
Ustárroz
Isaba
Valle del Roncal
Garde
Roncal
Burgui
Uscarrés
Valle de Salazar
Izal
Navascués
Hoz de Arbayún
Usún
Lumbier
Levre
Embalse de Itoiz
Río Irati
Tabar
Monreal
Artaiz
Alzuza
Ostiz
Gerendiain
Lizaso
Chênaie d'Orgi
Jauntsarats
El Plazaola
Lekunberri
Uharte-Arakil
San Miguel de Aralar
Puerto de Lizarraga
Etxarri-Aranatz
Puerto de Urbasa
Iranzu
Irache
Sta María de Eunate
Sta María
Obanos
Puente-la-Reina
Cirauqui
Río Arga
Villamayor de Monjardín
Tolosa
Sierra de Aralar
Ordizia
Azpeitia
S. Ignatio de Loiola
Sta Maria la Antigua
Salvatierra Agurain
Done Bikendi Harana
Antoñana
San Roman
Corres
BIARRITZ
OLORON-STE-MARIE
HUESCA
BILBAO
VITORIA-GASTEIZ
A 64
A 8
A 15
A 10
A 21
A 1
A 132
AP 1
AP 15
N I
N 121A
N 135
N 138
N 240A
NA 170
NA 411
NA 140
NA 178
NA 137
NA 214
NA 150
NA 172
NA 234
NA 240
NA 700
NA 120
NA 718
NA 132A
NA 750
N 130
GI 131
GI 632
GI 2634
GI 2120
D 11
D 14
D 15
D 26
D 918
D 933
D 948
900
1090
570
927

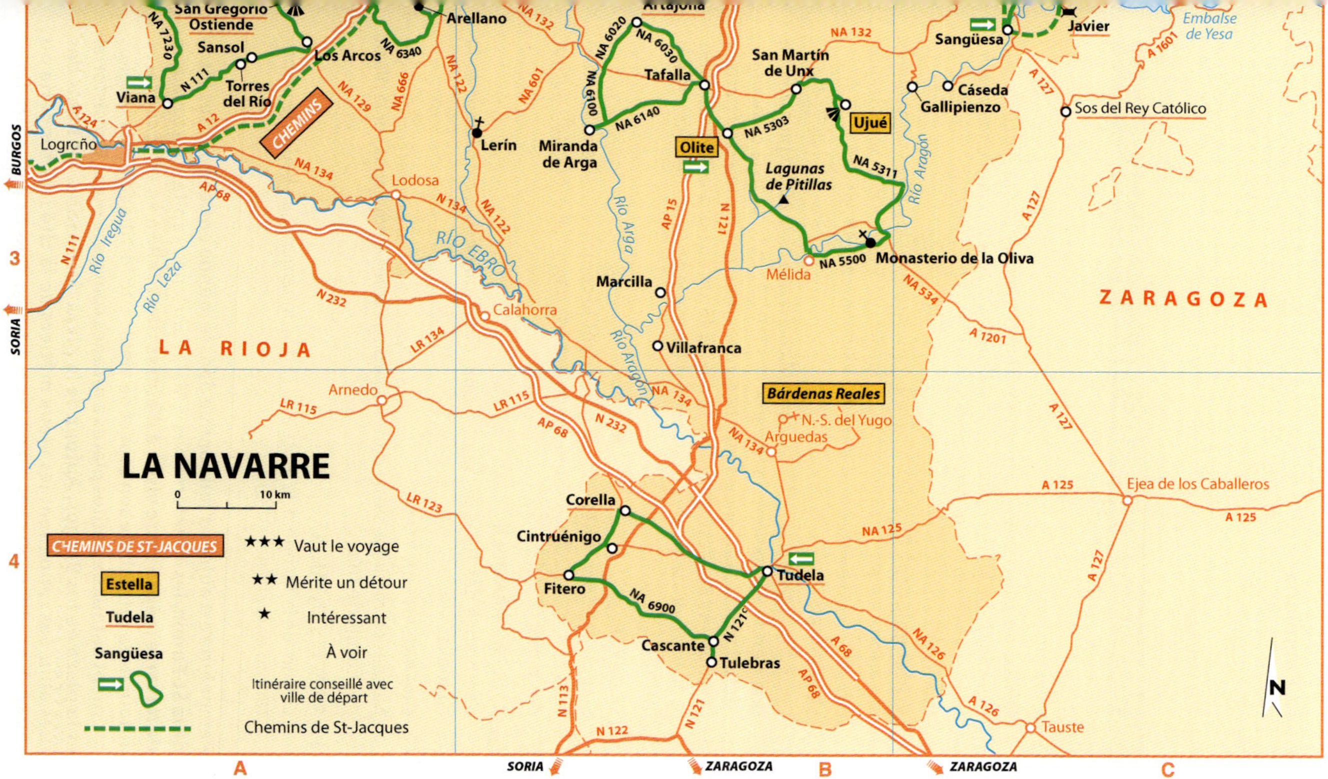
LA NAVARRE
0
10 km
CHEMINS DE ST-JACQUES
Estella
★★★ Vaut le voyage
★★ Mérite un détour
★ Intéressant
Tudela
Sangüesa
À voir
Itinéraire conseillé avec ville de départ
Chemins de St-Jacques
CHEMINS
LA RIOJA
ZARAGOZA
Logroño
Viana
Sansol
Torres del Río
Los Arcos
San Gregorio Ostiende
Arellano
Lerín
Lodosa
Calahorra
Arnedo
Miranda de Arga
Tafalla
Olite
Marcilla
Villafranca
San Martín de Unx
Ujué
Lagunas de Pitillas
Mélida
Monasterio de la Oliva
Bárdenas Reales
N.-S. del Yugo
Arguedas
Corella
Cintruénigo
Fitero
Cascante
Tulebras
Tudela
Sangüesa
Javier
Cáseda
Gallipienzo
Sos del Rey Católico
Embalse de Yesa
Ejea de los Caballeros
Tauste
Río Ebro
Río Arga
Río Aragón
Río Iregua
Río Leza
BURGOS
SORIA
ZARAGOZA
N

Pampelune

Iruña/Pamplona

★★

198 491 habitants

NOS ADRESSES PAGE 112

S'INFORMER

Office de tourisme – *C/Hilarión Eslava, 1 (entrée sur la plaza de San Francisco) - 31001 Pa mpelune - ℘ 848 420 420 - www.pamplona.es - lun.-sam. 9h-18h, dim. 10h-14h (Sanfermines : 9h-14h, 15h-17h) - fermé, 1er et 6 janv., et 25 déc.*

Visites guidées – Il y a de nombreux organismes et les offres sont variées en saison. *Cultura 5 - ℘ 948 210 827 ; Erreka - ℘ 948 221 506 - se renseigner pour circuits et tarifs ; Novotur Guías Culturales - ℘ 948 383 755.*

SE REPÉRER

Carte de région B2 (p. 100) – *carte Michelin n° 573 D 25.* Le plus ancien quartier de Pampelune, la Navarrería, s'articule autour de la cathédrale. Au sud se développent les quartiers modernes *(ensanches)* d'où partent la route vers Roncesvalles (Roncevaux), à 48 km au nord-est, et celle vers le *puerto* (col) de Velate en direction d'Hendaye. St-Sébastien est à 79 km au nord.

SE GARER

Seuls les résidents peuvent se garer dans le centre-ville. Dans les quartiers des 19e et 20e s., le stationnement est payant. Il est gratuit autour des parcs.

À NE PAS MANQUER

L'ambiance des fêtes de Saint-Firmin *(Sanfermines)*, la cathédrale et la citadelle.

ORGANISER SON TEMPS

Musées en matinée, sieste dans les jardins l'après-midi, tapas sur la plaza del Castillo le soir.

AVEC LES ENFANTS

Le parc de la Taconera, le musée de l'Environnement San Pedro, le planétarium et la chênaie d'Orgi.

Pampelune est aujourd'hui connue dans le monde entier pour ses fêtes de la St-Firmin, les « Sanfermines ». Mais l'ancienne capitale du royaume de Navarre mérite votre visite à d'autres titres : elle a en effet conservé autour de la cathédrale son aspect de vieille cité fortifiée dont les ruelles tournent autour de petites places à arcades comme la plaza Consistorial et la plaza de los Burgos. Autour de la plaza del Castillo, les noms des rues animées rappellent les vieux métiers de la cité (cordonnerie ou tuilerie), tandis que le planétarium symbolise l'essor d'une cité tournée vers l'avenir.

La plaza del Castillo, lieu de rendez-vous et point de ralliement des grandes fêtes.
A. Perkaz / Servicio de Marketing Turístico Gobierno de Navarra

Se promener Plan de ville

LE VIEUX PAMPELUNE

Circuit tracé en vert sur le plan de ville (p. 105) - Comptez 2h30 (sans les visites).

★ Place del Castillo B1

De par sa taille, cette grande place sert de point de ralliement aux autochtones, qu'il s'agisse de faire la fête ou de s'y retrouver. Autrefois place d'armes du vieux château, elle assure maintenant la jonction entre le quartier historique et le premier « *ensanche* » (nouveau quartier).

Des immeubles à arcades du 18e s. la bordent sur trois côtés, le quatrième s'ouvrant sur la grande avenida Carlos III qui débute avec le palais du Gouvernement de Navarre. À l'opposé de cet immense bâtiment du 19e s. s'étale l'enseigne Belle Époque du légendaire café Iruña, l'un des plus anciens d'Espagne, idéal pour prendre un verre le soir.

Dos au palais du Gouvernement de Navarre, dirigez-vous à droite vers la Bajada de Javier qui part de la place. Elle aboutit à la calle Dormitalería que vous prenez à droite. Au bout de cette rue, prenez à gauche jusqu'aux remparts.

★ Chemin de ronde de l'évêque Barbazan

(Ronda del Obispo Barbazán) B1

Ce chemin de ronde jalonné de petites guérites offre de beaux points de vue sur la boucle de l'Arga et le quartier de la Magdalena par lequel arrivent les pèlerins. Il donne aussi l'occasion de voir l'arrière de la cathédrale et les fortifications en contrebas des murailles. La *ronda* aboutit au **baluarte del Redín**, un petit bastion de 1540 aménagé en un agréable jardin, depuis lequel on

aperçoit, en contrebas et sur la gauche, la porte fortifiée de Zumalacárregui (ou de Francia) et une partie des murailles. La vue est dégagée sur le méandre du río Arga et le mont San Cristóbal.
Côté ville, au pied des remparts, se dresse la façade du **palacio Arzobispal** du 18e s., au double portail baroque, puis de la cathédrale.
Notez que vous pouvez éventuellement poursuivre le chemin de ronde jusqu'à la porte de Francia, après lequel vous rejoindrez l'itinéraire au niveau de l'ancien palais royal (Palacio Real). Mais il serait dommage de sacrifier la cathédrale et son musée.

★★ Cathédrale Sta María B1

C/ Dormitalería 3-5 - ✆ 948 225 679 - www.catedraldepamplona.com - ♿ - lun.-sam. 9h-20h15, dim. 10h-20h15 - billet comprenant l'entrée dans la cathédrale, le musée et le cloître 4,25 € (-12 ans 2,50 €). La cathédrale ouvre à 9h du lun. au sam. et dim. à 10 h pour la messe. Elle ferme à 20h15 le soir.
De l'église romane primitive subsistent quelques chapiteaux des portails et du cloître, exposés au musée de Navarre *(voir p. 110)*. On reconstruit aux 14e et 15e s. une cathédrale gothique et, à la fin du 18e s., Ventura Rodríguez réédifie la façade principale dans les styles baroque et néoclassique alors à la mode. La nef ne compte que deux étages : grandes arcades et fenêtres. La sobriété des nervures, les grandes surfaces de mur nu lui donnent l'aspect dépouillé du gothique navarrais. Devant la grille ouvragée qui ferme le sanctuaire se dresse le **tombeau★** en albâtre, commandé en 1416 par le roi Charles III le Noble, fondateur de la cathédrale, pour lui-même et son épouse. Le sculpteur tournaisien Janin Lomme, instruit de l'art funéraire bourguignon, a su personnaliser les visages des gisants et varier les attitudes et les costumes des pleurants.
Admirez également les **stalles★** Renaissance du chœur, réalisées entre 1531 et 1541, et le retable hispano-flamand (fin 15e s.) exposé dans une chapelle du déambulatoire à droite.
★★ **Cloître** – 14e et 15e s. D'élégantes baies gothiques parfois surmontées de gâbles donnent à ce cloître une grande légèreté. Les tombeaux sculptés et les portes des différentes dépendances sont intéressants. La **Dormition de la Vierge** figurant au tympan de la porte d'accès au cloître est d'une expression presque baroque.
Dans l'aile est, la chapelle Barbazane (de Barbazán, l'évêque qui y a fait ériger son tombeau) présente une belle voûte en étoile du 14e s. Du côté sud, la porte de la « Sala Preciosa » est une pièce maîtresse de la sculpture de la même époque : le tympan et le linteau, consacrés à la vie de la Vierge, sont sculptés avec beaucoup de finesse ; de part et d'autre de la porte se répondent les deux statues d'une fort belle Annonciation.
★ **Musée Diocesain** *(lun.-sam. 10h-19h ; reste de l'année : lun.-vend. 10h-14h, 16h-19h, sam. 10h-14h)* – Il est installé dans l'ancien réfectoire et la cuisine attenante qui datent de 1330. Dans le réfectoire, grande pièce voûtée de croisées d'ogives, la chaire du lecteur est ornée d'une charmante chasse à la licorne. La cuisine carrée comporte une cheminée dans chaque angle et une lanterne centrale haute de 24 m. Le musée expose de nombreux objets de culte précieux dont le reliquaire du St-Sépulcre (13e s.) offert par saint Louis, des Vierges de bois polychrome et des Christ provenant de toute la région.
Prenez ensuite à droite la calle Navarrería jusqu'au bout. Tournez à droite puis à gauche. Vous aboutirez à une sorte de terre-plein. Contournez-le et grimpez jusqu'au sommet.

Palais royal et archives de Navarre (Palacio Real/Archivo general de Navarra) A-B 1
Au sommet de la petite éminence, jouxtant l'ancien couvent des adoratrices, trône l'ancien palais royal, demeure des vice-rois, puis des gouverneurs militaires de Navarre. Le bâtiment du 12e s., construit sous le règne de Sanche VI, a été restauré par Rafael Moneo ; il accueille les archives de la province et allie, dans un mélange réussi, vieilles pierres et aménagements modernes, où le verre domine.
Devant son entrée se dresse la **basilique de San Fermín de Aldapa** (18e s.) à l'intérieur baroque.
De l'esplanade, très belle **vue** sur le musée de Navarre et le quartier San Cernín dont on aperçoit le clocher de l'église.
Redescendez la butte et prenez la calle del Mercado.

SE LOGER

- Hôtel Albret .... ①
- Hôtel Buhardilla Gambara .... ③
- Hôtel Europa .... ⑤
- Hôtel Yoldi .... ⑦
- Hôtel Leyre .... ⑨
- Hôtel Maisonnave .... ⑪

SE RESTAURER

- Baserri .... ①
- Casa Manolo .... ③
- Gaucho .... ⑤
- La Casona .... ⑦
- La Chistera .... ⑨
- Letyana .... ⑪
- Martintxone .... ⑬
- Museo .... ⑮
- Rodero .... ⑰

Musée Sarasate A1

C/ Mayor 2 - mar.-sam. 11h-14h, 18h-21h, dim. 11h-14h - fermé lun. - gratuit.
Installé dans le bâtiment des archives municipales, autrefois séminaire St-Jean (sa façade baroque du 18e s. présente dans une niche la statue de saint Jean Baptiste), il se résume à une salle où sont exposés les objets personnels, les récompenses, les décorations, les partitions et les photos du violoniste et compositeur Pablo de Sarasate (1844-1908).
Allez jusqu'à l'extrémité de la rue.
À droite, au bout de la Cuesta de Sto Domingo s'élèvent le portail du **Musée de Navarre★** et celui de l'église de **Sto Domingo** (façade du 18e s.) qui servit de sanctuaire aux dominicains, puis d'université de 1630 à 1771. Retable et orgue du 17e s. Sur votre gauche se trouve le marché couvert.

★ Musée de Navarra A1

Cuesta de Santo Domingo, 47 - ✆ 848 426 492 - www.cfnavarra.es/cultura/museo/index.html - ♿ - mar.-sam. 9h30-14h, 17h-19h, dim. et j. fériés 11h-14h - fermé lun. - 2 € (-18 ans gratuit).
Élevé à l'emplacement de l'hôpital de Nuestra Señora de la Misericordia (16e s.), il en a conservé la façade Renaissance et la chapelle qui abrite l'exposition d'art sacré. Parmi les chefs-d'œuvre exposés dans ce musée moderne, citons le **coffret★** hispano-arabe en ivoire sculpté à Cordoue (début du 11e s.) et provenant de San Salvador de Leyre *(voir p. 132)*. L'époque romaine est représentée par des vestiges lapidaires (sous-sol et 1er étage) : stèles funéraires, inscriptions et pavements de **mosaïques★** de villas des 2e et 4e s., aux motifs noir et blanc essentiellement géométriques.
L'art roman est en vedette avec les **chapiteaux★** de l'ancienne cathédrale de Pampelune (12e s.) : l'artiste inconnu qui sculpta les trois scènes bibliques des chapiteaux – Passion, Résurrection et histoire de Job – se montre aussi minutieux dans les détails que puissant dans la composition et génial dans l'invention.
Le musée compte aussi une importante collection de **peintures murales★** collectées dans toute la province : Artaiz (13e s.), Artajona et Pampelune (13e-14e s.), Gallipienzo (14e-15e s.), Olleta (15e s.). Les genres sont variés, mais on retrouve le trait légèrement appuyé, l'accumulation des personnages, le déhanchement prononcé, hérités de la miniature française et illustrés par Juan Oliver qui décora en 1330 le réfectoire de la cathédrale.
La peinture Renaissance est présente aussi avec la reconstitution de l'intérieur du palais d'Oriz, décoré de panneaux peints en grisaille (16e s.) relatant l'histoire d'Adam et Ève et les guerres de Charles Quint. Toute une partie du 3e étage est consacrée à la peinture des 17e et 18e s. Une salle expose les œuvres de Luis Paret et de Francisco de Goya *(Portrait du marquis de San Adrián)*. Le musée abrite également une vaste exposition de tableaux de peintres de Navarre des 19e et 20e s.
Tournez à gauche jusqu'à la plaza Consistorial.

Hôtel de ville (Ayuntamiento) A1

Remarquable **façade★** baroque de la fin du 17e s. (reconstruite) avec ses statues, balustrades et frontons.
Dirigez-vous vers l'église de San Saturnino que vous aurez aperçue sur votre droite.

Église de St-Saturnin ou de San Cernín A1

En plein cœur du quartier ancien de San Cernín aux rues étroites, cet édifice fortifié composite mêle le roman de ses tours de brique et le gothique de son porche et de ses voûtes (13e s.) à de nombreux ajouts postérieurs.
À l'intérieur, l'édifice présente deux nefs en perpendiculaire : l'une gothique et l'autre de style classique. Le sol de la première se compose de grandes planches de bois cirées et numérotées. Elle occupe l'emplacement de l'ancien cloître et est dédiée à la Virgen del Camino, l'une des patronnes de la ville, aux côtés de saint Cernín.

Calle Mayor A1

Cette rue présente quelques belles façades dont les plus notables sont : au n° 3, le palais de los Redín y Cruzat (17e s.), aujourd'hui conservatoire de musique ; plus loin, au n° 65, celle du palais del Conde de Ezpeleta, du 18e s., est identifiable à sa façade baroque ornée de statues.
La rue débouche sur l'avenida Taconera. L'église de San Lorenzo fait l'angle à gauche.

Église de San Lorenzo A1

Cette église du 19e s. abrite la statue de saint Firmin (celle qui est promenée dans la ville à l'occasion des fêtes), exposée dans la chapelle de droite.
Traversez l'avenue pour rejoindre le parc de la Taconera.

Parc de la Taconera A1

Ce parc, le plus ancien de Pampelune, a été conçu comme un jardin à la française avec ses allées rectilignes. Il est bordé de fossés dans lesquels s'ébattent cerfs, daims, chèvres, coqs, cygnes, tortues et poissons rouges.
Dirigez-vous vers la citadelle. Contournez-la pour entrer par l'arrière.

Citadelle (Ciudadela) A2

Le plan des fossés et des murailles encore debout permet de prendre la mesure de cet ouvrage, construit entre 1571 et 1645 selon le modèle de la forteresse d'Anvers, devenu depuis l'un des poumons verts de la capitale navarraise. Ses fossés aménagés en promenade se couvrent au printemps de boutons d'or et de coquelicots. En son centre, la citadelle conserve encore sa poudrière et la salle d'armes, transformée en lieu d'exposition. Sur ses pelouses sont présentées des œuvres contemporaines.
Engagez-vous dans la calle Chinchilla qui fait face à l'entrée de la citadelle. Au bout, prenez à droite pour atteindre le paseo de Sarasate.

Promenade (paseo) de Sarasate A1

Iglesia de San Nicolás – Construite sur un ancien sanctuaire roman, cette église gothique consacrée en 1231 présente une façade très retouchée. Elle détient de très belles **orgues★★** baroques de 1769, les plus belles de Pampelune avec celles de Sto Domingo.
La promenade aboutit au palais de Navarra, à côté duquel se dresse le monument aux Fors *(voir p. 109)*. Vous voilà de retour à la plaza del Castillo.

À voir aussi Plan de ville

Musée de l'environnement San Pedro

(Museo de Educación ambiental San Pedro) A1
C/Errotazar s/n - ✆ 948 149 804 - www.museoambientalpamplona.com - ♿ - lun.-vend. 10h-13h et 17h30-20h, sam. et j. fériés 10h-13h, fermé dim., pdt les Sanfermines (du 6 au 14 juil.), 1er, 5 et 6 janv., 1er Mai, 25 juil., 15 août, 1er et 29 nov., 3, 6, 8, 24, 25 et 31 déc. - gratuit.

1

Les Sanfermines

DE L'AUTOMNE À L'ÉTÉ

C'est le 25 septembre que le commun des mortels honore saint Firmin, ce Navarrais converti au christianisme par saint Sernin et devenu évêque d'Amiens. Depuis 1591, les Pamplonais préfèrent fêter leur saint en juillet, afin d'éviter les pluies de l'automne. Corridas et processions marquent l'événement comme partout en Espagne, mais ce sont les *encierros* *(voir ci-dessous)* matinaux qui font l'originalité des festivités de la ville.

« DON ERNESTO »

Ce qui était une feria locale a acquis une renommée universelle en grande partie grâce à **Ernest Hemingway**. L'écrivain américain s'y rendit pour la première fois en 1923 et en fit le cadre de son roman *Le Soleil se lève aussi* où il évoque bien des lieux toujours en activité aujourd'hui. Visiteur assidu jusqu'à la guerre civile, il y revint par la suite en 1953 et 1959. Six ans après sa mort, un buste de l'écrivain a été inauguré devant les arènes, arborant fièrement au cou le foulard rouge des jeunes gens, les *mozos*.

NEUF JOURS DE FÊTE

« Uno de enero, dos de febrero [1er janvier, 2 février]
Tres de marzo, cuatro de abril [3 mars, 4 avril]
Cinco de mayo, seis de junio [5 mai, 6 juin]
Siete de julio, San Fermín ! » [7 juillet, saint Firmin !] »
Le 6 juillet, à midi, un énorme pétard, le « chupinazo » (133 décibels !) est mis à feu du balcon de la mairie, devant une foule considérable (attention aux bousculades) : c'est le moment de nouer son foulard rouge autour du cou. La liesse s'empare alors de la ville, qui voit doubler le nombre de ses habitants. Dès lors, c'est parti pour neuf jours de festivités. Procession, *comparsa* (défilé de *gigantes* et *cabezudos*, géants et grosses têtes), animations diverses et bien sûr corrida quotidienne, le tout accompagné de force libations, composent l'essentiel du menu accompagné par la cacophonie des orchestres des quinze peñas (groupes de dizaines ou centaines de jeunes réunis par affinités politique ou géographique comme l'appartenance à un même quartier). Mais le 14 au soir, tout rentre dans l'ordre : reste à entonner le « pobre de mí » (pauvre de moi) qui marque le retour à la vie quotidienne… jusqu'à l'année suivante.

L'ENCIERRO

La manifestation la plus spectaculaire reste l'**encierro** qui a lieu tous les matins à 8 heures quand retentit le bruit d'un pétard allumé au clocher de San Cernín. Encadrés de boeufs dressés (les *cabestros*), les taureaux qui combattront l'après-midi quittent leur enclos et se rendent aux arènes en empruntant la Cuesta de Santo Domingo puis la calle Estafeta, soit un trajet de 825 m, parcouru en 3 minutes. Les *mozos*, vêtus de blanc avec béret, foulard et ceinture rouges et tenant un journal roulé pour dévier les coups de corne, courent devant les taureaux. Toute l'Espagne suit avec passion ce spectacle plein d'émotion, retransmis en direct par la télévision.

La capitale de la Navarre

PAMPELUNE, DES ORIGINES À L'APOGÉE

C'est sur le site d'un village vascon, Iruña (la ville), que le général romain Pompée fonda, en 75 avant J.-C, la cité de Pompaleao. Au 8e s., les Maures occupent la ville ; ils en sont chassés avec l'aide des troupes de Charlemagne qui profite de la faiblesse de leurs alliés pour démanteler les remparts. Pour se venger, les Navarrais contribuent à l'écrasement de l'arrière-garde des armées impériales au col de Roncevaux *(voir ce nom)*.
Au 10e s., Pampelune devient la capitale de la Navarre, appelée alors « royaume de Pamplona ». La cité est alors gouvernée par ses évêques. Mais sa vie sera troublée tout au long du Moyen Âge, par des luttes entre les habitants du vieux quartier – la Navarrería – et les francs-bourgeois des faubourgs de San Cernín, peuplés par des immigrants de la région de Toulouse, et de San Nicolás, créé à l'arrivée d'une autre vague d'immigration.
Chacun terré derrière ses propres murailles, les trois bourgs s'ignorent superbement quand ils n'entrent pas en conflit ouvert : les Navarrais sont partisans du rapprochement avec la Castille, tandis que les francs-bourgeois préfèrent une dynastie française. Ces luttes se terminent en 1423 avec le privilège de l'Union promulgué par Charles III le Noble. Les trois municipalités se fondent alors en une seule. Conquise et incorporée au royaume castillan en 1513, elle devient le poste avancé de la couronne espagnole face aux éventuelles incursions françaises. En 1571, sous le règne de Philippe II, débute la construction de la citadelle.
L'essor survient au cours du 18e s. La ville qui connaît une progression économique et démographique importante se dote alors de nombreux bâtiments monumentaux comme le palais épiscopal (1732), la Casa Consistorial (hôtel de ville, 1752) et la cathédrale, qui sera non seulement achevée (16e s.), mais agrémentée d'une façade néoclassique en 1783.

TEMPS TROUBLÉS

Au 19e s., Pampelune subit le passage des troupes françaises, puis, pendant les guerres de Succession, les sièges organisés par les partisans de la reine Isabelle II comme par les carlistes, elle-même soutenant la cause de Don Carlos, garant des *fueros* (franchises qui garantissent les privilèges et libertés d'une ville ou d'une province) et des congrégations.
Soucieuse de ses intérêts et de ses privilèges, elle s'oppose à la réforme fiscale envisagée par le gouvernement de Madrid. Ses habitants manifestèrent massivement en 1893 contre l'abolition de leur régime fiscal, leur mouvement de protestation étant connu sous le nom de « Gamazada », du nom du ministre Germán Gamazo, auteur du projet de réforme qui ne fut jamais appliqué. Un monument a été érigé en 1903 pour commémorer ces manifestations : **le monument aux Fors.**
Toujours dans ce même souci de préserver au mieux ses acquis, la capitale navarraise soutient Franco pendant la guerre civile, et se démarque à nouveau des autres provinces basques lorsque, en 1979, elle refuse de se joindre à la communauté autonome basque (Euskadi). Elle obtient un statut d'autonomie, conserve une administration issue directement des privilèges médiévaux, et peut ainsi se prévaloir d'une identité bien marquée.

Installé dans le cloître du monastère San Pedro (18e s.), cet espace a pour but de sensibiliser le public à l'environnement, panneaux, chiffres et schémas à l'appui. Soleil, ressources naturelles, biodiversité, territoire, consommation, transports et bruit en composent les étapes. Bornes interactives. Tests sonores.

Planétarium A2

Accès depuis la plaza de Juan XXIII par l'avenida de Bayona puis dans le prolongement, l'avenida Barañáin. C/ Sancho Ramírez, s/n - ☏ 948 262 628 - www.pamplonetario.org - lun. 17h-20h, mar.-sam. 11h-13h30, 17h-20h - fermé lun. mat., dim. et j. fériés - 4 € (enf. 3 €).

Dans le parc Yamaguchi, dessiné selon le modèle japonais, le planétarium, coiffé d'une coupole de 20 m de diamètre, dresse sa silhouette cylindrique, inspirée paraît-il par les panthéons de la vallée des Rois. Aire de jeux pour enfants à proximité.

À proximité Carte de région

Musée Oteiza à Alzuza B2

7 km à l'est. Prenez la direction de la France, par Roncevaux. À la hauteur de Huarte, suivez le fléchage « Hoz de Lumbier ». Une fois sur la NA 150, rejoignez Alzuza par une petite route à gauche.

C. de la Cuesta, 7 - 31 486 Alzuza - ☏ 948 332 074 - www.museooteiza.org - ♿ - de mi-juin à mi-sept. : mar.-sam. 11h-19h, dim. et j. fériés 11h-15h ; reste de l'année : mar.-vend. 10h-15h, sam. 11h-19h, dim. et j. fériés 11h-15h - fermé lun., 1er janv. et 25 déc. - visites guidées d'1h sam. 12h30, dim. 11h30 (en espagnol), 12h30 (en basque) - 4 € (-12 ans et vend. gratuit).

La visite nous fait pénétrer dans l'univers créatif de **Jorge Oteiza** (1908-2003), l'un des personnages clés de la sculpture espagnole contemporaine. Le musée, hébergé dans un bâtiment jouxtant la maison de l'artiste, est l'œuvre de son ami l'architecte Saénz de Oiza (1918-1988). Après avoir abandonné l'art figuratif à la fin des années 1950, Oteiza entama une période abstraite d'expérimentation géométrique et métaphysique qui lui valut d'être reconnu comme le grand sculpteur du « vide ».

Monreal B2

20 km au sud-est par la N 240.

Pittoresque village avec un petit pont médiéval à double arche, depuis lequel on entend les grenouilles coasser. Une placette, de vieilles maisons et une église dominent le bourg.

Artaiz B2

24 km au sud-est par la N 240. Après environ 16 km, prenez à gauche la NA 234, puis roulez encore sur 6,5 km avant de prendre à droite la NA 2400.

Charmant hameau doté d'une adorable petite église du 12e s. Si son état extérieur laisse peut-être à désirer, son **portail et ses corbeaux★★** romans n'en demeurent pas moins admirables pour la délicatesse et l'expressivité de leurs sculptures (lions, masque grimaçant, homme à trois têtes, musicien, guerrier, etc.).

Petite fontaine romane du 13e s. (en fait, une sorte de petit réservoir) en sortant du village en direction de Zuazu *(sur la gauche, la route non carrossable, derrière les bâtiments longs en contrebas de la route, cachée dans un creux du terrain).*

Circuit conseillé Carte de région

CHÊNES, RANDONNÉES ET SANCTUAIRE B1-2

Circuit de 120 km tracé sur la carte de région (p. 100) – Comptez environ 2h. Quittez Pampelune au nord en direction de la France par la N 121^A. Parvenu à Ostiz après 14 km, prenez à gauche la NA 411 vers Gerendiain. Parcourez 8 km et avant le village, suivez à gauche les panneaux Lizaso. Sur la route qui y mène, ne manquez pas, planté sur le bas-côté gauche, un panneau parking : il marque l'entrée de la chênaie d'Orgi.

Chênaie d'Orgi (Robledal de Orgi) B2

948 305 300 - www.bosque-orgi.com - Bureau d'informations : juil.-août : tlj 10h-14h, 17h-20h ; avr.-juin et sept.-oct. : w.-end et j. fériés 10h-14h, 17h-20h ; nov.-mars : w.-end et j. fériés 11h-14h. Cette forêt de chênes centenaires couvre au total 77 ha, mais seulement une moitié est accessible au public grâce à trois sentiers, ponctués de panneaux explicatifs sur le développement et l'écosystème de la chênaie. Un livret de visite *(1,50 €)*, disponible au point d'information, rend la promenade *(env. 1h)* plus interactive encore. Aire de pique-nique.

Traversez Lizaso et poursuivez dans la vallée d'Ultzama jusqu'à Jauntsarats.

Jauntsarats B1

Ce hameau agricole compte sur son territoire deux **chênes pluricentenaires** classés Monumento natural de Navarra. Le plus accessible se dresse à côté du terrain de sport de l'école, à l'entrée du village, derrière la haie qui cache les bois.

Continuez sur la NA 411 jusqu'à atteindre l'A 15 que vous suivrez en direction de Tolosa. Sortez à Lekunberri.

Lekunberri B1

À l'entrée du village, ne manquez pas les panneaux indiquant Plazaola.

★ **Vía verde del Plazaola** – Certains tronçons de cette ancienne voie de chemin de fer qui reliait Pampelune à St-Sébastien, après avoir transporté du minerai de fer de Plazaola à Andoain, sont progressivement reconvertis en voie verte, ouverte aux randonneurs, aux cavaliers et aux cyclistes. L'ex-station de Plazaola présente aujourd'hui le milieu naturel traversé par ces sentiers. Un wagon-jeux a été spécialement aménagé à l'intention des enfants.

Lekunberri-Mugiro – *2 km - 1h15 AR.* Cette portion suit une rivière jusqu'à un petit barrage, au-delà duquel la voie reste à baliser. Elle dévoile des paysages de prairies et de collines boisées, dont certaines se resserrent presque en gorge.

Quittez Lekunberri vers la sierra de Aralar (NA 7510) et le sanctuaire de San Miguel.

★★ Sanctuaire St-Michel de Aralar (Santuario de San Miguel de Aralar) B2

L'**église**, construite à différentes époques – l'abside et une partie des murs sont wisigothiques (9e s.), le reste est préroman (10e s.) –, englobe une petite chapelle romane. C'est là que l'on retrouva, au 18e s., le magnifique **parement d'autel**★★ doré et émaillé, œuvre capitale de l'orfèvrerie romane européenne, qui viendrait peut-être d'un atelier limousin de la fin du 12e s.

Revenez à Pampelune par l'A 10.

NOS ADRESSES À PAMPELUNE

HÉBERGEMENT

Trouver un hébergement pendant les Sanfermines relève de la gageure, et les prix flambent, pouvant atteindre trois à quatre fois le tarif normal. Elles sont à éviter pour qui recherche autre chose qu'une ambiance festive…

BUDGET MOYEN

Hôtel Yoldi – B2 - *Avda de San Ignacio, 11 - ✆ 948 224 800 - www.hotelyoldi.com - 50 ch. 75/95 € - ☕ 9 €.* Rénové, cet hôtel constitue un bon choix dans le centre, pour son côté pratique et son confort. Il est situé près des arènes et pendant les fêtes, on peut y côtoyer des toreros.

Hôtel Europa – B1 - *Espoz y Mina, 11 - ✆ 948 221 800 - www.hreuropa.com - 25 ch. 71/126 € - ☕ 9 €.* Bien situé au centre, il propose des chambres petites mais bien équipées avec des salles de bains en marbre. Bon choix dans cette catégorie. Fait également restaurant.

Hôtel Maisonnave – A1 - *Calle Nueva, 20 - ✆ 948 222 600 - www.hotelmaisonnave.es - 138 ch. 79/107 € - ☕ 10,50 € - rest. 17 €.* Outre ses prestations haut de gamme et son emplacement central, cet hôtel dispose de chambres confortables, équipées de salles de bains modernes.

POUR SE FAIRE PLAISIR

Hôtel Albret – Hors plan - *Ermitagaña 3 - ✆ 948 172 233 - www.hotelalbret.net - 107 ch. 67/99 € - ☕ 12,50 €.* Le hall-réception, bien aménagé, donne accès à des chambres peu spacieuses mais décorées de façon moderne. La cafétéria sert quelques plats et menus.

Hôtel Leyre – B2 - *Leyre, 7 - ✆ 948 228 500 - www.hotel-leyre.com - 55 ch. 60/85 € - ☕ 9 €.* Cet hôtel central propose des chambres à des prix variés. Ses chambres sont spacieuses et parquetées.

À proximité de Pampelune

BUDGET MOYEN

Hôtel Buhardilla Gambara – *Serapio Huici, 15 - Villava - ✆ 948 382 872 - www.labuhardilla.com - P - 4 ch. 70 € - ☕ 8 €.* Cette très belle demeure ne ressemble à aucune autre tant par son décor soigné que par son ambiance. Les chambres, personnalisées, sont meublées d'armoires massives. La suite avec terrasse et solarium, décorée de meubles anciens, est superbe.

RESTAURATION

PREMIER PRIX

Museo – A1 - *San Gregorio 48 - ✆ 948 222 050 - fermé 15-31 juil. - 3,50 € le tapa.* Dans un décor moderne, ce restaurant, qui sert tapas et *raciones*, est apprécié pour la qualité de sa cuisine.

Gaucho – B1 - *Espoz y Mina, 4 - ✆ 948 225 073 - www.cafebargaucho.com - fermé 15-31 juil. - 12 €.* Bien géré, cet établissement jouit d'une bonne réputation locale. Le bar, qui propose une multitude de tapas appétissantes, est doté de quelques tables d'appoint.

Baserri – A1 - *San-Nicolás, 31 - ✆ 948 222 021 - www.restaurantebaserri.com - 12 €.* Établissement situé dans une rue centrale où se trouvent de nombreux bars. La salle du fond est simple et vous y dégusterez un menu à base de tapas et de différentes brochettes.

Letyana – Hors plan - *Travesía de Bayona, 2 - ✆ 948 255 045 - fermé 26 fév.-4 mars, 15-31 juil., 8-14 août, dim. en été et mar. - 12 €.* Bar à tapas surprenant!

Au rez-de-chaussée, le bar propose d'innombrables tapas succulentes. À l'entresol, une salle de restaurant, à l'étage un menu dégustation est servi.

POUR SE FAIRE PLAISIR

Casa Manolo – B2 - *García Castañón, 12 1º - ✆ 948 225 102 - www.restaurantecasamanolo.com - fermé août, dim. soir et lun. - 30/41 €.* Situé au 1er étage. Ce vaste restaurant, qui accueille aussi les banquets, propose une carte variée et une cuisine de qualité. On y appréciera le service soigné.

La Chistera – A1 - *San Nicolás, 40-42 - ✆ 948 210 512 ou 948 227 881 - 35/60 €.* La décoration de cet élégant restaurant, réalisée par María Mendez, mérite à elle seule l'attention. Admirez les colonnes et chapiteaux du bar, le plafond en bois de la salle St-Firmin et les peintures évoquant la vie du violoniste Pablo de Sarasate. En cuisine, recettes traditionnelles et spécialités de Navarre.

Rodero – B1 - *Emilio Arrieta, 3 - ✆ 948 228 035 - www.restauranterodero.com - fermé Sem. sainte, lun. soir et dim. - 48 €.* Une table luxueuse. Bien situé juste derrière les arènes, cet établissement compte parmi les meilleurs de la région. Organisation familiale mais offrant un service de très haut niveau et une cuisine créative, innovante et d'auteur. Prix élevés.

À proximité de Pampelune

BUDGET MOYEN

Martintxone – *Nagusia, 63 - Arbizu - ✆ 948 460 057 - fermé 25 déc.-15 janv. et lun. - 22/37 €.* Petit restaurant familial, aménagé dans une ancienne maison en pierre. Bar et salle à manger agréable proposant une cuisine traditionnelle.

La Casona – *C/ Pueblo Viejo- Barañáin - ✆ 948 186 713 - www.lacasonarestaurante.net - fermé lun. - 26/40 €.* Ancienne bâtisse offrant une restauration de type rôtisserie avec cidrerie d'un côté et salle de restaurant de l'autre, avec grill apparent. Deux salles de réception au 1er étage.

ACHATS

Vinoteca Murillo – *San Miguel, 16-18 - ✆ 948 221 015 - www.vinotecamurillo.es - tlj 9h30-13h30, 16h30-19h45, sam. 9h-14h - fermé dim. et j. fériés.* Ce bel établissement se transmet de père en fils depuis 1890. Son décor d'époque reste superbe et les produits proposés se remarquent par leur qualité. Vous trouverez, entre autres, une belle sélection de vins espagnols, des crus prestigieux en provenance du monde entier, des spiritueux et des spécialités de Navarre.

Las Tres Z.Z.Z. – *Carretera Puente Miluce 6 - ✆ 948 252 629 ou 948 224 438 - www.lastreszzz.com.* Cette institution locale fabrique des outres à vin artisanales depuis 1873. Vous découvrirez les matières utilisées dans la fabrication, son histoire et le rituel présidant à l'utilisation de l'objet.

AGENDA

Los Sanfermines – 6-14 juil.

Concours international de chant Julián Gayarre – 2e et 3e sem. de sept. les années paires - ✆ 848 424 683 - www.cfnavarra.es/gayarre.

Concours international de violon Pablo Sarasate – 2e et 3e sem. de sept. les années impaires - ✆ 848 424 683 - www.cfnavarra.es/sarasate.

San Fermín txiki (petites Sanfermines – 25 sept.).

1

Vallées du Baztan et de la Bidassoa

Valle de Baztan y valle del Bidasoa

★

NOS ADRESSES PAGE 119

S'INFORMER
www.valledebaztan.com – Ce site, créé par un passionné de la région, donne de nombreuses informations pratiques et touristiques sur la vallée.

SE REPÉRER
Carte de région B1 (p. 100) – *carte Michelin n° 573 C 25*. Les principaux accès à la vallée passent par Ainhoa au nord, le col d'Izpegui à l'est en venant de St-Étienne-de-Baïgorry, ou bien par le sud via Elizondo, pour ceux qui arrivent de Pampelune.

ORGANISER SON TEMPS
Comptez une journée pour découvrir toute la vallée, sachant que le Parc naturel de Bertiz constitue à lui seul une destination… et empruntez le lendemain la vallée de la Bidassoa.

AVEC LES ENFANTS
Le centre d'interprétation du parc de Bertiz.

De vertes prairies où chevaux et moutons paissent entre des murets de pierre, des pentes sèches où l'herbe se fait drue, des villages aux fiers blasons et des habitants attachés à leurs traditions… Pas de doute, vous êtes dans la vallée du Baztan, à découvrir également pour ses champignons et sa spécialité : le boudin d'agneau. Avis aux amateurs !

Circuits conseillés Carte de région

★ LA VALLÉE DU BAZTAN, D'AINHOA AU PARC NATUREL DE BERTIZ B1

Circuit de 42 km tracé sur la carte de région (p. 100) – Comptez une journée d'excursion en partant de la frontière française depuis Ainhoa sur la N 121^{B}. Juste après le village frontalier de Dancharinea/Dantxarinea, tournez à droite vers Zugarramurdi par la petite NA 4401.

Zugarramurdi
Voir la description à « Ainhoa » dans Le Guide Vert Pays basque.
Revenir à la N 121^{B}.

Urdazubi/Urdax
Comme Zugarramurdi, ce village constitue avec Sare et Ainhoa *(voir Le Guide Vert Pays basque)*, du côté français, un territoire transfrontalier : le **pays de Xareta**.

Reflets des façades dans le río Baztan.
P. Uriz / Servicio de Marketing Turístico Gobierno de Navarra

Poursuivez sur la route qui part à l'assaut du puerto (col) d'Otxondo.

Pico Gorramakil

Accès à partir du col d'Otxondo (570 m) par la NA 2655. Une très belle route mène en 15 km à ce sommet qui offre, du haut de ses 1 090 m, une vue dégagée sur la vallée.

Revenez sur la N 121B et, après environ 7 km, tournez à gauche.

Amaiur/Maya

Un écrin de verdure enchâsse cette commune navarraise, la dernière à avoir lutté pour l'indépendance de la province face à Charles Quint en 1522.

L'église se trouve en dehors du village, que l'on rejoint par une route bordée de murets de pierre. Une fois franchi l'entrée marquée par une arche surmontée d'un toit, une rue unique se déploie, dévoilant une succession de maisons blasonnées de grès rouge ou crépies de blanc.

Arrêtez-vous devant celle du n° 30 pour en admirer le hall ouvert et la belle porte cloutée. Face à elle, une autre arbore des clous imposants. Presque en bout de rue, au n° 47, se détachent les arcades du palacio Borda (17e s.). Admirez au n° 51, face à la petite fontaine, la porte ornée de clous, les balcons et les poutres sculptées de la maison blasonnée.

Un petit oratoire clôt le village. À sa gauche se détache un chemin menant à un monument commémoratif, érigé en 1922 pour rappeler la **bataille de 1522** en faveur de l'indépendance navarraise. Il offre un beau point de vue sur le village en contrebas, ainsi que sur la vallée *(comptez 10mn d'ascension).*

Rejoignez la N121B et prenez la première intersection sur la gauche, la N 2600 qui vous conduira à Erratzu via Bozate.

Erratzu/Errazu

Village de montagne dont les maisons anciennes et l'église sont construites en **grès rosé**. Ne manquez pas d'admirer l'adorable petit cloître jouxtant l'église. Ses galeries sont ornées de stèles. À proximité, le palais Apeztegia

du 17e s. déploie sa sobre façade derrière une sorte d'enclos de pierre ouvert par un portique. De l'autre côté de la rivière, la rue Iturri-Zaharra présente d'étroits trottoirs de galets.
La route menant au col *(puerto)* d'Izpegi/Izpegui s'enfonce parmi les feuillus et dévoile de très beaux points de vue sur la vallée.

Gorostapalo

2 km au sud d'Erratzu, en passant à droite de l'église et de son cloître.
Garez-vous dans le hameau aux ruelles pavées de grosses pierres rosées. Vous retrouverez les mêmes sur le chemin pentu qui part à droite de l'ermitage, posté à l'entrée du village, dans le virage. Attention, le pavage peut se révéler glissant par temps de pluie ! Le sentier descend vers un petit pont pour remonter ensuite légèrement à travers prairies et bois jusqu'à une cascade, que l'on entend plus que l'on ne la voit entre les feuillages *(30mn AR - balisage blanc-vert).*
Revenez sur vos pas afin de gagner Elizondo, à l'extrémité sud de la vallée, par la N 121B.

Elizondo

Capitale de la vallée, ce bourg abrite de belles demeures édifiées par les anciens gouverneurs et administrateurs des Indes occidentales, ou par les « Indianos », ou « Americanos », ces Basques émigrés en Amérique du Sud, et revenus fortune faite. Certaines sont bien sûr blasonnées !
Il donne accès à une myriade de hameaux comme Arraioz ou Ziga, où se pratiqua, paraît-il, la sorcellerie (l'Inquisition y organisa des procès en 1725).
Continuez sur la N 121B pour atteindre Oronoz-Mugairi.

★ Parc naturel Señorío de Bertiz à Oronoz-Mugairi

Accès à côté de la station-service, en limite du bourg. ✆ 948 592 421 - www.parquedebertiz.es.
Parc naturel depuis 1984, ce domaine couvre 2 040 ha, dont 1 869 de forêts (chênaies et hêtraies principalement). Ses bois et ses prairies abritent une faune diversifiée, depuis la salamandre jusqu'au desman des Pyrénées (sorte de taupe). Pedro Ciga en fut le dernier seigneur, dépositaire des terres autrefois données en cadeau par le roi Charles III (14e s.). Il planta les essences exotiques du jardin et fit construire un nouveau palais, tout en restaurant l'ancien. Il fit don de l'ensemble à la députation de Navarre en 1949, à la condition de tout laisser en l'état. Le palais Aizkolegi le domine, en offrant au regard un large panorama sur le parc et les vallées alentour.
Jardin botanique - *avr.-sept. : tlj 10h-14h, 16h-20h ; oct.-mars : tlj 10h-14h, 16h-18h - fermé 1er janv. et 25 déc. - 3 € (-18 ans gratuit).* Juste à l'entrée du domaine se trouve un magnifique jardin, riche de nombreuses essences et d'un tracé rappelant les parcs à l'anglaise. Le **Centro de Turismo Rural** (centre d'interprétation - *✆ 948 592 386 - fermé lun., et 30 mn avant le jardin, 1h en hiver)* donne les clés pour comprendre l'écosystème particulièrement humide de Bertiz, et présente une maquette du parc ainsi que des expositions temporaires.
Plusieurs circuits balisés partent de l'entrée du parc *(demandez le plan à la guérite).* Le plus court (700 m) et le plus facile s'engage tout de suite à gauche pour suivre la Bidassoa. Les autres s'enfoncent dans la forêt, à partir du chemin appelé Aizkolegi *(balisage vert - le seul autorisé à bicyclette).* Le dénivelé varie de 200 m à 680 m suivant le parcours retenu.

Arrivés à ce point, vous pouvez descendre sur Pampelune ou bien remonter en direction d'Irún en suivant la vallée de la Bidassoa. Pour cela, en quittant le parc naturel, gagnez Doneztebe/Santesteban (4 km plus loin au carrefour de la NA 170).

VALLÉE DE LA BIDASSOA DE DONEZTEBE À BERA B1

La vallée peut aussi se rallier côté français par Ascain, St-Jean-de-Luz ou Hendaye, via la D 4. Côté espagnol, la N 121 part de la frontière entre Hendaye et Irún pour remonter la rivière et aboutir à Bera. Par le sud, on y accède depuis Pampelune par la N 121^A.

Circuit de 48 km tracé sur la carte de région (p. 100) – Comptez une bonne demi-journée en parcourant la vallée du nord au sud. Départ de Doneztebe/Santesteban que contourne la N 121^A.

À la frontière du Pays basque français, la Bidassoa s'encaisse dans les granits en un étroit sillon appelé gorge d'Endarlaza. Mais avant de s'y engager, elle s'est aussi frayé un chemin entre les contreforts des Pyrénées-Atlantiques, caractérisés par de grasses prairies et des champs de maïs entourant des villages aux maisons typiquement basques. Il faut bien reconnaître qu'en dehors de chemins de traverse (comme celui constitué par l'ancienne confédération des Cinco Villas, composée de cinq charmantes cités situées sur de petites routes transversales de part et d'autre de la N 121^A : Etxalar, Arantza, Igantzi, Lesaka et Bera, le charme de la route est beaucoup moins prégnant que dans la vallée du Baztan en raison de l'intense trafic routier. Armez-vous de patience et profitez quand même des paysages verdoyants !

★ **Doneztebe**/Santesteban

De loin la bourgade la plus animée de la vallée, Doneztebe concentre son activité dans son cœur historique, autour de la rue commerçante qui passe devant l'**église**. Embaumant l'encaustique, celle-ci abrite trois retables baroques dorés. Notez la patine et l'usure du banc de maître, à gauche de l'allée centrale. Non loin de là, vous repérerez la mairie à ses arcades en grès et aux blasons ornant son avant-corps.

Quittez Doneztebe vers le nord et empruntez à 1,5 km la N 121^A.

AU FIL DE L'EAU

Une rivière a donné son nom à la vallée encaissée entre le massif du Bost Herri (commune des Cinco Villas) à l'ouest et le pays Quint à l'est *(voir « St-Étienne-de-Baïgorry », Guide Vert Pays basque)*. Du nord au sud, le climat et le paysage changent une fois franchi le col de Belate (847 m). Ils deviennent alors plus secs, voire méditerranéens, proches en couleurs des jaune et ocre de la plaine navarraise.

UNE IDENTITÉ FORTE

La vallée dispose de son propre blason, un échiquier encadré par des rameaux de laurier, autour duquel se rallient les 18 villages du Baztan. Cet honneur remonte au temps de la bataille de Las Navas de Tolosa, en 1212, où les seigneurs locaux aidèrent le roi chrétien Sanche le Fort à vaincre le souverain almohade (dynastie musulmane originaire du Maroc). Quatre entités siègent aujourd'hui à la Junta General, héritage de Sanche III qui créa, en 1025, la seigneurie de Baztan.

1

Sunbilla

En retrait sur la gauche de la route. Un pont médiéval enjambe la rivière. N'hésitez pas à le parcourir afin de contempler la végétation se reflétant dans l'eau ainsi que les maisons bordant la Bidassoa. Celle qui fait l'angle à l'extrémité droite du pont présente des poutres très travaillées. Remarquerez-vous le petit personnage sculpté sous le toit ?

Après l'église, juste à côté de la maison blasonnée, monte une petite voie pavée de galets.

Revenez sur la N 121^A et après 12 km, prenez à droite la NA 4400 pour Etxalar.

Etxalar/Echalar

4 km. Imaginez un village rassemblé autour de son église en pierre rosée, elle-même précédée d'une pelouse où les stèles discoïdales sont disposées de manière à vous mener à l'édifice. Le tout baigne dans la lumière du soleil couchant qui enflamme les façades des maisons immaculées et caresse leurs jardinets bien entretenus. Vous ne repartirez plus !

Reprenez la N121^A et traversez-la en direction de Lesaka.

Lesaka/Lesaca

On peut se garer au pied de l'église.

Impossible de rester insensible au charme de ses maisons à pans de bois qui longent la rivière. Parmi elles trône une tour du 15e s., dont l'*alter ego* a été érigé du côté de l'église, près d'un calvaire. Elles auraient servi de QG à Wellington pendant les guerres napoléoniennes. Les demeures présentant les détails les plus intéressants se situent rue Albiztur. Au n° 23, ce sont les poutres qu'il faut regarder ; au n° 2, les pans de bois ; au n° 12, la porte cloutée et, au n° 5, datant de 1578, le travail effectué sur les poutres du toit ainsi que sur les galeries des maisons voisines.

St-Martin-de-Tours – Étonnant **portail★** baroque caché par une tour-porche pour cette église édifiée au 16e s. L'entrée de droite est ornée de **sculptures** naïves représentant Dieu le Père, des angelots, Adam et Ève, saint Jean Baptiste (à gauche) et saint Paul (à droite). L'entrée de gauche est moins décorée, se contentant d'une représentation de saint Pierre et d'angelots dans les voussures.

Gagnez Igantzi en suivant les panneaux.

Igantzi

Ses principaux centres d'intérêt résident dans l'**église**, que précède un petit porche crépi, et la plaza de los Fueros où se trouve une élégante maison blasonnée à colonnades.

Poussez jusqu'à Arantza en prenant à gauche la NA 4020.

Arantza

La façade de sa mairie à arcades affiche un blason encadré par deux petits personnages à robe rouge. Son église rassemble autour d'elle quelques vieilles maisons aux parements de pierre. Celle qui fait face au clocher arbore des poutres et une balustrade de bois travaillé.

Revenez sur la N 121^A et prenez à gauche. Remontez vers Bera.

Bera/Vera de Bidasoa

P° Eztegara, 11 - ✆ 948 631 222 - www.berakoudala.net - Sem. sainte et de mi-juin à mi-sept. : mar.-sam. 10h-14h, 16h-19h, dim. 10h-14h.

Cette bourgade se répartit en deux principaux quartiers. Les maisons les plus intéressantes se trouvent dans celui d'Alzate, comme celles des nos 5, 23 et 25. Les façades sont caractéristiques de l'architecture basque avec leurs pans de bois, leurs poutres travaillées et, parfois, l'avant-toit abritant un balcon de bois à la fine balustrade.

L'autre quartier se concentre autour de l'église, en direction d'Irún. La plaza Herrikoetxea est entourée de maisons blasonnées et son **hôtel de ville** baroque arbore les fresques de quatre femmes symbolisant la Justice, la Prudence, la Tempérance et la Force. Il se trouve en contrebas de l'église.

NOS ADRESSES DANS LES VALLÉES

HÉBERGEMENT

PREMIER PRIX

Chambre d'hôte Casa Kordoa – *Erratzu - ✆ 948 453 222 - www.kordoa.com - P - 6 ch. 40 € - ☕ 3,50 €.* Installée dans une jolie ferme bâtie en pierre et dirigée par un ménage accueillant. Coquet salon et chambres correctes aux poutres apparentes, dotées de salles de bains complètes.

BUDGET MOYEN

Hôtel Trinkete Antxitonea – *Braulio Iriarte, 16 - Elizondo - ✆ 948 581 807 - www.antxitonea.com - 25 ch. 60/75 € - ☕ 4,50 € - rest. 10/18 €.* Cette grande bâtisse du 19e s. entièrement restaurée possède de précieux atouts. La plupart de ses chambres, d'un grand confort et décorées avec goût, ouvrent leurs fenêtres sur le fleuve Baztan. Surtout, elle dispose d'un trinquet, pièce équipée d'un fronton où l'on joue à la pelote basque (tournois fréquents).

RESTAURATION

BUDGET MOYEN

Juan Simón – *Ctra de Pamplona - Ventas de Arraitz - ✆ 948 305 052 - 16 € - 10 ch. 50/58 € - ☕ 5 €.* Cet établissement centenaire se distingue par sa façade ornée de balcons fleuris. Son intérieur s'avère tout aussi séduisant : colonnes, poutres apparentes, cheminée, lampes en fer forgé, belle vaisselle… Dans l'assiette : goûteux petits plats maison et spécialités basques et navarraises.

La Galería – *Plaza de los Fueros, 2 - Vera de Bidasoa - ✆ 948 625 540 - www.hotelchurrut.com - fermé 2 sem. entre janv.-fév. - 16 € déj. - 20 € - 17 ch. 115/200 € - ☕ 12 €.* Décor minimaliste, tables harmonieusement placées sous des poutres apparentes judicieusement éclairées, assiettes soignées et service attentif : ce restaurant a décidément tout pour séduire. Intéressant menu dégustation et délicieux desserts maison.

Santxotena – *Pedro Axular s/n - Elizondo - ✆ 948 580 297 - rest. santxotena@telefonica.net - fermé 1re quinz. de sept., 19 déc.-10 janv., dim. soir en été et lun. - 22/29 €.* Le service en salle soigné, l'attention aimable et l'ambiance chaleureuse sont des valeurs à la hausse dans ce restaurant où est proposée une carte traditionnelle.

AGENDA

Carnaval d'Ituren – Fin janv.
Carnaval de Lesaka – Fév.-mars.
Fête de la St-Firmin – 6-10 juil.

Roncevaux

Roncesvalles/Orreaga

★

30 habitants

NOS ADRESSES PAGE 127

S'INFORMER

Office de tourisme – *Antiguo molino - ✆ 948 760 301 - www.turismo.navarra.es - de la Sem. sainte à mi-oct. : tlj 10h-14h, 15h30-19h ; de déb. nov. au 10 déc. et de mi-fév. à fin mars : tlj 10h-14h, 15h-18h ; du 10 déc. à mi-fév. tlj sf merc. 10h-14h30 ; fermé janv., 8 sept., 25 déc.* Le site www.roncesvalles.es, présente toutes les informations sur la collégiale et ses environs, ainsi que sur les services (logements, restauration, transports, visites).

Visites guidées – *Auria Orreaga, Edificio Casa Prioral - ✆ 948 790 480 - avr.-oct. : 10h-14h, 15h30-19h ; nov.-mars : 10h-14h-15h30-18h, fermé janv. - départ de toutes les 45 mn à 1h - 4,10 € (comprend la visite guidée du musée, de l'église et la chapelle du St-Esprit, et l'entrée au cloître). Pour ceux qui ne comprennent pas l'espagnol, des audioguides sont disponibles en français, anglais et basque pour suivre la visite (1 €).*

SE REPÉRER

Carte de région C1 (p. 100) – *carte Michelin n° 573 C 26.* Ce point de passage obligé pour tous ceux qui suivent le chemin de St-Jacques depuis St-Jean-Pied-de-Port se trouve à 20 km de la frontière française, au pied du col d'Ibañeta.

SE GARER

En contrebas du monastère, sur le parking prévu à cet effet.

ORGANISER SON TEMPS

Comptez une journée d'excursion pour suivre l'itinéraire des trois vallées.

Roncevaux n'est pas un village mais un hameau de 30 habitants, religieux pour la plupart, qui accueillent les pèlerins dans sa collégiale après le passage des Pyrénées. Si l'envie vous prend de rejoindre ici les chemins de Compostelle, sachez que les trois vallées navarraises qui se déploient à l'est du monastère vous offrent une excellente occasion de découvrir toute la beauté préservée des contreforts navarro-pyrénéens.

Se promener

De vastes bâtiments aux murs gris et aux toits de zinc bleuté apparaissent, entourés d'épaisses frondaisons ; leur fondation remonte au 12e s. L'ensemble comprenait alors une importante hostellerie qui accueillait et réconfortait les pèlerins, une chapelle funéraire, de plan carré, actuellement chapelle du St-Esprit, et une collégiale riche en reliques.

UNE BATAILLE LÉGENDAIRE

Roncevaux est célèbre dans l'histoire pour la déroute que les Vascons y infligèrent, en 778, à l'arrière-garde de l'armée de Charlemagne qui rentrait en France sous les ordres du préfet de la marche de Bretagne, **Roland**. De chaque côté des Pyrénées, la légende a idéalisé cet événement à sa façon, en s'éloignant facilement d'une réalité historique qui ne serait sans doute restée qu'un épisode peu connu si elle n'avait été ainsi magnifiée.

La **Chanson de Roland**, première chanson de geste française écrite vers 1100, tout en faisant de Roland le neveu de Charlemagne, glorifie la résistance héroïque et désespérée de quelques preux chevaliers chrétiens face à des milliers d'ennemis, devenus Sarrasins pour les besoins de la cause. Composé en réaction contre cette interprétation, *Le Poème de Bernardo del Carpio* (fin 12e s.-début 13e s.) fait de ce jeune noble un héros national : à la tête de compagnons basques, navarrais et asturiens, il aurait vengé la violation du territoire espagnol (et en particulier la prise de Pampelune) par l'armée franque.

Église de la collégiale (Iglesia de la Real Colegiata)

Lun.-vend. 10h-20h (19h en hiver), w.-end : 10h-19h (18h en hiver). La messe du soir détermine l'horaire de fermeture - gratuit. La consécration de cet édifice gothique, très inspiré des églises d'Île-de-France, eut lieu en 1219. Sous le dais du maître-autel, le symbole actuel du pèlerinage est une **Vierge à l'Enfant★** en bois recouverte de plaques d'argent, œuvre d'un atelier français du 13e ou 14e s.

Salle capitulaire (Sala Capitular)

Pour les conditions de visite, voir les rens. pratiques du musée ci-dessous. Pour la simple visite de la salle capitulaire et du cloître 1,10 €.

Cette belle salle gothique abrite, sous une hauteur de voûte impressionnante, le tombeau du fondateur de l'église, le roi de Navarre **Sanche VII le Fort** (1154-1234), et de sa femme. Remarquez la scène de la **bataille de Las Navas de Tolosa** que le souverain remporta sur les Almohades en 1212, représentée sur le vitrail du début du 20e s.

Chapelle du St-Esprit (Capilla del Espíritu Santo)

Pour les conditions de visite, voir les rens. pratiques du musée ci-dessous.

Partie la plus ancienne de l'ensemble monumental avec son plan carré et sa voûte sur arcs diagonaux, la chapelle romane du St-Esprit, ou « silo de Charlemagne », date du 12e s. Sa crypte servait d'ossuaire aux pèlerins qui mouraient à l'hôpital. La légende suppose qu'elle est située à l'endroit même où Charlemagne a demandé de construire la tombe de Roland. Selon la tradition, les restes des soldats morts à la bataille y seraient enfouis.

À sa gauche se dresse **l'église St-Jacques (Santiago)**, petite église gothique du 13e s., et, de l'autre côté de la route, **Itzandegia**, autrefois hôpital (18e s.) et aujourd'hui auberge pour pèlerins.

★ Musée

✆ 948 790 480 - été : 10h-14h, 15h30-19h ; reste de l'année : 10h-14h, 15h30-18h - fermé merc., 1er et 6 janv., 25 déc. - billet combiné avec la visite guidée (1h) de la salle capitulaire, de la chapelle du St-Esprit , du cloître et de la collégiale - 4,10 € (-18 ans 3,10 €, -13 ans 1, 70 €).

Installé dans les anciennes écuries, il possède de très belles pièces d'orfèvrerie ancienne : coffret mudéjar, évangéliaire roman, **reliquaire émaillé** du 14e s. qui, sans doute à cause de sa disposition en petits compartiments

géométriques, a été surnommé « l'échiquier de Charlemagne ». À signaler aussi un triptyque flamand du 16e s., une émeraude qui aurait orné le turban du sultan (ou *miramolín*) Mohammed al-Nassir le jour de la bataille de Las Navas de Tolosa, et une très belle *Sainte Famille* de Morales.

À proximité Carte de région

Col d'Ibañeta ou de Roncevaux (Puerto de Ibañeta) C1

2 km au nord par la N 135. Parking aménagé derrière la petite chapelle.

1 057 m. Une petite chapelle contemporaine et une stèle marquent le passage de ce col, première halte des pèlerins de St-Jacques en Espagne. Derrière l'édifice, notez le petit monticule hérissé de grossières croix de bois laissées par de pieux randonneurs. À proximité, un monolithe rappelle que la bataille de Roncevaux a eu lieu non loin de là, peut-être à **Luzaide**, dont le nom espagnol (Valcarlos) évoquerait Charlemagne.

Circuit conseillé Carte des environs de Roncevaux

Circuit de 200 km tracé sur la carte des environs de Roncevaux (p. 126) – Comptez une journée, voire deux si vous vous promenez dans le massif d'Iraty.

À l'est de Roncevaux se déploient trois vallées pyrénéennes aux identités bien marquées. Il y a d'abord celle d'**Aezkoa**, agricole et boisée, dont les greniers traditionnels ont fait la renommée. Au-delà, celle du **Salazar** paraît plus austère, ponctuée de quelques villages isolés. Enfin, la plus orientale des trois suit le cours de l'Esca, tout en prenant le nom du village le plus important de son territoire : **Roncal**.

Au départ de Roncevaux, suivez la N 135, traversez le village-rue d'Auritz/Burguete et prenez la première à gauche, la NA 140 qui pénètre dans la vallée d'Aezkoa.

★ VALLÉE D'AEZKOA

Juste avant Aribe, vous pouvez tourner à gauche et monter à Orbaitzeta.

Orbaitzeta/Orbaiceta

C'est le point d'accès à la forêt d'Iraty *(bosque del Irati)*.

Le village conserve deux greniers à grains, sortes de petites maisons surélevées que vous trouverez presque au chevet de l'église. Au-delà du bourg, la NA 2032 continue à monter pour atteindre, 4 km plus loin, une fourche.

Bas-relief évoquant le combat de Roland contre les Vascons
S. Sauvignier / MICHELINCrédit photo / MICHELIN

Fábrica – En tournant à gauche à la fourche, et après 2 km en fond de vallée sur une route défoncée, vous déboucherez sur le quartier de Larraun, en contrebas duquel se dressent les ruines d'une fabrique d'armes construite sous Charles III et fermée en 1873. On peut les apercevoir en descendant l'escalier de fer qui s'ouvre sur la place, à gauche de l'église, reconvertie en hangar.
Prenez à gauche de l'église et après quelques mètres, descendez vers la rivière et la bergerie. Passez devant le bâtiment et continuez sur la droite. Un panneau balisé marque le départ d'une randonnée.
Arrazola et Irabia – Si vous tournez à droite à la fourche, vous verrez fléchées les forêts d'Iraty et d'Irabia. La route passe par l'aire de pique-nique d'**Arrazola**. En poursuivant votre chemin, vous aboutirez 15mn plus tard au barrage d'Irabia, construit en 1922. Garez-vous au parking du bas. Le barrage se trouve à 3mn de là. Un chemin en fait le tour *(balisage 53C - une demi-journée)*. Vous pouvez le commencer par la rive sud et revenir par le chemin 52C, qui se contente de longer la même rive en surplomb *(1h30 AR)*.
Revenez à la NA 140.

Aribe/Arive

L'Irati traverse ce village qui conserve un grenier à céréales et un pont médiéval à double arche, en assez mauvais état.
Continuez sur la NA 140.

Garaioa/Garayoa

Jadis connu pour ses « sorcières » qui furent emmenées par l'Inquisition en 1575, ce bourg au charme discret est dominé par sa tour-clocher. Notez le portail roman de l'église et la naïveté des chapiteaux, protégés par un auvent. Jouxtant le sanctuaire un petit cimetière dissimule des stèles discoïdales.
Traversez Abaurregaina/Abaurrea Alta.
En sortie du village, magnifique **panorama★★** sur les sommets enneigés des Pyrénées précédés de prairies moutonnantes. La route se révèle aussi particulièrement jolie à hauteur de Remendía, lorsque le contraste entre résineux et feuillus se fait plus prononcé.
Vous arrivez ensuite à Escároz, après avoir traversé Jaurrieta, le village le plus haut de la vallée du Salazar.

VALLÉE DU SALAZAR (ZARAITZUKO IBAXA)

Ezcaroze/Escároz

Chef-lieu de la vallée du Salazar, ce pittoresque village accueille aussi la Junta del Valle de Salazar, assemblée représentant les sept villages du pays.

Promenez-vous quelques minutes dans ses ruelles pavées pour goûter le charme de la place de l'église agréablement ombragée, ou celui de ses demeures aux massives pierres grises.

Prenez ensuite la NA 178 pour descendre la vallée.

La route longe le Salazar dans un fond de vallée relativement plat, encadré par des versants peu élevés. Mais après Güesa, leurs flancs se resserrent un peu comme à l'entrée d'un canyon.

Franchissez à droite le Salazar pour rejoindre Izal par l'étroite NA 2122.

La route menant à Izal est sauvage, avec un côté parfois méditerranéen lorsque la rocaille affleure au milieu d'une végétation sèche et chiche. Mais au détour d'un lacet, les pentes se couvrent aussi de résineux et de feuillus, rendant soudain verdoyant un paysage qui, un instant plus tôt, paraissait aride.

★ **Itzalle**/Izal

Adorable village de montagne. Rien n'y manque, ni les maisons traditionnelles aux toits de tuiles, ni le fronton, et encore moins l'église. Le clocher de **San Vicente** dépasse à peine de l'ensemble trapu, à l'intérieur encaustiqué et décoré d'un petit retable. La maison de l'entrée, avant le pont, cache un grenier à blé sur pilotis (ou *hórreo*), le seul de la vallée encore bien conservé.

Peu avant l'entrée d'Izal *(env. 200 m)*, sur la droite, est signalée N. S. de Arburúa, un sanctuaire du 16e s. à 1 030 m d'altitude qui accueille un pèlerinage très couru chaque 1er Mai. On peut y monter à pied en laissant la voiture sur l'aire de parking, nullement aménagée (véritable bourbier en cas de pluie).

Revenez sur la NA 178 et continuez à descendre la vallée.

Uscarrés

Petit village accroché à flanc de colline en surplomb de la route. Quelques maisons ornées de blasons bordent ses ruelles pavées. Admirez son adorable **église** au chevet roman. À l'intérieur, traces de fresques gothiques.

Navascués/Nabaskoze

Sympathique petit village, typique de la vallée avec ses grosses maisons de pierre grise. Il était l'une des deux places fortes de la vallée avec Usún.

Après l'avoir traversé, suivez la NA 214 en direction de Burgui.

Le paysage se fait plus sec. À peu près à mi-chemin de Burgui, lorsque la route redescend, admirez la **vue** sur les Pyrénées.

★ VALLÉE DE RONCAL (ERRONKARIKO IBARRA)

Burgi/Burgui

Prenez le temps de flâner dans ses petites ruelles aux pavés irréguliers, où la pierre des maisons s'est noircie au fil du temps.

Remontez la NA 137 vers Roncal.

Des versants aux crêtes feuillues encadrent le fond rocailleux de cette vallée qui devient plus étroite une fois dépassé le sanctuaire de N. S. del Camino.

Prenez à droite la NA 176 en direction de Garde.

La route remonte la vallée du *barranco* (torrent) Gardalar.

Sierra de San Miguel

Garde est son seul village, accroché à flanc de montagne sous la protection de sa massive église avec galerie à auvent. Dans le bourg, la pierre domine, depuis les pavés jusqu'aux maisons dont les linteaux sont parfois travaillés.

DRÔLE DE TRIBUT…
Le 13 juillet n'est pas un jour anodin pour la vallée de Roncal. Ce jour-là, ses syndics montent dans la vallée de Belagua jusqu'à la borne frontière 262, dite « Pierre de St-Martin », où ils retrouvent leurs homologues français de la vallée béarnaise de Barétous. Ces derniers leur remettent trois génisses sans défaut et identiques de couleur, en échange d'un droit de pacage de 28 jours dans la vallée navarraise. Ce tribut remonte à un arbitrage prononcé en 1375 pour mettre fin aux rivalités des deux communautés concernant leurs estives.

400 m avant Garde, un sentier à gauche mène au sanctuaire de San Sebastián.
Retournez sur la NA 137.

★ **Roncal**/Erronkari
L'office de tourisme et le centre d'interprétation de la vallée de Roncal sont au bord de la route, en contrebas du village.
C/ Gayarre, s/n - 948 475 256 - de mi-juin à mi-sept. : lun.-sam. 10h-14h, 17h-20h, dim. 10h-14h ; reste de l'année : dim.-jeu. 10h-14h, ven. et sam. 10h-14h, 16h30-19h30. Consultez aussi le site www.vallederoncal.es consacré à la vallée.
Il faut se perdre dans les rues pavées de Roncal pour profiter de l'atmosphère du bourg, construit tout en pierre. Quelques demeures anciennes conservent de magnifiques portes cloutées, des linteaux sculptés, des blasons ouvragés et des encorbellements de bois (calles Iriandoa et Arana). Juchée sur la colline, son église de dimensions massives offre un panorama sur la commune et la vallée.
Enfin, dans le centre du village se trouve la maison natale du ténor **Julián Gayarre** (1844-1890), enterré sous un mausolée rococo réalisé par Mariano Benlliure dans le cimetière du village. Une curiosité : ce mausolée a bien failli ne jamais arriver à Roncal. Il a en effet voyagé à Paris pour l'Exposition universelle de 1900, et aurait été installé à Madrid devant le Teatro Real, selon les désirs de la régente, une « fan » de l'artiste, si la famille de Gayarre n'avait fait valoir la volonté du chanteur de reposer dans sa terre natale. La demeure de Gayarre a été transformée en **musée**, où sont exposés objets personnels, partitions, décorations et photographies. *948 475 180 - avr.-sept. : tlj sf lun. 11h30-13h30, 17h-19h (août 20h) ; oct.-mars : w.-end 11h30-13h30, 16h-18h - 2 € (12-18 ans 1 €, -12 ans gratuit).*
Reprenez la route en direction du nord.
Près d'Isaba, le paysage devient plus accidenté, la vallée étroite et boisée.

★ **Isaba**/Izaba
C/ Izarjentea, 28 - 948 893 251 - juil.-août : lun.-sam. 10h-14h, 16h-20h, dim. 10h-14h ; reste de l'année : jeu., dim. 10h-14h, vend.-sam. : 10h-14h, 16h30-19h30. Se rens. auprès de l'office de tourisme pour les horaires d'ouv. des j. fériés.
Parking aux deux extrémités du village.
Reconnaissable à la grosse tour-clocher de **San Cipriano** (16e s.), il regroupe ses maisons montagnardes (grosses pierres et bois) autour de son église fortifiée, qui abrite un retable plateresque et des orgues baroques du 18e s. Un belvédère en haut du village ménage une belle **vue** sur les toits du bourg et les montagnes environnantes.

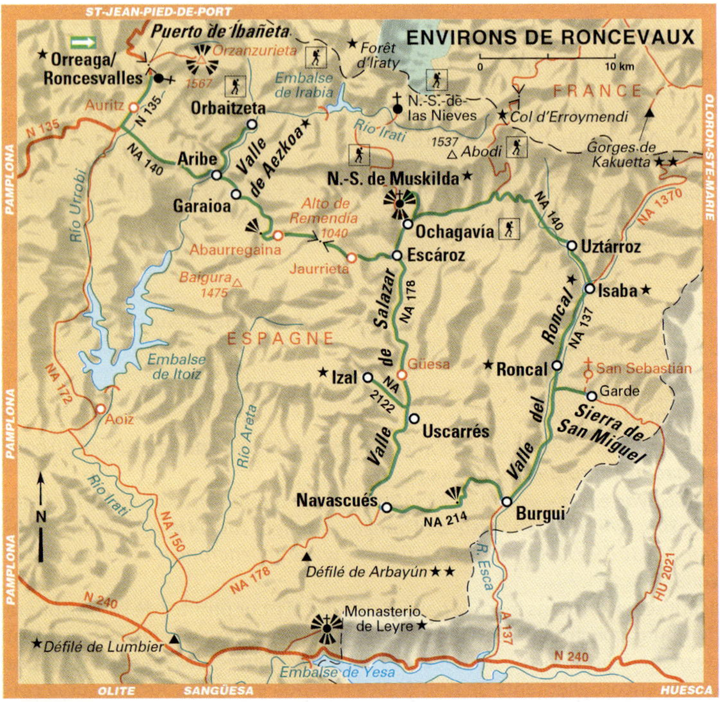

Après Isaba, deux options se présentent à vous. Vous pouvez monter vers la vallée de Belagua (NA 1370) menant à la frontière française *(voir encadré ci-contre)* et à la réserve de Larra, caractérisée par de profonds gouffres ou continuer votre route vers Ochagavía et la vallée du Salazar par la NA 140.

Ustárroz

Jolie vue depuis la route sur ce hameau accroché à une colline en bordure de rivière. Ici aussi, l'église fortifiée domine les maisons.

Plus on approche du col *(portillo)* de Lazar, plus la route devient montagneuse, avec parfois de beaux dégagements sur le paysage minéral et boisé.

Avant d'arriver à Ochagavía, ne manquez pas les panneaux indiquant sur la droite le sanctuaire de N. S. de Muskilda.

★ Église Notre-Dame de Muskilda (Iglesia de Nuestra Señora de Muskilda)

W.-end 11h-14h, 16h-18h - gratuit. Adorable sanctuaire perché face aux Pyrénées. Son clocher rond et sa nef toute simple abritent des restes de fresques, un retable de style classique et une voûte centrale dont les arcs présentent une brisure. Notez les piliers massifs, trahissant l'origine romane de l'édifice (12e s.) retouché au 17e s. La tranquillité du site n'est troublée que par le son des clarines qui parvient jusqu'à son enclos.

Un chemin de randonnée devenu chemin de Croix aboutit au bâtiment *(départ depuis Ochagavía).*

Ochagavía/Otsagabia

C/Labaria, 21 - 948 890 641 - de mi-juil. à mi-sept. : lun.-sam. 10h-14h, 17h-20h, dim. 10h-14h ; reste de l'année : jeu., dim. 10h-14h, vend.-sam. 10h-14h, 16h30-19h30.

Autre point de départ pour la découverte du massif et du GR 11, c'est un beau petit village à cheval sur l'Anduña. Son vieux pont à double arche enjambe le cours d'eau pour relier l'office de tourisme et le **centre d'interprétation de la nature** au reste du bourg. Ce dernier est parcouru de rues irrégulièrement pavées et bordées de maisons anciennes aux toits pentus et aux façades blasonnées, convergeant vers l'église San Juan Evangelista du 16e s.

Boucles – Deux itinéraires partent du village : l'un de derrière l'église *(2h, 6 km, facile)* en direction de Muskilda et l'autre du camping d'Otsate *(1h30, 4 km, facile)*. Renseignez-vous à l'office de tourisme. Pour des informations plus détaillées sur les randonnées à faire dans les environs (forêt d'Irati), rendez-vous sur le site www.irati.org.

N. S. de las Nieves (N.-D. des Neiges) – *Comptez 45 mn de voiture.* La route traverse la sierra de Abodí et passe devant un parking où vous pourrez vous garer pour rejoindre à pied la chapelle, si vous le souhaitez bien sûr. Vers celle-ci convergent différents sentiers qui permettent de faire simplement le tour du lac d'Irabia *(18 km)* ou de longer le torrent Urtxuria.

Abodí – *17 km au nord-est par la NA 140 et NA 2011, dir. France, col de Larrau. www.esquiescolar.com.* Un petit chalet-restaurant, à gauche dans le virage, marque l'entrée de la sierra de Abodí et de ses pistes de ski de fond. C'est aussi le point de départ de nombreuses randonnées.

Pour revenir à Roncevaux, rejoignez Ezcároz et reprenez la vallée d'Aezkoa.

1

NOS ADRESSES À RONCEVAUX

HÉBERGEMENT

PREMIER PRIX

Hôtel La Posada – *Roncevalles/Orreaga - ✆ 948 760 225 - www.laposadaderoncesvalles.com - fermé nov. - P - 18 ch. 45/50 € - 6 € - rest. 16 €.* Installé dans une ancienne maison de ville, cet hôtel propose des chambres au décor rustique, certaines en duplex, qui vous offriront un bon confort.

À proximité de Roncevaux

POUR SE FAIRE PLAISIR

Hôtel Loizu – *C/ San Nicolás 13 - Auritz-Burguete - ✆ 948 760 008 - www.hotelloizu.com - fermé 15 déc.-15 mars - P - 27 ch. 75/100 € - rest. 16 €.* Un lieu conçu pour se reposer dans un cadre agréable. Installations, accueillantes et rénovées. Cuisine soignée.

Hostería de Zubiri – *Avda Roncesvalles, 6 - Zubiri - ✆ 948 304 329 - www.hosteriadezubiri.com - fermé nov.-mars. - 10 ch. 79/106 €.* Hôtel de montagne typique qui offre des chambres gaies aux salles de bains soignées. Service de restauration en soirée réservé aux clients.

RESTAURATION

À proximité de Roncevaux

BUDGET MOYEN

Txikipolit – *Auritz-Burguete - ✆ 948 760 019 - 16/25 €.* C'est dans cet établissement que le prétendant Don Carlos cacha son or lors de sa fuite en France (1876). En remerciement, il légua deux tableaux toujours exposés. Aujourd'hui, le lieu est connu pour ses spécialités : le jarret d'agneau, le magret de canard et le gâteau de légumes.

POUR SE FAIRE PLAISIR

Maitena – *C/ Elizaldea s/n - Luzaide/Vacarlos - ✆ 948 790 210 - www.hostalmaitena.com - 29 € - fermé janv.-fév. - 6 ch. 50/55 € - 4 €.* Restaurant au service simple. Chambres au charme suranné.

Monastère de Leyre

★

NOS ADRESSES PAGE 130

S'INFORMER

Visites guidées – *948 884 150 - www.monasteriodeleyre.com - lun.-vend. 10h15-14h, 15h30-18h, w.-end et j. fériés 10h15-14h, 16h-18h - fermé 1er et 6 janv., 1er Mai, 15 août, 25 déc. - 2,30 € (-12 ans 0,60 €). Les visites guidées (1h) sont en espagnol mais des panneaux explicatifs en français sont à la disposition des visiteurs.*

SE REPÉRER

Carte de région C2 (p. 100) – *carte Michelin n° 573 E 26*. Le monastère est situé sur le versant sud de la sierra de Leyre (appelée aussi sierra de Errando), dominant la retenue de Yesa sur la route de Pampelune à Jaca.

SE GARER

Des parkings ont été aménagés en bout de route, près du monastère.

À NE PAS MANQUER

Le magnifique portail de l'église et la crypte.

ORGANISER SON TEMPS

Comptez 1h de visite.

C'est ce site à la vue imprenable qu'ont choisi les moines navarrais pour y édifier ce qui deviendra l'un des plus majestueux monastères romans du territoire espagnol. Par sa simplicité et par la chaleur des tons ocre de ses murs qui se confondent avec les roches des alentours, comme par le silence qui règne sur les lieux, Leyre dégage une rare atmosphère de sérénité.

Se promener

★ Crypte

Elle fut construite au 11e s. pour soutenir l'église romane supérieure dont elle épouse le plan, mais on la dirait plus ancienne, tant il s'en dégage une impression de rudesse et d'archaïsme. Les voûtes sont assez hautes, mais coupées d'arcs en claveaux énormes et parfois à double rouleau, qui retombent sur des chapiteaux massifs, incisés de lignes très simples. Curieusement, ces chapiteaux sont posés sur des fûts de hauteur inégale, presque au ras du sol.

★★ Église

Chevet – 11e s. Trois absides de même hauteur composent, avec le mur de la nef surmonté d'un clocheton et la tour carrée à triple fenêtres, un charmant ensemble. Les murs parfaitement lisses et l'absence de décoration, à part quelques modillons, dénotent l'ancienneté de la construction.

★ **Intérieur** – Lorsque les cisterciens réédifièrent au 13e s. une nef unique à la voûte gothique audacieuse, ils gardèrent de l'église romane les deux premières travées et le chœur avec ses absides semi-circulaires. Les trois nefs

LE CŒUR SPIRITUEL DE LA NAVARRE

Attestée dès le 9e s., l'abbaye San Salvador de Leyre s'affirme au début du 11e s. comme le grand centre spirituel de la Navarre, d'autant que les vicissitudes de la vie à Pampelune obligent plusieurs fois les souverains à se réfugier dans ce nid d'aigle inexpugnable. Le roi Sanche III le Grand et ses successeurs en font leur panthéon et permettent l'édification d'une église qui compte, avec sa crypte, parmi les tout premiers témoignages de l'art roman en Espagne (elle fut consacrée en 1057). Les évêques de Pampelune étaient alors traditionnellement choisis parmi les abbés de Leyre, dont le pouvoir s'étendait sur près de 60 villages et 70 églises ou monastères.

DÉCLIN, OUBLI ET RENAISSANCE

Au 12e s., cependant, la Navarre ayant été rattachée à l'Aragon, la royauté délaisse Leyre pour San Juan de la Peña, tandis que l'évêché de Pampelune cherche à accroître son autorité sur les puissants moines. Un long procès s'engage, qui entame les finances et le prestige du monastère. Au 13e s., la réforme cistercienne est adoptée et Leyre devient une simple annexe de la Oliva *(voir p. 162)*. Abandonné au 19e s., le couvent a été occupé à nouveau en 1954 par les bénédictins venus de Silos. Ils ont restauré les bâtiments des 17e et 18e s. et installé une hostellerie.

nous sont parvenues intactes : voûtes en berceau dont le départ est situé à la même hauteur, arcs à double rouleau, élégance décorative des colonnes engagées et du dessin des chapiteaux, et assemblage minutieux des grandes pierres de taille. Dans la nef gauche, un coffre en bois abrite les ossements des premiers rois de Navarre.

★ **Portail ouest** – 12e s. La richesse de son décor sculpté lui fait porter le nom de « Porta Speciosa ». Sur le tympan, des statues archaïques représentent : au centre, le Christ, à sa droite, la Vierge et saint Pierre, à sa gauche, saint Jean. Les voussures fourmillent de monstres et d'animaux fantastiques. Au-dessus, dans les écoinçons, on reconnaît à droite l'Annonciation et la Visitation.

À voir aussi

Fontaine de la Vierge (Fuente de la Virgen)

À 250 m par la route qui s'engage face au monastère, le long du petit parking. Fontaine de pierre sculptée de deux silhouettes de femmes. Touristes et pèlerins vont y remplir de petites bouteilles à son mince filet d'eau. Le site, ombragé mais peu entretenu, fait du reste office d'aire de pique-nique pour nombre de visiteurs du monastère.

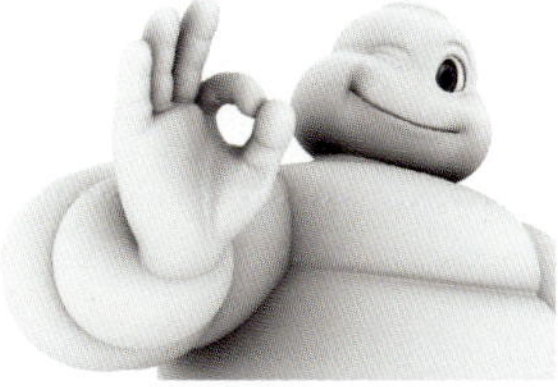

Escapade en Aragon

Si vous disposez d'un peu de temps, il serait dommage de ne pas en profiter pour partir à la découverte de sites aragonais très proches de Leyre : il s'agit du village et de l'église romane de **Sta Cruz de la Serós★** et du monastère rupestre de **San Juan de la Peña★★**, tous deux accessibles par la route de Jaca (N 240) puis une petite route à droite l'A 1603, 10 km après Puenta-la-Reina de Jaca lorsqu'on vient de Leyre.

Plus au sud, en contournant le lac de Yesa, ne manquez pas de partir à la découverte de la ville médiévale perchée de **Sos del Rey Católico★**. Vous pourrez ensuite rejoindre la Navarre en ralliant Sangüesa *(voir p. 136)* qui n'est qu'à 13 km de la cité natale du roi Ferdinand le Catholique.

(Voir description de ces sites dans le Guide Vert Espagne Méditerranéenne).

NOS ADRESSES PRÈS DU MONASTÈRE

HÉBERGEMENT

POUR SE FAIRE PLAISIR

Hôtel Señorío de Monjardín – *Carret. de Leyre - Yesa - ✆ 948 884 188 - fermé 20 déc.-20 janv. -* P *- 32 ch. 83/103 € - ☕ 9,50 € - rest. 19 €.* Situé sur un site isolé au pied de la route, cet hôtel propose des chambres très spacieuses, avec vestibule au plancher en bois et salles de bains modernes. Restaurant soigné de style classique.

Vue sur le monastère de Leyre

von Dachsberg/Sime/Photononstop

Sangüesa

Zangoza

5 210 habitants

NOS ADRESSES PAGE 136

S'INFORMER

Office de tourisme – *C/Mayor, 2 - ☏ 948 871 411 - de la Sem. sainte à août : lun.-sam. 10h-14h, 16h-19h, dim. 10h-14h ; sept.-mars : mar.-dim. 10h-14h.*

Visites guidées – Sangüesa Tour - *☏ 948 871 084 ou 620 110 581 - www.sanguesaturismo.com*. Cet organisme propose des visites guidées des principaux monuments de la ville.

SE REPÉRER

Carte de région C3 (p. 100) – *carte Michelin n° 573 E 26*. Sangüesa se trouve à 36 km de Pampelune par la N 240, à la limite orientale de la Navarre.

SE GARER

En périphérie du vieux centre.

À NE PAS MANQUER

Le magnifique portail de Sta María la Real.

ORGANISER SON TEMPS

Visiter l'église de Sta María la Real et les rues alentour prend 2 ou 3h. Après, direction défilé de Lumbier ou celui d'Arbayún.

AVEC LES ENFANTS

Une excursion nature à la recherche des vautours aux défilés de Lumbier et d'Arbayún.

Cette petite ville, blottie sur la rive gauche du río Aragón et perdue au milieu des champs, renferme des merveilles architecturales, comme l'église Sta María la Real. Fière de ses traditions, il s'y déroule des festivités tout l'été et c'est ici que vous pourrez assister à l'un des cinq drames religieux des Rois mages subsistant en Espagne. La ville est de même idéalement située pour la pratique du canoë-kayak, de l'équitation ou du parapente.

Se promener

★ Église Sta María la Real

Près de la rivière, à l'entrée du bourg, cette église ouvre la calle Mayor. Édifiée au 12e s., elle est achevée au 13e s. par le splendide portail, la tour octogonale et sa flèche.

★★ **Portail sud** – Fin 12e-13e s. C'est un tel foisonnement de sculptures qu'on reste étonné devant la variété des sujets et leur richesse d'expression. Deux artistes connus y ont travaillé (parmi d'autres) : tout d'abord, Leodegarius, sculpteur que l'on pense d'origine bourguignonne (également auteur du portail de l'église San Esteban de Sos del Rey Católico), s'est chargé de la partie basse à la fin du 12e s. et a signé son œuvre ; la partie haute a probablement été réalisée par le Maître de San Juan de la Peña un siècle plus

tard. Les statues-colonnes, déjà gothiques, s'inspirent de leurs modèles de Chartres et d'Autun. Au tympan, Dieu le Père encadré d'anges musiciens accueille à sa droite les Élus, tandis que, de son bras gauche abaissé, il accable les Réprouvés. On distingue dans un coin saint Michel pesant les âmes. Les voussures sont riches d'une multitude de motifs. Sur la deuxième en partant de l'intérieur, les humbles métiers sont illustrés : sabotier, luthier, boucher. Plus anciennes et d'une austérité tout aragonaise, les arcades supérieures représentent Dieu entouré des symboles des évangélistes, de deux anges et des apôtres.
À l'intérieur du sanctuaire, notez le dôme octogonal, la croix processionnelle, chef-d'œuvre de l'orfèvrerie locale (15e s.) et le grand retable plateresque (Renaissance espagnole teintée de baroque) du chœur que préside Notre-Dame de Rocamadour.

Calle Mayor

Rue principale, autrefois empruntée par les pèlerins (certains l'arpentent encore), les maisons de brique cossues sont dotées du classique auvent en bois sculpté et de fenêtres aux riches encadrements gothiques ou plateresques. Leurs façades contrastent avec l'austère palais du Prince de Viana (Príncipe de Viana), résidence des rois de Navarre (aujourd'hui la mairie), dont on peut voir, en passant sous le porche, la façade flanquée de deux imposantes tours crénelées.

Tournez à droite dans la calle Santiago.

Église de Santiago

Commencée dans le style roman tardif et achevée avec une architecture gothique, cette église fortifiée abrite un retable plateresque du 16e s. Notez le portail roman et la statue gothique de saint Jacques Pèlerin (*Santiago Peregrino*).
Face à elle se dresse une maison décorée de blasons. Il s'agit de l'ancien hôpital reconnaissable aux coquilles St-Jacques sculptées.

Prenez la rue qui longe cette maison.

Église de San Salvador

Cette église gothique du 14e s. est précédée d'un porche aux arcs impressionnants de hauteur. Notez la scène du Jugement dernier sur le tympan. À l'intérieur, retable italianisant de Juan de Berroeta.

Tournez à gauche et suivez la calle Enrique Labrit jusqu'à la prochaine intersection.

Palais Íñiguez-Medrano

Cette maison d'angle est surmontée d'un avant-toit traditionnel. Regardez-le bien et notez le personnage accroché aux griffes d'un aigle, sculpté dans la poutre d'angle.

Revenez sur vos pas et continuez dans la calle Alfonso el Batallador.

Palais Ongay-Vallesantoro

Ce palais aligne sa façade baroque sous un **auvent monumental★★** sculpté d'animaux chimériques crachant grappes et fruits.

La rue aboutit à la calle Mayor.

À proximité Carte de région

★ Château (castillo) de Javier/Xabier Gaztelua C3

7 km au nord-est par la NA 5 410.

948 884 024 - mars-oct : 10h-13h30, 15h30-18h30 ; nov.-fév. : 10h-14h, 15h30-17h30 - possibilité de visite guidée sur demande préalable - fermé 1er janv., 24, 25 et 31 déc. - 2,50 € (-12 ans 1 €).

Saint François Xavier (Francisco de Javier), patron de la Navarre, est né ici en 1506. À Paris, il rencontre son compatriote Ignace de Loyola avec lequel il allait poser les bases de la Compagnie de Jésus *(voir p. 210)*. Envoyé comme missionnaire à Goa par les Portugais, il accompagne ensuite ces derniers au Japon. Mort en 1552, juste avant d'arriver en Chine, il fut canonisé en 1622.

Visite – Cette forteresse, totalement restaurée, fut en partie démantelée en 1516 par le cardinal Cisneros, qui assurait alors l'intérim entre la mort de Ferdinand le Catholique et l'arrivée en Espagne du futur Charles Quint. Une fois franchi les fossés et la porte principale, on monte à la salle des blasons, suivie par la grande salle, au mobilier du 17e s. Parmi les pièces dont les murs remontent aux 10e et 11e s. se trouve la chambre du saint. Elle jouxte le donjon ou tour San Miguel (belle vue sur les environs). La visite s'achève par la **chapelle du Santo Cristo**, qui abrite un Christ en noyer du 13e s. et une **Danse macabre**, fresque du 15e s.

Cáseda C3

12 km au sud-ouest. Quittez Sangüesa en direction de Sos del Rey Católico et bifurquez à droite après 1 km pour suivre la NA 5341.

La route menant à Cáseda coupe à travers les champs, verts au printemps, brûlés en été et au repos l'hiver. Le village apparaît soudain, juché sur un flanc de colline, comme une vision de Méditerranée. Son église gothique le domine, ornée d'un portail de style classique et entourée des maisons les plus anciennes.

Gallipienzo/Galipentzu C3

20 km au sud-ouest de Sangüesa par la NA 132 en direction de Tafalla et Olite. Après 14 km (et avoir laissé sur votre gauche Gallipienzo Nuevo), prenez à gauche la NA 5320.

Vision impressionnante que ce village accroché sur une colline couronnée par une église massive. La route dévoile, au fur et à mesure de la montée, des vestiges de fortifications et de murs de maisons, rappelant que Gallipienzo se trouve dans la zone frontalière avec l'Aragon.

UNE PROSPÉRITÉ LIÉE AU PÈLERINAGE

Au 11e s., les habitants de Sangüesa, jusque-là repliés sur la colline de Rocaforte en raison du péril maure, sont incités par le roi d'Aragon et de Pampelune Sanche V Ramírez à descendre près du pont pour le défendre et faciliter le passage des pèlerins. Le souverain a en effet décidé de faire de la cité une des étapes principales du chemin de St-Jacques en Navarrre. À la fin du Moyen Âge, Sangüesa connaît son apogée et d'élégantes demeures bourgeoises s'élèvent, que l'on peut encore admirer en flânant dans les rues du vieux centre. Quant au fameux pont, le puente Sta María, il a conservé quatre arches d'origine, la partie centrale ayant été remplacée par une structure métallique.

Le village en lui-même paraîtrait presque à l'abandon s'il n'y avait du linge mis à sécher aux fenêtres. Les ruelles sont défoncées et les maisons sont battues par le vent. Mais l'ascension vers le sommet de la colline est récompensée par la **vue★** sur la vallée, le patchwork des champs et les toits du village, sans oublier les éoliennes sur les crêtes.

Circuit conseillé Carte de région

DE L'IRATI AU SALAZAR C2

Circuit de 44 km tracé sur la carte de région (p. 100) – Comptez environ 2h (hors balades à pied). Quittez Sangüesa en direction de Pampelune par la NA 140 puis la N 240. Après 6 km, tournez à droite au grand rond-point sur la NA 178. Juste avant Lumbier, prenez à gauche la direction de Tabar, principal hameau de la commune d'Urraúl Bajo.

Tabar, Urraúl Bajo

Garez-vous sur la place de l'église.

Église – On peut y admirer un adorable retable en bois.

Revenez sur la NA 150 pour rejoindre le défilé de Lumbier.

★ Hoz de Lumbier (Défilé de Lumbier)

Pl. Mayor, 3 - Lumbier - 948 880 874 - de mi-juil. à mi-sept. : mar.-dim. 10h-14h, 17h-20h ; de mi-juin à mi-juil. : mar.-dim. 10h-14h, 16h30-20h30 ; de mi-sept.à mi-juin : mar.-jeu. 10h-14h, vend.-dim. et j. fériés. 10h-14h, 16h30 -19h30 - fermé lun., 1er et 6 janv., 25 déc.

Creusé par l'Irati dans les contreforts de la sierra de Leyre, le défilé, long de 5 km, situé entre Lumbier et Liédena, offre à ses extrémités l'aspect d'une mince coupure dans la falaise. Une belle vue sur cette gorge s'offre du belvédère aménagé sur la N 240.

L'accès au défilé est fléché à l'entrée de la ville. Comptez env. 1 km jusqu'au parking. L'entrée est à quelques centaines de mètres. 1h AR pour 2,6 km, et env. 2h30-3h en passant par la montagne (5,5 km, 175 m de dénivelé) ; début juste à gauche, à l'entrée du défilé, depuis le parking.

L'ancienne voie de chemin de fer qui traversait la *hoz* a été transformée en chemin. Après avoir traversé un premier tunnel, on parcourt plus de 2 km en surplomb de la rivière tumultueuse, survolée par de nombreux vautours dont l'envergure dépasse le mètre ! Les falaises où ils nichent déploient de belles palettes de couleurs allant du gris au rouille et des formes parfois torturées. La promenade débouche sur un second tunnel au-delà duquel se dressait autrefois le pont du Diable, sur l'embouchure de la *hoz*. Vous pouvez décider de revenir sur vos pas ou de rallier le sentier qui passe par la montagne pour retourner à votre point de départ.

Centre d'interprétation des défilés (Centro de Interpretación de las Hoces) – *À Lumbier, au-dessus de l'office de tourisme 948 880 874 - tlj sf lun. mat., vend.-dim. et j. fériés mat. et apr.-midi - 1,20 €.* Occupant un bâtiment moderne sur la place située derrière l'église, ce centre fournit toutes les explications nécessaires à la compréhension géologique, géographique et écologique des défilés de Lumbier et d'Arbayún. Présentation de la faune et de la flore, projection vidéo : les moyens les plus didactiques et modernes sont ici employés !

Poursuivez sur la NA 178. Arrivé à Domeño, prenez à droite la NA 2161.

1

Usún

3 km de Domeño. Petit parking aménagé en début de localité.

Cette petite localité donne accès à l'embouchure sud du défilé d'Arbayún, la plus grande *hoz* fluviale de Navarre.

Sentier signalé par un panneau de bois dans le village (route non carrossable). Env. 5 km de promenade. 2h en passant devant l'ermitage St-Pierre. Attention, le terrain peut être glissant les jours de pluie en raison des rochers qui affleurent dans la descente vers le Salazar. Le sentier franchit le Salazar sur un pont moderne qui permet d'admirer toute la beauté sauvage du défilé.

Revenez à Domeño et continuez votre route sur la NA 178.

★★ Défilé d'Arbayún (Hoz de Arbayún)

Parking aménagé dans un virage, sur la droite : ne le manquez pas !

Le Salazar est fortement encaissé dans les calcaires de la sierra de Navascués, mais la route s'éloigne du fleuve et il faut atteindre le belvédère aménagé au nord de l'alto de Iso pour avoir une splendide **vue★★** sur la sortie du canyon. Les falaises font place vers le bas à une végétation dense au milieu de laquelle scintille l'eau du torrent.

NOS ADRESSES À SANGÜESA

HÉBERGEMENT

BUDGET MOYEN

Hôtel Yamaguchi – *Ctra Sangüesa a Javier, s/n - ✆ 948 870 127 - www.hotelyamaguchi.com -* P *- 41 ch. 60/67 € - ☕ 6,30 € - rest. 12 €.* Cet établissement familial s'avère une bonne alternative dans sa catégorie. Chambres aux différents niveaux de confort, les individuelles sont au rez-de-chaussée, les plus modernes au 1er étage.

RESTAURATION

BUDGET MOYEN

Mediavilla Erretegía – *Alfonso el Batallador - ✆ 948 870 212 - mediavilla15@hotmail.com - fermé 15 sept.-5 oct. - 20/35 €.* Cela fait presque trente ans que la famille Mediavilla régale ses clients de petits plats régionaux. Elle jouit d'une grande popularité. Parmi les spécialités : viandes et poissons rôtis à la braise, toasts frottés à l'ail et la jardinière.

AGENDA

Drame religieux du mystère des Rois mages – 5 janv. Les habitants du village, déguisés, interprètent l'arrivée des Rois à Sangüesa pour l'Adoration de l'Enfant.

La Javierada – Chaque 12 mars, date anniversaire de la canonisation de François Xavier, ils sont des milliers à se rassembler à Sangüesa pour entreprendre le pèlerinage de 8 km jusqu'au lieu de naissance du saint.

Fêtes patronales – 11-17 sept. Foire aux bestiaux et *encierros* de taureaux.

La coquille symbole du pèlerinage de St-Jacques-de-Compostelle.
CDT64

1

Les chemins de St-Jacques

Caminos de Santiago

★★★

NOS ADRESSES PAGE 139

S'INFORMER

www.chemins-compostelle.com – *L'Association de coopération interrégionale « Les chemins de St-Jacques-de-Compostelle » fournit réponses pratiques et conseils - 4 r. Clémence-Isaure - 31000 Toulouse - ✆ 05 62 27 00 05.*

www.aucoeurduchemin.org – *Le site de l'Association des amis du chemin de St-Jacques répond à toutes les questions (dates, logistique, itinéraires).*

www.saint-jacques.info – *À consulter pour le côté culturel de votre démarche.*

www.webcompostella.com – *Ce site aborde conseils pratiques et aspects spirituels.*

SE REPÉRER

Carte de région A3 C1 (p. 100) – *carte Michelin n° 573.* Outre le chemin du Nord *(camino del Norte)* dit aussi haut chemin ou chemin cantabrique qui longe la Côte basque, le chemin français *(camino francés)* traverse la Navarre. Il est constitué de deux branches, selon le col choisi pour franchir les Pyrénées : le Somport ou Roncevaux. Ces deux branches convergent à Puente-la-Reina *(voir p. 140)*.

À NE PAS MANQUER
En venant de Roncevaux (et St-Jean-Pied-de-Port) : l'abbaye de Roncevaux, l'adorable église de Sta María de Eunate, près de Puente-la-Reina, les églises d'Estella (notamment celle de San Pedro) et celle de Viana. En venant du Somport : le portail de l'église de Sta María la Real à Sangüesa.

ORGANISER SON TEMPS
Si vous faites le vrai pèlerinage, c'est-à-dire à pied, comptez en moyenne 15 km par étape journalière.

POUR RETROUVER LES PRINCIPAUX SITES DES CHEMINS NAVARRAIS – Voir Roncevaux, Pampelune, Puente-la-Reina, Estella et Viana, mais aussi, plus au sud de la Navarre, Sangüesa.

Expérience intense et inoubliable : c'est le sentiment de tous ceux qui ont marché, pédalé ou galopé vers Compostelle. Qu'ils soient partis par conviction religieuse ou par envie de grands espaces, tous reconnaissent avoir vécu une véritable aventure, à la fois physique et humaine. Richesse des rencontres, beauté des paysages et intérêt des sites historiques sont au rendez-vous de ce parcours mythique. N'hésitez donc pas à prendre votre bâton et vos bottes de sept lieues pour le découvrir à votre tour !

Se promener

Credencial en poche, voici les principaux itinéraires à suivre.

Chemin du Nord/Camino del Norte

Peu commode en raison des nombreuses embouchures de rivière à traverser, ce chemin a souffert de sa mauvaise réputation au 15e s., en raison des incursions côtières barbaresques. Il est encore aujourd'hui le moins fréquenté. Principalement suivi par les pèlerins venant de Bretagne ou d'Angleterre (encore que ceux-ci choisissent souvent la voie maritime en débarquant à Bermeo ou Bilbao), il passe par l'Aquitaine en longeant la côte par la voie de Soulac, jusqu'à Bayonne, St-Jean-de-Luz et Hendaye. Côté espagnol, il traverse au Pays basque : Irún, St-Sébastien, Zarautz, Guernica, Bermeo et Bilbao avant de se prolonger sur la côte Cantabrique. Son principal mérite aujourd'hui est d'être moins fréquenté en haute saison que le *camino francés*.

Chemin français/Camino francés

Le plus connu et le plus emprunté (parfois trop en été !) est le *camino francés* (chemin français), qui traverse la Navarre et vous permet de découvrir, outre de superbes paysages, des églises et des monastères à l'architecture souvent marquée par les influences françaises. Ce chemin français ainsi que les monuments qui le jalonnent est classé au Patrimoine de l'humanité de l'Unesco depuis 1993.

Si vous venez du **Somport**, vous traverserez Jaca, Sta Cruz de la Serós, San Juan de la Peña, et aborderez la Navarre avec le monastère de Leyre et Sangüesa avant de rejoindre Puente-la-Reina *(voir ces noms)*.

Le trajet est plus court pour ceux qui préfèrent partir de St-Jean-Pied-de-Port et franchir le col d'Ibañeta. Au-delà de Roncevaux, l'unique et grande étape avant Puente-la-Reina est Pampelune.

Au-delà de Puente-la-Reina, le chemin vous conduit à Estella, puis Viana, avant de pénétrer dans La Rioja.

NOS ADRESSES SUR LES CHEMINS

HÉBERGEMENT

Rien ne vous interdit de recourir à l'**hôtellerie traditionnelle** *(voir à « Nos Adresses » des localités concernées)*, mais si vous faites le pèlerinage à pied, vous vous trouverez sans doute dans des lieux ne disposant pas d'hôtels. Sachez aussi que le **bivouac** est interdit en Espagne.
Vous serez donc amenés à recourir aux services de l'assistance aux pèlerins. Pour pouvoir en bénéficier, il est indispensable d'effectuer le pèlerinage de manière « traditionnelle » (à pied, à cheval ou à vélo) et d'être porteur de sa **credencial « del peregrino »** *(voir ci-contre)*.
On a recensé en Espagne quelque 300 auberges pour pèlerins **(albergues de peregrinos »,** « **refugios** » ou « **hospitales** »**)** et lieux d'accueil **(« lugares de acogida »)**, soit en moyenne un tous les 23 kilomètres.

« Albergues »
En dehors de certaines auberges privées qui pratiquent des tarifs raisonnables, l'hospitalité y est souvent gratuite, même si une participation à l'entretien des lieux est appréciée. Ces endroits disposent d'un coin-cuisine, de douches et de toilettes. Aucune réservation n'est possible et les places sont attribuées au fur et à mesure de l'arrivée des pèlerins, les piétons bénéficiant de la priorité. En été, celle-ci s'étend aux pèlerins solitaires portant leurs affaires dans un sac à dos. Il est donc recommandé aux groupes dont les bagages sont acheminés à bord d'un véhicule d'y glisser une tente.

« Lugares de acogida »
Apposé dans un village, le panneau « acogida » signifie que la municipalité, la paroisse ou un particulier peuvent accueillir les pèlerins de façon très sommaire, c'est-à-dire offrir un toit, un peu de lumière et parfois même le luxe d'un robinet ! Prévoir donc un sac de couchage.
Vous trouverez une liste de ces hébergements classés par chemins sur le site www.caminodesantiago.org.

La credencial
Indispensable pour se loger en Espagne, elle permet en outre, grâce aux cachets qui y sont apposés chaque jour, d'obtenir à Santiago la *compostela*, diplôme attestant que vous avez réalisé le pèlerinage (attention : vous devez avoir marché pendant 100 km ou pédalé pendant 200 pour la mériter). Vous pouvez vous la procurer avant de franchir la frontière aux bureaux Accueil St-Jacques de St-Jean-Pied-de-Port (39 rue de la Citadelle), à St-Palais (ancien couvent des franciscains) ou à Bayonne ; en Espagne, au monastère de Roncevaux ou auprès des Asosiaciones de Amigos del Camino de Santiago présentes dans des localités traversées par les chemins. Mais méfiez-vous ! Depuis 2009, seules les « **credenciales oficiales** » distribuées par les autorités ecclésiastiques donnent droit à l'obtention de la *compostela*…

Puente-la-Reina

Gares

★

2 841 habitants

NOS ADRESSES PAGE 142

S'INFORMER

Office de tourisme – *Casa del Vínculo - C/ Mayor 105 - ☏ 948 341 301 - www.puentelareina-gares.net - de la Sem. sainte à mi-oct. : mar.-sam. 10h-14h, 16h-19h, dim. et j. fériés 11h-14h ; reste de l'année : mar.-sam. 10h-14h, 15h-18h, dim. et j. fériés 11h-14h.*

SE REPÉRER

Carte de région B2 (p. 100) – *carte Michelin n° 573 D 24.* Première étape importante sur la route de Compostelle depuis Pampelune, à 23 km au sud-ouest de la capitale navarraise par la N 111.

SE GARER

Dans les contre-allées qui bordent la grande route.

À NE PAS MANQUER

Les statues des églises du Crucifix et de St-Jacques.

Cette capitale du piment n'a pas toujours hébergé paysans et maraîchers. Son plan typique de village-rue, où toute la vie se concentre, est caractéristique des villes de pèlerinage. Carrefour des deux chemins traversant la Navarre, Puente-la-Reina (le Pont de la Reine) était et reste une étape-clé de la route de Compostelle. Aujourd'hui, une nationale a remplacé l'ancien chemin des pèlerins. Mais vous pourrez encore fouler de vos pieds le vieux pont jeté sur l'Arga et flâner à loisir le long de la calle Mayor.

Se promener

Le vénérable **pont en dos d'âne** qui enjambe le río Arga fut construit au 11e s. pour permettre le passage des pèlerins se rendant à St-Jacques. À l'entrée de la ville en venant de Pampelune, un pèlerin en bronze signale ce point de rencontre entre les deux *caminos*.

Église du crucifix (Iglesia del Crucifijo)

☏ 948 340 050 - tlj 9h30-20h. Premier monument pour les jacquets arrivant de Pampelune, elle se trouvait hors les murs et communiquait par un porche avec l'ancien hospice des pèlerins. Accolée à la nef d'origine (12e s.), une nef postérieure (14e s.) abrite la fameuse croix en Y et son **Christ★** en bois d'un expressionnisme violent. Il aurait été rapporté d'Allemagne par un pèlerin du 14e s. Engagez-vous à pied dans l'étroite **calle Mayor**, très élégante avec ses maisons en briques dorées, ses blasons (nos 27, 61, 66) et ses avant-toits de bois sculpté (nos 15, 19, 29, 33, 46, 80), qui mène au pont.

Église de Santiago

✆ 948 341 301 - lun.-sam. 10h30-13h30, 17h-20h, dim. 10h30-13h30. Son **portail roman★** fourmille de figures presque effacées. La nef, refaite au 16e s., a été décorée de retables. Remarquez, face à l'entrée, un **saint Jacques★** pèlerin en bois doré et, son pendant, le **saint Barthélemy★** (14e s.).

La calle Mayor aboutit au pont.

Sur la gauche, les rues mènent à l'église de **San Pedro** (St-Pierre, 14e s.), qui conserve, depuis le 19e s., la **Vierge de Txori** (16e s.) autrefois postée sur le pont.

L'IMPORTANCE DU PÈLERINAGE

Point de convergence des deux branches du *camino francés*, celle de Roncevaux et le tronçon toulousain, Puente-la-Reina doit son existence aux pèlerins. C'est Alphonse Ier qui en ordonna en 1121 la création, de façon à peupler l'itinéraire et à en tirer profit grâce aux péages et aux échanges commerciaux. Au 14e s., la cité compte cinq quartiers et s'est entourée de remparts. Après le déclin du pèlerinage, elle s'est reconvertie dans l'agriculture, et notamment le piment.

À proximité Carte de région

★ **Cirauqui**/Zirauqui B2

7 km à l'ouest par la N 111.

Le long des ruelles tortueuses bordées d'escaliers se pressent des façades à demi blanchies, ornées de portes arrondies, de balcons, blasons et corniches sculptés. En haut du village (montée difficile), l'église de San Román possède un **portail★** du 13e s. polylobé, semblable à celui de San Pedro de la Rúa à Estella.

Circuit conseillé Carte de région

ROUTE DES ÉGLISES B2

Circuit de 20 km tracé sur la carte de région (p. 100) – Comptez environ 1h30. Quittez Puente-la-Reina par N 111 en direction de Pampelune, puis tournez presque immédiatement à droite dans la NA 601. Parvenu à la hauteur d'Obanos, prenez à droite la route qui monte vers les collines face à Obanos.

Chapelle Santa María de Arnotegui

Comptez 1 km de piste à partir de la fin de la route goudronnée.

Protégée par un petit mur défensif, cette sobre chapelle se compose d'un simple narthex et d'une pièce dans laquelle l'autel est encadré de retables baroques. Notez la statue de la Vierge en bois et respirez l'odeur de pin. Contemplez également les alentours depuis son parvis, car elle est juchée au sommet d'une colline.

Revenez sur la NA 601, tournez à droite et dépassez Obanos. Au prochain carrefour, tournez à droite vers Campanas. Suivez les panneaux indiquant « Sta María de Eunate ».

★★ Église de Santa María de Eunate

31152 Murazábal - ✆ 948 341 301 - juil.-sept. : 10h30-13h30, 17h-20h ; mars-juin et oct. : 10h30-13h30, 16h-19h ; janv.-fév. et nov. : 10h30-14h30 - fermé lun. et de déb. déc. à mi-janv. - gratuit.

Cette chapelle romane si harmonieuse de proportions reste d'origine énigmatique. La découverte d'ossements tend à accréditer la thèse d'une chapelle funéraire établie sur le chemin du pèlerinage qui, à l'époque, venait de Toulouse (la même thèse prévaut pour la chapelle de Torres del Río - *voir « Viana » p. 150*).

On estime sa date de construction aux alentours de 1170. Sa structure octogonale intègre un petit chevet pentagonal proche du style cistercien. Quant à l'intérieur, il trahit des influences musulmanes avec les huit nervures à section carrée convergeant vers le centre à la façon mozarabe, sans clé de voûte. Admirez les 26 chapiteaux, sculptés pour beaucoup de motifs végétaux.

La galerie extérieure, aujourd'hui curieusement découverte, se rattachait à des bâtiments annexes ; elle servait d'abri aux pèlerins. *Eunate*, en basque, signifie « cent portes ». Un surnom qui fait référence aux arcades entourant le sanctuaire.

Revenez sur la NA 601 et reprendre la direction de Puente-la-Reina.

Obanos

Église avec une fine tour-clocher. Un arc introduit le visiteur sur la plaza de los Fueros en forme d'entonnoir, sur laquelle se dresse un crucifix.

Revenez à Puente-la-Reina.

NOS ADRESSES À PUENTE-LA-REINA

HÉBERGEMENT ET RESTAURATION

À proximité de Puenta-la-Reina

UNE FOLIE

Hôtel El Peregrino – *Irunbidea, s/n - 1 km au nord-est de Puente-la-Reina par la rte de Pampelune - ✆ 948 340 075 - www.hotelelperegrino.com - fermé 10-31 janv., dim. soir et lun. - 45/62 € - 13 ch. 190 € - ☕ 18 €.* Restaurant de charme installé dans une magnifique maison de pierre. Le décor soigné crée une ambiance idéale pour se délecter d'une cuisine aux touches créatives. Salle à manger avec vue sur le jardin et la piscine.

Estella

Lizarra

★★

14 238 habitants

NOS ADRESSES PAGE 149

S'INFORMER

Office de tourisme – *C/San Nicolás, 3 - 948 556 301 - www.estella-lizarra.com - de la Sem. sainte au 11 oct. : lun.-sam. 10h-14h, 16h-19h, dim. 10h-14h ; reste de l'année : lun.-vend. 10h-17h, w.-end 10h-14h.*

SE REPÉRER

Carte de région A2 (p. 100) – *carte Michelin n° 573 D 23.* Estella se trouve sur le versant sud des sierras d'Andía et d'Urbasa, à côté de la N 111 qui relie Pampelune (36 km au nord-est) à Logroño (48 km au sud-ouest).

SE GARER

Le long de la rivière, dans le parking jouxtant la station des autobus, plaza de la Coronación.

À NE PAS MANQUER

L'église de San Pedro et son cloître.

ORGANISER SON TEMPS

Flânez une journée dans la ville, en vous réservant la fin de la journée pour prendre un verre sur la plaza de los Fueros.

1

Bâtie dans un cadre grandiose, Estella (Étoile) est une étape importante sur le chemin de St-Jacques. Son riche patrimoine lui a valu d'être surnommée « capitale de l'art roman navarrais » par l'historien Julio Caro Baroja. Après avoir admiré les trésors de son centre historique, profitez-en pour faire une sieste sur l'herbe tendre des rives de l'Ega ou vous promener en humant l'odeur des essences d'arbres qui longent la rivière. Ne repartez pas sans avoir goûté à la spécialité : le cochon de lait, si bien cuisiné qu'il est réputé comme étant le meilleur de la région.

Se promener

Place de San Martín

À l'origine, c'était le centre du quartier des « francos », tout bouillonnant de l'animation de ses échoppes et de ses auberges. Aujourd'hui, rien ne trouble le calme de cette harmonieuse petite place, si ce n'est le clapotis de sa fontaine. Sur l'un des côtés, l'ancien hôtel de ville arbore une façade blasonnée du 18e s.

Prenez la calle San Nicolás.

★ Palais des Rois de Navarre (Palacio de los Reyes de Navarra)

San Nicolás, 1. Proche de la plaza de San Martín, le palais des Rois de Navarre est un exemple exceptionnel d'architecture civile romane du 12e s. Sa longue façade est percée d'arcades et de baies géminées remarquables par leurs chapiteaux. Il abrite aujourd'hui le **musée Gustavo de Maeztu y Whitney.**

★ **Musée Gustavo de Maeztu y Whitney** – *✆ 948 546 037- www.museogustavodemaeztu.com - mar.-sam. 11h-13h, 17h-19h, dim. et j. fériés 11h-13h30 - gratuit.*
Installé dans l'ancien palais des Rois de Navarre, ce musée rassemble sur deux niveaux les œuvres du peintre Gustavo de Maeztu y Whitney (1887-1947), né à Vitoria en Álava, d'un père cubain (originaire de Navarre) et d'une mère anglaise. Il grandit et étudie les arts à Bilbao. Il part à Paris, voyage à travers l'Espagne pour visualiser et fixer scènes et paysages et vit entre Madrid et Barcelone. Après un séjour à Londres, il revient et s'installe à Estella à partir de 1936. Il y restera jusqu'à sa mort en 1947.

Travail de la couleur, souci du détail dans les paysages comme dans les personnages : son trait déborde de puissance et d'épaisseur. Le premier palier aborde la représentation de la femme, le second présente des dessins, des esquisses, des portraits et des scènes rurales.

Église de San Pedro de la Rúa

Ouv. 30mn avant la messe - juin-sept. : messe sem. 20h ; oct.-mai : messe sem. 19h ; tte l'année messes sam. 20h, dim. et j. fériés 12h et 13h - cloître ouvert dim. 9h-13h30 - visites guidées : se renseigner à l'office de tourisme.

Sur les contreforts de la falaise où se trouvait le château, l'église se dresse face au palais des Rois de Navarre. Le bâtiment garde des parties remarquables des 12e et 13e s.

Le **portail★**, au sommet d'un escalier monumental, ouvre sur le mur nord ; les chapiteaux et les voussures sont richement sculptés, mais son originalité réside dans l'arc d'entrée en tiers-point, bordé de petits lobes, qui témoigne de l'influence de l'art califal. On peut voir des portails de même type dans la région, à Puente-la-Reina et à Cirauqui, d'autres en Saintonge et dans le Poitou.

À l'intérieur, remarquez les trois absides romanes : dans celle du centre, une Vierge à l'Enfant romane, un Christ gothique et une colonne faite de trois serpents entrelacés ; dans l'abside gauche, un crucifix roman.

Le **cloître★** roman a perdu deux galeries au 16e s. lorsqu'on fit sauter le château voisin. La virtuosité technique et l'esprit inventif réalisés sur les **chapiteaux★★** font regretter les parties manquantes. La galerie nord représente des scènes de la vie du Christ et des saints Laurent, André et Pierre. Les thèmes végétaux et animaliers occupent la galerie ouest, où l'architecte facétieux a glissé un groupe de quatre colonnes obliques.

Au bout de la rue, un arc marque l'ancienne entrée de la cité.

Revenez sur vos pas et continuez dans la calle de la Rúa.

Calle de la Rúa

C'était le chemin qu'empruntaient les pèlerins. Au n° 7, le palais de frère *(fray)* Diego de Estella présente une façade plateresque décorée d'un blason. Il abrite aujourd'hui la maison de la culture, l'occasion d'aller jeter un œil au patio intérieur à colonnades. Admirez au n° 6 le toit monumental du palais San Cristóbal, et les arcades gothiques des nos 25, 27, 28 et 31, correspondant à d'anciennes boutiques et à des hospices jacobites. Le palais du Gouverneur (nos 27-29) abrite depuis le printemps 2010 le **musée du Carlisme** *(✆ 948 552 111 - mar.-sam. 10h-14h, 16h-19h, dim. et j. fériés 11h-14h, fermé 31 juil., 25 déc, 1er janv. - 2 € (-18 ans gratuit), juil.-sept. : billet combiné avec le musée de la Navarre de Pampelune).* Celui-ci présente une collection de documents, objets, dessins et peintures qui retracent l'histoire du mouvement politique carliste de son origine et de son évolution jusqu'à la fin de la guerre civile espagnole. Des

Cloître roman de l'église San Pedro de la Rúa à Estella.
Tryon / Servicio de Marketing Turístico Gobierno de Navarra

expositions temporaires nous renseignent également sur le sujet à travers des objets variés tels des uniformes, des armes, des timbres, des monnaies, des lettres, etc.
La rue débouche sur les berges où se dresse l'église du Sto Sepulcro (*passez sous le pont routier*).

Église du St-Sépulcre (Iglesia du Sto Sepulcro)

Elle vaut surtout pour son **portail★** nettement gothique. On reconnaît sur trois registres : la Cène, les trois Marie au Sépulcre et l'Enfer, le Calvaire et la Résurrection. Les niches qui encadrent le portail abritent des saintes et des saints traités avec un certain maniérisme.
Passez sur l'autre rive par le pont de la Cárcel (reconstruit en 1973) et montez la calle Asteria dans son prolongement pour rejoindre l'église de San Miguel.

Église St-Michel (Iglesia de San Miguel)

Ouv. 30mn av. la messe - tte l'année : messes lun.-sam. 19h, dim. 11h30, 12h30.
Elle se trouve dans un quartier qui était peuplé de Navarrais à la fin du 12e s., et dont les rues étroites ont gardé un cachet médiéval. Son **portail nord★**, appelé portail de l'Évangile, semble avoir été conçu comme un défi lancé aux habitants de l'autre rive (*voir encadré p. 146*). Au tympan, le Christ est entouré des évangélistes et de personnages énigmatiques. Sur les voussures, on distingue des anges portant des encensoirs, les vieillards de l'Apocalypse, les prophètes et patriarches, des scènes évangéliques et des martyres de saints. Sur les chapiteaux : enfance du Christ et scènes de chasse. Sur les murs au registre du haut, huit statues-colonnes représentent des apôtres. Au registre du bas, deux **hauts-reliefs★★**, les plus achevés et expressifs du portail, montrent à gauche saint Michel terrassant le dragon, à droite les trois Marie au Sépulcre. Par la noblesse des attitudes, l'élégance des drapés, l'expression des visages, cette dernière scène est un chef-d'œuvre de la sculpture romane.
L'intérieur est très dépouillé à l'exception de retables dorés, baroques ou néoclassiques. Notez le retable peint dans le transept gauche.

« ESTELLE LA BELLE »

C'est ainsi que l'appelaient au Moyen Âge les pèlerins de St-Jacques-de-Compostelle. Estella était une étape importante du « chemin » et, de ce fait, possède plusieurs monuments de grande valeur artistique datant pour la plupart de l'époque romane. En outre, en 1076, le roi Sanche Ramírez lui avait attribué certains privilèges qui attirèrent des commerçants et des aubergistes, essentiellement des « francos », souvent originaires du Puy-en-Velay. La plupart s'établirent sur la rive droite de l'Ega. Un siècle plus tard, les Navarrais obtinrent à leur tour les mêmes privilèges et s'installèrent de l'autre côté de la rivière.

Les pèlerins venaient vénérer la Vierge du Puy, dont le sanctuaire, reconstruit dans le style moderne, se dresse à l'emplacement où, le 25 mai 1085, selon la légende, des bergers, alertés par une pluie d'étoiles, découvrirent une statue de la Vierge. Des hospices qu'on y avait construits, celui de St-Lazare réservé aux lépreux était le plus célèbre.

ENFANT DU PAYS

Estella est la ville natale du meilleur *rejoneador* (torero à cheval) de ces quinze dernières années (et selon certains, de l'histoire de cet art) : **Pablo Hermoso de Mendoza**, né en 1966.

Dirigez-vous vers la plaza de los Fueros et traversez-la. Prenez la rue qui la prolonge à gauche, coupez par une seconde place, la plaza de Santiago, pour monter ensuite à la basilique (fléchée).

Basilique Nuestra Señora del Puy

Située sur la colline qui domine San Miguel et la plaza de los Fueros, il s'agit d'une église moderne construite entre 1929 et 1951 par l'architecte Víctor Eusa (1894-1990), très actif à Pampelune et dans la région. Une statue de la Vierge à l'Enfant, datée de la fin du 13e s., trône en son centre (beau travail d'orfèvrerie), mise en valeur par les jeux de lumière et le travail du bois qui caractérisent l'édifice. On y voit de nombreuses étoiles.

Revenez sur vos pas jusqu'à la plaza de los Fueros, dépassez-la et suivez par la droite la calle de la Carpinteria qui aboutit à la calle Mayor. Celle-ci vous ramènera, par la gauche, à la rivière et au pont qui fait presque face à la plaza San Martín.

À proximité Carte de région

Lerín B3

23 km au sud par la NA 122 en direction de Calahorra.

Église de l'Assomption (Iglesia de la Asunción) – *ouv. aux heures d'office ou de neuvaine*. Un splendide **retable★** rococo, exécuté en 1762 par Diego de Camporredondo, occupe tout le chœur de l'église, qui possède une impressionnante hauteur sous voûte.

Circuits conseillés Carte de région

LA ROUTE DES COLS A2

Circuit de 96 km tracé sur la carte de région (p. 100) – Comptez environ 2h. Quittez Estella vers le nord par la NA 120.

★ Monastère de Iranzu à Abárzuza

À 9 km d'Estella, accès signalé de la NA 120, presque à la sortie d'Abárzuza, sur la gauche. Ne manquez pas le panneau !

948 520 047 - www.monasterio-iranzu.com - mai-sept. : tlj 10h-14h, 16h-20h ; reste de l'année : tlj sf lun.10h-14h, 16h-18h - 2,50 € (-12 ans 1,50 €).

Isolé dans une **gorge★** sauvage, cet ancien monastère cistercien construit à la fin du 12e s. a été restauré à partir de 1942 après une longue période d'abandon et abrite aujourd'hui une communauté de théatins (membres d'un ordre religieux catholique, ayant fait vœu de pauvreté, chasteté et obéissance, créé en 1524 par saint Gaëtan de Thiène, prêtre de Rome et Jean-Pierre Carafa, évêque de Chieti et futur pape Paul IV, en vue d'une meilleure formation pour les clercs). C'est un bon témoignage de l'architecture cistercienne à la transition du roman et du gothique. Les fenêtres du cloître – celles qui n'ont pas été décorées par la suite d'un remplage (armature de pierre entourant les vitraux des fenêtres polylobées) gothique très fleuri – sont caractéristiques du style : arcatures romanes, oculus et grand arc de décharge. Parmi les salles donnant sur ses galeries, en plus de la salle capitulaire, voyez la cuisine dotée d'une gigantesque cheminée intérieure. L'église est voûtée d'ogives assez frustes et son chevet plat est décoré d'un « triplet » (ensemble composé de trois fenêtres symbolisant la Trinité), ce qui est fréquent chez les cisterciens.

Reprendre la NA 120.

1

★★ Col (puerto) de Lizarraga

Juste à la sortie du tunnel (alt. 1 090 m) et avant d'amorcer la descente rapide au milieu des prairies et des bois, arrêtez-vous un instant au **belvédère★ (mirador)** qui domine la verdoyante vallée d'Ergoyena.

Continuez jusqu'à Etxarri-Aranatz.

Dolmens d'Etxarri-Aranatz/Echarri-Aranaz

Sortez d'Etxarri après le centre-ville, en direction de Beasain. Après le pont vient une rotonde, suivez la signalisation du camping. Vous passerez devant une sorte de carrière-entrepôt et, plusieurs centaines de mètres plus loin, vous trouverez le camping. Vous pouvez vous garer à l'extérieur. Demandez une documentation à l'accueil ou bien suivez les panneaux d'orientation à l'entrée du parking.

Les deux randonnées (de 1h30 et de 4h) empruntent, pour commencer, le même chemin, agréablement ombragé par des chênes et des hêtres, et qui longe le camping puis une rivière. Au bout d'une trentaine de minutes, les sentiers bifurquent, le plus court partant à droite et le plus long continuant tout droit. Ce dernier passe à proximité de nombreux dolmens (10, contre 2 pour l'autre randonnée).

Prenez la N 240A vers l'ouest jusqu'à Alsasua/Altsasu et, là, tournez à gauche vers Estella-Lizarra sur la NA 718.

★★ Col (puerto) de Urbasa

L'ascension au col, assez raide et rythmée par l'alternance de rochers massifs et de bosquets, est d'une beauté sauvage. Par contraste, le grand vallon boisé que l'on traverse ensuite apparaît d'une aimable fraîcheur. À la descente, après le col (927 m), les vues sont embellies par de hauts escarpements calcaires, puis vous cheminerez dans les gorges du río Urenderra aux eaux limpides.

La NA 718 vous ramène à Estella.

QUERELLES DE CLOCHER

Le monastère d'Irache fut dirigé pendant la deuxième moitié du 11e s. par un certain Veremundo (Bermond). Quelques miracles et la charité de l'abbé ont valu à ce dernier d'être canonisé et désigné patron des chemins de St-Jacques en Navarre. Seulement voilà : deux villages voisins, Villatuerta et Arellano se disputent l'honneur d'être le lieu de naissance du saint homme. C'est pourquoi (et pour ne pas faire de jaloux), tous les cinq ans, le 10 août (la prochaine fois en 2013), le coffret renfermant les reliques de l'abbé est transféré d'un village à l'autre dans une ambiance de kermesse.

SUR LES PAS DES PÈLERINS A2-3

Circuit de 30 km tracé sur la carte de région (p. 100) – Comptez environ 3h. Quittez Estella vers Ayegui. Le monastère se trouve à la sortie de ce village.

★ Monastère de Irache/Iratxe (à Ayegui) A2

948 554 464 - avr.-nov. : mar. 9h-13h30, merc.-vend. 9h-13h30, 17h-19h, w.-end et j. fériés 9h-13h30, 16h-19h ; reste de l'année : mar. 10h-13h30, merc.-dim. 10h-13h30, 16h30-18h - fermé de mi-déc. à fin janv., lun. et mar. apr. midi - gratuit.

Dès le 10e s. une abbaye bénédictine existait ici. Étape importante sur le chemin de St-Jacques (son hôpital accueillait les pèlerins), elle adopta la règle cistercienne, puis devint au 16e s. un centre universitaire dirigé par les bénédictins. Le monastère a fermé ses portes en 1839 alors qu'il abritait encore quelques moines (jusqu'en 1985). La reconversion de certains bâtiments conventuels en *parador* (hôtel de luxe) est actuellement en projet.

★ **Iglesia** – L'abside d'un roman très pur fait face à une nef où la croisée d'ogives reste primitive. À la Renaissance, la coupole sur trompes a été refaite et le *coro alto* ajouté. La façade, comme la plupart des bâtiments conventuels, a été reconstruite au 17e s. Admirez le beau travail de bois et d'orfèvrerie de la **statue de la Vierge★★**.

Cloître – D'architecture Renaissance, le cloître est orné d'une fontaine moussue et décoré de culs-de-lampe et de chapiteaux relatant la vie du Christ et de saint Benoît.

Avis aux amateurs de vin : les chais qui bordent le monastère jouxtent le chemin de St-Jacques. C'est donc d'abord à l'attention des pèlerins qu'a été aménagée dans le mur même de la bodega une fontaine… à vin, mais rien n'empêche de goûter au breuvage…

Après le monastère, continuez la route pour rejoindre la N 111 en direction de Los Arcos. Villamayor de Monjardín sera à droite après 4 km.

Villamayor de Monjardín A2

Village-étape sur la route de Compostelle, il comporte une jolie église du 12e s., **San Andrés**, au portail roman et au clocher baroque (18e s.). L'édifice est censé être ouvert toute la journée, mais s'il pleut, la personne en charge de son entretien peut décider de la fermer pour limiter les empreintes boueuses des pèlerins sur le sol immaculé.

Légèrement en dehors de la commune, sur le chemin de St-Jacques (signalisation à l'entrée du village), se dresse une **fontaine gothique★**, dite « Fuente de los Moros » (fontaine des Maures). Plutôt romantique avec son escalier qui descend jusqu'à une piscine d'eau pure.

Si vous voulez poursuivre sur la route de Compostelle, continuez sur la N 111 jusqu'à Los Arcos. Sinon, vous pouvez revenir sur Estella via Arellano.

À l'entrée de Villamayor (côté Estella) prendre la petite route de Luquín et dans ce village, sur votre gauche la NA 6340. Au-delà d'Arróniz, vous prendrez, toujours à gauche la NA 6341 en direction de Dicastillo. Contournez ce village par la NA 6342 (toujours à gauche) qui conduit à Arellano.

Arellano A3

Église San Román – *Demandez la clé à la mairie.* Jolie petite église close d'un muret contre lequel courent de petits bancs de pierre. L'intérieur abrite des grisailles et une fresque d'une hauteur de 3 m représentant saint Christophe portant l'Enfant Jésus (16e s.). De part et d'autre du retable, vestiges d'une fresque du 14e s. : l'Annonciation et un apôtre.
Revenez à Estella par Dicastillo, puis la NA 122.

NOS ADRESSES À ESTELLA

HÉBERGEMENT

PREMIER PRIX

Hôtel Fonda san Andrés – *Plaza de Santiago, 50 - ✆ 948 550 448 ou 948 554 158 - 24 ch. 35/38 € ☕.* Cet hôtel occupe un bel édifice dont la façade en brique, ornée de balcons, attire le regard. L'intérieur reste plus modeste. Les chambres, impeccablement tenues et meublées dans le style castillan, possèdent, pour certaines, une petite terrasse. Dans le salon, fauteuils confortables et TV avec écran panoramique.

BUDGET MOYEN

Hôtel Yerri – *Avda de Yerri, 35 - ✆ 948 546 034 - P 24 ch. 60/65 € - ☕ 5,50 € - rest. 10 €.* Voici un hôtel pratique, situé à moins de 10mn à pied du centre-ville. Ses chambres, confortables et bien équipées, affichent un style actuel. Au restaurant : décor coloré, éclairage soigné et tables bien dressées.

À proximité d'Estella

POUR SE FAIRE PLAISIR

Hôtel Irache – *Prado de Irache, 7 - Ayegui - ✆ 948 551 150 www.hotelirache.com - P - 31 ch. 75/103 € - ☕ 8,50 € - rest. 18 €.* Cet hôtel propose des chambres classiques et des appartements de type studio avec chambre séparée. Dans la salle à manger de style rustique, on appréciera le service.

RESTAURATION

POUR SE FAIRE PLAISIR

Navarra – *Gustavo de Maeztu (Los Llanos), 16 - ✆ 948 551 069 - fermé janv., 25 déc., dim. soir et lun. - 26/39 €.* Installé dans une ancienne villa avec jardin, ce restaurant affiche une décoration de style navarrais médiéval. À l'intérieur on découvrira un aménagement et un décor soignés : tables en *azulejos*, linge de table raffiné.

À proximité d'Estella

PREMIER PRIX

Casa Faustina – *Magdalena, 58 - Barindano - ✆ 948 539 493 ou 948 539 150 - 13 €.* Vous ne serez pas déçu par cette petite adresse fort sympathique. Le décor des différentes salles, composé de troncs d'arbres noués, de tableaux et de figurines en terre cuite, surprend. Dans l'assiette, on trouvera une bonne cuisine familiale et on pourra aussi choisir le menu dégustation.

Viana

★

3 812 habitants

NOS ADRESSES PAGE 154

S'INFORMER
Office de tourisme – *Dans la mairie, pl. de los Fueros, 1 - ✆ 948 446 302 - www.viana.es - de la Sem. sainte au 12 oct. : lun.-sam. 9h-14h, 17h-19h, dim. 10h-14h ; reste de l'année : lun.-sam. 9h-14h - fermé 22 juil.*

SE REPÉRER
Carte de région A3 (p. 100) – *carte Michelin n° 573 E 22.* En lisière de Navarre, Viana se trouve sur la route de Compostelle, à 39 km au sud-ouest d'Estella sur la N 111. La capitale de La Rioja, Logroño, n'est qu'à 10 km au sud-ouest dans le prolongement de cette voie importante de pèlerinage.

SE GARER
En dehors des remparts, à côté de l'église de San Francisco, ou bien dans la vieille ville, sur la plaza del Coso.

À NE PAS MANQUER
La chapelle romane d'El Santo Sepulcro de Torres del Río.

ORGANISER SON TEMPS
Partez de Viana pour rayonner une journée sur les contreforts des sierras d'Urbasa et de Santiago de Loquiz.

La taille du bourg, niché derrière ses remparts, ne révèle pas son importance comme étape sur le chemin de St-Jacques-de-Compostelle, la dernière en terre navarraise. Il suffit de se rendre sur le parvis de sa magnifique église pour y retrouver l'ambiance sereine des pèlerins au repos.

Se promener

Place de los Fueros

Une fois franchi l'arc séparant la vieille ville de ses anciens faubourgs, on pénètre sur cette petite place délimitée par l'hôtel de ville et le parvis clos de l'église, pavé de galets et planté d'arbres.

Casa consistorial (Hôtel de ville) – 17e s. Identifiable à ses arcades et au gigantesque blason qui orne la balustrade entre ses deux tours, elle déploie une belle façade à la fois Renaissance et plateresque.

★★ Église Ste-Marie de l'Assomption (Iglesia de Sta María de la Asunción)

De style gothique et fortifiée, elle fut édifiée entre 1250 et 1312.

★ **Portail Renaissance** – Monumental, il représente différentes scènes des Évangiles, depuis Jésus priant au mont des Oliviers à gauche de la porte, jusqu'à la Passion à droite, en passant par l'Annonciation et la Nativité. Surplombant le tympan, la Crucifixion et la Descente de Croix, surmontées d'un demi-dôme à caissons.

★ **Intérieur** – Retables baroques du 17e s. dans les chapelles encadrant le chœur (celle de droite expose une jolie Vierge du 14e s.). Admirez les fresques de José Bravo et notez les chaires baroques décorées d'angelots.
Dans l'atrium, vous verrez la pierre tombale de César Borgia, fils du pape Alexandre VI, cardinal et frère de la célèbre Lucrèce, tombé en 1507 au pied des remparts de Viana alors qu'il combattait pour son beau-frère, roi de Navarre.

Calle de Sta María

Fondée en 1219 par Sanche VII le Fort, Viana s'est développée grâce à sa position stratégique sur le chemin de Compostelle. Les maisons de sa rue principale témoignent encore de l'importance des hospices et auberges qui la ponctuaient. Elle longe l'église et mène à la plaza del Coso.

Place del Coso

Le nom de cette place désignant l'enceinte où courent les taureaux rappelle qu'ici avaient lieu autrefois les corridas, que les autorités présidaient depuis le « balcón de toros », édifice élevé en 1683 et doté d'un avant-toit travaillé. Remarquez en chemin un autre avant-toit ouvragé (à caissons celui-ci).
Revenez sur la plaza de los Fueros et dépassez-la.
Dans cette direction, la rue principale est bordée de maisons blasonnées (nos 2, 3 et 9) ou ornées d'un avant-toit sculpté (no 12). Elle aboutit à l'église de San Pedro.

Église de St-Pierre (Iglesia de San Pedro)

Ses ruines laissent entrevoir une architecture gothique (13e s.) et conservent un portail baroque de 1740.
Derrière l'église, on accède, par la ruelle de l'ancien cimetière et la muraille du 13e s., à un petit **jardin** aménagé sur les anciens remparts.
Ressortez de la vieille ville par la plaza de los Fueros.
Le couvent et l'église San Francisco (17e s.) font face à l'arche donnant accès au centre historique de Viana. Le premier a été transformé en résidence pour personnes âgées, la seconde paraît inemployée (17e s.).

Circuit conseillé Carte des environs de Viana

Circuit de 110 km au départ de Viana, tracé sur la carte des environs de Viana *(p. 153)* *– Comptez environ 4h.*
Quittez le bourg par la N 111 en direction d'Estella.

Torres del Río

Petit village concentré sur le sommet d'une colline couronnée par son église paroissiale. Prenez le temps de vous asseoir dans son jardinet pour admirer la vue.
★ **Église du St-Sépulcre** – *Demandez la clé à Mercedes ou Aurora (comme indiqué sur les panonceaux de l'enclos). Sinon, renseignez-vous au bar - 1 €.* À mi-hauteur dans le village. C'est un curieux édifice roman tout en hauteur et de plan octogonal, construit vers 1200. S'agissait-il d'une chapelle funéraire ? C'est probable. Toujours est-il que vous remarquerez sûrement sa ressemblance avec la chapelle d'Eunate. À l'intérieur, les lignes verticales dominent ; la magnifique **coupole**★ en étoile, d'influence mudéjare, est d'une géométrie parfaite. L'acoustique y est particulièrement bonne, comme vous pourrez le

1

constater si certains pèlerins entonnent des chants. Les minuscules fenêtres disposées au bout des branches de l'étoile, les modillons et chapiteaux historiés sont les seuls éléments décoratifs.

Sansol

Quelques maisons anciennes en assez bon état entourent une petite église postée sur le haut d'une colline. Belle vue sur le village de Torres del Río.

La N 111 se dirigeant vers Los Arcos laisse derrière elle les collines douces pour un paysage plus âpre.

Reprenez la route en direction d'Estella et prenez la direction Mués à Los Arcos. Dépassez le village et tournez ensuite à droite, vers Sorlada, que vous traverserez. La basilique est fléchée.

★ Basilique de San Gregorio Ostiense à Sorlada

✆ 948 534 015 - sam. 11h30-13h30, 16h30-19h30, dim. 16h30-19h30. Depuis sa crête, ce temple baroque richement décoré domine à la fois la commune de Mués et les maisons de grès rose de Sorlada. Admirez son beau portail Renaissance. Le lieu est habituellement empreint de tranquillité mais affiche complet les jours de fêtes religieuses. On fait alors la queue pour se faire bénir avant de partager le pique-nique.

Revenez sur la NA 129 et poursuivez jusqu'à Acedo. Là, tournez à gauche en direction de Sta Cruz de Campezo. À l'entrée du village, prenez à droite l'A 2128.

Done Bikendi Harana

L'église de **San Vincente** arbore un auvent et un portail Renaissance, tandis que son chœur abrite un superbe **retable★★** polychrome de 1516 récemment restauré. Surélevé, il illustre richement quelques épisodes de la Passion du Christ comme la Cène ou son arrestation. Admirez la richesse des détails, l'expression des anges et des démons ainsi que la vivacité des couleurs de l'ensemble *(demandez la clé à la ferme qui se trouve au bas des marches, à l'angle des rues).*

Retournez à Sta Cruz de Campezo pour emprunter l'A 132, vers Vitoria-Gasteiz.

★ Antoñana

Hameau de la commune de Campezo/Kampezu accroché à flanc de colline. Les anciens vous diront qu'Antoñana est le plus ancien village de l'Álava et, de fait, il a conservé une très jolie maison-porche médiévale à pans de bois pour marquer son entrée. Ses anciennes murailles servent de murs de soutènement aux demeures du bas et l'eau de son lavoir chante toujours à l'autre bout du bourg.

Poursuivez sur cette route jusqu'à Arraia-Maetzu et tournez à gauche dans l'A 4124.

★ Corres

Le village mérite que l'on s'y arrête, non seulement parce qu'un panneau du **parc d'Izqui** y présente les différentes randonnées possibles sur la région et qu'un petit chalet y fait office de Maison du parc, mais aussi parce que le bourg se situe en surplomb d'un défilé.

En sortie de village, garez-vous sur le côté si vous le pouvez de façon à admirer le **panorama★**.

Des balisages de randonnées parsèment le village et débutent également au niveau de l'église.

Reprenez la route pour rallier San Roman de Campezo.

San Roman de Campezo

Hameau champêtre servant de point de départ à différentes randonnées.

Sanctuaire rupestre – *Montez jusqu'au lavoir en haut du village et commencez l'ascension après l'église. Comptez 45mn. Très bien balisé.*

La pente peut paraître parfois ardue, mais on est récompensé par la beauté du chemin qui laisse entrevoir les monts environnants pour déboucher ensuite sur un col ouvert au vent. La vue ne cache rien alors des champs de la vallée, des routes qui serpentent et des éoliennes sur les crêtes. On rallie le petit sanctuaire aménagé dans une grotte par une sente à flanc de montagne.

Revenez à Viana en prenant la direction de Quintana, puis d'Angostina et de Marañón. Après Cabredo, tournez à droite dans la NA 7200 en direction d'Aguilar. À la hauteur du bourg, dans le lacet, ne manquez pas sur votre droite la NA 7230 qui vous ramènera à Viana.

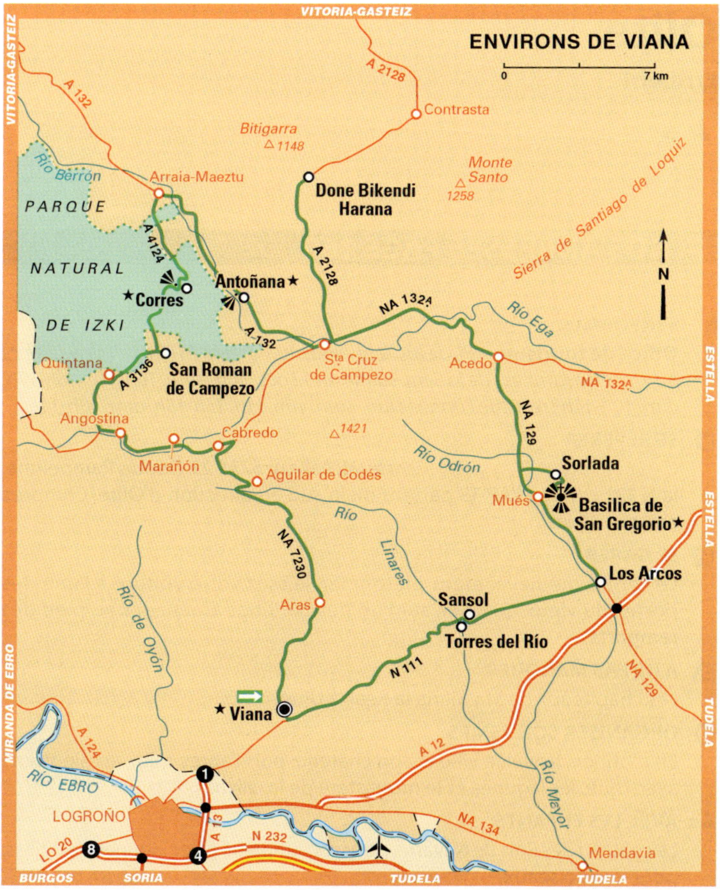

NOS ADRESSES À VIANA

HÉBERGEMENT

Viana constitue la dernière halte navarraise pour les pèlerins qui ont tous suivi la même route depuis Pampelune ou Sangüesa. C'est pour eux un point de ravitaillement incontournable, voire, pour les plus fatigués, une étape bienvenue.

UNE FOLIE

Palacio de Pujadas – *Navarro Villoslada 30 - ✆ 948 646 464 - www.palaciodepujadas.com - 24 ch. et suites 118/171 € - ☕ 5 € - rest. 15 €.* Une nuit dans un palais du 16e s. superbement restauré et doté de belles et vastes chambres.

AGENDA

Fête de la Madeleine – 22 juil. Défilé de vaches, *gigantes* et *cabezudos*. Concerts.

Fête de la Vierge de la Nieva – 8 sept.

Olite

Erriberri

★★

3 650 habitants

NOS ADRESSES PAGE 160

S'INFORMER

Office de tourisme – *Pl. de los Teobaldos 10 - ✆ 948 741 703 - www.olite.es ou www.navarra.es - de la Sem. sainte au 12 oct. : lun.-sam. 10h-14h, 16h-19h, dim. 10h-14h ; reste de l'année : lun.-sam. 10h-14h, 15h-18h, dim. 10h-14h.*

SE REPÉRER

Carte de région B3 (p. 100) – *carte Michelin n° 573 E 25.* Depuis Pampelune, la N 121 comme l'AP 15 partent plein sud en direction d'Olite. Comptez environ 40 km.

SE GARER

Le centre médiéval étant piétonnier, laissez votre voiture à l'une des portes du vieux quartier, sur l'un des parkings aménagés au pied des remparts.

À NE PAS MANQUER

Les chapiteaux de Sta María la Real, à Ujué.

ORGANISER SON TEMPS

En matinée, la vieille ville et son château, puis l'après-midi, les alentours avec Ujué, les lagunes et le monastère de la Oliva.

AVEC LES ENFANTS

Le château des Rois de Navarre, pour son ampleur, et les lagunes de Pitillas, pour leurs oiseaux.

Résidence de prédilection des rois de Navarre au 15e s., Olite, la « ville gothique », vit dans l'ombre d'un château si démesuré qu'il a l'allure et les dimensions d'une cité médiévale. Autrefois fortifié comme en témoignent les quelques tours et portes de la ville, le centre est désormais réservé aux touristes. Vous pourrez déambuler dans les rues animées et apprécier les dégustations proposées par les bodegas, nombreuses dans cette cité éminemment viticole.

Se promener

Place des Teobaldos

Occupant une place centrale dans le tissu urbain délimité autrefois par les murailles romaines, cette place, dont le nom honore la dynastie champenoise des rois de Navarre fondée en 1234 par Thibaut Ier, regroupe autour de ses arbres les principales curiosités de la ville, dont le *parador* (hôtel de luxe), l'**église Sta María** et le **musée du Vin★**. Des porches permettent de rejoindre la plaza de Carlos III.

Église de Sta María la Real

Plaza de los Teobaldos - ✆ 948 740 035 - www.guiartenavarra.com - ♿ - visite guidée de Sta María la Real - 4 € (enf. 3 €) ; billet combiné avec le château des Rois de Navarre 6 € (enf. 4 €).

C'est l'ancienne chapelle royale. Un atrium aux fines arcades polylobées précède la **façade★** du 14e s., excellent témoin de la sculpture gothique navarraise. Sur le magnifique portail, seul le tympan est historié (vies de la Vierge et du Christ). Remarquez l'attitude de Marie et Joseph dans le tableau de la Nativité : tous deux portent la main à l'oreille et semblent assez perplexes.

L'intérieur est également intéressant. Au-dessus du maître-autel, un très beau **retable★★** peint en 1528 par Pedro de Aponte encadre une Vierge gothique.

★ Musée du Vin (Museo del Vino)

Plaza de los Teobaldos 4 - ✆ 948 741 273 - www.guiartenavarra.com - ♿ - de la Sem. sainte au 12 oct. : lun.-sam. 10h-14h, 16h-19h, dim. 10h-14h ; reste de l'année : lun.-sam. 10h-14h, 15h-18h, dim. 10h-14h - 3,50 € (enf. 2 €). Panneaux en anglais et en français.

Partageant le bâtiment de l'office de tourisme, ce musée a pris possession des étages et du sous-sol afin d'exposer de façon moderne et didactique toutes les étapes et le savoir-faire liés à l'élaboration du vin navarrais. Chacun des paliers correspond à une thématique : l'histoire du vin, la viticulture (entretien des vignes, outils), la vinification (embouteillage, conservation). Particulièrement intéressante, la partie consacrée à l'œnologie donne quelques clés pour reconnaître et déguster les vins.

Place de Carlos III

Tout en longueur, elle assure la jonction entre le quartier nord (ancien *cerco de Dentro*) et la partie sud de la vieille ville (auparavant *cerco de Fuera*). C'est par elle que l'on accède au **Palacio Real★**. À l'opposé du monument, sur la place, des escaliers donnent accès à des galeries souterraines (*Galerías subterráneas medievales - ✆ 948 741 805 - horaires et j. d'ouv. variables, se rens. - 2 €*) en fer à cheval, du 15e s., reconverties en salles d'exposition.

DE LA PLACE FORTE À LA VILLE ROYALE

Place forte romaine, Olite a vu son noyau d'origine tripler avec l'octroi du *fuero* de Estella de García Ramírez en 1147. Le centre du bourg passe alors du *cerco de Dentro* au *cerco de Fuera*, enceinte médiévale nouvellement dressée au sud des anciens remparts. Des vestiges de ces murailles sont visibles à l'ouest du centre historique, le long de la rúa Romana et de la rúa Alcalde de Maillata, où se sont installées les bodegas.
Au 13e s., la cité devient siège royal des rois de Navarre, mais c'est Charles III le Noble (1337-1425) qui en fait leur résidence principale (elle le restera jusqu'en 1512) et réutilise la forteresse romaine pour la transformer en château.

UN PATRIMOINE EXCEPTIONNEL SAUVÉ DE JUSTESSE

Cet immense et fabuleux château semble sorti d'un conte de fées, mais cet édifice classé Monument national en 1925 aurait pu ne pas nous parvenir. En 1813, un général espagnol, soucieux de le voir échapper aux Français, y met en effet volontairement le feu. L'ouvrage perd alors plusieurs tours, mais à la suite de campagnes de restauration, dont les dernières se sont achevées à la fin du 20e s., il a retrouvé toute sa majesté.
La meilleure vue d'ensemble sur le monument et sur Olite se découvre depuis la route de San Martín de Unx. Celle de Beire offre aussi un beau panorama sur la ville.

★ Palacio Real (Palais Royal)

Entrée par la plaza de Carlos III el Noble. ✆ 948 740 035 - www.guiartenavarra.com - ♿ - juil.-août : tlj 10h-20h ; janv.-mars et oct.-déc. : 10h-18h ; avr.-juin et sept. : lun.-vend. 10h-19h, w.-end 10h-20h (avr. 19h) - fermé 1er et 6 janv., 25 déc. - 3,10 € (-13 ans 1,60 €) ; billet visite guidée combiné avec Sta María la Real 6 € (enf. 4 €).

Tout droit sorti d'un conte de fées, le château se compose de deux éléments majeurs : le vieux palais, ou *palacio de los Teobaldos*, transformé aujourd'hui en *parador*, et le nouveau palais, dont Charles III le Noble ordonna la construction en 1399. Les origines françaises de ce prince – il était comte d'Évreux et natif de Mantes – expliquent le caractère élégant des fortifications, transition entre les lourdes maçonneries du 13e s. et les palais-résidences gothiques de la fin du 15e s., comprenant galeries et petites cours. Les architectes et certains des artisans maures qui y ont collaboré avaient du reste accompagné le souverain en France pour y puiser leur inspiration. Derrière la quinzaine de tours qui renforcent l'enceinte s'étendaient des jardins suspendus. Un décor d'*azulejos* (carreaux de céramique colorés), de stucs peints et de plafonds à marqueterie polychrome illuminait les salles. Parmi celles-ci, les plus remarquables sont : la salle de la Reine et la galerie du Roi aux arcs élancés. Ne manquez pas le petit cloître couvert de vigne vierge, ni la vue sur le toit de lauzes de l'église Sta María et la ville depuis la tour du Retrait. Notez la glacière en forme d'obus qui se dresse au pied des murailles du château.

Église de San Pedro Apóstol

À l'extrémité sud-est du quartier médiéval, en bordure du paseo de Doña Leonor. L'église est ouverte uniquement pendant les services religieux mais ne propose pas de visites. Le cloître est fermé aux visiteurs. C'est la plus ancienne de la ville, mélange de roman et de baroque. Dotée d'un clocher effilé octogonal, la façade de l'église offre, en effet, un aspect assez disparate. Les voussures du portail sont soulignées de boudins. De part et d'autre, deux aigles symbolisent l'un la Violence (à gauche, tuant un lièvre), l'autre la Douceur. À l'entrée, dans le bas-côté à gauche, une pierre sculptée au 15e s. représente la Sainte Trinité. L'église conserve en outre un beau cloître roman.

À proximité Carte de région

Marcilla B3

29 km au sud d'Olite par l'AP 15.

Seul monument digne d'intérêt, le château du 15e s. est construit en brique. Ses habitants aujourd'hui sont les cigognes qui ont élu domicile sur ses tours et ses créneaux. Mais en dépit de son état de délabrement avancé, l'édifice a gardé fière allure et illustre encore, avec son fossé, ses tours d'angle et ses mâchicoulis, ce que pouvait être le système défensif de l'époque. L'ensemble a cependant été transformé en résidence dès le 16e s.

Villafranca B3

34 km au sud d'Olite par l'AP 15 puis la NA 660. Visez la calle Mayor pour trouver le quartier historique.

Une fois oubliée l'allure négligée de la ville, on peut apprécier les maisons de brique regroupées autour de l'esplanade sur laquelle donne l'église Sta Eufemia, de 1497. La couleur rosée des édifices, tels que le palais de los Obadina ou le couvent du Carmel, et les quelques cyprès plantés sur l'esplanade face à la sierra donnent une allure méditerranéenne à l'ensemble.

1

Circuits conseillés Carte des environs d'Olite

VAISSEAUX DE PIERRE, MARAIS ET ÉNERGIES RENOUVELABLES

Circuit 1 de 70 km tracé sur la carte des environs d'Olite (p. 159) – Comptez environ 3h30. Quittez Olite par la NA 5300 (face aux remparts, à hauteur du palais) à l'est.

C'est à travers un paysage serein, sur lequel veille une armée d'éoliennes coiffant les crêtes, que vous allez évoluer. De-ci de-là, d'assez disgracieux champs de capteurs solaires rappellent que la Navarre a décidé d'investir assez massivement dans les énergies renouvelables.

San Martín de Unx

Garez-vous devant Sta María del Popolo et montez vers l'église San Martín (fléché). Demandez la clé de celle-ci à la maison marquée « Visitas guiadas », sur la gauche dans la montée (✆ 948 738 149).

Charme assuré dans ce village dont la rue principale est bordée de vieilles demeures de pierre. Elle mène à l'église des 12e-16e s.

La NA 5310 (sur la droite en direction de Sádaba) vous mènera à Ujué.

★★ Ujué/Uxue

Possibilité de se garer au pied de l'église. Juché sur un sommet, dominant le pays de la Ribera, Ujué est resté tel qu'au Moyen Âge, avec ses rues tortueuses bordées de façades pittoresques qui conduisent au sanctuaire fortifié. Un village médiéval incontournable !

★★ **Église de Sta María la Real** – Une église, romane, avait été construite à la fin du 11e s. Au 14e s., le roi Charles II le Mauvais entreprit d'édifier l'église gothique, mais les travaux durent être interrompus et le chœur roman subsista. Dans la chapelle centrale est vénérée santa María la Blanca, statue romane en bois recouverte de plaques d'argent. Les murs extérieurs sont décorés de chapiteaux aux sculptures soignées, illustrant des scènes de la Bible (Annonciation, Nativité), des personnages (musiciens, bergers, vignerons, etc.). Notez sur le tympan le poisson qui sort du cadre.

La fête patronale d'Ujué est célèbre : chaque année depuis le 14e s., le dimanche suivant la St-Marc (25 avril), se déroule la procession traditionnelle avec des pénitents.

Forteresse (fortaleza) – Des tours de l'église, la **vue** s'étend jusqu'à Olite, le Montejurra et les Pyrénées. Ce poste d'observation avait un rôle militaire : du palais médiéval, il reste de hauts murs et un chemin de ronde couvert qui contourne l'église.

Revenez sur vos pas et prenez à gauche la NA 5311 jusqu'à Murillo el Fruto au sud. De là, allez à Carcastillo par la NA 124. En ville, prenez à droite vers Mélida par la NA 5500.

Monastère de la Oliva à Carcastillo

Fléché depuis Carcastillo. On l'aperçoit à la sortie de la ville, sur la droite en direction de Mélida. ☎ 948 725 006 - www.monasteriodelaoliva.eu - ♿ - lun.-sam. 9h-12h30, 15h30-18h, dim. et j. fériés 9h-11h, 16h-18h - possibilité de visite guidée sur demande (1 sem. av.) - 2 € (-12 ans 0,50 €).

La Oliva est un des premiers monastères cisterciens édifiés par des moines venus de France du vivant même de saint Bernard de Clairvaux. Son rayonnement intellectuel fut grand au Moyen Âge. Vidé de ses trésors, le monastère offre encore la remarquable pureté de son architecture cistercienne.

★ **Église** – Fin 12e s. Récemment restaurée, la façade, extrêmement dépouillée malgré le couronnement triangulaire et la tourelle dont on l'a affublée au 17e s., joue avec une rare élégance de la perfection des lignes de son portail et des deux rosaces. Le vaisseau surprend par sa grande profondeur.

Cloître – Fin 15e s. Les baies du cloître apparaissent d'une exceptionnelle légèreté. Cette architecture gothique fut plaquée sur la construction d'origine comme en témoignent les retombées d'arcs qui masquent en partie l'entrée de la salle capitulaire du 13e s.

Quittez le monastère en direction de Mélida. Dans le village, prenez à droite la direction de Santacara que vous traverserez. Roulez ensuite environ 6 km sur la NA 5330 en direction de Pitillas. Vous verrez alors en bord de route une sorte de ferme, isolée ou presque, et un petit panneau qui indique les lagunes.

Lagunes de Pitillas (Lagunas de Pitillas)

Cette zone marécageuse couvre 216 ha au pied de monts couronnés d'éoliennes. L'eau atteint une profondeur moyenne de 3 m, une digue maintenant ce niveau en cas de besoin. Le site a été déclaré réserve naturelle en 1987 en raison de son importance écologique. Il se trouve en effet sur les axes migratoires de nombreux oiseaux qui viennent aussi s'y reproduire. La meilleure saison pour le découvrir est l'hiver.

Observatoire des oiseaux (Observatorio des Aves) – *☎ 619 463 450 - www.lagunadepitillas.org - de mi-juil. à mi-sept. : tlj sf lun. matin 10h-14h, 17h-20h ; de mi-sept. à fin fév. : w.-end et j. fériés 10h-14h et 16h-18h ; de déb. mars à mi-juil. : w.-end et j. fériés 10h-14h, 16h-19h - gratuit.* Des longues-vues sont à la disposition des visiteurs pour regarder les marais et leurs habitants à plumes (canards, sarcelles, hérons, aigles, etc.). Des explications sont également fournies sur l'origine des marais, de la faune et de la flore.

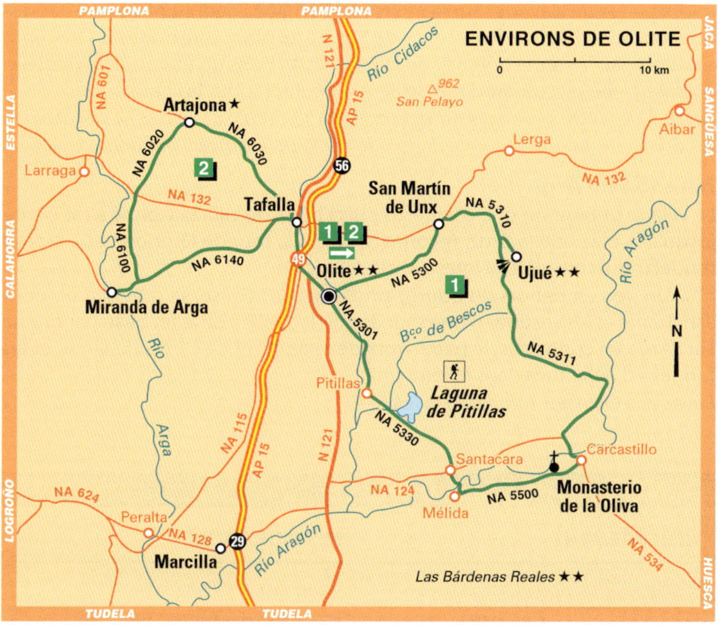

Trois sentiers partent du centre d'observation, sans vraiment pénétrer dans les zones très marécageuses. Le premier fait 1 km (45mn) ; le second s'étire sur 5 km (2h30) ; le troisième conduit, après 1 km de promenade, à un joli point de vue. Ils seront peut-être déconseillés en période de nidification (de mars à juin).

Revenez à Olite par Pitillas, puis Beire, en empruntant la NA 5330 et la NA 5301.

VERS LE VERGER NAVARRAIS

Circuit 2 de 58 km tracé sur la carte des environs d'Olite (ci-dessus)– Comptez environ 2h. Quittez Olite par la N 121.

Tafalla

En garant votre voiture près du centre-ville, vous pourrez mieux arpenter les rues du vieux Tafalla, dont les principaux monuments sont l'église Sta María (retable du 16e s. réalisé par un sculpteur originaire d'Azpeitia, Juan de Ancheta (1540-1588) et l'un de ses disciples) et le couvent de la Concepción, qui communique par un arc avec la demeure des Mencos.

La NA 6030 vous conduit à Artajona.

La route dévoile un magnifique panorama sur la crête fortifiée d'Artajona.

★ Cerco de Artajona (Enceinte d'Artajona/Artaxona)

Pour atteindre le sommet de la colline depuis la route principale, prenez la calle Hospital dont l'agence CAN fait l'angle. Possibilité de monter en voiture.

Perchée en haut de la colline, **l'enceinte** d'Artajona dresse encore vers le ciel ses impressionnantes tours de défense et des portions de murs qui laissent deviner l'ampleur de cette fortification médiévale du 12e s., l'une des plus

importantes de Navarre. Sur les 14 tours d'origine, 9 tiennent encore debout pour encadrer l'**église-forteresse de San Saturnino**, construite au 13e s. pour s'intégrer au système défensif de la forteresse. Dans un état proche du délabrement, elle sert aujourd'hui de lieu de réunion pour les habitants.
Suivez la NA 6020 prolongée au-delà de la NA 132 (route de Tafalla à Estella) par la NA 6100, puis tournez à droite dans la NA 6140 pour arriver à Miranda de Arga.

Miranda de Arga

Le village s'étage sur une colline, depuis l'hôtel de ville blasonné à mi-pente jusqu'à la plaza de la Cruz, reconnaissable à la tour de l'horloge et à la tour mudéjar qui complète la iglesia de la Asunción.
Un peu en dehors du bourg, au-dessus de l'église, se dressent un petit sanctuaire et les vestiges d'une tour depuis laquelle s'offre un beau panorama sur l'Arga en contrebas, le patchwork de champs et de carrés de vigne et les rangées d'éoliennes dans le lointain.
Revenez à Olite par Tafalla via la NA 6140.

NOS ADRESSES À OLITE

HÉBERGEMENT

BUDGET MOYEN

Hôtel Merindad de Olite – *Rúa de la Judería, 11 - 948 740 735 - www.hotel-merindaddeolite.com - 10 ch. 60/70 € - 7,50 €.* Établissement familial agréable, reconstruit sur les restes d'une ancienne muraille romaine et décoré dans un style chaleureux.

UNE FOLIE

Hôtel Joyosa Guarda – *Rúa de Medios, 23 - 948 741 303 - www.lajoyosaguarda.com - P - 24 ch. 100/170 € - 13 €.* Orné de balcons en bois, ce palais du 18e s., qui a emprunté son nom à la tour où fut emprisonnée Blanche de Navarre, ne passe pas inaperçu. L'intérieur est restauré avec goût et une touche de modernité. Le soir, le patio est éclairé par des torches.

RESTAURATION

PREMIER PRIX

Casa del Preboste – *Rúa de Mirapies, 8 - 948 712 250 - www.elpreboste.com. - 11 € déj. - 25/35 €.* Les épais murs en pierre de ce restaurant datent du 15e s. Ils abritaient alors la « maison du prévôt », représentant du roi chargé de récolter les impôts. L'établissement dispose de trois salles : l'une abrite (le soir) une pizzeria. Les deux autres (dont l'une possède un décor médiéval) sont réservées au service à la carte où vous pourrez goûter à la roborative cuisine navarraise.

UNE FOLIE

Casa Zanito – *Rúa Mayo 10 - 948 740 002 - www.casazanito.com - 41/51 € - 16 ch. 50/67 € - 7 €.* Maison soignée dans la vieille ville. Dans la salle à manger au décor classique et élégant, vous pourrez déguster une cuisine clairement locale. Les chambres, équipées de mobilier de qualité et confortable, sont un bon complément.

Tudela

Tutera

★

34 717 habitants

NOS ADRESSES PAGE 167

S'INFORMER

Office de tourisme – *C/Juicio, 4 (face au portail de la cathédrale) - ✆ 948 848 058 - www.tudela.com - lun.-vend. 9h30-14h, 16h-20h, sam. 10h-14h, 16h-20h, dim. et j. fériés 10h-14h - 1er janv. et 25 déc.*

SE REPÉRER

Carte de région B4 (p. 100) – *carte Michelin n° 573 F 25.* À 96 km au sud de Pampelune par l'AP 15, Tudela veille à la frontière navarro-aragonaise. Campée au bord de l'Èbre, elle s'intègre à la Ribera, région de plaines ouvertes qui suit le cours de ce fleuve majeur.

SE GARER

Le vieux centre est en grande majorité piétonnier. Garez-vous en périphérie (payant) ou dans un parking proche de la plaza de los Fueros.

À NE PAS MANQUER

Une promenade dans les Bárdenas Reales.

Tudela compte aujourd'hui parmi les plus importantes villes d'origine islamique. Fondée au 9e s. par le calife de Cordoue, c'est son importante communauté juive qui lui apporte alors la prospérité. Un quartier maure (Morería) et juif (Judería) ainsi que d'anciennes demeures de style mudéjar ont d'ailleurs été conservés. Aujourd'hui, la ville est un florissant centre agricole, pour le plus grand bonheur des restaurateurs locaux qui offrent selon la saison : laitues, asperges, artichauts…

Se promener

Place des Fueros

Au moindre événement, festif ou politique, tous les habitants convergent vers cette place baroque (1687), trait d'union entre le quartier historique et la ville moderne.

Quittez la place par le Muro, large rue qui rejoint le paseo de Pampelune. À son extrémité, tournez à gauche pour rejoindre la plaza de la Judería.

Place du quartier juif (Plaza de la Judería)

Son nom rappelle que, jusqu'à son expulsion en 1498, la ville abritait une importante communauté juive dont les plus illustres représentants ont été le philosophe et mathématicien Abraham ibn Ezra et le poète Yehouda Ha Lévi. Le **palais** Renaissance **del Marqués de San Adrián** du 16e s. borde l'un de ses côtés. Notez à l'étage les arcs de style aragonais et l'avant-toit sculpté par le sculpteur d'origine franco-aragonaise installé à Tudela en 1519, Esteban de Obray. L'intérieur abrite un patio Renaissance.

1

Prenez la petite rue qui longe le palais sur sa droite et marchez tout droit dans les rues Magallón puis Pontarrón pour aboutir à la plaza Vieja et à la cathédrale.

Place Vieille (Plaza Vieja)

Elle est bordée par l'*ayuntamiento* (hôtel de ville), bâtiment du 15e s. et le musée d'Art moderne qui a investi le palais d'une noble famille de Tudela, profondément remanié à l'époque baroque.

Musée d'Art moderne Muñoz Sola – *Plaza Vieja 2 - ✆ 948 402 640 - www.museomunozsola.com - mar.-vend. 10h-13h30, 16h-19h, w.-end et j. fériés 10h-13h30 - 1 € (-16 ans gratuit) ; billet combiné avec le musée de Tudela 3 €.* Natif de Tudela, le peintre César Muñoz Sola (1921-2000) a réuni au cours de sa vie une collection d'œuvres picturales, pour la plupart françaises et datant de la seconde moitié du 19e s. (Girodet de Roucy, Hugard de la Tour, Julien Tavernier, Foubert...). Elle est aujourd'hui exposée dans ce musée, qui consacre également une salle aux peintures, très académiques, de l'enfant du pays.

Rejoignez la calle Roso, à l'opposé de la calle de Pontarrón, afin de découvrir le palais épiscopal.

Palais épiscopal et musée de Tudela
(Palacio episcopal y Museo de Tudela)

✆ 948 402 161 - www.ciudadtudela.com/decanal - lun.-vend. 10h-13h30, 16h-19h, sam. et j. fériés 10h-13h30 - fermé dim. (sf j. fériés) - 3 € (-18 ans 1,50 €). L'ancien **palais épiscopal** construit en brique au 16e s. abrite le **musée de Tudela** et donne accès à la **cathédrale★★**. Avant de pénétrer dans le musée, installé pour partie dans le cloître, admirez le superbe portique plateresque qui orne sa façade côté Roso. Dans le musée, vous découvrirez une collection d'art sacré. Ne manquez pas les **azulejos★** du 16e s. de la chapelle.

★★ Cathédrale Sta María la Blanca

Accès par le musée. 3,60 €. Construite aux 12e-13e s, c'est un excellent exemple de l'architecture de transition romano-gothique. Le **portail du Jugement★★**, surprenant ensemble sculpté, difficile à voir globalement à cause du manque de recul, expose près de 120 personnages illustrant, parfois avec beaucoup de verve, le Jugement dernier.

L'intérieur, roman dans son élévation, est gothique dans les voûtes et les fenêtres hautes. Excepté la clôture du chœur et quelques chapelles latérales baroques, l'église est riche en œuvres gothiques : stalles du chœur (début 16e s.), retable du maître-autel (vers 1500), Notre-Dame la Blanche (vers 1200 – statue reliquaire d'allure byzantine) dans la chapelle absidiale droite. La **chapelle N.-D.-de-l'Espérance★**, juste à côté, renferme plusieurs chefs-d'œuvre du

Les Bárdenas Reales, 42 500 hectares de terres arides.
P. Uriz / Servicio de Marketing Turístico Gobierno de Navarra

15e s. : le sépulcre d'un chancelier du roi de Navarre et le **retable central** (1412) dédié à la Vierge. Dans l'abside gauche, l'une des chapelles abrite le **retable de sta Catalina★★**, en bois doré polychrome (fin 14e s.).

★★ **Cloître** – Ensemble très harmonieux des 12e-13e s. Les arcades romanes reposent alternativement sur deux ou trois colonnes aux chapiteaux historiés relatant, pour la plupart, les épisodes du Nouveau Testament et de la vie des saints. Dans le mur d'une des galeries a été conservée une porte de l'ancienne mosquée. La **chapelle de San Dionis**, ancienne synagogue, retrace quant à elle l'histoire de la communauté juive de Tudela. Dans les galeries, des panneaux évoquent la cohabitation des trois religions monothéistes dans la ville.

En passant par la plaza San Jaime, engagez-vous dans la calle Rúa.

Calle Rúa

Cette rue comprend quelques-uns des plus beaux édifices civils du vieux Tudela. Voyez la magnifique façade de la **casa del Amirante★★** (1515) ornée de cariatides, d'un joli balcon plateresque et d'un avant-toit à caissons. Plus loin se dresse celle de la **casa Ibañez Luna** (16e s.), plus modeste mais aussi de style baroque. Admirez son tympan roman.

La rue mène à l'église de San Nicolás.

Église St-Nicolas

À l'angle de la calle de Serralta. En la réédifiant au 18e s., on a replacé sur la façade en brique de style mudéjar le tympan roman d'origine où figure Dieu le Père assis, tenant son fils et entouré des symboles des évangélistes.

ORIGINE MUSULMANE

Fondée par les Arabes en 802, Tudela devient chrétienne après la conquête de Saragosse par Alphonse Ier le Batailleur en 1119. Navarraise depuis 1134, elle fut la dernière cité à se soumettre au roi de Castille en 1512. Dès le 16e s., elle profite d'une certaine prospérité agricole et commerciale, comme en témoignent les édifices plateresques (Renaissance espagnole) qui parsèment son vieux centre. Des atouts économiques (situation stratégique et agriculture) qu'elle a entretenus et préservés tout au long des siècles puisque, à la fin du 19e s., céréaliculture et viniculture se développent comme jamais (asperges, haricots, piments, etc.). Aujourd'hui, Tudela représente le grand centre de la Ribera, où industries agroalimentaires côtoient métallurgie et équipements lourds.

Prenez à gauche la calle de Serralta, suivez-la jusqu'au bout puis tournez à gauche pour déboucher dans la plaza Mercadal.

Place Mercadal

Cette place étroite est longée par l'édifice baroque de Castel Ruiz, ancien collège des jésuites construit en 1608 près de l'église St-Georges (San Jorge), qui abrite un centre culturel. N'hésitez pas à y entrer pour admirer les caves en pierre de taille, le patio et l'ornementation baroque de la voûte.

À son extrémité, prenez sur votre droite la rue qui débouche sur la rue Herrerías au terre-plein verdoyant.

BELVÉDÈRES

Les meilleurs points de vue sur Tudela se capturent depuis la **colline du Sagrado Corazón** qui surplombe la vieille ville, et la **tour arabe Monreal** qui lui fait face, de l'autre côté de la plaza de los Fueros, dans la ville moderne.

Palais du marquis de Huarte (Palacio del Marqués de Huarte)

Ce palais du 18e s. de style néoclassique accueille aujourd'hui la bibliothèque.

Revenez par la calle Yanguas y Miranda à la plaza de los Fueros.

Découvrir Carte de région

★★ BÁRDENAS REALES B4

Venir aux Bárdenas Reales

15 km au nord de Tudela. Deux accès permettent d'aborder le désert. L'un se prend 800 m avant Arguedas, après le km 13 en venant de Tudela sur la NA 134, à droite. Vous verrez de petits panneaux marqués « Case » et « Bárdenas Reales ». Tournez là. Ne manquez pas la route qui est très discrète ! L'autre accès se fait au niveau de N. S. del Yugo, qui se rallie via Arguedas. Ne vous aventurez pas dans le parc sans documentation ni carte, et encore moins sans eau ni couvre-chef si vous êtes à pied ou à vélo ; attention également à la présence de serpents. Excursions organisées (voir « Nos adresses à Tudela » p. 167).

Un site exceptionnel

Les Bárdenas Reales, ce sont 42 500 ha de terres arides aux multiples couleurs selon que le gypse, l'argile ou le grès affleurent. Elles se divisent en plusieurs secteurs, reconnaissables à leur végétation. Ainsi, le nord et la **Bárdena Negra** (partie méridionale) se caractérisent par la présence de pinèdes et de chênes kermès. Dans le centre et dans la **Bárdena Blanca**, il s'agit plutôt de maquis assez chichement réparti. C'est ici que se trouvent les sites les plus spectaculaires. Cette variété de paysages et de flore permet la cohabitation d'une faune sauvage (pinsons, rapaces, serins) et d'animaux domestiques. Il est en effet encore de tradition de faire entrer les brebis sur ce territoire pour qu'elles y paissent l'hiver. Leur arrivée se célèbre très officiellement lors de la Sanmiguelada qui a lieu le 18 septembre.

Suivez le guide !

La première route traverse des marais avant de passer devant des montagnes pelées. Ce n'est qu'après 6 km que la piste commence et qu'elle s'enfonce dans un territoire un peu plus désertique, pour passer à côté d'une base militaire. Plus le chemin pénètre dans les Bárdenas, plus le spectacle de l'érosion devient féerique. Tout est raboté et raviné par le vent et l'eau.

L'entrée par Nuestra Señora del Yugo, sanctuaire abritant une Vierge du 15e s., mène à la partie la plus connue des Bárdenas, celle de la Blanca où se trouvent des sites tels que Pisquerra, la butte de Sanchicorrota, la Ralla et le Rallón. Dépaysement total assuré !

Circuit conseillé Carte de région

PALAIS ABANDONNÉS ET SANCTUAIRES B4

Circuit de 75 km tracé sur la carte de région (p. 100) – Comptez 2h. Dans Tudela, suivre la direction de Logroño puis Corella par la NA 160.
La NA 160 traverse des paysages de pinèdes, de rocailles et de buissons rachitiques, avec les éoliennes en toile de fond.

★ Corella

Bien que les palais baroques du quartier historique de Corella tombent en décrépitude, ils donnent à la vieille ville un charme suranné auquel on ne reste pas insensible. Voyez plutôt le vieux palais de brique qui borde la plaza de los Fueros, avec son avant-toit sculpté, ses arcades au dernier étage et les vestiges de céramiques qui entourent encore sa porte. Depuis la plaza de España où se trouvent l'*ayuntamiento* et le palais blasonné du marquis de Bajamar, un réseau de ruelles vous révèlera des maisons anciennes aux murs tout juste droits comme ceux de la casa de los Sada ou encore ceux du palais Sopranis (18e s.).

Musée de l'Incarnation (Museo Arrese) – *✆ 948 780 825 ou 948 401 135 - fermé provisoirement, se rens.* Accolé à l'église, le cloître accueille désormais une intéressante collection d'art religieux des 16e, 17e et 18e s.
La NA 161 vous conduit à Cintruénigo.

Cintruénigo

Quelques palais au faste fané se fondent dans le vieux centre de Cintruénigo, notamment sur la plaza de los Fueros ou dans la calle Baron de la Torre.

Basilique de la Purissima – *Aux portes du bourg en direction de Fitero.* Sanctuaire de style maniériste de la première moitié du 17e s. À l'intérieur, l'un des premiers retables baroques de Navarre représentant l'Immaculée Conception.
Reprenez la NA 160.

Fitero

27 km à l'ouest. Pénétrez dans le centre, contournez le parvis de l'abbatiale et garez-vous sur la place ombragée de l'hôtel de ville.
ℹ C/de la Iglesia, 8 - ✆ 948 776 600 - lun.-sam. 11h-13h, 17h-18h30.
C'est à Fitero que s'élève le premier couvent cistercien construit dans la péninsule (1140). Fait rare, il est intégré au tissu urbain, en raison du développement de la population de ce qui n'était qu'un village thermal. Sa mainmise sur le bourg provoqua de nombreuses révoltes jusqu'en 1836, date à laquelle la loi de sécularisation permit aux villageois de s'en émanciper. Une partie des bâtiments accueille aujourd'hui des institutions civiles (mairie, maison de retraite, bibliothèque) qu'un plan de réhabilitation prévoit à terme d'installer ailleurs. Pour l'heure, en attendant la réhabilitation du cloître prévue pour 2012, seule l'église se visite. *Visites guidées, réserv. recommandée auprès de l'office de tourisme - été : 12h, 17h30, reste de l'année : 12h.*

1

★ **Église** – Elle date du 12e s., comme en témoigne l'allure romane de son **chevet★**, auréolé de chapelles absidiales, visibles en contournant l'édifice. L'intérieur, représentatif de la sobre architecture cistercienne, conserve un retable majeur Renaissance (fin du 16e s.), d'autres baroques, comme celui de sainte Thérèse (abside droite), et un orgue datant du 17e s.

Achevez la traversée du village et tournez à gauche sur la NA 6900 pour rejoindre Cascante.

Jolis paysages de vergers au pied de collines arborées.

Cascante

★ **N.-D. (N. S.) del Romero** – Construite en brique à la fin du 17e s., elle domine le bourg du haut de sa colline, depuis laquelle se déploie un très beau **panorama★** sur les plaines de Queiles, les Bárdenas, la frontière aragonaise et le massif du Moncayo. On y accède par une **rampe★** irrégulièrement pavée que bordent 39 arcades de brique.

À l'intérieur, admirez le dôme Renaissance, la riche décoration du chœur, son retable baroque et celui, plus ancien, de la chapelle de droite.

Prenez la N 121 en direction de Tarazona.

Tulebras

Le monastère de brique abrite depuis 1149 une communauté de cisterciennes (la première implantée en Espagne).

Derrière le monastère et le hameau passent plusieurs voies de randonnée, comme la voie verte del Tarazonica ralliant Tudela à Tarazona sud, ou celle allant de Tulebras à Cascante via Ablitas.

Revenez à Tudela par la N 121.

NOS ADRESSES À TUDELA

HÉBERGEMENT

BUDGET MOYEN

Hôtel Remigio – *Gaztambide, 4 - ✆ 948 820 850 - www.hostalremigio.com - 34 ch. 50/55 € - ☕ 4 € - rest. 13 €.* Cet hôtel fonctionnel constitue un point de départ idéal pour parcourir la ville à pied. Il propose des chambres d'une propreté exemplaire, desservies par un élégant escalier orné de verre. Restaurant au menu attractif. Spécialités locales à base de bons produits maraîchers.

Hôtel Pichorradicas – *Cortadores, 11 - ✆ 948 821 021 -www.pichorradicas.es - 7 ch. 60/90 € - ☕ 8 € - rest. 35/40 €.* Aucun doute, cet hôtel mérite l'attention. Outre sa situation enviable en plein quartier historique, ses chambres, personnalisées et bien équipées, s'avèrent très accueillantes. Si vous le pouvez, choisissez les pièces mansardées : plus vastes, elles possèdent des baignoires hydromassantes…

UNE FOLIE

Hôtel AC Ciudad de Tudela – *Misericordia s/n - ✆ 948 402 440 - www.ac-hotels.com - P - 41 ch. 121 € - ☕ 11 € - rest. 34/44 €.* Belles installations et fusion judicieuse entre le passé et l'avant-garde. Venez découvrir son charme dans des chambres équipées dans le pur style de cette prestigieuse chaîne d'hôtels. Salle à manger moderne et claire, où l'on déguste une belle variété de plats.

RESTAURATION

BUDGET MOYEN

Meson Julian – *Merced, 9 - ✆ 948 822 028 - www.mesonjulian.com - fermé 1re quinz. de sept. - formule déj. 20 € - 18,70/30 €.* Ce restaurant séduit par sa situation en plein quartier historique, par son décor où se mêlent brique et bois et, bien sûr, par ses goûteux petits plats traditionnels. Le chef utilise surtout les produits de saison qu'il fait mijoter. La carte des vins est riche de bons petits crus.

POUR SE FAIRE PLAISIR

Casa Ignacio (Pichorradicas) – *Cortadores, 11 - ✆ 948 821 021 - www.pichorradicas.es - fermé dim. soir et lun. - 28/33 €.* Ce restaurant intime est installé dans une maison du quartier historique. Dans les deux salles de style moderne, on appréciera le décor de poutres et de murs en brique.

UNE FOLIE

Treintaitres – *Capuchino, 7 - ✆ 948 827 606 - www.restaurante33.com - fermé 1er-23 août, 24 déc.-2 janv., lun. soir, mar. soir et dim. - 41 €.* Établissement familial, avec un bar et deux salles, l'une sur le côté et l'autre à l'étage, toutes deux à la décoration minimaliste.

SPORTS ET LOISIRS

Bárdenas Reales – *Info. et réserv. ✆ 948 412 396 - www.turismobardenas.com.* Propositions d'activités (minimum 4 pers.) : promenade en 4x4 (160 € - 4h), vélo et randonnée pédestre (30 €/pers. - 4h). Et pour les hédonistes, découverte œnologique (80 €).

AGENDA

Fêtes patronales de Ste-Anne (24-30 juil.), comprenant à partir du 25 : feria, courses de taureaux, *encierros* et la *revoltosa*, une danse qui a lieu plaza de los Fueros.

1

DÉCOUVRIR LE PAYS BASQUE

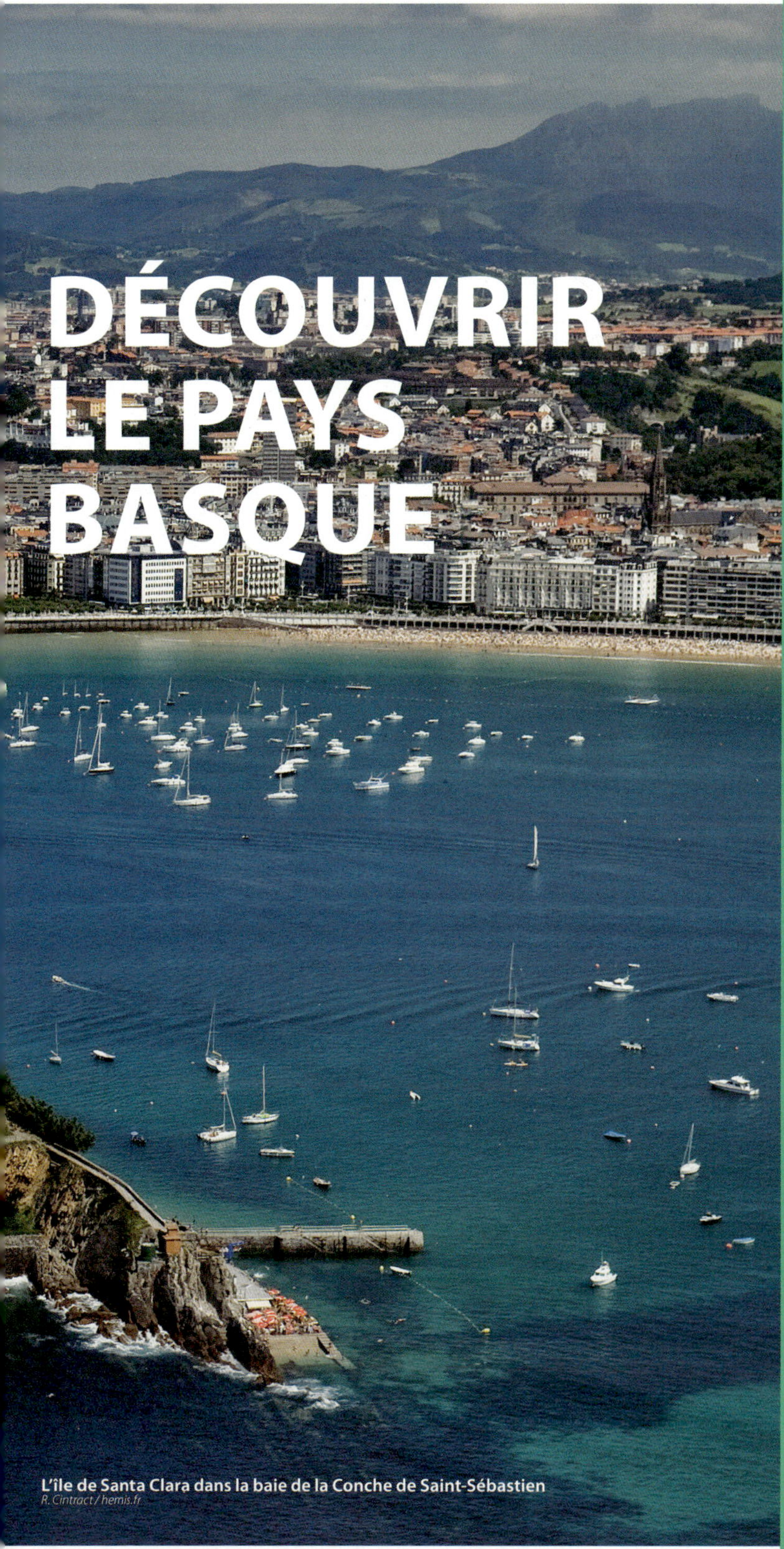

L'île de Santa Clara dans la baie de la Conche de Saint-Sébastien
R. Cintract / hemis.fr

Saint-Sébastien et la province de Guipúzcoa 2

Carte Michelin Région n° 573 – Guipúzcoa

Les pintxos, une véritable institution dans la région.
San Sebastián Turismo

ST-SÉBASTIEN ET LA PROVINCE DE GUIPÚZCOA
0
10 km
OCÉAN ATLANTIQUE
GOLFO DE
Costa de
Lekeitio
Saturrarán
Ondarroa
Mutriku
Deba
Zumaia
Getaria
Zarautz
VIZCAYA
Markina-Xemein
Bolibar
Itziar
Zestoa
Parque Aia
Lasao
Azpeitia
Azkoitia
S. Ignacio de Loiola
Errez
Elorrio
Bergara
Beizama
GUIPÚZCOA
Santutxo
Sta María la Antigua
Elorregi
Zumarraga
Ordizia
Beasain
Ormaiztegi
Lazkao
Oñati
Embalse de Urkulu
Zerain
Segura
Idiazabal
Ataun
Zegama
Arantzazu
Embalse de Ullibarri
ÁLAVA
Embalse de Urdalur
BILBAO
VITORIA-GASTEIZ
VITORIA-GASTEIZ, PAMPLONA
R. Deba
R. Urola
A
B
1
2
3
BI 2238
GI 638
N 634
BI 2636
A 8
BI 633
GI 631
GI 2634
AP 1
GI 627
GI 2632
N 636
GI 3720
GI 2635
GI 632
GI 2630
GI 3591
NI
GI 2637
GI 2120
A 1

C
D
Donostia/ San Sebastián ★★ Mérite un détour
Mutriku ★ Intéressant
Ondarroa À voir
Itinéraire conseillé avec ville de départ
VIZCAYA
Guipúzcoa
Cabo Higuer
Fontarabie/ Hondarribia/ Fuenterrabía
Abbadie
Corniche Basque
N.-S. de Guadalupe
FRANCE
Hendaye
Route de Jaizkibel
Pasai Donibane
Mte Ulía
233
Donostia/ San Sebastián
Lezo
Irún
San Martzial
Errenteria/ Rentería
Astigarraga
Hernani
Orio
natural
de
agoeta
Lasarte-Oria
Andoain
Embalse de Añarbe
R. Urumea
R. Bidasoa
R. Oria
Tolosa
NAVARRA
Leitza
Lekunberri
Jauntsarats
Sierra de Aralar
Puerto de Lizarrusti
622
S. Miguel de Aralar
Uharte-Arakil
Etxarri-Aranatz
A 8
N 634
N I
GI 3440
N 638
D 912
D 810
A 63
N 121A
GI 131
GI 2631
GI 2130
GI 2634
A 15
N 130
NA 170
NA 411
NA 7510
NA 120
A 10
1
2
3
N
ST-JEAN-DE-LUZ
BIARRITZ
PAMPLONA
VITORIA-GASTEIZ
C
D
PAMPLONA

Saint-Sébastien

Donostia/San Sebastián

★★

185 357 habitants

NOS ADRESSES PAGE 182

S'INFORMER

Office de tourisme – *Boulevard, 8 - ✆ 943 481 166 - www.sansebastianturismo.com - de mi-juin à fin sept. : lun.-sam. 9h-20h, dim. et j. fériés 10h-19h ; de déb. oct. à mi-juin : lun.-jeu. 9h-13h30, 15h30-19h, vend.-sam. 9h30-19h, dim. et j. fériés : 10h-14h. Se renseigner pour les horaires pendant la Semaine sainte.*

SE REPÉRER

Carte de région C1 (p. 172) – *carte Michelin n° 573 C 23-24.* Stratégiquement situé dans le golfe de Biscaye, St-Sébastien se trouve à 25 km à l'ouest de la frontière avec la France. La ville comporte différents quartiers, dont Gros à l'est, sur la rive droite du río Urumea, la Parte vieja, el Centro et Amara viejo sur la rive gauche, en prise directe avec la baie. De l'autre côté s'étend le quartier d'Antiguo, mitoyen d'Ondarreta au pied du mont Igueldo.

SE GARER

La voiture est à proscrire dans le centre-ville. Mieux vaut se garer sur le paseo Nuevo, contre le mont Urgull, ou du côté de l'office de tourisme.

À NE PAS MANQUER

Le soleil couchant sur la baie de la Concha.

ORGANISER SON TEMPS

Plage et farniente la journée, tapas et fête le soir !

AVEC LES ENFANTS

L'aquarium, le musée de la Science Miramón, le petit parc d'attractions au sommet du mont Igueldo, la maison du cidre basque à Astigarraga et le petit train Txu-Txu *(voir « Nos adresses » p. 182).*

Reflets dorés sur la Concha.
San Sebastián Turismo

Une baie★★★ en forme de coquille, la « Concha », qui lui a valu le doux surnom de « perle du Cantabrique », des plages de sable à la courbure parfaite, des immeubles cossus de la Belle Époque, d'agréables promenades et des jardins : rien ne manque à St-Sébastien (« Sanse », comme l'appellent affectueusement les Espagnols) pour passer un séjour idyllique. Pas même la gastronomie puisque la réputation de ses « pintxos » et de ses grands chefs a dépassé les frontières. L'art de vivre est ici porté à son zénith : profitez-en !

2

Se promener Plan de ville

★★ LA VIEILLE VILLE (Casco Viejo)

Circuit 1 tracé en vert sur le plan de ville (p. 178) – Comptez 2h sans monter sur le mont Urgull, 3h en comptant son ascension.
La vieille cité a été reconstruite après l'incendie de 1813. Bien que les bâtiments datent du siècle dernier, ses rues étroites contrastent avec les avenues de la ville moderne.
Partez du Boulevard et prenez la calle San Juan qui longe la halle couverte en direction du mont Urgull.

Place de Zuloaga B1

Logée en contrebas du mont Urgull, cette vaste place séduit par le contraste de ses architectures, les immeubles des 19e et 20e s. ainsi que la devanture moderne des cafés faisant face au très hiératique **Museo San Telmo**, autrefois couvent de dominicains.

Musée San Telmo B1

Plaza Zuloaga, 1 - ✆ 943 481 580 - www.museosantelmo.com - fermé pour travaux jusqu'en avril 2011. Pour les horaires, se rens. directement auprès du musée.
Cet ancien monastère, fondé au 16e s., a été transformé en musée. Sous les voûtes du cloître Renaissance est disposée une collection de stèles funéraires basques en pierre sculptée, de tradition ibérique, datant pour la plupart du 15e au 17e s. La galerie supérieure du cloître est consacrée à la section ethnographique (intéressante reconstitution d'un intérieur basque). Elle donne sur les salles de peinture (un Ribera, un Greco, des peintres du 19e s.). L'ancienne chapelle a été décorée par **Josep María Sert** de peintures en camaïeu illustrant avec vigueur divers épisodes historiques du Pays basque.

Engagez-vous dans la calle 31 de Agosto et tournez presque tout de suite à gauche.

Église San Vicente B1

16e s. Il s'agit de l'édifice le plus ancien de la ville. De style gothique, il abrite un remarquable **retable★** baroque de Bengoechea et Iriarte.

Descendez la calle Narica et tournez dans la troisième rue à droite.

Place de la Constitution B1

Entourée de maisons à hautes arcades, elle fut jadis utilisée comme arènes. Les numéros que portent encore les balcons rappellent qu'ils servaient alors de tribunes.

Traversez la place droit devant vous et engagez-vous sous le passage qui débouche sur la calle San Jerónimo. Tournez à droite et prenez la première à gauche, la calle Puerto Inigo. Elle croise la calle Mayor qui aboutit à droite à l'église de Sta María.

Basilique Sta María del Coro B1

✆ 943 423 124 - 8h-14h, 17h-20h.

On est frappé par l'exubérance de son **portail★** (fin 18e s.). La sobriété de l'architecture intérieure rend plus saisissante encore la profusion des autels baroques.

Derrière l'église, un chemin grimpe au mont Urgull.

Mont (monte) Urgull B1

Un jardin public couvre cette colline, couronnée par la statue du **Sagrado Corazón** haute de 30 m. Sur son flanc nord se trouve le **cimetière des Anglais**, établi en hommage aux troupes britanniques pour leur participation aux guerres d'indépendance et de Succession du 19e s.

Paseo Nuevo B1 – Cette large promenade en corniche autour du mont Urgull offre de belles vues sur la mer Cantabrique et la baie. Elle débouche sur le port, trapu et coloré, où se côtoient bateaux de pêche et voiliers.

Port (Puerto) B1

Le port est séparé de la vieille ville par des restes de remparts. De petites maisons de pêcheurs aux façades carrelées de rouge ou de blanc bordent son quai, où l'on peut encore voir des femmes raccommoder les filets. Le soir, les bateaux y déchargent la pêche du jour devant les badauds.

Notez la vieille maison surplombée par la statue du Christ : il s'agit de la première école de pêche créée par la Société océanographique de Giz (1912).

Le quai mène au **Musée maritime** et aboutit à l'**aquarium★**.

Longez le port vers la ville et dirigez-vous vers la plage.

POINTS DE VUE

★★★ **Mont Igueldo** – *Accès par funiculaire - ✆ 943 213 525 - www.monteigueldo.es - août : 10h-22h ; reste de l'année, se rens. sur le site Internet - fermé merc. en basse saison, 2e et 3e sem. de janv. - 2,60 € AR (-7 ans 1,90 €).* Le sommet est occupé par un parc d'attractions et un hôtel. Splendide panorama sur la mer, la rade avec l'île de Sta Clara et St-Sébastien dans son cirque de montagnes. Le soir, la ville illuminée offre un beau spectacle.

★★ **Mont Urgull** – Il est occupé par un parc municipal et par le fort de Sta Cruz de la Mota. Du sommet, beau panorama sur la Concha et sur les monuments de la vieille ville.

PLAISIRS TERRESTRES ET SPIRITUELS

La vocation balnéaire de St-Sébastien s'éveilla à partir de 1865 lorsque Marie-Christine, reine régente d'Espagne et veuve d'Alphonse XII, la choisit comme lieu de villégiature : tout le beau monde madrilène vient dès lors y passer les mois d'été. De cette époque, la ville a notamment conservé le palais Miramar, construit à la demande de la reine.

Des amateurs de bonne chère

Réputée pour sa gastronomie, San Sebastián ne réunit pas moins de trois chefs triplement étoilés : Juan María Arzak, Pedro Subijana et Martín Berasategui. Bien caractéristique de ce goût des Donostiarras pour la bonne cuisine, une trentaine d'associations réunissent des amis et amateurs de bonne chère. Les associés, uniquement des hommes, se confectionnent d'excellents repas qu'ils arrosent de cidre ou de *txacoli*, un vin basque. Parmi les spécialités du lieu, évoquons les poissons (dorades, merlus, sardines) et les fameux *chipirones* (calmars).

Un romancier populaire

C'est à St-Sébastien qu'a vu le jour **Pío Baroja** (1872-1956) considéré comme le plus grand romancier de l'Espagne du début du 20e s. et dont l'influence fut considérable chez ses jeunes confrères de l'après-guerre. Inspiré par la forme du roman populaire, il a laissé une œuvre importante, évoquant sa terre natale dans une trilogie basque d'où se détache *Zalacain l'aventurier* (1909).

2

★ Aquarium San Sebastián B1

Pl. Carlos Blasco de Imaz, s/n - ✆ 943 440 099 - www.aquariumss.com - ♿ - juil.-août : tlj 10h-21h ; oct.-mai. : lun.-vend. 10h-19h, w.-end et j. fériés 10h-20h ; juin, sept. et Sem. sainte : lun.-vend. 10h-20h, w.-end et j. fériés 10h-21h - fermé 1er janv. et 25 déc. - 12 € (4-12 ans 6 €).

Le palais de la Mer abrite un Musée océanographique et un aquarium. Le musée présente une collection de maquettes intéressante mais qui reste ordinaire. Mais vous serez surpris par l'aquarium, réputé pour être l'un des plus beaux d'Europe. Un bassin tactile, où l'on peut toucher les espèces inoffensives, deux bassins des microcosmes, où des caméras permettent d'observer la vie marine la plus infinitésimale, et, surtout, l'**Océanorium★**, un bassin traversé par un grand tunnel de 360 m qui nous immerge dans la surprenante diversité de l'Océan, sont quelques-unes des installations qui assurent son succès.

Musée maritime (Untzi Museoa/Museo Naval) B1

Paseo del Muelle - ✆ 943 430 051 - http://um.gipuzkoakultura.net - ♿ - mar.-sam. 10h-13h30, 16h-19h30, dim. et j. fériés 11h-14h - fermé lun., 1er et 20 janv., 25 déc. - 1,20 € (-10 ans gratuit).

Il est installé dans un édifice du 18e s. qui abritait autrefois la Bourse du commerce. Le rez-de-chaussée montre les matériaux et les outils traditionnels de la construction navale, tandis que le premier étage abrite des maquettes et des instruments de navigation. Sa visite permet d'apprécier l'importance de la mer dans l'histoire du Pays basque.

Hôtel de ville (Ayuntamiento) B1

Ce bâtiment, inauguré en 1897, était à l'origine un casino. Fermé en 1927 suite à l'interdiction des salles de jeux par le dictateur Primo de Rivera, il servit d'hôpital de convalescence pendant la guerre civile, et ce n'est qu'en 1947 que St-Sébastien en fit son hôtel de ville.

Terminez votre promenade sur le Boulevard, ou bien prolongez ces instants de flânerie sur le front de mer.

QUARTIER MODERNE (Parte Moderna)

Circuit 2 tracé en vert sur le plan de ville (ci-dessous) - Comptez 1h30. Surnommée le *barrio romántico* (quartier romantique), cette partie de la ville s'est développée à partir de la fin du 19e s., d'où l'influence prononcée de l'Art nouveau, appelé ici « modernisme ». C'est le quartier du shopping et des avenues résidentielles.

Départ du Boulevard.

Boulevard B1

Trait d'union entre le vieux centre et la partie moderne de St-Sébastien, il occupe l'emplacement des anciens remparts et est en grande partie réservé aux piétons. Son **kiosque** à musique est typique de la Belle Époque.

La calle Loiola mène directement à la cathédrale.

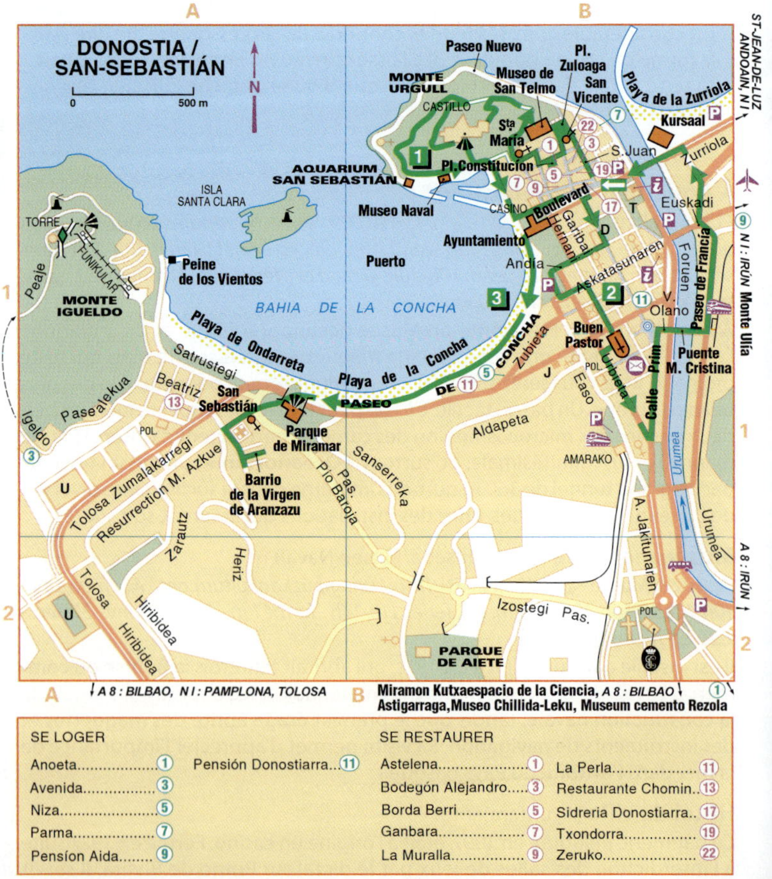

SE LOGER		SE RESTAURER	
Anoeta ... 1	Pensión Donostiarra ... 11	Astelena ... 1	La Perla ... 11
Avenida ... 3		Bodegón Alejandro ... 3	Restaurante Chomin ... 13
Niza ... 5		Borda Berri ... 5	Sidreria Donostiarra ... 17
Parma ... 7		Ganbara ... 7	Txondorra ... 19
Pensíon Aida ... 9		La Muralla ... 9	Zeruko ... 22

LA TAMBORRADA
N'espérez pas fermer l'œil si vous vous trouvez à St-Sébastien le 20 janvier, jour de la Tamborrada ! Ce jour-là, aux douze coups de minuit, une centaine de groupes déguisés et munis de tambours se donne rendez-vous sur la plaza de la Constitución avant de parcourir la ville sans discontinuer jusqu'à… minuit (24 heures plus tard !). Les habitants se mettent à l'unisson en frappant sur des tambours de fortune. Bref, un vacarme ahurissant, probable vestige de l'ancien carnaval.

Cathédrale du Bon Pasteur (Catedral del Buen Pastor) B1
Sa tour culmine à 75 m de hauteur et sert de point de repère à presque toute la ville. Tout comme l'édifice, elle a été érigée en 1897 dans un style néogothique. Grande sobriété à l'intérieur. Notez les gigantesques coquillages à l'entrée en guise de bénitiers, dignes de *Vingt Mille Lieues sous les mers*.
Passez par la calle Urbieta (parallèle droite par rapport à la cathédrale) et descendez-la jusqu'à la plaza Centenario, bordée par un jardin public.
En vous retournant, vous aurez une belle perspective sur le mont Urgull.

Rue (Calle) Prim B1
Première à gauche, à angle aigu avec la calle Urbieta.
Cette artère rassemble tout ce que l'architecture de la Belle Époque et de la première moitié du 20e s. a pu produire. Bow-windows et vitraux ornent certaines façades. L'œil repère sur d'autres des détails cubistes ou Art nouveau (ornements du n° 28, poignée de porte du n° 23). Il faut s'y promener le nez en l'air.
Tournez à droite à la calle Valentín Olano.

2

Pont (Puente) María Cristina B1
Inauguré en 1905, le pont doit son nom à la reine Marie-Christine qui « lança » St-Sébastien. Ses obélisques portent l'écu de la ville et symbolisent la Paix et le Progrès.

Promenade (Paseo) de Francia B1
Promenade longeant le fleuve jusqu'au pont Sta Catalina. Ornée d'une pelouse, plantée d'arbres et de palmiers, elle tire son nom des anciens hôtels particuliers « à la française » qui la bordent.
Traversez la plaza de Euskadi, devant le puente Sta Catalina, et engagez-vous dans le paseo Colón, puis la calle Peña y Goñi à gauche, pour rejoindre la plage.

Kursaal B1
Symbole du renouveau architectural de la ville, cet édifice moderne composé de deux cubes en verre surveille la plage de la Zurriola et l'embouchure du río Urumea. Signé **Rafael Moneo**, il accueille des congrès et des manifestations culturelles.
★ **Plage de la Zurriola** B1 – *À l'embouchure du río Urumea, au-delà du Kursaal et le long du quartier Gros.* La plage préférée des surfeurs. Elle est aussi plus conviviale et plus « intime » que celles de la baie *(voir ci-après)*, car moins étendue. Sa promenade est bordée d'immeubles 19e s. ou plus modernes.
Traversez le fleuve pour revenir sur le Boulevard.

★★★ BAIE DE LA CONCHA

Circuit 3 tracé en vert sur le plan de ville (p. 178) – Comptez 1 h.

★★ Promenade (Paseo) de la Concha B1

Commençant à l'hôtel de ville, cette promenade, mondialement réputée pour la vue qu'elle offre sur la baie, se déploie jusqu'au parc de Miramar.

Parc de Miramar A1 – Ancienne résidence d'été de la famille royale, il s'élève entre la plage de la Concha et celle d'Ondarreta. Ses jardins ont été dessinés par le jardinier franco-espagnol **Pierre Ducasse** (1836-1892) et la demeure de style anglais, par l'architecte Selden Wornum. Celle-ci accueille des expositions et un centre de musique, d'où les gammes et les vocalises qui s'en échappent parfois ! Son esplanade offre un splendide **panorama**★★★ sur la baie et l'îlot de Sta Clara.

Église de San Sebastián A1 – *Derrière le parc, sur la plaza Alfonso III accolée à Ondarreta.* Cette église mérite le coup d'œil pour son intérieur très contemporain et la fresque moderne fermant la nef (à gauche, un homme tire ses chaînes ; à droite, saint Sébastien subit son martyre).

Quartier de la Vierge de Aranzazu (Barrio de la Virgen de Aranzazu) A1 – *En bordure d'Ondarreta. Accès par la plaza Alfonso III et la calle Matia. 3e à gauche.* Maisons de pêcheurs crépies à pans de bois, cachées par des immeubles plus modernes.

Plages de la baie

★★ **Plage de la Concha** B1 – Elle s'étend sur 1 350 m de l'hôtel de ville jusqu'au parc Miramar. Cette magnifique étendue de sable fin, qui s'enflamme au soleil couchant, présente une courbe parfaite. Elle est très appréciée des amateurs de bains de mer et de soleil.

★★ **Plage de Ondarreta** A1 – Dans le prolongement de la précédente *(au-delà du parc)*, elle s'étend jusqu'au pied du mont Igueldo. Seul un rocher la sépare de sa voisine car, pour le sable comme pour l'ensoleillement, cette aristocratique plage reliée au quartier d'Ondarreta n'a rien à envier à sa rivale !

Au pied du mont Igueldo se trouve le *Peine de los Vientos*, œuvre du sculpteur **Eduardo Chillida**.

À voir aussi Plan de ville

★ Musée du Ciment Rezola (Museum Cemento Rezola) B2

Accès par le bus 25 depuis le Boulevard. ☎ 943 364 192 - www.museumcemento.rezola.net - juil.-août : lun.-vend. 10h-14h, 17h-19h, sam. 10h-14h, fermé dim. ; reste de l'année : tlj sf lun. 10h-14h - gratuit.

Installé sur le site de l'ancienne école des enfants du personnel d'une cimenterie, il présente ce matériau sous un angle original grâce à un film-documentaire très bien conçu sur son histoire et des panneaux didactiques très clairs sur sa préparation, les conditions de travail des ouvriers de la cimenterie et l'exemple de la famille Rezola. Son but est de montrer au visiteur tout ce que le ciment (et le béton) a permis de faire, en architecture notamment, les innovations qui ont été nécessaires pour cela, et les incidences qu'elles ont eues sur notre vie et la structure de nos sociétés.

Musée de la Science (Miramón Kutxaespacio de la Ciencia) B2

Accès par le bus 28, direct depuis le centre-ville (comptez 20mn). Comptez 1h30 à 2h de visite. Mikeletegi, 43 - ☎ 943 012 478 - www.miramon.org - mar.-

vend. 10h-19h (20h juil.-août), w.-end 11h-19h (20h juil.-août) - fermé lun. - 7 € (-18 ans 5,50 €).

Les principaux monuments de la province sont représentés en maquette et précèdent le bâtiment qui abrite un planétarium *(mar.-vend. : séances en espagnol à 18h30, en basque à 17h30 ; w.-end et j. fériés : séances en espagnol à 13h et 18h, en français à 15h30, en basque à 12h et 17h - 3,50 €, enf. 2, 50 €)* et les salles d'exposition.

Dans chaque salle est abordé un thème différent (la lumière, l'énergie, les sens, les effets mécaniques…). Des expériences et démonstrations sont proposées pour illustrer chaque phénomène. Les enfants apprécieront la visite de ce lieu, sponsorisé par la Kutxa, caisse d'épargne locale, qui se révèle didactique et amusante.

★★ Parc de Aiete B2

Difficilement accessible à pied, sauf si vous aimez les kilomètres et la grimpette. Mieux vaut prendre la voiture ou les bus 19, 31.

Déployé sur une colline au cœur d'un quartier résidentiel, ce magnifique parc est sans doute le plus attrayant de St-Sébastien. Conçu, lui aussi, par Pierre Ducasse, il entoure le palais néoclassique construit en 1878 pour les ducs de Bailén et qui devint, en 1941, la résidence d'été de Franco. Il ne s'ouvrit au public qu'en 1977… et sa rénovation fait actuellement l'objet de controverses.

Havre de verdure et de paix, il allie bois et bosquets à des parties plantées de cèdres de l'Atlas, de ginkgos bilobas, de platanes, de séquoias et de parterres de fleurs. Aires de jeux et bancs pour les lecteurs ou les rêveurs sont aussi au rendez-vous.

2

À proximité Carte de région

★ Mont (Monte) Ulía C1

7 km à l'est, suivre la N 1 en direction d'Irún.

Avant d'atteindre le sommet de la montée et de redescendre vers St-Sébastien, prendre la première route à droite. Après plusieurs lacets au cours desquels les vues se développent sur la ville et son site, on atteint le sommet d'où un chemin à droite conduit, à travers un beau parc, au restaurant du mont Ulía.

Astigarraga C1

10 km au sud, en direction d'Hernani.

Maison du Cidre basque (Sagardoetxea) – *Centre-ville, à flanc de colline, repérable par le tonneau posé sur la rue. ✆ 943 550 575 - www.sagardoetxea.com - juil.-août. : lun.-sam. 11h-13h30, 16h-19h30, dim. 11h-13h30 ; sept.-juin : mar.-sam. 11h-13h30, 16h-19h30, dim. 11h-13h30 - 3,50 € (-10 ans gratuit).*

Le Pays basque compte 53 variétés de pommes. Pour le cidre, ou *sagardoa* dont Astigarraga est la capitale basque, il en faut 80 % d'acides et 20 % de douces. Vous apprendrez tout sur l'élaboration de cette boisson très appréciée dans la région en arpentant le verger, où l'on greffe les pommiers, et l'allée du musée où sont expliquées toutes les étapes de fabrication au travers de schémas, de vidéos et d'objets. N'hésitez pas à demander un guide : votre visite n'en sera que plus vivante ! Dégustation à la fin.

★ Musée Chillida-Leku à Hernani C1-2

6 km au sud. De la N 1, prenez à Rekalde la GI 2132 en direction d'Hernani puis suivez la bifurcation indiquée.

Barrio Jáuregui, 66 (Hernani) - ☏ 943 336 006 - www.museochillidaleku.com - ♿ - juil.-août : lun.-sam. 10h30-20h, dim. 10h30-15h ; reste de l'année : tlj sf mar. 10h30-15h ; fermé 1er janv. et 25 déc. - 8,50 € (-12 ans gratuit).

En raison de problèmes économiques, le musée risque de fermer ses portes en 2011. Ce musée a permis à **Eduardo Chillida** (St-Sébastien, 1924-2002), l'un des maîtres de la sculpture contemporaine, de concrétiser son rêve : un espace en plein air exposant ses œuvres sculptées, que les visiteurs découvriraient tout en se promenant. Le résultat : 40 imposantes sculptures émergeant sur un domaine de 12 ha et illustrant parfaitement la communion de l'art et de la nature. La ferme de Zabalaga (16e s.) a été minutieusement remaniée pour exposer les petites sculptures et les dessins.

FAMEUSE BATAILLE…

… que celle d'Hernani qui se déroule à Paris, opposant classiques et modernes. Cette pièce de Victor Hugo, sa première, publiée en 1830, n'a jamais eu la ville d'Hernani pour décor. Celle-ci a pourtant donné le nom du poète à une de ses rues.

Andoain C2

15 km au sud par la N 1 en direction de Tolosa.

Destination de promenade idéale pour découvrir un peu l'intérieur des terres l'espace d'un après-midi. Vous pouvez toujours jeter un œil à l'**église**, dont le retable baroque occupe tout le chœur, mais c'est surtout la voie aménagée dans la vallée du Leitzaran qui sera le but de votre excursion.

Depuis la place de l'église et l'hôtel de ville, prendre la rue en pente qui arrive en perpendiculaire sur l'esplanade. À la 2e intersection, tourner à droite. Le chemin commence au bout d'un parking. Le suivre jusqu'au bout.

On suit la vallée à flanc de colline, le chemin s'éloignant progressivement de la ville et de ses faubourgs pour laisser place à un environnement champêtre. Le panorama que l'on découvre est celui d'un paysage de montagne. Quelques éléments de « parcours-forme » ponctuent la route que se partagent promeneurs et cyclistes. Passé les deux tunnels, la voie débouche sur une route goudronnée et un panneau indiquant différents GR.

NOS ADRESSES À ST-SÉBASTIEN

VISITES

Visites guidées pédestres – *Juil.-août : 11h-16h ; reste de l'année : sam.-dim. et j. fériés : 11h - 6 € (-12 ans gratuit). Alternatives de visites.*

Le petit train « txu-txu » – *☏ 943 422 973 - www.txu-txu.com - dép. de la plage de la Concha - juil.-sept., Sem. sainte, sem. de Pâques et ponts : ttes les 30 mn, 11h-21h ; reste de l'année : ttes les 45 mn, 11h-14h, 15h-19h - fermé 1er et 20 janv., 25 déc. - 4,50 € (-10 ans 2,50 €).*

Le bus touristique Donosti Tour – *☏ 696 429 847 - www.busturistikoa.com - juil.-sept. et Sem. sainte : tlj 11h-14h, 16h-19h ; avr.-juin et oct. : tlj sf mar. 11h-13h, 16h-18h (avr.-mai 17h) ; nov-janv. et mars : 11h-13h - dép. ttes les h en face du théâtre Victoria Eugenia - fermé fév. - 12 € (-12 ans 6 €).*

HÉBERGEMENT

PREMIER PRIX

Pensión Aida – Hors plan - *C/ Iztueta, 9-1° - ☏ 943 327 800 - www.pensionesconencanto.com -*

9 ch. 50/82 € - ☕ 3 €. Vous serez surpris par le confort de cette pension, située à quelques pas du centre historique et du Kursaal. Les chambres, dont 7 avec balcon, sont en général assez charmantes et bien équipées. Service Internet gratuit.

Pensión Donostiarra – B1 - *C/ San Martín, 6 - ✆ 943 426 167 - www.pensiondonostiarra. com - 16 ch. 58/87 € - ☕.* Située en plein centre-ville, très proche de la Catedral Nueva, cette pension classique récemment rénovée occupe le 1er étage d'un bâtiment du 19e s. Les chambres, avec parquet et mobilier simple, sont confortables. Salles de bains modernes.

BUDGET MOYEN

Hotel Alemana – *C/ San Martin, 53 - ✆ 943 462 544 - www.hostalalemana.com - 21 ch. 70/103 € - 6 € ☕.* La réception est au 1er étage de l'hôtel et l'accueil est charmant. De la salle des petits-déjeuners, on aperçoit la playa de la Concha. Les chambres sont très tendances *Possibilité de parking, résev. à l'avance.*

Hôtel Parma – B1 - *Salamanca pasealekua, 10 - ✆ 943 428 893 - www.hotelparma.com - 27 ch. 74/130 € - ☕ 6,60 €.* Situé au bord de l'Urumea, en face du centre de congrès Kursaal, cet hôtel familial propose des chambres standard confortables.

Hôtel Anoeta – Hors plan - *Anoeta pasealekua, 30 - ✆ 943 451 499 - www.hotelanoeta.com - 26 ch. 92/118 € - ☕ 6 €.* Cet hôtel familial bien entretenu offre des chambres fonctionnelles, dotées de salles de bains modernes. La salle à manger, aux cloisons amovibles, est décorée dans un style classique soigné proposant un menu à midi et des plats à la carte le soir.

POUR SE FAIRE PLAISIR

Hôtel Avenida – A1 - *Igeldo pasealekua 55 - ✆ 943 212 022 - www.hotelavenida.net - fermé 1er mars-9 déc. -* **P** *- 47 ch. 102/141 € - ☕.* Sur les hauteurs, cet hôtel, bien géré, offre des chambres bien tenues et progressivement rénovées.

Hôtel Niza – B1 - *C/ Zubieta, 56 - ✆ 943 426 663 - www.hotelniza. com - 41 ch. 113/133 € - ☕ 10 €.* Son entretien parfait et sa décoration agréable créent un cadre non dénué d'un certain charme. Chambres aux tons clairs et au mobilier classique ; salles de bains rénovées.

RESTAURATION

St-Sébastien offre le meilleur de la cuisine basque. Ici, la tradition des **tapas** ou des **pintxos** (appellation locale de ces amuse-gueuleS parfois très élaborés) a été élevée au rang de festin gourmand. C'est pourquoi, le soir venu, les bars du vieux quartier ne désemplissent pas. Habitués et touristes s'y régalent de canapés aux anchois, d'assiettes de jambon ibérique, de *chipirones* (calamars), de tortillas ou de *patatas bravas*… Du côté des restaurants, la qualité des menus et des produits est également à la hauteur : pêche du jour, légumes guipúzcoans, fromage de brebis ou **kaiku** (fromage caillé). L'essentiel des adresses se concentre dans le quartier historique, mais vous en trouverez également dans le barrio romántico et celui de Gros. La cité s'anime tous les soirs à l'heure de l'apéritif. La population locale, et de nombreux Français, passant la frontière le temps d'un repas, envahissent les bars et les petits restaurants pullulant autour de la plaza de la Constitución et le long du port, pour y déguster tapas, coquillages, crustacés ou *chipirones*. C'est dans les rues Portu, Muñoz et Fermín Calbetón que l'art des tapas atteint les sommets les plus vertigineux !

PREMIER PRIX

Ganbara – B1 - *San-Jerónimo, 21 - ✆ 943 422 575 - fermé 2e quinz. de juin, 2e quinz. de nov., dim. soir et lun. - 12 €.* Situé derrière la plaza de la Constitución, ce bar à tapas est très recherché pour ses délicieux *pintxos*. Au ss-sol, restaurant.

Sidreria Donostiarra – B1 *-C/ Embeltran, 5 - ✆ 943 420 421 - www.sidreriadonostiarra.net - 14/32 € - fermé dim. soir et lun.* C'est un lieu incontournable du vieux St-Sébastien où se mélangent locaux, basques de toutes provinces et touristes de tous pays ; et on y vient pour une unique raison, se délecter du menu « sidreria » et boire du cidre au *txotx* (petit morceau de bois qui bouche les tonneaux dans les cidreries. Cet orifice permet de recueillir directement le cidre dans son verre). Au menu : omelette à la morue, morue à la donostiarra, *txuleta* de bœuf, fromage, pâte de coing et noix, cidre à volonté ou vin maison. À noter, la viande est excellente !

BUDGET MOYEN

Restaurante Chomin – A1 - *Avenida Infanta Beatriz, 16 - ✆ 943 317 312 - www.restaurantechomin.net - 25/60 €, menu dégustation 41 € - fermé dim. soir et lun. et 15 j. en déc.* À quelques enjambées du funiculaire d'Igueldo, du Peine de los Vientos et de la plage, ce classique de la gastronomie donostiarre, situé dans une belle demeure bourgeoise, a été repris récemment par Xabi, un jeune chef basque passionné. La cuisine basque raffinée et généreuse, le superbe patio, les larges tables espacées, attirent politiques, chefs d'entreprises, vedettes de la télé, familles et touristes de passage qui se mélangent aisément grâce au savoir-faire de Javier. Le remarquable menu dégustation inclut 4 plats, une farandole de desserts, café, eau et un excellent vin de La Rioja. Une adresse pour faire plaisir et se faire plaisir.

POUR SE FAIRE PLAISIR

La Perla – B1 - *Kontxa pasealekua - ✆ 943 462 484 - comercial@la-perla.net - fermé dim. soir, lun. et mar. soir sf mars-oct. - 29/40 €.* Magnifique emplacement face à la plage de la Concha. Belle verrière avec vue sur la mer. Salle avec différents paliers et mobilier design.

Bodegón Alejandro – B1 - *Fermín Calbetón, 4 - ✆ 943 427 158 - www.bodegonalejandro.com - fermé 24 déc.-9 janv., dim. soir, mar. soir et lun. - 31 €.* Cet accueillant restaurant appartient à Martín Berasategui, cuisinier réputé pour sa créativité. L'établissement, très central, permet de découvrir sa cuisine à des prix attractifs. Le menu quotidien est unique, mais les plats sont variés.

La Muralla – B1 - *Embeltrán 3 - ✆ 943 433 508 - www.restaurantelamuralla.com - fermé*

1re quinz. de juin, fêtes de Noël, merc. soir et dim. - 33/44 €. Le jeune patron gère avec fierté son affaire. Derrière la discrète façade, on découvre une petite salle au cadre soigné et contemporain.

EN SOIRÉE

Bars à pintxos

Si vous souhaitez découvrir l'extraordinaire variété et qualité des *pintxos* du vieux St-Sébastien, voilà quelques bars innovants qui permettent un intéressant *txikiteo*, qui est l'art de passer d'un bar à l'autre en consommant des *pintxos* autour d'un ou plusieurs *txiki* (petit verre de vin rouge).

Txondorra – B1 - *Fermín Calbetón, 7 - ✆ 943 420 782 - 7/15 €.* À tester : croquette de poireaux et fromage avec une sauce aux figues *(Katafi crujiente de puerro).*

Borda Berri – B1 - *Fermín Calbetón, 12 - ✆ 943 430 342 - 7/15 €.* À essayer : manchon de canard laqué, accompagné d'une sauce mangue, miel et soja et saupoudré de persil *(manchon lacado con mango).*

Zeruko – B1 - *Pescaderia, 10 - ✆ 943 423 451 - www.barzeruko.com - 7/15 €.* De la vraie cuisine miniature ! À essayer : foie gras mi-cuit entre deux galettes d'oignons caramélisées *(galleta de micuit).*

Astelena – B1 - *Plaza de la constitución - ✆ 943 425 867 - www.restauranteastelena.com - fermé lun. tte la journée, merc. soir et dim. soir - 7/15 €.* À tester : foie gras poêlé et vinaigre balsamique caramélisé *(foie à la plancha).*

La Cepa – *C/ Agosto, 31 - www.barlacepa.com - fermé mar - 4,50/7,50 €.* Les jambons sont pendus au-dessus du bar et les *pintxos* chauds ou froids sont parfaits.

Gandarias – *C/ Agosto, 23 - ✆ 943 426 362 - www.infobidecomunicacion.com/gandarias/ - tlj ss interruption.* Une ambiance très animée, le soir et un accueil très agréable. Tous les *pintxos* présentés sur le bar sont délicieux. Goûtez aussi le *jamón iberico de Bellota.*

ACHATS

Saski-Naski – *Boulevard, 24 - ✆ 943 422 891 - saskinaski@telefonica.net - juil.-août : 10h-20h30 ; reste de l'année : tlj sf dim. 10h-13h30, 16h-20h.* Le lieu ressemble à une caverne d'Ali Baba. On y trouve le meilleur de l'artisanat régional dont des produits originaux comme le *makhila*, bâton de marche richement décoré et l'*argizaiola*, sorte de bougie réservée aux veillées.

AGENDA

Arènes – Sem. du 15 août. Couvertes et inaugurées en 1998, les arènes ultra-modernes d'Illumbe proposent une semaine complète de corridas lors de la Semana Grande - *rens. et réserv. sur www.illumbe.es).*

Festival du film sous-marin – Avr. *✆ 943 481 166.*

Festival de jazz – Fin juil. *✆ 943 481 900 - www.jazzaldia.com.*

Semana Grande – Sem. autour du 15 août. *✆ 943 481 166.* Pendant cette semaine, chaque soir un feu d'artifices est tiré par l'une des plus grandes compagnies du monde. Pour y assister, installez-vous sur la plage de la Concha, vous serez aux premières loges !

Euskal Jaiak ou Fêtes basques – 1re quinz . de sept.

Festival international du cinéma de San Sebastian – Fin sept. *au Kursaal.*

Festival du film fantastique – Oct.-nov. *✆ 943 481 157/197.*

Côte de Guipúzcoa

Costa de Guipúzcoa/Guipuzkoa

★

NOS ADRESSES PAGE 192

S'INFORMER

Office du tourisme d'Irún – *Complejo comercial, barrio (quartier) de Behobia - 20305 Irún - ✆ 943 020 732 - www.irun.org - juil.-sept. : tlj10h30-13h, 15h-20h ; oct.-juin : mar.-sam 10h30-13h30, 15h-19h, dim. 10h-14h30.*

Office du tourisme de la région Bidassoa – *Javier Ugarte 6 - 20280 Hondarribia - ✆ 943 645 458 - www.hondarribia.org - juil.-sept : mar.-dim. 10h-13h30, 15h30-20h ; oct.-juin : mar.-sam. 10h30-13h30, 17h-20h, dim. 10h-14h. Un autre bureau se trouve sur la plaza de Armas (✆ 943 643 677). Pour les autres offices de tourisme, voir aux localités décrites.*

SE REPÉRER

Carte de région A1 D1 (p. 172) – *carte Michelin n° 573 C 24-23-22.* Le circuit croise et recroise l'A 8, depuis Irún, à la frontière française, jusqu'à Mutriku, à 46 km à l'ouest de St-Sébastien.

À NE PAS MANQUER

La corniche basque d'Hondarribia à Pasai.

ORGANISER SON TEMPS

Un long week-end peut suffire pour parcourir l'intégralité de cette côte, étape à St-Sébastien comprise.

AVEC LES ENFANTS

Le museo romano à Oiasso, l'ensemble archéologique de Sta María la Real à Zarautz.

Porte d'entrée de l'Espagne pour les voyageurs transfrontaliers, la côte guipúzcoane doit en partie sa notoriété à la ville de St-Sébastien. Moins préservée et sauvage que la côte de Biscaye, elle n'en demeure pas moins attirante pour ces petits ports authentiques qui restent très attachés à la pêche, ses plages de sable fin et ses grosses villas parsemées le long du littoral. Entre mer et colline, vous découvrirez un pays à l'identité bien marquée. Attention, la langue basque y est très vivace !

Se promener

IRUN/IRÚN D1

Au premier abord, la ville-frontière d'Irún, cité natale de **Luis Mariano**, ne déborde pas de charme. Il faut dire qu'elle a subi de nombreuses destructions, tant durant les guerres carlistes qu'au cours de la guerre civile. Ses rues réservent cependant quelques surprises agréables.

Notre-Dame del Juncal (N. S. del Juncal/Andra Mari del Juncal)
Bel exemple d'église gothique basque du 16e s. Notez l'extérieur austère et massif, à l'exception du portail baroque. L'intérieur abrite un orgue Cavaillé-

Les falaises de Zumaia.
San Sebastián Turismo

Coll et une statue gothique de la Vierge (la plus ancienne de la province) qui a donné son nom à l'église.

2

Place de San Juan Harria

Bordée de vieilles demeures et de l'hôtel de ville baroque (18e s.), elle arbore une colonne datant de 1564, symbolisant l'indépendance de la ville (l'histoire dit qu'elle commémorerait la résistance à l'invasion française).

Musée Romain d'Oiasso (Museo Romano de Oiasso)

Eskoleta, 1. À deux pas de la plaza de San Juan Harria, à l'opposé de l'hôtel de ville. ✆ 943 639 353 - www.oiasso.com - juin-sept. et Sem. sainte : 10h-14h, 16h-20h ; oct.-mai : 10h-14h, 16h-19h - fermé lun. - 4,50 € (6-16 ans 3,40 €) ; billet combiné avec celui de l'ermitage Sta Elena en visite guidée 8 €.

Entrepôt, puis école, ce vaste bâtiment rénové abrite aujourd'hui un musée consacré aux origines d'Irún. Des panneaux et quelques vestiges archéologiques replacent l'antique **Oiasso** dans le contexte romain et autochtone, avant d'aborder sa vie et son activité. Au premier étage, un film en 3D fait la joie des enfants qui peuvent se déplacer, par exemple, dans les thermes romains. Le deuxième étage s'attache à l'urbanisme et au port, plaque tournante du commerce impérial, à travers un film et les découvertes archéologiques faites à Irún.

Ermitage Sta Elena – *En lisière du centre-ville, à proximité du río Estebenea, après le petit pont de pierre sur la droite en direction de l'ermitage San Martial et de la France. Billet combiné avec celui du musée Oiasso 8 €.* Des fouilles entreprises dans cet ermitage (le bâtiment actuel date du 14e s.) ont permis de mettre au jour les vestiges d'une nécropole romaine. Ceux-ci sont présentés à l'intérieur même de l'ermitage.

Face au pont, remarquez la fontaine Sta Elena, de style baroque.

Parc écologique de Plaiaundi

Entre la voie ferrée et l'aéroport. Visez la gare, passez au-dessus des voies de chemin de fer, poursuivez tout droit jusqu'au rond-point et suivez le fléchage.

OIASSO/EASO
À la recherche de leurs racines, les habitants de St-Sébastien se sont longtemps enorgueillis d'être les héritiers de l'antique Oiasso, d'où le nom d'Easo dont ils ont un temps baptisé leur ville. On sait aujourd'hui qu'il n'en est rien et que c'est bien sûr le site d'Irún que se dressait la cité romaine. Mais les légendes ont la vie dure et l'abréviation internationale de l'aéroport de St-Sébastien demeure EAS… il est vrai qu'il est implanté à Fontarabie, à quelques lieues de la cité antique.

943 619 389 - www.euskadi.net/txingudi - ♿ - Centre d'interprétation (avr.-oct : 10h-14h, 16h-19h ; nov.-mars : 10h-14h, 15h30-17h30 - fermé 24, 25 et 31 déc., 1er et 6 janv. - gratuit).
Déployé sur la baie de Txingudi, Fontarabie et Irún, cette réserve de 23,4 ha protège une zone de marécages riche en faune et en flore (jusqu'à 212 espèces d'oiseaux y nichent en période de migration). De la zone d'activités qui en avait pris possession demeure un stade, encadré par des étangs où s'ébattent aigrettes, martins-pêcheurs et canards. Leurs rives sont jalonnées d'observatoires : pensez à vos jumelles ! Un sentier en fait le tour, ponctué de panneaux et de belles vues sur la baie… comme sur la piste de l'aéroport située sur la rive opposée de la Bidassoa. Le centre d'interprétation présente toute la biodiversité et l'histoire du site. Il prête également des jumelles contre une pièce d'identité.

Circuits conseillés Carte de région

ROUTE DE LA CORNICHE C1 D1

Circuit de 43 km tracé sur la carte de région (p. 172) – Comptez env. 1h15. Quittez Irún par la N 638.

★★ Fontarabie (Hondarribia/Fuenterrabía)
(voir p. 194).
Sortez du bourg par la GI 3440.

Route de Jaizkibel D1
Le **parcours★★** sur cette route est magnifique surtout au coucher du soleil. À 5 km, la **vue★**, depuis la chapelle de Nuestra Señora de Guadalupe, dévoile l'embouchure de la **Bidassoa** et la Côte basque française. La route s'élève ensuite dans les pins et les ajoncs, dominant la mer. À l'Hostal du Jaizkibel, situé à proximité du sommet qui domine à 584 m, un belvédère offre une très belle **vue★★** *(table d'orientation).*
La descente sur Pasai Donibane découvre des **aperçus★** magnifiques sur la côte déchiquetée, les monts Cantabriques et les monts Ulía, ainsi que sur Urgull et Igueldo, qui surplombent St-Sébastien.

★ Pasaje de San Juan (Pasai Donibane) D1
Casa de Victor Hugo - Donibane, 63 - 20110 Pasai Donibane - 943 341 556 - www.oarsoaldea-turismo.net - 11h-14h, 16h-18h - fermé 1er et 6 janv., 25 déc.
Outre le point d'information touristique, la maison de Victor Hugo abrite un **musée** avec exposition et espace multimédia consacré à l'auteur. Pour plus de renseignements, contactez le musée au numéro ci-dessus.

Entourant à l'embouchure de l'Oyarzun/Oiartzun une baie remarquablement abritée puisqu'elle ne communique avec l'océan que par un étroit goulet, Pasaia comprend trois agglomérations de part et d'autre de l'estuaire : **Pasai Antxo** (port de commerce), **Pasai Donibane★**, au charme intact, et **Pasai San Pedro** (ports de pêche). Naguère réputés pour leurs nombreux morutiers, les ports de pêche de Pasaia traversent une crise profonde, comme en témoignent les habitations. Ils se limitent aujourd'hui à des activités côtières. La côte est ici très abîmée par les infrastructures industrielles.

Pour accéder à Pasai Donibane, laisser la voiture à l'entrée du village ou prendre, à San Pedro, la vedette qui traverse la ría.

L'arrivée en vedette ménage une **vue** pittoresque sur les hautes façades aux balcons de bois peints de couleurs vives. De nombreuses célébrités connaissent l'unique rue du village : un certain Francisco Rabaneda, plus connu sous le nom de **Paco Rabanne** y naquit en 1934. La voie se faufile entre les maisons et sous leurs voûtes, dévoilant au passage : l'église St-Jean-Baptiste (17e s.), de petits embarcadères charmants ainsi que la maison où Victor Hugo passa quelques jours en 1843 et celle où La Fayette logea en 1787 avant d'embarquer pour l'Amérique. On peut longer la rade jusqu'à l'océan par le chemin du Phare *(45mn)*.

Ne manquez pas, dans l'une des premières petites venelles filant vers l'eau, le **Centre de recherche et de construction d'embarcations traditionnelles Ontziola**, qui perpétue les techniques de construction navale du Pays basque. Il recrée les bateaux les plus usités aux 18e et 19e s. Il faut compter au moins un an, beaucoup de chênes des Landes et plusieurs apprentis (certains viennent du Japon) pour en reconstituer ne fût-ce qu'un. Un espace d'exposition est aménagé dans le hangar de construction. Le centre assure aussi des visites guidées du chantier et de la baie.

2

Lezo D1

Village où corsaires et constructeurs navals se partageaient la vedette. Sa basilique Sto Cristo du 16e s. abrite l'une des rares représentations en Europe d'un **Christ imberbe** (13e s.), avec celles de l'ermitage d'Azitain à **Eibar** et de Cracovie (Pologne). Impressionnante de sobriété et de jeunesse, la statue n'en est que plus émouvante.

Errenteria (Rentería) D1

Classé « ensemble monumental », le centre médiéval de la cité comprend une dizaine de rues et de ruelles alignant quelques manoirs des 16e, 17e et 18e s. Seul le blason les distingue des autres maisons anciennes, plus communes. Voyez l'hôtel de ville du 17e s., Nuestra Señora de la Asunción qui conserve un retable néoclassique du 18e s. et un autre, l'« autel des âmes », de la fin du 15e s., ainsi que l'ermitage de Sta María Magdalena, un peu excentré.

★★ St-Sébastien (San Sebastián/Donostia) C1

(voir p. 174).

ROUTE DES PLAGES A1 B1-2 C1

Circuit de 58 km tracé sur la carte de région (p. 172) – Comptez 1h. Quittez St-Sébastien par l'A 8 vers Bilbao. Au niveau de la sortie 10, prenez la direction de Pampelune et Vitoria et sortez presque immédiatement à Txikierdi. Prenez ensuite la direction d'Usurbil et suivez la N 634.

Orio C1

Palacio Iturriaga - Kale Nagusia 17 - 943 830 904 - www.oriora.com - du 20 juin au 20 sept. et Sem. sainte : lun.-sam. 10h-14h, 16h-20h, dim. 10h-14h ; reste de l'année : mar. 16h-19h, merc.-vend. 9h30-13h, 16h-19h, sam. 9h30-14h, 16h-19h, dim. 10h-14h.

Iglesia San Nicolás de Bari – *À l'orée du quartier médiéval ou Goiko Kale.* Cette église reconstruite à la Renaissance conserve tout de même des allures de forteresse, rappelant l'époque où elle servait de tour de guet.

La rue principale, *kale Nagusia*, qui la longe est bordée de maisons anciennes des 15e, 16e ou 17e s., souvent blasonnées.

Parc naturel de Aia Pagoeta B-C 2

943 835 389 - www.aiapagoeta.com - ♿ - juil-sept. : mar.-vend. 10h-14h, 16h30-18h30, w.-end 10h-14h ; oct.-juin : w.-end et j. fériés 10h-14h - gratuit.

Frontalier avec la Navarre, ce parc correspond au massif d'Aiako et couvre une superficie de 6 145 ha où les zones de pâturages alternent avec les hêtraies ou les chênaies. Il culmine avec Las Peñas de Aia à 833 m d'altitude. Sur la route de Zarautz, n'hésitez pas à faire un détour par la GI 2631 qui monte à **Aia**. Ombragée, la route ménage de beaux points de vue sur la côte et passe devant le jardin botanique d'**Iturraran**, lequel abrite aires de pique-nique, parcours fléché et surtout la Maison du **parc de Aia Pagoeta**. Vous y trouverez toutes les informations nécessaires pour effectuer quelques randonnées.

Revenez sur la N 634.

Zarautz B1

Nafarroa, 3 - 943 830 990 - www.turismozarautz.com - de déb. juil. à mi-sept. : lun.-sam. 9h-20h30, dim. et j. fériés 10h-20h ; 2e quinz. de sept. : lun.-vend. 9h30-13h, 15h30-19h30 ; de mi-avr. à fin juin : lun.-vend. 9h30-13h, 15h30-19h30, w.-end et j. fériés 10h-14h, 16h-19h30 (avr. dim. 10h-14h) ; oct.-mars : lun.-sam. 9h30-13h, 15h30-19h30 ; 1re quinz. d'avr. : lun.-sam. 9h30-19h30, dim.10h-14h, fermé 24 déc.-1er janv., 6 janv., 9 sept.

Cette station balnéaire, célèbre depuis que la reine Isabelle II en fit, au 19e s., sa villégiature, est agencé dans un site agréable où les collines voisinent avec une immense **plage** où les surfeurs ont élu domicile.

Le centre piétonnier est agréablement aménagé. Les façades colorées de la plaza Musika encerclent un joli kiosque ovale doté d'une charpente en bois. Dans la calle Mayor, la **tour Luzea** munie d'élégantes fenêtres abrite aujourd'hui une banque. Le **marché** couvert *(lun.-vend 8h15-13h15, 17h-20h15 ; sam. 8h-13h30)* lui fait face et apporte l'animation de la ville.

La ville a également conservé un **palais** dominant la plage, celui du marquis de Narros (16e s.), aux angles agrémentés d'échauguettes. À côté, à l'écart de l'église de Sta María, s'élève le clocher.

Ensemble archéologique et monumental de Sta María la Real – *943 835 281 - www.menosca.com - mar.-sam. 11h-14h, 15h30-18h30, dim. et j. fériés 15h30-18h30 - 1,20 €.* Il comprend la tour-clocher et l'église mitoyenne du 15e s., dans lesquelles ont été mis au jour des sépultures (visibles dans la nécropole avec vidéo et éclairages) et des gisements remontant pour certains à l'âge du fer. La tour présente l'histoire de la Côte basque et de Zarautz et des expositions de peintures d'artistes contemporains. On peut voir aussi, à tous les étages, le mécanisme de l'horloge. La visite de l'église se fait à heures fixes avec un guide.

Photomuseum – *San Ignacio 11 - 943 130 906 - www.photomuseum.es - mar.-dim. 10h-14h, 17h-20h - fermé 1er janv., Vend. saint, 26 juin, 31 juil., 9 sept.,*

25 déc. - 6 € (-18 ans 3 €). Espace consacré à l'art de la photo (paysages, portraits, surréalisme…) et à l'histoire de ses techniques, depuis la lithographie jusqu'au numérique avec appareils et clichés à l'appui, en passant par ses applications scientifiques en médecine, botanique, etc.

Après Zarautz, la route, taillée en **corniche★★** au bord de l'Océan jusqu'à Zumaia, devient très pittoresque.

Une promenade bien aménagée de 3,5 km longe la côte pour rejoindre Getaria. On arrive bientôt en vue du rocher *(el Ratón*, « la souris », ou île San Antón) de Getaria.

Avant d'accéder à ce pittoresque port, faites un détour par l'intérieur des terres sur la route d'Azpeitia.

Getaria (Guetaría) B1

Parque Aldamar, 2 - ☏ 943 140 957 - www.getaria.net - mar.-sam. 10h-13h30, 16h30-19h30, dim. 10h-13h30 - fermé lun. et de Noël à Pâques - demandez le plan de la ville pour la description des façades remarquables

Près du *ratón*, péninsule à laquelle le relie une digue, Getaria est un joli petit **port de pêche** réputé pour ses *chipirones* (calmars) et ses poissons grillés. On n'y part plus pour la pêche à la baleine, ni pour les Indes comme **Juan Sebastián de Elkano**, natif du lieu ; celui-ci ramena des Philippines, où Magellan avait été assassiné, l'unique bateau survivant de l'expédition, concluant ainsi le premier tour du monde (1522).

Les rues piétonnes sont étroites et pavées. L'une d'elles mène à l'**église de San Salvador** (14e-15e s.) dont la curiosité est la pente qui monte vers le chœur. Une ruelle passe sous celui-ci. À l'intérieur, belle galerie de style flamboyant.

Le nouveau musée dédié au grand couturier **Cristóbal Balenciaga** (1895-1972), originaire de Getaria, devrait bientôt ouvrir ses portes *(2011 - se renseigner auprès de l'office de tourisme)* au terme d'un interminable projet de construction qui aura alimenté la controverse pendant plus de dix ans. Pour y parvenir, prenez l'escalator, à droite de l'office de tourisme.

Très belle **vue** depuis le sommet de l'escalator sur le musée, les deux plages et le port de pêche de cette petite ville.

Zumaia B1

Kantauri plaza, 13 - ☏ 943 143 396 - http://zumaia.net - de mi-juin à mi-sept. : 10h-14h, 16h-20h ; reste de l'année : mar. 16h-19h, jeu.-sam. 10h-14h, 16h-19h, dim. 10h-14h - fermé 1er janv. et 25 déc.

À l'embouchure de l'Urola, Zumaia possède deux plages.

La première, **Itzurun**, est enclavée, cernée par les falaises. On y accède, depuis le pied de l'**église de San Pedro** (15e s.) à l'impressionnante nef unique (grand retable de Juan de Anchieta, 16e s.), par un passage bordé de très hauts murs. La meilleure vue sur ses **falaises** plissées s'obtient depuis le sanctuaire de San Telmo *(depuis le pied de San Pedro, par la rue San Telmo, prenez la 2e à gauche et suivez-la jusqu'au bout).*

La deuxième plage, **Santiago**, se trouve à l'entrée de la localité. C'est à proximité de celle-ci que vécut le peintre **Ignacio Zuloaga** (1870-1945). Sa maison a été convertie en **musée**, où sont exposées ses œuvres, aux couleurs ardentes, aux tracés vigoureux, illustrant des thèmes réalistes et populaires, mais aussi sa collection personnelle (tableaux du Greco, de Goya, de Zurbarán, de Luis Morales, ainsi que des sculptures de Rodin). *Santiago Etxea - ☏ 943 862 341 - www.ignaciozuloaga.com - avr.-sept. : merc.-dim. 16h-20h - fermé lun., mar. et oct.-mars - 6 €.*

Après Zumaia, faites un détour à l'intérieur des terres par la GI 631 jusqu'à Zestoa.

2

Zestoa (Cestona) B2

Cette petite station thermale dut sa renommée au 19e s. à l'infant Francisco de Paula Antonio, frère de Ferdinand VII. Très fréquenté jusqu'à la guerre civile, l'établissement de bains de la ville est encore en activité aujourd'hui.

Revenez sur vos pas jusqu'à la N 634 et prenez à gauche pour atteindre Itziar.

Itziar (Icíar) B1

Le sanctuaire-forteresse Nuestra Señora renferme, dans un retable en bois, une souriante Vierge romane du 12e s. habillée d'un manteau somptueux.

Deba (Deva) B1

À l'embouchure du Deba, on découvre ce petit port de pêche. L'**église de Sta María la Real** cache, sous le porche de sa façade fortifiée, un beau **portail gothique★** dont la statuaire montre beaucoup de naturel. Son cloître, d'inspiration arabe, présente des arcades composites.

À Deba, prenez la GI 638.

Sur le trajet en **corniche★** de Deba à Lekeitio, du promontoire qui ferme l'estuaire du Deba, **vue★** splendide sur la côte.

★ **Mutriku** (Motrico) A1

Pl. Txurruka/Churruca - ✆ 943 603 378 - www.mutriku.net - juil-août et Sem. sainte : 10h-14h, 16h-18h ; reste de l'année : mar.-sam. 11h-13h, 16h-18h, dim. et j. fériés 10h-14h - fermé 1er et 6 janv., 24, 25 et 31 déc.

Mutriku s'honore de posséder l'une des plages les plus enchanteresses de la Côte basque, la **plage de Saturraran**.

Son centre ne manque pas d'attrait non plus, entre ses maisons blasonnées et ses ruelles mystérieuses. Voyez notamment le palais Arrietakua (18e s.) à l'avant-toit joliment sculpté ou le palais Zabiel aux colonnes torsadées. Vous apercevrez aussi le magnifique blason du palais Olazarra-Mizquia (17e s.).

Poursuivez jusqu'à Ondárroa (voir p. 236).

NOS ADRESSES SUR LA CÔTE DE GUIPÚZCOA

HÉBERGEMENT

POUR SE FAIRE PLAISIR

À Zarautz

Hôtel Roca Mollarri – *Zumalakarregi, 11 - ✆ 943 890 767 - www.hotel-rocamollarri.com - P - fermé 18 déc.-7 janv. - 12 ch. 77/98 € - 8 €* ☕. Bel établissement dont une partie est consacrée à l'hôtel et l'autre à des habitations privées. Ses salles communes sont en harmonie avec des chambres chaleureuses et accueillantes.

Hôtel Zarauz – *Nafarroa, 26 - ✆ 943 830 200 - www.hotelzarauz.com - fermé 22 déc.-7 janv. - P - 75 ch. 91/110 € - ☕ 8,40 € - rest. 10,80 €.* Hôtel confortable et bien équipé. Chambres classiques, un peu vieillottes, mais compensées par des parties communes avenantes.

À Zumaia

Hôtel Zelai – *Playa de Itzurun - ✆ 943 865 100 - www.talasozelai.com - 28 ch. 85/140 € - ☕ 10 € - rest. 15 €.* Dans cet hôtel, qui abrite un centre de thalassothérapie, les chambres fonctionnelles sont lumineuses et la moitié d'entre elles bénéficient de belles vues.

UNE FOLIE

À Zarautz

Karlos Arguiñano – *Mendilauta, 13 - ✆ 943 130 000 - www.hotelka.com - fermé janv.,* *fêtes de Noël, dim. soir, mar. soir en hiver et merc. - 31/60 € - 12 ch. 135/199 € - ☕ 12 €.* Dans cet ancien petit palais en pierre, connu sous le nom de villa Aiala, le propriétaire a su recréer un environnement très accueillant avec deux salles soignées et des chambres chaleureuses.

RESTAURATION

BUDGET MOYEN

À Getaria

Mayflower – *Katrapona, 4 - ✆ 943 140 658 - tlj janv.-nov. - 12/35 €.* La terrasse surplombe le petit port de pêche. Les poissons sont grillés sous vos yeux par un chef affairé ! Et les *calamares a la plancha* sont dignes de leur réputation.

POUR SE FAIRE PLAISIR

À Irún

Ibaiondo – *Joaquín Tadeo Murjía - ✆ 943 632 888 - fermé 15 j. en fév., 15 j. en août, dim. soir et lun. - 24/35 €.* Restaurant bien tenu par son chef-propriétaire. Décoration simple et belle carte traditionnelle et internationale.

À Getaria

Iribar – *Nagusia 34 - ✆ 943 140 406 - fermé 10 j. en avr., juin, oct. et nov. - 32/49 € - 5 ch. 50/65 €.* Situé dans la vieille ville, ce restaurant propose une carte de spécialités basques riche en produits de la mer. Quelques chambres rénovées et fonctionnelles sont à disposition.

ACHATS

À Getaria

Sala Nort (Conservas artesanes de Pescado) – *lun.-vend. 10h-20h, w.-end 10h30-20h30.* Vous trouverez nombre de poissons, sauces, piments… en conserves ou sous vide ainsi que du fromage et des vins de La Rioja.

SPORTS ET LOISIRS

À Zarautz

Alitan-Sub – *Aritzbatalde, 2 - ✆ 943 132 647 - www.alitan-sub.com.* Pêche sous-marine ou sportive, plongée, cours d'apnée, conférences sur l'océan, promenades en mer : si vous souhaitez faire du tourisme actif, ce club nautique, fondé en 1989, répondra à vos attentes grâce à ses multiples activités pour débutants et confirmés.

À Mutriku

Buceo Euskadi – *Iriagirre, 4 - ✆ 943 195 088 ou 617 333 003 - www.buceoeuskadi.com.* Si vous n'avez jamais essayé la plongée, contactez le centre Buceo Euskadi. Il propose aux débutants un programme baptisé « À la découverte de la plongée » très bien pensé. Les confirmés peuvent quant à eux parcourir les fonds marins de l'Euskadi grâce aux nombreuses sorties en mer (tous niveaux).

Mutriku Arraun Taldea – *Kaia z/g apartatua, 88 - ✆ 605 751 127.* Mutriku a la chance de posséder l'une des plus belles plages de la Côte basque. Ses baies rocheuses sont également le prétexte à de sympathiques balades en kayak. La société Mutriku Arraun Taldea en loue plusieurs, individuel ou 2 places. Point de départ : le port de Mutriku.

À St-Sébastien

Begi-Bistan – *Puio, 2-2B - ✆ 657 794 677 - www.begi-bistan.com.* Cet organisme de loisirs offre une gamme variée de services, en collaboration avec les offices de tourisme locaux. Parmi les propositions les plus intéressantes : visite culturelle de Zumaia, Getaria et Orio, trekking côtier, sorties naturalistes et activités nautiques (kayak, bateau, plongée…).

Fontarabie

Fuenterrabía/Hondarribia

★★

16 458 habitants

NOS ADRESSES PAGE 197

S'INFORMER

Offices de tourisme – *C/ Javier Ugarte, 6 - ✆ 943 645 458 - www.bidasoaturismo.com - juil.-sept. : mar.-dim. 10h-13h30, 15h30-20h ; reste de l'année : mar.-sam. 10h30-13h30, 17h-20h, dim. 10h-14h - fermé 1er et 7 janv., 8 sept., 24, 25 et 31 déc. Plaza de Armas, 9 - ✆ 943 643 677.* Vous trouverez dans ce dernier un mini-musée ainsi que des livres et ressources historiques sur la ville.

SE REPÉRER

Carte de région D1 (p. 172) – *carte Michelin n° 573 B 24.* Fontarabie occupe une position stratégique sur l'embouchure de la ría de la Bidassoa, face au port français d'Hendaye. Son vieux quartier s'accroche à une colline tandis que la marina, quartier animé de pêcheurs, fait face à la mer.

SE GARER

Au pied de ses remparts.

À NE PAS MANQUER

Le vaste panorama depuis l'ermitage de San Marcial.

ORGANISER SON TEMPS

Flânez dans la vieille ville jusqu'à l'heure des tapas dans le quartier des pêcheurs, plus particulièrement dans la calle San Pedro où l'ambiance est très festive !

AVEC LES ENFANTS

Une promenade en bateau.

Séparée d'Hendaye par l'estuaire de la Bidassoa, Fontarabie a choisi l'un des plus beaux paysages côtiers du Guipúzcoa pour s'établir. Le charme de cette station balnéaire ne se limite pas à ses plages. Elle a conservé un vieux quartier fortifié aux ruelles tortueuses qui s'appréhende le nez en l'air, pour ne manquer aucun détail architectural de ses vieilles maisons. Son port, quant à lui, n'a rien perdu de son authenticité et nombreux sont les autochtones ou les Français venus « tapear » dans ses nombreuses tavernes.

Se promener

VIEILLE VILLE (Ciudad Vieja)

Entre les effluves de lessive et les trilles mélodieux des oiseaux en cage, les ruelles escarpées de la vieille ville ne manquent pas de pittoresque, tandis que la marina déborde d'une activité plus festive avec ses boutiques et ses cafés.

Barques se reflétant dans le port de Fontarabie.
J.-P. Oger / MICHELIN

Sur la butte dominant la Bidassoa, l'ancienne place forte est encore entourée de remparts. Percée dans ces murailles qui datent du 15ᵉ s., la **puerta de Sta María** est surmontée des armes de la ville et de deux anges vénérant N.-D. de Guadalupe.

2

★ Rue principale (Calle Mayor)

Étroite rue très pittoresque, bordée de maisons anciennes aux balcons de fer forgé et corniches en bois sculpté. Voyez plutôt : les galeries des n°s 26, 24, 22 ; les blasons de la casa Consistorial au n° 28 ; les poutres travaillées du palais Zuloaga au n° 8, et la très belle porte ouvragée de la maison de Casadevante au n° 5, là où fut négociée la trêve du siège de 1638.

Église Sta María

Gothique, remaniée au 17e s. (tour baroque), l'église de Sta María est un édifice imposant étayé à l'abside par d'épais contreforts. C'est là que le 3 juin 1660, six jours avant la cérémonie solennelle à St-Jean-de-Luz, don Luis de Haro, ministre espagnol, épousa par procuration, au nom de Louis XIV, l'infante Marie-Thérèse.

Château (Castillo)

Le château de Charles Quint fut construit au 10e s. par le roi de Navarre Sanche II Abarca (vers 935-994). Charles Quint le fit restaurer au 16e s. Aménagé en *parador* (hôtel de luxe), il donne sur la place d'armes, qui offre une belle vue sur la mer.

MARINA

Le quartier des pêcheurs et la nouvelle ville qui s'étage derrière lui se déploient le long de la ría.

DES VIKINGS BASQUES ?

Au cours d'un de leurs raids, des Vikings se seraient installés du côté de Fontarabie et s'y seraient reproduits… C'est du moins ce que veut une légende locale qui explique ainsi le nombre anormalement élevé de blondes et de blonds dans la ville… dont les habitants ont pour sobriquet : *los Vikingos*.

VILLE FRONTALIÈRE ET PORTUAIRE

Du fait de sa situation stratégique en bord d'estuaire, Fontarabie n'a eu d'autre choix que de se fortifier très rapidement pour protéger sa position. Les plus anciennes traces de fortifications remontent ainsi au 7e s. Les remparts actuels datent quant à eux du règne des Rois Catholiques (fin 15e s.), et ils se révélèrent par la suite fort utiles pour résister aux assauts d'ennemis désireux de posséder ce port florissant qui commerçait avec les Flandres et l'Europe entière.

UNE BATAILLE MÉMORABLE EN 1638

Pendant la guerre de Trente Ans, la ville subit l'assaut des troupes françaises de Condé deux mois durant. Elle ne dut son salut qu'à l'intercession de N.-D. de Guadalupe : ses défenseurs tentèrent une sortie et parvinrent à chasser l'armée française. En souvenir de cet épisode et pour honorer la Vierge, Fontarabie organise chaque année une *alarde* (sorte de parade militaire) le 8 septembre *(voir « Nos Adresses » ci-contre).*

Rue (Calle) San Pedro

Bordée de maisons de pêcheurs aux balcons et aux volets de bois rouges, verts ou bleus, cette rue dégage une atmosphère de gaieté communicative. C'est ici comme dans les rues adjacentes que se concentrent tavernes et bars à tapas.

Trois rues la séparent du front de mer, caractérisées par des immeubles de taille modeste, dont les boutiques ont parfois deux entrées, une sur l'avant, l'autre sur l'arrière.

Front de mer (Front de ría)

Sans charme particulier en raison des immeubles en béton qui le ponctuent, le front de mer se déroule jusqu'au port de plaisance en longeant à un moment une sorte de jetée dont les pierres sont couvertes de croquettes pour chats (ces animaux y viennent en nombre).

Plage – Depuis la plage, on voit les bateaux de pêche sortir du port. Les jeunes viennent y décortiquer des *pipas* (graines de tournesol) et les retraités y promener leur chien.

Port de plaisance (Marina) – Belle **vue**, à travers une forêt de mâts, sur la vieille ville et le clocher de Sta María. À voir en fin de journée avec la chaîne des Pyrénées en toile de fond.

À proximité Carte de région

Sanctuaire (Santuario) Nuestra Señora de Guadalupe D1

4 km à l'ouest par la GI 3440, en direction de Pasai Donibane par le Jaizkibel. Laissez votre voiture au parking de l'église.

Cette chapelle, que jouxte l'enceinte d'un ancien fort, est le centre de convergence d'un vaste réseau de randonnées, allant du cap Higuer *(voir ci-après)* au mont Jaizkibel *(voir « la Côte de Guipúzcoa »)*. La promenade menant à ce dernier commence par une pente très inclinée et emprunte ensuite les crêtes, révélant d'époustouflantes **vues★★** sur le littoral et la mer *(4 km - balisage blanc-rouge).*

Cap du Figuier (Cabo Higuer) D1

4 km au nord. Quittez Fontarabie par la plage. Prenez la route de gauche.

En montant parmi les villas vers le cap, la route offre une belle **vue★** sur la plage, la ville et la jetée. De l'extrémité du cap, on distingue la côte française et Hendaye.

Ermitage San Marcial (Ermita San Martzial) D1

9 km au sud-est. Sortez de Fontarabie vers Béhobie et prenez la première route à droite après l'usine Palmera. Au premier carrefour, tournez à gauche.

Une route étroite conduit au sommet boisé (225 m). De la terrasse près de l'ermitage, **panorama★★** qui s'étend de St-Sébastien à la plage d'Hendaye au loin et, plus près, de Fontarabie, Irún à l'île des Faisans, qui a été le cadre de différents faits historiques – parmi lesquels la signature du traité des Pyrénées en 1659, stipulant le mariage de Louis XIV avec l'infante Marie-Thérèse.

NOS ADRESSES À FONTARABIE

VISITES

Excursions Jolaski – *Paseo Butrón - ☎ 639 617 898 - www.jolaski.com.* Visite guidée de Fontarabie et promenades en bateau. Trajet en bateau de Fontarabie à Hendaye - *1,50 €.*

HÉBERGEMENT

PREMIER PRIX

Chambre d'hôte Maidanea – *Barrio de Arkoll - Santiago Auzoa - ☎ 943 640 855 - ⊭ P - 5 ch. 54/65 € - ☕ 5 €.* Le couple de propriétaires a insufflé son propre style à cette maison de campagne, avec un salon-bibliothèque, une salle de petit-déjeuner et des chambres modernes.

POUR SE FAIRE PLAISIR

Hôtel Obispo – *Pl. del Obispo, 1 - ☎ 943 645 400 - www.hotelobispo.com - 16 ch. 96/150 € ☕.* Cet hôtel de charme est installé dans un palais des 14e-15e s. dans la partie haute de la vieille ville. Les chambres sont toutes différentes et combinent avec bonheur le bois des poutres, la pierre dans quelques-uns de ses murs, le mobilier et les tissus pour créer une ambiance très accueillante.

Hôtel Pampinot – *Mayor, 5 - ☎ 943 640 600 - www.hotelpampinot.com - 8 ch. 100/170 € - ☕ 16 €.* Abrité par le palais de Casadevante, du 17e s., cet hôtel se démarque par sa décoration personnalisée, ses fresques au plafond et son mobilier d'époque.

RESTAURATION

PREMIER PRIX

Gran Sol – *San-Pedro, 65 - ☎ 943 642 701 - fermé 2 sem. en janv., 1 sem. en juin, 1 sem. en sept. et lun. - 8 €.* Ce restaurant néorustique de tradition a été repris par le fils du propriétaire. Vous pourrez y déguster au comptoir de délicieuses brochettes très bien préparées.

BUDGET MOYEN

Restaurante Kaialde – *Itsasargi, 8 - ☎ 943 644 622 ou 619 960 770 - 20/40 € - fermé dim. soir et lun. - été ouv. tlj.* Oscar González, chef et propriétaire de ce très joli restaurant, propose une superbe aventure gastronomique. Médaillé d'argent des 2 derniers Championnats du monde de *pintxos*, il a su transposer son

2

insatiable créativité dans ce lieu très original qui abrite également son « bar à desserts et cocktails », unique au Pays basque. Jeu des saveurs et respect des matières premières sont son *modus vivendi*. Menus de saison où les poissons de ligne et le gibier sont à l'honneur. À la carte : cochon de lait rôti, *boletus* du Baztan et épinards croustillants, ravioli de carpaccio de st-Jacques farci au saumon fumé, calamars à l'encre. Au grill : côte de bœuf, filet de cerf, loup de mer, mérou.

UNE FOLIE

Ramón Roteta – *Irún, 1 - ✆ 943 641 693 - www.roteta.com - fermé fév., dim. soir et mar. - 58 €.* Belle villa du début du 20e s., à l'intérieur plein de charme. D'un classicisme raffiné et d'une ambiance élégante, ses salles sont soigneusement aménagées.

Alameda – *Minasoroeta, 1 - ✆ 943 642 789 - www.restalameda.com - fermé 11-17 juin, 8-14 oct., 24 déc.-6 janv., dim. soir, mar. soir et lun. - 62 €.* Restaurant familial dont la cuisine a su s'adapter aux temps modernes. Il comprend une terrasse et deux salles de restaurant bien aménagées.

AGENDA

Fête de la Kutxa – 25 juil.
Alardes d'armes – 8 sept.

Tolosa

★

18 044 habitants

NOS ADRESSES PAGE 204

S'INFORMER

Office de tourisme – *Sta María plaza, 1 - ✆ 943 697 413 - www.tolosaldea.net - mar.-dim. 10h-14h, 15h30-19h30.*

SE REPÉRER

Carte de région C2 (p. 172) – *carte Michelin n° 573 C 23.* Étape incontournable sur la route reliant St-Sébastien à l'intérieur des terres (Vitoria ou Pampelune), Tolosa est accessible depuis la côte par la N 1 (26 km).

SE GARER

Le vieux centre étant piétonnier, mieux vaut vous séparer de votre voiture dès que vous le pouvez.

À NE PAS MANQUER

Le marché couvert du samedi le long de la rivière.

ORGANISER SON TEMPS

Tolosa constitue un point de rayonnement idéal pour découvrir la vallée de l'Oria. Passez-y une matinée avant de partir en excursion.

Réputée pour être un bastion du séparatisme basque, Tolosa est aussi une ancienne ville industrielle de pâte à papier. Son centre historique abrite demeures anciennes, palais, églises ainsi qu'un moulin récemment restauré. Vous prendrez plaisir à arpenter ses marchés colorés et animés. Ne manquez pas de goûter les haricots qui font sa célébrité !

Se promener

★ **VIEILLE VILLE** (Casco Viejo)

Le quartier historique est délimité au sud par la Triangulo plaza, à l'est par le río Oria et à l'ouest par la calle Pablo Gorosabel, un ancien bras de la rivière. Il demeure le cœur de la cité, là où commerces et marchés entretiennent une animation quotidienne.
Départ depuis la Triangulo plaza.

Triangulo plaza (Place du Triangle)
Elle est reconnaissable à son plan et surtout à l'œuvre du sculpteur **Jorge Oteiza**, *Atauts*, qui précède la porte de Castille donnant accès au quartier historique.
Prenez tout droit la kale Solana.

Halles
Érigées au 19e s., elles bordent un alignement de façades colorées ainsi que la rivière voisine. Le marché aux produits locaux s'y tient tous les samedis.
Au bout de la calle Solana, tournez à gauche.

2

Zaharra plaza
Le drapeau basque flotte au balcon de l'*Ayuntamiento* (hôtel de ville) aux briques roses (17e s.), qui partage la place avec de vieilles demeures baroques et blasonnées. Face à elles s'étale la vitrine du chocolatier Xaxu, qui organise les visites au **musée de la Confiserie** (Museo de la Confitería, *dans la rue voisine de Letxuga.* ✆ *943 697 413 - www.gorrotxategi.com - août, Sem. sainte et j. fériés : tlj 10h-13h30, 15h30-19h30 ; reste de l'année : lun.-sam. 10h-14h, 15h30-19h, dim. 10h-14h - gratuit, visite guidée en français, espagnol, anglais et basque à 12h et 17h30 (sur réserv.), dégustation d'un chocolat chaud à la fin de la visite - 1,50 €).*
Prenez la rue qui part sur la droite de la mairie pour aboutir à Sta María plaza.

Église Sta María
D'extérieur baroque (1761), l'édifice déploie à l'intérieur une architecture gothique basque.
En sortant de l'église, prenez la rue de droite qui mène à la rivière.

Bords d'Oria
Le palacio Idiakez du 17e s. donne la réplique à la façade mi-ancienne, mi-moderne du palacio Aramburu (17e s.), reconverti en centre d'expositions.
Rejoignez Sta María plaza et engagez-vous dans la kale Emperador. Au bout se trouve la Felipe Gorriti plaza, prenez la Kale Nagusia à gauche.

Kale Nagusia (rue principale)
Représentative des rues de la vieille ville, cette artère est bordée de façades anciennes dont la plus significative est celle du **palacio Atodo** (16e s.) au n° 33, que vous repérerez à son blason et son double avant-toit.
En remontant la rue, à droite, vous passez devant la torre Andia (15e s.) puis la Berdura plaza.

★ Berdura plaza

Une halle couverte d'une **verrière** occupe le centre de la place entourée de maisons à arcades. C'est ici que se tient chaque samedi le marché aux fleurs.

Traversez-la et prenez à gauche dans la kale Korreo, puis à droite dans la kale Letxuga. Encore à droite, la kale Aroztegieta (marché le samedi matin) pour arriver enfin sur la plaza Euskal Herria.

Euskal Herria plaza

Bordée d'arcades de style néoclassique, cette place accueille un marché chaque samedi matin.

Reprenez la kale Rondilla pour revenir à la Triangulo plaza.

Pour prolonger la promenade, n'hésitez pas à flâner dans les autres rues parallèles à la kale Korreo.

À proximité Carte de région

★ Ordizia B3

14 km au sud par la N 1.

Centro d'Elikatuz - Casa Barrenetxe, Sta María, 24 (le point touristique est situé au rdc du Centre de l'alimentation) - 943 882 290 - lun.-vend. 10h-13h, 16h-18h, w.-end. et j. fériés 11h-14h, 16h-19h - fermé 1er et 6 janv., 25 déc.

Porte de la *comarca* (région) de Goierri, Ordizia comporte un agréable quartier historique en surplomb de la gare. il compte plusieurs demeures notables telles que le palais Barrena du 17e s., le palais Zabala reconnaissable à son balcon ouvert sur une double fenêtre en arcs, ou encore le palais Abaria à l'angle de la plaza Mayor, dont la halle fut inaugurée en 1925. Cette dernière accueille l'un des plus grands marchés du Guipúzcoa.

Centre de l'alimentation et de la gastronomie d'Elikatuz (Centro de la Alimentación y de la Gastronomía d'Elikatuz) – *Juste à côté du palais Barrena. 943 882 290 - www.delikatuz.com - lun.-vend. 10h-13h, 16h-19h, w.-end 11h-14h, 16h-19h - 3 € (-12 ans 2 €).* Chacun des trois niveaux de ce musée moderne aborde un angle différent de la culture culinaire locale : le premier présente les villages de la *comarca* ; le deuxième, l'histoire de l'alimentation et l'art de bien doser ses repas (amusant plateau-repas à composer soi-même) ; quant au troisième, il recense les spécialités régionales.

Beasain/Beasáin B3

18 km au sud-ouest par la N 1.

Cette importante cité industrielle ne séduit pas au premier abord… Mais en prenant la direction de Zumarraga dans le centre-ville, vous passerez à proximité de ce qui subsiste du hameau médiéval entouré d'immeubles modernes. Il s'agit, dans le *barrio* (quartier) de Igartza, de quelques **maisons anciennes** (13e-15e s.), dont certaines à pans de bois, qui se répartissent de part et d'autre de la rivière enjambée par un vieux pont. Souvent abandonnées, elles sont parfois hélas assez dégradées, même si les lieux sont en train d'être remis en valeur.

À droite de la route seront fléchés deux sanctuaires : celui de N. S. de Loinaz, sorte de petite chapelle campée à côté d'une maison et, plus loin, la basilique de San Martín.

UNE POSITION STRATÉGIQUE

Fondée en 1256 par Alphonse X de Castille, dit « le Sage », et baptisée en hommage à Toulouse, Tolosa fut dès l'origine contrainte de se fortifier du fait de sa situation sur le couloir de passage entre la côte et la Navarre qu'est la vallée de l'Oria. Mais l'avantage qu'elle en tirait compensait les agressions et les invasions puisqu'elle prélevait un droit de péage qui fit sa richesse.

INDUSTRIES

En partie détruite par les Français en 1794, la ville retrouva une certaine prospérité avec l'industrialisation. La première usine de papier ouvrit en effet ses portes en 1842 et la ville prit le surnom de « cité papetière ». Cette industrie a aujourd'hui presque disparu, ce qui ne signifie pas que toutes ont périclité, car la ville a su se diversifier, avec notamment la création du polygone d'Apattaerreka. Il perdure une activité traditionnelle, dont la popularité ne se dément pas : la fabrication de **bérets**. On continue à dire que ce sont les meilleurs du pays.

Circuits conseillés Carte de région

LE GOIERRI OUEST B3

Circuit de 27 km tracé sur la carte de région (p. 172) – Comptez 2h. Quittez Beasain par la N 1 en direction d'Altsasu/Alsasua et Vitoria, et sortez à l'échangeur 416 pour suivre la GI 637 en direction d'Idiazabal.

Goitur - Industrial Pab. 18, 20240 Ordizia - 943 161 823 - www.goierri.org - lun.-vend. 10h-13h, 16h-19h, w.-end et j. fériés 11h-14h, 16h-19h.

Idiazabal

Le nom évoque un célèbre fromage de brebis, mais il correspond d'abord à un petit village tranquille, parsemé de quelques maisons des 13e et 14e s.

Sur ses hauteurs se trouve le sanctuaire de **Sta María de Gurutzeta★** *(fléché à partir de l'église)*. Accolé à une maison *(demandez la clé)*, il séduit par son charme rustique (la charpente est en bois brut, les fenêtres sont fermées par des volets), sa Vierge du 13e s. et son retable du 16e s. Il offre le prétexte de découvrir les pâturages puisque fermes traditionnelles et prés se succèdent dans la montée.

Suivez la GI 2637 pour rejoindre Segura.

Segura

Charmant bourg perché qui conserve de ses anciens remparts deux portes ouvertes vers les monts alentour. Ses rues sont pavées et bordées de demeures autrefois prospères. La plus intéressante est celle des Guevara, identifiable à ses blasons et ses gargouilles. Elle se situe sur la calle Mayor *(Nagusia Kalea)* à quelques pas de la jolie église fortifiée N. S. de la Asunción (portail Renaissance). Voyez également le palais Lardizabal (17e s.), reconverti en mairie.

Poursuivez sur la GI 2637.

Zegama

Bâtiments modernes et anciens se partagent le village, au cœur duquel se dressent la mairie à arcades et l'église au portail Renaissance.

Revenez sur vos pas et, après environ 3,5 km, prenez à gauche la GI 3520.

Zerain

Ce hameau isolé dans la montagne conserve quelques maisons typiques comme le palais Jauregui, caractéristique de l'architecture rurale basque. Il se dresse non loin de la place de l'église (13e s., refaite au 18e s.).

Musée – *✆ 943 801 505 - www.zerain.com - lun.-vend. 10h30- 13h30, 15h30-18h30, w.-end : 11h-14h, 16h-19h - 2 €.* Une vidéo de 14mn présente la démarche des habitants qui ont voulu préserver leur patrimoine et sauvegarder leurs traditions. Le résultat est visible au grenier où panneaux et objets expliquent le travail du bois, de l'élevage, de l'agriculture, du fromage, de la chasse, etc.

Reprenez la GI 637, dépassez Segura et prenez sur votre gauche la GI 3571 menant à Mutiloa puis Ormaiztegi.

Ormaiztegi

Musée Zumalacárregui – *✆ 943 889 900 - mars-oct. : merc.-dim. 10h-14h, 16h-19h ; nov.-fév. : merc.-vend.10h-14h, w.-end et j. fériés 10h-14h, 16h-19h - 1,20 €, jeu. gratuit.* Installé dans une maison traditionnelle du 18e s. où Tomás de Zumalacárregui vécut quelques années, ce musée retrace l'histoire du Pays basque au moment des guerres carlistes et du mouvement libéral qui s'est développé dans les provinces au 19e s. Une vidéo de 10mn en castillan, des reproductions de gravures et des objets personnels du général ponctuent la visite d'un lieu qui honore un héros mal connu (en France du moins) de la cause carliste.

Revenez à Beasain en suivant la GI 632 puis la N 1.

VERS LE PARC NATUREL D'ARALAR B3

Circuit de 15 km tracé sur la carte de région (p. 172) – Comptez 1h. Au départ de Beasain, franchissez la N 1 pour rejoindre Lazkao.

Lazkao

Mieux préservé que Beasain, ce bourg rassemble quelques beaux monuments *(aucun ne se visite)* autour de l'église San Miguel (16e s.). Au plus près d'elle, le **palais de l'infante** (palacio del Infantado) est entouré d'un beau jardin. Admirez sa façade et son entrée, organisée en trois parties. Face à l'église, notez le blason du couvent des bernardines.

Suivez la GI 2120.

LE PATRIARCHE DE LA CULTURE BASQUE

Entré au séminaire de Vitoria en 1906, le jeune **José Miguel de Barandiarán** se passionne pour la culture mégalithique après avoir découvert des dolmens près de sa ville natale. Voyageant en Allemagne en 1913, il suit à Leipzig un enseignement sur la psychologie des peuples, ce qui l'incite à entreprendre à la Sorbonne des études d'ethnologie, d'anthropologie et de paléontologie. Ordonné prêtre à son retour en Espagne, il enseigne à Vitoria et Salamanque, multiplie les recherches et les publications scientifiques et crée la Société d'études basques. Mais survient la guerre civile : contraint de s'expatrier, il se fixe à **Sare** où il poursuit ses travaux avant d'être assigné à résidence en Normandie. De retour en Espagne en 1953, il poursuit son activité inlassable… au point de mettre la dernière main à un atlas ethnographique alors qu'il avait atteint l'âge canonique de cent ans. Le musée des **Grottes de Sare** *(voir Le Guide Vert Pays basque)* lui est aujourd'hui dédié, tout comme le récent musée de la Mythologie basque à Ataun *(voir ci-contre)*.

À LA GUERRE COMME À LA GUERRE

Né à Ormaiztegi, **Tomás de Zumalacárregui** (1780-1835) participe à la guerre d'indépendance de 1808-1814 contre les troupes napoléoniennes. Mais c'est à la mort de Ferdinand VII (1833) qu'il entre dans l'histoire en embrassant la cause de l'infant Don Carlos, frère du roi défunt. Alors en garnison à Pampelune, il se soulève contre les partisans d'Isabelle II, et Don Carlos le nomme rapidement général en chef de son armée. Employant la tactique de la guérilla, et n'hésitant pas à user d'une certaine cruauté envers ses prisonniers qu'il fait volontiers fusiller, Zumalacárregui remporte quelques succès, mais il est grièvement blessé alors qu'il inspectait les défenses de Bilbao qu'il s'apprêtait à assiéger. Mal soigné, il meurt quelques semaines plus tard.

Ataun

Le village s'étire en fond de vallée et s'éparpille le long de l'Agauntza en divers quartiers. À l'entrée de celui de San Gregorio, arrêtez-vous à la **maison Sare** (Sara). Contre son mur et devant elle sont disposées des œuvres d'art moderne en métal oxydé qui reprennent la forme des stèles discoïdales traditionnelles, avec des formes découpées à l'intérieur. Elles sont signées Jon Iturrarte Artola et ont été réalisées en 1990 pour le centenaire de l'anthropologue **Joxemiel (José Miguel) de Barandiarán** (1889-1991), natif du village. Un musée, le **musée de la Mythologie basque** (Museo de la Mitología Vasca), consacré à son œuvre et à la mythologie basque vient d'ouvrir ses portes – *✆ 943 180 335 - mar.-sam. 10h-14h, 16h-19h, dim. 10h-14h (horaires provisoires) - 2 € (enf. 1 €).*
Poursuivez sur la GI 2120 jusqu'au col de Lizarrusti.

2

Centre d'Interpretación du Parc de Aralar – *✆ 953 582 069 - www.turismoataun.net - ♿ - 10h-20h - gratuit.* Il occupe une salle dans l'auberge du col de Lizarrusti. La flore et la faune y sont présentées, ainsi qu'une maquette du parc où passe la ligne de partage des eaux du Pays basque. Vous pourrez vous y procurer des cartes de randonnées.

Comptez 2h AR pour aller au **lac d'Urtegia**.

NOS ADRESSES À TOLOSA

HÉBERGEMENT

POUR SE FAIRE PLAISIR

Hôtel Oria – *Oria, 2 - ✆ 943 654 688 - www.hoteloria.com - 45 ch. 80/86 € - ☕ 10 € - rest. 18 €.* Les chambres sont réparties dans deux bâtiments, l'un de construction moderne et l'autre datant du début du 20e s., qui ressemble à un chalet. Fonctionnel et confortable. Vaste restaurant, type rôtisserie, meublé de longues tables et décoré de tonneaux de cidre.

RESTAURATION

PREMIER PRIX

Botarri – *Oria, 2 (Bajo) - ✆ 943 654 921 - 13,50/30 €.* Ce restaurant se trouve dans les murs de l'hôtel Oria mais sa gestion est totalement indépendante. Son décor intérieur, où domine le bois, rappelle celui d'une cidrerie traditionnelle. En cuisine, le chef utilise les produits de saison et élabore des menus équilibrés très bien présentés.

POUR SE FAIRE PLAISIR

Fronton – *San Francisco, 4 - ✆ 943 652 941 - www.restaurantefronton.com - fermé fêtes de Noël, dim. soir et lun. - 37/45 €.* Cet établissement occupe un édifice de 1930 de style rationaliste, avec accès direct à un fronton. Bar à *pintxos* (tapas basques) au rez-de-chaussée ; restaurant Art déco à l'étage.

Hernialde – *Martín José Iraola, 10 - ✆ 943 675 654 - www.restaurantehernialde.com - fermé 3 sem. en août, 10 j. en déc., mar. soir et merc. - 37/45 €.* Établissement familial doté d'un petit bar et d'une salle claire au sol en parquet. Cuisine savoureuse aux accents basques et élaborée à base de produits naturels.

FAIRE UNE PAUSE

Pastelería Eceiza – *Pablo Gorosabel, 34 - ✆ 943 655 161 - pastecei2A@euskalnet.net - 8h-20h30.* Ne quittez pas Tolosa sans avoir visité la délicieuse Pastelería Eceiza et goûté ses exquis *tejas y cigarillos* (tuiles aux amandes et cigarettes russes). La boutique, qui existe depuis 1924, vend également de savoureux tourons, truffes et tartes artisanales.
Sur place, vous pourrez déguster un café.

ACHATS

Marché – Chaque samedi matin.

Artzai-Gazta (Queso de Pastor) – *Kale Nagusia, 37 - Idiazabal - ✆ 943 187 129 - www.artzai-gazta.net.* La coopérative Artzai-Gazta regroupe 120 fromagers du Pays basque espagnol et de Navarre. Plus connue sous le nom de Casa del pastor (maison du berger), elle est à la fois un centre d'information sur la fabrication du fromage de brebis Idiazabal et un lieu de vente. Profitez-en pour en acheter car il n'est pas toujours facile d'en trouver en France…

Boinas Elosegui – *Avda Iruña Etorbidea (av. de Pamplona), 10 - Tolosa - ✆ 943 670 566 - www.boinaselosegui.com.* Cette illustre maison fabrique depuis 1853 les fameuses **boinas (bérets)** qui coiffent traditionnellement les bergers basques…

AGENDA

Carnaval de Tolosa – 6 jours en février.

Festival de marionnettes – Nov.-déc.

Sanctuaire de Saint-Ignace-de-Loyola

★

NOS ADRESSES PAGE 208

S'INFORMER
Office du tourisme d'Oñati *(voir p. 209).*

SE REPÉRER
Carte de région B2 (p. 172) – *carte Michelin n° 573 C 23.* On accède au sanctuaire, au sud-ouest de St-Sébastien, par la N 1 au sud, via Tolosa et Azpeita, ou bien par la côte en prenant à la hauteur de Zumaia la GI 631.

SE GARER
Devant le sanctuaire de St-Ignace-de-Loyola.

ORGANISER SON TEMPS
Le sanctuaire et la visite de ses environs peuvent faire l'objet d'une bonne journée d'excursion depuis la côte, avec par exemple la découverte de la ville et de ses musées en matinée, et celle des vallées avoisinantes l'après-midi.

AVEC LES ENFANTS
Le passionnant musée du Chemin de fer, le musée de l'Environnement.

Dans un écrin de verdure entouré du massif d'Izarraitz se dresse le monumental sanctuaire dédié à saint Ignace de Loyola, fondateur de l'ordre des Jésuites. Sa maison natale, un manoir médiéval relativement modeste, est conservée comme une relique au centre du vaste complexe baroque qui l'englobe. Situé en bordure du fleuve Urola, le site attire de nombreux visiteurs venus contempler ce singulier ensemble architectural, ainsi que des pratiquants à la recherche d'une retraite spirituelle.

Se promener

★ **Sanctuaire St-Ignace-de-Loyola** (Santuario San Ignacio de Loyola/Loiola) B2

943 025 000 - www.santuariodeloyola.org - tlj 10h-13h, 15h-19h (visite de la maison natale : mar.-sam. 10h-12h30, 15h-18h15 - 2 €.

Près d'Azpeitia, à côté de l'ancien manoir de la famille de saint Ignace, les jésuites construisirent à la fin du 17e s., sur les plans de l'architecte romain Carlo Fontana, un **sanctuaire**, devenu un important lieu de pèlerinage. De grandes solennités s'y déroulent le 31 juillet, jour de la St-Ignace.

★★ **Basílique** – On doit ce splendide exemple d'architecture baroque aux plans de Fontana, retouchés par Martin de Zaldua. Son inauguration eut lieu en 1738. Ne manquez pas d'étudier de près le **maître-autel**★, churrigueresque (ce style, interprétation espagnole du baroque, a pris le nom

UN SOLDAT DE DIEU

Íñigo de Oñaz y Loyola, alias **Ignace de Loyola** naît au château de Loyola en 1491, dans une famille d'ancienne, mais petite, noblesse. En 1521, devenu officier, il est blessé au siège de Pampelune. Pour occuper ses huit mois de convalescence, il s'adonne à la lecture d'ouvrages pieux et c'est alors un « soldat de Dieu » qui se relève et qui quitte, en 1522, le manoir familial : il part en pèlerinage pour Arantzazu, puis Montserrat et enfin se retire dans une grotte à Manresa en Catalogne où il écrit les *Exercices spirituels*. Il arrive à Paris en 1528. Au collège Ste-Barbe, il regroupe autour de lui le Savoyard Favre ainsi que deux compatriotes, Diego Laínez et le Navarrais Francisco de Javier, aujourd'hui connu sous le nom de François Xavier *(voir chapitre « Navarre », p. 138)*. En 1534, à Montmartre, tous jurent de se consacrer au prosélytisme et de rester unis. En 1537, ils sont ordonnés prêtres. Ignace a 46 ans. À Rome, il est reçu par le pape qui approuve les statuts de la Compagnie de Jésus en 1540. Il mourra en 1556.

Saint Ignace a été canonisé en 1622 en même temps que saint François Xavier, saint Philippe Neri, sainte Thérèse d'Avila et saint Isidore le Laboureur.

de la célèbre fratrie d'artistes et d'architectes, réputée pour la profusion de ses torsades et de son ornementation), dessiné par Ignacio de Ibero. La richesse de sa marqueterie de pierre ne laisse pas d'impressionner le visiteur, quels que soient ses goûts. Une statue en argent de saint Ignace trône en son centre depuis 1758. Circulaire, elle est surmontée d'une vaste coupole (65 m de haut) construite par **Joaquín de Churriguera** (1674-1724).

Palais de Saint Ignace (Santa Casa) – Accolée à la basilique et enchâssée dans les bâtiments du sanctuaire, se trouve la demeure familiale de saint Ignace (1491-1556). Au premier niveau, on aperçoit les meurtrières de la tour du 15e s. La plupart des pièces ont été transformées en chapelles et surchargées de décorations. On voit ainsi la chambre où Ignace naquit, celle où il passa sa convalescence et où il se convertit. La visite se prolonge par un diorama sur la vie du saint et des panneaux sur la Compagnie de Jésus, qu'il fonda en 1534.

Le complexe abrite également un centre de Spiritualité, une auberge de jeunesse, un hôtel, une bibliothèque et une station de radio.

Musée de l'Environnement (Museo de Medio Ambiente)

Depuis le sanctuaire de St Ignace-de-Loyola, franchissez la rivière et longez-la en direction d'Azpeitia. Loiola-Auzoa, 1 - ☏ 943 812 448 - www.ingurugiroetxea.org - ♿ - lun.-vend. 10h-13h, 15h-17h30, sam. 10h-13h30, 15h30-17h30, dim. 10h-13h30 - fermé j. fériés - gratuit.

Autrefois musée des Enfants, ce centre d'interprétation de l'environnement a ouvert ses portes en 1998 dans l'ancienne casa Egibar. Quatre salles sur deux niveaux replacent la Terre dans son contexte écologique, abordant les questions du changement climatique, de la gestion des ressources naturelles (l'eau, notamment), les problèmes de la sauvegarde de la biodiversité, les sources de pollution et les solutions possibles comme la notion de développement durable, à travers des panneaux explicatifs et des maquettes.

Le musée du Chemin de fer à Lasao.
J.-E. Sceau / MICHELIN

À proximité Carte de région

2

Azkoitia/Azcoitia B2

4,5 km à l'ouest par la GI 631.

Tranquille bourgade dont le quartier ancien borde la rivière, à l'instar de la massive casa Idiakaz Ederra et de la torre Idiaquez qui encadrent le parvis de l'église **Sta María la Real (16e s.)**. Celle-ci s'enorgueillit d'accueillir l'un des derniers orgues construits en 1898 par la firme Cavaillé-Coll. Vous pourrez l'admirer uniquement pendant les offices.

La rue principale relie l'hôtel de ville au vieux centre, où l'on peut encore admirer d'anciennes maisons fortifiées.

La **promenade** plantée menant à San Ignacio de Loyola offre une vue magnifique sur le sanctuaire jésuite, dont le dôme contraste avec la rectitude des bâtiments.

★ Musée basque du Chemin de fer (Museo Vasco del Ferrocarril) à Lasao B2

5 km sur la route de Zumaia. 943 150 677 - www.euskotren.es - ♿ - juil.-août : mar.-sam. 10h30-14h, 16h-19h30, dim. et j. fériés 10h30-14h ; reste de l'année : mar.-sam. 10h-13h30, 15h-18h30, (avr.-juin et sept.-oct. : sam. 10h30-14h, 16h-19h30), dim. 10h30-14h - fermé lun., 23 déc.- 7 janv. - 2,50 €. Circulation d'un train à vapeur entre Azpeitia et le musée : avr.-oct. : sam. 12h30 et 18h30, dim. et j. fériés à 12h30 (5 km, 35mn AR - 5 € incluant la visite du musée).

Voilà une reconversion plutôt réussie : au lieu de conserver sa gare désaffectée, Azpeitia l'a reconvertie en musée du Chemin de fer, utilisant pour cela tous les bâtiments libérés, depuis le hall de gare jusqu'aux ateliers d'entretien et aux hangars. On peut pour une fois traverser toutes les voies sans risques, et découvrir des espaces jusque-là réservés aux cheminots.

Incontournable, le hangar aux locomotives : petit coup de cœur pour les wagons « salon » en bois de Ashbury (1895) et le monstre rutilant qu'est la Robert Stephenson de 1887. Un tram fait un trajet de quelques mètres sur les rails, pour le plus grand plaisir des tout-petits.

Le reste des bâtiments abrite les machines d'entretien, un musée des Uniformes, des distributeurs de billets. Même les guides sont en uniforme des chemins de fer pour vous expliquer la mécanique !

Circuit conseillé Carte de région

AU CENTRE DU GUIPÚZCOA B2

Circuit de 36 km tracé sur la carte de région (p. 172) – Comptez environ 1h. Quittez le sanctuaire et prendre la direction d'Azpeita. Une fois dans la ville, prenez la GI 2635, puis la GI 3720.

La route à flanc de montagne révèle un paysage de bois et de prairies. Quelques fermes la bordent, signalées par la présence d'oies, de poules ou d'ânes sur la voie.

Beizama

Accroché à la pente, ce petit village qui s'enorgueillit d'être au centre géographique de la province, se concentre autour de sa mairie (17e s.) et de son église Renaissance (16e-17e s.). Joli point de vue sur la vallée depuis le parvis.

Poursuivez jusqu'à Santutxo et prenez à gauche la vallée d'Errezil par la GI 2634.

Errezil/Régil

L'**église St-Martin** (13e-16e s.), qui abrite un joli retable en bois doré, domine les toits de ce village posté au pied du mont Ernio (1 072 m). Ce dernier marque le centre géographique de la région.

La route continue jusqu'à Azpeitia dans un paysage de collines verdoyantes et de crêtes austères. Empruntez ensuite la GI 631 sur quelques kilomètres pour rejoindre le sanctuaire.

NOS ADRESSES PRÈS DU SANCTUAIRE

HÉBERGEMENT

POUR SE FAIRE PLAISIR

À Zestoa

Balneario de Cestona – *943 147 140 - www.relaistermal.com - P - 130 ch. 90/120 € - rest. 21 €.* Ce grand hôtel thermal profite d'un environnement boisé de toute beauté. Bâti en 1895, il jouit d'une belle renommée grâce aux nombreux soins thérapeutiques dispensés sur place. Ses chambres, vastes et confortables, sont bien entretenues. Au restaurant, deux ambiances totalement différentes : mauresque ou classique.

RESTAURATION

POUR SE FAIRE PLAISIR

À Azpeita

Kiruri – *Loiola Hiribidea, 24 - 943 815 608 - www.kiruri.com - fermé 20 déc.-7 janv. et lun. soir - 30/50 €.* Cet établissement est tenu par la même famille depuis trois générations. Bien que destiné surtout à l'accueil de groupes et de réceptions, son accueillant restaurant porte une attention soignée aux clients de passage. Plats à la carte uniquement.

AGENDA

Fiestas de San Ignacio – Autour du 1er août. Deux ou trois corridas aux arènes - *943 157 200.*

Oñati

Oñate

★

10 896 habitants

NOS ADRESSES PAGE 213

S'INFORMER

Office de tourisme – *C/ San Juan, 14 - ✆ 943 783 453 - www.oinati.org - avr.-sept. : lun.-vend. 10h-14h, 15h30-19h30, sam. 10h-14h, 16h30-18h30, dim. 10h-14h ; oct.-mars : lun.-vend. 10h-13h et 16h-19h, w.-end 11h-14h - fermé 1er et 6 janv., 25 déc.*

Visites guidées – *4 parcours possibles, certains incluant la visite de monuments 12-24 € (2-4 €/pers. à partir d'un groupe de 6 pers.). Se renseigner et s'inscrire à l'office de tourisme.*

SE REPÉRER

Carte de région A3 (p. 172) – *carte Michelin n° 573 C 22.* Oñati se trouve au cœur d'une belle vallée, à 71 km à l'est de Bilbao, à 45 km au nord-est de Vitoria-Gasteiz et à 74 km au sud-ouest de St-Sébastien.

SE GARER

Dans le centre-ville, à proximité de l'hôtel de ville.

À NE PAS MANQUER

Le remarquable bâtiment de l'université du St-Esprit.

Au creux d'une agreste vallée, Oñati, la « Tolède basque », pour reprendre l'expression du peintre Ignacio Zuloaga, semble assoupie entre ses palais, ses couvents et son ancienne université, ménageant au visiteur une paisible halte avant de partir à la découverte des sanctuaires et des petites cités alentour. L'église moderne d'Arantzazu mérite en effet le détour, tout comme l'antique église de Santa María la Antigua à Zumarraga.

Se promener

Partez de l'office de tourisme qui fait face au Deba et à l'université du St-Esprit. Palais baroques et églises jalonnent la découverte du centre historique d'Oñati.

★ Université du St-Esprit (Universidad Sancti Spiritus)

✆ 943 783 453 - visite guidée sur réserv. à l'office de tourisme, combinée avec l'église San Miguel - 2 €.

Elle fut créée en 1545 par un prélat natif d'Oñati, l'évêque Rodrigo Mercado de Zuazola, et demeura en activité jusqu'en 1901. Elle est actuellement occupée par les services administratifs de la province de Guipúzcoa et l'Institut international de sociologie juridique. Unique université du Pays basque lors de sa fondation, elle eut un grand prestige culturel. Surmonté de pinacles, son **portail★** de style plateresque, œuvre du Français Pierre Picart (artiste très actif dans La Rioja et en Navarre), est chargé de statues, parmi lesquelles on reconnaît, en haut, l'évêque fondateur, à droite, saint Grégoire et, à gauche, saint Jérôme. La même décoration exubérante se retrouve aux angles des tours. Dans le même style, le patio est d'une grande élégance.

Dirigez-vous à droite du bâtiment vers l'église.

Église San Miguel

☏ 943 783 453 - visite guidée sur réserv. à l'office de tourisme, combinée avec l'université - 2 €.

Cette église d'origine gothique a été transformée à l'époque baroque. Dans le collatéral gauche, une chapelle Renaissance, gardée par de belles grilles, renferme un intéressant retable de bois doré et le tombeau en marbre, parfois attribué à Diego de Siloé, du fondateur de l'université. Avec sa galerie ajourée, ses arcs en accolade, ses niches à statues et la couleur dorée de ses pierres, l'extérieur du cloître se rattache au style plateresque isabélin. Détail inattendu : la rivière traverse son cloître !

Face à elle, de l'autre côté de la rue, se dresse la **casa Hernani** du 16e s. Elle accueillit provisoirement l'université pendant les travaux de construction.

Contournez l'église. Vous arriverez face à la mairie.

Hôtel de ville (Ayuntamiento)

Dominant la plaza de los Fueros, c'est un bel édifice baroque construit au 18e s. par l'architecte Martín de Carrera. Sur la place ont lieu, le jour de la Fête-Dieu (Corpus Christi), d'étranges danses et des processions dont la tradition remonte au 15e s.

À sa gauche se déploie la plaza Sta Marina, bordée par trois grands palais du 18e s. : les maisons Madinabeitia, Antia et Baruenua.

Prenez la rue qui part à gauche de la mairie.

Église San Martín

Cet édifice du 15e s. porte une armature en bois et abrite un retable central de Pierre Picart.

La calle Patrue fait l'intersection avec Kalebarria par laquelle vous êtes arrivé. Remontez-la sur votre gauche jusqu'à la plaza Sta Marina.

Place Sta Marina

Ce petit espace vert est entouré du monastère de Bidaurreta, fondé en 1510 par Juan López de Lazarraga (haut dignitaire des Rois Catholiques), de la casa Otadui Jausoro, reconnaissable à son balcon en coin (fin 16e s.-début 17e s.), et de la tour Zubiaur.

À proximité Carte de région

★★ Arantzazu A3

▶ 9 km au sud par la GI 3591.

ℹ Barrio Arantzazu, Oñati - ☏ 943 718 911 - de déb. juin à mi-oct. et Sem. sainte : tlj 10h-14h, 15h-18h30 ; reste de l'année : 10h-14h.

Le **parcours★** suit en corniche les gorges du río Arantzazu. Le sanctuaire est perché à 800 m d'altitude dans un **site★** élevé, au-delà du mont Aizkorri, l'un des points culminants de la province (1 549 m).

Sanctuaire *(8h-20h) – Garez-vous sur le vaste parking aménagé à cet effet devant l'église. ☏ 943 796 463 - entrée libre - visites guidées (possibles en français ou anglais, sur réserv.) : de déb. juin à mi-oct. 10h30, 11h30, 12h30, 16h et 17h ; reste de l'année : se rens. - 2 €.*
Cet impressionnant **édifice★** moderne a pris la place d'un sanctuaire qui existait depuis le 15e s. C'est en 1950 que la décision fut prise de l'élever. Résultat : deux tours et un immense campanile en pierre calcaire taillée en pointes de diamant dressent leur silhouette dans un site à la fois verdoyant et minéral (selon l'horizon que l'on regarde).
On y accède par un escalier pavé en pente douce, qui conduit aux portes conçues par Eduardo Chillida, creusées dans la terre. Elles sont dominées par une frise comportant 14 silhouettes (les apôtres ?) signée Jorge Oteiza. Notez la façade en pointes de diamant : elles symbolisent les épines du buisson dans lequel la Vierge apparut au berger en 1468. *Arantzazu* signifie d'ailleurs « aubépine » en basque.
À l'intérieur, le regard est irrémédiablement attiré par le puits de lumière qui tombe sur le gigantesque **retable★** de Lucio Muñoz. Ce dernier a travaillé le bois jusqu'à lui donner une apparence de rocher, si bien que sa fresque ressemble à une falaise, tourmentée à sa base et plus lisse au fur et à mesure que le regard monte à la lumière. Au centre, une niche abrite la statue de la Vierge, trouvée en 1468.
Notez la forme originale des **vitraux★** à dominante bleue dessinés par Xabier Alvarez de Eulate.
Le hameau sert de point de départ pour des randonnées dans la sierra de Alona-Aizkorri. Pour les pâturages d'Urbia, comptez 1h. Pour aller au-delà vers le sommet d'Aketegi (1 549 m), ajoutez 3h *(plaquette au centre d'informationS d'Arantzazu).*

2

Circuit conseillé Carte de région A2 B2-3

Circuit de 47 km tracé sur la carte de région (p. 172) – comptez env. 2h. Quittez Oñati en direction de Zumarraga par la GI 2630. À Zumarraga, suivez les panneaux « Sta María la Antigua ».

★★ Sta María la Antigua à Zumarraga B2

L'extérieur massif de cet ermitage du 15e s. ne laisse pas soupçonner le côté aérien et chaleureux de sa nef unique. Celle-ci est en effet dominée par une galerie et une magnifique **charpente★★** de bois dont tous les éléments sont visibles. Admirez le soin du détail dans les sculptures des poutres et de la galerie. L'ensemble constitue un exemple éclatant d'architecture religieuse populaire.
Prenez le temps de profiter du paysage (à l'exception de la vue sur Zumarraga l'industrielle). Une aire de pique-nique a été aménagée à l'arrière du sanctuaire, au point de départ de sentiers de randonnée.
Reprenez la route en direction de Bergara par la GI 632.

Bergara/Vergara A2

Garez-vous sur le parking, face à l'église Sta Marina, car le centre est piétonnier.
Casa Consistorial, plaza San Martín Agirre - ☏ 943 779 128 - www.bergara.net - juin-sept., Sem. sainte, ainsi que ponts et j. fériés : lun.-sam. 10h30-14h, 16h-19h (tlj en août) - fermé dim. Visites guidées en français ou en anglais.
Cette agréable bourgade a su conserver un centre historique cohérent, en dépit de son développement industriel du 19e s.

UNE CITÉ PRIVILÉGIÉE

Le bourg s'est développé à la source du Deba, au pied de monts dont le plus élevé, l'Aizkorri, culmine à 1 549 m. Les archives attestent son existence à partir du 14e s. D'abord seigneurie, il fut élevé au rang de comté et vécut sous l'égide de puissantes familles telles que les Vela, puis les Guevara de l'Álava.

Il essaya de se rebeller contre leur autorité et demanda en 1540 son rattachement au Guipúzcoa. Le procès dura plus d'un siècle et le village le perdit en 1653. Ce n'est qu'en 1845, avec la suppression des droits seigneuriaux, qu'il put réaliser son souhait et devenir guipúzcoan.

Pendant la première guerre carliste, il servit à deux reprises de quartier général à don Carlos, et c'est la prise de la ville par le général Espartero qui obligea les carlistes à signer la convention de Vergara (aujourd'hui Bergara) mettant fin à la guerre. Quant à Espartero, il y gagna le titre de duc de Vergara.

« LA COLÈRE DE DIEU » …

C'est près d'Oñati qu'a vu le jour le redoutable **Lope de Aguirre** (vers 1510-1561). Arrivé au Pérou en 1544, cet hidalgo réputé pour sa violence (et surnommé « el Loco » – le Fou – par ses contemporains), s'enrôle en 1559 dans l'expédition de découverte du mythique El Dorado après avoir pris part aux guerres civiles entre Espagnols. Mais bientôt, il prend la tête d'une mutinerie, assassine Ursúa et entre en rébellion contre le roi Philippe II : il envisage en effet de fonder un royaume indépendant… Chemin faisant, il se débarrasse, sous des prétextes divers, de la plupart de ses compagnons et parvient à rallier au prix de mille épreuves la côte du Venezuela où il succombe à son tour assassiné par l'un de ses derniers partisans. Cet extraordinaire destin lui a valu de devenir le personnage central de nombre de romans, tant en Espagne qu'en Amérique latine… mais c'est sous les traits de **Klaus Kinski** qu'il passe à la postérité grâce au film réalisé par **Werner Herzog**, *Aguirre ou la Colère de Dieu*.

Sta Marina – Cette église haute et massive (16e-17e s.) est parfaitement représentative du gothique basque, si l'on excepte le clocher baroque. Elle renferme un impressionnant **retable★** baroque en bois sculpté, réalisé entre 1739 et 1742 par Martín de Irazusta.

Place de San Martin Agirre – Elle constitue le centre du quartier historique et du bourg en général, puisque les arcades de la mairie (édifice du 17e s. arborant les écus : de la province à gauche, d'Espagne au centre et de la ville à droite) donnent dessus. Le séminaire royal et la casa Jauregui la bordent aussi.

Real Seminario de Bergara – Faisant face à l'hôtel de ville, cet édifice rappelle que Bergara accueillit à la fin du 18e s. un centre d'enseignement et de recherche scientifique comptant parmi les plus importants d'Europe.

Maison (Casa) Jauregui – Sa **façade★** présente sur presque toute sa largeur, au niveau du premier étage, un bas-relief délicatement sculpté, qui daterait du 16e s. Il mêle végétaux, personnages royaux ou galants (troubadour avec sa dame), et animaux fantastiques.

San Pedro de Ariznoa – Cette église dresse son clocher Renaissance derrière la mairie.

Rue (Calle/Kalea) Barren – Partant de la place San Martí[22]n Agirre, c'est l'une des trois artères délimitant le vieux centre. À l'intersection avec la rue Arrese, à gauche, remarquez l'originale **fenêtre en angle**, décorée d'un blason et d'un balcon. En la suivant jusqu'au bout, vous parviendrez à la place **Egino Mallea** sur laquelle donne le palais du même nom, belle bâtisse de 1585.
Revenez à Oñati par la GI 632, puis, après Elorregi, la GI 2630.

NOS ADRESSES À OÑATI

HÉBERGEMENT

BUDGET MOYEN

À proximité d'Oñati

Hôtel Mauleon – *Nafarroa Kalea, 16 - Legazpi - ✆ 943 730 870 - www.hotelmauleon.com - P - 9 ch. 52/77 € - ☕ 3,80 € - rest. 7,80/35 €.* Ce magnifique édifice du début du 20e s. a rouvert ses portes en 2001 après plusieurs mois de travaux. Il propose aujourd'hui des chambres personnalisées, parfois dotées de meubles anciens. Le restaurant, décoré dans le style des années 1920, sert des plats au goût du jour et des pâtisseries maison.

Hôtel Ormazabal – *Barrenkale, 11 - Bergara - ✆ 943 763 650 - www.gratisweb.com/hotelormazabal - 14 ch. 60 € - ☕ 5 €.* Le calme d'antan dans cette maison du 18e s. Salle pour le petit-déjeuner décorée avec des objets anciens, accueillant salon commun et chambres chaleureuses avec mobilier d'époque.

RESTAURATION

POUR SE FAIRE PLAISIR

Etxe Aundi – *Torre Auzo, 9 - Oñati - ✆ 943 781 956 - www.etxeaundi.com - fermé août et 22 déc.-1er janv. - 39 € - 12 ch. 55 € - ☕ 5 €.* Ancienne maison familiale à l'ambiance accueillante où est servie une cuisine aux racines locales. L'établissement est complété par une salle de réception plus simple et des chambres confortables.

À proximité d'Oñati

Zumelaga – *San Antonio, 5 - Bergara - ✆ 943 762 021 - fermé août et dim. - 30/50 €.* Des touches de style rustique médiéval sont visibles dans tous les recoins. Le cadre est agrémenté d'une série d'arcs de pierre, et l'on y propose une carte bien pensée.

AGENDA

Corpus Christi y Trinidad – 6 juin. Fête médiévale comprenant la procession de la confrérie du Saint-Sacrement, les danses et la musique traditionnelles.

Bilbao et la Biscaye 3

Carte Michelin Region n° 573 – Biscaya

C
OCÉANO ATLÁNTICO
GOLFO DE VIZCAYA
de
Laida
Laga
Bermeo
Cabo Ogoño
Elantxobe
Mundaka
Ogeia
Vizcaya
Ea
Lekeitio
Ispaster
RESERVA
NATURAL
DE
URDAIBAI
BI 2235
Santimamiñe
Bosque de Oma
BI 3438
Ondarroa
Gernika-Lumo
BI 3242
Elejalde
Mutriku
GI 638
BI 633
R. Oka
Balcón de Bizkaia
Munitibar
Markina-Xemein
Itziar
BI 3231
Aiuria
Bolibar
Cenarruza
Eibar
N 634
A 8
R. Deba
Durango
PARQUE
NATURAL
DE URKIOLA
N 636
Elorrio
GI 627
Bergara
Puerto de Urkiola
Anboto
1331
R. Indusi
BI 623
GI 632
GI 3554
GI 2630
Oñati
N 240
Otxandio
AP 1
GI 627
A 623
GUIPÚZCOA
1
2
DONOSTIA-SAN SEBASTIÁN
PAMPLONA
VITORIA-GASTEIZ
C

metro bilbao
renfe Cercanías
EuskoTren
EuskoTran
feve
Lotura Correspondencia
L-1 Plentzia - Basauri
L-2 Kabiezes - Basauri
L-3 Etxebarri - Casco Viejo
C-1 Abando - Santurtzi
C-2 Abando - Muskiz
C-3 Abando - Orduña
Bilbao - Lezama
Bilbao - Bermeo/Ermua
PLENTZIA
Plentzia
L-1
Urduliz
Sopelana
SOPELANA
Larrabasterra
Berango
BERANGO
Bidezabal
Algorta
Aiboa
GETXO
Neguri
Gobela
Areeta
Lamiako
Leioa
Astrabudua
Erandio
ERANDIO
LEIOA
Unibertsitatea
LOIU
Lutxana
Barakaldo
Urbinaga
Sestao
La Iberia
Puente Colgante
C-1
Santurtzi
Peñota
Portugalete
Abatxolo
SESTAO
Bagatza
Barakaldo
Lutxana
Galindo
BARAKALDO
Ansio
Gurutzeta Cruces
L-2
SANTURTZI
PORTUGALETE
L-2
Kabiezes
Trapaga
TRAPAGARAN
C-2
Sda. Familia
Trapagaran
ORTUELLA
Urioste
Gallarta Muskiz
Ortuella

TRANSPORTS DE BILBAO

Bilbao

Bilbo

★★

354 860 habitants

NOS ADRESSES PAGE 232

S'INFORMER

Offices de tourisme :

Plaza Ensanche, 11 - ✆ 944 795 760 - www.bilbao.net/bilbaoturismo - lun.-vend. 9h-14h, 16h-19h30 - fermé w.-end et j. fériés.

Aéroport - ✆ 944 710 301 - lun.-sam. 9h-21h, dim. 9h-15h.

Avenida Abandoibarra, 2 (Oficina Guggenheim) - juil.-août : lun.-sam. 10h-19h, dim. et j. fériés 10h-18h ; reste de l'année : mar.-vend. 11h-18h, sam. 11h-19h, dim. 11h-15h.

Plaza Arriaga (au rdc du théâtre) - mi-juin à mi-sept. : tlj 9h30-14h, 16h-19h30 ; reste de l'année : lun.-vend. 11h-14h, 17h-19h30, sam. 9h30-14h, 17h-19h30, dim. et j. fériés 9h30-14h.

Visites guidées à pied – L'office de tourisme propose 2 circuits de visite guidée (anglais et espagnol, env. 1h30) : Casco Viejo *(w.-end à 10h, dép. de l'office de tourisme Arriaga)*, et Ensanche-Abandoibarra *(w.-end à 12h, dép. de l'office de tourisme Guggenheim) - 4,50 €.*

Bilbao Card – *Rens. au 944 254 025.* Elle donne un accès illimité aux transports en commun, des réductions sur les visites, musées et autres activités. Vous pouvez vous la procurer à l'office de tourisme ou en ligne sur www.bilbao.net/bilbaoturismo. Valable 1, 2 ou 3 jours pour 6 €, 10 € et 12 €.

SE REPÉRER

Carte de région B1 (p. 214) – *carte Michelin n° 573 C 21.* La capitale de la Biscaye est située à 102 km à l'ouest de St-Sébastien, de part et d'autre de la ría de Bilbao, l'embouchure du Nervión. Sa rive droite concentre les quartiers historiques (Casco Viejo) et étudiant, la gauche, l'ancien quartier des affaires et le nouveau Bilbao. Ceinte par de nombreuses collines, la ville se fait surnommer « el Botxo » (le Trou).

Reflet du musée Guggenheim dans la ría de Bilbao
Office espagnol du tourisme

SE GARER
Se garer en ville est très difficile : les temps de stationnement sont limités, les zones tarifaires variables et les policiers très vigilants…

À NE PAS MANQUER
L'extraordinaire musée Guggenheim.

ORGANISER SON TEMPS
Comptez deux jours.

AVEC LES ENFANTS
Prenez le funiculaire d'Artxanda pour voir Bilbao de haut, visitez le musée Guggenheim et le Musée maritime.

3

Prononcez aujourd'hui le nom de Bilbao, on vous répondra : « Guggenheim ! » La « fleur de titane », cet extraordinaire bâtiment imaginé par Frank O. Gehry, est devenue le symbole d'une ville qui est parvenue en quelques années à changer complètement son image et à faire oublier son passé de cité industrielle sans charme. Il faut dire que les Bilbaínos n'ont pas lésiné sur les moyens pour réussir la prodigieuse métamorphose de leur ville : les plus grands architectes contemporains semblent s'y être donné rendez-vous. Ce Bilbao *new-look* sait aussi mettre en valeur les vestiges de son passé, que ce soit dans la cité médiévale ou dans l'Ensanche où les immeubles Art nouveau et éclectiques témoignent de l'euphorie d'une bourgeoisie plus que prospère à l'ère industrielle. Ajoutez-y un musée des Beaux-Arts qui fait partie des plus riches du pays, un passionnant Musée maritime et vous comprendrez comment Bilbao a réussi l'exploit de dépasser St-Sébastien en termes de fréquentation touristique !

Le funiculaire d'Artxanda E1, inauguré en 1915, permet d'atteindre le sommet de cette colline qui domine la ville depuis la rive droite. Vous pourrez y accéder depuis le musée Guggenheim en suivant le Nervión, avant de le franchir sur la passerelle Zubi-Zuri (« le pont blanc ») dessinée par Santiago Calatrava). **Panorama★** imprenable assuré sur le Nervión, le Guggenheim et toute l'étendue de Bilbao ! *Pl. del Funicular, calle Castaños sur la rive droite de la Ría, parallèle au paseo Campo de Volantín - ✆ 944 454 966 - www.bilbao.net - lun.-sam. 7h15-22h, dim. et j. fériés : 8h15-22h (23h juin-sept.) ttes les 15mn - 0,90 € (-12 ans 0,28 €).*

Découvrir

★★★ Musée Guggenheim de Bilbao D1

Abandoibarra, 2 - ✆ 944 359 080 - ♿ - www.guggenheim-bilbao.es - 10h-20h (ferm. à 17h les 24 et 31 déc.), visites guidées gratuites mar.-dim. à 11h, 12h30, 16h30 et 18h30 (réserv. 1/2 h av. déb. de la visite, places limitées) - fermé lun. (sf juil.-août), 1er janv. et 25 déc. - 13 € (-12 ans gratuit) - billet combiné avec le musée des Beaux-Arts 13,50 €. Le prix d'entrée comprend l'audio-guide. Le programme d'expositions est disponible sur le site Internet.

Devant le musée, l'œuvre de Koons, *Puppy,* œuvre végétale devenue la mascotte de la ville de Bilbao.

Cette étoile architecturale, financée par le gouvernement basque, s'ajoute à la constellation de musées gérée par la Fondation Solomon R. Guggenheim, qui comprend les deux sièges new-yorkais (le bâtiment emblématique de Frank Lloyd Wright et celui de Soho) et la collection Peggy Guggenheim de Venise.

L'édifice – L'architecte canadien Frank O. Gehry (prix Pritzker d'architecture en 1989, prix impérial japonais en 1992 et prix du Dorothy et Lillian Gish en 1994) a imaginé dans la zone industrielle au bord du Nervión une colossale sculpture de titane, en calcaire jaune et en verre, mariée au pont de la Salve. Il est parvenu à revaloriser l'environnement immédiat et à intégrer l'édifice dans le paysage, en faisant s'entremêler bassins, estuaire et mur de verre du grand atrium, et en incorporant le pont à la tour-sculpture qui se dresse à l'extrémité de la grande salle.

Principal matériau choisi, le titane recouvre le musée d'écailles où jouent toutes les nuances de la lumière. L'imposante silhouette, composée d'un enchevêtrement de courbes, dégage un extraordinaire dynamisme qui surprend et séduit.

Si l'architecture extérieure est originale, l'intérieur n'en est pas moins fascinant, avec ces courbes qui s'affrontent, se superposent et s'enlacent. Le regard se porte sur les murs, les plafonds, les passerelles, les volumes, tous différents et sans cesse surprenants. Le musée compte 19 galeries distribuées sur trois niveaux autour du monumental atrium central, haut de plus de 50 m. La plus grande galerie, longue de 130 m, se glisse sous le pont jusqu'à la tour-sculpture.

La collection de la Fondation Solomon R. Guggenheim – Fondée dans les années 1930 et consacrée à l'art du 20e s., elle est l'une des plus riches au monde et comprend des œuvres significatives de tous les mouvements, depuis les grands maîtres de l'avant-garde classique aux représentants des tendances les plus récentes en passant par l'expressionnisme abstrait, le pop art, l'art conceptuel et le minimalisme. Elle inclut également des toiles d'artistes espagnols. Le fonds est présenté par roulement entre les différents musées Guggenheim qui organisent aussi de grandes expositions temporaires d'œuvres étrangères à la fondation.

Nouveauté ! Depuis le mois de juillet 2010, une salle d'orientation, à côté des caisses, propose des activités interactives permettant de mieux appréhender la visite du musée.

BILBAO

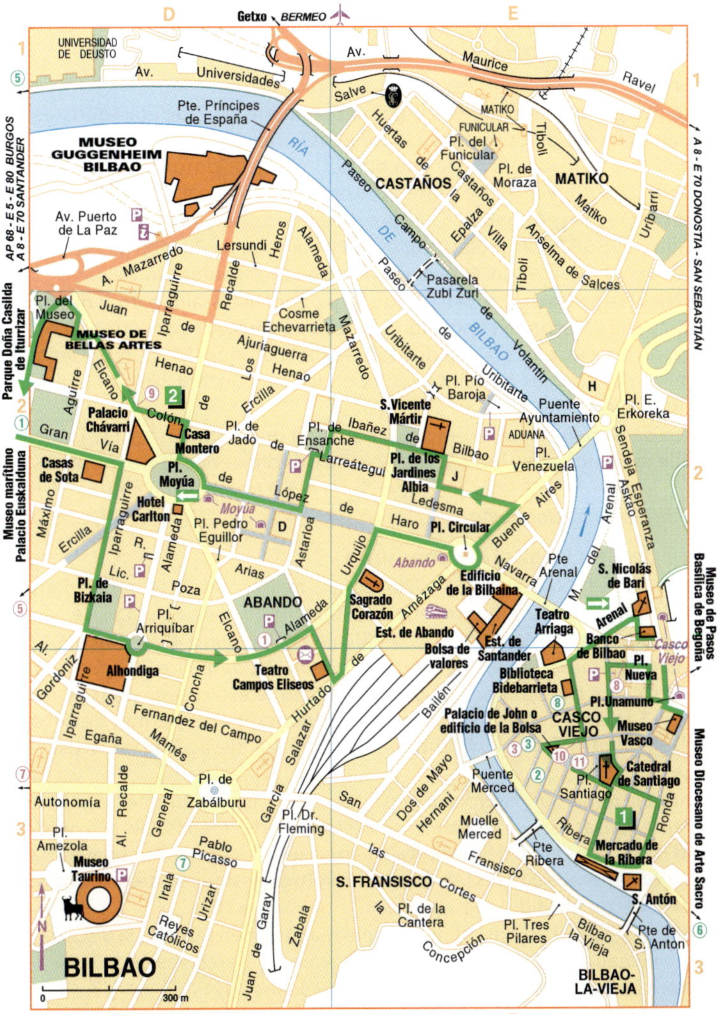

SE LOGER

- Artetxe 1
- Bilbao Jardines 2
- Bilborooms 8
- Iturrienea Ostatua 3
- Plaza San Pedro 5
- Sirimiri 6
- Vista Alegre 7

SE RESTAURER

- Colmado Ibérico 1
- Gatz 3
- Goizeko Kabi 5
- Kikara 9
- Rio-Oja 11
- Rogelio 7
- Victor 8
- Xukela 10

Se promener Plan de ville

★ LA VIEILLE VILLE (Casco Viejo)

Circuit 1 tracé en vert sur le plan de ville (p. 221) - Comptez 1h30, sans les visites. Départ depuis le pont del Arenal.

El Arenal E2

Cette vaste esplanade qui sert aujourd'hui de promenade aux touristes et aux autochtones doit son nom à la zone sableuse qu'elle a remplacée et qui s'étendait jadis jusqu'à la place Unamuno. Un élégant kiosque, en son centre, accueille chaque dimanche l'ensemble musical municipal.

Théâtre (Teatro) Arriaga – Du nom du compositeur Juan Crisóstomo de Arriaga (1806-1826). Il fut construit en 1890 par Joaquín Rucoba dans un style résolument néobaroque, et restauré après les inondations de 1983.

San Nicolás de Bari – Église baroque (1756) dédiée au saint patron des navigateurs. Elle se reconnaît à son dôme octogonal, précédé par deux tours-clochers. À l'intérieur, les statues du maître-autel baroque (18e s.), représentant saint Nicolas, flanqué de saint Laurent et de saint Vincent, ont été réalisées par Juan Pascual de Mena.

Banco de Bilbao – Face à l'église, ce bâtiment opulent, signé par le Français Lavalle et inauguré en 1868, sert de centre de conférence et d'exposition.

Prenez la calle de los Fueros et contournez la plaza Nueva par la gauche afin de rejoindre la plaza Unamuno.

Place de Don Miguel de Unamuno E3

Le buste de cet écrivain (1864-1936), dont la maison natale se trouve dans la calle Ronda, trône sur une colonne corinthienne au centre de la place.

Musée basque (Museo Vasco) E3 – *Pl. Miguel de Unamuno, 4 - ✆ 944 155 423 - www.euskal-museoa.org - ♿ - mar.-sam. 11h-17h, dim. 11h-14h - fermé lun. et j. fériés - 3 € (-10 ans gratuit).* Le Musée basque est installé dans l'ancien collège San Andrés. Sa vaste collection ethnographique permet de découvrir les activités basques traditionnelles : pêche, tissage du lin, artisanat, forgeage.

Admirez la remarquable croix de procession en bois polychrome (16e s.), dans la vitrine consacrée aux croyances et à la religion des marins. Elle provient de l'île d'Izaro, dans la ría de Guernica, et appartenait à une communauté franciscaine, dispersée au 17e s. Au centre du cloître classique se dresse la mystérieuse *Idole* de Mikeldi.

Au dernier étage, l'accent est mis sur une maquette en relief de la Biscaye. Au même niveau, vous pourrez admirer des armoires à archives de 1761.

Derrière le musée s'élève l'église des Santos Juanes (17e s.).

Musée des Pasos Hors plan vers E3 – *Iturribide, 3 - ✆ 944 150 433 - mar.-vend. 11h30-13h30, 17h-19h30, w.-end 11h-14h (sam. 17h-20h) - fermé lun. et j. fériés - 2 €.* Il serait dommage de ne pas pousser jusqu'à cette vieille demeure jouxtant la plaza Unamuno. Elle abrite, dans un cadre soigné, les *pasos* (scènes sculptées représentant la Passion) qui sont portés en procession à l'occasion de la Semaine sainte. Ornements et patrimoine des confréries sont aussi exposés.

Les courageux prendront les escaliers de Mallona qui mènent à la **basilique de Begoña** et le **parc Etxebarria**, poumon vert de la capitale biscayenne.

Depuis la plaza Unamuno, gagnez la plaza Nueva par la calle Sombrería.

Les métamorphoses d'une cité

UNE VILLE ET UN PORT

C'est au pied d'une colline portant le sanctuaire de Begoña sur la rive droite du Nervión, que **Diego López de Haro**, seigneur de Biscaye, fonda Bilbao le 15 juin 1300. Surnommée *las Siete Calles* (les Sept Rues) en raison de son plan, la cité alors entourée de murailles se serre autour de la future cathédrale de Santiago. Dès sa fondation, Bilbao se lance dans le commerce maritime, qu'elle développe sous l'autorité du consulat instauré au 16e s. (et qui ne sera dissout qu'en 1829). Elle noue des relations avec l'Europe du Nord (France et Flandres, puis Angleterre), mais doit lutter au 17e s. pour son indépendance territoriale et décisionnelle. Au 18e s., sa population atteint les 10 000 habitants.

LA RÉVOLUTION INDUSTRIELLE

C'est la révolution industrielle qui assura à la cité son essor économique après les guerres carlistes. Elle prit de l'ampleur avec l'exploitation des mines de fer des montagnes environnantes. Les bateaux emportaient ce minerai vers l'Angleterre et revenaient chargés de houille, ce qui permit de mettre en place une importante industrie sidérurgique. Cet essor s'accompagna du développement, de l'autre côté du pont de El Arenal, du quartier moderne El Ensanche, conçu à partir de 1876 sur un plan géométrique. Industriels, banquiers et armateurs y édifièrent des immeubles cossus répondant aux tendances architecturales alors en vogue : éclectisme ou Art nouveau.

LA RÍA ET LE GRAND BILBAO

La ría est un immense port fluvial, le premier d'Espagne pour le trafic de marchandises. Depuis 1945, ce que l'on nomme « le Grand Bilbao » réunit les communes qui la bordent jusqu'à l'océan, de Bilbao à Getxo. Les industries se concentrent sur la rive gauche à Baracaldo, Sestao, Portugalete, d'où part le pont transbordeur construit en 1893, et à Somorrostro (raffinerie de pétrole). Santurtzi, port de pêche, est connu pour ses sardines. Sur l'autre rive, la ville d'Algorta, plus aérée, présente un caractère plutôt résidentiel, tandis que Deusto est célèbre pour son université.

L'ART DE RÉPONDRE À LA CRISE

Les années 1970-1980 entraînent un important déclin. Les usines ferment. Bilbao tente alors une reconversion inattendue : le musée Guggenheim en est le premier fleuron. À la suite de Frank O. Gehry, les architectes du monde entier exercent leur talent dans la capitale de la Biscaye : l'Argentin Cesar Pelli édifie une tour, l'Anglais sir Norman Foster dessine le métro (dont les stations ont reçu le surnom affectueux de « fosteritos »), l'Espagnol Santiago Calatrava conçoit une passerelle et le nouveau terminal de l'aéroport, le Français Philippe Starck rénove un vaste entrepôt pour en faire un centre de loisirs, Soriano et Palacios créent le palacio Euskalduna. Les friches industrielles sont réhabilitées, les espaces verts se multiplient tandis que l'économie évolue vers la haute technologie et les services.

Plaza Nueva E3
Entourée de portiques néoclassiques et de 64 arcades élevées au 19e s., elle accueille chaque dimanche un marché aux livres et aux oiseaux.
Quittez la place par la calle Correo et suivez-la en direction des Siete Calles et de la cathédrale.

Cathédrale de Santiago E3
Érigé en cathédrale en 1950, l'édifice gothique date pour sa partie la plus ancienne du 14e s. Les chapelles et le cloître furent construits au siècle suivant dans un style flamboyant, et le grand portail Renaissance élevé au 17e s.
Engagez-vous dans la calle Sota, qui touche au chevet de la cathédrale pour aboutir calle Ronda qui conduit, par la droite, au Nervión et à San Antón.

Église San Antón E3
15e s. Son plan et sa silhouette gothiques sont complétés par une façade Renaissance et une tour baroque. Elle fut édifiée à la place d'une tour défensive. L'intérieur abrite un retable plateresque (Renaissance espagnole) de Guiot de Beaugrant.

Musée diocésain d'Art sacré
(Museo Diocesano de Arte Sacro) Hors plan vers E3
Plaza de la Encarnación, 9B - ✆ 944 320 125 - www.eleizmuseoa.com - ♿ - mar.-sam. 10h30-13h30,16h-19h, dim. et j.fériés 10h30-13h30 - fermé lun., 1er et 6 janv. et 24, 25 et 31 déc. - 2 € (-18 ans 1 €).
L'intéressant Musée diocésain qu'accueille l'ancien couvent de l'Incarnation (16e s.) est remarquable pour sa collection d'orfèvrerie (admirez le calice en argent doré du 18e s. exposé dans un étui de 20 cm de haut) et pour son ensemble de Vierges à l'Enfant en bois du 12e au 15e s. Parmi toutes ces statues, une se distingue par le sujet inattendu qu'elle aborde : sainte Anne et la Vierge enfant représentées en train de coudre. Le musée présente également des œuvres d'art religieux contemporain, comme le Christ Pantocrator en bronze de Vicente Larrea réalisé en 1973.
Revenez au marché puis regagnez le quartier ancien par la calle Tendería. Sur la plaza de Santiago, prenez sur la gauche et marchez jusqu'à l'intersection des calles Sta María et Pelota.

Marché de la Ribera (Mercado de la Ribera) E3
Accolé à l'église, le marché de la Ribera occupe l'emplacement de l'ancienne plaza Vieja. Construit en 1929, il compte 11 500 m² répartis sur trois niveaux, chacun dédié à un type de produit : poissons, viandes ou fruits et légumes. Sa surface en fait le marché couvert le plus important d'Espagne.
Nantis de leurs provisions de bouche, les amateurs d'art sacré peuvent alors remonter le Nervión en passant devant le pont de San Antón, où l'on prélevait autrefois le péage, pour rejoindre la plaza de la Encarnación.

Palais de John dit aussi Bâtiment de la Bourse
(Palacio de John o Edificio de la Bolsa) E3
Pelota 10 - été : lun.-vend. 8h30-14h ; reste de l'année : lun.-vend. 9h-21h30, sam. 9h-14h. Aujourd'hui transformée en centre culturel, cette demeure baroque (18e s.) tire son premier nom d'un émigrant est-européen, Leandro Yohn. Son second lui vient de l'enseigne d'une entreprise de ferronnerie et de quincaillerie qui occupa un temps ses murs. Bref, jamais on n'y échangea la moindre valeur… Notez l'image de la Vierge de Begoña ornant la façade.
Sur la droite, la calle del Perro mène à la **fontaine** du même nom construite, paraît-il, avec les pierres de l'ancien rempart.
Parvenu à l'intersection avec la calle Bidebarrieta, tournez à gauche.

Bibliothèque Bidebarrieta E3

De style éclectique, ce bâtiment accueille aujourd'hui la bibliothèque municipale. Notez dans son hall la phrase interdisant l'entrée aux carlistes (façon de rappeler que Bilbao ne tomba jamais entre leurs mains !).

Poussez jusqu'au bout de la rue pour retrouver le théâtre Arriaga et El Arenal.

★ **L'EXTENSION** (El Ensanche)

Circuit 2 tracé en vert sur le plan de ville (p. 221) - Comptez 2h30. Départ de la plaza Moyúa.

Place Moyúa D2

Cette belle place, reconnaissable à son terre-plein fleuri, porte le nom d'un des anciens maires de Bilbao. On la surnomme également la place elliptique du fait de sa forme. De cette place on peut apercevoir les monts Artxanda et le Pagasarri qui dominent la ville.

Palais Chávarri – Dessinée par l'un des maîtres bruxellois de l'Art nouveau, **Paul Hankar** (1859-1901), cette demeure de style éclectique porte le nom de l'industriel pour lequel elle fut construite en 1894.

Hôtel Carlton – À défaut de séjourner dans l'hôtel mythique de la ville, jetez un œil à la superbe verrière qui coiffe le hall.

Prenez la rue qui fait face au Carlton, Alameda de Recalde, et tournez à gauche à la première intersection, dans la rue Colón de Larreátegui.

Maison (Casa) Montero – Parfois appelée « casa Gaudí » en raison de sa ressemblance avec certains immeubles conçus par le génial architecte catalan, cette maison fut réalisée en 1904 dans le style moderniste (appellation espagnole de l'Art nouveau) par un architecte très actif à Bilbao, **Luis Aladrén**. Vous ne manquerez pas d'admirer la richesse décorative des balcons.

Continuez sur la calle Colón de Larreátegui jusqu'à la prochaine intersection et prenez ensuite la calle Elcano en direction du Nervión.

Admirez au passage la **vue** sur le musée Guggenheim dans la perspective de la calle Iparraguirre.

★ Musée des Beaux-Arts (Museo de Bellas Artes) D2

Pl. del Museo, 2 - ☏ 944 396 060 - www.museobilbao.com - ♿ - tlj sf lun 10h-20h (14h les 24 et 31 déc.) - fermé lun., 1er et 6 janv., 25 déc. - 6 € (merc., et -12 ans gratuit), possibilité de visite guidée sur demande préalable dim. 12h (en anglais) 11 €, billet combiné avec le musée Guggenheim 13,50 €.

Ses deux bâtiments, l'un construit en 1945 et l'autre dans les années 1960, reliés par une nouvelle structure sont situés à l'orée du parc Doña Casilda de Iturrizar. Ils abritent une des principales collections d'œuvres d'art d'Espagne.

Au fil des salles et d'un accrochage qui, bien que chronologique, peut parfois paraître déconcertant, c'est une promenade à travers l'art du 12e s. à nos jours qui est proposée au visiteur. Parmi les points forts de la collection (qui compte nombre de maîtres espagnols, mais aussi flamands et hollandais, sans oublier bien sûr les artistes basques), vous ne manquerez pas d'admirer un Christ en Croix (école catalane du 12e s.), des œuvres de José de Ribera *(Saint Sébastien)*, du Greco *(Annonciation)* ou de Zurbarán *(Vierge à l'Enfant)*, *Les Usuriers* de Quentin Metsys ou *La Sainte Famille* de Gossaert. Un portrait superbe d'acuité de Goya ouvre la voie aux artistes de la seconde moitié du 19e s : Ignacio Zuloaga, Darío de Regoyos, Francisco Iturrino ou l'impressionniste Joaquín Sorolla, et surtout Gauguin représenté par *Les Lavandières d'Arles*. L'art contemporain est particulièrement bien représenté avec des œuvres d'artistes espagnols (Solana, Vázquez Díaz, Sunyer, Gargallo, María Blanchard, Luis Fernández, Jorge Oteiza, Chillida, Tàpies, Miquel Barcelò) et également d'étrangers (Delaunay, Léger, Kokoschka, Bacon, etc.).

Bref, une remarquable collection que l'engouement actuel pour le musée Guggenheim ne doit en aucun cas occulter !

Parc Doña Casilda de Iturrizar Hors plan vers D2

Ce parc dessiné entre 1912 et 1920 doit son nom à la veuve d'un banquier, connue pour ses bonnes œuvres. Ombragé et odorant, il ménage d'agréables surprises comme cette pergola, où sont organisés des événements culturels en été, ou encore la fontaine cybernétique agrémentée d'un son et lumière.

Palais des congrès et de la musique

(Palacio Euskalduna de Congresos y de la Música) Hors plan vers D2

À l'extrémité ouest du parc, au-delà de l'avenue. Avda Abandoibarra, 4 - ✆ 944 035 000 - www.euskalduna.net - visite guidée du bâtiment sam. 12h, confirmer par avance - 2 € (enf. 1 €).

Dessiné par les architectes Federico Soriano et Dolores Palacios, et inauguré en 1999, ce bâtiment de verre, de béton et de métal est l'un des fleurons architecturaux du nouveau Bilbao. L'une de ses façades, tapissée de fer rouillé, évoque les constructions navales qui occupaient autrefois le site.

L'édifice peut servir de point de départ pour une promenade sur les berges du Nervión, aménagées en agréables jardins. En remontant en direction du Guggenheim, vous passerez devant des sculptures d'artistes contemporains rendant hommage au passé maritime de la ville. Vous pouvez aussi traverser le fleuve pour découvrir une magnifique **vue★** sur « la fleur de titane ».

Descendez l'avenue Abandoibarra jusqu'au rond-point (plaza Sagrado Corazón) et prenez vers le puente (pont) Euskalduna.

★★ Musée maritime de la ría de Bilbao

(Museo marítimo Ría de Bilbao) Hors plan vers D2

Muelle Ramón de la Sota, 1 - ✆ 902 131 000 - www.museomaritimobilbao.org - juin-oct. : tlj sf lun. 10h-20h ; nov.-mai : mar.-ven. 10h-18h, w.-ends et j. fériés 10h-20h - 5 € (-6 ans gratuit).

Ses 7 000 m² abordent de façon didactique et parfois ludique ce que fut l'activité maritime, commerciale et industrielle du port de Bilbao, sans oublier celle de ses chantiers navals (le musée donne d'ailleurs sur les digues des anciens chantiers navals – *astilleros* en espagnol – Euskalduna.

Le rez-de-chaussée se concentre sur le développement de la ría ; une salle est consacrée à Evaristo de Churruca (1841-1917), ingénieur qui aménagea l'estuaire au 19ᵉ s. Remarquez les chaloupes de sauvetage, le mur lumineux dédié aux activités humaines et l'**épave d'Urbieta★** (15ᵉ s.) mise au jour en 1998 dans l'estuaire de Guernica. Des panneaux expliquent sa restauration.

Le second niveau présente Bilbao sous son aspect port de commerce, port industriel et chantier naval. Le marché de San Antón est ainsi reconstitué, tout comme la salle du Consulat qui régentait l'activité marchande. Une grande carte murale interactive permet de suivre les routes commerciales de différentes époques. D'autres espaces traitent de l'industrialisation de la ville, de la cartographie, et de la navigation à voile (documentaires, photos et maquettes à l'appui). La visite intérieure s'achève par la construction navale moderne, illustrée par un film, de belles maquettes et des rouleaux de plans.

Quelques bateaux en cale sèche, à l'extérieur du musée, sont à découvrir : le voilier *Euskadi* qui boucla le Vendée Globe en 1993, un bateau de sauvetage de 1980, un bateau de pêche en bois de 1958 *(Nuevo Antxustegui)*, un remorqueur de 1928, ouvert à la visite pour ce dernier.

Les balcons en fer forgé de la vieille ville de Bilbao.
A. Forterre / MICHELIN

Revenez au rond-point et longez le parc par la calle José Anselmo Clavé, avant de gagner sa parallèle, la Gran Vía Don Diego López de Haro, pour marcher en direction de la plaza Moyúa.

Maisons (Casas) de Sota D2
Passé la calle Máximo Aguirre, jetez un œil (sur le trottoir de droite) à cet impressionnant ensemble d'immeubles, identifiables à leur avant-toit très basque et à leur style éclectique. Datant de 1919, ils furent dessinés par Manuel María de Smith.
Tournez à droite à l'intersection suivante, pour vous engager dans la calle Iparraguirre.

3

Place de Biscaye (Plaza de Bizkaia) D2
Elle est bordée par le bâtiment de la Alhóndiga (1909) et par des immeubles Art déco.
Tournez à gauche dans la rue Alameda Urquijo, jusqu'à la Place Arriquibar où se trouve l'entrée principale de la Alhóndiga.

AlhóndigaBilbao D2
Plaza Arriquibar 4 - ✆ 944 014 014 - www.alhondigabilbao.com - tlj 7h-23h. Entrée libre dans le complexe (billet entrée piscine et solarium : 5,80 €, billet combiné avec salle de sport : 8 €), expositions temporaires : à partir de 3 €.
Construits en 1909 par Ricardo Bastida dans un style éclectique, ces anciens chais municipaux aux allures de château ont fait l'objet d'une somptueuse réhabilitation conduite par le designer et architecte français **Philippe Starck**. En sus des activités et expositions proposées, la vue d'ensemble de cette réalisation architecturale novatrice vaut le coup d'œil.
Tout en conservant intacte la façade, l'intérieur a été intégralement vidé et aménagé comme un espace de vie urbain. Éclairé par la lumière du jour, un soleil sur écran géant, et d'intéressants jeux d'illuminations, le grand atrium de l'entrée est entouré de 3 bâtiments indépendants en brique, soutenus par

un ensemble de 43 colonnes. Chacune de ces colonnes minutieusement élaborées représente une civilisation et une époque différente. En levant la tête on peut voir les nageurs évoluer dans la piscine du dernier étage.
Le complexe abrite sur 43 000m² plusieurs espaces d'expositions temporaires, une salle de sport, une piscine avec solarium, une médiathèque, deux restaurants et une cafétéria, un cinéma, une salle de spectacle, un auditorium, etc. Renseignez-vous sur la programmation en cours (expositions, ateliers pour enfants, concerts…) en consultant leur site Internet.
Continuez sur la rue Alameda Urquijo. Parvenu à l'Instituto Media (à gauche) et au bâtiment en brique (à droite), tournez à droite dans la calle Bertendona.

Théâtre des Champs-Élysées (Teatro Campos Eliseos) D3

Appelé aussi « la bonbonnière de la rue Bertendona », ce théâtre, réalisé en 1902, arbore une belle façade Art nouveau aux détails de mosaïque.
Rejoignez la Alameda Urquijo par la calle Lutxana.
Vous aboutirez devant l'église néogothique du **Sacré-Cœur** (Iglesia del Sagrado Corazón), de 1891.
Rejoignez la Gran Vía Don Diego López de Haro.
Au n° 10 se dresse la façade néoclassique du **Banco de España** (1923), qui fait concurrence aux colonnes corinthiennes et au dieu Mercure du **Banco de Bilbao** (1922) tout proche.
Prenez la direction du pont d'El Arenal, à droite.

Place circulaire (Plaza Circular) E2

Une colonne surmontée d'une statue en hommage à Don Diego López de Haro, fondateur de la ville, trône en son centre. Dans ses abords immédiats se trouvent quelques bâtiments parmi les plus importants de El Ensanche.
Gare (Estación) de Abando-Indalecio Prieto – *Calle Hurtado de Amézaga.* Un grand vitrail de 301 pièces illustrant les différentes activités économiques de la Biscaye égaie depuis 1948 le hall de cette gare qui devrait accueillir dans un avenir plus ou moins proche l'AVE (TGV) reliant les trois capitales du Pays basque espagnol, projet qui ne fait pas l'unanimité.
Bourse (Bolsa de Valores) – *Calle Olavarri, entre la gare de Abando et celle de Santander, près du Nervión - 10h30-17h.* Bâtiment inauguré en 1905 pour abriter la bourse de valeurs. Ses sous-sols servirent de prison pendant la guerre civile.
Gare (Estación) de Santander – *Le long du Nervión.* Œuvre de Severino de Achúcarro (1898), elle témoigne des constructions de la Belle Époque qui incorporaient le fer dans leurs structures.
Édifice de la Bilbaina – *Juste avant le pont d'El Arenal, sur la droite, contre la gare de Santander.* Cet immeuble d'angle édifié en 1913 d'après les plans d'Emiliano Amann y Amann dans un style inspiré de la Sécession viennoise abrite un club privé très select, organisé sur le modèle anglais.
Depuis la plaza Circular prenez la calle de Buenos Aires, puis retrouvez la calle Colón de Larreátegui, deuxième à gauche.

Place des jardins Albia (Plaza de los Jardines Albia) E2

Joliment arborée, elle est ornée de la statue de l'écrivain biscayen Antonio de Trueba (1819-1889) auteur de contes populaires et de récits évoquant le monde paysan. Elle est bordée du palais de justice, de l'église de **San Vicente Mártir** (16e s.) où repose l'homme de lettres, et du fameux **café Iruña** à la décoration néomudéjare.
Revenez à la plaza Moyúa.

À voir aussi Plan de ville

Musée Taurin (Museo Taurino) D3
Plaza de Toros de Vista Alegre, Martín Agüero, 1 - ✆ 944 448 698 - www.torosbilbao.com - tlj sf w.-end et j. fériés 10h30-13h, 16h-18h - 3 €. La tauromachie est une chose très sérieuse à Bilbao. Ici, on ne plaisante pas avec la présentation des taureaux et la série des « corridas générales » qui s'y donnent lors de la Semana Grande. Elles constituent, avec les ferias de Séville et de Madrid, l'un des trois rendez-vous majeurs de la saison espagnole. Installé dans les dépendances des arènes, ce musée retrace, à l'aide d'affiches et de documents, l'histoire de la tauromachie à Bilbao, et plus généralement en Biscaye, ainsi que les grands maîtres qui s'y sont distingués.

Basilique de Begoña Hors plan vers E3
On peut s'y rendre en voiture par la route de San Sebastián (avenida de Zumalacárregui), ou alors prendre l'ascenseur dans la calle Esperanza Ascao. Du sommet, vue panoramique intéressante de Bilbao. À la sortie du parc de Mallona, suivez la rue principale, à droite, qui mène directement au sanctuaire. ✆ 944 127 091 - se renseigner pour les horaires.
La statue de Notre-Dame (Andra Mari) de Begoña, patronne de la Biscaye, est conservée dans un *camarín* (niche) en argent, au-dessus du maître-autel de l'église érigée, pour l'essentiel, au 16e s.

À proximité Carte de région

Getxo B1
16 km au nord-est le long de l'estuaire. Une fois à proximité ou sur place, repérez-vous aux noms des quartiers (voir ci-après). Attention : la circulation en fin de journée ressemble à celle du périphérique parisien aux heures de pointe.
Playa de Ereaga - ✆ 944 910 800 - www.getxo.net - de mi-juin à mi-sept. : tlj 10h-20h ; reste de l'année : lun.-vend. 9h30-14h30, 16h-19h, w.-end et j. fériés 10h30-14h30, 16h-20h.
Six quartiers composent cette commune accolée à Bilbao, sur la rive droite du Nervión. De son embouchure en direction de l'est et de Gorliz, vous traverserez ou longerez Sta Ana, las Arenas, Romo, Neguri, Algorta et Andra Mari.
Les plages – Trois d'entre elles sont presque en ville : celle de las Arenas, à deux pas de l'embouchure, celle d'Ereaga, plus vaste et déjà agréablement isolée du bâti, et Arrigunaga, entre le vieux port et Andra Mari. Les autres se trouvent toutes au-delà d'Andra Mari, dans un environnement plus sauvage.
Vieux port – Autrefois très actif, il attire aujourd'hui les amateurs de *poteo* (tournée des bars à tapas) qui s'assoient à l'occasion sur ses marches pour contempler les avions en approche dans le soleil couchant.
Promenade (Paseo) – *Se garer au-delà du vieux port ou au parking de la plage d'Ereaga. 2h AR.* Ce front de mer, où la foule passe et repasse à l'heure de la balade du soir, donne tout son sens au mot « promenade », en particulier en fin de journée, lorsqu'un flot élégant de promeneurs l'envahit.
Il commence (ou se termine) au vieux port, passe devant la plage d'Ereaga où se trouve l'office de tourisme, puis emprunte le boulevard Arriluze bordé par la casa (maison) de Náufragos (naufragés), avec sa tour-phare (1920), que surplombent des habitations modernes et trois villégiatures de la Belle Époque : le palais Arriluze, le caserio Aizgoyen et le palacio Lezama Legizamón (1902).

3

Tournant ensuite à angle droit, il longe encore l'eau et des maisons au genre un peu hétéroclite, dont la casa Cisco (1909-1911) de style nordique signée Manuel María Smith, le palacio Kai-Alde (1925) du même architecte et le palacio Itxas Begi (1927) aux influences basque et anglaise. Il aboutit enfin à la **plage de las Arenas** et au **monument Churruca**, symbolisant le combat entre la mer et la terre. Réalisé en 1939, il a été érigé en hommage à l'ingénieur qui avait travaillé à l'aménagement du port extérieur.

De là, on peut admirer le pont-transbordeur et le dôme de **N. S. de las Mercedes** (1947), qui abrite l'orgue le plus imposant du Pays basque.

Pont transbordeur (Puente Colgante/Bizkaia) – *✆ 944 801 012 - www.puente-colgante.com - AS 0,30 €/pers. en journée.* Il s'agit du pont transbordeur le plus ancien au monde. Contemporain de la tour Eiffel, œuvre d'Alberto de Palacio réalisée en collaboration avec Ferdinand Arnodin, il fut inauguré en 1893 et a transporté depuis plus de 650 millions de personnes jusqu'à Portugalete, sur la rive opposée. Il est inscrit au Patrimoine de l'humanité depuis 2006.

Enjambant le Nervión, l'ouvrage fait figure de porte d'entrée de la Biscaye.

Une **passerelle panoramique** piétonne de 160 m de long *(accessible par ascenseur)* permet de contempler tout l'estuaire d'une hauteur de 50 m.

Aquarium – *Muelle de Arriluce, s/n. ✆ 944 914 661 - www.getxoaquarium.com - tlj sf lun. 10h30-14h, 16h30-20h. - 3 € (-14 ans 2 €).* Espace dédié à la vie marine (végétation, invertébrés et poissons) dans les eaux atlantiques et tropicales.

El Pobal A1

30 km. Quittez Bilbao en suivant la direction de Balmaseda et Santander pour rejoindre l'A 8. Roulez en direction de Santander. Prenez la sortie Muskiz, La Arena, Playa, Hondartza. Traversez Muskiz et prenez la direction de Santelices, puis de Rojadillo. Quelques kilomètres après Santelices, sur la gauche, se trouvera un parking en bord de route (vous devrez faire demi-tour à une petite rocade aménagée une centaine de mètres plus loin).

Forge d'El Pobal (Ferrería de El Pobal/El Pobaleko Burdinola) – *✆ 629 271 516 - www.bizkaia.net/elpobal - de mi-avr. à mi-oct. : mar.-sam. 10h-14h, 16h-19h, dim. et j. fériés 10h-14h ; reste de l'année : tlj sf lun. 10h-14h - fermé 1er et 6 janv., 25 déc. - 3 € (-12 ans gratuit) - visite guidée (1h) ttes les heures, démonstration sam. 12h + visite guidée (1h30 au total), 5 €.* Un vallon verdoyant où coule une rivière, un sentier menant à des maisons de pierre et des salles ensoleillées : voilà le site poétique de l'ancienne forge de Pobal, construite au 16e s. par la puissante famille des Salazar.

Fermée en 1965, elle a rouvert ses portes en 2004 après quatorze ans de travaux, qui ont permis de restaurer le corps de logis, le four à pain, le moulin et l'atelier. Tous ces bâtiments illustrent l'état des lieux à la fin du 19e s. Le barrage, le canal et le tunnel hydraulique datent, quant à eux, du 18e s. La forge produisait socs de charrue, armes, lames, etc. Les stocks de charbon et les outils y sont toujours prêts à l'emploi pour les démonstrations. Si vous les manquez, guides et brochures éclaireront quand même votre visite.

Gallarta A1

20 km. Quittez Bilbao en suivant Balmaseda et Santander pour rejoindre l'A 8. Roulez vers Santander. Sortez à Gallarta, puis suivez la signalisation. Parvenu au village (au stop, prenez à droite), traversez-le. Le musée se trouve presque à sa sortie, dans la descente en virage qui mène à son pôle industriel (dir. Olluerta).

Musée de la Mine du Pays basque (Museo de la Minería del País Vasco/Meatzaritzaren Museoa) – *B° Campodiego, N 3. ✆ 946 363 682 - www.museominero.net - mar.-vend. 9h-14h, 16h-19h (20h en été), sam. et j. fériés*

11h-14h, 16h-19h (20h en été), dim. 11h-14h30 - fermé lun. - 2,50 € (-18 ans 1,50 €), visite guidée (1h) sam. 11h30 et dim. 12h30 - 3 €.
Il est établi dans les anciens abattoirs du bourg de Gallarta, attaché à l'ancienne mine à ciel ouvert de Bodovalle (fermée en 1993). Ce musée illustre et explique par des photos, une myriade d'objets et des panneaux, les transformations techniques, environnementales et humaines que l'exploitation minière a opérées dans les communes qui en vivaient en Biscaye. L'activité employait dans la région jusqu'à 13 000 personnes par an. Une extension, actuellement en construction, viendra relier le musée à l'ancienne mine pour former un parcours thématique complet.

Circuit conseillé Carte de région

VERS LE PARC NATUREL DE GORBEIA, LA VALLÉE D'OROZCO B2

Circuit de 59 km tracé en vert sur la carte de région (p. 214) – comptez 1h30. Quittez Bilbao par l'AP 68 en direction de Vitoria/Miranda de Ebro, l'abandonner après 13 km à la sortie 3 (Artea/Orozko) et poursuivre sur la BI 2522.

Orozco/Orozko
Joli petit village connu pour ses haricots secs, où les maisons de pierre bien entretenues ont un petit air montagnard. Le vieux centre a conservé quelques demeures blasonnées ainsi que son hôtel de ville du 18e s.
Museo – *Face à la mairie. ✆ 946 339 823 - www.orozkoudala.com - ♿ - mai-sept. : jeu. 10h-14h, vend.-dim. et j. fériés 10h-14h, 17h-19h - visites libres ou guidées - gratuit.* Maquettes, panneaux, reconstitutions et supports audiovisuels retracent sur trois niveaux la vie d'autrefois dans la vallée d'Orozko. Habitat, métiers (forge, travaux agricoles, pastoralisme), alimentation, productions, environnement : tous les aspects sont abordés.
Engagez-vous sur la BI 3513.
La route jusqu'à Ibarra et au-delà dévoile de beaux points de vue sur la verdoyante **sierra de Gorbeia/Gorbea**.
Après Gallartu, prenez la direction d'Areatza.

Villaro/Areatza
Classé Monument historique, ce village fondé en 1338 cultive le charme de ses ruelles pavées, bordées de maisons de pierre remontant parfois au Moyen Âge. Certaines affichent un style plus récent mais non moins historique, comme le **palais Gortazar** de style baroque (16e s.), avec ses vestiges de fresque ornant sa façade de briques. Il se trouve sur la place de la *casa consistorial* (mairie), tout comme le **Centre d'interprétation du parc de Gorbeia** où vous pourrez vous documenter sur ce parc naturel de 20 000 ha, à cheval sur la Biscaye et l'Álava, et riche de plus de 167 espèces animales vertébrées. *✆ 946 739 279 - ♿ - tlj 10h-14h, 16h-18h - fermé 1er et 6 janv., 24 août, 25 et 31 déc. - gratuit. Informations pratiques sur les sentiers de randonnées sur www.mendiak.net.*
Église San Bartolomé – Construite entre la fin du 15e s. et le début du 16e s., cette église présente une façade d'inspiration classique aux statues disproportionnées.
Face à l'église, au niveau du panneau du parc, part une randonnée vers la sierra *(renseignez-vous au Centre d'interprétation du parc).*
Dirigez-vous vers Artea.

3

Artea

Le village comprend deux musées.

Musée historique du Nationalisme basque – *À l'entrée du village en venant d'Orozko. Meñaka Jauregia - Herriko plaza, 39 - 48142 Artea Arratia - ☏ 946 317 286 - www.sabinoarana.org - mar.-vend. 10h-14h, 16h-19h, sam. 11h-14h, 16h-19h, dim. et j. fériés 11h-14h - fermé lun., 1er janv. et 25 déc. - gratuit.* Il porte aussi le nom de Sabino Arana, pionnier de l'indépendance basque au 19e s. On y découvre via archives, photos et objets, les étapes de l'autonomie basque.

Écomusée de Artea – *À 100 m derrière l'église et la mairie (première à gauche après la mairie en venant de l'église). Herriko plaza, 1 - 48142 Artea - ☏ 946 317 086 - www.euskalbaserria.com - lun.-jeu. 10h-16h, w.-end et j. fériés 10h-17h - fermé vend., 23 déc.-23 janv. - 3 €.* Une série de reconstitutions retracent l'habitat et la vie traditionnelle des Basques, de la préhistoire jusqu'au 19e s. Passez très vite sur les premiers millénaires pour privilégier les métiers d'autrefois.

★ **Église de San Miguel** – *Avant l'entrée du village, sur la droite (intersection quasiment en angle aigu) en allant vers Bilbao.* De forme allongée, cette jolie église champêtre présente une belle façade de bois et des galeries extérieures sous auvent pavées de galets.

Revenez à Bilbao par la N 240.

NOS ADRESSES À BILBAO

TRANSPORTS

Carte Creditrans – La carte rechargeable Creditrans *(www.creditrans.com) à 5, 10 ou 15 €,* donne accès à des tarifs réduits pour le métro et tramway de Bilbao, Bilbobus, Biskaia bus, l'ascenseur de la Salve, le funiculaire d'Artxanda et le pont suspendu.

Aéroport – Le Bizcaibus 3247 dessert le centre-ville - *☏ 902 222 265.*

Vélo – Il existe désormais un service municipal de prêt de vélos, avec des bornes de retrait. Se rens. à l'office du tourisme de Arriaga.

Bus touristique – *Juil.-sept., dép. ttes les h devant le Guggenheim 11h-19h (sf 14h) - 12 € (billet hop on hop off valable 24h).*

Visite en bateau – *Embarcadère au niveau du Puente del Ayuntamiento, côté Ensanche - ☏ 644 442 055 - www.bilboats.com - 10/16 €.* Bilboats propose une croisière d'1h sur le Nervión, et une autre de 2h, jusqu'à l'embouchure de l'Abra.

HÉBERGEMENT

Pendant la Semana grande, les prix des hébergements sont majorés.

PREMIER PRIX

Bilborooms – *Victor 3, 1er étage - ☏ 944 793 591- www.bilborooms.com - 7 ch. 50/60 € ☕.* Cette petite pension charmante et sobre propose des chambres simples, mais calmes et confortables. Le petit-déjeuner est frugal, mais l'accueil est chaleureux.

Hôtel Iturrienea Ostatua – E3 - *Sta María Kalea, 14 - ☏ 944 161 500 - www.iturrieneaostatua.com - 21 ch. 50/70 € - ☕ 8 €.* Hôtel de charme en plein quartier historique, dans une vieille maison à la façade bleue rénovée. Il est décoré d'une profusion d'antiquités et d'œuvres d'artistes locaux. Les chambres ne sont pas grandes, mais agréables, et dotées de parquets.

Hôtel Bilbao Jardines – E3 - *Jardines, 9 - ☏ 944 794 210 - www.hotelbilbaojardines.com - P -*

32 ch. 50/80 € - ☕ 4,50 €. À peine ouvert, cet hôtel fait déjà parler de lui grâce à la qualité de son accueil. Les chambres, parquetées et fonctionnelles, possèdent de grandes fenêtres. Les plus tranquilles ouvrent sur le patio et on aperçoit la bibliothèque de Bilbao. Petit-déjeuner continental.

Hôtel Artetxe – Hors plan - *Ctra Enékuri-Artxanda, 7 - ✆ 944 747 780 - www.hotelartetxe.com - P - fermé 20-30 déc. - 12 ch. 53/65 € - ☕ 6 €.* Ancienne maison de campagne, occupant un emplacement magnifique avec vue sur la ville. Les chambres sont décorées de meubles de chêne; la plupart des salles de bains sont équipées de douches.

Hôtel Plaza San Pedro – Hors plan - *Luzarra, 7 - ✆ 944 763 126 - www.hotelplazasanpedro.com - 19 ch. 62 € - ☕ 3,50 €.* Cet établissement familial est situé dans le quartier universitaire de Deusto. Les chambres sont agréables pour leur catégorie. La plupart comprennent une salle de bains de type cabine de douche.

BUDGET MOYEN

Hôtel Vista Alegre – Hors plan - *Pablo Picasso, 13 - ✆ 944 431 450 - www.hotelvistaalegre.com - 35 ch. 75 € - ☕ 6 €.* Cet établissement propose des chambres fonctionnelles au mobilier standard. Mais l'accueil familial fidélise les clients.

Hôtel Sirimiri – Hors plan - *Pl. de la Encarnación, 3 - ✆ 944 330 759 - www.hotelsirimiri.es - P - 28 ch. 75/100 € - ☕ 10 €.* Situé dans la vieille ville, près du musée d'Art sacré, cet hôtel (dont le nom rappelle le crachin tenace qui exaspère parfois les visiteurs de la ville) dispose d'installations modernes et fonctionnelles. Les chambres de belle ampleur comprennent des salles de bains spacieuses, bien équipées.

RESTAURATION

Pour 20 €, vous pouvez vous procurer à l'office de tourisme un ticket donnant droit à 5 *pintxos* et 5 boissons, valable dans 14 établissements de la vieille ville. Parfait pour commencer une soirée de *tapeo* !

PREMIER PRIX

Colmado Ibérico – D2 - *Alameda de Urquijo, 20 - ✆ 944 436 001 - www.colmadoiberico.com - fermé dim. - 10 €.* Comptoir bien garni en brochettes et plats rapides. Le lieu comporte une salle de restaurant où l'on sert une carte spécialisée dans les produits ibériques.

Gatz – E3 - *Sta María, 10 - ✆ 944 154 861 - www.bargatz.com - fermé 2e quinz. de sept. - 10 €.* Situé dans le centre de la vieille ville, c'est le rendez-vous incontournable des amoureux de « cuisine en miniature ». L'endroit a été primé à plusieurs reprises pour la qualité et la créativité de ses *pintxos*.

Xukela – *El Perro 2 - ✆ 944 159 772 - www.xukela.com - tapa 2 €, ración 12 €.* Cet établissement vous fera découvrir en toute simplicité les multiples saveurs du *tapeo*. Ses spécialités sont les fromages et les pâtés.

Rio-Oja – *El Perro 4 - ✆ 944 150 871 - fermé lun. - ración 10 €.* Situé dans le centre historique, ce restaurant propose un bar fourni en tapas et *raciones*, ainsi que des petits plats de différents ragoûts.

POUR SE FAIRE PLAISIR

Rogelio – Hors plan - *Ctra de Basurto a Castrejana, 7 - ✆ 944 273 021 - fermé 22 juil.-1er sept. et dim. - 35 €.* Établissement réputé dans la région pour ses plats simples, élaborés à partir de produits de qualité. Bar à l'allure rustique, et salle de même style à l'étage.

Victor – *Pl. Nueva 2 - ✆ 944 151 678 - www.restaurantevictor.com - fermé 1re quinz. de janv. et sept., Sem. sainte et dim. - 39/48 €.* Petit local intime et familial situé dans le centre historique. Bar à tapas et salle classique au 1er étage. Cave bien fournie de riojas.

Kikara – *Iparraguirre 23 - ✆ 944 235 237 - www.kikara.com - fermé dim. - 40/52 €.* Les salles du sous-sol sont destinées au menu et au rez-de-chaussée à la carte. Ambiance décontractée.

UNE FOLIE

Goizeko Kabi – Hors plan - *Particular Estraunza, 4 - ✆ 944 421 129 - www.goizekocatering.com - fermé 1re quinz. d'août et dim. - 54/62 €.* Située près du musée des Beaux-Arts, cette institution gastronomique du Pays basque propose une cuisine de haut niveau, équilibrée entre tradition et innovation. Sa réputation ? La qualité de ses poissons.

BOIRE UN VERRE

Café Boulevard – *Arenal, 3 - ✆ 944 153 128.* Il s'agit du plus vieux café de Bilbao, inauguré en 1871. Vous y trouverez cafés, *churros* et quelques menus à prix bas, mais il est surtout connu pour la beauté de son cadre (hauts plafonds, stucs, marbres, miroirs…) et les rencontres poétiques qui y ont lieu.

Café Iruña – *Jardines de Albia - ✆ 944 237 021 - www.cafesdebilbao.net.* Situé sur une place agréable, ce café fondé en 1903 est devenu l'un des classiques de Bilbao. Sa décoration est surprenante (plafonds et éléments d'inspiration mudéjare). Idéal pour prendre un verre le soir.

Cotton Club – *Gregorio de la Reilla, 25 - ✆ 944 104 951 - www.cottonclubbilbao.es - tlj sf dim. 16h30-3h (vend.-sam. 5h).* Dans ce lieu branché de trentenaires, on peut boire un verre en écoutant des chanteurs espagnols ou des groupes divers. Le décor affiche une multitude de photos de cinéma et d'autographes laissés par des personnalités lors de leur passage. Un bel endroit !

Victor Montes – *Plaza Nueva, 8 - ✆ 944 157 067 - www.victormontesbilbao.com.* Surtout connue pour son bar à tapas, cette institution locale vous accueille dans un sympathique décor à base de bouteilles de vin. Ses *pintxos* (tapas basques dont le nom signifie « aliment piqué sur un cure-dent ») ravissent le palais. Parmi les spécialités : les canapés de saumon, le jambon bellota…

ACHATS

Alacena de Victor Montes – *Plaza Nueva, 12 - ✆ 944 154 385.* Ce lieu propice vend des spécialités du Pays basque et une belle sélection de produits ibériques tels que jambons, foie gras, charcuteries diverses, fromages, anchois, douceurs… La cave répertorie 700 références de vins espagnols et étrangers.

Pastelería Gozoteiga – À l'angle des rues Aztarloa et Haro - 9h-21h, dim. 9h-15h, 17h-21h. Fondée en 1852, cette boutique décorée de boiseries propose toute sorte de sablés et confiserie.

Sombreros Gorostiaga – *Victor, 9 (Casco Viejo) - ✆ 944 161 276.* Établissement créé en 1857 par la famille Gorostiaga. Vous pourrez y admirer et acheter les *boinas* basques, ainsi qu'une belle collection de chapeaux de fabrication artisanale. Le propriétaire vous renseignera volontiers sur les plus belles pages de l'histoire du chapeau et des couvre-chefs basques.

AGENDA

Festival du cinéma fantastique – 1re quinz. de mai.
Festival Bilbao BBK Live– Déb. juil. *www.bilbaobbklive.com.*
Festival international de théâtre de rue – 1re quinz. juil.
Semana Grande/Aste Nagusia – 3e semaine d'août.
Festival de théâtre et de danse contemporaine – Oct.-nov. *www.badbilbao.com.*
Festival international de marionnettes – Nov.
Concours international de chant – Nov. les années paires - *✆ 944 246 533 - www.concursocantobilbao.com.*
Zinebi, Festival international de cinéma documentaire et de courts-métrages – Fin nov.

Côte de Biscaye

Costa de Vizcaya/Bizkaia

★

NOS ADRESSES PAGE 240

3

S'INFORMER

Office du tourisme d'Ondarroa – *C/ Erribera, 9 - 48700 Ondarroa - ✆ 946 831 951 - www.ondarroa.net ou www.learjai.com - de mi-juin à mi-sept. : tlj 10h-14h, 16h-20h ; reste de l'année : lun.-sam. 10h30-13h, 16h-19h, dim et j. fériés 10h30-14h30 - fermé 1er janv. et 25 déc. Visites guidées sur réservation.*

Autres offices de tourisme : voir aux noms des localités.

SE REPÉRER

Carte de région BC1 (p. 214) – *carte Michelin n° 573 B 21-22.* La côte de Biscaye relie Ondarroa, à 51 km à l'ouest de St-Sébastien, à l'estuaire du Barbadun/San Juan Muskiz, à 25 km à l'ouest de Bilbao. La ría de Guernica en marque approximativement le milieu.

À NE PAS MANQUER

L'ermitage de Gaztelugatxe sur son éperon rocheux battu par la mer.

ORGANISER SON TEMPS

Découvrir l'intégralité de la côte peut faire l'objet d'un long week-end itinérant.

AVEC LES ENFANTS

Le baleinier de Bermeo.

Dans le prolongement de la côte de Guipúzcoa, la côte de Biscaye est idéale pour prendre un bol d'air pur. Ici, les plages et les ports s'enchaînent sur fond de collines verdoyantes. Plus sauvage que sa voisine, et mieux préservée des industries et de l'urbanisation excessive, elle a su ménager de véritables petits coins de paradis comme la réserve d'Urdaibai. Parcourir ce littoral, c'est aussi découvrir des villes chargées d'histoire et de symboles comme Guernica ou Bilbao. En clair, la côte comblera tout à la fois les amateurs de grands espaces, les sportifs, les amoureux de farniente et les assoiffés de culture.

Les passionnés d'activités nautiques se régalent en Biscaye dont le littoral offre un grand choix de sorties en mer (bateau, surf, plongée, canoë-kayak, pêche au thon, voile…) par le biais du programme « Côte basque Toutes voiles dehors ». À Sopelana, vous pourrez vous envoler en parapente ou en deltaplane.

Les plages – La côte de Biscaye possède de nombreuses plages. Les plus importantes se trouvent entre Abra et Billano. Elles se nomment Areeta, Ereaga, Arrigunaga… Celles dépendant de Sopelana sont sauvages ; celles de **Gorliz**, qui partage avec Plentzia la magnifique baie verte, forment un ensemble unique. Enfin, la plage de Bakio est le rendez-vous des surfeurs.

Se promener

Ondárroa/Ondarroa C1

L'agglomération s'allonge entre la colline et la boucle du río Artibay, sur une langue de terre où sa curieuse église surélevée ressemble à une figure de proue. Cernées par le fleuve, les hautes maisons, où pavoise le linge qui sèche, composent un **tableau** pittoresque.

LA FAÇADE ATLANTIQUE DE LA BISCAYE

C'est 150 km de côtes découpées en falaises abruptes et vertes, en estuaires paisibles et en plages immenses de sable fin. La variété des sites y est presque infinie, réservant au visiteur des paysages souvent sauvages et sans cesse renouvelés. La **réserve naturelle d'Urdaibai** *(voir p. 244)*, sur la ría de Gernika, en est le meilleur exemple, mais l'on se sent tout aussi proche de la nature lorsque l'on observe le ressac depuis le sanctuaire de Gaztelugatxe ou que l'on admire l'étendue de la baie de Gorliz.

Les hommes ne sont bien sûr pas absents de ces magnifiques paysages, mais hormis dans la ría de Bilbao, fortement urbanisée, ils s'y intègrent parfaitement. En suivant la côte, vous découvrirez donc plutôt des petits ports sympathiques, comme ceux d'Elantxobe ou de Mundaka, que des grandes stations aux longues barres comme Bakio. Mais même ceux-là ont su conserver un quartier historique ou un port encore actif.

La pêche est en effet un élément essentiel de l'économie et de la culture locales. Que ce soit à Lekeitio, Ea, Elantxobe, Mundaka ou Bermeo, il n'est pas rare de voir les filets en train d'être remaillés à même le quai, ou les gens se presser le soir au retour des bateaux pour profiter de la pêche du jour. Inutile de dire que les poissons que l'on déguste dans les bars à tapas et les restaurants de ces pittoresques ports sont des plus frais !

Le port de Lekeitio et son quartier des pêcheurs.
J.-E. Sceau / MICHELIN

Son histoire officielle débute en 1327, lorsqu'elle reçut les privilèges entérinant l'occupation du site. Presque abandonnée après l'incendie qui la ravagea en 1463, elle poursuivit néanmoins ses activités au travers de la pêche à la baleine, du commerce et de ses chantiers navals. Aujourd'hui, la ville possède encore des conserveries et des usines de salaison de poisson.

L'actuel cœur historique est relativement circonscrit du fait d'un autre incendie, provoqué en 1794 par les troupes françaises.

Église de Sta María – Fin 15e s. L'église affiche un style gothique tardif, à la décoration extérieure soignée (plinthes à thèmes floral et animal, rosaces et gargouilles). Notez l'alignement de 12 figures, les **kortxeleko-mamus**, évoquant les personnages d'une cour médiévale : le roi, le fifre, un musicien, le pèlerin, la pèlerine, des arbalétriers, une nourrice, la reine, un moine, un courtisan, un chevalier.

Confrérie des pêcheurs (Cofradía de pescadores) – L'office de tourisme occupe aujourd'hui cette demeure de pierre identifiable à son clocheton. Elle appartenait autrefois à la puissante confrérie des pêcheurs fondée au 14e s., dont le rôle principal consistait à appliquer la réglementation et assurer la vente de la pêche.

La Antigua – Ancienne paroisse d'Ondárroa, cette église du 15e s. perchée sur l'une des collines de la ville associe styles gothique (d'origine), néoclassique et baroque.

3

Circuits conseillés Carte de région

D'ONDÁRROA À LA RÍA DE GUERNICA C1

Circuit de 51 km tracé sur la carte de région (p. 214) – Comptez environ 1h. Quittez Ondárroa par la BI 3438, qui offre de superbes dégagements sur la côte.

Lekeitio/Lequeitio

C/ Independentziaren Enparantza - 946 844 017 - www.lekeitio.com - 15 juin-15 sept. : tlj 10h-14h, 16h-20h ; reste de l'année : lun.-sam. 10h30-13h30, 16h-19h, dim. et j. fériés 10h-14h - fermé 1er janv. et 25 déc.

Outre sa superbe plage, Lekeitio comprend un vieux centre où rien ne manque. Arpentez donc les quelques rues de l'ancien quartier des artisans *(on y accède par la Berriotxoa Kalea depuis la mairie)*, à la recherche du **palais Uriarte** ou de la tour Turpin. Vous pourrez aussi prendre Espeleta Kalea pour découvrir le **quartier des pêcheurs**★ et rejoindre le port et ses quelques terrasses de cafés. Dans l'après-midi, les femmes reprisent parfois leurs filets.

Église de Sta María – 15e s. L'église, de style gothique tardif, se trouve quasiment sur le port : impossible de la manquer ! Si vous avez la chance d'y entrer, vous pourrez admirer son magnifique **retable** gothico-flamand de 1512, l'un des plus grands d'Espagne avec ceux de Tolède et de Séville.

La route s'enfonce ensuite à l'intérieur des terres.

Ispaster/Ispáster

Cette bourgade conserve quelques bâtiments anciens, comme sa jolie église du 15e s., de style Renaissance, et le palais baroque Arana (1700), reconnaissable à ses deux corps de logis en forme de tour.

Plage de Ogeia – *À la sortie du village, juste avant le cimetière, prenez la route à droite. Elle traverse la forêt qui surplombe la plage.* Insoupçonnable, cette plage se déploie dans une baie au sable ocre et aux rochers affleurant.

Ea

Ce charmant port miniature est enclavé dans le fond d'une calanque. Ses maisons anciennes suivent les berges de la rivière, enjambée par de petits ponts de pierre.

Départ à gauche de l'église Nuestra Señora de Jesus, à l'entrée du bourg, avant la rivière ; suivez le balisage blanc-jaune ; comptez 1h20 – Agréable randonnée, très ombragée. Seul le début se révèle un peu sportif avec deux fortes pentes. La promenade se poursuit à travers bois et prairies. Attention, parvenu aux deux maisons donnant sur la route principale, prenez la voie de garage de la seconde : elle donne accès à la forêt. Revenu sur la route, suivez-la à gauche jusqu'aux maisons, où vous reprendrez le sentier. Il débouche sur la côte et le sanctuaire de Talako Ama, dévoilant une **vue**★ magnifique sur la mer.

Jusqu'à Elantxobe, la route paraît flotter entre terre et mer, réservant de magnifiques points de vue sur le bleu des flots et le vert des collines.

★ **Elantxobe**/Elanchove

Obligation de garer sa voiture à l'entrée du village, en hauteur.

Village tranquille à l'écart des grands axes routiers. Les marins ont profité de l'ébauche naturelle d'une baie pour y construire leur port de pêche et y suspendre leurs maisons à l'abrupt cap Ogoño (300 m). Préparez-vous à descendre et à monter des marches !

Cap (cabo) Ogoño – *1h AR ; départ depuis le cimetière, accessible à pied par une forte pente, ou en voiture par le hameau qui précède Elantxobe, un panneau avec le symbole d'un appareil photo signalant le cap. Attention, ne prenez pas la voie qui longe le mur du cimetière, très pentue, mais la route qui dessert les quelques maisons à flanc de collines. Le sentier commence après la dernière, à gauche.* Petits mollets s'abstenir ! Cette promenade demande en effet un effort constant, récompensé néanmoins par de très belles vues sur le littoral, notamment une magnifique échappée sur la plage de Laga et sur la côte vers Ea ! Le cap, quant à lui, disparaît sous la végétation.

Reprenez la voiture et poursuivez en direction de Laida.

Plage de Laga – Tournant le dos à Elantxobe, elle déploie 575 m de sable rose jusqu'au pied du cap Ogoño.
Plage de Laida – Elle se situe à l'embouchure de la ría de Guernica et jouit d'un cadre incroyable, avec le contraste entre la couleur limpide de l'eau et le vert tendre de la campagne.
En remontant vers Guernica, on découvre sa **ría★** aux calmes horizons, l'île d'Izaro, la tache blanche de Pedernales/Sukarrieta sur l'autre rive et l'île de Chacharramendi.

Guernica/Gernika-Lumo

(voir ce nom p. 242).

DE GUERNICA À GETXO BC1

Circuit de 60 km tracé sur la carte de région (p. 214) – Comptez environ 1h30. Quittez Guernica/Gernika-Lumo par la BI 2235 en direction de Mundaka. Au-delà de la réserve naturelle d'Urdaibai (voir Guernica, p. 242), poursuivez vers Mundaka.

Mundaka/Mundaca C1

C/ Kepa Deuna - ✆ 946 177 201 - www.mundaka.org - mar.-sam. 10h30-13h30, 16h-19h, dim. et j. fériés 11h-14h - fermé lun., 1er janv., 25 et 31 déc.
Toute la vie de Mundaka se concentre autour de son petit port naturel, bordé de maisons traditionnelles de pêcheurs. Son principal atout réside néanmoins dans ses superbes plages de sable fin et, pour les surfeurs, dans sa vague, réputée pour être l'une des plus longues au monde.
D'un ermitage à l'autre *(1h AR)* – Deux ermitages côtiers encadrent Mundaka. La promenade passe par le port et l'église, offrant de très belles vues sur les plages et la côte.

Bermeo C1

C/ Lamera - ✆ 946 179 154 - www.bermeokoudala.net - juil.-août. : lun.-sam. 10h-20h, dim. et j. fériés 10h-14h, 16h-19h ; reste de l'année : lun.-vend. 10h-14h, 16h-19h, sam. 10h-13h, 16h-19h, dim. et j. fériés 10h-14h - fermé 1er et 6 janv., 9 et 16 sept., 25 déc.
Balades en barque – *✆ 677 256 092 ou 666 791 021 - www.hegaluze.com - 21 juin-21 sept. - promenade en barque à Urdaibai (1h) 12 € (enf. 7 €).*
Ce port important est spécialisé dans la pêche côtière. Dominant le vieux port (Puerto Menor), le quartier des pêcheurs se tasse sur le promontoire de l'atalaya, sorte de tour de guet qui avait pour fonction d'informer le port des avis de tempêtes, des bateaux à remorquer, de l'arrivée des baleines, etc. Quelques murailles ainsi que la torre Ercilla, maison-tour à la sévère façade de granit (14e s.), témoignent de l'origine ancienne de l'agglomération. Les rois et seigneurs venaient autrefois jurer les privilèges de Biscaye dans l'église gothique de **Sta Eufemia** (15e s.).
Musée du Pêcheur (Museo del pescador) – *Torre Ercilla - ✆ 946 881 171 - mar.-sam. 10h-14h, 16h-19h, dim. 10h-14h15 - fermé lun. et j. fériés - 3 € (- 26 ans 1,50 €, - 12 ans gratuit).* Si la muséographie date un peu, le contenu n'en aborde pas moins tous les aspects de la vie des pêcheurs, depuis les techniques jusqu'à la religion, les fêtes, la construction navale, la confrérie, la vente du poisson.
Couvent (convento) San Francisco – Situé à l'opposé du port et du parc Lamera, il s'agit du couvent le plus ancien de Biscaye (1357). On en aperçoit le cloître à travers une épaisse grille.

3

★ **Baleinier Aita Guria** – *946 179 121 – www.aitaguria.bermeo.org - mar.-sam. : 10h-14h, 16h-19h, dim. 11h-14h - billets en vente à l'office de tourisme - 2 € (4-14 ans, 1 €).* Attention, il est préférable d'appeler avant de s'y rendre, l'accès peut être compromis en fonction des marées. Cette reconstitution d'un baleinier du 17e s. transporte le visiteur au temps des grandes campagnes de pêche de Bermeo. Ses trois mâts et le roulis suffisent à mettre dans l'ambiance ! Une voix off présente la cabine du capitaine, les cuisines et la cale, permettant de bien comprendre les conditions de vie à bord.

Suivre la route de la côte et, après 3 km, tourner à droite.

Phare (Faro) de Machichaco/Matxitxako B1

En s'écartant du phare vers la gauche, on bénéficie d'une jolie vue sur la côte très découpée à l'ouest. La route en corniche offre de belles vues sur la mer.

★★ **San Juan de Gaztelugatxe**/Gastelukatxeko Doniene B1

Nombre de stationnements réduits. Parking au belvédère, dans la descente, et quelques places supplémentaires devant le pont qui mène à la presqu'île.

Un **belvédère★** domine la presqu'île de **San Juan de Gaztelugatxe**, creusée d'arches où la mer vient écumer. Un sentier d'environ 200 marches monte à l'ermitage, attesté depuis le 11e s. Chaque année, pour la Saint-Jean, a lieu un pèlerinage.

Après Bakio, prenez à droite la BI 3152.

Le parcours en **corniche★**, de Bakio à Armintza, est très dégagé. D'un second belvédère, **vue★** intéressante sur la côte, Bakio, la vallée cultivée et l'arrière-pays boisé.

Armintza/Arminza B1

Unique havre, bien modeste, sur une partie de côte inhospitalière très abrupte.

Rejoignez la BI 3151 en direction de Lemoiz et suivez-la jusqu'à Gorliz.

Gorliz B1

Séduisante plage, logée dans une baie aux proportions harmonieuses et située à l'embouchure du río Butrón. Au nord se trouve un site de dunes pétrifiées vieilles de 6 000 ans. En poursuivant, vous atteindrez un sentier qui longe la côte. Un autre mène au phare.

Plencia/Plentzia (anciennement Plasentia de Butrón) B1

Accolé à la plage de Gorliz, ce centre ostréicole, jadis port de pêche et de commerce, s'est converti au tourisme grâce à ses plages.

Musée municipal Plasentia de Butrón – *946 773 725 - www.museoplentzia.org - merc.-jeu. et dim. 11h-14h, vend.-sam. 11h-14h, 17h-20h - gratuit.* Installé dans l'ancien hôtel de ville (16e s.), ce petit musée retrace l'histoire maritime de Plentzia à travers des maquettes, des objets, des peintures et des archives.

La BI 2122 conduit à Getxo, puis Bilbao.

NOS ADRESSES SUR LA CÔTE DE BISCAYE

HÉBERGEMENT

PREMIER PRIX

Hôtel Ibaigune – *Barrio Larrabe, 48 - Murueta - 946 257 282 - www.ibaigune.com - P - 20 ch. 42/53 € - rest. 9,80/30 €.* L'architecture de cet hôtel implanté en pleine campagne s'inspire des constructions traditionnelles basques. Les chambres, parquetées, sont bien équipées. Si possible, demandez celles du dernier étage d'où vous pourrez admirer l'estuaire et la réserve d'Urdaibai. Au restaurant : service impeccable.

BUDGET MOYEN

Hôtel Txakara – *Almike Bidea 5 - Bermeo - ✆ 946 885 558 -* 🅿 *- 12 ch. 64/72 € - ☕ 9 €.* Petit hôtel familial un peu éloigné du centre. Agréable salle à manger avec cheminée. Chambres confortables et bien équipées.

POUR SE FAIRE PLAISIR

Hôtel Zubieta – *Portal de Atea - Lekeitio - ✆ 946 843 030 - www.hotelzubieta.com -* 🅿 *- 15 ch. - 78/95 € - ☕ 9,50 €.* La façade rustique dissimule une petite réception assortie d'un bar et d'un salon avec cheminée. Chambres chaleureuses, certaines sont mansardées.

Hôtel Emperatriz Zita – *Avda Sta Elena - Lekeitio - ✆ 946 842 655 - www.aisiahoteles.com -* ⊟ *-* 🅿 *- 42 ch. - 80/92 € - ☕ 9,50 €.* Hôtel situé en bord de mer occupant les murs de la villa qui accueillit, entre 1922 et 1931, la dernière impératrice de l'Empire austro-hongrois, Zita. Chambres vastes, confortables et bien décorées. Centre de thalasso.

RESTAURATION

PREMIER PRIX

Asador Pelotari – *Bizkaiko Jaurerria, 25 - Bermeo - ✆ 946 881 553 - fermé 15-30 nov. - 8/40 €.* Ouvert en 2005, ce restaurant fait déjà l'unanimité aussi bien auprès des touristes que des locaux. Son décor est particulièrement soigné : photos dédicacées de joueurs de pelote basque et vitraux colorés créant une plaisante lumière. Sa riche carte de poissons et de viandes cuits au bois de chêne vert plaît beaucoup.

BUDGET MOYEN

Beitxi – *Eskoikiz, 6 - Bermeo - ✆ 946 880 006/885 372 - déj. 10 € déj. - 23/48 €.* Ce restaurant, organisé sur deux étages, connaît un franc succès. Les produits utilisés en cuisine sont de belle qualité, le service attentif plaît à la clientèle et les petits plats basques régalent le palais. Le vin est inclus dans le menu.

UNE FOLIE

Erretegi Joxe Manuel – *Arana tar Sabin, 23 - Ondarroa - ✆ 946 830 104 - 40/50 €.* Ce délicieux restaurant se dresse face au fleuve, à deux pas du quartier historique. Sa spécialité : les poissons et les viandes de Cantabrie, cuisinés sur le grill. Les produits sont ultra-frais ; le chef possède même son propre vivier de fruits de mer. Carte écrite en plusieurs langues.

SPORTS ET LOISIRS

Hipika Eskola Maruri – *Bo Ergoien, 57 - Maruri-Jatabe - ✆ 655 707 478 - beduino@mixmail.com.* Le centre hippique de Maruri dispense des cours pour tous les niveaux en équitation. Il organise également de simples promenades à cheval.

Zugarramurdi Bidaiak – *Behea, 15 (Nasa Kalea) - Ondarroa - ✆ 946 134 259 ou 659 581 389 - junetorri@euskalnet.net.* Pour apprendre à manier la voile, contactez cet organisme installé sur le port d'Ondarroa. Si vous préférez vous laisser guider, embarquez à bord du *Txo*, un voilier de 13 m bien équipé.

Guernica

Gernika-Lumo

16 244 habitants

NOS ADRESSES PAGE 246

S'INFORMER

Office de tourisme – *C/Artekalea, 8 - 48300 Gernika-Lumo - ℘ 946 255 892 - www.gernika-lumo.net - juil.-août : lun.-sam. 10h-19h, dim. 10h-14h ; reste de l'année : lun.-sam. 10h-14h, 16h-19h, dim. et j. fériés 10h-14h - fermé 1er et 6 janv., 24, 25 et 31 déc.* **Les circuits** proposés dans la ville sont balisés au sol par des carreaux de céramique de différentes couleurs.

Visites guidées – *Sur réserv. à l'office de tourisme (min. 10 pers.)- lun.-vend. 10h ou 10h30 - 2,33 €.* Visite générale (1h), visite pour les enfants (1h), maisons du bombardement (1h30), église Sta María (1h30), visite des marchés (seult lun., 45mn).

SE REPÉRER

Carte de région C1 (p. 214) – *carte Michelin n° 573 C 21.* On trouvera Guernica au fond de l'estuaire du même nom, à 34 km à l'est de Bilbao.

SE GARER

En lisière de ville, le long de la rivière, ou bien en centre-ville. Attention à respecter les horaires de stationnement, car la police veille !

À NE PAS MANQUER

Le musée de la Paix.

ORGANISER SON TEMPS

Une journée peut-être consacrée aux douloureux souvenirs de la guerre civile, sans délaisser pour autant les beautés naturelles de la ría.

AVEC LES ENFANTS

Le musée de la Paix, la réserve naturelle d'Urdaibai et les œuvres de Agustin Ibarrola à découvrir dans la forêt de Oma.

Un musée sur la paix, un centre-ville à la fois paisible et animé, et une réserve naturelle riche en biodiversité : relevée de ses cendres, Guernica semble dédiée à la paix et à l'harmonie. Un équilibre difficile à trouver face au développement économique et urbain, mais qu'elle gère pour l'instant avec brio.

Se promener

Le centre-ville de Guernica se concentre autour du musée de la Paix, ouvert sur une place à arcades derrière laquelle se dressent les quelques maisons rescapées du bombardement de 1937.

Jouxtant cet ensemble, le parc des Peuples d'Europe abrite des œuvres de Chillida et de Moore, exposées dans le jardin attenant au palais Udetxea *(accès par une passerelle)* qui accueille le siège de la réserve d'Urdaibai et un espace d'informations sur sa biosphère et sa faune. De l'autre côté du parc des Peuples, derrière le parlement, se trouve le couvent des clarisses.

★★ Musée de la Paix (Museo de la Paz)

Foru plaza, 1 - ✆ 946 270 213 - www.museodelapaz.org - ♿ - juil.-août : mar.-sam. 10h-20h, dim. 10h-15h ; reste de l'année : mar.-sam.10h-14h, 16h-19h, dim. 10h-14h - fermé lun. - 4 € (-12 ans gratuit).

La visite, très émouvante, se divise en trois espaces : le premier tente de cerner la notion de paix au travers de citations de personnalités célèbres (Martin Luther King, Gandhi, Chateaubriand, etc.) ; le deuxième revient sur l'histoire tragique de Guernica (admirable mise en condition dans une pièce d'habitation reconstituée) ; et le troisième aborde la question de la paix aujourd'hui (conflit basque, politique pénitentiaire, tortures, etc.).

Parlement (Casa de Juntas)

C/ Allende Salazar Z/G - ✆ 946 251 138 - www.jjggbizkaia.net - tlj sf jours d'assemblée, été : 10h-14h, 16h-19h ; hiver : 10h-14h et 16h-18h - gratuit.

Toujours debout en dépit des bombardements de la guerre civile, ce bâtiment de 1826 abrite le parlement de Biscaye.

Salle du Vitrail – Ainsi nommée pour le gigantesque vitrail posé en 1985 au plafond. Sa bordure présente les monuments les plus significatifs de chacune des villes de Biscaye. Des panneaux et des objets présentent et illustrent l'histoire de la province et de ses représentants.

Salle du Parlement ou Sta María la Antigua – Jusqu'au début du 19e s., les Biscayens se réunissaient autour du chêne et ils prêtaient serment dans un sanctuaire : Sta María la Antigua. Devenu trop petit, ce dernier a été remplacé en 1826 par l'actuelle salle qui occupe le centre du Parlement. Notez la disposition en ellipse, tout à fait adaptée pour des célébrations religieuses. Des portraits de différents seigneurs de Biscaye et des tableaux évoquant les serments des *fueros* *(voir p. 244)* ornent ses murs.

Arbre (Arból) de Guernica – Le chêne actuel, planté en 1860, se dresse face à la tribune. Son prédécesseur, dont il ne reste que le tronc, est protégé par un petit temple construit en 1929, un peu à l'écart.

Palacio Alegría – Museo Euskal Herria

C/ Allende Salazar, 5 - ✆ 946 255 451 - www.bizkaia.net/euskalherriamuseoa - ♿ - mar.-sam. 10h-14h, 16h-19h, dim. 10h30-14h30, j. fériés 10h30-14h30, 16h-19h30 - 3 € (-26 ans 1,50 €).

Belle demeure épargnée par le bombardement de 1937. Le musée s'attache à expliquer l'histoire de la maison, puis celle de l'habitat basque (maquette à l'appui) et de la navigation. À l'étage, vous découvrirez les personnalités qui ont contribué à redonner un souffle à la culture basque au 19e s.

Du côté de la Ría

Possibilité de garer sa voiture au parking du stade.

Cette promenade qui longe l'estuaire de Guernica débute au pont menant au centre-ville. Joggeurs, cyclistes et maîtres avec leurs chiens se partagent ce chemin qui devient de plus en plus sauvage au fur et à mesure que Guernica s'éloigne et que se rapproche Urdaibai.

À proximité Carte de région

Grottes (Cuevas) de Santimamiñe C1

6 km au nord-est par la BI 2238 en direction de Lekeitio. Après 2,5 km, prenez à droite la BI 4244. ✆ 944 651 657 - tlj sf lun. 10h-13h30, 15h-19h - visite guidée seult (env. 1h30), réserv. anticipée indispensable, possibilité de visite en français - 5 € (-26 ans 2 €, -6 ans gratuit).

3

En 1917, on découvrit dans ces grottes de superbes peintures et gravures rupestres de l'époque magdalénienne. Dans un souci de préservation, les salles ornées de peintures sont aujourd'hui fermées au public, mais on peut désormais les admirer en visite virtuelle.

Forêt (Bosque) de Oma C1

8 km au nord-est par la BI 2238 en direction de Lekeitio. Après 2,5 km, prenez à droite la BI 4244.

Comptez 45mn depuis le parking des grottes. Le chemin monte, bordé d'épineux puis de pins, et redescend sur 300 m pour mener au bois peint.

Des formes géométriques capricieuses, des silhouettes humaines qui se cachent derrière les troncs et d'immenses taches de couleur témoignent de l'union entre l'art et la nature qu'a voulu inscrire en ce lieu boisé le peintre Agustín Ibarrola (né en 1930).

Réserve naturelle (Reserva de la biósfera) de Urdaibai C1

Sur la rive gauche de l'estuaire en direction de Mundaka.

Se rens. au centre de biodiversité du Pays basque à Busturia - Torre Madariaga, barrio San Bartolomé 35 - 946 870 402 - www.torremadariaga.org - mar.-dim. 10h-19h - tour d'observation, nombreuses activités et expositions, visite guidée dans la réserve tous les sam. à 10h (env. 3h) sur réserv. - visite libre gratuite.

Déclarée Réserve de la biosphère par l'Unesco en 1984, elle couvre 220 km^2, soit près de 10 % de la Biscaye. Elle s'étale sur les deux versants de l'estuaire, englobant aussi bien la côte sableuse que les zones marécageuses et les forêts de résineux et de chênes verts. Vingt-cinq milieux végétaux différents ont été répertoriés entre les forêts, les maquis et les landes, les rochers, l'eau douce et salée et les sables côtiers. Cette diversité n'est pas pour déplaire aux oiseaux migrateurs ni aux mammifères, ni même aux poissons et aux amphibiens qui vivent sur ce territoire.

Observatoire des oiseaux – *Dir. Mundaka, par la BI 2235. À Altamira, repérez sur la droite un panneau, tout de suite après le petit pont, indiquant la réserve d'Urdaibai. La route mène à la gare ferroviaire. Garez-vous et traversez la voie, en faisant bien attention. Au bosquet, vous trouverez un panneau explicatif. Suivez le sentier à gauche.* On accède à l'observatoire *(15mn)* par une vaste étendue herbeuse et parfois marécageuse, qui mord sur la ría prise entre les collines.

DOUBLE SYMBOLE

Un centre de pouvoir – Depuis le Moyen Âge, les représentants biscayens se réunissent à Guernica, au pied du chêne tutélaire. Ils y recevaient le serment des seigneurs de Biscaye qui promettaient de respecter les *fueros* (privilèges locaux). Les rois d'Espagne se plièrent jusqu'en 1876 à la coutume… qui fut rétablie en 1936 par José Antonio Aguirre puis supprimée une seconde fois sous Franco. Adaptés et restaurés en 1979 à la fin du règne du dictateur, ils régissent à nouveau l'ensemble du Pays basque espagnol. Quant à l'arbre millénaire, ses restes sont abrités sous un petit temple derrière la Casa de Juntas.

La ville martyre – Aujourd'hui au musée Reina Sofía de Madrid, la célèbre toile de Picasso *Guernica* a immortalisé le drame dont a été victime cette petite ville pendant la guerre civile : le 26 avril 1937, jour de marché, une escadrille allemande a soudain bombardé la localité, faisant quelques centaines de morts. Le drame a d'autant plus marqué les esprits qu'il s'agissait du premier raid aérien massif sur des populations civiles de l'histoire…

On a ainsi l'impression d'être au cœur de l'estuaire où s'ébattent spatules, hérons, aigrettes, etc.

Plages – Signalées par les panneaux « Hondartza », à droite de la BI 2235, elles sont finalement peu nombreuses. À **Sukarrieta**, la plage officielle, toute petite, se trouve face au jardin botanique, planté sur son rocher. Les plupart des habitants profitent de la marée basse pour descendre à même le sable de la ría et se baigner éventuellement dans les mares.

Circuit conseillé Carte de région

DE GUERNICA À MARQUINA-JEMÉIN C1

Circuit de 80 km tracé sur la carte de région (p. 214) – Comptez environ 2h. Quittez Guernica par la BI 635 au sud, en direction de l'A 8. À Zugaztieta, prenez à gauche la BI 3231. Traversez Aiuria, puis Urrutxua, et continuez vers Munitibar.

★ Belvédère de la Biscaye (Balcón de Bizkaia/Vizcaya)

Ce belvédère tourné vers les paysages montagneux dévoile, au-delà du faîte des arbres, une mosaïque de prés et de forêts.

Continuez jusqu'à Munitibar, puis tournez à droite vers Bolibar sur la BI 2224.

La route en descente vers Bolibar révèle par intermittence de très belles échappées sur le monastère de Cenarruza, isolé sur sa colline.

Juste avant Bolibar, prenez à droite en direction de Ziortza.

★ Monastère de Cenarruza/Ziortza

Sonnez à la boutique pour que le moine convers vienne vous ouvrir.

Charmant monastère (14e s.) regroupé autour de la collégiale. L'attrait du site tient autant à son environnement champêtre qu'à la sobriété de son architecture. L'histoire raconte que, durant la messe de l'Assomption célébrée à Sta Lucia de Garay en l'an 968, un aigle survola l'assemblée des fidèles pour s'emparer d'un crâne dépassant des sépultures de l'église. Depuis, les armoiries de Cenarruza représentent la scène. Vous pourrez en voir une représentation sur le mur extérieur de la porte est.

Collégiale – Jetez un œil à son petit cloître avant d'entrer dans l'église, d'une simplicité émouvante. Son seul luxe se concentre dans le petit retable polychrome de l'autel qui abrite le tombeau de l'abbé Irusta (1485-1563). En sortant, notez les sculptures réalisées sur les poutres de l'auvent, et tournez-vous vers la porte pour ne pas manquer les figures naïves qui la surmontent.

Revenez à Bolibar.

Bolibar/Bolívar

L'église forteresse Santo Tómas, fondée au 10e s. et reconstruite aux 17e et 18e s., paraît occuper le village d'où serait originaire **Simón Bolívar**. Un musée, installé dans une maison traditionnelle située derrière l'église, lui est consacré.

Musée Bolívar – *Errementarikua Baserria, Beko kale, 4 - ✆ 946 164 114 - www.simonbolivarmuseoa.com - juil.-août : mar.-dim. 10h-13h, 17h-19h, w.-end et j.fériés 12h-14h ; reste de l'année : mar.-vend. 10h-13h , w.-end et j.fériés 12h-14h - fermé lun. - gratuit.* Le premier étage évoque l'histoire du village médiéval, et le deuxième présente la vie et la carrière de ce chef du mouvement indépendantiste latino-américain au travers de panneaux et de documents d'archives.

Quitter Bolibar en direction de Markina-Xemein par la BI 633.

Marquina-Jeméin/Markina-Xemein
Mentionnée pour la première fois dans les textes en 1355, cette commune jouait un rôle défensif sur la frontière avec le Guipúzcoa.
Chapelle de San Miguel de Arretxinaga – Chapelle excentrée dans le quartier d'Arretxinaga. À l'intérieur, trois gigantesques rochers se soutiennent mutuellement, faisant comme une grotte à la statue de saint Michel (16e s.).
Iglesia del Cármen (Église des Carmélites) – *Dans le village, en direction de Durango.* 18e s. Elle abrite trois magnifiques retables en bois doré.
Kalea Guen – Cette rue conserve encore deux maisons-tours aux nos 5 et 7. Voyez à côté l'hôtel de ville (16e s.) aux colonnes baroques de grès rose.
Place principale – Bel espace dégagé, sur lequel donne l'église et des maisons anciennes, comme le palais baroque Solartekua, repérable à ses blasons.
Revenez à Guernica par la BI 3448 jusqu'à Aulesti, à l'ouest, puis la BI 3242.

NOS ADRESSES À GUERNICA

TRANSPORTS TOURISTIQUES

Train touristique – Euskotren - *✆ 902 543 210 - www.euskotren.es - 1,20 €.* Le train touristique relie Guernica, Mundaka et Bermeo en passant par Bilbao.

HÉBERGEMENT

PREMIER PRIX

Pension Akelarre – *Barrenkale, 5 - ✆ 946 270 197 - www.hotelakelarre.com - 17 ch. 43/55 € - ☕ 6 €.* Les chambres personnalisées de cette coquette pension allient avec bonheur l'esthétique au confort. Le salon, aménagé au dernier étage, offre un accès gratuit à Internet. Terrasse avec solarium et vue panoramique sur les toits.

POUR SE FAIRE PLAISIR

Hôtel Gernika – *Carlos Gangoiti 17 - ✆ 946 250 350 - www.hotel-gernika.com - P - fermé 22 déc.-8 janv. - 40 ch. - 85 € - ☕ 7 €.* Établissement familial disposant d'un bar élégant et d'agréables parties communes. Les chambres les plus modernes possèdent la climatisation et des salles de bains en marbre.

RESTAURATION

PREMIER PRIX

Gernika – *Industria, 12 - ✆ 946 250 778 - 9,50/18 €.* D'entrée, cette petite adresse inspire la sympathie. Le décor – murs en pierre, tables bien dressées et belle collection d'horloges anciennes – est chaleureux. Les spécialités basques sont savoureuses. La musique d'ambiance et l'accueil souriant rendent le lieu agréable.

POUR SE FAIRE PLAISIR

Zallo Barri – *Juan Kaltzada, 79 - ✆ 946 251 800 - www.zallobarri.com - slt déj. sf jeu., vend. et sam. - 33/46 €.* Établissement moderne de style minimaliste. Bien aménagé, il propose une cuisine moderne intéressante.

AGENDA

Dimanche de carnaval – Fév.-mars. *Markina-Xemein - ✆ 946 167 454.*
Fêtes patronales de Gernika-Lumo – 14-18 août. Andra Mari et San Roque.
Fête de San Miguel – 29 sept. *Markina-Xemein.*
Grand marché – Dernier lundi d'oct.

Durango

28 229 habitants

NOS ADRESSES PAGE 251

S'INFORMER

Office de tourisme – *Lariz Torre kalea 2 - 48200 Durango - ✆ 946 033 938 - www.durango-udala.net - de déb. août à mi-sept. : lun.-vend. 9h30-14h30, 16h-19h, w.-end 10h-14h30 ; reste de l'année : lun.-vend. 10h-14h30, 16h-18h30, w.-end 10h-14h30.*

SE REPÉRER

Carte de région C2 (p. 214) – *carte Michelin n° 573 C 22.* Implantée sur l'axe St-Sébastien-Bilbao (A 8), Durango n'est qu'à 30 km à l'est de la capitale biscayenne.

SE GARER

Le centre étant piétonnier, mieux vaut chercher à vous garer du côté de la gare, qui n'est pas loin du cœur historique.

À NE PAS MANQUER

Le porche de la basilique Sta María.

ORGANISER SON TEMPS

Visiter la ville le matin et s'échapper pour une randonnée dans le parc d'Urkiola l'après-midi.

AVEC LES ENFANTS

Les circuits pédagogiques partant de la Maison du parc d'Urkiola.

3

Cité industrielle, Durango est bâtie au bord d'une rivière et entourée de montagnes. Elle recèle néanmoins un quartier historique ramassé autour de la magnifique basilique et de son porche. Aux alentours, découvrez les hectares protégés du parc d'Urkiola et les palais d'Elorrio sont tout proches.

Se promener

Franchissez la Mañaria à la calle Andra Mari.

★★ Basilique Sta María de Uribarri

Cette église du 14e s. renferme un superbe **retable★** Renaissance en bois doré du 16e s. dédié à la Vierge (scènes de l'Annonciation, de la Nativité, de l'Assomption, etc.), mais elle mérite surtout le détour pour la magnifique **charpente★★** de son porche, dont la hauteur et les volumes impressionnent. Il sert de lieu de marché à la population.

En poursuivant la calle Andra Mari par le chevet, vous atteignez Kurutziaga.

★ Croix (Cruz) de Kurutziaga

Dressée devant l'église des pères jésuites, cette croix originale évoque un calvaire breton, car elle est sculptée sur ses deux faces (paradis, Adam et Ève, les 12 apôtres). Elle fut dressée comme croix expiatoire en réparation de l'hérésie menée par le franciscain fray Alonso de Mella et propagée à partir

LA FONDATION

Le toponyme « Durango » daterait du haut Moyen Âge. Pour certains, il dériverait du vocable Urazango, pour d'autres, il viendrait du nom Padurango ou d'un toponyme romain, Duranicus. Jusqu'à la fin du 11e s., le village dépend de Pampelune et de la Navarre puis, après 1095, passe à la Biscaye avant de devenir castillan à la fin du 12e s. Ce n'est qu'à cette période que le village reçoit ses lettres de fondation.

TROUBLES

Après avoir été dévastée par la peste en 1517 et 1597, une inondation destructrice (1544) et un incendie ravageur (1554), la ville doit supporter le coût des guerres castillanes contre la France au 17e s., puis l'occupation napoléonienne au siècle suivant. Pendant les guerres carlistes, elle soutient les libéraux. Fortement industrialisée par la suite, elle est le théâtre de batailles et de bombardements lors de la guerre civile, notamment en mars-avril 1937, pour avoir choisi de demeurer fidèle au camp républicain.

de 1442. On ne sait pas grand-chose faute de documents si ce n'est que ce « religieux » critiquait l'église et prônait une société où tout serait partagé, les biens matériels comme les femmes… Ce « hippie » avant l'heure parvint à rallier à ses théories subversives nombre d'habitants de la ville dont une centaine fut brûlée en 1444, sous prétexte de sorcellerie, sur les lieux où avait été élevée la croix.

Revenez sur vos pas et prenez la calle Kalebarria à gauche.

Place Balbino

Jolies maisons basques, l'une traditionnelle, avec briques et pans de bois, et l'autre à colonnades.

Église Sta Ana

L'église se dresse sur une **place★** du même nom, au sol pavé de galets et décoré d'une croix tracée à l'aide de pierres. Un petit arc de pierre, aussi baptisé Sta Ana et construit en 1566, complète le tableau. C'est l'unique vestige des anciennes portes de la ville. Il a été retouché en 1744 avec l'adjonction d'éléments classiques.

Prenez la calle Arte.

Hôtel de ville (Ayuntamiento)

Vous ne pourrez pas manquer ce bâtiment, car il arbore en façade une fresque rococo (refaite après la guerre civile selon le dessin d'origine réalisé en 1722 par un peintre originaire de Bilbao, Ignacio de Zumárraga).

Revenez sur la calle Andra Mari par la calle Arte, ou sa parallèle à gauche, Barenkalea.

Façade rococo de l'hôtel de ville à Durango.
S. Sauvignier / MICHELIN

À proximité Carte de région

Parc naturel de Urkiola C2

11 km au sud par la BI 623 en direction de Vitoria.

Maison du parc naturel d'Urkiola Toki Alai – *Puerto de Urkiola - 946 814 155 - www.urkiola.net - - été : tlj 10h-14h, 16h-18h ; hiver : 10h30-14h30, 16h30-18h30 - fermé 1er et 6 janv., 13 juin, 25 déc. - gratuit.* Cartes de randonnées et informations sur la biodiversité et la géologie du parc y sont disponibles.

Itinéraires pédagogiques de 1h au départ de la maison et aboutissant au sanctuaire de San Antonio.

3

Fondé en 1989, le parc couvre près de 6000 ha du massif montagneux karstique du même nom qui est à cheval entre la Biscaye et l'Álava. Il présente des paysages de prairies et de falaises austères où nichent des vautours fauves. Les forêts (un tiers de la superficie) sont en plein développement grâce à des plantations de pins et de mélèzes qui viennent s'ajouter aux chênaies, hêtraies et pinèdes d'origine.

Église de San Antonio – *Au col d'Urkiola.* Construite sur un sanctuaire du 7e s., l'église présente une façade murée, ornée simplement d'une porte et d'un vitrail en hauteur. Les restes d'un cloître lui servent de parvis. À l'intérieur, l'absence de chœur donne une allure très contemporaine à l'ensemble.

Beaux **points de vue** sur le parc d'Urkiola depuis le belvédère aménagé dans les bois *(suivez le chemin de Croix, sur la gauche).*

Comptez une demi-journée de marche AR depuis le sanctuaire pour atteindre le mont **Anboto** qui culmine à 1331 m… mais attention, c'est sur l'un de ses versants que se trouve la grotte où réside la « Dama de Anboto », la déesse de la nature qui détient le secret de la foudre et se nourrit des mensonges proférés par ses visiteurs.

Otxandio/Ochandiano C2

18 km au sud par la BI 623. Après Andaparaluzeta, faites quelques centaines de mètres et prenez à gauche la BI 3451.

Ce petit village ne manque pas de caractère, avec ses ruelles étroites et sa place qui regroupe, comme il se doit, l'hôtel de ville (1742) et ses arcades, le fronton de pelote, le préau où se réfugier en cas de pluie, et l'église de Sta Marina du 16e s. dont le **portail★**, très simple, révèle l'existence d'un sanctuaire antérieur.

★ Elorrio C2

12 km au sud-ouest par la BI 632 en direction d'Arrasate. Après Apatamonasterio, continuez sur 3 km, puis prenez à gauche en direction d'Elorrio.

Ce village fondé en 1356 concentre un nombre impressionnant de **palais** des 17e et 18e s. sur seulement quelques rues, héritage des fortunes accumulées par les échanges avec le Nouveau Monde. La plus blasonnée est celle de Berriochoa (Berriotxoa), mais vous verrez aussi de belles façades dans les rues San Pio X, Gernikako, Erreka ou Urarka, pour ne citer qu'elles.

Ne manquez pas de faire un arrêt sur la charmante place de l'Arbre de Guernica (plaza Gernikako Arbola), dominée par la basilique de la Purísima Concepción (15e s.). Elle conserve les reliques du saint patron de la Biscaye, saint Valentín de Berriochoa (1827-1861), missionnaire dominicain qui mourut martyr au Vietnam. Il était né dans le palais d'Arriola.

NOS ADRESSES À DURANGO

HÉBERGEMENT ET RESTAURATION

PREMIER PRIX

Zero Zero – *Plaza de Santa María - tlj 8h-23h30 - 10 €.* Ce bar à pintxos, situé en face de la collégiale, donne une ambiance locale.

POUR SE FAIRE PLAISIR

Hôtel Kurutziaga – *Kurutziaga, 52 - ✆ 946 200 864 - P - fermé 24-31 déc. - 18 ch. 71,20/89 € - ☕ 8 € - rest. 17,53 €.* La réception et la partie commune sont petites, mais les chambres sont bien équipées. Les salles de bains des chambres individuelles ne comportent qu'une cabine de douche. Un pavillon extérieur, à la décoration originale mariant le fer et le verre, a été aménagé pour les banquets.

Grand Hôtel Durango – *Gasteiz bidea 2 - ✆ 946 217 580 - www.granhoteldurango.com - P - 68 ch. 85/162 € - ☕ 16 € - rest. 25 € (fermé dim. soir).* Sorte de petit palais bien construit et décoré avec goût. Espaces communs élégants et chambres modernes. Le restaurant est bien tenu et sert des viandes de son propre élevage de bovins.

AGENDA

Romería à Urkiola – 13 juin.

Fête patronale de San Fausto – 13 oct. Les jours qui précèdent et qui suivent cette date sont synonymes de festivités dans toute la ville.

Foire du livre et du disque basque – 1re quinz. de déc. - ✆ 946 033 938.

Balmaseda

Valmaseda

7 174 habitants

NOS ADRESSES PAGE 255

S'INFORMER
Office de tourisme – *C/Martín Mendía, 2 - 48800 Balmaseda - ℘ 946 801 356 - www.balmaseda.net ou www.enkartur.net - lun.-vend. 10h-14h, 16h-19h, w.-end et j. fériés 10h-14h.*

SE REPÉRER
Carte de région A2 (p. 214) – *carte Michelin n° 573 C 20.* Trente kilomètres à l'ouest de Bilbao. Le vieux Balmaseda s'étend sur quatre rues parallèles le long du río Cadagua, encadré à l'ouest par l'office de tourisme, et à l'est par l'hôtel de ville et l'église San Severino.

SE GARER
Les parkings se concentrent principalement à l'est de la ville, de part et d'autre de la rivière. Celui qui se situe derrière la mairie est le plus central.

À NE PAS MANQUER
L'intérieur de l'office de tourisme, situé dans l'ancienne église Sta Clara.

ORGANISER SON TEMPS
Une matinée suffit pour arpenter les rues du vieux Balmaseda. L'après-midi pourra être consacrée à la vallée de Karrantza, avec un détour par le musée des Encartaciones.

AVEC LES ENFANTS
Rendez visite aux animaux et aux dinosaures du parc Karpin Abentura et découvrez la grotte Pozalagua.

Tradition et inventivité, telle pourrait être la devise de la capitale des Encartaciones. Balmaseda a en effet su préserver ses coutumes, comme celle de la « Passion vivante », et mettre en valeur son patrimoine, en n'hésitant pas à reconvertir ses monuments en musée ou en centre culturel. Résultat : un cœur historique où l'on a plaisir à flâner, et un point de départ idéal pour rayonner dans la région.

Se promener

Balmaseda déploie tout son charme en fin de matinée ou en fin de journée, lorsque l'animation des rues atteint son apogée.

Hôtel de ville (Casa Consistorial) – La forêt d'arcades qui caractérise le rez-de-chaussée de la **mairie** du 18e s. n'est pas sans rappeler celle de la mosquée de Cordoue, d'où son surnom de « Mezquita ». Les piliers ne sont cependant pas aussi anciens et datent pour la plupart du début du 20e s.

Devant le bâtiment se déploie la vaste place San Severino.

Église San Severino – Jouxtant l'hôtel de ville, cette église gothique du début du 15e s. embaume l'encaustique. On peut y admirer un certain nombre d'ajouts ultérieurs comme la chapelle centrale, commandée en 1545 par Juan de Urrutia.

3

Des sculptures maniéristes ornent son retable, attribué aux frères Beaugrant. Notez également les bas-reliefs de style Art nouveau dans la nef de droite. De son côté, l'extérieur affiche un style baroque avec un clocher du 18e s., décoré d'un double balcon ornemental.

Engagez-vous dans la calle Correria aboutissant à la plaza de los Fueros.

Palais Urrutia – Maison du 17e s. reconnaissable à son portail encadré de colonnes néoclassiques.

Prenez la calle El Cubo, puis le campo de las Monjas.

Ensemble (Conjunto monumental) de Sta Clara – Occupé jusqu'en 1985 par des clarisses, ce couvent datant de 1675 abrite aujourd'hui un hôtel, et son **église★**, l'office de tourisme. L'étape en ce lieu reconverti est indispensable, ne fût-ce que pour admirer le magnifique orgue rococo de 1770 et les superbes retables baroques des 17e et 18e s. !

Revenez vers le vieux centre en longeant la rivière Cadagua.

Pont Vieux (Puente Viejo) – Ce pont médiéval, autrefois point de passage obligé sur la route de Castille, aurait été édifié au début du 13e s. Postérieure, sa tour est devenue le symbole de Balmaseda. Elle faisait partie de l'enceinte fortifiée de la ville et en constituait l'une des principales entrées. En raison de son arche centrale surélevée qui rendait le charriage difficile, ce pont fortifié fut supplanté au 17e s. par un autre, construit plus en aval.

Peu après le pont, tournez à gauche vers la place St-Jean.

Place San Juan – Sur cette place très centrale se dressent deux églises. La plus moderne (début du 20e s.) a été transformée en centre culturel, le Klaret Antzokia, inauguré en 2005. La seconde, anciennement San Juan Bautista del Moral, fondée au 15e s., a été reconvertie en musée.

Musée de l'Histoire de la ville (Museo de la Historia de Balmaseda) – *✆ 657 795 806 - ♿ - juin-sept. : lun.-vend. 10h-14h, 17h-19h30, sam. 10h-14h, 17h-20h, dim. 10h-14h ; oct.-mai : mar.-sam. 10h-13h30, 16h30-19h, dim. 10h30-14h30 - 1 €.* La nef de l'ancienne église réunit une série d'objets et de panneaux explicatifs illustrant l'histoire de Balmaseda, son patrimoine et ses traditions, parmi lesquelles la célèbre Passion vivante du Christ. D'autres sont consacrés aux personnalités de la ville, comme l'homme politique et historien local Martín de los Heros e Hita (1786-1859) ou les peintres Roberto Rodet (1915-1989) et María Francisca Dapena (1924-1995). La galerie supérieure présente quelques objets du 19e s., permettant de recomposer une sorte d'intérieur bourgeois typique de l'époque.

Suivez la rue Martín Mendia pour passer devant le palais Horcasitas.

Palais Horcasitas – La sobre façade de ce palais construit à la fin du 17e s. ou au début du 18e s. arbore le blason de la famille Horcasitas. Celle donnant sur la ruelle voisine offre un bel exemple de style néoclassique.

La rue Martín Mendia vous ramènera à la place St-Séverin.

LA SEMAINE SAINTE

Le Jeudi et le Vendredi saint, la reconstitution de la Passion du Christ draine à Balmaseda des milliers de personnes. La tradition remonterait au 15e s. et à une épidémie de peste. Sa mise en scène a sans cesse évolué, passant d'une simple procession à la reconstitution de la Passion, laquelle comprend aujourd'hui neuf tableaux vivants. Les spectateurs assistent donc à la Cène, à la prière du mont des Oliviers, à l'arrestation de Jésus, à sa confrontation avec le grand prêtre, puis Ponce Pilate, à son chemin de Croix et à sa crucifixion, joués et mis en scène par les habitants.

UNE POSITION STRATÉGIQUE
Balmaseda s'enorgueillit de compter parmi les cités fondatrices de Biscaye, voire la première puisque ses actes remontent à 1190. Elle se développa entre les collines et la rivière, à l'endroit le plus facile à fortifier. L'emplacement était aussi idéalement choisi d'un point de vue commercial, puisqu'il se trouvait sur la route menant en Castille. La ville n'eut qu'à réutiliser l'ancienne voie romaine pour assurer sa prospérité. Marchands, aubergistes et artisans développèrent leurs activités. Mais au 18e s., cette source de richesse se tarit, suite à l'ouverture d'une nouvelle voie de communication, qui passait par Orduña. Au 19e s., Balmaseda dut aussi faire face aux différentes guerres (napoléoniennes, carlistes). Mais à la fin du siècle, le chemin de fer relança son activité. Aujourd'hui, c'est sur son patrimoine et ses services que s'appuie la capitale des Encartaciones.

À voir aussi

Musée du Béret et de l'Industrie textile basque (Museo de la Boina La Encartada)
Sortie côté Burgos, B° El Peñueco, 11 - ☏ 946 800 778 - www.laencartadamuseoa.com - de Sem. sainte au 15 oct. : mar.-vend. 10h-14h, 16h-19h, sam. 10h30-19h, dim. et j. fériés 11h-15h ; reste de l'année : mar.-vend. 10h-14h, sam. 10h30-19h, dim. et j. fériés 11h-15h - 5 € (enf. 3 €). Ancienne usine de bérets fondée en 1892. Son architecture et ses machines sont encore en état.

À proximité Carte de région

LAS ENCARTACIONES (ENKAITERRIAK) A2

Cette appellation désigne le territoire occidental de la Biscaye, délimité par la Cantabrie, la Castille et le Nervión. C'est une région au relief accidenté, dont les vallées et les villages, encore tournés vers une économie pastorale et agricole, ont conservé toute leur authenticité.

Güeñes A2

10 km à l'est par la BI 636 en direction de Bilbao. Après environ 7 km, tournez à gauche et traversez Aranguren pour rejoindre Güeñes par la BI 3631.

Église Sta María – Intéressante église gothique du 16e s. au mobilier et à la décoration recherchés. Son **portail★** comprend de belles portes en bois clouté ainsi qu'une ornementation marquant la transition entre les styles gothique et Renaissance.

Avellaneda A2

7 km au nord par la BI 630, puis la BI 2701 à Otxaran.

Museo de las Encartaciones – *Le musée se trouve sur la route de Muskiz, dans la montagne. ☏ 946 504 488 - www.enkarterrimuseoa.net - ♿ - juil.-sept. : mar.-sam. 10h-14h, 17h-19h (reste de l'année : 16h-18h), dim. et j. fériés 10h-14h - fermé lun., 1er et 6 janv., 25 déc. - gratuit.* Un bâtiment moderne, précédé de piliers bleus, marque l'entrée de ce musée qui occupe l'ancienne demeure fortifiée (15e s.) où se réunissaient jusqu'au 19e s. les représentants des villages de la région. Les différentes salles abordent chacune un thème ou une période historique, reconstituant la géographie et l'histoire de la région. Ainsi, la pièce d'exposition évoquant la romanisation présente-t-elle la coupe d'une voie romaine ; celle du haut Moyen Âge, la reproduction de tympans. Les tours défensives du bas Moyen Âge illustrent, quant à elles, les guerres d'influence que se livraient les seigneurs de l'époque. La démarche didactique est bien illustrée grâce à des maquettes, des costumes, des outils, des photos, des sculptures et de nombreux panneaux explicatifs.

Circuit conseillé Carte de région

LA VALLÉE DE KARRANTZA
(KARRANTZA HARANA/VALLE DE CARRANZA) A1-2

Circuit de 80 km tracé sur la carte de région (p. 214) – Comptez environ une journée. Quittez Balmaseda en direction de Castro-Urdiales, puis restez sur la BI 630 (direction Santander).

Valle de Carranza – *Bº Ambasaguas 22, 1ª planta Karrantza - 48891 Karrantza - 946 806 928 - de mi-juin à fin sept. : tlj 10h-14h, 16h-19h ; reste de l'année : mar.-dim. 10h-14h.*

Nuestra Señora del Buen Suceso A1-2

L'église rendant hommage à la sainte patronne de la vallée présente une silhouette trapue, aux murs épais. Un beau jour de l'an 1670, la Vierge Marie apparut à María Rozas, une sage jeune fille du village de Campillos. Elle lui demanda de prévenir le curé et les habitants afin qu'ils élèvent une église pour sa statue, trouvée le 18 septembre. Les fidèles s'exécutèrent et le temple fut dressé à l'endroit de l'apparition. Depuis l'auvent et la porte principale, la **vue** est imprenable sur le magnifique retable baroque du 18e s. qui tapisse le fond de la nef, derrière l'autel. Ses trois panneaux encadrent la statue de Notre-Dame du Buen Suceso (67 cm) en bois polychrome du 17e s.

De petites **arènes** s'appuient contre l'édifice. Elles accueillent les corridas organisées le 18 septembre, à l'occasion de la fête de la sainte patronne (ce jour-là, une messe est célébrée chaque heure). Vous pourrez pique-niquer à proximité, des tables en bois étant dressées à cet effet près de l'église. Non loin de là, le **monument à la Vierge**, réalisé par le sculpteur Joaquín Lucarini Macazaga (1905-1969) en 1953, veille sur la vallée du haut de ses 14 m.

Reprenez la BI 630 en direction de Santander. Après El Cajello, tournez à droite en direction de Paúles.

Biañez A1-2

Église St-André – Mitoyenne du cimetière, cette église des 14e et 15e s. occupe une petite éminence à l'entrée du village. L'un de ses murs intérieurs est entièrement recouvert de fresques mises au jour lors de la restauration d'un retable. Les peintures s'organisent en trois panneaux verticaux représentant de gauche à droite : la Passion, le martyr de saint André et la Cène.

Traversez le village et prenez la direction de Paúles.

Karpin Abentura/El Carpín A1

944 479 206 ou 946 107 066 - www.karpinabentura.com - ♿ - du 1er juil. au 15 sept. : tlj 11h-19h ; reste de l'année : w.-end et vac. scol. 11h-19h (nov.-mars : 17h) - fermé 24, 25 et 31 déc., 1er et 6 janv. - 8 € (-16 ans 5 €).

Propriété d'été de l'ingénieur Urbano Peña y Chávarri au début du 20e s., ce parc de 20 ha a par la suite servi de jardin d'enfants, de caserne et d'hôpital pendant la guerre civile. Depuis 1996, il accueille une cinquantaine d'espèces protégées parmi lesquelles des chouettes, des kangourous, des sangliers, des loups et des panthères noires. La plupart des animaux sont nés en captivité, les autres étant là en convalescence. Après avoir passé un moment avec eux, vous pourrez vous amuser à découvrir la faune préhistorique en parcourant un chemin inspiré de *Jurassic Park*. Bruitages, mannequins et explications se déclenchent automatiquement à votre passage. Attention au Tyrex!

Revenez sur la BI 630 et prenez à droite. Traversez Molinar. Juste avant Ríoseco, tournez à droite et montez jusqu'à Ranero. La grotte se trouve au-delà du village, au bout d'une route menant à une carrière et longeant la montagne sur la droite.

Grotte Pozalagua (Cueva Pozalagua) A1

✆ 649 811 673 - www.karrantza.com - ♿ - visite guidée tte la journée - de mi-juin à mi-sept. : mar.-dim. 11h-19h ; reste de l'année : mar.-dim. 11h-17h (seult le w.-end en nov. et fév.), dernière visite 1/2 h av. la fermeture - fermé lun., Sem. sainte, les 3 jours suivants les ponts, 18 sept., 25 déc., 1er et 6 janv. - 5 € (enf. 2,10 €).

Cette grotte a été découverte en 1957 par des ouvriers qui travaillaient à la carrière voisine. Comme eux, vous découvrirez d'amples salles, hautes parfois de 30 à 50 m, ornées de gigantesques stalactites colorées et de gours, successions de petits barrages de carbonate.

La grotte contient aussi quelques orgues, mais sa véritable spécificité tient dans ses **stalactites excentriques★**, ainsi appelées en raison de leur orientation défiant toutes les lois de la gravité. Elles se forment en effet en voile autour d'une goutte d'eau et peuvent ainsi être horizontales ou courbes. Particulièrement nombreuses à Pozalagua, elles tapissent une partie de la voûte, la transformant en une sorte de prairie fossilisée.

Revenez à Balmaseda par la BI 630.

NOS ADRESSES À BALMASEDA

HÉBERGEMENT ET RESTAURATION

POUR SE FAIRE PLAISIR

Hôtel San Roque – *Campo de las monjas, 2 - www.hotelsanroque.es - P 21 ch. 72 € - ☕ 6 € - rest. 15 €.* Ce bel hôtel se trouve dans l'enceinte même du couvent de Ste-Clara construit au 17e s. Ses chambres, où dominent la pierre et le bois, possèdent beaucoup de charme. Avec sa pyramide en verre et son abondante végétation, le fabuleux patio suscitera à coup sûr votre admiration. Possibilité de demi-pension (21 €) ou pension complète (31 €).

AGENDA

Marché médiéval – Quelques jours en avr. ou mai. Toute la communauté participe à cette reconstitution d'un Balmaseda médiéval, où échoppes et étals de marchands, d'artisans et négociants envahissent les rues de la vieille cité.

Semaine sainte – *Semana Sta,* représentation vivante de la Passion du Christ.

3

Vitoria et la province de l'Álava 4

Carte Michelin Région n° 573 – Álava

L'audacieuse architecture de Frank O. Gehry pour l'hôtel Marquès de Riscal, près de Laguardia.

J. Frumm/hemis.fr@Franck Gehry

LE PAYS BASQUE : VITORIA ET L'ÁLAVA

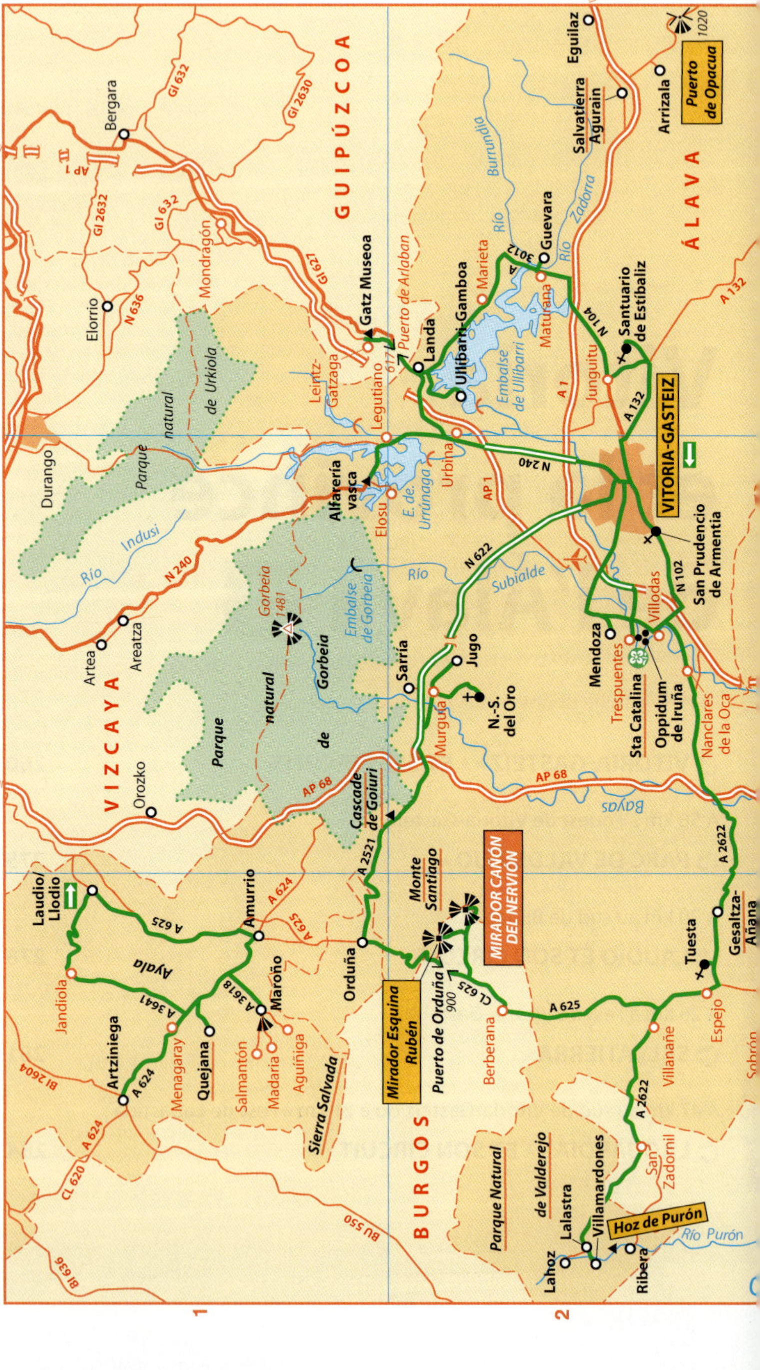

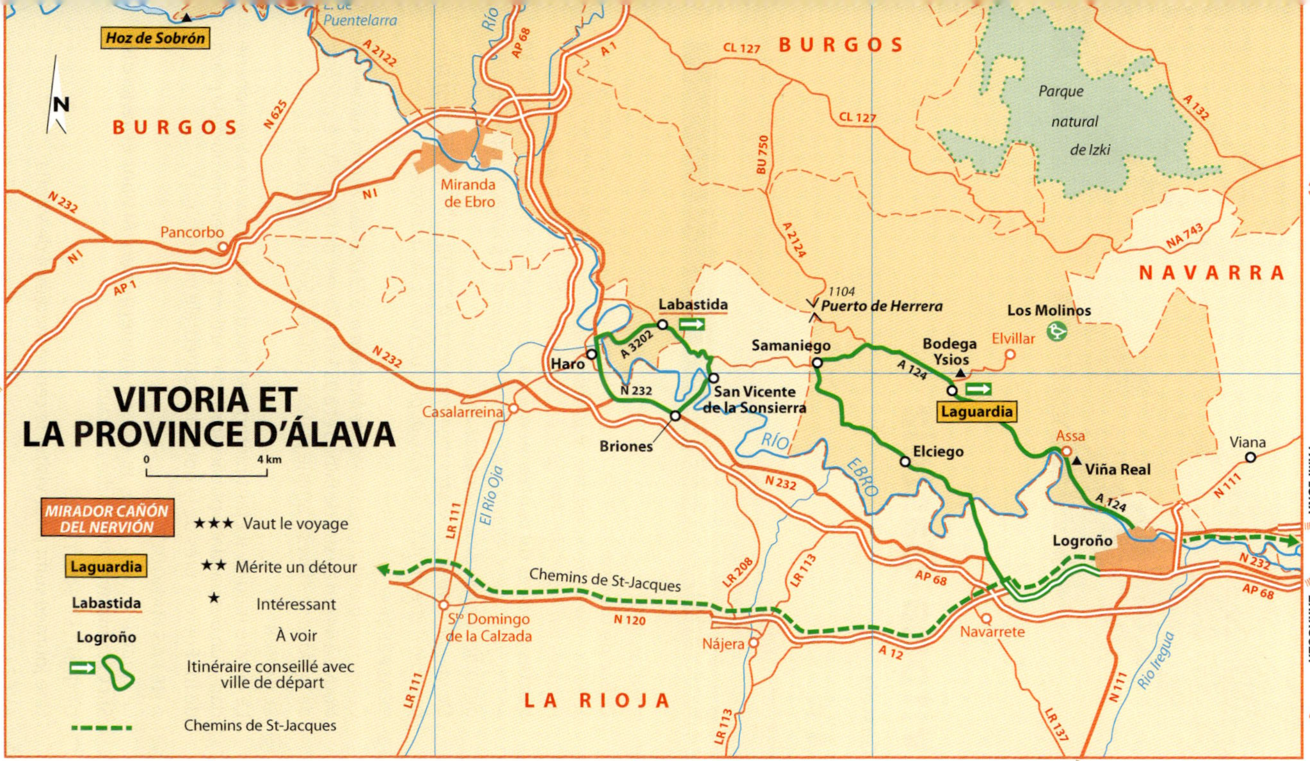
VITORIA ET
LA PROVINCE D'ÁLAVA
0
4 km
MIRADOR CAÑÓN DEL NERVIÓN
★★★ Vaut le voyage
Laguardia
★★ Mérite un détour
Labastida
★ Intéressant
Logroño
À voir
Itinéraire conseillé avec ville de départ
Chemins de St-Jacques
BURGOS
NAVARRA
LA RIOJA
Hoz de Sobrón
Puentelarra
Miranda de Ebro
Pancorbo
Parque natural de Izki
1104
Puerto de Herrera
Labastida
Haro
Samaniego
San Vicente de la Sonsierra
Briones
Casalarreina
Bodega Ysios
Elvillar
Los Molinos
Laguardia
Elciego
Assa
Viña Real
Viana
Logroño
Navarrete
Nájera
Sto Domingo de la Calzada
Chemins de St-Jacques
Río Ebro
El Río Oja
Río Iregua
A 2122
AP 68
A 1
CL 127
BU 750
A 2124
A 132
NA 743
N 625
N I
N 232
AP 1
A 3202
A 124
N 111
LR 111
LR 208
LR 113
N 120
A 12
LR 137
BURGOS
PAMPLONA
ZARAGOZA
SORIA
A
B
C
3
4

Vitoria-Gasteiz

Gasteiz

★★

235 661 habitants

NOS ADRESSES PAGE 272

S'INFORMER

Office de tourisme – *Pl. del General Loma, 1 - 01005 Vitoria-Gasteiz - ✆ 945 161 598 - www.vitoria-gasteiz.org/turismo - juil.-sept. : tlj 9h30-19h30 ; reste de l'année : lun.-sam. 10h-19h, dim. et j. fériés 11h-14h - fermé 1er janv. et 25 déc.*

Visites guidées du centre médiéval – *De mi-juil à fin sept. : tlj de à 11h30 et 17h ; juin : merc.-dim. 11h30 ; oct.-mai : w.-end et j. fériés 11h30 - 5 € (dép. de l'office de tourisme - comptez 2h).*

De mi-juil. à mi-sept., visites théâtralisées tlj à 20h30 - 10 € (la visite est susceptible d'être annulée. Se rens. auprès de l'office de tourisme).

SE REPÉRER

Carte de région B2 (p. 258) – *carte Michelin n° 573 D 21-22.* Vitoria-Gasteiz se trouve à 64 km au sud de Bilbao et à 93 km à l'ouest de Pampelune, au cœur de la *Llanada Alavesa*, ample plateau cultivé à 500 m d'altitude.

SE GARER

Le centre médiéval étant piétonnier, mieux vaut se garer en périphérie dans l'un des parkings publics (près de l'Artium par exemple ou de la plaza de los Fueros), près de la nouvelle cathédrale ou de la gare.

À NE PAS MANQUER

Le quartier historique, le musée moderne de l'Artium et le jardin Sta Catalina avec son cadre romantique.

ORGANISER SON TEMPS

Une journée suffit pour visiter le centre médiéval de Vitoria.

AVEC LES ENFANTS

Le musée des Jeux de cartes, le musée des Sciences naturelles, les salines d'Añana et le musée du Sel près de Leintz-Gatzaga.

La plaza de España, de style néoclassique.
Oficina Municipal de Turismo de Vitoria-Gasteiz

Capitale de la plus vaste des provinces basques et siège du gouvernement de la communauté autonome basque (Euskadi), Vitoria-Gasteiz n'est pas aussi connue que ses grandes voisines San Sebastián et Bilbao. Pourtant, la ville bâtie sur une colline à 525 m d'altitude, possède de beaux atouts : une vraie vie culturelle avec ses nombreux musées et ses vieux quartiers, une ambiance agréable et animée grâce à ses nombreux bars à « pintxos », ses petites places et ses espaces verts. À ne pas manquer, la saison des festivals, dès l'arrivée du printemps.

Se promener Plan de ville

★★ **LA VIEILLE VILLE** (Casco Viejo)

Circuit tracé en vert sur le plan de ville (p. 263) - Comptez 1h30. Partez de l'office de tourisme et gagnez la nouvelle cathédrale.

Musée diocésain d'Art sacré (Museo Diocesano de Arte Sacro) A2

Catedral de María Inmaculada - ☏ 945 150 631 - ♿ - mar.-vend. 10h-14h, 16h-18h30, sam. 10h-14h, dim. 11h-14h - possibilité de visite guidée (en espagnol) sur demande préalable (1 sem. av. la visite) - fermé lun., 1er janv. - gratuit.

Installé dans la nef contournant l'abside de la nouvelle cathédrale, ce musée expose des œuvres appartenant aux diocèses de Vitoria et Álava. Outre les œuvres romanes avec lesquelles débute la visite, remarquez les belles images gothiques ainsi que les intéressantes œuvres flamandes de Van der Goes *(Descente de croix)* et de Ambrosius Benson *(Crucifixion)*. Plus loin, arrêtez-vous devant la belle collection de pièces d'orfèvrerie.

Gagnez la vieille ville par la calle Prado.

La vieille ville est formée de plusieurs rues curvilignes qui entourent la cathédrale (l'ancienne) et portent les noms des anciens métiers. Les vieilles maisons nobles à blason y abondent.

Place d'Espagne (Plaza de España ou plaza Nueva) B2

Aménagée à partir de 1791, elle a été conçue par l'architecte Justo Antonio de Olaguíbel (1752-1810) et devait à l'origine être plus vaste que les *plazas mayores* de Madrid et de Salamanque. Si l'ambition du départ n'a pas été véritablement respectée, cette place en forme de carré parfait présente une noble ordonnance néoclassique.

Un passage permet d'accéder directement à la plaza de la Virgen Blanca, trait d'union entre les quartiers ancien et moderne.

4

Place de la Vierge blanche (Plaza de la Virgen Blanca) B2 5
Dominée par l'église San Miguel, elle est l'image la plus caractéristique du centre névralgique de Vitoria.
Le lieu honore la **Virgen Blanca** qui occupe une place à part dans le cœur des habitants et ce, depuis la fondation de la ville par Sanche VI le Sage. Cette dévotion s'est développée au fil des siècles, avec notamment la création de la confrérie de N. S. de la Virgen Blanca, devenue officiellement la sainte patronne de la ville au 19e s., avant d'être couronnée « reine de la cité » en 1954. Le 4 août a lieu en son honneur le défilé des *faroles (voir p. 266).*
Ses façades, éclairées de *miradores* (vérandas vitrées), encerclent un lourd monument à la victoire du 21 juin 1813, jour où Wellington mit en déroute les troupes napoléoniennes. D'anciens édifices des 18e et 19e s. abritent de très agréables cafés (Café Marañón, Café Vitoria). Notez que les rues les plus animées sont celles situées à gauche de la place, avec leurs boutiques et leurs commerces pleins de charme.
Montez jusqu'à l'église de San Miguel.

Église de San Miguel B2
À l'extérieur du porche, une niche de jaspe abrite la statue polychrome, de style gothique tardif, de la Vierge blanche, patronne de la ville. On entre dans l'église par un portail de la fin du 14e s., dont le tympan retrace des épisodes de la vie de saint Michel. À l'intérieur, on remarquera surtout le retable du maître-autel, dû à Gregorio Fernández (17e s.), et, à sa droite, un arc plateresque (orné d'éléments baroques).

★★ **Place du Machete** B2 3
Une niche au chevet de l'église de San Miguel abritait autrefois le *machete*, coutelas sur lequel le procureur général jurait de défendre les libertés de la ville. C'est de ce couteau que cette calme et vaste place tire son nom. On aperçoit, derrière, le clocher de San Vincente (1871).
Los Arquillos (B2) – Enfilade d'arcades reliant la ville haute à la ville basse, à l'extrémité droite de la place.
Villa Suso – 16e s. Belle demeure construite sur l'ancienne muraille. Aujourd'hui reconvertie en palais des congrès.
Quittez la place par l'escalier contigu au palais.
Vous passerez à proximité de l'église de **San Vincente** de style gothique (15e s.).
Par la cuesta de San Vicente, rejoignez la calle Cuchillería que vous remonterez par la gauche.
Notez au n° 24 la **maison (casa) del Cordón** (16e s.) qui accueille une salle d'expositions temporaires.
À l'intersection avec le cantón de San Francisco de Javier, prenez à droite et marchez jusqu'à l'Artium.

★ **Artium** (Musée basque d'Art contemporain) B1
C/ Francia, 24 - ✆ 945 209 020 - www.artium.org - ♿ - mar.-jeu. 11h-14h, 17h-20h ; vend.-dim. 11h-14h, 16h-21h - fermé en sept., 1er janv. et 25 déc. - 6 € (entrée du musée + exposition temporaire) sf merc. : tarif à l'estimation des visiteurs (minimum : 0,01 €). Visites guidées (en espagnol) dim. 12h30. Cet important centre d'art contemporain, inauguré en 2002, a pour vocation de faire connaître et de rendre plus accessible l'art actuel au travers d'expositions permanentes et temporaires. Un système d'exposition rotative bisannuelle permet de voir une

sélection significative de sa magnifique **collection★**. Son fonds est constitué de plus de 1 800 œuvres d'artistes espagnols des années 1920-1930 jusqu'à aujourd'hui. Des noms aussi évocateurs que Picasso, Miró, Gargallo, Tàpies, Canogar, Palazuelo, Oteiza, Chillida... mais aussi Barceló, Iglesias, Urzay, Badiola, Sicilia, Broto, etc., complètent ce panorama de l'art contemporain espagnol.

En sortant de l'Artium, prenez à droite la calle de Francia et remontez-la jusqu'à la prochaine intersection en croix. Là, prenez à gauche la calle de San Ildefonso, prolongée par la calle de Sta Ana.

À l'intersection de la calle Cuchillería se dresse le **palais Arrieta-Maeztu**, reconnaissable à sa tour d'angle et à son portail simple encadré par un *alfiz* (corniche qui enclot les bords extérieurs d'une arche). L'intérieur, qui abrite un singulier musée consacré aux cartes à jouer ainsi qu'un musée archéologique, nous offre aussi une belle cour Renaissance.

SE LOGER
- Casa del Patrón (1)
- Dato (2)
- Haritz Ondo (3)
- Hotel Almoneda (8)
- Hotel Iradier (6)
- Hotel Páramo (7)
- Palacio de Elorriaga (5)

SE RESTAURER
- Arkupe (1)
- Arlobi (2)
- Dólar (10)
- El Portalón (12)
- El Rincón de Luis Mari (3)
- Gure Ametsa (4)
- Gurea (6)
- Mesa (11)
- Sidrería Casa Areso (9)

INDEX DES RUES
- Fray Zacarías Martínez 2
- Machete (Pl. del) 3
- Virgen Blanca (Pl. de la) 5

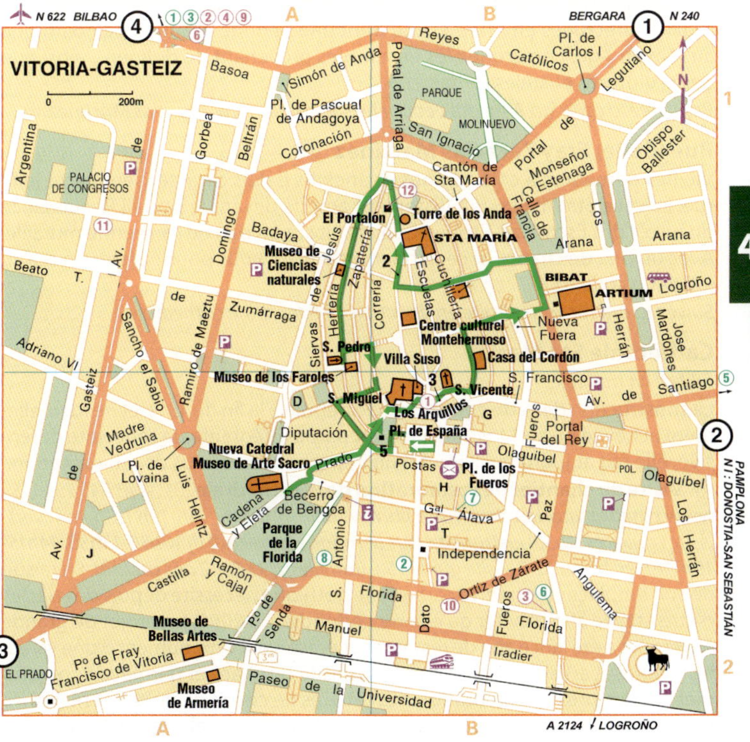

★ Bibat : Musée archéologique et musée des Cartes à jouer

(Bibat, museo de Arkeologia, museo Fournier de Naipes de Álava) B1

C/ Cuchillería, 54 - ✆ 945 203 707/181 920 - www.alavaturismo.com - ♿ - mar.-vend. 10h-14h, 16h-18h30, sam. 10h-14h, dim. et j. fériés 11h-14h - possibilité de visite guidée sur demande préalable - fermé lun. (sf fériés), 1er janv., Vend. saint - gratuit.

Le palais Renaissance de Bendaña qui abrite le musée des Cartes à jouer a été somptueusement réhabilité et doté d'une extension moderne pour accueillir le Musée archéologique, formant ainsi l'ensemble Bibat.

Musée des Cartes à jouer de l'Álava – Fondée en 1868 à Vitoria par Heraclio Fournier (descendant d'un imprimeur parisien dont la famille s'est fixée en Espagne au 18e s.), la célèbre fabrique de cartes à jouer, bien que désormais dépendante d'une *holding* américaine, est toujours en activité. Soucieux de préserver ce patrimoine, le petit-fils du créateur, Félix Alfaro Fournier, a réuni une incomparable collection, acquise par la *diputación foral* (l'équivalent de notre Conseil général) de l'Álava en 1986. La collection actuelle compte 20 000 jeux de cartes, allant du 14e s. à nos jours et provenant du monde entier. Ils couvrent une grande variété de thèmes (concernant l'histoire, la géographie, l'art, les caricatures, les coutumes, etc.) et utilisent les supports d'impression les plus divers (papier, parchemin, feuilles d'arbre, tissu, métal, etc.).

Musée d'Archéologie – Le nouveau bâtiment de Bibat, œuvre signée de l'architecte navarrais Patxi Mangado que l'on apprécie pour ses réalisations au style épuré (piscine universitaire de Ourense, Bodegas Marco Real à Olite, Centre d'exposition et des congrès d'Ávila), abrite les quelque 1500 pièces de la collection permanente du Musée archéologique. Celles-ci proviennent des fouilles effectuées en Álava et couvrent une période allant du paléolithique au Moyen Âge. Remarquez les ensembles provenant de dolmens, ainsi que des sculptures et stèles romaines.

Reprenez la calle Sta Ana, qui débouche sur la calle Fray Zacarías Martínez.

Rue (Calle) Fray Zacarías Martínez B1 2

Vieilles demeures à colombages et anciens palais caractérisent cette jolie rue. La calle Sta Ana vous a justement amené devant le portail Renaissance du palais des Escoriaza-Esquivel, construit sur un pan de l'ancienne muraille. Avec un peu de chance, si ce dernier est ouvert, vous pourrez jeter un œil au joli patio couvert.

Suivez la rue sur votre droite en direction de l'ancienne cathédrale.

Cathédrale Sta María B1

Édifice en travaux.

La construction de cette église fortifiée débuta à la fin du 13e s. et ne fut réellement achevée qu'au 14e s. Initialement partie intégrante de l'enceinte défensive, elle fait aujourd'hui l'objet d'un important processus de réhabilitation.

★★ **Visite du chantier de restauration de la cathédrale** (B1) – *✆ 945 255 135 - www.catedralvitoria.com - visite libre w.-end. 10h-14h, 16h-19h (18h en hiver) ; visites guidées (1h30) en français (sur demande le w.-end) tlj 10h30-13h30, 14h15-19h (18h en hiver) - 2 €, visite guidée 5 € (familles 2,50 €, -12 ans gratuit).* En raison de son emplacement, cette cathédrale gothique nécessite depuis des siècles d'être étayée afin d'éviter qu'elle ne s'effondre. En 2000, un projet de grande envergure a été lancé afin de restaurer et préserver ce monument d'une valeur historique et artistique inestimable. La visite du chantier permet de contempler au plus près la restauration des œuvres (le circuit de visite est réalisé en fonction de l'avancée des travaux). Cette initiative totalement novatrice est

Histoire de la ville

PLUSIEURS FONDATIONS

Simple oppidum construit sur une colline en surplomb de la voie romaine reliant Bordeaux à Astorga, Vitoria aurait été fondée, selon la légende, en 581 par le roi wisigoth Léovigild. Si l'on s'en tient à l'histoire, on attribuera sa fondation au roi de Navarre Sanche VI le Sage en 1181 qui fait construire des fortifications pour se protéger des Castillans, et donne le nom de Nueva Victoria à la nouvelle cité, tandis que sur une colline voisine subsiste un hameau du nom de Gasteiz. Mais, assiégée en 1199 par le roi de Castille Alphonse VIII, Vitoria est prise et rattachée au royaume castillan dès l'année suivante, ce qui ne l'empêche pas de recevoir des *fueros* (privilèges) de ses nouveaux souverains.

PROSPÉRITÉ COMMERCIALE

De par sa position stratégique entre les sierras et la Rioja, et bénéficiant de l'ancien tracé de la voie romaine, Vitoria a pu développer une importante activité économique : artisanale bien entendu, comme en témoignent aujourd'hui encore certains noms de rues (Zapatería pour la cordonnerie, Cuchillería pour la coutellerie, etc.), mais aussi commerciale puisque le vin de la Rioja, le blé de la plaine et le fer des montagnes convergeaient vers elle avant de gagner la Castille.

LA FIN DES AMBITIONS ESPAGNOLES DE NAPOLÉON

En 1813, Joseph Bonaparte est contraint de quitter précipitamment Madrid. Mais ses troupes sont attaquées à Vitoria le 21 juin par une armée anglo-espagnole commandée par le duc de Wellington et battues à plate couture. Napoléon est contraint de restituer la couronne d'Espagne à Ferdinand VII et de renoncer définitivement à mettre la main sur l'Espagne. À Vienne, on commanda même une symphonie à Beethoven pour immortaliser l'événement… Plus tard, lors des guerres carlistes, si la ville s'est attachée à conserver une certaine neutralité, cela ne l'a pas empêchée d'être occupée par les rebelles. La cité traverse donc tout au long du siècle une longue période de léthargie.

très intéressante. Équipé d'un casque, vous emprunterez les passerelles métalliques et percerez les secrets de ce temple-forteresse ; vous comprendrez ainsi le développement et le tracé du quartier historique de la ville.
Face à la plaza de la Burullería qui lui est accolée, un ensemble de vieilles demeures donne un aspect moyenâgeux à la rue.
Tour des Andes (Torre de los Anda - B1) – Sa partie inférieure fut une tour de défense médiévale. Elle forme un triangle avec les deux édifices suivants.
El Portalón (B1) – *De l'autre côté de la rue*. Établissement de commerce typique de la fin du 15e s.-début du 16e s.
Rejoignez la calle Herrería depuis la plaza de la Burullería en empruntant le cantón del Seminario Viejo.
Au passage, observez au n° 35 de la calle Herrería la noble façade baroque du **palais du marquis de Alameda** (1731).

Musée des Sciences naturelles (Museo de Ciencias Naturales) A1

C/ Siervas de Jesús, 24 - ✆ 945 181 924 - mar.-vend. 10h-14h, 16h-18h30, sam. 10h-14h, dim. et j. fériés 11h-14h. - fermé lun. (sf j. fériés) - gratuit.
Le musée des Sciences naturelles a investi la torre de Doña Otxanda. Une salle entière dédiée à l'ambre occupe le rez-de-chaussée (écrans interactifs, jeux de lumière, crâne de Tyrannosaurus rex). Le 1er étage réunit, quant à lui, une vaste collection de fossiles, tandis que le dernier niveau, à la présentation un peu datée, se concentre sur les écosystèmes de l'Álava.

Église de San Pedro A1

Cette église du 14e s. présente une intéressante façade gothique.
En haut des escaliers qui lui font face, vous apercevez la façade du **centre culturel Montehermoso** B1, qui occupe un palais Renaissance (1524).
Prenez les escaliers.
Dans la première ruelle à droite se trouve le **Museo de los Faroles** (A1), repérable à sa très haute porte (nécessaire pour laisser passer les éléments du rosaire). *C/ Zapatería, 35 - ✆ 945 277 077 - été, Sem. sainte et ponts : tlj 11h30-13h30, 17h-19h ; reste de l'année 1er sam. du mois 11h30-13h30, se rens. auprès de l'office de tourisme - 1 €.*
La confrérie de N. S. de la Virgen Blanca prend soin des *faroles*, ces éléments en vitraux qui symbolisent les mystères du rosaire (joyeux, douloureux et glorieux), les Ave, les Pater et les Gloria. Tous sont portés en procession la nuit du 4 août, selon une tradition qui remonte à 1897.
Revenez aux escaliers et prenez la ruelle suivante, toujours sur votre droite. Poussez jusqu'à la plaza de la Virgen Blanca en marchant tout droit ou en prenant à droite le cantón de San Roque pour retrouver la calle Herrería.

À voir aussi Plan de ville

Musée de l'Armurerie (Museo de Armería) A2

Pº Fray Francisco de Vitoria, 3 - ✆ 945 181 925 - mar.-vend. 10h-14h, 16h-18h30, sam. 10h-14h, dim. et j. fériés 11h-14h - fermé lun., 1er janv., Vend. saint - gratuit.
Agréablement présentée dans un bâtiment moderne, la collection, témoignant de la tradition militaire basque, présente l'évolution des armes de la hache préhistorique au pistolet du début du 20e s. On y remarquera des armures (15e-17e s.), japonaises notamment, du 17e s., et une maquette reconstituant la bataille de Vitoria qui, en 1813, scella le sort des ambitions espagnoles de Napoléon.

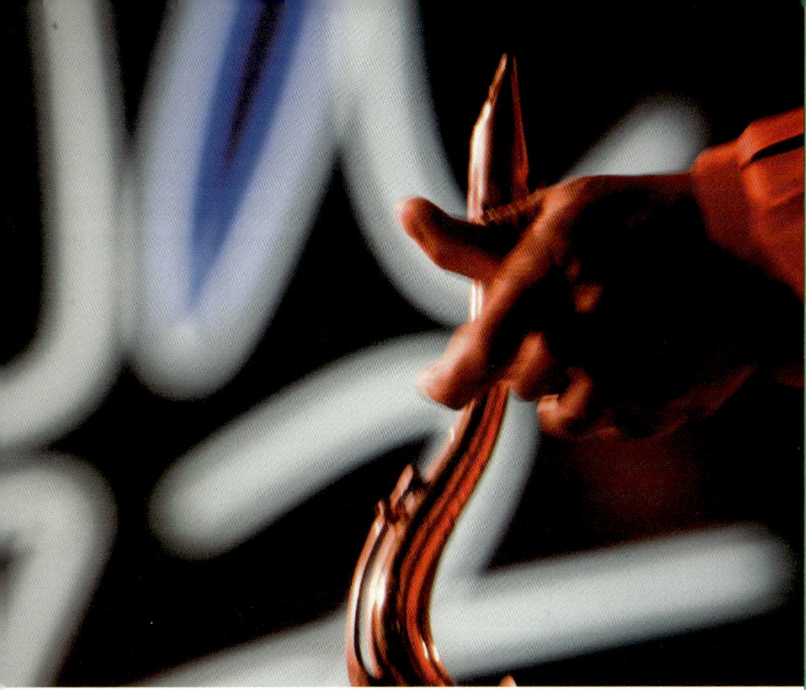

En juillet, vivez le Festival de jazz de Vitoria.
J. Izarra / www.jazzvitoria.com

Musée des Beaux-Arts (Museo de Bellas Artes) A2
Pº Fray Francisco de Vitoria, 8 - ✆ 945 181 918 - ♿ - mar.-vend. 10h-14h, 16h-18h30, sam. 10h-14h, 17h-20h, dim. et j. fériés 11h-14h - fermé lun., 1er janv., 25 déc. et Vend. saint - gratuit. Le palais de Agustí, construction néo-Renaissance élevée au début du 20e s., abrite une collection d'art espagnol des 18e et 19e s. ainsi qu'un éventail très complet de la peinture basque (Iturrino, Regoyos, Zuloaga). Un étage est consacré au peintre local **Fernando de Amárica** (1866-1956), paysagiste qui fut un disciple du maître espagnol de l'impressionnisme, Sorolla. La visite permet d'apprécier les changements intervenus à cette période où la peinture académique et classique s'est tournée davantage vers le romantisme ou le réalisme.

4

Circuits conseillés Carte de région

UNE EXCURSION NATURE A1-2 B2

Circuit de 38 km jusqu'à Tuesta tracé sur la carte de région (p. 258) – Comptez une demi-journée. Quittez Vitoria par la N 622 en direction de Bilbao, puis la A 1 vers Madrid. Sortie 345.

★ **Jardin botanique Sta Catalina à Trespuentes**/Tresponde B2
Accès depuis Trespuentes (fléchage) jusqu'à une sorte de carrière de pierre. Ne vous laissez pas impressionner et suivez encore les panneaux. Montez en voiture jusqu'à un portail que vous ouvrirez, puis un parking. De là, comptez 15mn à pied (ça grimpe !) pour accéder à l'entrée réelle du jardin. Visite env. 1h - ✆ 680 470 146 - www.cuadrilladeanana.es/santacatalina - juil.-août : mar.-vend. 10h-14h, w.-end et j. fériés. 11h-20h ; reste de l'année : mar.-vend. 10h-14h, w.-end et j. fériés 10h-18h - 3 € (-10 ans gratuit).
Ce jardin enchanteur qui a ouvert ses portes en 2002 a été réalisé autour des ruines du monastère de Sta Catalina. Les sentiers aménagés serpentent autour et dans les vestiges qui réservent de belles échappées sur le plateau

de Vitoria-Gasteiz. Les essences sont toutes marquées et exhalent leurs senteurs, surtout le matin ou en fin de journée. La meilleure saison pour en profiter étant la fin du printemps, vers mai ou juin.
Revenez sur l'A 3302 pour rallier Villodas, puis Nanclares de la Oca, qui permet de rejoindre l'A 2622, direction Subijana-Morillas. Le bourg et l'autoroute dépassés, poursuivez jusqu'à Gesaltza-Añana.

★ Salines (Salinas) de Gesaltza-Añana A2

La réputation de ce village classé provient de ses salines à ciel ouvert, dont la présence est attestée depuis le 10e s. La légende veut que ce soit une vache en quête de sel qui fit jaillir la Muera. En réalité, l'eau de la rivière se charge en sel au fur et à mesure de son écoulement jusqu'à la vallée d'Añana, où elle était distribuée vers les « fermes » (ensemble de 5 à 25 parcelles était appelé « ferme ») par des canaux. Cette richesse a permis au village médiéval de multiplier les privilèges de la part des rois de Castille, qui touchaient leur part des bénéfices. Dans l'église, un tableau flamand représente l'Annonciation, remarquez la finesse des traits.
Visites guidées – *945 351 413 - www.vallesalado.com - de fin mars à mi-oct. : tlj ttes les h 10h-13h, 17h-19h ; reste de l'année : sam.-dim et j. fériés ttes les h 10h-13h, 16h-17h (horaires susceptibles de changer, vérifiez-les sur le site Internet) - 4 € (-12 ans gratuit).* La zone d'exploitation se présente comme une succession de petites plates-formes en escaliers, montées sur pilotis. Le sel en provenance de la rivière Muera y séchait à partir d'avril. Aujourd'hui, le site est en cours de restauration. La visite permet d'en comprendre l'histoire et l'évolution, de façon empirique.
Reprenez l'A 2622.

Tuesta A2

Le principal intérêt de ce petit hameau réside dans son église, N. S. de la Asunción, édifiée au 13e s. dans un style roman tardif. Fermée dans la journée, elle présente un magnifique **portail★★**, merveilleusement conservé. Admirez les détails de ses **voussures★** richement sculptées. Anges, personnages aux différentes attitudes, animaux plus ou moins fantastiques (oiseaux, griffons), végétaux et scènes de vie rendent vivants ces arcs, reposant sur des piliers aux **chapiteaux★** non moins travaillés. Remarquez le baiser échangé, sur le deuxième pilier en partant du vantail de gauche. Au-dessus de l'archivolte, six statues entourent celle de la Vierge à l'Enfant. À gauche, vous reconnaîtrez les trois figures des Rois mages.
Vous pouvez rentrer sur Vitoria ou bien poursuivre en direction du parc de Valderejo ou encore vers le Monte Santiago. Dans le premier cas, prenez la direction d'Espejo, traversez le village et poursuivez plein nord sur l'A 625 jusqu'aux indications fléchées à gauche pour le parc de Valderejo et Lalastra. Pour y accéder, vous passerez par Villanañe, Villanueva de Valdegovía, San Millán de San Zadornil, San Zadornil et Arroyo de San Zadornil.

★ Parc de Valderejo A2

(Voir p. 275). Le parc se situe à l'extrémité ouest de l'Álava. La municipalité de Valderejo est constituée de 4 villages aux églises bien conservées, et de sites sauvages préservés.
Pour le Monte Santiago, fefaites la route en sens inverse jusqu'à Villanañe. Après le village, prenez plein nord sur l'A 625, direction Orduña.
La route monte vers un plateau sauvage du Monte Santiago, en Castille-et-León. Après Berberena, roulez encore sur environ 3 km avant de prendre à droite le chemin menant à la zone protégée du Monte Santiago.

★ Mont (Monte) Santiago A2

Avant le col d'Orduña, passez la clôture sur votre droite et prenez le chemin de terre caillouteux pour atteindre le centre d'interprétation. La route qui y mène est à peine carrossable, jonchée de nids-de-poule qui aident à respecter la vitesse imposée de 30 km/h. www.patrimonionatural.org - 15 juin-15 sept. : 10h-14h, 16h-19h30 ; reste de l'année : 10h-14h, 16h-18h30.

Classé Monumento Natural depuis 1996, cet espace situé aux confins de la province de Burgos réserve au promeneur de magnifiques points de vue, dont le **saut du Nervión** *(voir ci-après)* n'est pas le moindre. La plupart des dix randonnées balisées partent de la **fontaine St-Jacques** (fuente Santiago), une source à côté de laquelle se dresse le centre d'interprétation, construit sur les ruines d'un ancien monastère. Vous y découvrirez l'histoire et l'écosystème de la zone, qui abrite 20 espèces de mammifères différentes, parmi lesquelles le chat sauvage, la fouine, la martre et le blaireau, ainsi que le triple d'oiseaux (vautours, choucas, aigles). Tous profitent de la lande, des chênaies, des hêtraies et des pinèdes restaurées de cette zone protégée.

★★★ **Belvédère du saut du Nervión** (Mirador cañón del Nervión) – *Sentier 42, à quelques centaines de mètres du centre d'interprétation.*

Il faut traverser un bois avant d'atteindre le plateau dans lequel s'encaisse une rivière : le Nervión. En suivant son lit, on aboutit au vertigineux **canyon de Delika★** dans lequel se précipitent ses eaux (lorsqu'il n'est pas à sec) depuis une hauteur de 270 m. Depuis la plate-forme aménagée en point de vue, le regard plonge au fond de ce paysage minéral qui file vers la vallée entre des parois de plus en plus incurvées.

Le plateau battu par les vents, où les rochers le disputent aux broussailles et aux arbres, constitue également un belvédère naturel d'où l'on peut contempler la plaine à perte de vue : un **panorama★★** sur la sierra de Salvada à couper le souffle. Attention : aucune barrière de protection n'a été fixée à l'extrémité des falaises.

Le sentier 45 longe les falaises et mène au belvédère d'**Esquina Rubén★★** qui dévoile une vue grandiose sur la vallée d'Arrastaria. Vous rentrerez au parking par le sentier 41, agréablement ombragé *(30mn).*

Col d'Orduña (Puerto de Orduña) A2

Le col d'Orduña culmine à 900 m et dévoile des paysages d'une austère beauté.

La **route** qui mène à Orduña révèle des **points de vue★** magnifiques. Au-delà des champs se dressent la silhouette de la sierra Salvada et l'extrémité du canyon du Nervión.

Orduña/Urduña A1

Foru Plaza (Plaza de los Fueros), 3 - 945 384 384 - www.urduna.com - Sem. sainte et de mi-juin à mi-sept. : tlj 9h30-14h, 16h-19h30 ; de mi-avr. à mi-juin et de mi-sept. à mi-oct. : mar.-sam. 9h30-14h, 16h-19h30, dim. et j. fériés 9h30-14h ; reste de l'année : mar.-jeu., dim. et j. fériés 9h30-14h, vend.-sam. 9h30-14h, 16h-19h30.

Les fortifications de cette ville biscayenne ont en partie disparu, souvent dissimulées derrière des édifices plus récents. Orduña dispose tout de même d'une belle place centrale : la **plaza de los Fueros**, entourée des plus anciennes maisons du village (17e et 18e s.). Les bâtiments les plus remarquables sont le **collège des Jésuites**, construit en 1694 et jouxtant l'église de la Sagrada Familia (18e s.), ainsi que la **Maison de la douane** de 1782, reconnaissable à ses arcades. Elle porte l'écusson de l'Espagne. Deux autres églises dressent leur clocher dans le bourg : Sta María de la Asunción (16e s.) et Nuestra Señora de la Antigua du 18e s.

★ Cascade de Goiuri/Gujuli B1-2

12 km à l'est par l'A 2521. Dans le hameau du même nom, repérez sur votre gauche les containers d'ordures ménagères, ils marquent une intersection où vous tournerez. Roulez jusqu'à l'église.

Ce n'est sans doute pas un hasard si seul un panneau de bois, accroché au pied de l'église, indique la direction de la cascade. Son accès, au-delà de la voie de chemin de fer, ainsi que ses abords ne sont pas sécurisés et peuvent être dangereux : évitez de vous y rendre avec des enfants.

Le spectacle vaut surtout en période humide : une belle **chute** d'eau plongeant dans un ravin profond. Faites très attention, car aucune protection n'a été installée, et la tentation est grande de prendre des risques pour mieux jouir du spectacle. En été, inutile de vous déplacer, car le plus souvent, la rivière est à sec…

HISTOIRE ET JARDIN B2

Circuit de 35 km tracé sur la carte de région (p. 258) – Comptez 2h30. Quittez Vitoria par la N 622 en direction de Bilbao, puis la N 1 vers Madrid. Sortez à la sortie 348.

Mendoza

Au cœur du village, le **château** est une forteresse à meurtrières, dépourvue de créneaux, mais entourée de quatre tours. Belle vue sur la plaine. Cette ancienne résidence du duc de l'Infantado abrite aujourd'hui le **Museo de Heráldica Alavesa** qui présente une collection de blasons de familles nobles de la région. *✆ 945 181 918 - de déb. mai à mi-oct. : 11h-15h, 16h-20h, sam. 11h-15h, dim. et j. fériés 10h-14h ; reste de l'année : 11h-15h, dim. et j. fériés 10h-14h - gratuit.*

Revenez sur l'A 3302 et prenez à droite pour rejoindre Trespuentes.

★ Jardin botanique Sta Catalina

Voir circuit p. 267.

Revenez sur l'A 3302 pour rallier Villodas.

Oppidum d'Iruña

Le chemin d'accès en voiture se trouve juste à l'entrée de Villodas, à droite. Autre possibilité : venir à pied depuis Trespuentes. ✆ 945 403 044 - www.veleia.com - été : mar.-vend. 10h-14h, 16h-20h, sam. 11h-15h, dim. 11h-14h ; hiver : mar.-sam. 11h-15h, dim. 10h-14h - possibilité de visite guidée sur demande préalable (avr.-nov.) - fermé lun., 1er janv. et 25 déc. - gratuit ; visite guidée 3 €. Vestiges de murailles des 3e et 4e s. d'une ville romaine tardive. Les fouilles menées entre 1949 et 1954 ont révélé une agglomération qui couvrait 11 ha mais seuls cinq contours de maisons, présentés par des panneaux, ont été mis au jour.

Restez sur l'A 3302 jusqu'à ce qu'elle rejoigne, en passant sous la N 1, la N 102 qui traverse Armentia pour aboutir à Vitoria.

Basílique de San Prudencio de Armentia

Cet édifice du 13e s. se caractérise par un chevet roman, et un intérieur à la nef et aux arcs déjà gothiques. Son auvent conserve deux superbes **tympans et deux bas-reliefs★** du 11e s.

Rentrez à Vitoria en suivant le fléchage.

ENTRE LACS ET PLAINE B1 C1-2

Circuit de 80 km tracé sur la carte de région (p. 258) – Comptez une demi-journée. Quittez Vitoria par la N 240 en direction de Durango.
La route contourne le lac d'Urrúnaga tout en offrant de belles vues sur ses berges.

Atelier de poterie basque (Alfarería Vasca) B1

Dépassé le panneau Elosu, l'atelier de poterie sera sur votre gauche, repérable à sa jarre géante. ✆ 945 455 145 - www.euskalzeramika.com - lun.-vend. 10h-13h, 16h-19h, sam. 10h-14h - fermé dim. et j. fériés - gratuit. Passionnée et accueillante, la maîtresse des lieux vous fera les honneurs de son atelier. Elle vous montrera l'ancien four tricentenaire (1711), classé Monument historique, où l'on cuisait autrefois les récipients traditionnels. Elle vous commentera aussi, si vous le souhaitez, les objets exposés dans le petit musée à l'étage (les céramiques bleues du 16e s., les vertes du 18e s., etc.) : une bonne occasion pour le visiteur de comprendre l'histoire et les coutumes de la province. Ventes possibles *(voir « Nos adresses à » p. 272).*
Revenez sur vos pas et, après Legutiano, à la hauteur d'Urbina, prenez l'A 627 en direction de Mondragón afin de rallier, après le col d'Arlában, le village de Leintz-Gatzaga.

Musée du Sel (Gatz Museoa) C1

Dépassez le village de Leintz-Gatzaga et suivez le panneau. ✆ 665 739 550 - www.leintzgatzaga.com - visite guidée seult, sam.-dim. à 13h en espagnol - se rens. pour les autres jours de la semaine. Mieux vaut prévenir de son passage.
Vous verrez sur la rive opposée du torrent un charmant ensemble de petites bâtisses où les femmes extrayaient autrefois le sel. Elles présentent aujourd'hui les anciens mécanismes d'extraction du sel, dont un moulin hydraulique, ainsi que des maquettes et des panneaux explicatifs.
Repartez sur la GI 627 en direction de Vitoria.

Landa C2

De ce hameau en bordure du **lac Ullíbarri** partent divers itinéraires dont une ancienne voie de chemin de fer reconvertie en voie verte.
Longez donc la berge en direction d'**Ullíbarri** pour découvrir ce village ancré au bord des eaux, dont l'église domine le lac. De petits bateaux tanguent au rythme du vent à deux pas de la petite base nautique et offrent une vision de carte postale au soleil couchant. Une terrasse de café permet d'apprécier pleinement cette vision…
Revenez à Landa et suivez la berge en direction de Marieta. Après le village et Larrinzar, roulez jusqu'à l'intersection avec l'A 3012 et tournez à droite pour rejoindre Maturana. Là, vous suivrez les panneaux « Guevara ».

Guevara C2

Les ruines d'un château se dressent un peu en dehors du village, derrière un rideau d'arbres *(prendre à droite derrière l'église et aller jusqu'aux dernières maisons).*
1h d'ascension. En suivant le chemin de pierres qui s'élève à sa gauche, vous accéderez à la ruine qui domine Guevara du haut de son piton rocheux. Au cours de l'ascension, le chemin devient sentier, puis sente, et offre de beaux panoramas sur le lac Ullíbarri et la plaine en contrebas.
Retournez à Maturana et prenez la direction de Vitoria en franchissant la N 1 et en ralliant la N 104. À Junguitu, prenez à gauche la direction de Zerio et d'Aragandoña. Parvenu à ce dernier village, suivez la direction Estíbaliz.

4

Sanctuaire (Santuario) de Estíbaliz C2

☎ 945 293 088 - ♿ - tte la journée. Ce sanctuaire est chez les Álavais, depuis le 10e s., un lieu de pèlerinage très populaire à la Vierge d'Estíbaliz, dont la statue préside les assemblées législatives et judiciaires de la province. La communauté compte encore une petite dizaine de moines.

Église – L'église romane conserve une Vierge du 12e s. Admirez ses **chapiteaux★** d'abord sobres puis ornés de feuillages et de personnages expressifs. Notez aussi les motifs arabisants. Le portail extérieur, avec ses ornementations géométriques, mérite également votre attention. Sur la façade sud, joli clocher à peigne.

Crypte – Construite en 1995 selon une disposition en cercle avec une ouverture sur la verdure, elle n'est ouverte qu'aux heures d'office.

Revenez à Vitoria par l'A 132.

NOS ADRESSES À VITORIA-GASTEIZ

HÉBERGEMENT

PREMIER PRIX

Hôtel Dato – B2 - *Dato, 28 - ☎ 945 147 230 - www.hoteldato.com - 14 ch. 47/60 €.* Hôtel central très bien entretenu et confortable. Décoration particulière, un peu trop chargée.

Hôtel Iradier – B2 - *Florida 49 - ☎ 945 279 066 - www.hoteliradier.com - 19 ch. 57 €.* Une façade classique et un intérieur fonctionnel en plein centre, avec des chambres simples et confortables. Les salles de bain sont assez basiques.

Hôtel Páramo – B2 - *General Álava 11 (pasaje) - ☎ 945 140 240 - www.hotelparamo.com - 37 ch. 55/80 € - ☕ 5 €.* Situé en plein centre-ville, c'est un bon choix dans sa catégorie. Cet établissement familial offre des chambres modestes récemment rénovées.

POUR SE FAIRE PLAISIR

Hotel Almoneda – A2 *-Florida 7 - ☎ 945 154 084 - www.hotelalmoneda.com - 25 ch. 105 € ☕.* Accueil familial et chaleureux dans cette maison qui a conservé son magnifique escalier ancien. Situation centrale et chambres agréables.

À proximité de Vitoria

PREMIER PRIX

Hôtel Casa del Patrón – Hors plan - *San Martín, 2 - Murguía - ☎ 945 462 528 - www.casadelpatron.com - 14 ch. 60/65 € - ☕ 4,50 € - rest. 15 €.* Derrière une avenante façade, l'intérieur accueillant rappelle celui d'une maison d'antan. Chambres douillettes, parfois mansardées, avec salles de bains en marbre. Restaurant au 1er étage et bar à tapas très prisé.

BUDGET MOYEN

Hôtel Haritz Ondo – Hors plan - *Elosu - ☎ 945 455 270 - www.hotelharitzondo.com - fermé lun. - P - 14 ch. 66/72 € - ☕ 6 € - rest. 18 €.* Situé dans une maison de campagne calme entièrement restaurée ; ambiance accueillante et décor rustique. Mobilier des chambres ancien et salles de bains modernes. Le restaurant vitré offre un beau panorama sur le Parc naturel de Gorbeia.

POUR SE FAIRE PLAISIR

Hôtel Palacio de Elorriaga – Hors plan - *Elorriaga, 15 - 1,5 km de Vitoria par l'av. de Santiago et la N 104, dir. de San Sebastián - ✆ 945 263 616 - www.hotelpalacioelorriaga.com - P - 21 ch. 120 € ☕ - rest. 26/38 €.* Cette ancienne gentilhommière frappe par la beauté de son mobilier ancien et de ses poutres qui se marient parfaitement avec un confort tout contemporain. Restaurant rustique au cadre intime.

RESTAURATION

PREMIER PRIX

Dólar – B2 - *Florida 26 - ✆ 945 230 071 - fermé dim. - 6 €.* Ce bar, avec ses murs en pierre, est de style moderne et possède une véranda donnant sur une cour intérieure. Choix de tapas varié.

El Rincón de Luis Mari – B2 - *Rioja, 14 - ✆ 945 250 127 - fermé mars et sept. - 8 €.* Établissement central à caractère familial impeccablement entretenu. Comptoir riche en brochettes et en *raciones*. Ambiance agréable et décontractée.

BUDGET MOYEN

Mesa – A1 - *Chile 1 - ✆ 945 228 494 - fermé merc. et 10 août-6 sept. - 21/33 €.* Établissement familial qui a réussi son intégration dans la communauté locale. Bar à l'entrée et salle à manger décorés de peintures murales.

POUR SE FAIRE PLAISIR

Gurea – A1 *-Pl. de la Constitución, 10 - ✆ 945 245 933 - fermé Sem. sainte, 3 sem. en août, lun. soir et mar. - 29/39 €.* Sa façade, aux détails en bois, présente la carte. Salle de restaurant de style néorustique très soigné.

Arkupe – B2 - *Mateo Moraza, 13 - ✆ 945 230 080 - www.arkupe.es - 32/43 €.* Situé derrière l'hôtel de ville, il offre une cuisine basque traditionnelle composée de bonnes viandes et de poissons. Le bâtiment du 18e s. est classé Monument historique. Décoration de pierre et de bois.

El Portalón – B1 - *Correría 151 - ✆ 945 142 755 - www.restauranteelportalon.com - 36/47 €.* Ce restaurant est situé dans un bâtiment du 15e s. qui donne un bon exemple d'architecture traditionnelle, avec un intérieur rustique dominé par la brique et le bois. La cave à vin située dans les anciennes écuries est aussi accessible à la visite.

À proximité de Vitoria

PREMIER PRIX

Sidrería Casa Areso – Hors plan - *Domingo de Sautu, 35 - Murguía - ✆ 945 430 220 - 10/22 €.* À peine arrivé, on se sent déjà bien. Le décor montagnard – bois, pierre et grande cheminée – est chaleureux. Dans l'assiette : plats traditionnels, spécialités locales et desserts maison.

POUR SE FAIRE PLAISIR

Arlobi – Hors plan - *Elizalde, 21 - Sarria - ✆ 945 430 212 - fermé dim. soir, mar. soir et seult déj. lun.-jeu. sf juil.-août - 32/38 €.* Alors que certaines de ses salles affichent des tendances modernes, une salle de restaurant de style rustique reprend le caractère typique de cette maison en pierre. Bar avec cheminée.

Gure Ametsa – Hors plan *-Diseminados, 3 - Leintz-Gatzaga - ✆ 943 714 952 - fermé 6 août-2 sept. et lun. - 35 €.* Établissement familial situé non loin d'un col, composé d'un bar et de deux salles de restaurant, dont la plus accueillante dispose d'une cheminée.

ACHATS

Museo de Alfarería Vasca – *Ollerías, 9 - Elosu - ✆ 945 455 145 - www.euskalzeramika.com.* Cet ancien atelier de poterie (1711) abrite le musée de la Poterie basque. La visite présente l'histoire du lieu (four tricentenaire), explique les caractéristiques de la céramique basque et montre la fabrication des pièces. Magasin sur place.

SPORTS ET LOISIRS

Picadero de Gopegui – *Carretera de Manurga s/n - Gopegui - ✆ 945 464 031 ou 630 386 105.* Ce centre hippique possède de belles installations. Séances d'initiation au cheval et au poney ainsi que des cours d'équitation de différents niveaux. Randonnées équestres à travers le magnifique Parc naturel du Gorbeia/Gorbea.

Hípica Eribe – *Eribe - ✆ 653 703 285 - www.hipicaeribe.es.* En saison, le centre organise des randonnées à cheval à travers le beau Parc naturel du Gorbeia. Sur place : restauration en plein air, grill, tables pour pique-niquer.

AGENDA

Fêtes de San Prudencio – 27-28 avr.

Festival international de folklore – Mai.

Festival de cinéma européen – 1re quinz. de mai.

Festival image et son – Mai-juin - Projections, spectacles et ateliers.

Festival de San Martín (jeux dans la rue) – Fin juin-déb. juil.

Festival de jazz – 3e sem. de juil. - *✆ 945 141 919 - www.jazzvitoria.com - Paseo de la Florida, 3-2° D.* Né en 1977, le Festival de jazz de Vitoria-Gasteiz est aujourd'hui le plus important d'Espagne et fait partie de l'IJFO (International Jazz Festivals Organization). Il accueille chaque année, à la mi-juillet, les grands noms de la scène musicale internationale de jazz.

La nuit de los Faroles – 4 août.

Fêtes de la Vierge blanche – 4-9 août. Processions, festivités diverses et corridas dans les arènes futuristes à couverture mobile *(vente des billets : Espacio Ciudad, c/ San Prudencio, 30 - le jour de la corrida au guichet des arènes - ou sur www.taquillatoros.com).*

Festival international de théâtre – Fin sept.-nov.

À Añana

Pâques – Le jour de Pâques, les sauniers descendent en procession pour la traditionnelle « Quema de Judas ».

Fête du sel – Juil.

À Orduña

Fêtes d'Otxomaio – w.-end autour du 8 Mai - ✆ 945 384 384.

Petit matin dans le Parc naturel de Valderejo
D. Rivas / Alavavision

Parc naturel de Valderejo

★

Álava

NOS ADRESSES PAGE 277

4

S'INFORMER

Centre d'informations et d'interprétation du parc – *945 353 146 - ♿ - avr.-sept. : mar.-dim. 10h-19h ; reste de l'année : mar.-vend. 9h-15h, w.-end et j. fériés 10h-18h - fermé lun., 1er janv., 25 et 31 déc. - gratuit.*

SE REPÉRER

Carte de région A2 (p. 258) – *carte Michelin n° 573 D 20.* Le parc se situe à l'extrémité ouest de l'Álava, à 56 km de Vitoria par la N 1, l'A 2622, puis la BU V 5532.

À NE PAS MANQUER

Le défilé du Sobrón et l'arrivée sur le village de San Zadornil depuis San Millán (la route franchit une sorte de barrière naturelle qui ressemble à une porte gardée par des géants de pierre).

ORGANISER SON TEMPS

Le hameau de Lalastra, porte d'entrée du parc, tout comme les autres villages y menant, dispose de structures d'agrotourisme qui permettent d'envisager de rester plusieurs jours dans les parages pour arpenter la vallée. En repartant, un détour par le défilé du Sobrón s'impose, de même que par Gesaltza-Añana, pour voir les salines *(voir p. 268).*

On touche ici aux confins de la province d'Álava, avec tout ce qu'elle offre de sauvage et d'agreste. Petits villages aux églises bien conservées, sites sauvages préservés sillonnés de sentiers de randonnée, il ne vous reste plus qu'à bien vous chausser et à partir à l'aventure…

UN ÉDEN PRÉSERVÉ

Doyen des parcs naturels d'Álava, celui de Valderejo, créé en 1992, s'étend sur quelque 3 500 ha, qui attirent les amateurs de nature sauvage par leur grande variété d'essences et de faune. La forêt couvre plus de la moitié de la superficie avec des pins sylvestres, des chênes verts ou des chênes rouvres, ainsi que des hêtraies. Les sommets (dont le plus élevé, le mont Lerón, culmine à 1 235 m) concentrent pierre et rochers, tandis que les fonds de vallée sont consacrés à l'économie agropastorale (prés et champs).

Dans cet environnement varié et protégé, les **espèces menacées** trouvent un espace à leur mesure.

L'une des grandes communautés de **vautours fauves** du Pays basque règne ainsi sur les cieux, qu'elle partage avec l'aigle royal, le faucon pèlerin, les choucas, le vautour percnoptère, le monticole de roche, etc. Bois et sous-bois abritent amphibies (salamandre, grenouille vermeille, tritons), mammifères (chevreuil, sanglier, chat sauvage, fouine) et oiseaux (roitelet, faucon abeille) qui raviront les zoologues et ornithologues amateurs. Quant au papillon apollon ou à la vipère aspic, nul doute qu'ils trouveront aussi leurs fans.

Se promener de village en village Carte de région

Le parc a balisé 9 randonnées (de difficultés très variables) et quelques sentiers permettant de passer de l'une à l'autre. Les plus belles partent à proximité du centre d'interprétation, n'hésitez donc pas à en pousser la porte pour acheter une carte (1,50 €).

Lalastra A2

Ce village représente en quelque sorte la porte d'entrée du parc. Ne vous fiez pas à son premier abord, un peu négligé. Il suffit de dépasser les premières habitations pour découvrir un adorable village, où rien ne manque, depuis l'église du 11e s. jusqu'à l'ancien four à pain et le lavoir.

Vous trouverez toutes les informations concernant la faune, la flore et l'environnement humain du parc au **centre d'interprétation**, qui vous fournira également cartes et conseils pour partir en randonnée.

Lahoz A2

On y accède par Lalastra, mais sans voiture puisque les non-riverains parquent les leurs à l'entrée de Lalastra.

Villamardones et Ribera A2

Ces deux villages ont été abandonnés mais constituent d'agréables buts de randonnée. On peut atteindre Ribera par le défilé de Purón ou par le hameau de Villafría de San Zadornil (comptez 4 km à pied, car la route n'est pas carrossable).

★★ **Hoz de Purón** (défilé) A2

3h30 AR. Rivière la plus importante du parc, le Purón prend sa source au nord de Lahoz et se resserre au sud-ouest en un défilé ponctué de grottes lorsqu'il franchit le barrage des falaises qui clôturent Valderejo. On passe ainsi de la douceur des pâturages à la forêt de conifères et de feuillus, avant de découvrir dans les gorges une végétation plus méditerranéenne. La promenade passe au pied de **Ribera** dont seule subsiste l'église, en ruines. Elle conserve encore des **fresques** gothiques, inattendues !

★ **San Lorenzo** A2

1h30 AR. Cet oratoire dédié au saint patron de la vallée offre depuis sa falaise une **vue★** dégagée sur l'ensemble du parc et de ses prairies où paissent moutons et chevaux. En continuant sur le plateau, vers l'ouest, et en redescendant un peu (sentiers balisés), on parvient à l'abreuvoir **El Cubo**, à proximité duquel se trouve un observatoire ornithologique *(derrière le bosquet)*, tourné vers les falaises où évoluent les vautours.

À proximité Carte de région

★★ **Hoz de Sobrón** (défilé) A3

24 km au sud-est de Lalastra par la BU V 5532, puis la BU V 5530 à droite qui devient l'A 2622. Après Villanañe, prendre l'A 625 en direction de Bergüenda. Une fois dépassé le village, le défilé du Sobrón se déploie à droite, le long de l'A 2122, en direction de Tobalinilla et San Martín de Don.

Le nom de ces gorges vient du hameau de Sobrón, posté en hauteur au-dessus de la route. On y accède par une route très sinueuse qui révèle de superbes points de vue sur le défilé et les monts alentour. L'accès au village est barré d'un portail qu'il faut ouvrir manuellement. En contrebas, le défilé de l'Èbre, long d'une vingtaine de kilomètres, déploie à fleur d'eau une nature rocailleuse et boisée. La partie la plus belle commence après le barrage, en direction de Tobalinilla, avec quelques goulets d'étranglement et une route qui donne l'impression de frôler le fleuve.

NOS ADRESSES DANS LE PARC

HÉBERGEMENT

En consultant le site **www.nekatur.net** de l'Association pour le tourisme rural en Pays basque *(Nekazalturismoa Elkartea)*, vous pourrez choisir et réserver en ligne votre logement dans le parc de Valderejo (entre autres), qu'il s'agisse de maisons paysannes ou de tourisme à la ferme. Site en diverses langues dont le français. Pour la région de Valderejo, sélectionnez la contrée des « Valles Alaveses ».

PREMIER PRIX

Hôtel Agroturismo Valderejo Etxea – *Real, 2 - Lalastra - 945 353 085 ou 635 707 308 - fermé sept. et 25 déc. - 20 € - 6 ch. 45 € - 3,50 €*. Difficile de trouver adresse plus tranquille que ce lieu planté en plein cœur du Parc naturel de Valderejo. Les chambres, associant poutres apparentes, armoires en bois et maints autres détails de décoration, sont d'une propreté exemplaire. Au restaurant, cuisine familiale, servie l'hiver devant la cheminée.

Laudio

Llodio

18 314 habitants

NOS ADRESSES PAGE 280

S'INFORMER
Office du tourisme de la vallée d'Ayala et du haut Nervión – *Parque de Lamuza, 11 - 01400 Laudio - ☎ 944 034 930 - www.aiaratur.org - juil.-sept. : tlj 9h-14h, 16h-19h ; reste de l'année : mar.-vend. 10h-14h, 16h-18h30, sam. 10h-14h, 16h-18h, dim. et j. fériés 10h-14h.*

SE REPÉRER
Carte de région A1 (p. 258) – *carte Michelin n° 573 C 21.* Porte septentrionale de l'Álava, Laudio ne se trouve pourtant qu'à 20 km au sud de Bilbao. On la rejoint par l'A 68 reliant la capitale économique de la Biscaye à celle de La Rioja, Logroño.

SE GARER
Près de la mairie et du parc botanique de Lamuza.

À NE PAS MANQUER
Le panorama sur la sierra Salvada depuis Maroño.

À première vue, Laudio, la deuxième ville de l'Álava en nombre d'habitants, n'est guère plus qu'un bourg industriel allongé au fond d'une étroite vallée parcourue par le Nervión. Mais, malgré son charme très discret, la ville a su entretenir ses traditions agricoles et se découvre une vocation touristique grâce à ses fêtes et son musée de la Gastronomie. C'est aujourd'hui un excellent point de départ pour la découverte d'une région qui vit encore au rythme des saisons.

Se promener

La ville aligne des constructions modernes le long d'une rue principale très passante.

Église San Pedro

Cachée de la rue principale par un bâtiment moderne bâti en fer à cheval, l'église San Pedro n'est pas visible. Il faut pénétrer dans ce demi-cercle où siègent mairie et commissariat de police pour découvrir sa silhouette, caractérisée par un auvent latéral construit au 19e s. à partir d'une structure de métal.

Musée basque de la Gastronomie (Museo vasco de Gastronomía)

Passez derrière l'église San Pedro et franchissez la rivière. Puis longez-la sur votre droite. C/Maestro Elorza 11 - ☎ 944 034 940 - www.museovascodegastronomia.com - vend.-sam. 17h30-20h30, dim. et j. fériés 11h-14h - possibilité de visite guidée - gratuit.
Aménagé dans une maison traditionnelle du début du 19e s. doublée d'un petit jardin, ce musée passe en revue tout ce qui touche à la table basque, depuis les meubles jusqu'aux ustensiles et contenants. Confréries et spécialités locales sont aussi présentées.

Circuit conseillé Carte de région

LA VALLÉE D'AYALA A1

Circuit de 56 km tracé sur la carte de région (p. 258) – Compter 2h30. Quittez Laudio vers le sud pour rejoindre l'A 625.

Amurrio

Ce n'est qu'en 1919 qu'Amurrio reçoit le titre de ville, mais le bourg a déjà plusieurs siècles d'existence puisque, au 15e s., il passe sous le contrôle des confréries d'Álava.

Église Sta María – Son portail date du 12e s., mais le reste de l'édifice a été retouché voire reconstruit au 16e s. Si vous avez la chance d'y entrer, vous aurez l'occasion d'admirer un beau retable du 17e s. en trois parties (celui du centre est doré).

Noyau historique – Il rassemble quelques maisons anciennes en relativement mauvais état disposées autour de l'église. Parmi elles, vous reconnaîtrez le palacio-torre Urrutia (16e s.) à ses clés d'arc du rez-de-chaussée, ses deux blasons et ses angles de façade en colonnes.

En sortie d'Amurrio, prenez la direction Artziniega puis, après 2 km, tournez à gauche vers Izoria, que vous traverserez en suivant la direction de Madaria et de Salmantón. Après 2,5 km, dépassez le barrage et faites attention à ne pas manquer sur la droite, en angle aigu, l'intersection pour Maroño.

Maroño

Garez-vous devant le petit ermitage et admirez la retenue d'eau avec le panorama de la sierra Salvada en arrière-plan. La **vue★★** est magnifique !

Vous pouvez explorer les routes qui s'enfoncent vers Madaria, Salmantón ou Aguíñiga. Sans regret ni hésitation, car les **paysages★★** sont splendides, verdoyants et vallonnés, au pied de montagnes imposantes qui forment un cirque.

Rejoignez l'A 624 et prenez à gauche. Après Respaldiza, prenez à gauche vers Quejana.

★ Quejana/Kexaa

Cet ensemble médiéval impressionnant dresse sa massive silhouette dans la vallée d'Ayala qui a donné son nom aux seigneurs commanditaires des différents bâtiments. La place forte en elle-même (tour crénelée, tours carrées d'angle) date de 1300 et le couvent des dominicaines du 18e s. *(ne se visitent pas)*.

Mais les bâtiments les plus remarquables sont la **chapelle de la Virgen del Cabello** *(accès par le patio de 1735)*, qui conserve les gisants en albâtre de Pedro López de Ayala et de son épouse ainsi que la reproduction d'un retable de 1396 (l'original est aujourd'hui à… Chicago), et l'**église de San Juan Bautista**. Celle-ci a été construite à la fin du 15e s., puis décorée d'un superbe retable du 17e s. en bois doré, très bien préservé grâce à la stabilité thermique de l'édifice *(on ne peut a priori pas visiter les églises, mais demandez toujours au gardien du musée, ou à l'avance par téléphone)*.

Musée – *945 399 264 - juil.-sept. : tlj 9h-14h, 16h-19h ; reste de l'année : tlj sf lun. 10h-14h - gratuit.* Deux salles présentent une rétrospective sur panneaux (en castillan) expliquant l'histoire du monastère, du bâtiment militaire et de la famille des Ayala. Exposition d'objets sacerdotaux dans la salle du fond, telle cette belle coupe en argent doré du 15e s.

Quittez Quejana vers Menagaray et reprenez votre route pour Artziniega.

Artziniega/Arceniega
Village autrefois fortifié dont s'enorgueillit la vallée. Les remparts ne sont plus et les maisons de pierre souvent blasonnées qui bordent ses trois rues parallèles, selon le plan habituel des cités médiévales basques, remontent pour certaines à la Renaissance, tout comme l'église N. S. de la Asunción, reconnaissable à son fronton triangulaire. Notez toutefois que les demeures les plus importantes datent du 18e s., comme le palais baroque des Aranguren-Amezola, situé dans la « rue du milieu » *(Artekale)*.

Musée d'Ethnographie – *C/Arteko Aldapa, 12 - ✆ 945 396 210 - www.artziniegamuseoa.org - ♿ - visite guidée uniquement mar.-sam. 11h-14h, 16h30-19h30, dim. et j. fériés 11h-14h - fermé lun., 1er janv. et 25 déc. - 4 € (-12 ans 2 €).* 1 700 m² d'exposition pour comprendre les modes de vie traditionnels des habitants de la vallée. À l'extérieur, un amphithéâtre propose régulièrement des représentations culturelles.

Retournez sur vos pas. Peu après Menagaray, tournez à gauche dans l'A 3641 pour suivre la rivière Izalde jusqu'à Jandiola. Là, vous prendrez à droite la route menant à Laudio.

NOS ADRESSES À LAUDIO

HÉBERGEMENT

À proximité de Laudio

BUDGET MOYEN

Hôtel Torre – *Cuesta de Luciano, 3 - Artziniega/Arceniega - ✆ 945 396 500 - 8 ch. 63/75 € - ☕ 6,50 € - rest. 13,50 €.* La prestance d'une ancienne tour médiévale transformée en hôtel. De majestueux murs de pierre abritent des chambres agréables au plancher de bois et aux salles de bains modernes. Son restaurant associe l'héritage historique et le confort des temps modernes.

POUR SE FAIRE PLAISIR

Hôtel Los Arcos – *Route de Beotegi, s/n - Quejana/Kexaa - ✆ 945 399 320 - www.arcosdequejana.com - P - 16 ch. 68/119 € - 6 € ☕ - rest. 17,95 €.* Dans un pittoresque paysage, ancien palais où s'illustre toute la noblesse et la sobriété du Moyen Âge. Il dispose d'une annexe de construction récente qui abrite des chambres soignées mais peu spacieuses.

RESTAURATION

POUR SE FAIRE PLAISIR

Palacio de Anuncibai – *Bº Anuncibai - ✆ 946 726 188 - www.palacioanuncibai.com - fermé Sem. sainte et 7-27 août - 34/47 €.* Installé dans un hôtel particulier moderne, entouré de jardins, il possède un bar et plusieurs salles classiques, celle du dernier étage étant réservée au service du menu.

À proximité de Laudio

POUR SE FAIRE PLAISIR

Axpe Goikoa – *Bº Iturrioz, 11 - Dima - ✆ 946 317 215 - www.axpegoikoa.com - fermé 15-31 août et lun. - 30/42 €.* Maison de campagne basque de construction récente nichée en pleine nature. Intérieur campagnard garni de planchers, de grosses poutres et de piliers en bois. Cuisine traditionnelle et bourgeoise.

Salvatierra

Agurain

★

4 801 habitants

NOS ADRESSES PAGE 283

S'INFORMER
Office de tourisme – *C/ Mayor, 8 - ✆ 945 302 931 - www.agurain.com - de mi-juin à mi-sept. : tlj 10h-14h, 16h-20h ; reste de l'année : mar.-dim. 10h-14h.*

SE REPÉRER
Carte de région C2 (p. 258) – *carte Michelin n° 573 D22*. Cette petite ville se trouve sur le tracé de la N 1, à 26 km à l'est de Vitoria.

SE GARER
Au pied des remparts, dans le centre-ville moderne.

À NE PAS MANQUER
La petite porte de la casa de Diezmos, calle Carnicerías.

ORGANISER SON TEMPS
Comptez une bonne heure de flânerie dans la vieille ville.

Trois longues rues bordées de maisons blasonnées, aboutissant aux deux extrémités à des églises fortifiées : c'est ainsi que se présente cette petite cité pleine de charme, classée depuis 1975. Cette ancienne étape du chemin de St-Jacques a su conserver une atmosphère intemporelle, qui ne manque pas de séduire les visiteurs sensibles au calme et à l'histoire médiévale.

4

Se promener

On entre dans le vieux centre-ville par la rue Portal del Rey, dont le nom évoque une porte détruite en 1841.

Place San Juan

Principale place de la vieille ville, elle accueille depuis le 13e s. le marché qui se tient aujourd'hui tous les mardis. L'église St-Jean-Baptiste occupe sa face nord tandis que des maisons déploient leurs **arcades★** côté ouest.

Église de St-Jean-Baptiste (Iglesia de San Juan Bautista) – Construite de la fin du 15e au début du 16e s. en style gothique, elle présente un portique et un campanile baroques. Notez le chemin de ronde qui court le long de son mur. À l'intérieur, le retable, en partie réalisé par Mateo de Zabala, date de 1646.

Dirigez-vous vers les arcades qui font face à l'église et engagez-vous dans la rue Zapatari, à droite.

Rue (Calle) Zapatari

Elle aligne quelques-uns des bâtiments les plus anciens de la ville, dont l'église St-Martin du 13e s., incorporée dans l'hôtel de ville des 17e et 18e s. situé après les maisons à arcades, sur la gauche.

ENTRE CASTILLE ET NAVARRE

Des documents écrits en 1024 attestent de l'existence du village d'« Hagurahin », rebaptisé Salvatierra, en 1256, par le roi de Castille, Alphonse X le Sage. Entré dans la sphère d'influence de Charles II le Mauvais, roi de Navarre, en 1368, il est à nouveau rattaché à la Castille à partir de 1371 et donné en fief aux Ayala.

ÉPREUVES

Au cours de l'année 1564, la cité est ravagée par la peste et détruite la même année par un incendie. La vieille ville actuelle est donc postérieure à cette date, ce qui n'ôte rien à son charme ! Quant à ses remparts, après avoir tenu bon face aux guerres provinciales et au temps, ils ne résistèrent pas aux guerres carlistes du 19e s. et furent partiellement détruits à cette période.

Plus loin au n° 30, face à un carré de petits arbres aux branches tordues, se dresse la casa de los Bustamante édifiée en 1564. Un magnifique **blason**, encadré par des satyres et surmonté d'un heaume et d'un oiseau, orne sa façade.
La rue aboutit à une sorte d'esplanade verdoyante occupée par l'**église Sta María,** dont la silhouette marque l'extrémité nord de la vieille cité.

Église Sta María

Même si son aspect austère ne le laisse guère supposer, cette église fortifiée du 16e s. abrite un chœur plateresque (nombreux éléments baroques) et un retable Renaissance réalisé par un sculpteur de la ville, Pedro Lope de Larrea (16e s.), achevé par Francisco Foronda après 1623.
Engagez-vous dans l'axe central de la vieille ville.

Rue principale (Calle Mayor)

Principale artère de Salvatierra, elle concentre un grand nombre de maisons blasonnées, à commencer par la **casa Azkarraga (17e-18e s.)**, au n° 79, dont la façade arbore deux écussons ainsi qu'un joli balcon d'angle.
Après la plaza Sta María, remarquez les trois blasons du n° 46. Ne manquez pas non plus **l'écu** très ouvragé du n° 42. Il est protégé par deux lions. Dans les volutes du bas apparaissent deux petits personnages aux couvre-chefs emplumés.
À sa suite, le **blason** du n° 40 (16e s.) déploie lui aussi une certaine magnificence de par sa taille. Remarquer le travail floral effectué au niveau du heaume et les deux guerriers qui le cernent.
Les nos 30 et 28 ne formaient au 17e s. qu'une seule et même demeure. Notez les balcons et l'écusson (19e s.). Au n° 23, la *casa cural* (presbytère), repérable à sa porte-fenêtre d'angle et à sa petite annexe tournée vers le jardin, date du 18e s. Presque à la fin de la rue, les balcons du n° 8 présentent des dessous joliment sculptés.
De retour sur la plaza San Juan prenez, à gauche, la plaza Sta Clara, pour vous engager dans la calle Carnicerías.

Rue de la boucherie (Calle Carnicerías)

Étroite et bordée de maisons construites en grosses pierres, cette artère débute par le massif couvent des mères clarisses au n° 2, suivi par la **chapelle St-Pierre**, indécelable au premier coup d'œil.

Mais le détail le plus original de cette rue reste la minuscule **porte** précédant de peu, sur la gauche, la galerie habitée. Une tour encadrée d'épis marque son fronton, indiquant qu'ici se récoltait la dîme, d'où son nom de *casa de Diezmos*.

Revenez à la plaza San Juan en passant par la porte nord-est de la ville, le portal de la Madura, et en longeant les remparts.

À proximité Carte de région

Arrizala C2

4 km au sud-est par l'A 2128, puis l'A 3110.

Après l'église se dresse un mégalithe, le **dolmen de Sorginetxe,** entouré de quelques petits arbres malingres.

★★ Col (Puerto) de Opacua C2

9 km au sud-est par l'A 2128.

Une belle route boisée franchit ce col sauvage d'où part une piste plus ou moins goudronnée qui s'enfonce à travers les bois et la lande. Vaches et chevaux portant clarines y paissent librement.

Eguilaz/Egilatz C2

6 km à l'est par l'A 3100 jusqu'à la sortie 385.

Dans le village, suivre le panneau « Aizkomendi ». Ce beau spécimen de dolmen, trouvé en 1831, serait le premier du genre à avoir été découvert dans le Pays basque.

NOS ADRESSES À SALVATIERRA

HÉBERGEMENT ET RESTAURATION

PREMIER PRIX

Jose Mari – *Mayor, 69 - Salvatierra/Agurain - ✆ 945 300 042 - 11/35 € - 10 ch. 30/50 €.* Cette adresse ne paye pas de mine, pourtant elle connaît un grand succès grâce aux deux spécialités culinaires du chef, à savoir le poisson et le gibier. Pour dormir, vous trouverez ici des chambres de style rustique, avec poutres, pierres apparentes et têtes de lit en fer forgé.

À proximité de Salvatierra

UNE FOLIE

Hôtel Parador de Argómaniz – *Argómaniz - ✆ 945 293 200 - www.parador.es - P - 53 ch. 115/125 € - ☕ 13 € - rest. 28 €.* Palais de la Renaissance dont la façade conserve encore le blason de famille. Si les parties communes affichent la sobriété d'autrefois, les chambres ont, quant à elles, un goût contemporain. Salle à manger au plafond de bois, aux murs blanchis à la chaux, dont la décoration inclut des détails anciens.

Laguardia

Biasteri ou Guardia

★★

1 510 habitants

NOS ADRESSES PAGE 288

S'INFORMER
Office de tourisme – *Palacio Samaniego, pl. San Juan - ✆ 945 600 845 - www.laguardia-alava.com - lun.-vend. 10h-14h, 16h-19h, sam. 10h-14h, 17h-19h, dim. 10h45-14h - fermé 1er et 6 janv., 24 et 29 juin, 25 déc.*

SE REPÉRER
Carte de région C4 (p. 258) – *carte Michelin n° 573 E 22.* Comptez 47 km depuis Vitoria-Gasteiz en prenant l'A 2124 qui descend au sud, ou 21 km depuis Labastida, qui se trouve à l'ouest.

SE GARER
Au parking aménagé devant les remparts.

À NE PAS MANQUER
La visite de l'église de Sta María de los Reyes.

Dressée sur un promontoire adossé à la chaîne de Cantabrie et tourné vers le bassin fertile de l'Èbre, la capitale de La Rioja n'a pas à rougir de ses richesses. La ville est célèbre pour ses vins rouges que vous pourrez déguster dans les caves ou bodegas des environs. La bourgade médiévale mérite également le détour pour ses remparts, ses belles maisons de pierre et pour le magnifique portail de l'église Sta María.

Se promener

Porte de la boucherie (Puerta de Carnicerías)

Du 15e s., elle représente l'entrée principale du village.
Prenez à droite la calle Sta Engracia.

Rue (Calle) Sta Engracia

La ruelle est bordée de vieilles maisons, dont certaines sont blasonnées. Celle du n° 19 en porte même deux, ainsi que de beaux balcons en fer forgé. Arrêtez-vous aussi devant le n° 16 pour admirer son blason et le travail des poutres du toit.
Au bout de la rue, tournez à gauche vers Sta María de los Reyes.

★ Église de Sta María de los Reyes

✆ 945 600 845 - ♿ - visite guidée sur demande à l'office de tourisme - 2 €.
Cette église, édifiée à partir du 12e s., présente différents styles architecturaux : roman pour certains piliers, gothique pour les voûtes et Renaissance pour le chœur, ce qui ne la distingue pas de beaucoup d'églises régionales. Même ses intéressants retables dorés du 17e s. n'expliquent pas son renom.

Son originalité lui vient en fait de son splendide **portail polychrome★★★**, véritable joyau de l'art gothique. Sculpté au 12e s., il doit son exceptionnel état de conservation à la construction d'un portique au 17e s., qui l'a protégé des intempéries. D'où l'éclat de sa décoration polychrome, refaite au moment de ces travaux (cela explique par exemple les motifs plutôt Renaissance de la robe portée par la Vierge). Elle n'a pas été retouchée depuis ! Outre ses couleurs soutenues, ce portail affiche une grande richesse sculpturale. Le tympan retrace l'histoire de la Vierge avec, de gauche à droite et par « palier » : l'Annonciation, la visite à Élisabeth, l'Adoration des Mages, la Dormition de la Vierge (le Christ porte l'âme de la Vierge dans ses bras), puis la Vierge en gloire. Les voussures se parent d'anges musiciens et de personnages de l'Ancien et du Nouveau Testament. Enfin, les statues des apôtres, à commencer par Pierre à gauche, et Paul à droite, encadrent les vantaux.

Au passage, essayez de définir combien de chevaux accompagnent les Mages. Au premier coup d'œil on n'en distingue qu'un seul, mais si l'on compte le nombre de jambes et de rênes, on s'aperçoit alors que chacun des mages a bien son destrier !

Notez, à droite du portail, dans l'angle, deux petites statues polychromes : il s'agit des Rois Catholiques, que le nom de l'église honore.

Prenez face à l'église la calle Mayor.

Rue principale (Calle Mayor)

Flânez-y le nez en l'air pour étudier les façades, et remarquer que celles du n° 4 ou du n° 13 sont en briques rouges, simples et archaïques, alors que celle du n° 18 (du 17e s.) affiche un blason et des poutres sculptées sous le toit. De la même façon, vous noterez qu'en plus de son écusson, les pans de bois du n° 25 sont travaillés. Vous vous intéresserez aussi aux balcons des nos 34 et 36, et vous vous direz que le n° 54, avec son blason, son balcon et ses fenêtres en avancée, est décidément représentatif des maisons de la rue…

Au cours de votre promenade, vous passerez devant l'église de San Juan, qui fait face à l'office de tourisme. Elle a été agrandie au 18e s. Prenez le temps d'admirer son portail et l'expressive Descente de croix.

Au bout de la calle Mayor, tournez à droite deux fois pour vous engager dans la calle Paganos.

HISTOIRE DE LA VILLE

Son nom, tout comme ses remparts, lui vient de sa position stratégique sur la frontière navarro-castillane. Fondé en 1164 par Sanche VI le Sage, le village est fortifié au 13e s. avant d'être rattaché à l'Álava sur décision des Rois Catholiques, en 1486. Les guerres carlistes du 19e s. entament ses murailles sans défigurer toutefois le bourg, qui a conservé tout son charme médiéval.

LA RIOJA ALAVESA

Le bourg doit sa prospérité au vin, celui de La Rioja Alavesa que l'on compare volontiers aux vins de Bordeaux. La relation s'explique par l'implantation dans la région, à la fin du 19e s., de vignerons bordelais ruinés par l'épidémie de phylloxéra. Le précieux liquide est élaboré à partir de *tempranillo*, un cépage que l'on taille ici en buisson.

Rue (Calle) Paganos
Plus tranquille que la calle Mayor, elle aligne des maisons moins cossues mais au charme tout aussi présent grâce aux chapelets de piments encadrant les fenêtres, ou à ses portes de bois s'ouvrant à mi-hauteur.
Elle débouche sur une esplanade qui borde Sta María de los Reyes.
Là, postez-vous face à la tour abbatiale du 13e s. afin de contempler la finesse de son **portail en fer forgé★**.

À proximité Carte de région

★ Labastida B3

20 km à l'ouest par l'A 124.
Palacio Salazar, pl. de la Paz, s/n - 945 331 015 - www.labastida-bastida.org - juil.-sept. : mar.-vend. 10h-14h, 17h-20h, w.-end 11h-14h ; reste de l'année : mar.-vend. 10h-13h, 16h30-19h, w.-end 11h-14h - visites guidées (1h30) mar.-sam. 11h, dim. et j. fériés 12h30, 4 €.
Cette ville-frontière, juchée sur son piton rocheux, se consacre, elle aussi, à l'activité viticole, comme en témoigne le nombre de bodegas. Elle tend d'ailleurs à obtenir le titre de capitale du vignoble de La Rioja Alavesa.
★**Rue (Calle) Frontín** – On ne compte plus les maisons blasonnées qui jalonnent cette vieille rue.
Parvenu au bout, prenez n'importe quelle rue sur votre gauche, qui grimpe vers le barrio *(quartier) La Mota.*
★ **La Mota** – Ce quartier ancien domine N. S. de la Asunción. Petites maisons aux pierres délavées par le temps, belles portes cloutées et ruelles étroites dégagent un authentique charme. Elles mènent à l'ermitage qui trône au sommet.
Ermitage Santo Cristo – Vous vous trouvez devant le plus ancien monument de la ville : le temple-forteresse du St-Christ. Édifié au 12e s., il mêle les styles roman (portail, début de la nef) et gothique (chœur) derrière des murs massifs.
Depuis son parvis, le **panorama** se déploie à perte de vue sur la plaine de La Rioja et sur Haro (à droite dans le lointain).
Au chevet du sanctuaire la pelouse plantée de quelques arbres constitue une pause idéale pour se reposer tout en contemplant la vue.

Circuit conseillé Carte de région

ARCHITECTURE CONTEMPORAINE ET VINS B3 C3-4

Circuit de 65 km tracé sur la carte de région (p. 258) – Comptez environ 1h20. Quitter Laguardia en direction d'Elvillar et suivez les panneaux de La Hoya. Tout de suite après les hangars et les entrepôts, prenez la route de gauche.

Bodega Ysios C3-4

Parking sur le côté de la bodega. 945 600 640 - www.ysios.com - sur réserv. lun.-vend. 11h, 13h, 16h, w.-end 11h, 13h - 5 €.
Réalisé par l'architecte valencien Santiago Calatrava pour le groupe Bodegas y Bebidas, le bâtiment évoque une vague qui reprendrait la courbe des monts Cantabriques tout proches. Son profil fait songer aux marquises, ces auvents de verre qui ornent les immeubles de la Belle Époque, ou bien à ces coiffes

Bodega d'Ysios par Santiago Calatrava, évoquant la courbe des monts Cantabriques.
A. Forterre / MICHELIN/©Santiago Calatrava/Adagp, Paris 2011

que les précieuses portaient à la fin du 18e s. et qui leur faisaient comme une visière. À l'intérieur, cuves et bouteilles sont entreposées en arc de cercle face à l'entrée. Aucun mur n'est fermé de manière à laisser l'air circuler. La salle de dégustation, à l'étage, se caractérise par une hauteur de plafond incroyable et un double aperçu sur les fûts et sur l'extérieur.

Revenez vers Laguardia et prenez la direction de Logroño.

Après une dizaine de kilomètres, vous apercevrez, au faîte d'une colline sur la droite, la forme discoïdale de la bodega **Viña Real**, propriété de la Compañía Vinícola del Norte de España (CVNE). Dessinée par l'architecte français Philippe Mazières, elle allie le cèdre rouge du Canada au béton et à l'acier. *✆ 945 625 210 - www.cvne.com - lun.-sam. 10h-18h, dim. 10h-14h15 - visites guidées sur réserv. au 941 304 809 - lun.-sam. 11h, 13h et 16h30, dim. 11h et 14h30 (visite, dégustation de vins et apéritif ; chorizo, olives, etc.) - 8 €.*

4

Logroño C4

(Voir p. 297). La capitale de La Rioja, fièrement accrochée aux rives de l'Èbre, compte plusieurs bodegas, aux proches alentours, dont les bodegas **Ontañón**, qui ont conçu un original parcours où l'art invite à découvrir le vin. Les peintures et sculptures de Miguel Ángel Sáinz (1955-2002) deviennent ainsi prétextes à explications œnologiques.

À l'est de Logroño, par l'av. de la Paz, dir. Varea, le bâtiment se trouve sur la gauche, avant une station-service. ✆ 941 234 200 - www.ontanon.es - visite guidée avec dégustation de 2 crus lun.-sam. 12h et 17h, 6 € ; cours et initiation à la dégustation avec différents crus, lun.-sam. 10h (15 €), dim. et j. fériés 11h (10 €) - sur réserv.

Quittez Logroño vers l'ouest, dir. Haro sur la N 232, et tournez à droite à Fuenmayor.

Elciego C4

Autre village viticole ne comptant pas moins de 14 bodegas réputées pour leurs crus. Voyez sa jolie **plaza Mayor**, plantée de petits arbres et bordée d'une mairie du 18e s. dont le blason arbore l'aigle bicéphale.

À l'entrée se dresse la silhouette de l'hôtel-centre de vinothérapie **Marqués de Riscal** dessiné par Frank O. Gehry, architecte du musée Guggenheim de Bilbao *(voir p. 220)*. On reconnaît ses courbes de métal, de différentes couleurs, pour figurer la bouteille (rouge pour le liquide, argent pour la capsule et or pour le filet).
Engagez-vous sur l'A 3214 en direction de Samaniego.

Samaniego B3

Les bodegas **Baigorri**, dessinées par Iñaki Aspiazu Iza, trônent à l'entrée du village, avec leur terrasse en espalier à flanc de colline et leur hall d'accueil tout en verre.
✆ 945 609 420 - www.bodegasbaigorri.com - visites guidées avec dégustation de 2 vins mar.-sam. 11h et 13h, 10 € - possibilité de visiter la cave à 13h, suivie d'un déjeuner (6 plats et 4 vins), 40 € - sur réserv.
Revenir à Laguardia par l'A124.

NOS ADRESSES À LAGUARDIA

HÉBERGEMENT

POUR SE FAIRE PLAISIR

Villa de Laguardia – *Paseo de San Raimundo - ✆ 945 600 560 - www.hotelvilladelaguardia.com - P - 79 ch. 65/110 € - ☕ 12 € - rest. 30/45 €.* Cet hôtel place son offre d'hébergement sous le thème du vin. Il est pourvu d'une vinothèque et d'une vaste cave, ainsi que d'un spa « Wine and Oil ». Jolie piscine entourée d'une terrasse et de grands jardins. Les chambres ont été décorées avec soin.

Antigua Bodega de Don Cosme Palacio – *Ctra de Elciego - ✆ 945 621 195 - P - fermé 24 déc.-24 janv. - 13 ch. 83/90 € - ☕ 9 € - rest. 30 €.* Ancienne cave en pierre réhabilitée, qui propose des chambres spacieuses de style néorustique, portant chacune le nom d'une variété de raisin. Agréable salle à manger.

À proximité de Laguardia

POUR SE FAIRE PLAISIR

Hôtel Palacio de Samaniego – *Constitución 12 - Samaniego - ✆ 945 609 151 - www.palaciosamaniego.com - fermé 1er-15 janv. - 12 ch. 70/90 € - ☕ 8 € - rest. menu dégustation 45 €.* La simplicité d'une ancienne noblesse est encore visible dans cet établissement, au demeurant sympathique, dont l'intérieur abrite des chambres chaleureuses et confortables, à la décoration exquise. Le restaurant est divisé en trois salles dont le décor austère n'altère en rien l'atmosphère accueillante.

RESTAURATION

POUR SE FAIRE PLAISIR

Marixa – *Sancho Abarca, 8 - ✆ 945 600 165 - restaurantemarisa.com - 37 € - 22 ch. 70/100 € en demi-pension ☕.* Restaurant familial très réputé dans le secteur. De la salle à manger, vous pourrez admirer la vue et goûter à une cuisine traditionnelle. L'établissement possède également quelques chambres très correctes, mais simples.

UNE FOLIE

Posada Mayor de Migueloa – *Mayor de Migueloa, 20 - ✆ 945 621 175 - www.mayordemigueloa.*

com - 47/53 € - 8 ch. 80/93 € - ☕ 9 €. La noblesse d'antan survit dans ce palais du 17e s., accueillant, soigneusement aménagé et dont la cave est remarquable. Des chambres de style rustique sont proposées en complément.

À proximité de Laguardia

PREMIER PRIX

El Bodegón – *C/Frontín, 31 - Labastida - ✆ 945 331 027 ou 629 829 775 - 10/12,50 €.* Presque tous les clients de ce petit restaurant choisissent comme plat principal les côtelettes. Cuites au feu de sarment de vigne, elles sont divines ! La maison propose également d'autres plats bien mitonnés, que l'on déguste dans un décor rustique composé de murs en pierre, poutres apparentes et photographies anciennes.

BUDGET MOYEN

Héctor Oribe – *Gasteiz, 8 - Páganos - ✆ 945 600 715 - fermé 1er-15 juil., 20 déc.-10 janv., dim. soir et lun. - 24/33 €.* Adresse disposant d'un comptoir à l'entrée et d'une salle fonctionnelle où quelques petits paravents séparent l'espace « à la carte » de celui proposant un menu unique.

ACHATS

Vinoteca – *Plaza Mayor, 1 - ✆ 945 621 213.* Vous trouverez ici une belle sélection de produits régionaux. Outre un bon choix de vins de La Rioja et d'objets liés au monde vinicole (tire-bouchon, décanteur...), vous pourrez repartir avec quelques souvenirs gastronomiques typiques. Parmi les plus prisés : les piments, les asperges et les spécialités sucrées.

AGENDA

Cachimorro – 24 juin. Fête de la Saint-Jean.

4

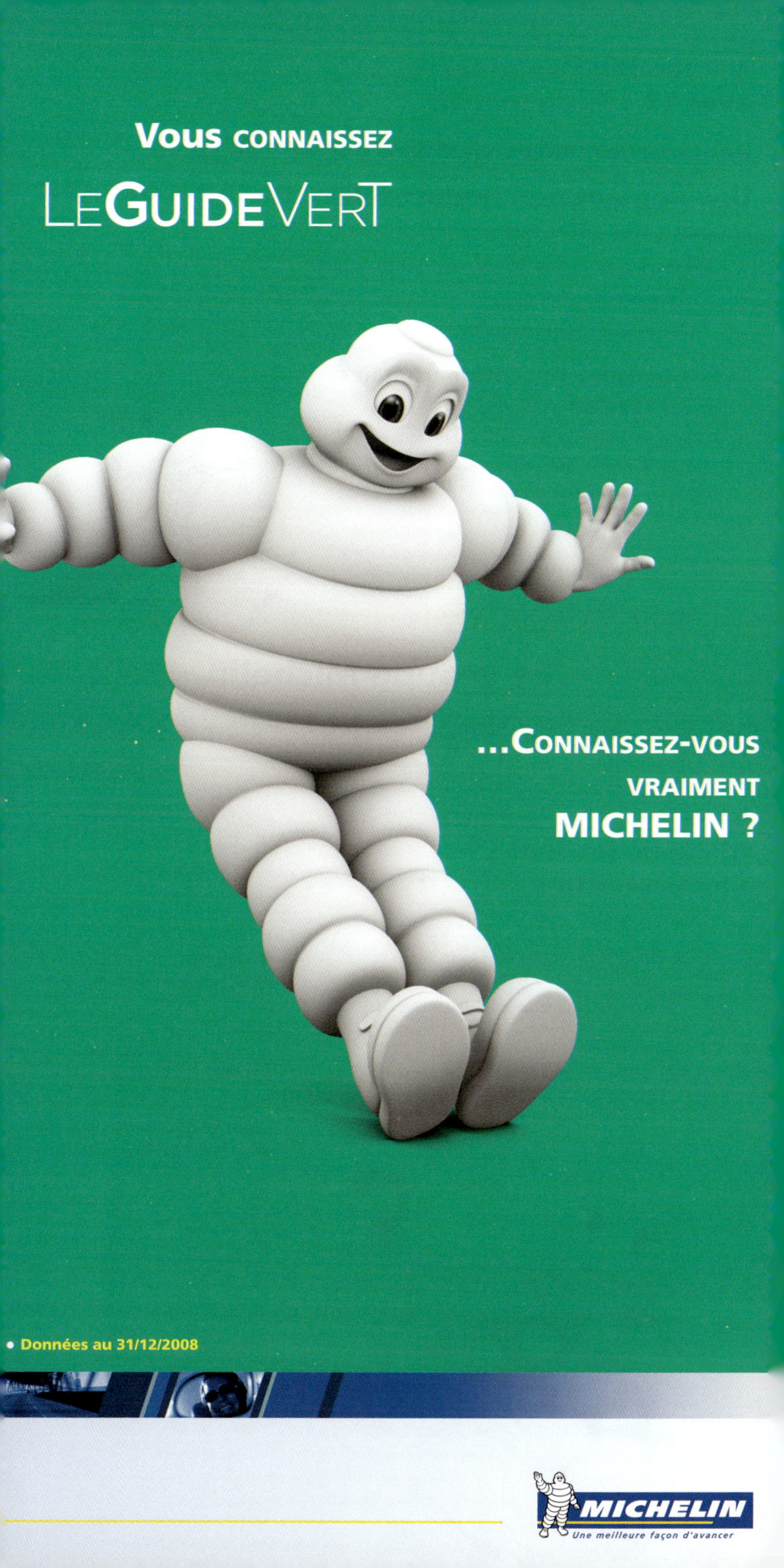
Vous connaissez
LeGuideVert
...Connaissez-vous
vraiment
MICHELIN ?
• Données au 31/12/2008
MICHELIN
Une meilleure façon d'avancer

N°1 mondial des pneumatiques avec 17,1 % du marché

Une présence commerciale dans plus de 170 pays

Une implantation industrielle au cœur des marchés

68 sites industriels dans **19** pays ont produit en 2008 :

- **177** millions de pneus
- **16** millions de cartes et guides

Des équipes très internationales

Plus de **117 500** *employés* de toutes cultures sur tous les continents dont* **6 000** personnes employés dans les centres de R&D en Europe, aux Etats-Unis, en Asie.

*110 252 en équivalents temps plein

Le groupe Michelin en un coup d'œil

Michelin présent en compétition

A fin 2008

- **24h du Mans**
  11 années de victoires consécutives
- **Endurance 2008**
  - 5 victoires sur 5 épreuves en Le Mans Series
  - 10 victoires sur 10 épreuves en American Le Mans Series
- **Paris-Dakar**
  Depuis le début de l'épreuve, le groupe Michelin remporte toutes les catégories
- **Moto GP**
  26 titres de champion du monde des pilotes en catégorie reine
- **Trial**
  Tous les titres de champion du monde depuis 1981 (sauf 1992)

Michelin,
implanté près de ses clients

68 sites de production dans 19 pays

- Algérie
- Allemagne
- Brésil
- Canada
- Chine
- Colombie
- Espagne
- Etats-Unis
- France
- Hongrie
- Italie
- Japon
- Mexique
- Pologne
- Roumanie
- Royaume-Uni
- Russie
- Serbie

Un centre de Technologies réparti sur 3 continents

- Amérique du Nord
- Asie
- Europe

2 plantations d'hévéa

- Brésil

Notre mission

Contribuer, de manière durable, au progrès de la mobilité des personnes et des biens en facilitant la liberté, la sécurité, l'efficacité et aussi le plaisir de se déplacer.

Michelin s'engage pour l'environnement

Michelin, 1er producteur mondial de pneus à basse résistance au roulement, contribue à la diminution de la consommation de carburant et des émissions de gaz par les véhicules.

Michelin développe, pour ses produits, les technologies les plus avancées afin de :

- diminuer la consommation de carburant, tout en améliorant les autres performances du pneumatique ;
- allonger la durée de vie pour réduire le nombre de pneus à traiter en fin de vie ;
- privilégier les matières premières à faible impact sur l'environnement.

Par ailleurs, à fin 2008, 99,5 % de la production de pneumatiques en tonnage est réalisé dans des usines certifiées ISO 14001*.
Michelin est engagé dans la mise en œuvre de filières de valorisation des pneus en fin de vie.

*certification environnementale

Deux roues

Distribution

Partenaire des constructeurs, à l'écoute des utilisateurs, présent en compétition et dans tous les circuits de distribution, Michelin ne cesse d'innover pour servir la mobilité d'aujourd'hui et inventer celle de demain.

Cartes et Guides

ViaMichelin, des services d'aide au voyage

Michelin Lifestyle, des accessoires pour vos déplacements

MICHELIN
joue l'équilibre des performances

- **Longévité des pneumatiques**
- **Economies de carburant**
- **Sécurité sur la route**

... les pneus MICHELIN vous offrent les meilleures performances, sans en sacrifier aucune.

Le pneu MICHELIN
un concentré de technologie

1 Bande de roulement
Une épaisse couche de gomme assure le contact avec le sol. Elle doit évacuer l'eau et durer très longtemps.

2 Armature de sommet
Cette double ou triple ceinture armée est à la fois souple verticalement et très rigide transversalement. Elle procure la puissance de guidage.

3 Flancs
Ils recouvrent et protègent la carcasse textile dont le rôle est de relier la bande de roulement du pneu à la jante.

4 Talons d'accrochage à la jante
Grâce aux tringles internes, ils serrent solidement le pneu à la jante pour les rendre solidaires.

5 Gomme intérieure d'étanchéité
Elle procure au pneu l'étanchéité qui maintient le gonflage à la bonne pression.

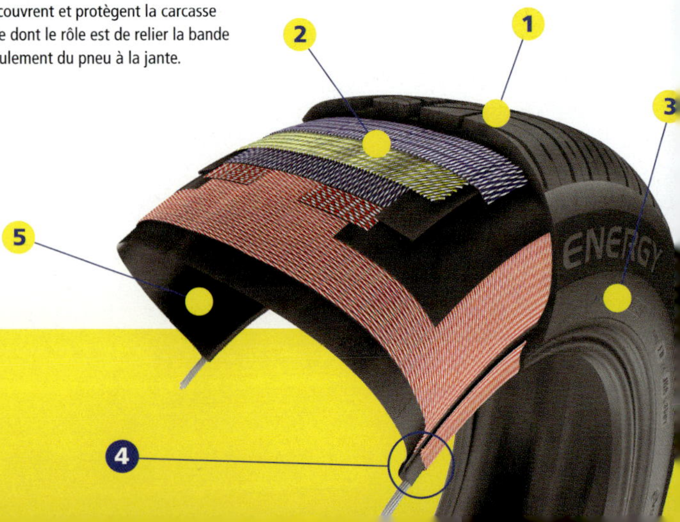

DÉCOUVRIR LA RIOJA

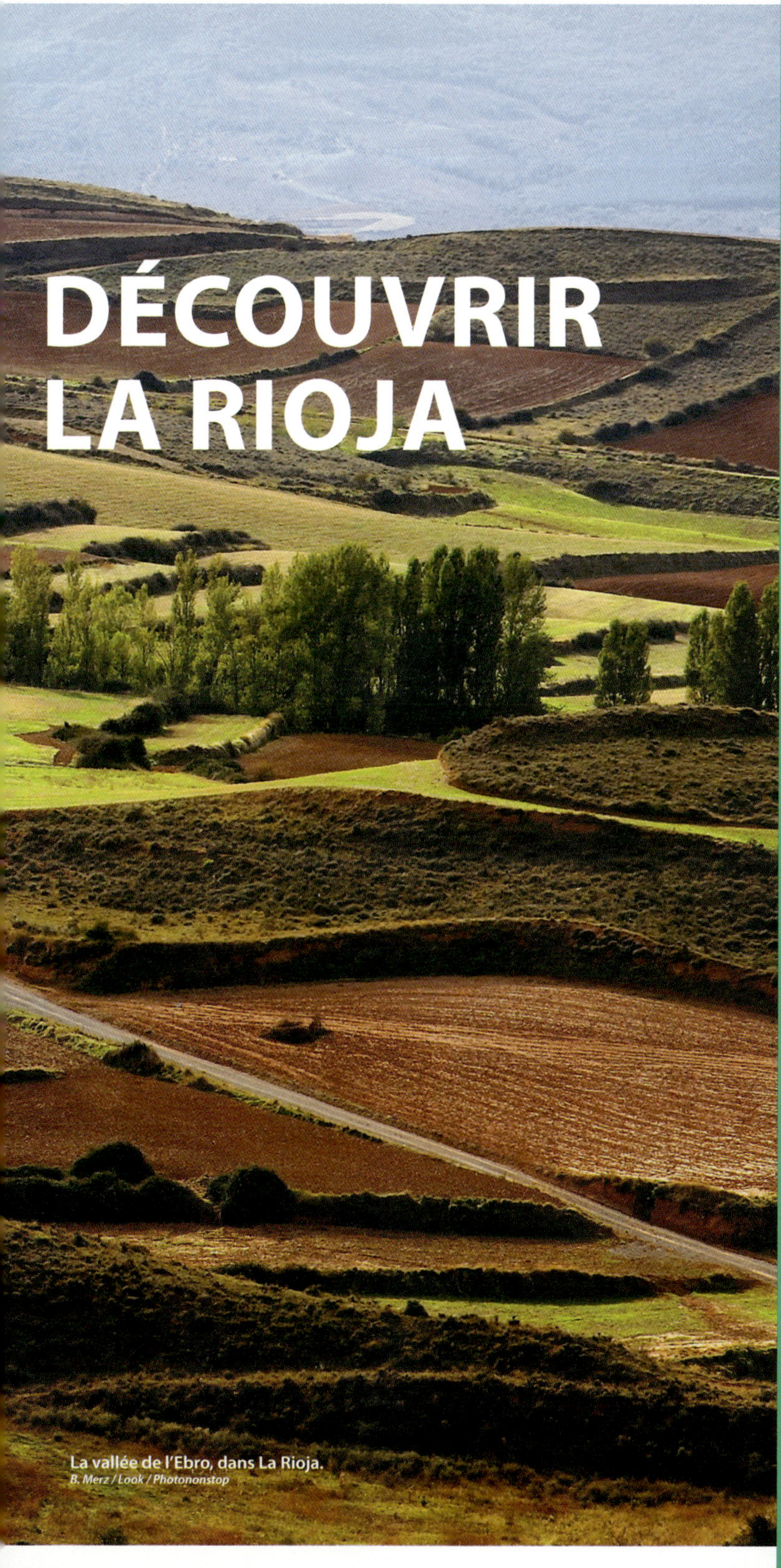

La vallée de l'Ebro, dans La Rioja.
B. Merz / Look / Photononstop

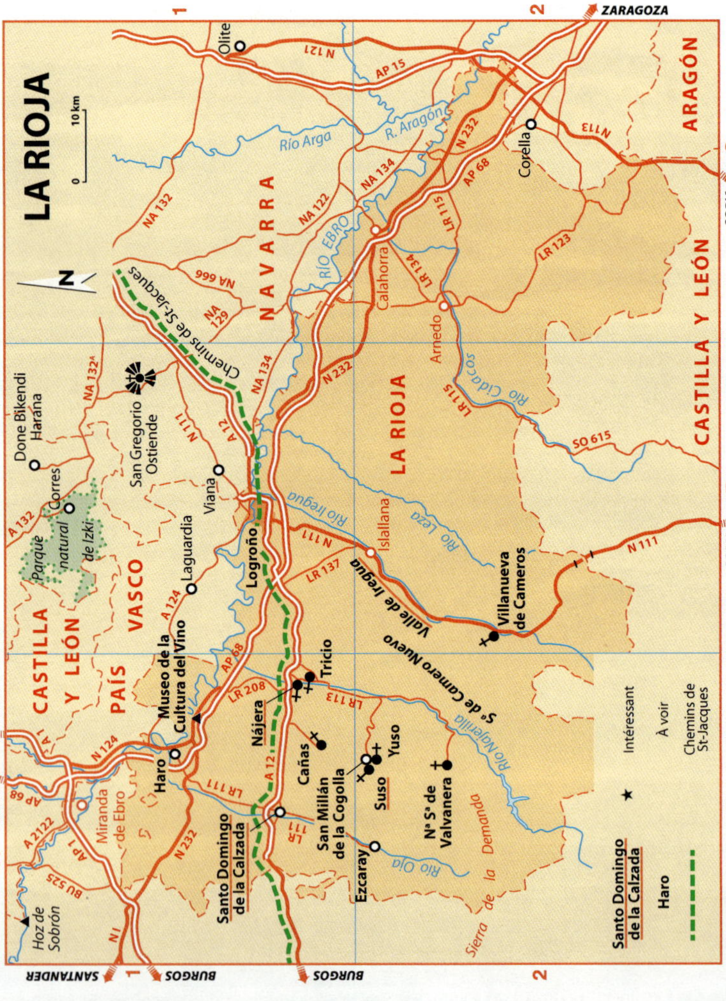
LA RIOJA
0
10 km
N
CASTILLA Y LEÓN
PAÍS VASCO
NAVARRA
LA RIOJA
CASTILLA Y LEÓN
ARAGÓN
Parque natural de Izki
Done Bikendi Harana
Corres
San Gregorio Ostiende
Laguardia
Viana
Logroño
Museo de la Cultura del Vino
Haro
Miranda de Ebro
Hoz de Sobrón
Santo Domingo de la Calzada
Nájera
Tricio
Cañas
San Millán de la Cogolla
Suso
Yuso
Nª Sª de Valvanera
Ezcaray
Sierra de la Demanda
Sª de Camero Nuevo
Valle de Iregua
Villanueva de Cameros
Islallana
Calahorra
Arnedo
Corella
Olite
Chemins de St-Jacques
Río Arga
R. Aragón
Río Ebro
Río Iregua
Río Leza
Río Cidacos
Río Najerilla
Río Oja
SANTANDER
BURGOS
BURGOS
BILBAO
VITORIA-GASTEIZ
ZARAGOZA
SORIA
SORIA
A
B
C
1
2
N I
AP 1
BU 525
A 2122
AP 68
A 1
N 124
A 132
A 124
N 111
NA 132A
A 12
NA 134
NA 129
NA 666
NA 132
NA 122
N 232
LR 111
LR 208
LR 113
LR 137
LR 134
LR 115
LR 123
SO 615
N 121
AP 15
N 113
Santo Domingo de la Calzada — Intéressant
Haro — À voir
Chemins de St-Jacques

La Rioja 5

Carte Michelin Région nº 573 – Rioja

La Rioja

★

NOS ADRESSES PAGE 296

S'INFORMER

Office régional de tourisme – *Paseo del Espolón, Príncipe de Vergara 1 - Logroño - ✆ 941 291 260 - www.lariojaturismo.com - juil.-sept : lun.-sam. 9h-14h, 17h-20h, dim. 10h-14h, 17h-19h ; reste de l'année : lun.-vend. 10h-14h, 16h-19h, w.-end 10h-14h, 17h-19h.*

Suggestions d'itinéraires thématiques autour du vin (en français) : www.winetourismspain.com.

SE REPÉRER

Carte de région AC1-2 (p. 292) – *Carte Michelin n° 573 E-F 20-24.* La Rioja est située au nord de l'Espagne, entre le Pays basque au nord, la Navarre au nord-est, l'Aragón au sud-est et la Castille-et-León à l'ouest.

À NE PAS MANQUER

Le monastère de Sta María la Real à Nájera, la cathédrale de Sto Domingo de la Calzada, la Fondation Dinastía Vivanco.

ORGANISER SON TEMPS

Trois à quatre jours.

Lovée entre les hauts sommets des sierras de Cantabrie et de La Demanda, la vallée de l'Èbre déploie, au niveau de La Rioja, d'interminables champs de vignes et de primeurs. Pas moins de sept fleuves prennent leur source dans la région, et l'agrémentent de paysages variés, parfois méditerranéen, parfois alpin, voire même lunaire. Traversée par le chemin de St-Jacques, et au croisement des civilisations celtibère (hispano-celtique), chrétienne, wisigoth, romaine et maure, La Rioja renferme également un riche patrimoine culturel et artistique, qu'il convient de découvrir à son rythme, entre les dégustations de vin des nombreuses bodegas.

Découvrir

★ Fondation et musée Dinastía Vivanco

(Museo de la Cultura del Vino)

À 39 km au nord-ouest de Logroño par la N 232, au pied de Briones. ✆ 941 322 323 - www.dinastiavivanco.com - juin-sept. : mar.-dim. 10h-20h ; oct.-mai : vend.-sam. 10h-20h, mar.-jeu. et dim. 10h-18h - réservation conseillée - 7,55 € (-12 ans gratuit).

Cette énorme bodega consacre 9 000 m² à un passionnant **musée du Vin** qui promène le visiteur à travers les âges et les étapes d'élaboration du vin, depuis les origines du breuvage, sa diffusion géographique, socio-culturelle, son élaboration, son vieillissement, jusqu'à sa distribution. Reproductions, photos, films, reconstitutions et mécanismes (pressoirs du 18e s.) ponctuent le parcours. Une salle entière aborde le vin à travers l'**art religieux ou profane** (cratères grecs, œuvres de Picasso…). Une autre expose une collection de plus de 3 000 tire-bouchons. Dégustation à la fin.

Sur les routes du vin…

UNE TERRE FERTILE

La Rioja doit son nom au río Oja, l'un des affluents de l'Èbre. Elle est subdivisée en trois zones géographiques : La **Rioja Baja**, La **Rioja Alta** et La **Rioja Alavesa**.

La **Basse Rioja** est caractérisée par des paysages étonnants formés par les reliefs tabulaires de la vallée de l'Èbre. Conséquence d'une terre argileuse et fertile, propice au grenache, et d'un climat de type méditerranéen, ses vins sont peu acides et souvent utilisés pour des coupages. Sa culture de primeurs (asperges, artichauts, poivrons, tomates) est à l'origine d'une importante industrie de conserverie. Ses principaux centres sont Logroño et Calahorra. La **Haute Rioja** et la **Rioja alavèse**, aux terroirs respectivement calcaires et argilo-calcaires, sont sujettes à l'influence de l'océan Atlantique. Lorsque celle-ci se fait particulièrement importante, les meilleurs millésimes sont annoncés.

LA TRADITION VITICOLE

Le vignoble constitue la principale culture de La Rioja, avec une superficie de 43 000 ha et une production de 1 400 000 hl par an. Bien que cette culture soit très ancienne – un document de 1102 cite déjà les vins de La Rioja, et, au 16e s., on les exportait en France, dans les Flandres et en Italie –, son véritable essor eut lieu au 19e s., quand des viticulteurs français, bordelais surtout, ruinés par la crise du phylloxera, vinrent tenter leur chance ici.

Cépages et classification – Le **tempranillo**, cépage rouge, domine La Rioja en général. On le mélange souvent au **grenache** noir, au **graciano** et au **mazuelo**, pour densifier sa couleur et améliorer sa longévité. Les principaux cépages blancs sont la **viura**, la **malvasia riojana** et le **grenache** blanc. Ils donnent des vins secs équilibrés. Ils existent quatre catégories certifiées de classification : « Vino de cosecha », « Crianza », « Reserva » et « Gran Reserva ». Leur distinction se fait d'après le temps d'élevage en barrique et en bouteille, différent selon qu'ils sont rouges ou blancs.

LA RIOJA AUJOURD'HUI

La Rioja est devenue la première région espagnole pour la qualité de ses vins, spécialement les vins rouges (11 à 12 degrés), tanniques et délicats, proches des vins de Bordeaux. Forte de ce succès, elle voit fleurir depuis quelques années des caves (bodegas) revisitées par des architectes de renom *(voir Laguardia, p. 284)* : une occasion d'allier art contemporain et savoir-faire traditionnel.

Pour découvrir les autres **musées** dédiés au vin, ou tout simplement des **bodegas**, reportez-vous dans cette partie à **Logroño** et **Haro**, et à **Laguardia** (Álava) pour le Pays basque *(p. 284)*.

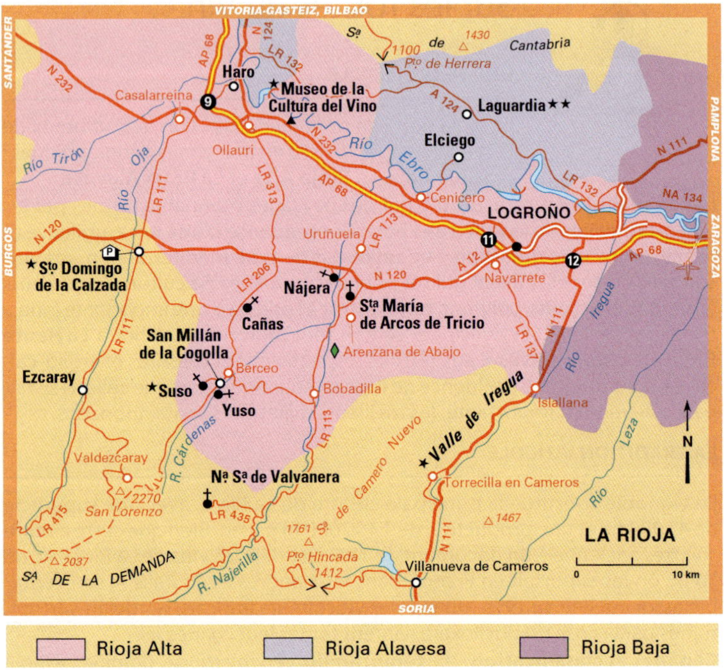

NOS ADRESSES À LA RIOJA

ACHATS

Ramener du vin de La Rioja s'impose. Beaucoup de bodegas disposent de points de vente sur leur site de production. Certaines organisent des visites guidées de leurs chais, la plupart du temps sur réservation. Dans le cas contraire, il est souvent possible de se greffer à un groupe déjà constitué, à condition d'être prêt à attendre…

Logroño

152 107 habitants

NOS ADRESSES PAGE 298

S'INFORMER

Office de tourisme – *Portales, 39 - ✆ 941 273 353 - www.logroturismo.org - juil.-sept. et j. fériés : tlj 9h-14h, 17h-20h ; reste de l'année : lun.-sam. 10h-14h, 16h30-19h30, dim. 10h-14h - fermé les 1er et 6 janv. et 25 déc.*

SE REPÉRER

Carte de région B1 (p. 292) – *Carte Michelin n° 573 E 22.* Logroño se trouve à 39 km au sud-est de Haro et à 104 km au nord de Soria.

SE GARER

Visez le parking souterrain de la calle Francisco de la Mata, sur le côté nord du Paseo Príncipe de Vergara.

ORGANISER SON TEMPS

Comptez une demi-journée pour découvrir la ville.

Logroño, capitale de La Rioja, concentre à elle seule la moitié de la population de la région. De grands espaces percés de longues avenues enserrent ses quartiers d'affaires. Le centre historique trace aussi de grands axes. La calle Portales, artère principale, enfile des façades aristocratiques sur des galeries à portique. On lui préférera la calle de Laurel, qui, avec ses bars, ses restaurants et ses animations, possède une véritable couleur. Rendez-vous sur le pont de pierre, balcon privilégié sur la vieille ville. De là, les tours baroques de la cathédrale font écho à celles de Sta María del Palacio, pyramidales, et de San Bartolomé, mudéjares.

Se promener

Église de Sta María la Redonda

Sta María « la Redonda » (la ronde) tire son nom de l'ancienne église romane de plan circulaire ou polygonal qu'elle a remplacée. Cathédrale depuis 1959, sa construction date de 1435, mais sa physionomie est baroque. Un retable en pierre monumental (18e s.) se dresse entre les deux tours jumelles de sa façade. Évangélistes et archanges président à l'ensemble sous le regard de Dieu.

L'édifice mesure 80 m de long, 26 m de large et 27 m de haut. Il comporte trois vaisseaux, trois absides polygonales et des chapelles sur les collatéraux. Les voûtes formées sur 8 colonnes élancées sont caractéristiques du « style de l'époque des Rois Catholiques ». La **chapelle de la Paix**, de style plateresque, fut fondée en 1541 par Diego Ponce de León. Hans de Balduch y réalisa le travail de sculpture, dont la *Résurrection de Jésus*, en bois polychrome. La chapelle de la Croix expose des tableaux (1500) des peintres Andrés de Melgar (régional) et Alonso Gallego. Très belle grille baroque autour du *coro* (1607).

Musée de La Rioja (Museo de La Rioja)

Plaza de San Agustín, s/n - ✆ 941 291 259 - fermé pour travaux, se renseigner.
Il occupe un palais du 18e s. où vécut le général Espartero. Les sculptures

UN LIEU DE PASSAGE

Un antique centre de peuplement – Logroño vient du celte « gronio » qui signifie le « gué », du fait de sa situation sur l'Èbre. L'antique « Vareia » romaine était une halte sur la « Via » qui reliait l'Italie à la Galice. Jusqu'au 10e s., le bourg vit paisiblement, profitant de la culture des terres fertiles alentour.
La cité navarraise – Sancho Abarca, roi de Navarre, veille à son repeuplement en 905, pour garantir le passage du fleuve et l'exploitation des terres aux chrétiens suite à la victorieuse bataille de Clavijo contre les musulmans. Dès 1044, s'élève le palais des rois de Navarre dans la rúa Vieja.
La prospérité médiévale – En 1095, Alphonse VI, roi de Castille, devenu maître de La Rioja, confère à Logroño les privilèges d'un **Fuero** (charte garantissant des privilèges locaux), octroyant ainsi le droit aux juifs et étrangers de venir s'établir dans la cité. Il ouvre aussi le pont de pierre à la libre circulation des marchandises. Le développement économique s'accroît et bénéficie aussi du passage des **pèlerins**. Aux 12e et 13e s., le paysage s'enrichit d'églises et d'hôpitaux.
Logroño aujourd'hui – La ville actuelle est le centre du négoce du vin de la région. Ses faubourgs intègrent de nombreuses bodegas *(liste disponible à l'office de tourisme)*. Elle est aussi le siège d'industries du bois et du métal et de manufactures textiles.

romanes et le retable gothique de Torremuña sont les pièces les plus notables. La période baroque est illustrée par une extraordinaire sculpture en ivoire hispano-philippine représentant le Christ expirant.

Excursion Carte de région

★ Vallée de Iregua (Valle de Iregua) B1-2

50 km au sud de Logroño.

Pendant 15 km, la route file à travers la plaine de l'Èbre entre vergers et terrains maraîchers avant d'être en vue, vers Islallana, des **falaises** de la sierra de Cameros qui dominent l'Iregua. Après deux tunnels, la vallée se resserre entre ces rochers ruiniformes et rougeâtres. La région constitue un îlot de verdure. Le torrent s'encaisse ensuite en canyon et la route domine alors en corniche le site de Torrecilla de Cameros. **Villanueva de Cameros** réunit quelques toits de tuiles rondes sur des murs à colombages.

NOS ADRESSES À LOGROÑO

HÉBERGEMENT

POUR SE FAIRE PLAISIR

Murrieta – *Marqués de Murrieta, 1 - 941 224 150 - www.hotelmurrieta.es - 104 ch. 54/130 € - 9 € - rest. 17 €.* Dans un quartier vivant, cet hôtel dispose de chambres fonctionnelles. Petit-déjeuner buffet.

Husa Bracos – *Breton de los Herreros, 29 - 941 226 608 - www.husa.es - P - 71 ch. 60/175 € - 12 € - rest. 12 €.* Cet hôtel standard se trouve à deux pas de la zone piétonne, et dispose de chambres équipées high-tech.

Marqués de Vallejo – *Marqués de Vallejo, 8 - 941 248 333 - www.hotelmarquesdevallejo.com -*

51 ch. 60/214 € - 🍽 11 €. Original et design, cet hôtel s'organise autour d'un bel atrium vitré. Les chambres ont un air minimaliste.

À proximité de Logroño

UNE FOLIE

Hôtel Marqués de Riscal – *Torrea, 1 - Elciego - ☎ 945 180 880 - www.luxurycollection.com* - P *- 43 ch. 275/875 € 🍽.* Une folie architecturale de Frank O. Gehry qui abrite les caves du vin de La Rioja ainsi qu'un restaurant gastronomique et un spa.

RESTAURATION

PREMIER PRIX

Noche y Día – *Calle Portales, 63 - ☎ 941 227 923 - www.nocheydia.com - tapa 2/5 €.* Pour grignoter des tapas dans un lieu branché.

BUDGET MOYEN

La Piazza – *Av. de la Rioja, 6 - ☎ 941 223 383 - 20/25 €.* Une alternative à la cuisine castillanne où l'on déguste de savoureuses pizzas.

POUR SE FAIRE PLAISIR

Cachetero – *Laurel, 3 - ☎ 941 228 463 - www.cachetero.com - 33/43 €.* Maison familiale traditionnelle, située dans une rue de *tapeo.* Salle à manger classique avec un petit hall et un service de bon niveau.

UNE FOLIE

El Tahiti – *Laurel - ☎ 941 223 309 - 40/50 €.* Cet *asador* (restaurant-rôtisserie) dresse de belles tables. Bons plats de viandes et de poissons.

La Chatilla de San Agustín – *San Agustín 6 - ☎ 941 204 545 - 45 €.* Ce restaurant a su gagner la confiance des clients. Décor chaleureux et bonne carte des vins.

Nájera

8 474 habitants

NOS ADRESSES PAGE 302

5

S'INFORMER
Office de tourisme – *Plaza San Miguel, 10 - ☎ 941 360 041 - juin-sept. : mar.-sam. 10h-14h, 16h-19h, dim. 10h30-14h ; oct.-mai : mar.-sam. 10h-14h, 16h-18h, dim. 10h30-14h - fermé lun.*

SE REPÉRER
Carte de région A1 (p. 292) – *Carte Michelin n° 573 E 21.* Nájera se trouve à 28 km à l'ouest de Logroño et à 20 km à l'est de Sto Domingo de la Calzada.

SE GARER
Le parking de tourisme est fléché depuis l'entrée de la ville.

ORGANISER SON TEMPS
La ville se visite en une demi-journée.

Nájera étage ses quartiers du sommet jusqu'au pied d'une butte rocheuse ocre-rouge, où coule la rivière Najerilla. Une passerelle conduit à la ville piétonne, commerciale et culturelle. L'église paroissiale de Sta Cruz tente d'imposer sa façade du 17e s. dans une enclave retirée. Seule sa coupole émerge du paysage architectural. À l'inverse, le monastère de Sta María la Real étend confortablement son chevet jusque sur la place principale.

Visiter

★ Monastère de Sta María la Real

✆ 941 363 650 - juil.-sept : tlj 10h-13h, 16h-19h ; reste de l'année : mar.-sam. 10h-13h, 16h-19h, dim. 10h-14h30, 16h-18h - visite libre 3 €.

Ce monastère fut fondé en 1044 par le roi de Navarre, sur la grotte, où, attiré par le vol d'un vautour et d'une perdrix, il aurait découvert une statue de la Vierge.

À l'étage inférieur du **cloître de los Caballeros** (1518), de style gothique flamboyant, se distinguent d'élégants remplages plateresques et des tombeaux Renaissance.

Sous la tribune de l'**église**, deux soldats portant les couleurs de García de Navarre et de son épouse Stéphanie de Foix gardent le **Panthéon royal** (infants de Navarre, León et Castille des 11e et 12e s.), dont les gisants furent exécutés au 16e s. Au centre, entre les statues agenouillées des fondateurs, s'ouvre l'accès de la grotte où aurait eu lieu la découverte miraculeuse. Dans une niche trône une Vierge polychrome du 13e s. Dans la nef de la Epístola (épître), parmi d'autres sarcophages royaux, se trouve le **tombeau de Blanche de Navarre** (12e s.) Richesse expressive et symbolique caractérise les hauts-reliefs qui le décorent. La douleur de son époux et le recueillement des acteurs des funérailles côtoient des scènes de l'Ancien et du Nouveau Testament (le massacre des Innocents, la parabole des vierges folles et des vierges sages).

Dans le *coro alto*, on admirera les **stalles** (1495) pour la variété des miséricordes et des accoudoirs, et surtout le décor du siège central où l'artiste a représenté le roi fondateur, élégant et majestueux dans son armure, sous un dais d'une finesse prodigieuse.

À proximité Carte de région

Basilique de Sta María de Arcos de Tricio A1

▶ 3 km au sud-ouest de Nájera.

✆ 941 3636 028 - visite guidée (20mn) - été : 10h30-13h30, 16h30-19h30, w.-end et j. fériés 10h30-14h30 ; hiver : sam. et j. fériés 10h30-13h30, 16h30-19h30, dim. 10h30-13h30 - 2 €.

Cette basilique, construite au 5e s., compte d'impressionnantes colonnes faites de tambours d'une grosseur considérable soutenant la voûte baroque. Dans le chœur apparaissent les restes de splendides **fresques romanes★** du 12e s. illustrant la Cène et la Crucifixion. Dans un écoinçon sont peintes les églises de l'Apocalypse. Tout cela dans un style très graphique. Sous la nef, une grille métallique protège des sépultures romaines, paléochrétiennes et médiévales.

NÁJERA ET LA RECONQUISTA

Occupée déjà en des temps préhistoriques, Nájera vit successivement les colonisations ibère, romaine, celte et arabe. Conquise en 923 par Ordoño II de León avec l'aide de Sanche Ier de Navarre, elle se voit au 11e s. honorée par la construction d'un palais dans lequel sont frappées les premières pièces de monnaie de la Reconquista. Nájera connaît son apogée sous le règne de Garcia IV de Navarre, fondateur du monastère, du premier ordre religieux militaire d'Espagne – les chevaliers de la Jarra –, et protecteur des pèlerins. En 1076, Alphonse VI de Castille s'empare de la cité et confie le monastère aux moines clunisiens. Au 15e s., Nájera se dote de murailles et acquiert le titre-statut de ville *(Villa)*.

Abbaye de Cañas (Abadía de Cañas) A1

13 km à l'ouest de Nájera par la N 120, puis la LR 206.

941 379 083 - www.abadiadecanas.com - avr.-oct. : mar.-sam. 10h-13h30, 16h-19h, dim. 11h-13h30, 16h-19h ; reste de l'année : mar.-sam. 10h30-13h30, 16h-18h, dim. 11h-13h30, 16h-18h - 3,50 € (-14 ans 2 €).

Depuis sa fondation en 1170, cette **abbaye** cistercienne est habitée par les disciples féminins de Bernard de Clairvaux. L'église (16e s.) et la salle capitulaire sont d'extraordinaires exemples de la sobriété et de la pureté du modèle de Cîteaux : élégantes arcades ogivales, décoration florale et voûtes à croisée d'ogives simple. Au pied de l'église un magnifique retable Renaissance (16e s.) atteste d'une combinaison singulière : bas-reliefs dans la partie inférieure, sculptures dans la partie centrale et peintures dans les parties latérales. La statuette de **Nuestra Señora de Cañas** a conservé sa polychromie originale. Sur son socle une frise illustre les blasons des familles donatrices Lopez de Haro et Ruiz de Castro.

Les œuvres du monastère (retables, tableaux et sculptures) sont exposées dans l'ancien cellier de l'abbaye (13e s.). Une autre salle est consacrée aux reliques (armoire Renaissance, sainte famille gothique en bois polychrome).

San Millán de la Cogolla A2

18 km au sud-ouest par la LR 113, puis par la LR 205 le long de la rivière Cardenas.

Monasterio de Yuso (Edificio Aula de la Lengua) - 941 373 259 - de la Sem. sainte à fin sept. : mar.-dim. 9h30-13h30, 15h30-18h30 ; reste de l'année : mar.-dim. 9h30-13h30, 15h30-18h - fermé lun.

Au 5e s., Émilien (Millán) de Berceo et quelques disciples se retirent en ces lieux pour y mener une vie d'ermite. Émilien meurt centenaire en 574 et son tombeau devient l'objet d'un pèlerinage. Au 10e s., un monastère et une église mozarabe (Suso) sont édifiés. Mais en 1053, les moines s'établissent finalement dans la vallée (Yuso). Les premiers manuscrits en langue castillane ont été rédigés ici-même.

★ **Monasterio de Suso** – *941 373 082 - www.monasteriodeyuso.org/suso - visite guidée (env. 40mn.) seult sur réserv. à l'office de tourisme ; vous devez laisser votre voiture (stationnement gratuit) et prendre la navette - se rens. pour horaires de la navette - visite ttes les h - 3 €.* Situé dans la montagne au-dessus de la vallée de Cardenas, l'édifice mozarabe, en partie creusé dans la roche, présente une abside cubique avec de grands corbeaux sculptés. L'église comprend deux nefs séparées par trois arcades outrepassées. À l'époque romane, ces nefs furent prolongées vers l'ouest. À côté de l'église a été découverte une nécropole troglodyte où étaient enterrés les moines.

Monasterio de Yuso – *941 373 049 - www.monasteriodeyuso.org - visite guidée (env. 50mn.) - ♿ - de Sem. sainte à fin sept. : tlj sf lun. 10h-13h30, 16h-18h30 (ouv.*

lun. en août) ; reste de l'année : tlj sf lun. : 10h-13h, 16h-18h - 4 € (-8 ans gratuit). Le **monastère** actuel a été élevé du 16e au 18e s. dans les styles Renaissance pour l'église, néoclassique pour les portails, et baroque pour la sacristie. Le trésor renferme de **splendides ivoires★★** qui ornaient deux reliquaires du 11e s. dont la monture d'or et les pierres précieuses ont tenté les soldats napoléoniens. Celui de saint Émilien (1067-1080) compte quatorze plaques romanes, remarquables pour l'expression des personnages. Celui de saint Félix (1090) présente cinq plaques influencées par le hiératisme byzantin.

Monastère de Nuestra Señora de Valvanera A2

▶ *36 km au sud par la LR 113.*

✆ 941 377 044 - tlj 10h-19h, fermé du 22 déc. au 10 janv. - gratuit. Au cœur d'un **site montagneux★★** isolé, ce **monastère** domine un paysage de forêts, protégé par les hautes cimes de la sierra de San Lorenzo. L'église héberge la sainte patronne de La Rioja, la Vierge de Valvanera, une belle statue du 12e s. Le monastère possède un hôtel-auberge *(60 € ☕).*

NOS ADRESSES À NÁJERA

HÉBERGEMENT

BUDGET MOYEN

Hôtel Ciudad de Nájera – *Cuarta Calleja San Miguel, 14 - ✆ 941 360 660 - www.ciudaddenajera.com - 8 ch. 46/54 €.* Situé à quelques pas du monastère, cette petite structure est particulièrement chaleureuse.

POUR SE FAIRE PLAISIR

Hôtel San Fernando – *Paseo de San Julián, 1 - ✆ 941 363 700 - www.sanmillan.com - P - 55 ch. 80 €- ☕ 6 €.* De construction récente, il est situé en plein centre de la cité médiévale et propose des chambres spacieuses.

À proximité de Nájera

POUR SE FAIRE PLAISIR

Hôtel Conde de Badarán – *Ctra. San Millán, 1 - Badarán - ✆ 941 367 055 - www.condedebadaran.com - P - 28 ch. 80/90 € - ☕ 8 €.* À la sortie du village, cette adresse est une excellente alternative aux hôtels des sites de pèlerinage souvent complets. Sens du service. Cafétéria.

UNE FOLIE

Hospedería del Monasterio de San Millán – *Dans le monastère- San Millán de la Cogolla - ✆ 941 373 277 - www.sanmillan.com - P - 25 ch. 112/135 € - ☕ 11 €.* Les parties communes sont accueillantes et les chambres charmantes. C'est vraiment une adresse d'exception que l'on appréciera aussi pour son très bon restaurant.

RESTAURATION

BUDGET MOYEN

Los Parrales – *Mayor, 52 - ✆ 941 363 735 - www.losparrales.com - 25/30 €, menu dégustation 18 €.* Ce restaurant est tenu depuis 30 ans par la famille Villoslada. La cuisine traditionnelle est revisitée par des saveurs nouvelles. Agréable terrasse en été. Au bar sont servies les fameuses *cazuelitas* (plats mijotés dans de petites casseroles).

AGENDA

À la mi-septembre, se suivent les fêtes de **San Juan Mártir** et de **Sta María la Real** : messes, spectacles, concerts, défilés de géants et processions religieuses.

Santo Domingo de la Calzada

★

6 780 habitants

NOS ADRESSES PAGE 306

S'INFORMER

Office de tourisme – *Mayor, 33 - ✆ 941 341 238 ou ✆ 902 112 660 - www.santodomingodelacalzada.org - lun. 11h-18h, mar. 11h-14h, 16h-19h, merc.-vend. 11h-20h, w.-end et j. fériés 10h-20h.* Un centre d'interprétation logé au sein de l'office de tourisme vous renseigne sur l'histoire de la vieille ville (documents, film) et sur le « camino francés » de St-Jacques-de-Compostelle.

SE REPÉRER

Carte de région A1 (p. 292) – *Carte Michelin n° 573 E 21.* Sto Domingo de la Calzada se trouve à 66 km à l'est de Burgos et à 47 km à l'ouest de Logroño.

SE GARER

Au nord, le long de la muraille.

ORGANISER SON TEMPS

Allez-y pour une matinée ou une fin d'après-midi.

Isolée au beau milieu d'une plaine verdoyante, Sto Domingo de la Calzada se signale aux pèlerins grâce à la haute tour baroque de sa cathédrale. Le cœur historique survit modestement dans le carcan de la muraille du 14e s. Seule la plaza de España prend ses aises, mettant ainsi en valeur les galeries à portique de l'hôtel de ville et la perspective depuis la porte de Haro.

Se promener

La **vieille ville★** se concentre autour de la **plaza del Santo**, où se dressent la cathédrale et l'ancien hôpital transformé en parador. La calle Mayor conserve de nombreuses maisons ornées de blasons, des 16e et 17e s. La **plaza de España** toute proche est dominée par l'hôtel de ville (18e s.), couronné par les armes des Bourbons.

★ Cathédrale

✆ 941 340 033 - lun.-vend. 9h-20h, sam. 9h-19h15, dim. 9h-12h15, 14h-19h15, fermé pdt les offices - 3,50 € (-18 ans 2,50 €).

L'édifice est gothique, à l'exception du déambulatoire et du chœur romans. Dans le croisillon droit se trouve le tombeau de saint Dominique, sous un baldaquin, conçu en 1513. En face, un monument gothique forme la cage somptueuse où, depuis un miracle attribué au saint, sont entretenus une poule et un coq blancs. Un pèlerin, injustement accusé de vol, avait été pendu sur-le-champ. Un mois plus tard, toujours vivant au bout de sa corde, il reconnut ses parents et leur dit : « Que le juge me dépende, saint Dominique me

5

protège. » Le juge, attablé devant un poulet rôti, resta incrédule et déclara : « Il doit être aussi vivant que ce poulet. » Le volatile se dressa alors sur ses pattes et se couvrit de plumes.

L'ancien **retable du maître-autel**, œuvre inachevée de **Damián Forment**, est installé dans le bras gauche du transept. Des scènes de la vie du Christ y sont accompagnées de sculptures d'apôtres et de saints. Le mouvement qui anime ce splendide ensemble réalisé en noyer et albâtre en fait une création majeure du 16e s.

La **chapelle de la Madeleine**, située dans la nef latérale gauche, présente une belle décoration plateresque et une magnifique grille. Dans la chapelle voisine, se trouve une délicate statue flamande de sainte Véronique (15e s.). Dans le bas-côté droit, en face de la chapelle de la Madeleine, la **chapelle St-Jean-Baptiste ou Ste-Thérèse** compte une belle grille, d'intéressants tombeaux nobiliaires et un magnifique retable avec des peintures hispano-flamandes. Notez le grand blason impérial couronnant la décoration plateresque de la chapelle de l'Immaculée.

À l'extérieur s'élève le **campanile** baroque (18e s.). Sur cette même place, face à la cathédrale, le petit **ermitage du saint** dévoile un intérieur gothique.

La partie la plus intéressante reste le **chœur**. Huit pilastres sculptés séparent la chapelle principale du déambulatoire dont il ne conserve qu'une chapelle romane (au centre) vouée à saint Pierre. Les chapiteaux du 12e s. portent les symboles des quatre évangélistes, entourés d'anges tenant les attributs de la Passion. Du côté de l'épître, on identifie l'Assomption de la Vierge. Au troisième pilastre à droite, très bel Arbre de Jessé terminé par une sainte Trinité, entourée des 24 têtes des vieillards de l'Apocalypse. On distingue aussi le relief illustrant la parabole des vierges sages (lampes levées) et des vierges folles (lampes vers le bas). Le plus beau de cet ensemble décoratif roman est sans doute le roi David jouant de la musique, à la base du pilastre gauche.

Cloître – Il abrite un splendide musée d'art religieux. Admirez en particulier : le devant d'**autel** de 1300 en bois de pin polychrome, qui révèle de manière naïve un univers humanisé et poétique (Ève sortant de la côte d'Adam, serpent autour de l'arbre, etc.) ; le **triptyque** de l'*Annonciation* de Jaos Van Cleve ; la

UNE VOCATION RELIGIEUSE FONDATRICE

Au 11e s, un jeune berger prénommé Dominique, reçoit une éducation religieuse au sein du monastère de Valvanera. Désirant intégrer le célèbre monastère de San Millán de la Cogolla, il dépose une demande mais celle-ci est rejetée. Il part alors au service du légat du pape, Grégoire de Ostia. Ce dernier l'ordonne prêtre. À la mort de son maître, Dominique se retire près de la rivière Oja, pour y vivre en ermite et aider les pèlerins qui se rendent à Compostelle. On le surnomme bientôt « la Calzada » pour les efforts qu'il concentre à entretenir et à améliorer le « Chemin » du pèlerinage. Toujours plus dévoué, il fait construire des ponts, un hôpital et une auberge puis édifier une chapelle dédiée à la Vierge Marie. Après sa conquête de la région en 1076, Alphonse de Castille réalise le rôle déterminant du prélat dans le développement local et le soutient. Le bourg voit sa population croître rapidement. Dominique meurt en 1109 et l'église où il est enterré est aussitôt élevée au rang de cathédrale. Suite aux nombreux miracles constatés autour de sa dépouille, Dominique est déclaré « saint ». Sto Domingo de la Calzada est depuis, une étape importante du « Camino de Santiago ».

La coquille, symbole du Matamore, sur le chemin de Saint-Jacques.
B. Merz / Look/Photononstop

statue de **Nuestra Señora de la Blanca** de 1320, en bois peint, avec son socle orné de blasons ; et la **Virgen de la leche** (Vierge allaitant), tableau de 1500 de l'école bourguignonne (ce type iconographique, connu depuis l'Égypte ancienne, était très répandu en Europe du Sud entre les 14e et 16e s.).

À proximité Carte de région

Ezcaray A2

14 km au sud.

Ayuntamiento (hôtel de ville), pl. de la Constitución 1 - ✆ 941 354 191 - www.ezcaray.org - lun.-vend. 9h-14h. Ce charmant village situé au pied de la sierra de La Demanda, au bord du río Oja, dans un environnement exceptionnel, est devenu un lieu de villégiature où, en raison de la proximité de la station de Valdezcaray, se retrouvent les amateurs de ski *(Rens. en saison hiver : ✆ 941 354 679 - www.valdezcaray.es)*. Il conserve son ambiance de montagne, ses rues à arcades sur piliers de pierre et de bois, ses maisons seigneuriales, l'**église Sta María la Mayor** et les bâtiments d'une ancienne manufacture de tapisseries fondée par Charles III en 1752.

Il existe plusieurs randonnées de différents niveaux de difficulté et d'une durée allant de 2h à 2 jours *(se rens. à l'ayuntamiento ci-dessus)*.

5

NOS ADRESSES À SANTO DOMINGO

HÉBERGEMENT

POUR SE FAIRE PLAISIR

Hôtel Corregidor – *Calle Mayor, 14 y 15 - ✆ 941 342 128 - www.hotelcorregidor.com - 85 € - ☕ 7 €.* Un trois étoiles classique apprécié pour sa situation commode le long de la muraille. Il bénéficie de chambres spacieuses et confortables, sans charme particulier. Cafétéria. Bon accueil.

UNE FOLIE

Parador de Sto Domingo de la Calzada – *Plaza del Santo, 3 - ✆ 941 340 300 - www.parador.es - ♿ - 59 ch. 148/160 € - ☕ 17 €.* Ce parador, situé à côté de la cathédrale, occupe un ancien hospice du chemin de St-Jacques. Très beaux salons gothico-Renaissance. Chambres de cachet avec boiseries, tentures et tapisseries. Restaurant gourmet.

Parador Escuela Bernardo de Fresneda – *Plaza de San Francisco, 1 - ✆ 941 341 150 - www.parador.es - P - 52 ch. 135/150 € - ☕ 12 €.* Logé dans l'ancien couvent de San Francisco, inserré dans la muraille, ce second parador est aussi beau que son alter ego. Les chambres ont une allure médiévale. Pour les romantiques, lits à baldaquin ! Excellent restaurant.

À proximité de Sto Domingo de la Calzada

PREMIER PRIX

Hôtel Patron – *Calle la Fuente, 3 - Castañares de Rioja - ✆ 941 300 211 - 18 ch. 35/45 € - ☕ 5 €.* Dans un village situé à 7 km au nord de Sto Domingo, ce tout nouvel hostal appartient au patron du bar-restaurant d'en face. Il dispose de chambres fonctionnelles et claires et d'un salon commun pour prendre le petit-déjeuner.

POUR SE FAIRE PLAISIR

Hôtel Echaurren – *Héroes del Alcázar, 2 - Ezcaray - ✆ 941 354 047 - www.echaurren.com - 25 ch. 76/110 € - ☕ 9 €.* En face de l'église Sta María la Mayor, cet établissement est particulièrement réputé pour son restaurant gastronomique El Portal. Les chambres sont cossues, au charme un tantinet désuet.

Palacio de Azcárate – *Héroes del Alcázar, 8 - Ezcaray - ✆ 941 427 282 - www.palacioazcarate.com - P - 19 ch. 72/122 € ☕.* Joli mélange de décor classique et traditionnel dans cette maison du 18e s. À l'extérieur, une petite terrasse domine un agréable jardin. L'hôtel propose des prestations spa, où sont dispensés des soins en vinothérapie. Pour les golfeurs, la réception s'occupe de vous réserver un *green fee* sur le parcours de golf de votre choix. Restaurant gourmet.

RESTAURATION

BUDGET MOYEN

El Rincón de Emilio – *Plaza Bonifacio Gil, 7 - ✆ 941 340 990 - www.rincondeemilio.com - fermé lun., mar. soir - 22/29 €.* Dans l'assiette, une délicieuse cuisine familiale, servie dans un cadre rustique. Terrasse agréable.

POUR SE FAIRE PLAISIR

Mesón Los Caballeros – *Calle Mayor, 58 - ✆ 941 342 789 - www.restauranteloscaballeros.com - fermé dim. soir et 1er-15 janv. - 29/43 €.* Restaurant animé situé dans une maison en pierre de la zone piétonne du centre. On y sert une bonne cuisine régionale.

ACHATS

Le Marché médiéval a lieu chaque année, en même temps que les fêtes de la Constitution et de l'Immaculée Conception (les 6 et 8 décembre). Vivant et coloré, il se déroule dans le quartier historique. **À Ezcaray**, la tradition textile est toujours vivante. On fabrique des toiles et des couvertures.

Entrez dans la boutique de los Hijos de Cecilio Valgañón - *Calle González Gallarza, 10 - 9h-13h, 15h-19h - ✆ 941 35 40 34.*

AGENDA

Ne manquez pas la **Fiesta del Santo**, du 25 avril au 12 mai.

Haro

12 261 habitants

NOS ADRESSES PAGE 309

S'INFORMER

Office de tourisme – *Plaza Monseñor Florentino Rodríguez, s/n - ✆ 941 303 366 - www.haroturismo.org - juil.-sept. : lun.-sam. 10h-14h, 16h30-19h30 ; reste de l'année : lun.-vend. 10h-14h, sam. 10h-14h, 16h30-19h30 - fermé dim.*

SE REPÉRER

Carte de région A1 (p. 292) – *Carte Michelin n° 573 E 21.* Haro se situe à 26 km à l'ouest de Laguardia et à 39 km au nord-ouest de Logroño par la N 232.

À NE PAS MANQUER

Prenez une demi-journée pour visiter la ville et ses caves.

Capitale de la Haute Rioja, Haro est une prospère cité agricole et commerciale, célébrée pour la qualité de ses vins. Dans le vieux quartier historique, riche en caves et tavernes, subsistent des belles maisons nobles, avec des façades 17e et 18e s., qui témoignent d'un prestige ancien.

Se promener

Sur la **plaza de la Paz**, admirez la simplicité néoclassique de l'hôtel de ville conçu par **Juan de Villanueva** en 1769. Derrière, la tour baroque de l'**église de Sto Tomás** s'élève, élégante, au-dessus du temple commandé en 1516 à **Felipe Bigarny** qui conserve un beau portail Renaissance.

★ **Musée du Vin de La Rioja** (Museo del Vino de La Rioja)
Estación Enológica, av. Bretón de los Herreros, 4 - ✆ 941 305 719 - 3 € (-16 ans 2 €). Pour les horaires, se rens. auprès du musée. Ce musée reprend sur trois niveaux tout le processus d'élaboration du vin, depuis la culture des cépages jusqu'à la mise en bouteille. Au premier étage, faites connaissance avec les meilleures bodegas locales et prenez part aux dégustations.

« HARO, PARIS ET LONDRES »

De mains en mains – La fondation de Haro remonterait au 10e s. En 1107, Alfonse VI de Castille offre la cité au seigneur Don López de Vizcaya pour le remercier de l'avoir aidé à vaincre le roi aragonais. En 1187, Haro bénéficie d'un *fuero* (privilège) pour régir sa vie politique, économique et juridique. En 1288, Sanche IV conquiert la ville. Aux 14e et 15e s., elle passe successivement aux mains des Trastamara et de la Navarre, jusqu'à ce qu'en 1430, Jean II de Castille la soumette et la confie à Don Fernández de Velasco. Il crée pour lui le titre de « comte de Haro ».
Un 19e s. florissant – En 1833, Haro intègre la toute nouvelle province administrative de Logroño. La cité reçoit en 1891 le statut de « ville ». Cette reconnaissance salue son dynamisme tant dans les domaines industriels qu'artistiques. Elle avait inauguré en 1841 le théâtre Bretón de los Herreros et avait été la première ville d'Espagne à installer dès 1890 l'éclairage public à l'électricité dans toutes ses rues, forgeant ainsi l'expression populaire locale « Haro, Paris et Londres ».

Circuit conseillé Carte de région

VERS LES MUSÉES DU VIN DE LA RIOJA B3-4

Pour visualiser ce circuit de 20 km, reportez-vous à la carte de région de Vitoria et la province de l'Álava (p. 258) – comptez environ 1h. Partez de Labastida, en direction de Laguardia par l'A 132 puis la LR 132 et bifurquez à droite après 5 km.

★ **Labastida** (voir p. 286)

San Vicente de la Sonsierra B3-4

Ce village viticole aux ruelles accablées de soleil conserve les ruines d'un ancien château depuis lequel on jouit d'un très beau **panorama★** sur la région.
Au pied du village, en direction de Briones, un **vieux pont★** franchit l'Èbre (circulation interdite).
Traversez le fleuve.

Briones B4

Des ruelles pavées bordées de vieilles demeures de pierre, un hôtel de ville installé dans un ancien palais du 18e s., l'ermitage Sto Cristo de los Remedios (18e s.) au dôme octogonal et l'église **Sta María de la Asunción★** (16e s.) aux riches retables rococo : tout participe au charme de ce village qui vit au rythme de la vigne.
Fondation Dinastía Vivanco – *Au pied de Briones, dir. Logroño sur la N 232. ✆ 902 320 001 - www.dinastiavivanco.com - juil.-sept. : mar.-dim. 10h-20h ; reste de l'année : mar.-jeu et dim. 10h-18h, vend.-sam. 10h-20h - réservation conseillée le w.-end - 7,50 € (-12 ans gratuit).* Cette énorme bodega consacre 9 000 m² à

un passionnant **musée du vin★** qui promène le visiteur à travers les âges et les étapes d'élaboration du vin, depuis les origines du breuvage, sa diffusion géographique, socioculturelle, son élaboration, son vieillissement, jusqu'à sa distribution. Reproductions, photos, films, reconstitutions et mécanismes (pressoirs du 18e s.) ponctuent le parcours. Une salle entière aborde le vin à travers l'**art religieux ou profane** (cratères grecs, œuvres de Picasso…). Une autre expose une collection de plus de 3 000 tire-bouchons. Dégustation à la fin.

Prenez la N 232 pour aller à Haro.

NOS ADRESSES À HARO

HÉBERGEMENT

BUDGET MOYEN

Hôtel Higinia – *Calle Virgen de la Vega, 21 - ✆ 941 304 344 - 21 ch. 48/60 € - ☕ 7 €.* Hôtel simple et confortable, récemment rénové. Joli mobilier castillan.

POUR SE FAIRE PLAISIR

Hôtel Los Agustinos – *Calle San Agustín, 2 - ✆ 941 311 308 - www.hotellosagustinos.com - 🅿 - 60 ch. 92/118 € - ☕ 15 €.* Superbe exemple de réhabilitation d'un couvent du 14e s. Le salon est situé dans l'ancienne chapelle. Chambres classiques autour d'un cloître.

RESTAURATION

BUDGET MOYEN

Terete – *Calle Lucrecia Arana, 17 - ✆ 941 310 023 - www.terete.es - 22/34 €.* Restaurant de type « mesón » fondé en 1877, au décor simple, fréquenté par une clientèle d'habitués.

POUR SE FAIRE PLAISIR

Beethoven II – *Calle Sto Tomás, 3 - ✆ 941 311 181 - www.restaurantebeethoven.com - 28/37 €.* Cet établissement familial propose une cuisine classique teintée de saveurs locales, assorties d'une bonne sélection de riojas.

UNE FOLIE

Mesón Atamauri – *Plaza Juan García Gato, 1 - ✆ 941 303 220 - 45 €.* Cuisine traditionnelle servie dans le cadre rustique d'une jolie maison du 18e s.

AGENDA

On célèbre la fête de **San Juan** le **24 juin** avec une *chocolatada* au lever du jour, suivie d'une *tamborrada* qui annonce les festivités de juin.

Le **29 juin** a lieu la Fiesta de **San Pedro**, durant laquelle se déroule la « bataille du Vin ».

Une semaine de réjouissances autour de la fête de **Nuestra Señora de la Vega** le 8 septembre : concours, spectacles, expos.

DÉCOUVRIR LA CANTABRIE

Le cloître de la collégiale de Santillana del Mar.
F. de Noyelle / Godong / Photononstop

LA CANTABRIE
0
10 km
★★★ Vaut le voyage
★★ Mérite un détour
★ Intéressant
À voir
Circuit conseillé avec ville de départ
PICOS DE TRES MARES
Santander
Comillas
Reinosa
MAR CANTÁBRICO
BILBAO
GIJÓN
BURGOS
ASTURIAS
CANTABRIA
PAÍS VASCO
CASTILLA Y LEÓN
Castro-Urdiales
Laredo
Santoña
Playa de Berria
Limpias
P. N. de las Marismas de Santoña
Bareyo
Playa de Langre
Peña Cabarga
Parque de Cabárceno
Santander
Muriedas
Castañeda
Puente Viesgo
Castillo
Parque Natural Dunas de Liencres
Santillana del Mar
Altamira
Torrelavega
Costa de Cantabria
Comillas
Parque natural de Oyambre
San Vicente de la Barquera
Soplao
PICOS DE EUROPA
Parque natural Saja-Besaya
PICOS DE TRES MARES
Fontibre
Reinosa
Retortillo
Villacantid
Cervatos
Site archéologique Camesa-Rebolledo
Mataporquera
Embalse del Ebro
Río Ebro
Río Besaya
Río Asón
Río Barbadun
Río Cadagua
Río Pisuerga
E. de Aguilar de Campóo
Artziniega
N 634
N 629
N 623
N 611
N 621
N 627
N 232
A 8
A 67
CA 141
CA 146
CA 261
CA 131
CA 180
CA 182
CA 181
CA 280
CA 183
CA 825
CA 171
CA 184
CA 185
CL 629
CL 620
CL 626
CL 627
BI 630
BU 526
P 225
A
B
C
1
2
N

La Cantabrie 6

Carte Michelin Région nº 572 – Cantabria

Santander

★★

182 700 habitants

NOS ADRESSES PAGE 324

S'INFORMER

Office de tourisme – *Jardines de Pereda, s/n - ✆ 942 203 000 - www.santander.es - de mi-juin à mi-sept. : tlj 9h-21h ; reste de l'année : lun.-vend. 8h30-19h, w.-end et j. fériés 10h-14h (19h de Sem. sainte à mi-juin) - fermé 1er et 6 janv., 15 sept., 25 déc.*

Office du tourisme régional – *Hernán Cortés 4, mercado del Este Santander - ✆ 942 310 708 - www.turismodecantabria.com - de mi-juin à mi-sept. : tlj 9h-21h ; reste de l'année : tlj 9h30-13h30, 16h-19h - permanence téléphonique au 901 111 112 - tlj 9h-21h.*

Visites guidées – *Sur réserv., lun.-vend.* L'office de tourisme propose deux circuits de visites guidées (en espagnol) : « Ruta monumental » *(12h15, 17h30, 19h)* et « Ruta marítima » *(10h30, 16h).*

Visite en segway – *✆ 630 323 334 ou 942 070 780 - www.planeasantander.com - 35 € visite guidée 2h.*

SE REPÉRER

Carte de région B1 (p. 312) – *Carte Michelin n° 572 B 18.* Située sur la côte et le tracé de l'autoroute A 8, Santander se trouve à 104 km à l'ouest de Bilbao et à 61 km à l'est de San Vicente de la Barquera, dernière ville côtière de la province cantabrique.

SE GARER

Excepté dans le quartier de la mairie, circuler en voiture n'est pas un problème. De nombreux parkings stratégiquement répartis dans la ville permettent de se garer à proximité des musées et des plages.

À NE PAS MANQUER

La promenade maritime le long du paseo de Pereda et de l'avenida Castelar, le quartier El Sardinero et sa plage, le parc de Mataleñas et la péninsule de la Magdalena.

ORGANISER SON TEMPS

Une journée suffit pour visiter les principaux sites et musées. Une autre s'impose pour flâner dans le centre ou sur le paseo et profiter des belles plages.

AVEC LES ENFANTS

Les nombreuses plages, le mini zoo et les jeux du parc de la Magdalena, le musée de la Préhistoire, le Musée maritime, le parc animalier de Cabárceno, la grotte du Castillo et le parc de las Llamas.

Santander est construite sur un site privilégié dans une baie profonde et magnifique. Capitale résolument tournée vers la mer, ses grandes plages de sable fin attirent surfeurs et beau monde. Sa longue façade maritime bordée de promontoires et de jardins soignés offrant de merveilleuses vues est sans doute l'une des plus belles d'Espagne. Station balnéaire

Le palais de la Magdalena, devenu une annexe de l'université, à Santander.
Mauritius / Photononstop

élégante, la ville est aussi connue pour son célèbre Festival international de musique et de danse ainsi que pour son université d'été faisant d'elle une cité cosmopolite et vivante.

Se promener Plans de ville

Les sites à voir se répartissent en deux ensembles très différents : le centre-ville typiquement urbain, commerçant et animé, et toute la baie de Santander, à découvrir le long du front de mer ponctué de plages, de parcs et du musée maritime.

LE CENTRE-VILLE Plan II

Circuit 1 tracé en vert sur le plan de ville (p. 316). Comptez 1h45.
Derrière l'axe formé par le seigneurial et maritime **paseo de Pereda★**, où se trouvent le bâtiment de la Banque de Santander, le petit palais de l'embarcadère (salle des expositions) et l'**avenue de Calvo Sotelo**, très commerçante, s'organise le centre-ville.
En partant des jardins de Pereda et de l'office de tourisme, dirigez-vous vers la cathédrale par le paseo de Pereda et la rue Alfonso XIII.

Cathédrale E

942 840 317. Entrez par le portail sud donnant sur la rue Somorrostro - visites guidées (en espagnol) lun.-vend. 10h30, 11h30, 12h45, 16h30, 17h15, 18h, 18h45 et 19h30, sam. 10h30 et 11h15 - gratuit.
Perchée sur une butte, elle a des allures de forteresse. Très endommagée par l'incendie de 1941, elle a été reconstruite dans le style gothique. On y entre par le cloître gothique restauré.
Église du Cristo – Un retable baroque préside le *presbiterio* et, à droite du déambulatoire, un **bénitier** n'est autre qu'un bassin à ablutions musulman, rapporté d'un jardin sévillan à Santander par ceux qui avaient aidé

SE RESTAURER

Bodega Cigaleña ... 1	El Limonar de Soano ... 7	Museo de Bellas Artes ... M
Casa Lita ... 2	Mesón Rampalay ... 8	Museo Regional de Prehistoria y Arqueología ... M1
El Diluvio ... 4	Prada a Tope ... 3	

le roi Fernand III le Saint à conquérir Séville (1248). La **crypte★** du 12e s. a conservé ses trois nefs basses, séparées par de solides piliers cruciformes. Des fouilles, réalisées dans le bas-côté gauche, ont fait apparaître les restes d'une maison romaine où avaient été enterrées les reliques de saint Emeterio et de saint Celedonio, les patrons de la ville. Les reliquaires sont exposés actuellement dans l'abside gauche. Sur le maître-autel : un Christ baroque de l'école castillane.

Traversez l'avenida Calvo Sotelo, prenez la calle de San Francisco et remontez vers la gauche pour déboucher place de la mairie, empruntez ensuite la calle Miguel Artigas sur la gauche, qui se prolonge par la calle Rubio.

Musée des Beaux-Arts (Museo de Bellas Artes) E

Rubio, 6 - ✆ 942 203 120 - de mi-juin à mi-sept. : lun.-vend. 11h15-13h, 17h30-21h, sam. 10h30-13h ; reste de l'année : lun.-vend. 10h15-13h, 17h30-21h, sam. 10h-13h - fermé dim. et j. fériés - gratuit.

Un portrait de Ferdinand VII exécuté par **Goya** ainsi que certaines de ses eaux-fortes *Les Désastres de la guerre*, *Tauromachie* et *Des caprices et des songes*, côtoient des peintures flamandes et italiennes des 16e et 17e s. Les œuvres les plus nombreuses sont celles d'artistes – peintres ou sculpteurs – régionaux, des 19e et 20e s. (Madrazo, Solana, Cossío, Riancho, Blanchard, Oteiza, Miró). Au rez-de-chaussée, une salle accueille des expositions temporaires.

Bibliothèque Menéndez Pelayo E

Rubio, 6, dans le même bâtiment que le musée des Beaux-Arts - ✆ 942 234 534 - www.bibliotecademenendezpelayo.org - lun.-sam. 9h-13h30 (mar. et jeu. 16h30-21h) - fermé dim. et j. fériés, juil-sept., Sem. sainte et Noël - gratuit.

Grand érudit et esprit universel, **Marcelino Menéndez y Pelayo** (1856-1912), passionné par les livres, se constitua une bibliothèque fabuleuse de près de 45 000 volumes parmi lesquels plusieurs manuscrits de célèbres auteurs castillans. Léguée à sa ville natale à la seule condition qu'elle la laisse telle qu'il l'avait abandonnée, cette bibliothèque fait face à la maison de l'écrivain, la Casa-Museo, qui se visite aussi, sur demande.

Revenez sur vos pas, remontez la calle Cervantès sur la gauche, contournez l'église. Vous passez devant le **Mercado de la Esperanza** *(lun.-vend. 8h-14h, 17h-19h ; sam. 8h-14h)* qui est très fréquenté. *Prenez plus bas la calle Juan de Herrera pour aller sur la plaza Porticada.*

Place Porticada E

Construite après l'incendie de 1941, elle est représentative du style conservateur de **Javier González Riancho**, architecte souvent sollicité dans la rénovation du centre-ville. Sa structure, sa géométrie et son ampleur en font le théâtre de nombreuses manifestations festives tout au long de l'année.

Continuez par la calle Hernán Cortés, qui mène à la plaza de Pombo, et poursuivez dans cette rue jusqu'au musée de la Préhistoire (à 5mn).

★ Musée de la Préhistoire et de l'Archéologie (Museo regional de Prehistoria y Arqueología) F

Av. Los Castros, 65-67 - www.museosdecantabria.com - ✆ 942 207 109 - fermé pour travaux, se rens.

Il met en scène l'évolution de la culture et des modes de vie, du paléolithique au Moyen Âge, à partir des fouilles effectuées dans les quelque cinquante grottes préhistoriques de Cantabrie (surtout El Castillo, El Pendo et El Valle). Y sont exposés des restes d'animaux de l'ère quaternaire, aujourd'hui disparus. Art mobilier, objets gravés et outils ouvrés dans des bois de cerfs, des os, des plaques de pierres, ainsi qu'un grand chaudron et des pointes de lance de l'âge du bronze retracent les conditions de vie et l'univers des hommes du paléolithique. L'époque la plus riche est celle du paléolithique supérieur. On remarquera aussi les **trois grandes stèles discoïdales géantes★**, énigmatiques emblèmes de la culture cantabre préromaine, qui auraient un caractère funéraire. La section réservée aux vestiges de l'occupation romaine, recueillis pour la plupart à Julióbriga et Castro-Urdiales, présente des céramiques, des monnaies, des statuettes en bronze. Admirez aussi la remarquable boucle de ceinture en os mozarabe (10e s.).

Une scénographie moderne, de nombreux supports numériques, des commentaires en trois langues (espagnol, anglais, français) ainsi que la possibilité de bénéficier gratuitement d'un guide rendent ce musée accessible à tous.

★★ LE FRONT DE MER Plan I

Circuit 2 tracé en vert sur le plan de ville (p. 318). Comptez 1h30. Santander ne compte pas moins de douze plages ! Pour les découvrir, on peut commencer devant le **paseo de Pereda** pour remonter le long de la côte en suivant la direction de la **péninsule de la Magdalena**, puis d'**El Sardinero**. Le point culminant de l'itinéraire est le **Cabo Menor** qui offre une vue panoramique sur toute la promenade réalisée.

Après le paseo de Pereda, suivez, le long du Puerto Chico, la calle de Castelar, puis prenez le quai, à droite du Planetario, au bout duquel se trouve le Musée maritime (5mn).

Musée maritime (Museo Marítimo del Cantábrico) C

San Martín de Bajamar, s/n - 942 274 962 - www.museosdecantabria.com - tlj sf lun. 10h-19h30 (oct.-avr. 18h) - fermé lun., 1er janv., Vend. saint, 1er Mai et 25 déc. - 6 € (-12 ans 4 €).

Ses quatre niveaux proposent différentes approches de la mer : une section est réservée à la biologie marine avec un magnifique aquarium, une autre est dédiée à l'art de la pêche, une troisième reconstitue la vie en mer des explorateurs et des pêcheurs, et la dernière retrace l'histoire et la technologie des navires de commerce et de guerre. Quelques pièces exceptionnelles sont exposées comme le squelette d'une baleine ou les scaphandres utilisés par les plongeurs morts dans l'explosion du *Machichaco* en 1893 *(voir p. 321)*. La visite se termine sur la terrasse de ce bel édifice qui surplombe la mer.

Dans le prolongement du quai en sortant du musée :

Playa de los Peligros – Eaux tranquilles, sable fin et petite brise caractérisent cette plage l'été. Elle se prolonge avec la **playa de la Magdalena** et la **playa de los Bikinis**. Réunies par une passerelle en bois, accessibles aux personnes à mobilité réduite, ces trois plages forment un ensemble long de 1 500 mètres au bord de l'eau.

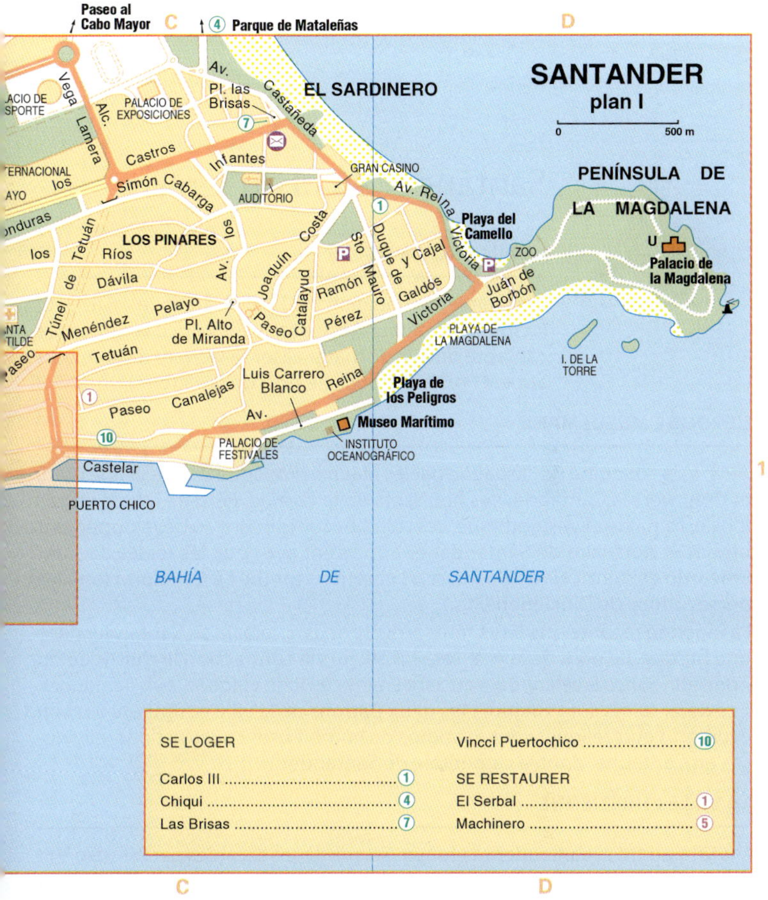

★★ La presqu'île de la Magdalena (Península de la Magdalena) D

La beauté de son site, les superbes points de vue qu'elle offre, ainsi que son jardin public en font un des lieux les plus attrayants de la ville. Au fond du parc se dresse le **palais de la Magdalena**, que la ville construisit pour l'offrir à Alphonse XIII comme résidence d'été : il sert aujourd'hui d'annexe à l'université internationale Menéndez Pelayo.

On en fait aisément le tour à pied, mais vous pouvez aussi prendre le petit train *(tlj 9h15-21h, dép. de l'entrée du parc, ttes les 15mn - 2,10 €, enf. 1,40 €)*, sinon opter pour un véhicule plus original, le *segway* *(voir S'informer p. 314)*.

Zoo – Dans la zone qui domine El Sardinero se trouvent un petit zoo (phoques, pingouins, ours polaires…) et les répliques des galions sur lesquels Francisco de Orellana explora l'Amazone.

Plage del Camello – Au pied de la péninsule, cette jolie page a été baptisée ainsi pour son rocher à deux bosses évoquant un chameau.

★★ El Sardinero C

C'est la station résidentielle et balnéaire de Santander. Les estivants disposent ici de quatre plages dont les deux plus grandes de la ville : la **Primera Playa**

Santander au fil du temps

LA VILLE ROMAINE

Les premières fondations de la ville datent de -26 av. J.-C. lorsque l'empereur **Auguste** ayant vaincu la résistance cantabre décida de matérialiser sa victoire dans ce port appelé *Portus Victoriae* (le port de la victoire).

L'ÉPOQUE MUSULMANE

Au 8e s., la conquête de l'Espagne par les Maures provoque la fuite vers le nord, et donc vers la Cantabrie, des habitants de la Castille. Pénétrés des cultures locale, romaine et wisigothique, ces réfugiés contribuent au développement urbain et portuaire de Santander et apportent avec eux les restes de saint Emeterio et saint Celedonio, martyrs chrétiens tombés à Calahorra lors des persécutions de Dioclétien (3e s.).

La légende raconte que leurs têtes arrivèrent dans la baie de Santander dans une barque. Le nom de la ville serait d'ailleurs la contraction linguistique du nom latin *Sancti Emeterii*, devenu Sant Emeter en latin vulgaire, puis Santander. Ces deux saints sont toujours les deux patrons de la ville et figurent sur son écusson. Leurs reliques sont à l'origine de nombreuses constructions religieuses en Cantabrie, dont la cathédrale de Santander.

LA VILLE CHRÉTIENNE

Du 12e s. au 16e s., Santander va profiter des privilèges accordés par **Alfonso VIII** qui, en l'exonérant de certaines taxes douanières, lui permet de développer son activité commerciale. Une partie de la flotte du royaume de Castille est issue de ses chantiers navals.

L'économie marchande et maritime prospère. Santander compte au 13e s. pas loin de 2 000 habitants. L'augmentation démographique se poursuit jusqu'au 15e s. où elle atteint alors près de 7 000 habitants. La peste mit fin à cet essor et il faudra trois siècles pour enrayer les ravages de l'épidémie.

L'ÉPOQUE MODERNE

À partir du 17e s., le port souffre de la montée en puissance de Bilbao et il faut attendre 1765 pour qu'il retrouve un rôle stratégique dans les échanges de marchandises avec le Nouveau Monde. En 1801, la ville obtient enfin sa suprématie sur les autres villes régionales en devenant capitale de la nouvelle province maritime de Santander. C'est donc au 19e s. que la ville acquiert son prestige actuel.

L'ESSOR DU 19E S.

Après avoir dépassé la crise économique due à l'invasion napoléonienne, notamment, le port de Santander augmente son activité au point d'être surnommé le « Liverpool d'Espagne ». À la fin du siècle, l'aristocratie et la grande bourgeoisie en font une station balnéaire de choix, et son destin touristique se confirme grâce aux visites estivales répétées d'**Alfonso XVIII** et de son épouse **Victoria Eugenia**.
En 1908, la ville, reconnaissante, leur construit un imposant palais sur la péninsule de la Magdalena, que le roi Juan Carlos a ensuite rétrocédé aux habitants de Santander. Il abrite aujourd'hui l'université d'été de Menendez Pelayo.

MOMENTS DIFFICILES

À la fin du 19e s., l'explosion du cargo *Machichaco*, qui fit plus de 500 victimes, causa une grande émotion dans toute l'Espagne. Puis, le 15 février 1941, alors que la ville se remettait difficilement de la guerre civile, une tornade s'abattit sur elle, la mer envahit les quais et un violent incendie dévasta tout le centre, qui fut presque entièrement détruit.
La reconstruction se fit par blocs d'immeubles de quatre ou cinq étages. Des places comme celle de la Porticada, des esplanades, le port de plaisance, appelé Puerto Chico, furent aménagés, ainsi que des jardins au bord de la mer devant le paseo de Pereda ou le long des plages du Sardinero.

SANTANDER AU 20E S.

En partie détruite à la suite de la guerre civile et du terrible incendie de 1941, Santander a fait peau neuve. Sa reconstruction, bien que soumise aux canons de l'architecture franquiste, n'a pas vraiment entamé son charme, d'autant que plusieurs édifices élégants de style néogothiques et emblématiques de la ville, dont le Casino et le Grand Hôtel, subsistent encore.
Ayant bénéficié du développement industriel des années 1960, Santander est devenue en 1983 la capitale de la communauté autonome de Cantabrie.

El Sardinero séparée de la **Segunda Playa El Sardinero** par **los jardines del Piquio**. Le tout déroule environ 3 km de sable doré, dans une baie délimitée au sud par la péninsule de la Magdalena et au nord par le Cabo Menor.

Le long du front de mer, on peut admirer les édifices caractéristiques des stations balnéaires en vogue au début du 20e s. : le casino, tout blanc, le Grand Hôtel et de nombreux hôtels particuliers rappelant la clientèle aristocratique qui avait élu cette ville pour ses premiers « bains de vagues ».

À voir aussi Plan de ville II

Parc de Mataleñas (Parque de Mataleñas) Hors plan (C)

C'est le plus grand parc de la ville. Face à la mer, ce vaste espace abrite, outre une végétation abondante et de nombreuses promenades, un lac, un golf et une plage.

★ **Promenade au Cabo Mayor** (Paseo al Cabo Mayor) Hors plan (C)

Environ 2h à pied - 4,5 km AR. Départ au croisement de la calle García Lago et de la calle Gregorio Marañón, au bout de El Sardinero. En voiture : 7 km au nord.

Sur ce joli paseo, qui longe le terrain de golf de Mataleñas et le littoral, on passe par le **Cabo Menor** pour arriver au Cabo Mayor, en profitant de beaux panoramas sur la côte et la baie.

Parc de las Llamas (Parque de las Llamas) B1

Ce projet de parc de 11 hectares s'étalant vers l'ouest depuis le palais des Sports a été conçu pour être le nouveau poumon de la ville, une « vitrine de biodiversité », ainsi qu'un centre culturel et de loisirs. La première phase, ouverte en 2007, est déjà adoptée par les Santanderins pour les promenades du week-end en famille. À terme, il comprendra également un gymnase, un amphithéâtre, un jardin botanique de grande envergure, ainsi qu'une construction audacieuse ressemblant à un glacier qui abritera le musée de la Cantabrie.

À proximité Carte de région

Parc naturel des Dunes de Liencres (Parque Natural Dunas de Liencres) B1

17 km à l'ouest, direction Oviedo-Palencia, par la CA 231. Plusieurs parkings.

La route, qui descend vers les dunes et la plage, traverse une forêt de pins où les promenades sont agréables. Plus bas, dans cet espace préservé, vous marchez dans un paysage immaculé de dunes et de rochers convoités par les vagues. La splendide plage de Valdearenas s'étale sur plusieurs kilomètres de côte : un régal, hors saison et le paradis des surfeurs ! Mais même si elle est nettement plus envahie l'été, elle demeure néanmoins vierge de constructions.

Circuit conseillé Carte de région B1

Circuit de 90 km tracé sur la carte de région (p. 312) - Comptez une journée. Sortez de Santander en suivant les panneaux « salida ciudad » et prenez l'autoroute en direction de Bilbao. Suivez « Bilbao » jusqu'à la sortie n° 8, le parc est indiqué depuis l'autoroute jusqu'à l'entrée du site.)

★ **Parc animalier de Cabárceno** (Parque de la Naturaleza de Cabárceno)
10 km au sud, direction Bilbao par l'autoroute, sortie n° 7. ☎ 902 210 112 - www.parquedecabarceno.com - avr.-oct. : tlj 9h30-18h (juil.-août 19h) ; nov.-mars : lun.-vend. 10h-17h, w.-end et j. fériés 10h-18h - avr.-sept. : 20,20 € (-12 ans 12,15 €) ; nov.-mars : 14,15 € (-12 ans 9,60 €) - fermé 24, 25, 31 déc. et 1er janv.

Situé dans la vallée de Pisueña, ce parc animalier se distingue par son paysage extraordinaire, hérissé de roches karstiques modelées par l'érosion. Cette ancienne exploitation minière fut en activité depuis l'époque romaine jusqu'en 1989. Dans ce décor unique de 750 ha, 112 espèces d'animaux de tous les continents vivent en semi-liberté. Les espèces espagnoles, dont les ours bruns de Cantabrie, loups, lynx, cerfs et bisons d'Europe, côtoient quelques raretés exotiques (rhinocéros blancs, lions de mer et de nombreux reptiles). La visite se fait en voiture, à vélo ou à pied, à travers les allées du parc (15 km de route goudronnée). Des parkings aménagés tout au long du parcours permettent de se garer pour aller voir les animaux de plus près. Le vol des rapaces et l'animation avec les otaries sont deux spectacles à ne pas manquer. Un CD audio (en espagnol) est fourni avec le billet d'entrée pour guider les visiteurs en voiture.

Suivez la CA 142 et roulez vers Sarón. Là, prenez la direction de Torrelavega.

Castañeda

Dans la petite vallée riante où coule le Pisueña, l'église de **Santa Cruz de Castañeda**, ancienne collégiale, fut commencée à la fin du 12e s. Le portail très profond doit son élégance à l'alternance de voussures concaves et convexes. À l'intérieur, la partie centrale est conservée dans son ordonnance première (nef principale en plein cintre, coupole sur trompes).

Poursuivez sur la N 643 et à l'intersection avec la N 623, tournez à gauche en direction de Puente Viesgo.

★ Puente Viesgo

Nombreuses dans les montagnes calcaires qui entourent cette commune, les **grottes** (El Castillo, Las Chimeneas, Las Monedas, La Pasiega) ont laissé de nombreux témoignages d'occupation humaine à l'époque préhistorique.

★ **Grotte du Castillo** (Cueva de El Castillo) – *☎ 942 598 425 - http://cuevas.culturadecantabria.com - visites guidées ttes les 20 mn env., réserv. recommandée - de mi-juin à mi-sept. : tlj 9h30-14h30, 15h30-19h30 ; de mi-sept. à mi-nov. et de mi-fév. à mi-juin : tlj 9h30-14h30, 15h30-18h30 ; de mi-nov. à mi-fév. : tlj 9h30-15h30 (dernière visite 1h av.)- fermé 1er et 6 janv., 24, 25 et 31 déc. - 3 € (-12 ans 1,50 €).*

À la fin de la période paléolithique (entre -30 000 et -10 000), les habitants de la **grotte** ont gravé et peint les parois. Les figurations, simples contours parfois inachevés, très nombreuses – on en a recensé 750 –, sont disséminées et souvent difficiles d'accès. Beaucoup d'entre elles restent encore des énigmes. Les mains enduites d'ocre et imprimées sur la paroi ou bien cernées de rouge et ressortant en « négatif » semblent vouloir représenter le symbole de la supériorité de l'homme et sans doute leur attribuait-on un rôle magique. Il en a été dénombré près de cinquante, dont trois seulement sont des mains droites. Les traits parallèles et les alignements de points restent de signification plus obscure : armes ou pièges pour animaux. La grotte offre aussi par sa configuration même un spectacle époustouflant sur 750 m de long et 16 m de dénivelé avec, entre

autres formations géologiques remarquables, une extraordinaire colonne stalagmite située au centre des galeries. La visite guidée comprend également l'exploration de la grotte de las Monedas.
Reprenez la direction de Santander par la N 623.

Muriedas

Musée ethnographique de Cantabrie (Museo Etnográfico de Cantabria) – *Héroes de dos de Mayo, s/n - ✆ 942 251 347 - mai-sept. : lun.-sam. 10h-13h30, 16h-19h30, dim. et j. fériés 10h-14h ; reste de l'année : mar.-sam. 10h-13h30, 16h-18h, dim. et j. fériés 10h-14h - fermé 1er et 6 janv., 24-25 déc. - gratuit.*
Restaurée, la maison de Pedro Velarde, héros de la guerre d'Indépendance, accueille le musée ethnographique. Un portail caractéristique des propriétés de la province donne accès au jardin, où l'on peut voir un grenier à blé *(hórreo)* provenant de la région de la Liébana et une stèle cantabre. La demeure (17e s.) renferme meubles, ustensiles et instruments de travail recueillis dans toute la province. À l'étage, la chambre de Velarde et une grande salle rassemblent des souvenirs du héros.
Revenez à Santander.

NOS ADRESSES À SANTANDER

VISITES

Bus touristique – *✆ 942 203 000 - www.santandertour.com - de déb. juil. à mi-oct. 9h30-18h40, ttes les 35-45 mn - 13 €/24h, 15 €/48h (enf. 7,50 €) - achat des billets en ligne, à l'office de tourisme et aux arrêts.* Tours de la ville avec commentaires en 7 langues, et arrêt aux principaux centres d'intérêt.

Promenades en bateau – *✆ 942 216 753 - www.losreginas.com - 3,60/11,50 €.*Les *reginas* relient toute l'année Santander à Somo et à Pedreña (qui se trouvent de l'autre côté de la baie). En été, des circuits touristiques sont aussi organisés dans la baie jusqu'au río Cubas, ainsi que des transferts vers la Playa del Puntal. Point de départ : embarcadère du petit palais du paseo de Pereda.

Vélo – *✆ 902 05 30 23 - www.tusbic.es.* Service municipal de prêt de vélo, avec bornes de retrait. Première 1/2h gratuite. Il faut être en possession d'une carte de crédit à puce.

HÉBERGEMENT

PREMIER PRIX

Hôtel Carlos III – Plan I D1 - *Av. Reina Victoria, 135 (El Sardinero) - ✆ 942 271 616 - www.hostalcarlos3.com - fermé de déb. nov. à mi-mars - 20 ch. 54/78 € - ☕ 4 €.* Son magnifique emplacement en face de la première plage du Sardinero et ses prix modérés font de ce petit hôtel installé dans un joli petit palais du début du 20e s. une bonne adresse. La décoration est un peu démodée et certaines chambres à rafraîchir mais l'accueil est tellement sympathique que l'adresse affiche souvent complet d'une année sur l'autre en été. Réservation impérative !

BUDGET MOYEN

Las Brisas – Plan I C1 - *La Braña, 14 (El Sardinero) - ✆ 942 275 011 - www.hotellasbrisas-santander.com - fermé janv. et fév. - 13 ch. 55/100 € ☕.* Une grosse tour annonce l'entrée de ce magnifique édifice situé près de la mer. L'établissement offre des pièces coquettes à la décoration raffinée. Les chambres sont peu nombreuses, mais l'hôtel loue aussi de petits appartements pour 4 personnes (à partir de 120 €).

POUR SE FAIRE PLAISIR

Hôtel Vincci Puertochico – Plan I C1 - *Castelar, 25 - ✆ 942 225 200 - www.vinccihoteles.com - 51 ch. 70/281 € - ☕ 12 €.* Derrière sa façade néoclassique, ce bel établissement a été entièrement refait dans un style design très actuel et tout confort. Il est idéalement situé sur le port, à quelques rues du centre-ville, avec des tables en terrasse sur l'avenue Castelar. Une adresse chic et un peu chère mais qui propose des promotions certains week-ends de l'année en fonction du remplissage de l'hôtel.

Hôtel Chiqui – Hors plan I - *Av. Manuel Garcia Lago, 9 - ✆ 942 282 700 - www.hotelchiqui.com - 57 ch. 100 €.* Les chambres avec terrasses privées ont vue sur toute la baie. C'est l'atout principal de cet hôtel sans charme particulier, dont le mobilier fonctionnel mériterait une petite mise à neuf. Cafétéria, restaurant et bar à toute heure en font néanmoins un lieu très fréquenté des habitants de Santander qui viennent en famille prendre l'air en terrasse, avec vue sur les surfeurs. Accueil cosmopolite et sympathique.

RESTAURATION

PREMIER PRIX

El Diluvio – Plan II F1 - *General Mola, 14 - ✆ 942 218 563 - fermé le dim.* Côté bar, la réputation des *tapas* et des *pintxos* n'est plus à faire (à partir de 1,80 €). Les connaisseurs le fréquentent assidûment. Le local possède également un restaurant qui propose une bonne cuisine régionale.

Casa Lita – Plan II F1 - *Paseo de Pereda 37 - ✆ 942 364 830 - www. casalita.es - fermé lun. sf juil.-août - ración 10 €.* Situé juste en face de Puertochico, ce bistro dispose d'une terrasse agréable, d'un grand bar avec un vaste choix de tapas, et d'une petite carte de *raciones*.

Mesón Rampalay – Plan II F1 - *Calle de Daoíz y Velarde, 9 - ✆ 942 313 367 - ración 12 €.* Bar à tapas bien fourni et *raciones* copieuses et variées dans ce restaurant au décor rustique. La salle à manger et l'agréable terrasse en zone piétonne ne désemplissent pas, mais vous pourrez toujours profiter du bar. Ambiance décontractée et un peu bruyante.

El Limonar de Soano – Plan II E1 - *Rubio, 4 - ✆ 942 373 111 - www. ellimonardesoano.com - fermé dim. - menu à 13,90 € et carte entre 29 et 38 €.* À côté du musée des Beaux-Arts, ce restaurant propose un excellent menu à un prix raisonnable. Les murs ocre sont décorés des tableaux peints par le propriétaire. Le soir, la carte propose des plats régionaux revisités et des desserts créatifs.

BUDGET MOYEN

Prada a Tope – Plan II F1 - *Guevara 7 - ✆ 942 210 097 - www. pradaatope-santander.com - fermé dim. - 20/29 €.* Un classique de la chaîne la plus représentative de la région El Bierzo, en León. Aspect rustique et excellents produits le caractérisent.

POUR SE FAIRE PLAISIR

Machinero – Plan I B1 - *Ruiz de Alda 16 - ✆ 942 314 921 - www. machinero.com - fermé dim. soir et 15 j. en oct. - 23/33 €.* La cuisine exprime les goûts et tendances du chef-propriétaire de ce restaurant à la façade discrète.

Bodega Cigaleña – Plan II F1 - *Daoiz y Velarde, 19 - ✆ 942 213 062 - fermé 15-30 juin, 1er-15 nov. et dim. - carte env. 30 €.* Ce n'est pas le musée du Vin mais cela y ressemble fort. En plus des *azulejos*, les murs et les plafonds de cette traditionnelle bodega sont entièrement recouverts de casiers de bouteilles et de grand crus en provenance de toutes les régions vinicoles du monde. Le décor vaut à lui seul une visite. Au bar, le vin coule à flots et les langues se délient jusque tard dans la soirée. Délicieuses *tapas*, verre de Rioja à partir de 1 €. Carte classique à base de fruits de mer, poissons du cru et viandes grillées au restaurant.

UNE FOLIE

El Serbal – Plan I C1 - *Andrés del Río, 7 - ✆ 942 222 515 - www.restaurantesdesantander.es - fermé dim. soir et lundi - réserv. conseillée - 42/55 €.* C'est le restaurant gastronomique incontournable de Santander. Deux grandes salles modernes, dont l'une possède une cave à vin que l'on peut visiter. Le chef marie la cuisine traditionnelle et les nouvelles saveurs. Ses idées talentueuses et sa cuisine inventive sont des valeurs sûres, à base d'excellents produits régionaux.

PETITE PAUSE

Café El Pombo – *Plaza del Pombo.* Un bar rococo, plein de vie, dans le centre-ville commerçant, pour boire un verre après quelques achats.

EN SOIRÉE

Las Hijas de Florencio – *Paseo de Pereda, 23.* Il y a des tables pour s'asseoir mais de toute façon, vous serez debout car c'est toujours plein et le trottoir est envahi chaque soir. Excellentes tapas, jambon de jabugo, fromages et tortillas, verre de vin à partir de 1,70 €.

Eh ! Marcelino – *Calle Pizarro, 6.* Bar convivial et accueillant, où les jambons et les *azulejos* composent le décor. Un classique à Santander.

La Taberna del Puerto – *Angle Hernán Cortès/Lope de Vega.* Un local tout blanc, avec pour seuls éléments de décoration des bouteilles de vin et des tonnes de *pintxos* sur le bar.

ACHATS

Le quartier commerçant se situe de part et d'autre de la place de la mairie, entre la calle San Francisco et l'avenida de Calvo Sotelo. Vous pourrez trouver des **disques** chez **Harmonia Mundi** *(calle Del Medio, 9)* ; des **livres** à la **librairie Gil** *(Hernán Cortès, 23)* ; de l'**épicerie fine** chez **El Oso Goloso** *(Calderón de la Barca, 19).*

SPORTS ET LOISIRS

El Sardinero est un paradis pour les surfeurs qui défient les vagues par tous les temps. Juste au dessus, se trouve le golf de Mataleñas.

Escalade ou trek – Possibilité de faire une journée d'escalade ou de trekking dans Cabárceno - *✆ 902 210 112.*

AGENDA

Fêtes de la St-Jacques – Juil. Elles donnent lieu à de belles courses de taureaux.

Festival international de théâtre, de musique et de danse – Août.

Côte Cantabrique

Costa de Cantabria

★

NOS ADRESSES PAGE 334

S'INFORMER

Office de tourisme régional – *Hernán Cortés 4, mercado del Este Santander - ✆ 942 310 708 - www.turismodecantabria.com - de mi-juin à mi-sept. : tlj 9h-21h ; reste de l'année : tlj 9h30-13h30, 16h-19h.*

SE REPÉRER

Carte de région AC1 (p. 312) – *Carte Michelin n° 572 B 16-20.* De part et d'autre de Santander, une autoroute (A 8) passe près de la côte. C'est le moyen de communication le plus rapide pour ceux qui veulent circuler le long du littoral. Il y a aussi les petites routes côtières, moins aisées mais plus jolies.

À NE PAS MANQUER

Les dunes de Liencres, Santillana del Mar et la grotte de El Soplao.

ORGANISER SON TEMPS

Deux jours, ajouter une journée pour la visite des grottes.

AVEC LES ENFANTS

Les plages et la grotte de El Soplao.

De Castro-Urdiales à San Vicente de la Barquera, ce bord de mer a peu de chose en commun avec les clichés qui vantent l'Espagne pour ses plages torrides et ses nuits folles. Criques sauvages bordées de pins odorants et falaises abruptes longeant les rías jouent l'alternance avec des petits villages de pêcheurs qui s'égrènent aux pieds de vertes et majestueuses montagnes, bercées par un climat océanique humide. Autrefois située sur l'un des chemins populaires de Compostelle, la côte Cantabrique a conservé une bonne quantité de trésors de l'art roman et gothique, et dispose d'un patrimoine préhistorique de première importance. On y trouve également quelques stations balnéaires touristiques prises d'assaut en juillet et août, mais il est facile d'éviter les foules.

Circuits conseillés Carte de la côte Cantabrique

DE CASTRO-URDIALES À SANTANDER

Circuit de 56 km tracé sur la carte de la côte Cantabrique (p. 330) - Comptez une journée. Partez de Castro-Urdiales, qui se trouve presque à la frontière avec la Biscaye.

Castro-Urdiales

Paseo Marítimo 1 - ✆ 942 871 512 - www.castro-urdiales.net - tlj 9h30-13h30, 16h-19h - fermé 25 déc. et 1er janv.

La plus orientale des villes côtières de la Cantabrie est devenue un lieu de villégiature pour les habitants de Bilbao, située à seulement 35 km de là, ce qui a contribué aux constructions massives le long de la plage. Mais elle demeure une ville où la pêche et l'industrie dominent encore l'économie locale, bien que la municipalité mise maintenant sur son développement touristique.

Face au port, on peut commencer la promenade en longeant la **maison de los Chelines** (Casa de los Chelines), un édifice néogothique du début du 20e s., et en grimpant vers le promontoire où se dressent les monuments les plus anciens. Héritage du passé médiéval de la ville, le **château fort** (castro), transformé en phare au milieu du 19e s., est l'un des rares châteaux de la côte Cantabrique encore conservé. Juste à côté, l'église de **Santa María de la Asunción**, construite au 13e s., et agrémentée de plusieurs chapelles des 17e, 18e et 19e s., est considérée comme l'édifice gothique le plus important de la région. Elle abrite un magnifique tableau du Christ sur la croix, attribué à **Zurbarán** (1598-1664). Relié au château par le pont romain, se trouve l'ermitage de Santa Ana. Des fouilles archéologiques à cet endroit ont révélé des preuves remontant au paléolitique supérieur, ainsi que des objets attestant d'une présence romaine. Ils sont exposés dans la salle archéologique de Castro-Urdiales *(Casa de la Naturaleza, av. de la Playa 14, de l'autre côté de la baie - ✆ 942 872 714).*

En revenant vers le port, arpentez les ruelles qui se cachent derrière les arcades. Là, se trouvent les principaux bars à tapas et les restaurants de poissons de la **calle Ardigales**. Au bout de cette rue, revenez sur le paseo marítimo puis le quai Don Luis qui mène à la plage de Brazomar et enfin au **parc Cotolino** qui permet de contempler d'un seul coup d'œil la baie de Castro, tout en humant ses forts effluves iodés.

Plages – En plus de la plage de Brazomar, Castro-Urdiales possède une autre plage de l'autre côté du château : **Ostende**, artificielle et en forme de coquillage.

L'office de tourisme propose plusieurs circuits de promenades et petites randonnées au départ de la ville et dans les environs.

Longez la plage d'Ostende pour prendre la N 634, direction Santander.

Laredo

Alameda de Miramar, s/n - ✆ 942 61 10 96 - www.laredo.es/turismo - tlj 9h30-13h30, 16h-19h - fermé 24,25 et 31 déc, 1er et 6 janv.

Jolie **vue** sur la ville et la plage en contrebas par la route qui descend en lacets.

L'histoire de cette bourgade, désormais station balnéaire, est indissociable de deux voyages célèbres : celui de **Jeanne de Castille**, surnommée Jeanne la Folle, qui partit de Laredo en 1496 pour les Flandres où elle devait épouser **Philippe le Beau**, et le retour en 1556 de son fils, l'empereur **Charles Quint**, en route pour sa dernière demeure à Yuste. Chaque année, fin septembre, la ville commémore ces deux dates par des festivités. Laredo s'est attaché ces deux illustres noms, mais elle n'a pas pu rivaliser avec l'autre grande ville portuaire qui se développait non loin, Santander.

Depuis les années 1960, ce petit port a néanmoins trouvé un second souffle grâce au tourisme d'été et sa grande plage de 4 km de sable fin, la **plage de La Salvé,** propice à la baignade. Très fréquentée en été et bordée de grandes tours modernes et disgracieuses, celle-ci devient plus agréable à la toute pointe de la péninsule. Vous trouverez à cet endroit quelques restaurants de fruits de mer, la possibilité de faire de la plongée sous-marine et d'autres activités nautiques. Un bateau conduit vers Santoña *(voir « Nos adresses »).*

La plage, près de San Vicente de la Barquera.
R. Spila / SIME/Photononstop

Vous pouvez également rejoindre la **plage de Regatón** qui donne sur la Ría del Ason de Treto, du côté ouest de la péninsule. Parsemée de quelques algues, cette plage est complètement déserte, et l'absence de vagues et de ressac en fait un endroit sûr pour les enfants. On y accède par la pointe de la péninsule ou par le camping Regatón.

À l'est de la plage de la Salvé, le petit port de pêche fortifié cache une vieille ville tassée autour de l'église gothique de Santa María de la Asunción *(voir ci-après)*. En redescendant vers le port, on traverse quelques rues étroites, où se mélangent des maisons de pêcheurs et d'anciennes demeures seigneuriales comme la **Casa-Torre Revellón** qui date du 15e s. En bas, l'**hôtel de ville** *(ayuntamiento)* est un bel édifice du 16e s. à deux étages avec des galeries sous trois voûtes en plein cintre.

Église de Santa María de la Asunción – Dédiée à la Vierge de Belén, elle domine la vieille ville. Sa construction a commencé au 13e s. Le plan original prévoyait trois nefs avec des absides semi-circulaires sous des voûtes de

JEANNE LA FOLLE

Curieux destin que celui de l'Infante Jeanne, fille des Rois Catholiques, Ferdinand et Isabelle, plus connue sous le nom de Jeanne la Folle. Mariée à Philippe le Beau, souverain des Pays-Bas, elle est l'héritière du trône de Castille et la mère de Charles Quint. Isabelle meurt en 1504. Mais dans son testament, celle-ci avait émis des réserves sur la santé mentale de sa fille et donnait la régence à son mari Ferdinand si Jeanne se révélait incapable de gouverner. Grâce à la volonté de son époux Philippe le Beau, Jeanne monte sur le trône de Castille mais son mari disparaît deux ans plus tard. Évincée du pouvoir, elle est enfermée pendant cinquante ans dans le château de Tordesillas, tandis que son père cède le royaume à son fils Charles Quint.

croisées d'ogives, mais une quatrième fut ajoutée. L'entrée actuelle se trouve côté sud. Ornée de deux archivoltes décorées de saints et d'anges, elle date du 14e s. et s'abrite sous un portique du 16e s., agrandi au 19e s. Ce portique fait originellement partie des changements initiés au début du 16e s. : ajouts de nouvelles chapelles comme la chapelle de la Concepción (1550), du portail nord pour accéder au cimetière, d'une muraille pour protéger la façade ouest et la tour, qui ne sera terminée qu'au 17e s. Au 18e s., on ajoute une nouvelle sacristie (1740). Remarquez les **chapiteaux** de la nef de la Epístola, décorés de thèmes figuratifs. L'église contient des tombes gothiques et un remarquable ensemble de **retables baroques**, dont le plus spectaculaire et monumental se trouve dans le chœur. Il s'agit d'une œuvre flamande de la fin du 15e s. inspirée des peintures de Roger Van Der Weyden à qui on l'avait attribué pendant toute une époque.

Cinq promenades offrant de magnifiques vues sur la côte, de 1h à 3h30 AR, sont fléchées au départ de Laredo. *Se rens. à l'office de tourisme.*

Reprenez la direction de Santander par la N 634.

Un petit crochet par Limpias est intéressant, pour cela, à Colindres, prenez à gauche la N 629 sur 10 km.

Limpias

Ce petit port sur la ría de l'Asón est célèbre pour le miracle qui s'y produisit en 1919. Dans l'église, la statue vénérée du Christ aurait, dit-on, versé des larmes de sang. Cette sculpture d'une excellente facture baroque est attribuée à **Juan de Mena**.

Revenez sur vos pas pour reprendre la N 629 et tournez à droite dans la CA 241 pour continuer à longer le littoral et arriver à Santoña.

Parc naturel des Marais de Santoña (Parque Natural de las Marismas de Santoña, Victoria y Joyel)

Il est remarquable pour la diversité de ses paysages (marais et estuaires, falaises et zones sableuses), de sa flore (forêt d'eucalyptus, prairies de

fleurs odorantes, ronces chargées de mûres à la fin de l'été) et de sa faune. Avant d'arriver à Santoña, arrêtez-vous à l'observatoire ornithologique (Observatorio de aves de La Arenilla). Situé sur la route migratoire d'environ 120 espèces d'oiseaux, vous aurez peut-être la chance de voir cormorans, mouettes, hérons, spatules, jars, canards le traverser. Un vrai patrimoine culturel jalonne sa découverte : moulins, forts, phares.

Enfin, avis aux sportifs : vous pouvez le parcourir à cheval et à poney *(voir « Nos adresses »).*

Santoña

Palacio Manzanedo, s/n - ✆ 942 660 066 - été : lun.-sam. 10h-14h, 17h-20h, dim. 11h-14h ; reste de l'année : se renseigner.

Face à Laredo, encore un port de pêche qui fut un des quartiers généraux des troupes napoléoniennes. Son église, **Nuestra Señora del Puerto**, bien que modifiée au 18e s., présente trois vaisseaux gothiques et quelques vestiges romans : chapiteaux et fonts baptismaux. *✆ 942 660 155 - respecter les horaires de culte - 9h-13h, 16h-20h30 - présence d'un guide juil.-sept. - éclairage 1 €/5mn.*

L'été, la grande **plage de Berría★** est l'atout touristique majeur de la station.

On peut aussi accéder à Santoña en prenant un bateau depuis Laredo. Voir « Nos adresses ».

Prenez la CA 141 vers Santander sur 9 km.

Bareyo

Sur une pente dominant la ría d'Ajo, la petite **église de Santa María** garde d'intéressants vestiges de la construction romane d'origine. Dans l'abside : décoration de fines arcades moulurées et chapiteaux historiés. Les **fonts baptismaux★** sont probablement wisigothiques.

Continuez sur la CA 141. À Galizano, prenez à droite la CA 440 pour aller à Langre.

Langre

Située sur la commune de Ribamontán al Mar, la magnifique **plage de Langre★** se laisse approcher après plusieurs kilomètres à travers les landes. À flanc de montagne, dans un décor sauvage, c'est un petit bijou face à l'Atlantique.

Après Langre, poursuivez jusqu'à retrouver la CA 141, que vous suivez sur 20 km, en direction de Somo-El Astillero. Parvenu à Gajano, prenez la direction d'Heras. Une fois dans le village, suivez les panneaux San Salvador. En route, prenez la première à gauche en direction de Peña Cabarga.

Peña Cabarga

Une route dont la pente atteint 16 % mène au sommet de ce pic (568 m), où a été élevé un monument aux conquistadors et à la marine castillane. Du sommet, on contemple un splendide **panorama★★**, notamment sur la baie de Santander et la ville.

Repartez en direction de Santander.

DE SANTANDER À LA GROTTE DE EL SOPLAO

Circuit de 67 km tracé sur le plan de la côte Cantabrique (p. 330) - Comptez une journée.

★★ Santander (voir p. 314)

De Santander part un circuit incluant le parc de Cabárceno, la grotte du Castillo, et Muriedas *(voir p. 322).*

Quittez Santander par le nord, direction Oviedo-Palencia, en suivant la CA 231.

Parc naturel des Dunes de Liencres (Parque Natural Dunas de Liencres) (voir p. 322)

Poursuivez votre route jusqu'à rejoindre l'A 67. Quittez-la à la sortie n° 187, en direction de Santillana del Mar, par la CA 131.

★★ Santillana del Mar (voir p. 336)

Quittez Santillana del Mar par le sud et la CA 133, en direction de l'A 8. Altamira sera fléché sur la droite.

★ Musée et grotte (cueva) d'Altamira (voir p. 339)

Revenez à Santillana del Mar et reprenez la CA 131 vers l'ouest.

★ Comillas

Plaza Joaquín del Piélago,1 - 942 722 591 - www.comillas.es - de juin à mi-sept. : tlj 9h-21h ; reste de l'année : tlj 9h-14h, 16h-18h.

Dotée d'une charmante plaza Mayor, Comillas est une station balnéaire très agréable disposant de sa propre plage et d'une autre plus étendue, à **Oyambre** *(5 km à l'ouest).* **Alphonse XII** avait coutume d'y séjourner. Les marquis de Comillas, qui avaient fait fortune à Cuba au 19e s., firent construire pour le recevoir le **palais de Sobrellano**, une ostentatoire demeure de style néogothique entourée d'un vaste parc. Ils firent appel à de jeunes architectes catalans qui laissèrent sur leur passage d'étonnantes **œuvres modernistes** : **Gaudí** édifia un fantastique pavillon en tuiles émaillées, **El Capricho**, aujourd'hui restaurant, à côté du palais. En face, sur une colline dominant la mer, **l'Université pontificale** de style néogothique-mudéjar a été construite selon les plans de Martorell et sa décoration réalisée par Domènech i Montaner, à qui l'on doit aussi la fontaine de **Tres Caños** et la rénovation du **cimetière** (cementerio).

et L'office de tourisme propose 8 itinéraires à faire à pied ou à vélo autour de Comillas, de 45mn à 4h15. Vous trouverez des informations détaillées (dénivelé, distances, état des routes, curiosités à visiter) sur www.comillas.es.

Suivez la CA 131 vers l'ouest sur 11 km.

La route qui relie Comillas à San Vicente est de toute beauté, elle traverse le **Parc naturel d'Oyambre** et les **marais de La Revilla**.

★ San Vicente de la Barquera

Av. Generalísimo, 20 - 942 710 797 - www.sanvicentedelabarquera.org - juil. août : 10h-14h, 16h30-20h30 ; reste de l'année : lun.-sam. 10h-13h30, 16h30-20h, dim. 10h-13h30.

Cette station de vacances est intéressante pour l'originalité de son **site★**, sa vaste plage établie de l'autre côté de la ría et ses vieilles maisons. Dans le port, les barques multicolores mouillent tranquillement et les terrasses des cafés ont les pieds dans l'eau, à l'écart des voitures. Son élégante promenade maritime plantée de hauts palmiers des Canaries et ses restaurants soignés en font une ville accueillante. Au sommet de la colline en partie fortifiée, l'**église de Nuestra Señora de los Ángeles** possède deux portails romans, des vaisseaux gothiques et plusieurs tombeaux des 15e et 16e s. Jolie **vue★** du village depuis la **route d'Unquera**, qui est le point de départ de randonnées pédestres, entre mer et montagne. La chaîne des Pics d'Europe n'est plus très loin.

Continuez votre route sur la N 634, en direction de Pesués, et peu de temps après l'échangeur autoroutier, tournez à gauche pour passer sous l'autoroute. Vous suivez alors la CA 181 qui remonte de plus ou moins près le cours de la rivière Nansa. Après environ 12 km, prenez à gauche la direction de Rábago et de El Soplao.

★★ Grotte (cueva) de El Soplao

À la sortie du village de Rábago. Réservation indispensable en été, se présenter 30 mn avt la visite - 902 820 282 - www.elsoplao.es - visite passerelle : ttes les 15 à 30 mn - juil.-sept. : tlj 10h-19h (21 ou 22h en août) ; reste de l'année : mar.-dim. 10h-17h (ou 18h en fonction de l'affluence) - 10 € (4-16 ans, 7,50 €) - visite aventure : juil.-août : tlj sf lun. 10h, 11h, 15h et 16h ; reste de l'année : vend.-dim. 10h, 11h, 15h et 16h - 30 € (min. 12 ans).

Une forêt de sculptures calcaires qui datent de 600 000 années, sur 14 km de galeries souterraines. Ce site, exploité comme mine de fer jusqu'en 1979, est resté inconnu jusqu'à sa découverte en 1983 par des spéléologues. Ouvert au public depuis juillet 2005, l'abondance et la diversité des formations calcaires, leur couleur, leur finesse et leur beauté, en font un véritable trésor de la géologie mondiale. Deux façons de le visiter : un parcours touristique *(1h - en espagnol)* permet de se promener dans près d'1,5 km de galeries ; un deuxième, plus sportif *(2h30 - avec des spéléologues)*, permet de voir d'autres galeries plus difficiles d'accès. Le premier est déjà très impressionnant : des illuminations mettent en valeur des plafonds de stalactites et des salles entières peuplées de stalagmites aux formes insolites. Le spectacle est époustouflant !

NOS ADRESSES SUR LA CÔTE CANTABRIQUE

HÉBERGEMENT

PREMIER PRIX

Hôtel las Calzadas – *Las Calzadas, 52 - San Vicente de la Barquera - ✆ 942 712 634 - www.hotellascalzadas.com - P - 26 ch. 40/69€ - ☕ 2 €.* Hôtel simple et tranquille bien situé sur les hauteurs de la ville. Les chambres ont vue sur la ría de San Vicente ou les Pics d'Europe. Point de départ de randonnées sur les sentiers côtiers.

BUDGET MOYEN

Hôtel Ramona – *Plaza Espana 4 - Laredo - ✆ 942 607 189 - www.hotelramona.es - 16 ch. 47/72 €.* Petit hôtel central qui occupe une partie d'un palais du 19e s. Chambres spacieuses, à l'ameublement et la décoration classique. Gestion simple et familiale.

Hôtel Luzón – *Av. Miramar, 1 - San Vicente de la Barquera - ✆ 942 710 050 - www.hotelluzon.net - 36 ch. 50/70 € - ☕ 3 €.* Situé en plein centre, devant la promenade maritime et à proximité du port, cet ancien hôtel particulier au charme désuet propose des chambres à tarifs raisonnables.

El Tejo de Comillas – *Paseo de Solatorre 3 - Comillas - ✆ 942 720 451 - www.hoteleltejodecomillas.com - P - 24 ch. 54/100 € ☕ - rest. menu 18 €.* Grandes chambres bien meublées et avec des sols en parquet. Le restaurant propose un buffet complet.

POUR SE FAIRE PLAISIR

Hôtel las Rocas – *Av. de la PLaya, s/n - Castro Urdiales - ✆ 942 860 400 - www.lasrocashotel.com - P - 66 ch. 66/140 € ☕ - rest. menu 25 €.* Chambres lumineuses et bien équipées, la moitié avec vue sur la plage. Vaste salle à manger avec grande baie vitrée.

Los Trastolillos – *Barrio Ceceño 46 - El Tejo (3,5 km au sud-ouest de Comillas) - ✆ 942 722 212 - www.lostrastolillos.com - P - 10 ch. 70/110 € ☕.* Maison de campagne récente entourée de jardins et vergers qui dispose d'agréables espaces communs. Les chambres sont lumineuses et leur décoration personnalisée.

UNE FOLIE

Parador de Limpias – *Fuente del Amor - Limpias - ✆ 942 628 900 - www.parador.es - P - 58 ch. 148/160 € - ☕ 17 € - rest. menu 32 €.* Ce parador est situé dans une vaste propriété arborée. Il occupe un palais du 19e s. et une annexe plus récente, avec des chambres modernes et confortables. Le restaurant dispose d'une entrée indépendante et propose une cuisine traditionnelle.

RESTAURATION

POUR SE FAIRE PLAISIR

Mesón Marinero – *La Correría, 23 - Castro Urdiales - ✆ 942 860 005 - www.mesonmarinero.com - ▤ - 25/35 €.* Cet établissement compte parmi les classiques de la côte. Comme son nom l'indique, et de par sa situation sur le port de pêche, on peut y goûter un grand choix de poissons et de fruits de mer, ainsi que des tapas variées au comptoir.

Maruja – *Av. del Generalísimo - San Vicente de la Barquera - ✆ 942 710 077 - 26,15/33 €.* Accueillant malgré la décoration un peu démodée, c'est un classique de la côte Cantabrique. Produits frais, recettes traditionnelles, excellente carte des vins et service parfait.

El Capricho de Gaudí – *Barrio de Sobrellano - Comillas - ✆ 942 720 365 - fermé du 15 janv. au 15 fév., dim. soir et lun. sf l'été -*

à midi, menu 20 € - carte 38 €. Si la salle est un peu trop pastel et les serveurs un peu trop ampoulés, ce restaurant installé dans le mythique pavillon de l'architecte catalan n'est pas un simple caprice et reste une vraie bonne adresse. Cuisine soignée et prix corrects.

Casa Felipe – *Travesía José Antonio 5 - Laredo - ✆ 942 603 212 - fermé 15 déc.-15 janv., dim. soir et lun. - 33/47 €.* Excellent bar à tapas à l'entrée, suivi d'une salle à manger coquette avec des murs lambrissés et une décoration marine. Carte traditionnelle et agneau de lait de qualité.

ACHATS

Consorcio – *C/ Eguilior, 1 - Santoña - ✆ 942 671 984 - www.tiendaconsorcio.com.* Dans cette boutique, vous trouverez les meilleures conserves d'anchois et de thon. Possibilité de commander sur internet.

SPORTS ET LOISIRS

La Casa de la Cultura de Laredo propose un service de prêt de vélo. Se rens. à l'office du tourisme.

Promenades à cheval

À Laredo – Centre équestre El Sable - *Regatón 1, à 100m de l'Hôpital Comarcal - ✆ 659 738 410 - www.centroecuestrelsable.com - de mi-juin à mi-sept. et w.-end : 10h30-tombée du jour - 10 €/30mn, 15 €/1h.* Départs à la demande pour des promenades dans le Parc naturel des Marais de Santoña et sur la plage Regatón. Également de nombreux poneys pour les enfants.

À San Vicente de la Barquera – *Santillan, 3 km à l'ouest de San Vicente de la Barquera sur la N 634 - ✆ 696 764 381 - www.equusboria.com.* Equus Boria propose des promenades d'1h ou 2h dans le Parc naturel d'Oyambre.

Promenades en bateau

Empresa marítima Santa Clara de Asís – *✆ 637 584 164 et 942 605 903 - www.excursionesmaritimas.com.*

Castro-Urdiales – L'été, promenades le week-end - *50mn - 7 € (enf. 5 €).*

Santoña – Bahía de Oriñón et ría del Asón. Embarcadère devant le monument Juan de la Cosa. *2h - 14 € (enf. 8 €).*

Laredo-Santoña – Chaque jour en été, dép. ttes les 10 mn du port - *AR 8 € (enf. 6 €).* Également au départ de la pointe de la péninsule - *AR 3 €.*

Activités nautiques

Plongée sous-marine – Mundo Submarino - *Av. Emilio Caprile Poloni 1, à côté du club nautique de Laredo - ✆ 942 611 861- www.mundosubmarino.es.*

Location de kayaks, pédalos, jet-skis, wake-board – Escuela Motonáutica de Laredo - *El Puntal, à la pointe de la péninsule sur la plage El Salvé - ✆ 666 740 486 - www.escuelamotonauticalaredo.com.*

ÉVÉNEMENTS

Carnaval marin à Santoña – Fév. Défilé des habitants déguisés en poissons.

La Folía à San Vicente de la Barquera – Avr. Procession maritime derrière la Vierge, transportée sur un bateau.

El Coso Blanco à Castro Urdiales – 1er vend. de juil. Défilé nocturne de chars illuminés.

Assomption à Castro Urdiales – 14-15 août. Procession et compétition culinaire de marmites marinières sur la place principale.

Bataille de fleurs à Laredo – Dernier vend. d'août. Défilé de chars fleuris.

L'ultime débarquement de Charles Quint à Laredo – Fin sept. Fête populaire costumée.

Santillana del Mar

★★

4 021 habitants

NOS ADRESSES PAGE 340

S'INFORMER

Office de tourisme – *Jesús Otero, 20 - ✆ 942 818 812 - www.santillana-del-mar.com - de déb. juil. à mi-sept. : tlj 9h-21h ; reste de l'année : tlj 9h30-13h30, 16h-19h - fermé 1er et 6 janv., 24-25 et 31 déc.*

SE REPÉRER

Carte de région B1 (p. 312) – *Carte Michelin nº 572 B 17.* Santillana se trouve dans une cuvette, entourée de collines, entre Santander (35 km à l'est) et Comillas (16 km à l'ouest).

SE GARER

Un parking est situé juste à l'entrée à côté de l'office de tourisme. Les voitures circulent dans le village mais ne peuvent y stationner.

À NE PAS MANQUER

Les grottes d'Altamira.

ORGANISER SON TEMPS

Quelques heures suffisent pour découvrir le village.

AVEC LES ENFANTS

La grotte d'Altamira.

Malgré son nom, Santillana del Mar ne se trouve pas au bord de la mer mais à quelques kilomètres à l'intérieur des terres. C'est un village-musée qui a conservé intact son patrimoine médiéval. Ses vieilles rues pavées sont bordées de « casonas », demeures seigneuriales aux façades blasonnées et aux balcons fleuris. Les hôtels et les restaurants y rivalisent de charme pour séduire les flots de touristes qui déferlent en été ; beaucoup possèdent une terrasse ombragée.

Se promener

Le **village★★** se réduit pratiquement à deux grands axes, reliés par des ruelles transversales, qui conduisent tous deux à la collégiale. La plupart des demeures nobles aux façades lisses en grosse pierre de taille datent des 15e, 16e et 17e s. Presque toutes présentent des balcons de fer forgé ou des galeries de bois *(solanas)* et des blasons qui font la joie des passionnés d'héraldique. Commencez le parcours par la **calle de Santo Domingo**, sur laquelle se trouve à gauche la maison du marquis de Benemejís (17e s.) et, à droite, la maison des Villa, qui se distingue par ses balcons semi-circulaires.

À la bifurcation, prenez à gauche la calle de Juan Infante.

Plaza de Ramón Pelayo

Cette vaste place triangulaire est bordée de beaux édifices : sur la droite, le **parador Gil Blas** et la **tour de Merino** (14e s.) ; en face, la **tour de Borja-Barreda**

Le village de Santillana del Mar avec ses vieilles rues pavées.
O. Fantuz / SIME/Photononstop

présente une élégante porte en arc brisé et, sur la gauche, la mairie installée dans un bâtiment du 18e s. et les maisons de El Águila et de la Parra.
La **calle de las Lindas** *(à l'extrémité de la place à droite)* permet de rejoindre entre d'austères façades massives l'axe des rues de El Cantón et de El Río qui mènent à la collégiale. À l'angle, on voit le blason de la maison de Valdivieso (l'hôtel Altamira). De nombreuses *casonas* hébergent des restaurants, des boutiques de produits traditionnels (*sobaos*, talmouses, chocolats artisanaux, etc.), des jardins et des terrasses.
En descendant vers la collégiale, on admirera, à droite, quelques maisons nobles : la **maison de los Hombrones**, qui doit son nom aux deux guerriers qui encadrent le blason des Villa (un aigle aux ailes déployées et la devise : *Une belle mort honore une vie entière*), puis, en face de l'abreuvoir, les **demeures de Cossío et Quevedo** arborant aussi de magnifiques blasons. La maison après celle de los Hombrones héberge un curieux musée de la Torture.

Musée de la Torture (Museo el Solar)

Escultor Jesús Otero, 1 - ✆ 942 840 273 - de mi-juin à mi-sept. : tlj 10h-21h ; reste de l'année : tlj 10h30-20h - fermé 1er janv., 25 déc. - 3,60 € (-25 ans 2,40 €, -12 ans gratuit).
Du Moyen Âge jusqu'à l'ère moderne, la gamme des châtiments utilisés par l'Inquisition ou déployés contre les agitateurs de l'ordre public est bien représentée dans ce musée avec quelque 70 instruments de torture référencés. Ils sont exposés avec des explications détaillées (en français) quant à leur utilisation et le contexte de leur apparition. Masques d'infamies, ceintures de chasteté, écrase-pouces, pilori, chaise d'inquisition, banc d'étirement et autres réjouissances se laissent regarder avec perplexité.
Sur la gauche, juste avant la collégiale, la maison de l'archiduchesse d'Autriche est décorée de trois blasons. En face, la **maison-musée** du sculpteur Jesús Otero (entrée libre).

LE PÈLERINAGE MÉDIÉVAL

Santillana a grandi autour du monastère qui gardait les reliques de sainte Julienne, martyre d'Asie Mineure (son nom vient d'ailleurs de la contraction de Santa Juliana). Durant tout le Moyen Âge, ce lieu de pèlerinage, objet de faveur des Grands de Castille, connut la célébrité. Le monastère devint une puissante collégiale au 11e s. et la cité, promue au rang de marquisat au 15e s., s'emplit alors de ces demeures qui font tout le charme de Santillana. Íñigo López de Mendoza, premier **marquis de Santillana** et auteur des **Serranillas**, habita calle del Cantón dans le palais qui porte son nom.

★ Collégiale (Colegiata)

✆ 942 840 317 - de mi-juin à mi-sept. : 10h-13h30, 16h-19h30 ; de mi-sept. à mi-juin : 10h-13h30, 16h-18h30 - 3 €.

Cette **collégiale** date des 12e et 13e s. Si son chevet est d'un dessin roman très pur, sa façade manque un peu d'unité mais, par la disposition harmonieuse de ses baies et de ses tours autant que par sa belle couleur dorée, elle s'intègre fort bien au décor de la place. Au-dessus du portail, sur le Dieu Pantocrator roman, une niche baroque abrite la statue de sainte Julienne.

★ **Cloître** (Claustro) – Bel édifice roman construit à la fin du 12e s. Chaque groupe de colonnes jumelées est coiffé d'un chapiteau. Historiés ou à décor végétal, ces **chapiteaux★★** furent exécutés de main de maître. Si les thèmes végétaux et les entrelacs d'un bel effet décoratif prédominent, les scènes représentées dans la galerie sud , souvent allégoriques, sont très expressives : le Pantocrator accompagné de six apôtres ; le baptême du Christ et une ordination ; la décollation de saint Jean-Baptiste ; Daniel dans la fosse aux lions ; la Descente de croix ; la Fidélité (représentée par le chien entre le chevalier et sa dame) ; la lutte du Bien (représenté par un chevalier) contre la Tentation (le serpent), et le Bon Pasteur.

Intérieur – Les voûtes de la nef et des collatéraux ont été refaites sur croisées d'ogives à la fin du 13e s., tandis que celles du transept et des absides sont d'origine. On remarque plusieurs défauts d'alignement entre nefs et absides, ainsi que la forme, presque elliptique, de la coupole. Des chapiteaux, très stylisés, décorent les piliers. Le sarcophage commémoratif de sainte Julienne, sculpté au 15e s., se trouve au milieu de la nef centrale. Dans le chœur, on peut voir un devant d'autel mexicain en argent repoussé, du 17e s., et **quatre apôtres★**, pierres sculptées romanes. Le **retable★** hispano-flamand du 16e s., sculpté et peint, présente une originale prédelle en bois sculpté polychrome représentant les Évangélistes de profil. Dans la chapelle, on peut admirer un Pantocrator et les fonts baptismaux (11e s.), décorés sur le thème de « Daniel et les Lions ».

Longez la collégiale pour admirer le style roman des absides et le **palais des Velarde** conserve un aspect Renaissance.

Revenez sur vos pas pour arriver au point de départ du parcours.

Convento de Regina Coeli

✆ 942 840 317 - de mi-juin à mi-sept. : 10h-14h, 16h-19h30 ; de mi-sept. à mi-juin : tlj sf lun. 10h-14h, 16h-19h - dernière entrée 1/2h av. la fermeture - fermé 28 juin, 16 août, 25 déc. - 3 € (visite de la collégiale incluse).

Restauré, ce **couvent** de clarisses, du 16e s., abrite le **Musée diocésain**. Sont exposés des peintures, des statues et des objets d'orfèvrerie d'art religieux, dignes d'intérêt, et tous recueillis dans la communauté. Remarquables collections de statues et d'ivoires baroques. À l'extrémité de la rue, la belle **maison des Tagle** (18e s.) arbore un énorme blason.

À proximité Carte de région

★ Musée et grotte d'Altamira B1

2 km au sud-ouest.

942 818 815 - http://museodealtamira.es - ♿ - mai-oct. : mar.-sam. 9h30-20h, dim. et j. fériés 9h30-15h ; nov.-avr. : mar.-sam. 9h30-18h, dim. et j. fériés 9h30-15h - fermé lun., 1er et 6 janv., 1er Mai, 16 Sept., 24-25 et 31 déc. - 3 € (gratuit sam. après-midi et dim., 18 avr., 18 mai, 12 oct. et 6 déc.).

Ce grand ensemble consacré au monde préhistorique regroupe la grotte originale, la reproduction de la grotte dite « neocueva » (néogrotte) et le musée.

Grotte d'Altamira (Cueva de Altamira) – *Suite à des mesures de protection et de préservation, la grotte originale a été fermée au public en 2002. Sa réouverture partielle pourrait avoir lieu en 2011, se rens.* En 1879, **Marcelino de Sautuola** découvre sur le plafond d'une caverne des peintures pariétales qu'après une étude minutieuse il date de l'époque préhistorique. Devant cette invention – la première de ce genre au monde – et au vu de la remarquable conservation des peintures, le scepticisme est général. Il faudra attendre, une vingtaine d'années plus tard, des découvertes analogues en Dordogne pour que les spécialistes reconnaissent l'existence surprenante d'un art pictural très élaboré à l'âge de la pierre taillée.

Les **grottes d'Altamira** comprennent plusieurs galeries où sont conservées des peintures et des gravures remontant au solutréen (18 500 ans av. J.-C.), mais c'est la salle où sont peints les polychromes qui a fait leur célébrité. Surnommée « la chapelle Sixtine de l'art quaternaire », cette salle de 18 m de long et 9 m de large présente un remarquable **plafond★**, peint en grande partie pendant la période magdalénienne (15 000 à 12 000 ans avant J.-C.), comme la grotte de Lascaux. De nombreux bisons polychromes y sont représentés endormis, accroupis, s'étirant, galopant, avec un réalisme extrême. Les renflements naturels de la paroi ont été utilisés avec beaucoup de sens artistique pour faire ressortir l'anatomie des animaux et donner l'impression de mouvement. Plusieurs autres silhouettes d'animaux s'intercalent, notamment des chevaux, des cerfs, des taureaux. On peut également observer des signes peints. Les artistes devaient être accroupis pour peindre (le sol a été abaissé récemment pour pouvoir mieux admirer le plafond). Ils utilisaient des colorants naturels ocre, rouge, brun, qu'ils pulvérisaient et délayaient dans la graisse animale. Les contours sont mis en valeur par un trait noir (réalisé au charbon de bois) soulignant les silhouettes.

Nouvelle grotte (Neocueva) – Une intéressante visite guidée *(30mn)* parcourt la réplique de l'entrée de la grotte et de la salle des peintures polychromes, où des moyens technologiques pointus ont été mis en place afin de permettre au public de découvrir et d'admirer les peintures d'Altamira.

Musée – Consacré à la période des grottes d'Altamira, il expose, de façon didactique – intéressante et amusante à la fois (vidéo, dessins animés, panneaux d'explication ; en espagnol) –, la manière de vivre et l'art des hommes du paléolithique supérieur.

L'exposition débute par une courte introduction au monde de l'archéologie et une présentation de l'évolution de la race humaine jusqu'à l'Homo sapiens sapiens. Au paléolithique supérieur, on peut déjà reconstruire la vie quotidienne de ces hommes : on nous montre la fabrication des instruments qu'ils utilisaient, l'art qu'ils réalisaient et le processus de la création artistique (graver, colorier, etc.). D'autres exemples de grottes de Cantabrie sont évoqués.

NOS ADRESSES À SANTILLANA DEL MAR

HÉBERGEMENT

PREMIER PRIX

Hospedería El Cantón – *Calle Carrera, 2 - ✆ 942 840 274 - www.hospederiaelcanton.com - fermé de déb. oct. à fin de la Sem. sainte - 7 ch. 35/60 € - ☕ 4 €*. Entre le Parador et l'hôtel Altamira, ce petit établissement dispose de 8 chambres agréables à prix imbattables en plein centre du village. Et surtout, l'accueil est très chaleureux.

BUDGET MOYEN

Casa del Organista – *Los Hornos 4 - ✆ 942 840 352 - www.casadelorganista.com - 14 ch. - 48/85 € - ☕ 4,75 €*. Petite maison montagnarde du 18e s. associant pierre et bois. Les chambres sont coquettement décorées et chaleureuses, pour un ensemble très accueillant.

Hôtel Altamira – *Calle Cantón, 1 - ✆ 942 818 025 - www.hotelaltamira.com - 32 ch. - 62/104 € - ☕ 8,50 € - rest. menu 17 €*. Ancienne demeure seigneuriale du 17e s. où rien ne semble avoir été modifié depuis. On accède aux chambres par de monumentaux escaliers de chêne ciré. Le mobilier d'époque, les boiseries, les tentures, les tapis et les tableaux décorent cet endroit comme autrefois. Même les chambres qui ont fait l'objet de modernisations gardent l'esprit du lieu.

UNE FOLIE

La Casona de Revolgo – *Parque de Revolgo, 3 - ✆ 942 818 277 - www.lacasonaderevolgo.com - 14 ch. 100/154 €*. Cette maison rurale du 17e s. a été entièrement rénovée en conservant ses poutres et ses mansardes d'origine. Les chambres sont toutes différentes et décorées avec beaucoup de goût. Certaines sont équipées de jacuzzis. D'autres peuvent accueillir parents et enfants. Enfin, à quelques dizaines de mètres du centre du village, c'est une adresse tranquille.

À proximité de Santillana del Mar

BUDGET MOYEN

Hôtel Colegiata – *Carretera Los Hornos, 20 - 2 km au nord de Santillana par la S 474, dir. Suances - ✆ 942 840 216 - www.hotelcolegiata.com - 🅿 - 27 ch. 52/78 € ☕ - rest. 25/30 €*. C'est sur les hauteurs de Santillana, dans une demeure seigneuriale rurale qu'est hébergé cet hôtel fort accueillant. Chambres confortables et restaurant renommé. Une bonne option, surtout en été, si vous voulez vous éloigner de l'agitation touristique de Santillana.

RESTAURATION

PREMIER PRIX

La Viga – *Calle Carrera, 2 - ✆ 942 840 274 - 15 €*. Un local simple mais à la décoration soignée où l'on vous sert une cuisine généreuse à base de produits régionaux. Une bonne adresse qui fonctionne toute l'année.

POUR SE FAIRE PLAISIR

Casa Cossio – *Calle Jesús Otero s/n - ✆ 942 840 357 - carte 25/35 €.* Dans la demeure des Cossio, ce restaurant est aménagé à l'étage dans une belle salle d'où l'on peut voir la place et la collégiale. Contrairement à d'autres adresses de Santillana, celle-ci est ouverte toute l'année, donc fréquentée par des locaux qui viennent y manger des plats bien préparés. Spécialités de viandes grillées et poissons de la côte toute proche. Attention, les *raciones* sont énormes.

Gran Duque – *Jesús Otero 7 - ✆ 942 840 386 - www.granduque.com - 30 €.* Petit restaurant familial, avec une salle à manger régionale, un vivier et une cuisine ouverte. Carte variée et plusieurs choix de menus.

ACHATS

Les boutiques vendent toutes la même chose : des produits typiques de Cantabrie et du chocolat. Au choix : saucissons, chorizo de sanglier, anchois de Santoña, eau-de-vie d'Orujo, *quesadas* (sortes de flan au citron), *sobaos*, madeleines fondantes que l'on trempe ici dans un verre de lait à l'heure du goûter, fromages, haricots secs et ingrédients pour préparer la *fabada asturiana*, le cassoulet local. Sans oublier, bien sûr, du cidre fermier (www.materasturias.com).

Reinosa

10 307 habitants

NOS ADRESSES PAGE 346

S'INFORMER
Office de tourisme – *Av. Puente de Carlos III, 23 - 942 755 215 - www.turismoreinosa.es et www.reinosa-surdecantabria.es - été : 9h30-14h30 et 16h30-19h30, w.-end et j. fériés 9h30-14h30 ; hiver : tlj sf dim. 9h30-14h30.*

SE REPÉRER
Carte de région B2 (p. 312) – *Carte Michelin n° 572 D 17.* Reinosa se trouve à 75 km au sud de Santander par l'A 67, et à 100 km de Burgos (au sud-est par la N 627).

À NE PAS MANQUER
Le Pico de Tres Mares.

ORGANISER SON TEMPS
Comptez deux jours pour faire les circuits du Pico de Tres Mares et le tour de la retenue de l'Èbre.

AVEC LES ENFANTS
Le centre d'interprétation d'art roman à Villacantid, la Domus Romana de Julióbriga.

Un peu oubliés de la croissance et légèrement en retrait des circuits touristiques de la côte, Reinosa et ses environs ont pourtant de quoi séduire les voyageurs. À l'est, la retenue de l'Èbre, navigable sur 20 km, est devenue un paradis pour les observateurs d'oiseaux et les amateurs de sports nautiques. À l'ouest, le Pico de Tres Mares (2 175 m) offre des vues panoramiques sur de magnifiques paysages de montagnes, et la station de ski Alto Campoo donne l'occasion de dévaler des pistes bien enneigées en hiver. Truffée de sites archéologiques, d'églises romanes, de menhirs et de charmants gîtes ruraux, la région présente également de nombreuses possibilités de randonnées au départ de Reinosa.

Se promener

Ce sont essentiellement les environs de Reinosa qui en font une destination attrayante. Néanmoins, le petit centre historique, avec ses rues à arcades, ses maisons médiévales et ses galeries vitrées, ne manque pas de charme et peut faire l'objet d'une agréable promenade avant de se mettre en route pour un circuit. *Comptez 1h environ.*

Maison de la petite fille en or (Casona ou Casa de la Niña de Oro)
C'est l'emplacement de l'office de tourisme. Cette imposante demeure en pierre du 18e s. doit son nom à la légende selon laquelle le propriétaire original aurait fait don à la Vierge du poids en or de sa fille suite à la guérison miraculeuse de celle-ci.
Continuez sur l'avenue Puente de Carlos III, traversez le pont et prenez tout de suite à gauche, le long de l'Èbre. Remontez jusqu'au couvent de San Francisco.

Couvent de San Francisco

Le couvent et son église, datent du 16e s. Le cloître, de construction plus tardive (1642), est aujourd'hui utilisé comme résidence pour personnes âgées.
Rejoignez le centre par le paseo del Doctor Jiménez Díaz, jusqu'à la plaza Juan XXIII.

Église San Sebastián

Celle-ci aurait été construite sur une chapelle romane, mais sa façade baroque, l'un des exemplaires notoires de la région, date du 18e s.
Engagez-vous dans la calle San Sebastián pour aboutir à la plaza de España.
Celle-ci est bordée par la mairie, que jouxtent deux anciennes tours de garde médiévales, transformées en habitation.
Continuez sous les arcades de la calle Mayor, conçues pour les rudes hivers de la région, jusqu'à la plaza Fuente de la Aurora.

Ermitage de San Roque

Sa date de fondation est inconnue mais on sait qu'il est reconstruit en 1736. Il représente un autre exemple du style baroque de la région, caractérisé par une abside carrée et une seule nef. San Roque aurait empêché une épidémie de peste, entraînant par la suite sa canonisation.

Circuits conseillés Carte de région

★ LE PICO DE TRES MARES, VERS LA SOURCE DE L'ÈBRE AB2

Circuit de 61 km AR tracé sur la carte de région (p. 312) – Comptez une demi-journée. Quittez Reinosa par l'ouest, en direction de Nestares, puis prenez à gauche sur la CA 825 vers Villacantid.

Centre d'interprétation d'art roman à Villacantid A2

À 6km à l'ouest de Reinosa par la CA 825 - 620 520 209 - de la mi-juin à la mi-sept. : tlj 9h30-14h30, 15h30-18h30; reste de l'année : w.-end et j. fériés : 9h30-14h30, 15h30-18h30 - 3 € (-12 ans 1,50 €) billet combiné avec le site de Domus Romana de Julióbriga à Retortillo et de Camesa-Rebolledo à Mataporquera.

Abrité par la ravissante petite église romane Santa María la Mayor, ce centre d'interprétation présente d'une façon particulièrement vivante et ludique les secrets de l'art roman, au travers de croquis, photos, vidéos et jeux interactifs. Vous pourrez entre autres y découvrir les méthodes utilisées à l'époque pour sculpter la pierre et monter les échafaudages. Les enfants pourront expérimenter le montage d'un arc roman avec clé de voûte, toucher des outils, ou encore découvrir les représentations symboliques des péchés capitaux. N'hésitez pas à solliciter la personne de l'accueil qui se fera un plaisir de répondre à vos questions.
Continuez vers l'ouest sur la CA 825. À Espinilla, prenez à gauche sur la CA 183 en direction de Riaño. Poursuivez jusqu'à Brañavieja et suivez les indications vers le Mirador de la Fuente del Chivo. Attention au bétail qui évolue librement dans cette zone.

★★★ Pico de Tres Mares A1

Tres Mares (les Trois Mers) – Ce pic (2 175 m), l'une des crêtes de la sierra de Peña Labra, est ainsi nommé parce qu'il est à l'origine de trois grands fleuves qui débouchent dans trois mers différentes – le Híjar, affluent de l'**Èbre** (Méditerranée), le Pisuerga, affluent du **Douro** (Atlantique) et le **Nansa**, qui se jette dans la mer Cantabrique.

Du sommet, splendide **panorama★★★** circulaire : au nord le Nansa et le barrage de la Cohilla, au pied du Cueto (1 517 m), puis, sur la droite, le barrage de l'Èbre, la sierra de Peña Labra, le barrage de Cervera de Pisuerga et, au-delà, les monts de León ; à l'ouest, la partie centrale des Pics d'Europe (Peña Vieja, 2 618 m) et leur massif oriental (Peña Sagra, 2 042 m), reliés par une série de cols. Au premier plan se détache la masse très érodée de la Peña Labra (2 006 m).
Revenez par la CA 183, jusqu'à Fontibre. Vous pouvez aussi faire un détour par Argüeso, pour y visiter son chateau médiéval.

Naissance de l'Èbre (Nacimiento del Ebro) A2

Bien que les scientifiques aient déterminé que l'Èbre, le plus puissant des fleuves de la péninsule, prend sa source dans les Pics d'Europe, celle-ci est traditionnellement attribuée à **Fontibre** (du latin *Fontes Iberis*). Situé en contrebas de la route, l'endroit revêt un aspect symbolique (c'est l'Èbre qui a donné son nom à la péninsule) et même sacré (un petit autel et une sculpture de la Vierge ont été érigés). Un ravissant sentier ombragé, ponctué de panneaux explicatifs et de tables de pique-nique, permet de faire le tour du petit étang (env. 30 mn. Attention, baignade interdite !). Le **Centre d'interprétation de l'Èbre** (*✆ 648 26 36 96 - de mi-juin à mi-sept. : merc.-dim. 10h-14h, 16h-19h30 ; reste de l'année : merc.-dim. 10h-17h - gratuit)* présente de façon interactive la diversité culturelle, sociale et paysagère qu'a engendrée le fleuve au cours de l'histoire, ainsi que son rôle dans l'économie actuelle.

Il existe de nombreuses possibilités de petites randonnées dans cette région. Renseignez-vous auprès de l'office de tourisme et procurez-vous la carte touristique de la Cuna del Ebro.

Villacantid et Fontibre sont également accessibles en vélo grâce à la piste cyclabe, de faible dénivelé, aménagée depuis Reinosa.

BROUILLARD ESTIVAL

L'autoroute A 67 qui mène à Reinosa depuis Santander est régulièrement plongée dans un épais brouillard qui provoque invariablement des carambolages. Dû à l'évaporation de la retenue de l'Èbre, celui-ci peut survenir soudainement, même lors d'une belle journée d'été, quand de nombreuses familles empruntent la route pour aller ou revenir de la plage. Allumez vos feux de brouillard, gardez vos distances, et adaptez votre vitesse à la visibilité. En cas d'accident, marquez le numéro d'urgence international 112, et ne sortez pas de votre véhicule sans le gilet de sécurité (obligatoire).

★ TOUR DE LA RETENUE DE L'ÈBRE B2

Circuit de 62 km AR tracé sur la carte de région (p. 312) – Compter une demi-journée. Quittez Reinosa au nord-est, direction Requejo, puis suivez la CA 111.
Ce **lac** artificiel couvre près de 7 700 ha à 835 m d'altitude. Long de 20 km par 4 km, il constitue une véritable réserve naturelle pour de nombreuses espèces d'oiseaux, qui viennent s'y reposer de leurs migrations. Le site a d'ailleurs été classé Zone spéciale de refuge pour les oiseaux (ZEPA). Sa rive nord présente un paysage verdoyant ponctué de pâturages et de petites églises romanes. Des sentiers permettent de se promener au bord de l'eau.

Centre ornithologique de la retenue de l'Èbre

Sur la CA 171, avant La Población - ✆ 608 413 109 - juin-sept. et Sem. sainte : tlj sf lun. 10h-14h, 16h-19h30 ; reste de l'année : tlj sf lun. 10h-14h, 16h-18h - gratuit.

Il dispose d'un petit centre d'interprétation et propose des promenades guidées (de 2 à 3h) tout au long de l'année pour observer les oiseaux. Pensez à prendre vos jumelles ! À l'extrémité du réservoir, Corconte abrite un centre d'interprétation sur la retenue de l'Èbre.

Centre d'interprétation sur la Retenue de l'Èbre

648 19 17 62 - de mi-juin à mi-sept. : merc.-dim. 10h-14h, 16h-19h30 ; reste de l'année : merc.-dim. 10h-17h - gratuit). Celui-ci explore les cycles de l'eau, de celle contenue dans le corps humain à la formation des lacs et rivières, à travers des documents interactifs.

Rive sud, la petite CA 730 ramène à Reinosa, mais prend plus de temps.

Procurez-vous auprès de l'office de tourisme la carte interprétative de Campoo de Yuso y Las Rozas de Arroyo, qui vous indiquera lesdifférentes espèces d'arbres et d'oiseaux que vous rencontrerez sur votre route, ainsi que les circuits de randonnée.

DE RETORTILLO À MATAPORQUERA B2

Circuit de 60 km AR tracé sur la carte de région (p. 312) – Compter une demi-journée. Suivez les panneaux Bolmir, et à la sortie de ce village (en direction de Villafria), prenez la première route à droite.

Retortillo

La petite **église** n'a gardé de l'époque romane que l'abside en cul-de-four et l'art triomphal où l'on peut admirer deux chapiteaux d'une très grande finesse représentant des guerriers.

Domus Romana de Julióbriga – *626 325 927 - de mi-juin à mi-sept. : tlj 9h30-14h30, 15h30-19h30 ; de mi-sept. à mi-nov. et de déb. mars à mi-juin : 9h30-14h30, 15h30-18h30 ; de mi-nov. à fin fév. : 9h30-15h30 - visite guidée 40mn - 3 €, billet combiné avec le site de Camesa-Rebolledo à Mataporquera et le centre d'interprétation d'art roman de Villacantid.*

Symbole de la domination de Rome, Julióbriga était la ville antique la plus importante de la Cantabrie. Elle disparut au 3e s. Sur le site, la réplique d'une *domus romana* (très belle propriété romaine) a été construite dans une ancienne maison. À Rome, les *domus* étaient censées refléter la fortune et le statut social de leur propriétaire.

Revenez à Reinosa et prenez plein sud la N 611, vers Aguilar de Campoo.

★ Cervatos

L'ancienne **collégiale★** de ce village (*Pour visiter, demandez la clé à la maison voisine*), d'une architecture romane très pure, est remarquable pour la richesse et la fantaisie de sa **décoration★** sculptée. Le tympan du portail est traité à l'orientale comme une broderie à peine ajourée. Une frise de lions dos à dos s'y intercale. Les modillons de la corniche et les chapiteaux de la fenêtre sud de l'abside s'ornent de figures variées et audacieuses. À l'intérieur, l'abside présente d'harmonieuses arcatures aveugles. La sculpture des chapiteaux et des consoles de l'arc doubleau, très étoffée, montre des motifs d'une rare élégance : lions enchevêtrés, aigles aux ailes déployées, entrelacs ou feuillages. La nef unique a été surélevée et voûtée sur croisée d'ogives à la fin du 14e s.

Poursuivez vers le sud. Quittez la N 611 à Mataporquera.

Mataporquera

Route des Menhirs de Valdeolea – Empruntez le sentier PR-S 61 devant l'église de Santa Eulalia : 8 menhirs sont visibles sur un parcours de 13 km, balisé et fléché, praticable aussi en vélo.

Site archéologique Camesa-Rebolledo (Arqueositio Camesa-Rebolledo) – *Sortez du bourg, dir. Camesa, et suivez le fléchage. ✆ 626 325 932 - de mi-juin à mi-sept. : tlj 9h30-14h30, 15h30-19h30 ; de mi-sept. à mi-nov. et de déb. mars à mi-juin : w.-end 9h30-14h30, 15h30-18h30 ; de mi-nov. à fin fév. : w.-end 9h30-15h30.* Entre les villages de Camesa et Rebodello, des fouilles archéologiques ont révélé la présence d'une ancienne ville romaine et de thermes.
Reprenez la N 611 vers le nord pour revenir à Reinosa.

NOS ADRESSES À REINOSA

HÉBERGEMENT

BUDGET MOYEN

Villa Rosa – *Calle Héroes de la Guardia Civil, 4 - ✆ 902 930 374 - http://villarosa.com - 13 ch. - 59/92 €* ☕. Cet hôtel se trouve dans une jolie villa de style 1900 complètement rénovée. Les chambres sont personnalisées et décorées avec soin. Petit plus bien agréable : un petit spa dans la véranda, avec sauna et petite piscine *infinity*.

À proximité de Reinosa

BUDGET MOYEN

Corza Blanca – *Alt 1 660 m- Alto Campoo - ✆ 942 779 250 - www.altocampoo.com/lacorzablanca.php - fermé mai, oct., nov. - 68 ch. - 56/78 € - ☕ 9 € - rest. menu 16 €.* Établissement de montagne d'aspect moderne et fonctionnel. Agréables espaces communs, chambres accueillantes, et vaste choix d'activités en plein air. Le restaurant sert des plats traditionnels à base de produits locaux.

Posada La Sosiega – *El Molino, 1 - Argüeso - ✆ 942 779 617 - www.posadalasosiega.com - 5 ch. - 56/68 €.* En contre-bas du château médiéval San Vicente, cette petite auberge familiale propose quelques chambres toutes simples.

Posada Rural Naci Ebro – *Los Pilones 42, km 5 sur la CA 183 -Fontibre - ✆ 942 779 788 - www.posadanaciebro.es - 56/100 € - ☕ 5 €.* Hébergement rural dans une maison en pierre de Fontibre, à quelques pas du site de la naissance de l'Èbre. Chambres au décor personnalisé, et quelques appartements. Location de vélos et promenades guidées d'observation de la faune locale sont possibles.

Puente Romano – *Entrambasaguas - km 12 sur la CA 183 - ✆ 942 779 312 - www.puente-romano.com - 56/100 € - rest. 15/20 €.* Situé entre Reinosa et Alto Campoo, cette charmante propriété dispose de quelques jolies chambres dans la maison principale, ainsi que de confortables pavillons en pierre ou en bois disséminés dans un petit parc arboré, bordé par un cours d'eau que traverse un petit pont romain. Quelques emplacements de camping sont également disponibles. L'agréable véranda du restaurant donne sur un jardin fleuri et une piscine.

POUR SE FAIRE PLAISIR

Gran Hotel Balneario de Corconte – *✆ 947 154 281 - 09572 Corconte - fermé du 23 déc. à fin fév. - 67 ch. - 78/122 €.* Cet établissement thermal de la fin du 19e s. campe sur les rives tranquilles du lac. Le lieu a gardé ses boiseries, ses ors, son allure aristocratique et sa clientèle de riches retraités. Voyez le grand salon, le restaurant et ses miroirs, la grande porte à tambour en cuivre du hall. Chambres modernisées au confort standard.

RESTAURATION

Si vous envisagez de faire un pique-nique dans le cadre de la découverte des circuits autour de Reinosa, l'Alimentación Lázaro a de quoi égayer vos sandwichs !

Alimentación Lázaro – *Av. Puente Carlos III, 35 - ✆ 942 751 086.* L'endroit idéal où s'approvisionner pour un pique-nique à moindres frais avec des produits régionaux de qualité : fromages, charcuteries, fruits et légumes, vins. Et c'est servi avec le sourire.

BUDGET MOYEN

La Casuca – *Entrambasaguas - km 12 sur la CA 183 - ✆ 942 779 278 - 10/15 €.* Vaste choix de tapas, spécialités de plats régionaux et fruits de mers, et *cocido de lebaniego* (sorte de ragoût aux pois chiches) tous les vendredis. Grande salle au sous-sol et service accueillant.

Mesón Las Fuentes – *Mayor 1, Reinosa - ✆ 942 751 466 - 12/20 €.* En plein centre de la vieille ville, cet établissement propose une carte de plats régionaux dans une ambiance chaleureuse.

EN SOIRÉE

Planta Baja – *Castilla 1 - ✆ 942 752 674.* Ambiance jazz tranquille en semaine et festive le week-end dans ce bar lounge aux lumières tamisées et décor design.

SPORTS ET LOISIRS

En hiver, la **station de ski Alto Campoo** offre un domaine skiable de 17 km *(✆ 942 779 222 - www.altocampoo.com).*

L'été, la **retenue de l'Èbre** permet la pratique de sports nautiques, comme le kitesurf *(✆ 661 904 608 - http://nosopla.blogspot.com).* Nombreuses petites **randonnées** balisées et **circuits VTT** *(renseignements et cartes à l'office de tourisme de Reinosa).*

AGENDA

Dia de Campoo – Dernier dim. de sept. Fête folklorique.

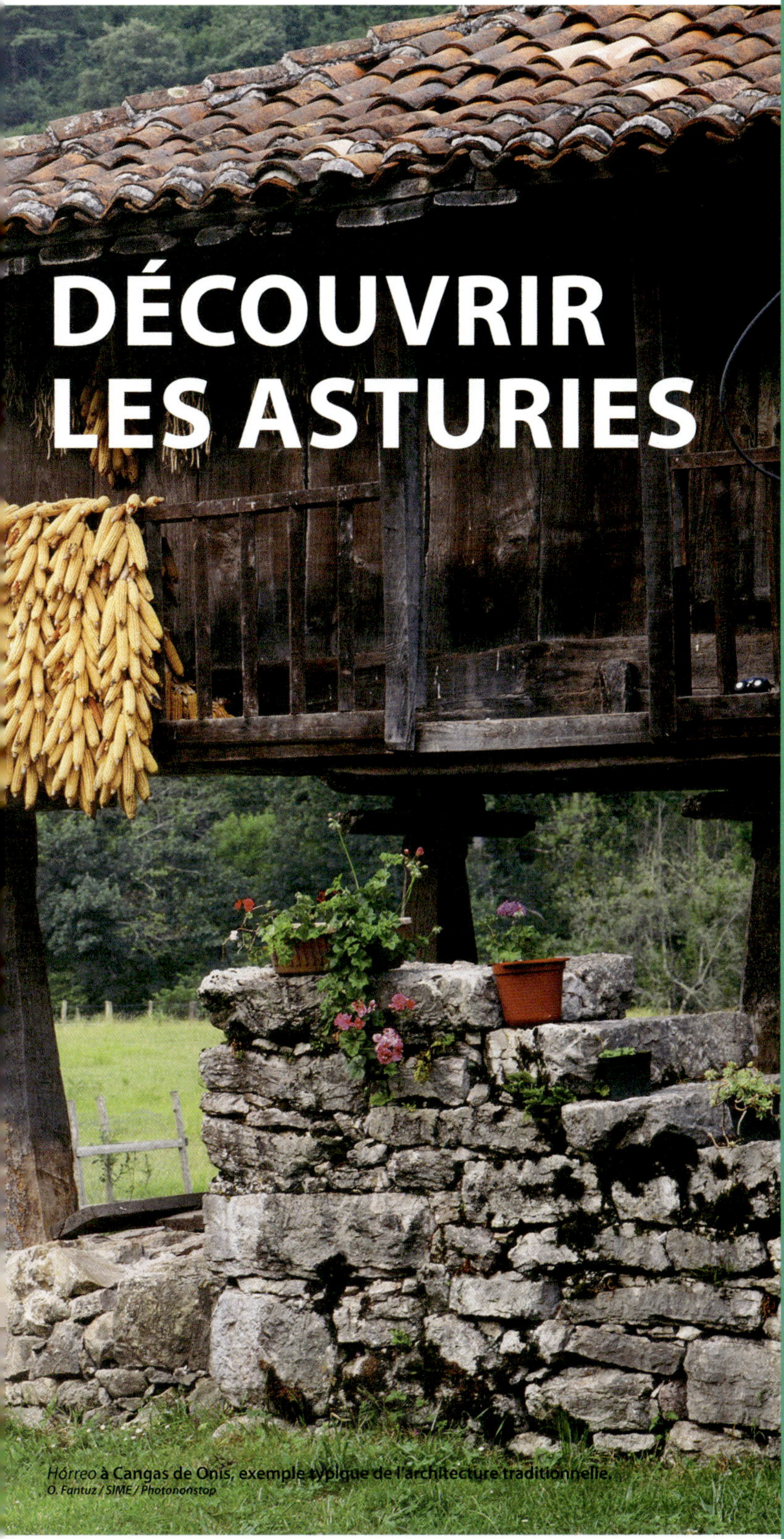

DÉCOUVRIR LES ASTURIES

Hórreo à Cangas de Onís, exemple typique de l'architecture traditionnelle.
O. Fantuz / SIME / Photononstop

Les Asturies 7

Carte Michelin Région nº 572 – Asturias

C
D
MIRADOR DEL FITO
★★★ Vaut le voyage
Oviedo
★★ Mérite un détour
Cudillero
★ Intéressant
Villaviciosa
À voir
Circuit conseillé avec ville de départ
N
1
2
Costa
Verde
Gijón
Tazones
Rodiles
Villaviciosa
Lastres
MUJA
La Isla
Ribadesella
Cuevas del Mar
Villa Romana
Priesca
Amandi
Valdediós
629
R. Sella
Tito Bustillo
Llanes
San Vicente de la Barquera
MIRADOR DEL FITO
Buxu
Cangas de Onís
Covadonga
Las Arenas de Cabrales
Panes
El Soplao
L. de Enol
L. de Ercina
Río Sella
ASTURIAS
DESFILADERO DE LOS BEYOS
PICOS DE EUROPA
Desfiladero de la Hermida
Nª Sª de Lebeña
Río Nalon
Oseja de Sajambre
Fuente Dé
Tama
Potes
Sta Cristina de Lena
1450
Pto del Ponton
1562
1280
Pto de Panderruedas
1609
Pto de S. Glorio
Pto de Pandetrave
Embalse del Porma
Embalse de Riaño
Embalse de la Requejada
CASTILLA Y LEÓN
SANTANDER
LEÓN
AS 19
A 8
A 64
A 5
N 634
AS 117
AS 253
N 625
AS 262
AS 114
N 621
CA 185
CA 181
CA 184
CL 635
LE 331
N 630
CL 627
CL 626

Pics d'Europe

Picos de Europa

★★★

NOS ADRESSES PAGE 360

S'INFORMER

Réseau des parcs nationaux du ministère de l'Environnement – *915 976 000 - http://reddeparquesnacionales.mma.es*. Informations générales sur le parc (en espagnol), guide du visiteur, cartographie, et coordonnées de tous les bureaux d'information du parc. La plupart sont fermés hors saison, se rens.

En León – *Travesía de Los Llanos, s/n - Posada del Valdeón - 987 740 549 - de mi-juin à fin sept. : lun.-vend. 8h-14h30, w.-end et j. fériés : 9h-14h, 16h-19h ; reste de l'année : lun.-vend. et j. fériés 7h30-15h.*

En Asturies – *Av. Covadonga s/n - Cangas de Onís - 985 848 005 - www.cangasdeonis.com - de déb.-juil. à mi-sept. : 9h-21h ; reste de l'année : lun.-sam. 10h-14h, 16h-19h, dim. 10h-14h.*

En Cantabrie – *Independencia, 12 - 942 730 787 - www.liebana.net - juin-sept. : 10h-14h, 16h-19h (20h en août) ; reste de l'année : 10h-14h, 16h-18h, dim. 10h-14h.*

SE REPÉRER

Carte de région D2 (p. 350) – *Carte Michelin n° 572 C 14-15-16*. Le massif s'étend de la vallée du Sella à la fosse Liébana et se découpe en trois blocs : occidental, dit « de Covadonga », central ou de Naranjo de Bulnes, et oriental ou de Andara. Le versant sud, au profil adouci, s'ouvre sur des paysages moins escarpés mais plus sévères.

À NE PAS MANQUER

Le défilé de Los Beyos, la route du Cares.

ORGANISER SON TEMPS

Comptez 2 jours pour le circuit, hors excursions et activités.

AVEC LES ENFANTS

Les centres de Sotama et de Pedro Pidal, le téléphérique de Fuente Dé, la grotte del Buxu et le funiculaire de Bulnes.

Les Pics d'Europe, un lieu rêvé pour les amateurs de haute montagne.
L. Castaneda / Tips/Photononstop

Situés à une trentaine de kilomètres de la côte, les Pics d'Europe offrent l'occasion d'échapper à la chaleur et aux plages surpeuplées l'été. Des gorges creusées par des torrents aux eaux poissonneuses circonscrivent et entaillent ce bloc de calcaire primitif, massif le plus élevé de la cordillère Cantabrique. Des défilés spectaculaires longent les hauts sommets dentelés par l'érosion et poudrés de neiges éternelles, en bas desquels s'égrènent de petits hameaux en pierre qui semblent figés dans le temps. Le Parc national, créé en 1995 pour protéger ses 64 660 ha de flore et de faune privilégiées, englobe l'ancien parc de la montagne de Covadonga. Partagé entre les régions de la Cantabrie, des Asturies et de Castille-et-León, c'est un véritable paradis pour les randonneurs et amateurs d'activités de plein air.

Circuits conseillés Carte des Pics d'Europe

★★ DÉFILÉ (DESFILADERO) DE LA HERMIDA

Circuit 1 de 28 km AR, de Panes à Potes par la N 621, tracé sur la carte des Pics d'Europe (p. 354) – Comptez environ 1h. La grande curiosité de ce parcours est le **défilé**★★ qui s'étend sur 20 km de part et d'autre du bassin où se loge le hameau de la Hermida. L'étroitesse et l'obscurité des gorges en ont banni la végétation. Le fleuve Deva a exploité ici les points de moindre résistance de la paroi, ce qui donne un redoutable et spectaculaire tracé en dents de scie le long de la roche.

On peut effectuer la descente du Deva en canoë-kayak. Plusieurs compagnies basées à Unquera proposent cette activité, ainsi que du canyoning, des promenades à cheval et en quad.

Après 24 km, sur la gauche, l'église de Lebeña sera indiquée.

Église de Nuestra Señora de Lebeña

942 744 332 - été : tlj sf lun. 10h-13h30, 16h-19h30 ; hiver : sur rendez-vous - visite guidée 1 € (-10 ans gratuit).

Petite église mozarabe du 10e s. entourée de peupliers et dominée de hautes falaises. Le clocher et le porche sont postérieurs. Les trois vaisseaux voûtés en plein cintre reposent sur des arcs en fer à cheval. Remarquez la belle facture des chapiteaux de style corinthien. L'église héberge une copie de la sculpture vénérée de la « Vierge au bon lait » (*Virgen de la Buena Leche*) qui donne le sein, dérobée en 1993 et retrouvée en 2001 chez un collectionneur.

Reprenez la N 621 sur 1 km. À droite, au niveau de la commune de Tama, vous apercevrez un grand bâtiment moderne.

Tama

Centro de Visitantes de Sotama – *Av. Luis Cuevas, 2A - Tama - ✆ 942 738 109 - juil.-sept. : tlj 9h-20h ; reste de l'année : tlj 9h-18h - gratuit - dernière entrée 1/2 h av. l'heure de fermeture.*

Un vaste bâtiment ultra-moderne sur plusieurs niveaux dédié au massif. La visite commence par la projection d'un documentaire (en espagnol) sur le climat, les conditions de vie, la faune et la flore de ces montagnes. Au dernier étage, un mirador permet d'admirer toute la chaîne centrale. Juste en dessous, une maquette artistique du massif. Les autres salles sont consacrées à la géomorphologie du site, l'évolution des paysages, les traces de vie humaine au cours des siècles à travers, notamment, l'architecture religieuse et paysanne dans les villages. Le tout présenté de façon interactive et ludique constitue une bonne introduction à la découverte des Pics d'Europe.

Potes

Cette charmante petite ville de montagne est située dans un **site★** agréable dans le creux d'un bassin verdoyant avec comme toile de fond les crêtes aiguës de la chaîne Centrale. Du pont, une vue s'offre sur les vieilles maisons en pierre qui se mirent dans l'eau du Deva et sur la sévère **tour de l'Infantado** (15e s.), restaurée et transformée en hôtel de ville.

Vous y trouverez aussi de nombreuses compagnies de tourisme d'aventure (kayak, escalade, canyoning, randonnées…).

★★ VERS FUENTE DÉ

Circuit 2 *de 23 km sur la carte des Pics d'Europe ci-contre – Compter environ 30mn. Prenez la route CA 185. Pour aller au monastère, suivez la route signalée à gauche après Potes.*

Monastère de Santo Toribio de Liébana

✆ 942 730 550 - www.santotoribiodeliebana.com - tlj 10h-13h, 16h-19h - fermé pdt les services liturgiques, se rens. pour les visites dim. et j. fériés - gratuit (donation).

Occupé par des franciscains, il fut fondé au 7e s. Son rôle fut important dès le siècle suivant puisque il y fut

mis en sûreté un fragment de la Croix rapporté de Jérusalem par Toribio, l'évêque d'Astorga ; et là, enfin, vécut le moine **Beato**, célèbre pour son **commentaire sur l'Apocalypse** (8e s.). Cette œuvre, capitale pour son caractère polémique contre la théorie adoptianiste (qui faisait du Christ le fils adoptif du Père), fut condamnée au concile de Francfort (794). Copiée sous forme de manuscrits enluminés, les *Beatus*, elle eut durant plusieurs siècles un rayonnement considérable dans la chrétienté.

L'église, romane de transition, a retrouvé son harmonie originelle. Du collatéral gauche, on peut voir le *camarín* qui abrite le reliquaire du *lignum crucis* : un crucifix en argent doré qui contiendrait le plus grand morceau connu de la Vraie Croix.

Remarquez, du belvédère à l'extrémité de la route, la **vue★** sur Potes et la chaîne Centrale.

L'OURS BRUN CANTABRIQUE

Considéré comme l'ennemi ancestral de l'homme et de ses troupeaux, depuis le Moyen Âge jusque récemment, le plus grand carnivore terrestre a subi une éradication en bonne et due forme, jusqu'à se trouver au bord de l'extinction. Il fait désormais l'objet de programmes de protection, qui commencent à donner des résultats encourageants, considérés malgré tout comme encore insuffisants. On dénombrait quelque 190 sujets en 2009, répartis entre les Pyrénées et la cordillère Cantabrique, alors qu'ils n'étaient que 80 il y a quelques années. Parmi eux, une trentaine se trouve dans les territoires couverts par le Parc des Pics d'Europe et ont montré une natalité particulièrement active en 2009.

Vallée de Camaleño

En remontant le cours du Deva dans les paysages de forêts et de prairies, plusieurs villages de montagne se suivent avant d'arriver au cirque rocheux de Fuente Dé où le fleuve prend sa source. **Mogrovejo**, l'un des mieux conservés, a gardé une **tour médiévale** et des maisons traditionnelles de pierres et d'ardoises.

★★ Fuente Dé

À côté du parador, installé à 1 000 m d'altitude, se trouve la station de départ du téléphérique. La station supérieure surplombe un à-pic de 1 800 m.

Téléphérique de Fuente Dé – *✆ 942 736 610 - www.liebanaypicosdeeuropa.com - juil.-sept. : 9h-20h ; du 20 sept. à fin déc. et de mi-fév. à fin juin : si le temps le permet 10h-18h - fermé janv. et 2 premières sem. de fév. - 15,15 € AR (-12 ans 5,05 €).*

Entouré d'un glacier, le téléphérique permet de monter en 3mn près de 800 m de dénivelé jusqu'à la **station du Balcón**, le fantastique **mirador del Cable★★** domine le cirque glaciaire et de la haute vallée du Deva. De là, un sentier mène en direction du **refuge d'Aliva** et vers d'imposantes lames dressées vers le ciel, appelées les *Horcados Rojos,* résultats grandioses de l'érosion karstique.

★ LA ROUTE DES COLS (PUERTOS)

Circuit 3 de 83 km, de Potes à Oseja de Sajambre, tracé sur la carte des Pics d'Europe (p. 354) – Compter environ 2h30.

Après avoir traversé la fraîche vallée du río Quiviesa plantée de peupliers, la route s'élève entre les pâturages. 10 km après Bores, dans une série de lacets, ne manquez pas le beau panorama sur la gauche. La montée au col de San Glorio se fait dans la plus grande solitude.

★ Col (Puerto) de San Glorio

1 609 m. Un chemin de terre partant au nord conduit *(1h AR)* à proximité de la Peña de Llesba. Le **mirador de Llesba** forme un magnifique **belvédère★★** naturel sur les plus hautes cimes : à droite le Massif oriental, à gauche le Massif central et son abrupt versant sud qui domine Fuente Dé. Au premier plan, sur la gauche, le pic Coriscao (2 234 m).

Le spectacle reste austère jusqu'à **Llánaves de la Reina**, un village blotti à l'entrée des **gorges du Yuso,** rendues spectaculaires par la coloration de la roche.

Reprenez la N 621. À Portilla de la Reina, prendre à droite la LE 243 en direction de Santa Marina de Valdeón.

★★ Col (Puerto) de Pandetrave

On continue à grimper dans un paysage de haute montagne. Le col (1 562 m) révèle un panorama sur les trois massifs avec, au premier plan à droite, deux pics du Massif central : le **Cabén de Remoña** et la **Torre de Salinas**. Au fond, le village de **Santa Marina de Valdeón** se niche dans une cuvette.

Route du Cares (Ruta del Cares) – *2h30 aller*. Réputée pour être l'une des plus belles randonnées du massif, la Route du Cares s'étire de Caín à Poncebos, entre les parois d'un vertigineux défilé de 12 km appelé la **Gorge Divine**★★ (Garganta Divina). La partie la plus spectaculaire se trouve sur les 10 premiers kilomètres au départ de Caín, où vous pouvez garer votre véhicule, mais on peut aussi commencer la marche à Poncebos. Plusieurs compagnies proposent également des transferts depuis Cangas de Onís pour vous déposer à Caín et venir vous chercher à Poncebos, ou inversement *(Astur Aventuras - ☏ 985 940 223)*.

C'est une randonnée de difficulté modérée. Elle peut se faire avec des enfants (à partir de 6 ans), car le sentier est balisé et l'itinéraire présente peu de dénivelé (à l'exception de quelques kilomètres à l'abord de Poncebos). Soyez tout de même prudents car le chemin peut être glissant.

★ Col (Puerto) de Panderruedas

À 1 450 m d'altitude, on arrive dans un ample paysage de prairies. Suivez à gauche le sentier *(15mn à pied AR)* qui monte au **belvédère de Piedrafitas**★★ *(avec table d'orientation)* pour la vue impressionnante sur l'immense cirque qui ferme la **vallée de Valdeón**. À droite, on voit le **Torre de Cerredo**, point culminant du massif.

★ Col (Puerto) del Pontón

1 290 m. **Vue**★★ très pittoresque sur la vallée de Sajambre.

La descente sur **Oseja de Sajambre** s'amorce en lacets serrés en vue des contreforts de la chaîne Occidentale. Le tracé en corniche devient spectaculaire et l'on aperçoit la formidable muraille dans laquelle le Sella a creusé son lit.

★★★ DÉFILÉ (DESFILADERO) DE LOS BEYOS

Circuit 4 de 34 km, de Oseja de Sajambre à Cangas de Onís, tracé sur la carte des Pics d'Europe (p. 354) – Compter environ 1h.

★★ Mirador de Oseja de Sajambre

Du belvédère, **vue grandiose**★★ sur le bassin d'Oseja de Sajambre et l'entrée du défilé des Beyos, aux plis tourmentés. Le pic pointu du **Niaja** (1 732 m) se dresse au centre du bassin.

★★★ Desfiladero de los Beyos

Taillé par le Sella sur 10 km dans une couche calcaire d'une exceptionnelle épaisseur, ce défilé ne laisse la place qu'à de minuscules talus où s'accrochent quelques arbres. Très encaissé mais suffisamment ample pour que le soleil y pénètre, c'est l'un des plus beaux défilés d'Europe.

Cangas de Onís

En 722, la bataille de Covadonga, à quelques kilomètres de là, et la victoire de Pelayo sur les musulmans, marquent le début de la Reconquête espagnole. Cangas de Onís devient alors le siège du royaume des Asturies de 722 à 754 sous le règne de quatre monarques : Pelayo, Favila, Alfonso I et Fruela. Quelques demeures seigneuriales sont encore visibles.

Chapelle de Santa Cruz – *Juin-sept. : lun.-vend. 10h-14h et 16h-19h., sam. 10h-14h et 16h-19h30 ; le reste de l'année : consulter l'office de tourisme.* À l'ouest de l'agglomération, dans le quartier de Contranquil, cette chapelle a été érigée en 737 en souvenir de la victoire de Covadonga et a été reconstruite après la guerre civile. Elle abrite l'unique dolmen de la région, dont une pierre est ornée de dessins gravés.

Pont romain (Puente romano) – À l'entrée ouest de la ville, la croix de la Victoire, emblème de la principauté, est suspendue sous un élégant pont du 13e s. appelé « pont romain » et jeté en dos d'âne sur le Sella.

Aula del Reino de Asturias – *Dans l'église de Santa María de Cangas de Onís, à l'est de la ville, au bout de la calle Evaristo Sanchez - 1,50 €.* Cette « Salle du royaume des Asturies » est un petit musée moderne qui retrace l'histoire de la ville.

Monastère de San Pedro de Villanueva – *À la sortie du village en direction de Arriondas.* Cet ancien monastère bénédictin dont la construction date du 17e s. a englobé une église romane. De celle-ci, il reste l'abside et le portail latéral, qui porte une élégante décoration ; à gauche, les chapiteaux reproduisent les adieux du roi Favila et sa triste fin – il fut, dit-on, dévoré par un ours. Des modillons fantaisistes ornent l'extérieur de l'abside. Il est actuellement transformé en parador, mais le cloître est en accès libre. Pour visiter l'église, consultez les horaires du culte.

★★ ROUTE DE COVADONGA ET DES LACS

Circuit 5 *de 11 km, de Cangas de Onís à Covadonga , tracé sur la carte des Pics d'Europe (p. 354) – Compter environ 30mn. Suivez la route vers Covadonga et tournez à gauche au bout de 4,5 km.*

Grotte del Buxu (Cueva del Buxu)

608 17 54 67 - visite guidée (30mn) - mer.-dim. 9h-13h, 15h-17h30 - accès limité à 25 personnes par jour sans possibilité de réservation - fermé 1er janv., nov., 24-25 et 31 déc. - 2 €, gratuit merc.

La **grotte**, au flanc d'une falaise, renferme dessins au charbon de bois et gravures préhistoriques de l'époque magdalénienne, lesquelles représentent un cerf, un cheval et un bison à peine plus grands que la main.

Retournez sur l'AS 114 direction Covadonga.

Covadonga

El Repelao, s/n - 985 846 135 - de la Sem. sainte à fin sept : tlj sf dim. 10h-14h, 15h-18h.

Le sanctuaire de Covadonga (*985 846 035 - www.santuariodecovadonga.com*), niché dans un **cadre★★** impressionnant, au creux d'une étroite vallée encadrée de hautes montagnes, est l'un des principaux sites historiques de l'Espagne. La bataille de Covadonga (722) au cours de laquelle **Pélage** repoussa les troupes arabes, fut le premier pas vers la Reconquête espagnole.

La Sainte Grotte (Santa Cueva) – *985 846 115 - juil.-sept : 9h-20h30 ; le reste de l'année : 9h-19h - s'abstenir de visiter pendant les offices - gratuit.* Aménagée en l'honneur de la « Vierge des batailles » qui aurait apporté la victoire, la **grotte** abrite une Vierge en bois du 18e s., la **Santina**, très vénérée. Patronne des Asturies, elle est l'objet d'une importante procession le 8 septembre.

La basilique – *985 846 016 - juil.-sept : 9h-20h30 ; le reste de l'année : 9h-19h - s'abstenir de visiter pendant les offices - gratuit.* Édifiée de 1886 à 1901 dans le style néoroman. Devant se dresse la statue en bronze de Pélage, surmontée de la croix de la Victoire que celui-ci brandissait au cours de la bataille et dont l'original est exposé à la Cámara Santa d'Oviedo.

Le musée – *985 846 096 - tlj 10h30-14h, 16h-19h30 - 2 € (-14 ans 1 €).* Il rassemble les cadeaux offerts à la Vierge de Covadonga, telle la magnifique **couronne★** ornée de plus de 1 000 brillants (diamants taillés à facettes).

Poursuivez par la C0 4 vers les lacs.

★ Lacs (lagos) de Enol et de la Ercina

La route, en lacets, découvre à l'arrière un splendide panorama de plus en plus dégagé, si vous avez la chance de ne pas être pris dans le brouillard, fréquent à cet endroit. Au bout de 8 km, on atteint le **mirador de la Reina★★** : vue pittoresque sur la succession de pyramides rocheuses de la sierra de Covadonga. Plus loin, au-delà d'un col, la route arrive aux **lacs de Enol et de la Ercina★** (alt. 1 232 m), un des endroits les plus visités du massif, comme en témoigne l'aménagement de cette zone : parking, chemins empierrés, sentiers balisés, restaurant, ainsi qu'un musée.

De mi-juillet à début septembre, l'accès aux lacs est restreint aux automobilistes entre 8h30 et 20h30. Des navettes partent régulièrement de Cangas de Onís. Se rens. auprès de l'office de tourisme.

Centre Pedro Pidal (Centro de recepción Pedro Pidal) – *Buferrera - d'avr. à mi-déc. : 10h-18h - gratuit.* À l'intérieur, plusieurs expositions thématiques sur les Pics d'Europe (panneaux, maquettes, projections audiovisuelles et supports interactifs) expliquent les différents écosystèmes du Parc : l'intérieur d'une grotte, la haute montagne, les forêts, le rôle de l'eau. À l'extérieur, reproduction d'une petite cabane de pasteur.

Le tour des lacs – *3 km - 1h.* Un sentier, touristique, mais de toute beauté, a été aménagé autour des deux lacs. On peut aussi suivre le circuit plus long *(5 km, 3h)* un peu plus solitaire.

★★ GORGES (GARGANTAS) DEL CARES

Circuit 6 de 60 km, de Covadonga à Panes, tracé sur la carte des Pics d'Europe (p. 358) – Compter environ 1h sans excursion.

D'un belvédère aménagé, à droite, peu après Carreña de Cabrales, on entrevoit la cime en forme de croc du **Naranjo de Buines** (2 519 m), ou **pic Uriellu**, qui n'est pas le plus élevé mais le plus connu des Pics d'Europe.

Las Arenas de Cabrales

Ayuntamiento - Crta de Cabrales - 985 846 484 - www.cabrales.org - du 5 mai au 15 nov. : merc.-dim. 10h-14h, 16h-20h ; fermé le reste de l'année.

Cette petite ville ne possède pas de monuments mais elle est fameuse puisque c'est le principal centre de production du fameux fromage local, style roquefort, appelé *cabrales (voir l'encadré p. 44).*

L'office de tourisme propose 7 circuits de randonnée entre 3h et 6h de marche, ainsi que des promenades de 2h à 3h.

Prenez à droite l'AS 264 qui mène à Poncebos, à 6 km au sud.

Haute vallée du Cares

Après la retenue de Poncebos, un chemin *(comptez 3h à pied aller/retour)* conduit au village de **Bulnes**.

Funiculaire de Bulnes – *L'accès est situé à Poncebos, au carrefour de la route de Sotres. 985 846 800 - juin-sept. : 10h-20h ; reste de l'année : 10h-12h30 et 14h-18h - 15,80 € AS, 19,90 € AR (-12 ans 3,90 € AS, 6 € AR).*

Grâce au funiculaire, il est possible de se rendre en 7mn seulement à la station supérieure de Bulnes (400 m de dénivelé) qui, par temps clair, réserve le plus beau point de vue sur le **pic Uriellu.** À pied, comptez 1h30 pour la descente.

Route du Cares (Ruta del Cares) – *2h30 aller. (Voir p. 357).*

NOS ADRESSES AUX PICS D'EUROPE

HÉBERGEMENT

PREMIER PRIX

Hotel Residencia Campo y Pensión Begoña – *Posada de Valdeón - ✆ 987 740 502 ou 987 740 516 - www.montanariano.com/valdeon-posada.html - 40/45 € - rest. 10/12 €.* L'endroit est idéal pour se reposer d'une journée de marche, avec vue sur les montagnes environnantes. À la Pensión Begoña, c'est Doña Leandra qui se chargera de vous requinquer, avec ses copieux plats régionaux.

BUGET MOYEN

Hôtel Casa Cayo – *Calle Cántabra, 6 - Potes - ✆ 942 730 150 - www.casacayo.com - fermé de déb. janv. à mi-fév. - P - 51 ch. 45/55 €.* Il est installé dans l'une des plus vieilles maisons de Potes. Rue piétonne et parking municipal à 50 m. Rustique et coquet, l'hôtel dispose de chambres bien décorées, certaines sont mansardées. Petit-déjeuner au bar. Mieux vaut éviter le restaurant, cher et quelconque.

La Ablaneda – *Rte de Covadonga, km 1 (à 4 km de Cangas de Onís, dir. Covadonga au rond-point) - El Bosque - ✆ 985 940 245/46 - www.ablaneda.com - fermé du 5 nov. au 1er mars - P - 10 ch. 50/75 € - ☕ 6 €.* Ancienne ferme transformée en hôtel. L'hiver, un salon avec cheminée et une bibliothèque sont à votre disposition. L'été, profitez de l'agréable terrasse et du jardin.

UNE FOLIE

Parador de Cangas de Onís – *Villanueva - Cangas-de-Onís - 3 km au nord-ouest de Cangas de Onís sur la route d'Arriondas - ✆ 985 849 402 - www.parador.es - P - ▤ - ♿ - 64 ch. à partir de 123 € - ☕ 10 € - rest. 25,90 €.* Les moines bénédictins avaient sans aucun doute choisi ce site près du Sella pour sa tranquillité et sa beauté. C'est aussi ce que propose ce joli parador : l'histoire, la nature et l'art, ainsi que des chambres fonctionnelles et élégantes. Un vrai luxe.

RESTAURATION

PREMIER PRIX

Sidrería Los Arcos – *Av. Covadonga - Cangas de Onís - ✆ 985 849 277.* Grand choix de tapas, charcuterie et fromages (entre 3 et 10 € la *racíon*). Des produits frais et de bonnes salades pour un casse-croûte avant la balade.

Los Camachos – *Llanes s/n - Potes - ✆ 942 730 064 - 10/30 €.* Adresse connue dans le village. Une grande variété de tapas préparées devant vous et des plats traditionnels : viandes, potages *(cocidos)* à base de légumes secs (lentilles, haricots blancs) et charcuterie.

POUR SE FAIRE PLAISIR

La Palmera – *La Venta - Soto de Cangas - Cangas de Onís - ✆ 985 940 096 - 30 €.* Installé à la sortie de Cangas, ce restaurateur possède une excellente carte de plats traditionnels. Le décor est soigné, agréable et rustique.

El Campanu – *Puente Romano 4, Cangas de Onís - ✆ 985 94 74 46 - Marqués de Argüelles, 9 - Ribadesella - ✆ 985 860 358 - 30 €.* Deux adresses tout aussi agréables l'une que l'autre pour ce restaurant aux spécialités de poissons et fruits de mer. Ici, on vous servira le cidre comme il se doit (sans regarder le récipient), dans un cylindre qui vous protégera des éclaboussures.

SPORTS ET LOISIRS

Randonnées pédestres

Centres d'information du Parc national de los Picos de Europa :

Asturies – *Cangas de Onís - Casa Dago - ✆ 985 848 614.*

Castilla y León – *Posada de Valdeón - ✆ 987 740 549.*

Cantabrie-Tama – *Centro de Visitantes de Sotama - ✆ 942 738 109.*

Dans le parc, il existe 26 circuits balisés de petite randonnée, 2 de grandes randonnées et 4 circuits de haute montagne. Renseignements et cartes sur le site : **www.picoseuropa.net** (en espagnol).

☺ Les offices du Parc national organisent des randonnées guidées gratuites tous les jours de juillet à septembre dans 4 secteurs du Parc. Le niveau de difficulté est souvent facile ou modéré, accessible aux enfants, et la durée varie entre 3h et 6h. Pas de réservation, il suffit de se présenter au point de rendez-vous à l'heure du départ.

Activités de plein air

Les Pics d'Europe sont aussi l'occasion de pratiquer l'**escalade**, le **canyoning**, la **spéléologie**, le **kayak** sur le Sella et le Deva, et les promenades à **cheval**. Retrouvez les compagnies proposant ces activités et d'autres à Unquera et Potes dans l'est, ainsi qu'à Cangas de Onís et Arriondas dans l'ouest.

Cangas Aventura – *Cangas de Onís - ✆ 985 849 261, Arriondas - ✆ 985 841 699 - www.cangasaventura.com.* L'accueil, ici, est particulièrement aimable, et les guides sont très professionnels sans être dénués d'humour.

AGENDA

Fête du Berger au Lac Enol – 25 juil. Chaque année, cette fête attire foule au lac (danses de bergers, course de kayak…).

Cabrales à Las Arenas de Cabrales – Dernier dim. d'août. Concours du meilleur fromage de l'année avec dégustation.

Fiesta de las piraguas – 1er ou 2e sam. d'août. Descente internationale du Sella à Arriondas. *✆ 985 840 562 - www.descensodelsella.com.* Cette course de kayak sur le Sella attire chaque année des milliers de personnes. La fête commence à Arriondas dès le vendredi soir, et le coup d'envoi de la course est le samedi à midi. Attention, hôtels pleins et routes autour d'Arriondas et Ribadesella impraticables autour de ces dates. Vous pouvez aussi prendre le train qui suit la course. Se rens. à l'office de tourisme.

Oviedo

★★

224 005 habitants

NOS ADRESSES PAGE 372

S'INFORMER

Offices du tourisme d'Oviedo – *Plaza de la Constitución, 4 - ✆ 984 086 060 - http://turismo.ayto-oviedo.es - juin.-sept. : tlj 9h30-19h30 ; reste de l'année : tlj 10h-14h, 16h-19h.*

Marques de Santa Cruz - ✆ 985 227 586 - juin.-sept. : tlj 9h30-14h, 16h30-19h30 ; reste de l'année : tlj 10h-14h, 16h-19h.

Gare routière - ✆ 985 117 050 - juin.-sept. : tlj 9h30-14h, 16h30-19h30 ; reste de l'année : tlj 10h-14h, 16h-19h.

Office du tourisme régional – *Cimadevilla, 4 - ✆ 985 213 385 - www.desdeasturias.com - de déb. juil. à mi-sept. : lun.-dim. 10h-20h ; reste de l'année : lun.-sam. et j. fériés 10h-18h.*

SE REPÉRER

Carte de région B1 (p. 350) – *Carte Michelin n° 572 B 12.* L'autoroute A 66 relie Oviedo à la côte (Gijón se trouve à 29 km au nord) et à León (121 km au sud).

SE GARER

Le centre-ville se visite à pied. Mieux vaut laisser sa voiture aux abords du parc de San Francisco ou dans un des parkings qui l'environnent.

À NE PAS MANQUER

La cathédrale et le mont Naranco.

ORGANISER SON TEMPS

Comptez 1h30 pour visiter le centre.

AVEC LES ENFANTS

La maison de l'Ours à Proaza, le parc de la Préhistoire de Teverga, la grotte de Huerta.

Établie sur une butte, au cœur d'un bassin verdoyant, Oviedo, capitale de la principauté des Asturies, se situe dans une importante zone industrielle et minière. Contrastant avec la cité moderne, la vieille ville autour de la cathédrale est pleine de charme. Le quartier historique se compose d'une multitude de jolies placettes et de rues piétonnes décorées de nombreuses sculptures qui embellissent cette cité où il fait bon flâner. Les beaux édifices de l'art asturien, déclarés Patrimoine de l'humanité, constituent un autre attrait d'Oviedo.

Se promener Plan de ville

★★ LA VIEILLE VILLE

Circuit tracé en vert sur le plan de ville (p. 364) - Comptez 1h15. Pour découvrir cette zone piétonnière, nous vous proposons de suivre le circuit suivant.

Dans le centre piétonnier d'Oviedo, la plaza de Trascorrales, où se tient le marché aux poissons.
C. Nillus / MICHELIN

Commencez la visite par la calle San Francisco.

Ancienne université (Antigua Universidad) A

L'édifice à la façade austère fut terminé au 17e s. Sa cour classique, restaurée après la guerre, abrite la statue de son fondateur, Don Fernando de Valdés Salas.

Devant l'université, on remarque une sculpture de Manolo Hugué, *Femme assise*, une des très nombreuses œuvres disséminées dans le quartier historique.

Plaza de Porlier AB

Depuis cette place, on peut voir une partie de la façade et la tour de la cathédrale. Quelques beaux palais l'encadrent : à droite celui du comte de **Toreno** (1673), et en face celui de **Camposagrado**, harmonieuse construction du 18e s. qui abrite le tribunal (remarquez son avant-toit).

Place de Alfonso II El Casto (Plaza de la Catedral) B

À peine entré sur cette place, on est immédiatement attiré par la majestueuse cathédrale en toile de fond. À gauche se trouve le **palais de Valdecarzana**, du 17e s., remarquable par le monumental blason qui orne sa façade. À l'opposé de la cathédrale, dans la calle de La Rúa, on découvre le **palais de La Rúa**, bel édifice construit à la fin du 15e s.

★ Cathédrale B

Élevée à l'emplacement de deux anciennes églises, caractéristique du gothique flamboyant, elle fut commencée au 14e s. par le cloître et achevée dans le courant du 16e s. par le porche et la tour sud. Cette dernière, restaurée après la guerre civile et haute de 60 m, affine sa silhouette d'une courte flèche ajourée. La façade irrégulière présente trois portails gothiques. Remarquer sur le portail central la représentation de la Transfiguration (17e s.). Les vantaux en noyer sculpté sont du 18e s. : ceux du portail central représentent à gauche le Christ, à droite sainte Eulalie dans un champ de maïs.

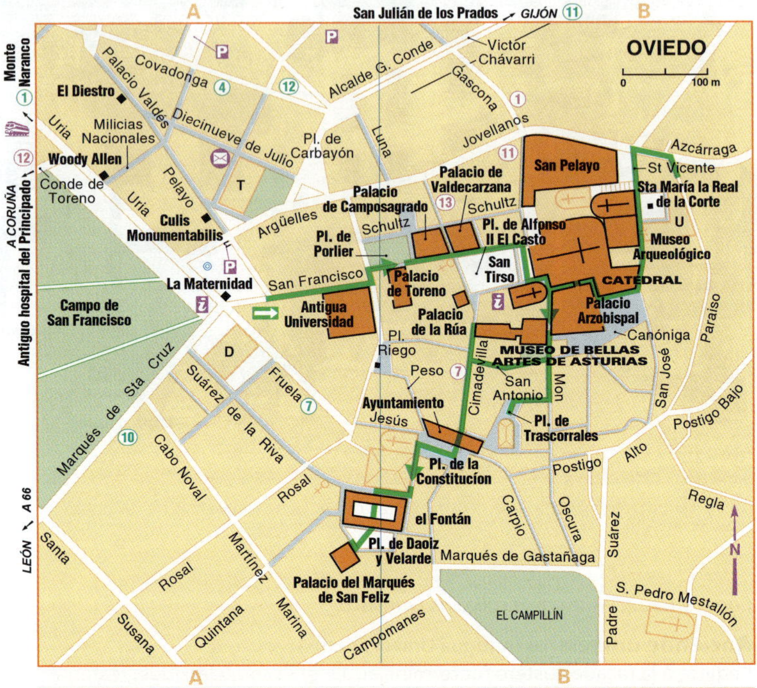

SE LOGER

- Campus ... 11
- Hôtel Carreño ... 1
- Hôtel City Express Covadonga ... 4
- Hôtel Fruela ... 7
- Hôtel Santa Cruz ... 10
- Vetusta ... 12

SE RESTAURER

- Del Arco Taberna ... 12
- El Buchito ... 11
- El Ovetense ... 13
- El Pigüeña ... 1
- Faro Vidio ... 7

Intérieur – Le triforium, que surmontent les hautes verrières et les trois rosaces de la façade, présente les formes ondoyantes typiques du gothique flamboyant. La perspective bien dégagée de la nef met en valeur les dimensions respectables du **retable★★** du maître-autel du 16e s. en bois sculpté, qui relate divers épisodes de la vie du Christ. Dans chacun des bras du transept, on découvre des retables de style baroque du 18e s.

Les chapelles latérales furent abondamment décorées à l'époque baroque. À gauche en entrant, la **chapelle de Santa Eulalía** (17e s.), dont les murs et les plafonds ont été entièrement sculptés dans la pierre, abrite dans une énorme châsse les restes de la sainte, patronne des Asturies.

Dans le bras nord du transept, la **chapelle du Rey Casto** (roi chaste) a été aménagée à l'emplacement de l'église primitive. On y accède par un portail dont la décoration, à l'intérieur de la salle, est d'un gothique tardif ; aux ébrasements, on reconnaît Jacques le Pèlerin, Pierre et Paul, saint André et, aux voussures, 12 vieillards musiciens. La chapelle héberge le panthéon des rois asturiens.

Cámara Santa – *On y accède par le bras sud du transept. ☏ 985 203 117 ou 985 221 033 - de juil. à mi-sept. : 10h-14h30, 16h-20h ; de mi-sept. à oct. : 10h-14h30, 16h-19h ; nov.-mars : 10h-14h30, 16h-18h ; avr.-juin : 10h-14h30, 16h-19h ; fermé dim., j. fériés et fév. - 2 € (visite complète 3,50 €).*

Elle fut édifiée au début du 9e s. par Alphonse II puis réformée à l'époque romane, période pendant laquelle la Cámara Santa a été dotée d'une voûte en berceau. Dans le vestibule, six groupes d'apôtres forment un ensemble de **statues-colonnes★★** stylisées, œuvres magistrales de la sculpture espagnole du 12e s. Remarquez également les trois têtes du Christ au-dessus de l'entrée. L'artiste a été influencé par le portique de la Gloire de St-Jacques-de-Compostelle, ce qui n'est pas surprenant car la Cámara Santa faisait l'objet d'un détour très fréquenté sur le chemin des pèlerins. Les chapiteaux qui surmontent les colonnes présentent le mariage de Joseph et Marie, les saintes Femmes au tombeau, des scènes de chasse au lion et au sanglier.

L'abside contient un **trésor★★** composé de pièces d'orfèvrerie ancienne tout à fait remarquables : la **croix des Anges**, don d'Alphonse II en 808, réalisée en bois de cèdre, recouverte d'or et décorée de pierreries comprenant des cabochons et camées romains, la **croix de la Victoire** (908) recouverte d'or ciselé, d'émaux et de pierreries qui fut portée par Pélage lors de la victoire de Covadonga *(voir p. 89 et 362)*, la **châsse des Agates**, don de Froïla II (910), et le **saint Coffre** (*Arca Santa*, 12e s.), un grand reliquaire recouvert de plaques d'argent et décoré d'inscriptions coufiques et latines.

Cloître (claustro) – Admirez les belles croisées d'ogives et la grande finesse des fenêtrages. La **chapelle de Santa Leocadia** est en fait la crypte de la Cámara Santa. Ornée extérieurement *(côté jardin)* d'arcatures aveugles, elle est voûtée en berceau à l'intérieur. On peut y voir un autel et des tombes de l'époque d'Alphonse II, ainsi qu'un étrange petit édicule (chapelle) en pierre. La **salle capitulaire**, de style gothique, abrite de belles stalles de la fin du 15e s.

Revenez à la plaza de Alfonso II el Casto.

PLUSIEURS FOIS RUINÉE

La capitale du royaume des Asturies (9e-10e s.)

Les musulmans n'avaient laissé que ruines de la petite cité édifiée par Froïla Ier (722-768) sur une colline nommée *Ovetum*, autour d'un monastère bénédictin. Son fils, Alphonse II le Chaste (791-842), transporte à Oviedo la cour qui, jusque-là, avait résidé à Cangas de Onís puis à Pravia. Il fait réédifier la ville, l'entoure de remparts et l'embellit de nombreux édifices religieux dont il ne nous est parvenu que des vestiges : la Cámara Santa, le chevet de l'église San Tirso et Santullano. Son successeur, **Ramire Ier** (842-850), fait élever un splendide palais d'été en partie conservé, sur le flanc du mont Naranco. Mais les limites du royaume ne cessant de se déplacer vers le sud, García Ier transporte la cour à León en 914. Le royaume d'Asturies-León n'aura qu'une brève existence, de 1037 à 1157, puis, en 1230, il est réuni définitivement à la Castille. Cependant, à partir de 1388, le dauphin de Castille portera en hommage le titre de prince des Asturies.

Les batailles d'Oviedo

En 1934, la ville a été fortement endommagée lors des combats qui firent suite à l'insurrection du bassin minier asturien : la Cámara Santa fut détruite, l'université incendiée et la cathédrale endommagée. Pendant la guerre civile, en 1937, elle fut encore le théâtre de nombreux combats.

À droite, en sortant de la cathédrale, des bas-reliefs et des bustes du jardin rendent hommage aux rois asturiens. À gauche, au début de la calle Santa Ana, on aperçoit la fenêtre du chevet de l'**église de San Tirso** qui conserve une fenêtre trigéminée bordée d'un *alfiz* (cadre de style arabe), unique vestige d'un temple du 9e s.

Tournez à gauche dans la calle Tránsito de la Virgen pour longer la cathédrale.

Après avoir franchi l'arche qui unit la cathédrale à l'archevêché, on remarque à gauche la **Torre Vieja**, de style roman, qui appartenait à l'ancienne cathédrale. Puis, on débouche sur la plaza de la Corrada des Obispo. À droite, remarquez l'**archevêché**, édifice construit à la fin du 16e s. et, à gauche, l'imposante **porte de la Limosna**, qui ouvre sur le cloître de la cathédrale.

Continuez par la calle San Vicente.

Musée archéologique (Museo Arqueológico) B

Fermé pour travaux. Se rens. auprès de l'office de tourisme.

Il est installé dans un ancien couvent. Dans la galerie inférieure du cloître plateresque du 15e s. s'ouvrent les deux salles préromanes. Les humbles fragments ou reproductions sont de précieux témoins du grand raffinement qui présidait à la décoration des monuments de l'époque asturienne : autels comme celui de Naranco surmonté de la pierre d'origine, reconstitutions de clôtures de chœurs ou cancels, bas-reliefs où l'on décèle souvent une influence orientale, bases de colonnes de San Miguel de Lillo, baies ajourées incorporées dans le mur.

Dans la galerie supérieure du cloître : collections préhistoriques trouvées dans la province, collection numismatique et objets de bois sculptés (instruments de musique).

En sortant du musée, traversez la plaza de Feijoo où se trouvent l'église de Santa María la Real de la Corte et la faculté de psychologie et remarquez au coin de la calle Jovellanos la belle façade du **monastère de San Pelayo** (18e s.), qui ressemble plus à un palais qu'à un édifice religieux.

Tournez à droite dans la calle Jovellanos et tout de suite à droite dans la calle Paraiso, jetez un œil aux ruines des anciens remparts de la ville. Revenez jusqu'à la calle Santa Ana.

★ Musée des Beaux-Arts (Museo de Bellas Artes de Asturias) B

Santa Ana, 1 - ✆ 985 213 061 - www.museobbaa.com - ♿ - juil.-août : mar.-sam. 10h30-14h, 16h-20h, dim. et j. fériés 10h30-14h30 ; reste de l'année : mar.-vend. 10h30-14h, 16h30-20h, sam. 11h30-14h, 17h-20h, dim. et j. fériés 11h30-14h30 - fermé lun., 1er janv., 21 sept., 24-25 et 31 déc. - visites guidées juil.-août w.-end à 12h, oct.-juin merc. à 18h30 - gratuit.

L'élégant **palais Velarde** (18e s.) et la **Casa de Oviedo-Portal** (17e s.) servent de cadre à une importante collection d'art qui va du Moyen Âge à nos jours. Les artistes espagnols mais également asturiens sont particulièrement représentés. Quelques œuvres étrangères, italiennes et flamandes, viennent enrichir la collection.

PRIX DU PRINCE DES ASTURIES

Ces prix sont remis fin octobre dans le cadre du splendide théâtre Campoamor par son Altesse Felipe de Borbón, prince des Asturies. Ils récompensent des travaux exemplaires dans huit disciplines : arts, sciences sociales et techniques, sports, communication, recherche scientifique, littérature, coopération internationale. C'est pour Oviedo un rendez-vous international de prestige.

Parmi les œuvres exposées dans le palais Velarde, remarquez au rez-de-chaussée l'**Apostolat** d'**El Greco**, les panneaux polychromes du *Retable de Sainte Marine* (dans l'escalier), le *Triptyque de D. Alvaro de Carreño* par le Maître de la Légende de Sainte-Madeleine, l'*Enterrement du Christ* et un magnifique apôtre de **Ribera**, un dramatique Christ crucifié de Zurbarán, un Saint-Pierre de Murillo, *Charles II à 10 ans* par Carreño de Miranda, deux portraits réalisés par Goya (*Jovellanos* et *Charles IV*) et plusieurs natures mortes de Luis Meléndez (salles du 1er étage). Le 2e étage est entièrement dédié aux artistes asturiens et espagnols du 19e et du début du 20e s. (réalisme, romantisme et modernisme) ; on remarque entre autres des peintures de F. Madrazo, Ramón Casas, S. Rusiñol, Anglada-Camarasa, etc.

Un couloir communique avec le 2e étage de la **Casa de Oviedo-Portal** dans laquelle on remarquera principalement la salle consacrée à l'œuvre du peintre luministe J. **Sorolla**, le tableau *Mousquetaire et Amour* de **Picasso** et les toiles de Gutiérrez-Solana, Regoyos et Nonell.

Au 1er étage sont exposées des œuvres d'artistes asturiens de la seconde moitié du 20e s. et au rez-de-chaussée quelques exemples très intéressants de l'**art contemporain espagnol** à la même période (Palazuelo, Tàpies, Barceló, Sicilia, Broto…) ainsi qu'une collection de vaisselle des 19e et 20e s.

En sortant du musée, remarquez la jolie **plaza de Trascorrales** avec ses maisons colorées et sa sculpture de Manuel García Linares, *La Laitière*.

Remontez la calle Cimadevilla pour accéder à la plaza de la Constitución.

La **plaza de la Constitución** est le siège de l'**hôtel de ville (ayuntamiento)**, agrémenté d'arcades aux 17e et 18e s., et de l'église de San Isidoro.

Continuez par la calle Fierro, où se trouve le marché couvert, jusqu'à la calle Fontán.

Quartier du Fontán B

C'est l'un des plus pittoresques d'Oviedo : ses maisons à arcades possèdent toutes de ravissantes cours intérieures auxquelles on accède par un porche depuis la rue.

Empruntez le porche qui donne sur la plaza Daoíz y Velarde.

Au centre de la **plaza Daoíz y Velarde**, un groupe de sculptures, *Les Vendeuses du Fontán*, rend hommage aux femmes qui vendaient sur les marchés en plein air. C'est sur cette jolie place arborée que s'élève le **palais du Marqués de San Feliz** (18e s.), œuvre de Francisco de la Riva, artiste ayant également réalisé le palais de Camposagrado. À côté se trouve la bibliothèque des Asturies.

À voir aussi Plan de ville

LE QUARTIER COMMERCIAL

Au nord-ouest du quartier ancien, dont il est séparé par la calle Argüelles, ce quartier très animé d'Oviedo devenu entièrement piétonnier est aménagé pour les promeneurs : bancs, fontaines et, surtout, de remarquables sculptures, qui balisent le parcours, parfois avec humour.

Promenade artistique A

On tombe nez à nez avec le **Woody Allen** de Vicente Santarua, au début de la calle Milicias Nacionales. En remontant à gauche, la calle Palacio Valdés sert de décor à l'impressionnant **Diestro** de Miguel Berrocal, volumineux buste de torero. À droite, la rue devient la calle Pelayo, où se trouve le

Culis Monumentabilis de Eduardo Urculo. Au bout de la rue, sur la plaza de la Escandalera, trône **La Maternidad** du Colombien Fernando Botero. Au total, près d'une centaine de sculptures publiques sont réparties dans la ville.

Campo de San Francisco A

Situé au centre de la ville, en bordure des quartiers ancien (à l'est) et commercial (au nord-est, au-delà de la calle Uría) ce joli parc bien entretenu était autrefois le potager du couvent de San Francisco aujourd'hui disparu. Lieu de promenade et de détente des habitants d'Oviedo, il conserve, près du bassin, les ruines d'un portail roman.

EN DEHORS DU CENTRE

Circuit au départ de l'Ancien Hôpital de la Principauté – Comptez 2h30 avec les visites.

Ancien Hôpital de la Principauté (Antiguo Hospital del Principado) A

À l'ouest du plan, en direction de La Corogne, par la calle Conde de Toreno qui longe le campo de San Francisco au nord.

Ce monument doté d'une chapelle octogonale date du 18e s. Aujourd'hui transformé en hôtel, on peut juste voir sa façade baroque, ornée d'un bel **écusson★**.

★ Église de Santullano ou San Julián de los Prados B

Au nord du plan, en direction de Gijón, par la calle Victor Chávarri. Continuez par la calle Teniente Alfonso après le rond-point pour aller jusqu'au parc Santullano où est située l'église. ✆ 607 353 999 - visite guidée ttes les 30mn - mai-sept. : lun. 10h-12h30, mar.-vend. 10h-12h30, 16h-17h30, sam. 9h30-11h30, 15h30-17h ; oct.-avr. : lun. 10h-12h30, mar.-sam. 9h30-11h30 - 1,20 € (enf. 0,60 €), gratuit lun. (pas de guide).

Témoin de l'art asturien, cette église, construite par Alfonso II El Casto dans la première moitié du 9e s., possède un plan bien caractéristique : porche, trois nefs, immense nef transversale et, au chevet, trois chapelles avec voûtes en berceau. Les murs sont couverts de **fresques★** aux motifs géométriques inspirés du style romain et dont l'unique symbole chrétien utilisé est la croix. Remarquez dans l'abside centrale un beau **Christ en majesté★** (13e s.) dans le style transitoire romano-gothique. À l'extérieur, le chevet présente la fenêtre à triple arcade et les claustras (pierres ajourées) typiques de l'art asturien.

★ Sanctuaires du mont Naranco (Santuarios del monte Naranco) B

À 3 km au nord-ouest du centre-ville par l'avenida de los Monumentos. ✆ 638 260 163 - visite guidée - avr.-sept. : mar.-sam. 9h30-13h, 15h30-19h, dim.-lun. 9h30-13h ; oct.-mars : mar.-sam. 10h-12h30, 15h-16h30, dim.-lun. 10h-12h30 - 3 € (-14 ans 2 €), gratuit lun. (pas de guide).

Sur le versant sud du mont Naranco, Ramire Ier avait édifié au 9e s. une résidence d'été dont subsistent l'ancien salon de réception transformé en sanctuaire (Santa María) et une partie de la chapelle royale (San Miguel).

Musée de l'Art préroman asturien (Centro de Recepción e Interpretacíon del Prerománico Asturiano) – *À gauche en contrebas du parking. Antiguas Escuelas del Naranco - ✆ 985 114 901 - juin-sept : tlj sf mar. 10h-13h30, 16h-19h30, w.-end et j. fériés 10h-14h, 16h-20h ; reste de l'année : tlj sf mar. 11h-13h30, 16h-18h, w.-end et j. fériés 11h-14h, 16h-18h30 - gratuit.*

D'intéressants panneaux explicatifs (uniquement en espagnol) vous initieront à l'art asturien. Projection vidéo en espagnol, anglais, français et allemand.

★★ **Église de Santa María del Naranco** – Classé au Patrimoine mondial de l'humanité depuis 1985, c'est un harmonieux édifice quadrangulaire à étage, renforcé par des contreforts à cannelures et éclairé de grandes baies. Au rez-de-chaussée se trouve une salle voûtée semblable à une crypte avec deux petites dépendances. À l'étage, le grand salon de réception, voûté en berceau, ouvre sur deux loggias. La décoration, très homogène et d'une grande délicatesse, a su s'adapter aux nécessités de l'architecture : un faisceau de colonnettes torsadées habille les piliers ; les chapiteaux des loggias sont corinthiens et ceux qui s'adossent aux murs, prismatiques ; les arcs doubleaux se prolongent jusqu'aux écoinçons des arcs par des pilastres cannelés et des disques décorés aussi minutieusement qu'un tissu oriental. Le même décor se retrouve à l'extérieur, avec la même symétrie. À l'extérieur, on jouit d'une belle **vue** sur Oviedo et le mont Aramo en toile de fond.

★ **Église de San Miguel de Lillo** – *Un peu plus haut, à 5mn à pied.* Ce temple nous est parvenu tronqué : le chevet fut modifié au 17e s. L'élévation des murs est accusée par l'étroitesse des nefs. Plusieurs fenêtres de type claustra ont été conservées. À l'intérieur, on admire la délicatesse de la décoration sculptée : sur les **jambages★★** de la porte, deux scènes identiques exécutées en méplat représentent un consul entouré de dignitaires, présidant les jeux du cirque. Le motif de la corde se retrouve sur les chapiteaux, les arcs de la nef et la tribune.

Circuit conseillé Carte de région B1-2

Circuit de 150 km tracé sur la carte de région (p. 350) – Comptez une journée. Quittez Oviedo au sud par la voie rapide A 66. Après une trentaine de kilomètres, sortez à Pola de Lena (sortie 92) et prenez la direction de Vega del Rey. Juste avant le village, la route pour Sta Cristina de Lena sera signalée à gauche.

★ Église de Santa Cristina de Lena B2

Garez-vous avant le viaduc, et de là grimpez par le chemin pendant 10mn. ☎ 985 490 525 - tlj sf lun. 11h-13h, 16h30-18h30 - 1,20 €.

Perchée sur un piton offrant une **vue panoramique★** sur la verdoyante vallée du Caudal, l'église Santa Cristina de Lena (9e s.) se laisse admirer pour ses belles proportions et la chaude couleur de ses pierres. Postérieur aux sanctuaires du mont Naranco, ce petit édifice, au plan de croix grecque, inhabituel dans l'architecture asturienne, reste fidèle à la tradition : voûte en pierre, arcatures aveugles, chapiteaux pyramidaux soulignés de cordes, médaillons sculptés prolongeant les arcs doubleaux et, dans le chœur, colonnettes torsadées. La nef est isolée du chœur nettement surélevé par une iconostase dont les arcades superposées accroissent l'impression d'équilibre. Les bas-reliefs du chancel (sorte d'autel) sont des sculptures d'origine wisigothique, reconnaissables aux motifs (figures géométriques, feuilles…), opportunément réemployées.

Revenez à Pola de Lena et suivez plein ouest l'AS 230. Parvenu à Caranga, prenez à gauche l'AS 228 qui suit le défilé du Teverga.

Une superbe route magnifiquement encaissée épouse le tracé du **défilé du Teverga★** (Desfiladero del Teverga).

Continuez jusqu'à San Martín.

Teverga B2

i San Martín - ☎ 985 764 293 - juil.-sept. : mar.-sam. 10h-14h, 16h-18h, dim. 10h-14h ; reste de l'année : w.-end, j. fériés et ponts 10h-14h, 16h-18h.

Collégiale de San Pedro de Teverga (Colegiata de San Pedro de Teverga)
Suivez les panneaux indicateurs « Teverga » ou « Colegiata » depuis San Martín - ✆ 663 808 185 - juil.-sept. : lun.-vend. 12h-14h, 16h-18h, sam. 10h30-14h30, 16h-19h, dim. 10h30-12h, 16h-18h.

L'église date de la fin du 12e s. Un porche et une tour lui ont été rajoutés. Son architecture recèle d'évidentes réminiscences de l'art préroman asturien : présence du narthex, nef centrale étroite et élevée, chevet plat formé à l'origine de trois chapelles. Les chapiteaux du narthex montrent des animaux et des feuilles stylisées. Dans la crypte, un petit **musée** abrite des bijoux, des reliques et des ornements dont une grande croix en argent, semblable à la croix des Anges de la cathédrale d'Oviedo ; quelques tableaux et… deux momies, le marquis de Valdecarzana et son fils Pedro Analso de Miranda, abbé de la collégiale de 1690 à 1720, puis évêque de Tolède.

Revenez à San Martín et prenez l'AS 226 en direction de Puerto Ventana. Après 3 km, arrêtez-vous à San Salvador.

★★ **Parc de la préhistoire de Teverga** (Parque de la Prehistoría)
L'entrée du parc se trouve avant le village de San Salvador sur la droite. ✆ 902 306 600 - www.atraccionmilenaria.com - « Cueva de las Cuevas » : visite guidée 20mn, max. 25 pers., réserv. recommandée - de mi-juin à mi-sept. : tlj 10h30-14h30, 16h-20h ; de mi-sept. à fin nov. et de déb. mars à mi-juin : merc.-dim. 10h30-14h30, 16h-19h ; déc.-fév. : jeu.-dim. 10h30-18h - fermé 2e quinz. de janv. - 5,50 € (4-11 ans 3,30 €) ; « La galería » : entrée libre.

Ouvert en mars 2007, le parc comprend trois bâtiments. Le premier accueille les visiteurs et héberge cafétéria, librairie, etc. Un chemin mène au deuxième édifice semi-enterré et recouvert de gazon : **La galería** (la galerie). On y pénètre par un hall en demi-lune à ciel ouvert. L'intérieur se veut à la fois une initiation et une exposition exhaustive sur l'origine de l'art en Europe. Films, écrans, panneaux et documents y reproduisent les plus spectaculaires œuvres de l'époque du paléolithique supérieur : les chevaux de Chauvet, la vache noire de Lascaux, le plafond des bisons d'Altamira (Cantabrie), les biches de Covalanas (Cantabrie), la grotte des ours de Ekain (Pays basque), les bisons de la Covacielle en Cabrales (Cantabrie) et d'autres figures recensées en Espagne, France, Allemagne, Autriche, République tchèque ou Russie. Le choix de ces œuvres permet de comprendre pourquoi et comment a surgi cet art préhistorique. Les techniques de peintures sont expliquées, tout comme leur signification, avec le même souci scénographique : de gigantesques panneaux lumineux relayés par des animations vidéo et audio mettent en valeur ce patrimoine.

Le troisième bâtiment, enterré, est appelé **Cueva de las cuevas**★ (Grotte des grottes). Il reconstitue les conditions de vie à l'intérieur d'une caverne. Température avoisinant les 10 °C, humidité, obscurité, silence, irrégularité du sol et des parois recréent pour le visiteur l'atmosphère d'une vraie grotte. En taille réelle sur les parois rocheuses qui simulent la caverne, des reproductions de trois célèbres grottes, réalisées avec les teintes naturelles et les matériaux utilisés par les hommes préhistoriques : les chevaux de Tito Bustillo *(voir p. 377)*, le Salon Noir de la grotte de Niaux et l'intérieur de la grotte de Candamo en Cantabrie.

Revenez sur l'AS 226 et roulez jusqu'à Fresnedo, indiqué sur votre gauche.

Grotte Huerta (Cueva Huerta) B2
À hauteur de Fresnedo. ✆ 666 557 628 - www.deporventura.es - visite guidée uniquement, env. 50mn - de mi-juin à mi-sept. : tlj sf lun. 11h, 12h, 13h, 16h, 17h, 18h ; reste de l'année : w.-end et j. fériés 11h, 12h, 13h, 14h - 3 €.

La plaza del Ayuntamiento, à Oviedo.
F. M. Frei / Look/Photononstop

Située le long du défilé de **Estrechura**, près du village de Fresnedo, c'est une des grottes géologiques les plus importantes de la région par sa taille (environ 14 km de galeries), et son intérêt. La morphologie de ses roches karstiques laisse voir des formations spectaculaires, tant par leurs dimensions que leur complexité. Deporventura propose également une visite de spéléotourisme, avec descente en rappel *(voir « Nos adresses » p. 374)*.

Revenez sur vos pas par le défilé du Teverga et poursuivez, en direction d'Oviedo, par l'AS 228.

Proaza B2

Plaza de la Abadía - 985 761 128.

Arrêtez-vous pour jouir de la beauté de sa place, entourée de vieilles maisons aux balcons de bois sculptés, sur fond de vertes montagnes.

La Maison de l'ours (la Casa del Oso) – *985 963 060 ou 687 588 418 - lun.-vend. 10h-14h, 16h-18h, w.-end et j. fériés 10h-11h45, 16h-18h.* Cette halte est bien connue des familles qui viennent voir les ourses Paca et Tola. Ces dernières y sont élevées en semi-liberté. Elles viennent parfois se restaurer juste devant la maison. La maison dispose également d'un petit centre d'interprétation, avec une exposition sur l'ours brun, les problèmes de conservation, et des maquettes de pièges *(voir aussi p. 356)*.

et **Senda del Oso** – Au départ du village, ce sentier de 22 km a été aménagé pour les marcheurs et les vélos sur une ancienne voie ferrée minière. Le sentier traverse les magnifiques paysages du río Trubia et du défilé des falaises de Peñas Juntas. Au niveau de El Valle, il se scinde en deux, une branche allant vers La Plaza (Teverga) à droite, et l'autre jusqu'à Ricabo (Quirós). Le dénivelé est très léger et le chemin peut se faire facilement dans les deux sens, même avec des enfants. Il existe plusieurs points d'entrée et de sortie aménagés avec des parkings. Renseignez-vous à la Casa del Oso ou à l'office de tourisme. *Location de vélo (voir « Nos adresses »).*

Sortez du village vers le sud. Au niveau de El Valle, continuez vers la gauche sur l'AS 229 en direction de Bárzana.

Sur votre droite, vous passerez le **réservoir de Valdemurio**, où il est possible de faire du kayak tout en admirant les magnifiques paysages de montagnes environnantes *(voir « Nos adresses »).*

Prenez sur la gauche la QU 6 en direction de Bermiego. Garez-vous à l'entrée du village.

La splendide **vue** que l'on a depuis Bermiego vaut bien les 4,5 km de virages en épingle à cheveux pour y arriver. En traversant ce petit village médiéval à pied, vous passez devant de nombreux *hórreos* et *paneras* traditionnels, dont le plus ancien, au centre du village, remonte au 17e s. Vous voyez également des *cortines*, sortes d'enclos circulaires en pierre conçus pour protéger les récoltes et les ruches de la gourmandise des quelques ours qui vivent encore dans la région. De l'autre côté du village, vous aboutissez au *teixu* sacré de Bermiego, un impressionnant if millénaire, flanqué d'une petite église. Le site offre des **vues** imprenables sur la vallée et les montagnes environnantes.

Revenez sur vos pas et reprenez l'AS 229 en direction de Bárzana.

Bárzana

i *Bárzana - ✆ 985 768 160 ou 985 768 109 - www.quiros.es.*

Parc naturel de Las Ubiñas – La Mesa - *✆ 985 76 48 27.* Déclaré Parc naturel depuis 2006 et contiguë au Parc de Somiedo, il offre de nombreuses opportunités de randonnées à l'écart des circuits touristiques. Il est également possible de pratiquer l'escalade et le canyoning dans la région *(voir « Nos adresses »).*

En faisant une halte au **Musée ethnographique de Quirós**, désormais installé aux abords de Bárzana près d'anciennes fonderies, on peut y voir notamment la reconstitution d'une maison traditionnelle de la région. *(✆ 985 768 096/160 - mai-sept. : merc.-cim. 11h30-14h, 17h-19h ; reste de l'année : merc.-dim 11h30-13h30, 16h-18h - gratuit).*

Regagnez Oviedo par l'AS 229 puis AS 228.

NOS ADRESSES À OVIEDO

TRANSPORTS

Aéroport *(Aeropuerto de Asturias) – ✆ 985 127 500.* Situé à 47 km au nord d'Oviedo dans la commune de Santiago del Monte, à 13 km à l'ouest d'Avilès.

Train – *✆ 985 240 202 - FEVE et RENFE, à l'angle calle Uría et av. de Santander.*

HÉBERGEMENT

PREMIER PRIX

Hôtel Carreño – Hors plan - *Monte Gamonal, 4 - ✆ 985 118 622 - www.hotelcarreno.com - 32 ch. 35/80 €.* Cet hôtel moderne se trouve sur le mont Naranco, à proximité des églises préromanes. C'est l'endroit idéal pour ceux qui cherchent le calme de la campagne près de la ville. Chambres confortables. Cafétéria et service Internet.

BUDGET MOYEN

Hôtel Santa Cruz – A - *Calle Marquès de Santa Cruz, 6 - ✆ 985 223 711 - www.santacruzoviedo.com - P - 12 ch. 50/75 € - ☕ 3 €.* En face du parc de San Francisco, ce petit hôtel sans prétention et abordable propose des chambres très propres et fonctionnelles avec possibilité d'ajouter un lit supplémentaire. Les plus calmes donnent sur une cour intérieure, les plus lumineuses sont côté rue.

Hôtel Campus – Hors plan -*Fernando Vela 13 - ✆ 985 111 388 - www.aparthotelcampus.es - 65 appts 55/130 €.* Appartements avec prestations hôtelières. Installations fonctionnelles : salles de bains et cuisine complètes. Hall et cafétéria à disposition.

Hôtel Fruela – A - *Calle Fruela, 3 - ✆ 985 208 120 - www.hotelfruela.com - P - 28 ch. 60/98 € - ☕ 10 €.* Idéalement situé à deux pas du quartier historique et du parc de San Francisco, ce magnifique hôtel a conservé sa belle façade de la fin du 19e s., mais l'intérieur a été complètement refait dans un style très actuel avec de beaux matériaux. La décoration est superbe et l'accueil soigné.

POUR SE FAIRE PLAISIR

Hôtel City Express Covadonga – A - *Covadonga, 7 - www.holidaycityeurope.com - ✆ 985 203 232 - P - 44 ch. 38/120 € - ☕ 8 €.* Une bonne adresse qui propose des tarifs intéressants certains week-ends. Prestations de qualité, chambres impeccables. Non loin du quartier ancien, au cœur de la zone commerçante et animée d'Oviedo.

Hôtel Vetusta – A - *Covadonga 2 - ✆ 985 222 229 - www.hotelvetusta.com - 16 ch. 70 €.* Hôtel situé en plein centre, avec une jolie façade rouge, d'architecture traditionnelle. Les chambres sont petites et un peu bruyantes, mais avec tout le confort nécessaire. Le petit-déjeuner se prend au café du rez-de-chaussée.

À proximité d'Oviedo

Vous trouverez plusieurs hôtels et restaurants dans le village de Proaza et alentour.

PREMIER PRIX

Hôtel Torrepalacio – *Plaza de la Abadía, s/n - Proaza - 985 761 169 - www.hoteltorrepalacioasturias.com - 10 ch. 35/55 €.* Sur la place du village, un joli petit hôtel rural dont l'intérieur a été restauré et qui dispose de jolies chambres confortables, décorées avec soin. Attenant, le bar fait restaurant et possède un grand patio.

RESTAURATION

PREMIER PRIX

El Buchito – B - *Jovellanos 8 - ✆ 984 188 907 - ración 11 €.* Bar moderne décoré comme une vinothèque. Large sélection de vins, tables hautes pour *tapear* et salle à manger sur deux niveaux.

Del Arco Taberna – Hors plan - *Pl. de América 6 - ✆ 985 255 522 - ración 12 €.* Taverne bien tenue, où vous pourrez déguster un grand choix de tartines et *raciones* variées. Grande salle avec des bancs en enfilade.

POUR SE FAIRE PLAISIR

El Pigüeña – B - *Calle Gascona, 2 - ✆ 985 210 341 - 25/35 €.* Typique, la première partie du restaurant est une cidrerie animée (attention, le sol est glissant !) avec une arrière-salle et un étage où l'on mange des plats régionaux et copieux : assiettes de *jabugo*, fruits de mer.

Faro Vidio – B - *Calle Cimadevella, 19 - ✆ 985 228 624 - http://farovidio.restaurantesok.com - 36/40 €.* Face au bar à tapas, les aquariums regorgent de crustacés. Le décor maritime et élégant de ce restaurant en fait un bel endroit où l'on paye sans doute un peu le cadre. Choix de poissons et de fruits de mer selon l'arrivage et carte raffinée.

PETITE PAUSE

Grand choix de glaces artisanales près du parc de San Francisco.

EN SOIRÉE

Le cidre : plus qu'une boisson locale, c'est tout un rituel qui commence tôt et se termine tard.Beaucoup de *sidrerías* se trouvent concentrées dans la **calle Gascona**, d'ailleurs rebaptisée « boulevard du cidre ». Dans le quartier historique, c'est la **calle Mon** qui s'anime la nuit.

El Ovetense – B - *San Juan 6 - 985 220 840 - 17 ch. 43/57 € - ración 10/15 €.* C'est le rendez-vous incontournable des *oventenses* pour se retrouver entre amis, toutes générations confondues, boire du cidre, jouer aux cartes et suivre les grands matchs de football. C'est bruyant et animé. On peut aussi y manger, en général debout au bar, tout en faisant connaissance avec ses voisins. Quelques chambres également.

SPORTS ET LOISIRS

Dans le secteur de Proaza, vous pouvez louer des vélos pour parcourir la Senda del Oso, et pratiquer d'autres activités de tourisme d'aventure.

Albergue de Arrojo – *985 768 209 - www.alberguearrojo.com.* En partant d'Arrojo, vous pourrez descendre le chemin, plutôt que de le remonter. Possibilité de venir vous chercher avec les vélos en fin de parcours pour le remonter. Le lieu propose également kayak et escalade.

Deporventura – *Las Agüeras - 666 557 628 - www.deporventura.es.* Location de vélo, canyoning, escalade, kayak et visites-aventure de la grotte Huerta. Visite de spéléotourisme, avec descente en rappel *(env. 4h, 25 € - enf. à partir de 7 ans).*

Centro BTT – *Tuñon - 985 761 177 ou 659 209 383 - www.vallesdeloso.es.* Location de vélo, tandems et tricycles au départ de la Senda del Oso.

ACHATS

Les *carbayones*, de grands et délicieux gâteaux à la crème et aux amandes, ainsi que les chocolats et les *bollos preñaos* – brioches fourrées au chorizo – sont des spécialités de la ville. Vous trouverez les meilleurs *carbayones* à la pâtisserie **Camilo de Blas** *(c/ Jovellanos, 7)* et les chocolats de **Peñalba** *(c/ Milicias Nacionales, 4).*

AGENDA

Fêtes de l'Ascension – Du vendredi au samedi sont organisés des défilés folkloriques, des *bandas*, des concerts et le concours des *escanciadores*, de serveurs qui versent le cidre le bras levé.

Costa Verde

★★

NOS ADRESSES PAGE 383

S'INFORMER
Les **offices de tourisme** sont repérables sous les localités décrites grâce au symbole.

SE REPÉRER
Carte de région AD1 (p. 350) – *Carte Michelin n° 572 B 8-15.* Le littoral asturien s'étire de LLanes à Castropol sur 220 km, entre la frontière de la Cantabrie, à l'est, et celle de la Galice, à l'ouest.

À NE PAS MANQUER
Le cap de Peñas, le mirador del Fito.

ORGANISER SON TEMPS
Comptez deux jours en dormant près de Gijón.

AVEC LES ENFANTS
Profitez de la plage de Salinas et des 6 autres dépendant de la commune d'Avilés, visitez le musée du Milieu marin de Peñas et la grotte de Tito Bustillo, découvrez la promenade le long de la rivière Muñiellos.

La Costa Verde, l'une des plus belles côtes du littoral espagnol, doit son nom à la couleur de l'océan, où se mirent les vertes montagnes toutes proches, et son arrière-pays bocager. Nichés dans des criques pittoresques, la plupart des villages étaient autrefois dédiés à la pêche. Aujourd'hui, tout en revendiquant leur vocation touristique, ils restent relativement préservés du tourisme de masse.

Circuits conseillés Carte de la Costa Verde

Très rocheuse, la côte longe la montagne. Si elle présente un tracé assez rectiligne, ne s'interrompant qu'avec le cap de Peñas, elle est cependant formée de courtes falaises, dont les nombreuses indentations laissent la place à des criques sablonneuses. Les estuaires étroits et profonds portent tous le nom espagnol de « rías » mais ne sont pas comparables à ceux de la Galice proche. À partir de Cudillero, le littoral apparaît plus déchiqueté et plus abrupt. Le plateau côtier s'achève sur la mer par un ruban de falaises très escarpées et une série de plages intimes situées aux embouchures des cours d'eau.

DE LLANES À GIJÓN

Circuit 1 de 89 km tracé sur la carte de la Costa Verde (p. 378) – Compter une journée.

Llanes

Alfonso IX (La Torre) - 985 400 164 - www.llanes.com - de mi-juin à mi-sept. : tlj 10h-14h, 17h-21h ; Sem. sainte et ponts : 10h-14h, 16h-20h ; reste de l'année : lun.-sam. 10h-14h, 16h-18h30, dim. et j. fériés 10h-14h.

Petit port de pêche et station balnéaire prise d'assaut l'été, Llanes est aussi une ancienne ville fortifiée. Du paseo de San Pedro dominant le village, on découvre le vieux quartier, les ruines de ses anciens remparts et de son château, la silhouette trapue de l'église de **Santa María**. Terminée en 1480, elle affiche un style gothique mais a conservé une porte romane. À l'intérieur, retable en argent du 15e s. Dans l'enceinte médiévale, les rues piétonnes vous guideront jusqu'au donjon où s'est installé l'office de tourisme.

Les époques suivantes ont aussi laissé leurs traces : Llanes possède de nombreuses constructions du 19e s. réalisées par les *Indianos*, ces Espagnols qui avaient fait fortune en Amérique et qui se faisaient construire de grandes demeures aux façades colorées, destinées à affirmer leur nouvelle position sociale. Le **casino** de Llanes en est un exemple. D'autres *casonas indianas* sont visibles dans la calle Concepción et la avenida de La Paz.

Enfin, le port est aussi connu depuis 2002 pour l'œuvre de l'artiste basque Agustín Ibarrola *(voir aussi « Forêt de Oma », près de Guernica p. 244)*, qui a peint les cubes de béton de son brise-lames. Le résultat, **Los Cubos de la Memoria**, transforme la jetée en une gigantesque sculpture polychrome. La ville est également dotée de belles **plages** : El Sablón à l'ouest, el Puerto Chico et la playa de Toró à l'est.

Si vous avez le temps, nous vous conseillons d'aller jusqu'à Colombres visiter le musée de l'Émigration.

Musée de l'Émigration (Museo de la Emigración – Fundación Archivo de Indianos) **à Colombres**

20 km à l'Est de Llanes vers San Vicente de la Barquera. ✆ 985 412 005 - juin-sept. : tlj sf lun. 11h-14h, 17h-20h ; reste de l'année : mar.-sam. 10h-14h, 16h-19h, dim. 10h-14h - 4 € (6-14 ans 2 €).

Ce musée est installé dans le somptueux palais **Quinta Guadalupe** construit en 1906 par Íñigo Noriega Laso, habitant de la ville qui a fait fortune au Mexique. Il évoque l'histoire des centaines de milliers d'Asturiens qui émigrèrent au 19e s. en Amérique latine, pour des raisons politiques et surtout économiques. Certains, ayant fait fortune, revinrent au pays et construisirent ces villas ou palais. À travers de nombreuses photos et différents documents, on peut suivre cette aventure humaine qui a fortement marqué la région.

De Llanes, prenez l'AS 263 vers Ribadesella, 28 km plus à l'ouest.

Entre Llanes et Ribadesella se succèdent quantité d'autres plages de sable hérissées de promontoires rocheux : **Poo, Celorio, Barro**, **Cuevas del Mar**.

Ribadesella

ℹ Paseo Princesa Letizia, s/n - ✆ 985 860 038 - www.ribadesella.es - de déb. juil. à mi-sept. : tlj 10h-21h ; reste de l'année : mar.-sam. 10h-14h, 16h-18h30, dim. 11h-14h.

La ville et le port sont établis sur la rive droite de l'estuaire du Sella. Sur l'autre rive, une station balnéaire s'est développée le long de la jolie baie de **Santa Marina**. On retrouve ici encore de somptueuses *casonas indianas* en bordure de plage, qui donnent à Ribadesella un air pimpant et chic. Côté port, des bateaux de pêche tanguent dans une mer bleu marine devant le **paseo de la Princesa Letizia**. Derrière, le centre-ville s'organise selon un plan géométrique : trois rues rectilignes que l'on peut traverser en quelques minutes pour se rendre plaza de Villar y Valle d'où part le chemin de La Atalaya qui mène à une grande **plage** éponyme.

Prenez la N 632 vers Gijón et tournez à gauche vers Sebreño puis Ardines. Les grottes sont à 300 m.

★ Grottes de Tito Bustillo (Cuevas de Tito Bustillo)

☏ 985 861 120 - visite guidée (1h) - de la Sem. sainte à déb. sept. : tlj sf lun et mar., dép. ttes les 25mn - 10h-16h - 3 € (7-12 ans 1 €), merc. gratuit - accès interdit -7 ans. Le nombre de visiteurs étant limité à 360 par jour, la réserv. est indispensable au ☏ 902 190 508. Pensez à vous couvrir, la température de la grotte est d'environ 12 degrés, avec 98 % d'humidité.

La **grotte** est célèbre pour son **mur de peintures★** exécutées par les hommes du paléolithique entre le solutréen et le magdalénien (environ 20 000 ans av. J.-C.). Quelques figures (un cheval, deux cerfs, un renne, un autre cerf, un autre cheval) précèdent la partie la plus lisse de la paroi, sorte de plafond bas où sont représentées, dans les concavités, des silhouettes d'animaux atteignant 2 m de long, peintes en rouge ou ocre et soulignées de noir.

Reprenez la N 632 en direction de Gijón, sur 26 km.

La Isla

Tout proche de la route, sur une pointe rocheuse, ce tout petit village est envahi par des villas neuves. Le lieu est recherché pour son chapelet de **plages** séparées par des rochers.

Revenez un peu en arrière sur la N 632, vers Gobiendes puis Arriondas par l'AS 260, qui s'enfonce dans l'arrière-pays. Parcourez environ 12 km.

★★★ Mirador del Fito

Cuminant à 629 m d'altitude, ce belvédère, auquel on accède par un escalier, offre un spectaculaire **panorama** sur les Pics d'Europe en face et à gauche, sur la sierra de Sueve à droite, et de l'autre côté, sur la côte qui plonge à pic dans la mer.

Revenez sur vos pas et retrouvez la N 632, direction Gijón. À Colunga, bifurquez à droite sur l'AS 257 vers Lastres.

Lastres

Accroché au flanc d'une abrupte falaise, entre la plage et le port, c'est un minuscule village de pêcheurs. Face aux bateaux, la plage de **la Griega** est connue pour ses **empreintes de dinosaures**.

Juste à côté se trouve le **musée du Jurassique (MUJA)** *(voir p. 386)*.

Prenez la direction de Villaviciosa, qui vous ramènera sur la N 632. Après environ 6 km, bifurquez à gauche vers Priesca.

Priesca

L'**église de San Salvador** (921) est un des plus beaux exemples d'art préroman asturien avec celle de Valdediós. Sa forme rectangulaire aux proportions restreintes, constraste avec la hauteur de la nef, qui lui confère une grande sveltesse. Remarquez l'abside tripartite et ses voûtes en berceau ornées de fresques, tandis que la nef centrale, lambrissée, arbore de magnifiques chapiteaux aux motifs végétaux.

Revenez sur la N 632 pour rallier Villaviciosa.

Villaviciosa

(voir p. 385).

Poursuivez vers l'ouest sur la N 632.

Gijón

(voir p. 388).

DE GIJÓN À CASTROPOL

Circuit 2 de 134 km tracé sur la carte de la Costa Verde (ci-dessus) – Compter une journée, hors circuits à l'intérieur des terres. Quittez Gijón par l'AS 239.

Luanco

Ramón Pérez de Ayala, 1 - 985 882 644 - www.ayto-gozon.org - tlj 10h30-14h, 17h-20h30.

Luanco peut encore séduire par sa petite taille et son charme discret, mais comme ses voisines, elle accorde une place de plus en plus importante au tourisme balnéaire. Ainsi, en dépit d'une activité de pêche encore présente, son port se tourne résolument vers l'accueil des vacanciers, comme en témoignent les constructions neuves qui se multiplient sur le front de mer et sa colline.

Calle de La Riva – C'est la rue principale de Luanco, où sont situés trois monuments baroques : la **tour de l'Horloge** (Torre del Reloj) et le palais de **Los Menendez Pola**, avec ses grands avant-toits, et, au bout de la rue, surplombant la plage, l'église de **Santa María** (18e s.) où l'on peut voir sept retables dans le plus pur style baroque.

Paseo del Muelle – De cette promenade, où se trouvent les restaurants animés de la ville, charmante vue sur la baie de Luanco. Admirez les belles galeries de verre qui ornent ses façades.

Musée maritime des Asturies (Museo marítimo de Asturias) – *Calle de Gijón s/n - 985 880 101 - www.museomaritimodeasturias.com - juil.-août : tlj 11h-14h, 17h30-20h30 ; reste de l'année : mar.-sam. 11h-14h, 17h- 20h, dim. et j. fériés 11h-14h - 2 € (-18 ans 1 €), gratuit mar.* L'activité des fonds marins sous tous ses aspects : histoire de la navigation avec près d'une centaine de maquettes de bateaux montrant l'évolution de la construction navale, pêche traditionnelle, biologie marine.

Suivez l'AS 238, direction Avilés, et à Altamira, tournez à droite. Après 10 km, le cap de Peñas est indiqué par les panneaux « Faro » (phare).

★★ Cap de Peñas

Une route à travers la lande mène au point le plus septentrional des Asturies : le phare de Peñas, témoin du trafic maritime depuis plusieurs décennies. Il

vous réserve de splendides points de vue sur la côte de part et d'autre de son rocher.

Musée du Milieu marin de Peñas (Centro del Medio Marino de Peñas) – *985 882 644 ou 657 098 617 - - juin-sept. : tlj 9h-21h ; avr.-mai : 10h30-14h, 16h-20h ; mars et oct. : 10h-14h, 16h-19h ; nov.-fév. : 10h30-18h - 1 € (4-14 ans 0,50 €).*

Installé au rez-de-chaussée du phare, il est axé sur le rôle et l'histoire des phares dans la vie des marins. Cinq salles, petites mais intéressantes, expliquent ce qu'il faut savoir sur l'histoire des falaises alentour, faune, flore, ambiances marines. L'une d'entre elles est consacrée à la tempête. Avec une mise en scène efficace (bruit, éclairages, images projetées sur les murs), elle entraîne le visiteur malgré lui dans un impressionnant naufrage en trois dimensions.

Suivez l'AS 328 en direction d'Avilés pendant 8 km, puis à droite l'AS 329 au niveau de Granda.

★ Avilés

Calle Ruiz Gómez, 21 - 985 544 325 - www.avilescomarca.info - de déb. juil. à mi-sept. : tlj 10h-20h ; reste de l'année : lun.-vend. 9h-14h, 16h30-18h30, w.-end et j. fériés 9h-14h.

Avec 85 000 habitants, Avilés est la troisième ville des Asturies. Ville sidérurgique, à l'écart de la côte, elle mérite un détour pour son quartier ancien concentré autour de la place de la mairie. L'enclave historique, autrefois entourée de murailles, n'est pas grande mais digne d'intérêt.

Plaza de España – Elle constitue le cœur de la vieille ville et se trouve bordée par l'**hôtel de ville**, un ancien palais construit au 17e s. sur le modèle de celui d'Oviedo auquel la tour avec l'horloge a été ajoutée au 19e s. Face à lui, le **palais Ferrera** est un bel exemple de style baroque. Dans la calle San Francisco qui lui est adjacente, la fontaine de **los Caños de San Francisco**, datée du 17e s., fait jaillir l'eau des bouches de six visages d'hommes scellés dans le mur. Voyez aussi les **calles Fruta, Ferrería et Rivero**. Mitoyennes de la plaza de España et emblématiques de la ville, elles alignent les façades à écussons, les arcades, et quelques édifices modernistes.

Calle Galiana – Elle constitue l'un des exemples les mieux conservés des rues à colonnes, typiques des Asturies. Très large, sous arcades, elle arbore encore son double pavement au sol : galets pour les animaux, dalles pour les piétons. Au-dessus des piliers de soutènement en pierre, de beaux balcons en bois peints décorent les maisons. Au bout de la rue se trouve l'une des entrées du **parc de Ferrera**, vaste espace vert où l'on peut se promener dans un élégant jardin à la française.

Plaza de Los Hermanos Horbón – On y pénètre par un porche depuis la rue principale, la calle La Cámara. Réalisée pendant la deuxième moitié du 19e s., elle s'organise autour du marché couvert. Supportées par des colonnes de fer, ses façades blanches sont faites de galeries de verre et d'acier typiques du nord de l'Espagne. Le verre permet de laisser entrer la chaleur du soleil, et le blanc de garder la lumière dans un pays où il pleut beaucoup. L'homogénéité de l'ensemble lui confère une belle harmonie.

Palais de Valdecarzana – Il s'agit du plus vieil édifice d'Avilés. Vous le reconnaîtrez à sa façade gothique datée du 14e s. et ornée de baies géminées, de portes en arc et de corniches saillantes.

San Nicolás de Bari – Ancien couvent du 13e s., transformé ensuite en église. Il conserve des portails d'origine et une tour carrée à gauche de l'entrée principale.

Traversez Avilés et continuez vers Piedras Blancas par la N 632. De là, bifurquez vers la côte, direction Salinas.

Salinas

La grande station balnéaire d'Avilés s'étale le long d'une baie, bordée à l'est par une vaste pinède et à l'ouest par un îlot rocheux, la Peñona, accessible par une passerelle. Ce rocher permet d'avoir une **vue générale★** de la plage, l'une des plus longues de la Costa Verde. Une des plus belles aussi, en dépit des quatre immenses barres d'immeubles des années 1970 qui défigurent son front de mer. Il suffit de regarder du bon côté…

Salinas est la première des sept plages de la commune d'Avilés. Elles s'étendent vers l'ouest sur une dizaine de kilomètres, le long d'une côte très escarpée, jusqu'à la grande plage de dunes de Baya : **El Sablón**.

Partez en direction de l'aéroport et de Santiago del Monte. Retrouvez ensuite la N 632, direction Soto del Barco. Après avoir franchi la Pravia, vers Muros de Nalón, prenez la direction de San Esteban de Pravía et longez l'estuaire jusqu'au bout.

Ermitage du St-Esprit (Ermita del Espíritu Santo)

La route qui mène à l'ermitage permet d'entrevoir, à travers les eucalyptus, l'estuaire de la ría de la Pravia et la plage immense de **San Juan de la Arena** où déferlent les vagues. De l'**ermitage**, **vue★** étendue à l'ouest sur les falaises du littoral.

Un agréable et joli chemin en corniche parcourt le littoral jusqu'à Cudillero.

Revenez sur la N 632 et roulez environ 9 km.

★ Cudillero

Puerto del Oeste, s/n - ☎ 985 591 452 - www.cudillero.org - juil.-sept. : tlj 10h-21h (20h fin sept.) ; juin : lun.-vend. 10h-14h, 17h-20h ; sam. 11h-14h, 17h-20h, dim. 11h-14h ; oct.-mai : lun.-vend. 10h-14h, 16h-19h, sam. 11h-14h, 16h-19h, dim. 11h-14h.

Accrochées à flanc de montagne, les maisons de ce petit port s'échelonnent en amphithéâtre jusqu'à la mer. Les façades peintes forment une mosaïque

Cabo de Peñas, le cap des Asturies le plus au nord offre de splendides points de vue.
M. Schoenfelder / Photononstop

de couleurs vives, où chaque construction semble adossée à l'autre. Pas de rues dans ce curieux village, mais des escaliers ou des marches, qui descendent le long des petites maisonnettes de poupée et de leurs minuscules terrasses-jardins. En bas se trouvent des édifices plus imposants, comme l'église du 18e s., ocre jaune, les hôtels, et un chapelet de bars et de parasols qui guettent les touristes.

Concha de Artedo – *5 km à l'ouest.* Plage d'une indiscutable beauté à ne pas manquer lors d'une visite à Cudillero.

Prenez la voie rapide jusqu'à la sortie Oviñana-Cabo Vidio.

★★ Cap Vidio (Cabo Vidio)

Au bout de la route qui sillonne la lande, le cap Vidio, également signalé par les panneaux « Faro Vidio », réserve un saisissant spectacle. Ses falaises à pic dominent la mer de 100 m. La houle s'acharne en contrebas. Près du phare, la **vue★★** panoramique se déroule à droite vers le cap de Peñas et à gauche vers le cap Busto.

Retrouvez la N 634 et filez vers l'ouest.

Entre le cap Vidio et Navia, on peut bifurquer vers l'arrière-pays à hauteur de Canero, et suivre le **circuit** qui mène à **Cangas de Narcea** *(voir le détail du circuit 3 un peu plus bas).*

Navia et la vallée de la Navia

(voir p. 396).

Une trentaine de kilomètres séparent Navia de l'estuaire de Ribadeo et de la Galice.

Figueras

Encore un petit port. Celui-ci est situé dans la ría de Ribadeo et livre une très jolie vue sur Castropol, qui ressemble à un village autrichien se reflétant dans un lac.

Suivez l'AS 31 direction Barres. Là, prenez à droite la N 640.

Castropol

Plaza del Ayuntamiento, 1 - ✆ 985 635 809 - lun.-vend. 8h-15h.
Face à Ribadeo, sur la rive droite de l'estuaire, le dernier port asturien est établi sur un promontoire au milieu de la ría qui sert de frontière entre les Asturies et la Galice. En 1587, un incendie a presque tout détruit : restent quelques rues pavées de galets autour d'une place toute blanche, des *casonas*, un palais et une église du 15e s.

L'INTÉRIEUR DES TERRES PAR LA ROUTE DU NARCEA

Circuit 3 de 91 km tracé sur la carte de la Costa Verde (p. 378) – Comptez au moins une journée AR, sans les éventuelles promenades. Sur la N 632, au niveau de Canero, tournez à gauche et suivez la N 634. Cette excursion à l'intérieur des terres, le long du Llorin puis de la vallée du Narcea, vous fera découvrir les merveilleux paysages en relief de l'arrière-pays, à l'écart des flux touristiques.

Tineo

L'attrait de ce bourg accroché à flanc de montagne à 673 m d'altitude réside dans sa position de mirador, ménageant vers le sud-est un immense **panorama★** sur les sierras environnantes.

Cangas del Narcea

Plaza Mayor s/n - ✆ 985 811 498 - www.fuentesdelnarcea.org - juil-sept. : lun.-sam. 10h-14h, 16h-20h, dim. 10h-14h ; reste de l'année : lun.-sam. 10h-14h, 16h-19h, dim. 11h-14h. Visites guidées du centre historique tlj sf dim. à 12h, dép. de plaza Mayor.
Porte de la haute vallée du Narcea, Cangas est le rendez-vous des pêcheurs de truites et des randonneurs. À travers le **Parc naturel de Fuentes del Narcea**, il existe de nombreux circuits à faire à pied ou en voiture. L'accès au magnifique circuit dans la **Réserve de la biosphère de la forêt de Muñiellos** *(18km, env. 7h)* est limité à 20 personnes par jour. Il est donc indispensable de réserver longtemps à l'avance. De nombreux autres itinéraires sont en libre accès aux alentours de la réserve.
Procurez-vous cartes et informations à l'office du tourisme de Cangas, ou à la Casa del Parque Natural Fuentes del Narcea, derrière le monastère de Corias (✆ 985 813 981 - du 21 juin au 21 sept. : mar.-dim. 10h30-14h, 17h30-20h ; reste de l'année : mar.-dim. 11h-14h, 16h-19h).
La promenade le long de la rivière Muñiellos entre Moal et Tablizas est très facile et peut se faire avec des enfants *(env. 2h AR)*.
Seule zone productrice de vin de la région des Asturies, Cangas del Narcea développe également depuis peu l'œnotourisme, avec une **route du vin** *(www.rutadelvinodecangas.com)*, regroupant bodegas, bars à vin et œnothèques. La localité a, par ailleurs, récemment ouvert un petit **musée du Vin** *(✆ 680 148 012 - juil.-sept. : mar.-dim. 11h30-13h30, 17h-20h ; reste de l'année : se rens. - se rens. pour le prix d'entrée)*. Celui-ci présente des explications sur l'histoire du vignoble de la région, les variétés de raisins cultivés, ainsi que les différentes étapes de production.

NOS ADRESSES SUR LA COSTA VERDE

HÉBERGEMENT

PREMIER PRIX

Casa Agudín – *8 km au sud de Cangas del Narcea par l'AS 15 - Berguño - ✆ 985 921 066 - www.casaagudin.com - 10 ch. 40/50 €* ☕. Doña Mari vous accueille comme des membres de la famille dans sa maison traditionnelle restaurée. Elle sert elle-même son délicieux gâteau maison au petit-déjeuner, pendant que vous admirez la magnifique vue sur la vallée. Prévenez-la si vous souhaitez goûter à sa cuisine au dîner. Également petite échoppe avec vin et autres produits locaux, ainsi que des informations sur les randonnées à faire dans la région.

BUDGET MOYEN

Hôtel Playa de Luanco – *Calle Alejandro Artime, 10 - Luanco - ✆ 985 883 555 - 10 ch. 45/60 €* ☕. Hôtel situé en plein centre de Luanco, sur le port, face aux bateaux. Sept des dix chambres donnent sur la mer et certaines ont même un petit balcon. **Hôtel Camangu** – *4 km à l'est de Ribadesella sur l'AS 263 - Camango - ✆ 985 857 646 - www.camangu.com - 10 ch. 50/70 €* ☕. Malgré sa situation en bord de route, cet hôtel rural a tout le charme d'une agréable maison de campagne, napperons en dentelle et accueil chaleureux inclus. Le petit-déjeuner buffet est copieux.

Hôtel Marina – *Gran Vía, 36 - Ribadesella - ✆ 985 860 050 - parking public en face de l'hôtel - fermé du 15 nov. à fin mars - 46 ch. 55/80 €* ☕. La façade rouge de ce grand édifice, idéalement situé au centre de la ville, se découpe au bout de la promenade maritime. Ses chambres coquettes sont propres et confortables. Demandez celles qui ont vue sur le port. Le propriétaire parle anglais.

POUR SE FAIRE PLAISIR

Hôtel Casona de la Paca – *El Pito - Cudillero - ✆ 985 591 303 - fermé du 10 déc. au 1er fév. - 🅿 - 19 ch. 66/89 € - ☕ 7 €*. Situé sur un plateau en haut de Cudillero, au lieu-dit « El Pito », voici un havre de paix et un très bel établissement dans une maison de la fin du 19e s. restaurée avec goût au milieu d'un beau parc. Les chambres sont ravissantes et les propriétaires connaissent par cœur les itinéraires à fréquenter selon vos goûts et l'époque de l'année. Une excellente adresse dans cette gamme de prix.

RESTAURATION

PREMIER PRIX

La Calzada – *Calle Uría, 26 - Cangas del Narcea - ✆ 985 812 223 - 10/30 €*. Bar et restaurant familial, cet établissement sans charme particulier se distingue pour sa bonne cuisine et pour son menu, aussi servi le soir, copieux et à un prix modéré.

BUDGET MOYEN

Sidrería Narcea – *Dos Amigos, 12 - Cangas del Narcea - ✆ 985 810 038 - 15/30 €*. La grande salle à manger animée de ce restaurant familial attire tout autant locaux et voyageurs. On se régale d'une cuisine traditionnelle copieuse et variée, servie avec le sourire. Bonne sélection de vins locaux et de jambons, lesquels décorent le bar.

Casona de Pio – *Riofrío, 3 - Cudillero - ✆ 985 591 512 - fermé du 10 janv. au 10 fév. - ▤ - 20/35 €.*

C'est le retaurant préféré des habitants de Cudillero, qui vantent la fraîcheur de ses produits et le soin apporté à la cuisine. C'est ici qu'il faut goûter « *el curadillo* », un poisson pêché et séché sur place, dont la recette est jalousement gardée par les locaux. La carte traditionnelle propose bien sûr les autres poissons du jour et un grand choix de fruits de mer.

POUR SE FAIRE PLAISIR

Eutimio – *San Antonio - Lastres - ✆ 985 850 012 - fermé 15 j. en déc., 7 j. en juin et lun. - 25/41 €.* Une halte chez Eutimio s'impose lorsqu'on vient admirer le port de Lastres. Sa spécialité, ce sont bien entendu les poissons, dont une excellente daurade, et une intéressante carte de vins.

EN SOIRÉE

Bar Chicote – *La Fuente 8 - Cangas del Narcea - ✆ 985 810 934.* Au premier abord, ce petit bar au plafond bas, éclairage néon et sciure au sol ne paie pas de mine, mais Don Antonio y sert ses propres cuvées, assorties de *raciones* de fromage ou jambon, dans une ambiance locale parfaitement authentique.

AGENDA

La Saint-Roque à Llanes – Août. La danse du *Pericote*, et surtout celle de la *Prima*, exécutées par des enfants, constituent un spectacle pittoresque.

Descente internationale du río Sella à Ribadesella – 1er sam. d'août. Chaque année, cette descente du río Sella en kayak, attire des foules de spectateurs.

Villaviciosa

14 775 habitants

NOS ADRESSES PAGE 387

S'INFORMER

Office de tourisme – *Teatro Riera s/n - 985 891 759 - juil.-août : tlj 10h30-14h, 16h-19h30 ; avr.-juin et sept. : merc.-dim. 10h30-14h, 16h-19h30 ; oct.-mars : mar.-sam. 12h-14h, 13h30-17h30.*

SE REPÉRER

Carte de région C1 (p. 350) – *Carte Michelin n° 572 B 13.* Villaviciosa se situe sur l'A 8, à 44 km à l'ouest de Ribadesella et à 27 km à l'est de Gijón. Oviedo se trouve à 47 km au sud-ouest par l'A 64.

SE GARER

La rue Manuel Bedriñana mène à un parking gratuit.

À NE PAS MANQUER

La magnifique plage de Rodiles.

ORGANISER SON TEMPS

Comptez une journée d'étape, avec les alentours.

AVEC LES ENFANTS

Le musée du Jurassique.

C'est au fond de sa profonde ría que le futur Charles Quint, âgé de 17 ans, venu de Flandres avec toute une escorte de courtisans pour prendre possession de son nouveau royaume, accosta en septembre 1517. Une erreur de navigation l'avait éloigné du port de débarquement prévu : Santander. Pour mémoire, le petit centre ancien de la ville a conservé ses élégantes ruelles, ses maisons blasonnées et deux belles églises romanes.

Se promener

La **plaza Carlos Ier**, située au cœur du quartier historique, constitue un point de départ idéal pour une promenade. Elle est entourée de blanches demeures seigneuriales blasonnées dont certaines sont reconverties en hôtel.

Quittez la place par la calle del Sol.

Cette jolie rue est une succession de vieilles maisons aux balcons de bois. Elle se prolonge par la calle del Carmen, au bout de laquelle se trouve la **Capilla la Torre**.

Revenez sur vos pas et bifurquez à gauche rue Caveda y Nava.

Après avoir longé le colegio de San Rafael et le colegio de San Francisco, continuez tout droit jusqu'à l'église de **Santa María de La Oliva,** du 13e s., dont la façade a gardé une rose gothique et un portail roman flanqué de statues-colonnes. À côté se trouve un petit **musée** consacré à l'art roman de Villaviciosa.

La Casina de la Oliva

Plaza de Obdulio Fernandez, 51 - 985 892 938 - de déb. juil. au 8 sept. : mar.-sam. 11h-14h, 17h-20h, dim. et j. fériés 11h-14h - gratuit.

On trouve dans ce musée les clés pour comprendre l'art roman et préroman qui caractérise les 29 églises recensées dans le patrimoine religieux de Villaviciosa. Chaque monument fait l'objet d'une description approfondie, avec l'explication des détails importants à découvrir pendant les visites.

À proximité Carte de région

Amandi C1

1 km au sud par la route de Infiesto, AS 255.

Juchée sur une hauteur et signalée par son clocher-pignon, l'**église San Juan**, transformée au 18e s., conserve du 13e s. un portail et une abside élégamment décorée. Dans l'**abside★**, on retrouve la frise de la façade épousant les contours incurvés des entre-colonnades et formant un ruban sinueux. Les chapiteaux remarquablement ciselés sont d'une grande richesse inventive.

★ Valdediós C1

7 km au sud-ouest par l'AS 113, direction Oviedo.

Dans un vallon sont réunis une petite église asturienne d'allure désuète et charmante, et un monastère.

L'église de San Salvador – Consacrée en 893 et appelée familièrement « el conventín », elle illustre l'art asturien dans sa dernière période. La nef centrale, très élevée, est épaulée de collatéraux étroits. Remarquez l'arc triomphal et les chapiteaux ornés du cordon asturien. Le portique latéral devait servir de promenoir. Les chapiteaux à entrelacs, les fenêtres à arcades et les claustras artistiquement sculptés sont d'influence mozarabe.

Le monastère - *✆ 985 892 324 - www.monasteriovaldedios.com - avr.-sept. : tlj 11h-13h, 16h30-18h30 ; oct.-mars : mar.-dim. 11h-13h - visite du couvent et du monastère 2,50 €, couvent seul 1,25 € (-12 ans 1 €).* Il se compose d'une église cistercienne du 13e s. et d'un cloître des 15e, 17e et 18e s.

Tazones C1

12 km au nord. Prenez la VV 5, via Mar, pour suivre la rive gauche de la ría.

Au bout de la ría de Villaviciosa, lové sur les flancs de deux montagnes où les maisons s'entassent de façon désordonnée sur plusieurs étages, le petit port de Tazones est connu pour son habitat traditionnel, ses habitations peintes de couleurs vives aux balcons en bois, et ses ruelles pavées comme autrefois. Ce petit bout de terre entre mer et montagne est devenu le rendez-vous du week-end, pour manger une paëlla dans l'un des restaurants de la rue principale qui fleure bon la marée.

Rodiles C1

10 km au nord par la N 632 et la VV 6. À l'embouchure de la ría, sur la rive droite.

Cette grande **plage** de sable doré longue d'1 km, bordée de dunes et de pinèdes, est l'une des plus belles de la Costa Verde.

Musée du Jurassique - MUJA (Museo Jurásico de Asturias) C1

24 km au nord-est. Prenez l'A-8 dir. Santander, sortie 344 pour Colunga. Sortez du bourg, dir. Lastres. Le musée est fléché sur la gauche, peu avant Lastres. Rasa de San Telmo, s/n. San Juan de Duz. Colunga. ✆ 902 306 600 - www.museojurasico.com - de mi-juin à mi-sept. : tlj 10h30-14h30, 16h-20h ; reste de l'année : merc.- dim. 10h30-14h30, 16h-19h - 6,60 € (4-11 ans 4,40 €) - audioguides en français ou anglais : 1,60 €.

Construit entre Colunga et Lastres, le MUJA expose les nombreux restes de squelettes de dinosaures trouvés sur la côte orientale des Asturies, qui a été surnommée la « côte des dinosaures » car ont été découverts pas moins de neuf **sites d'empreintes préhistoriques** sur la portion de littoral comprise entre le cap Torres, à l'ouest de Gijón, et la carrière d'Arra, à deux kilomètres à l'est de Ribadesella. Sur les côtes de Villaviciosa (Playa de Merón, Tazones), de Colunga (Acantilados de Lastres, playa de La Griega) et de Ribadesella (playa de Vega), les empreintes sont visibles certains jours à marée basse.

Le musée a lui-même la forme d'une empreinte (*huella*) tridactile qui symbolise trois périodes géologiques de l'ère secondaire : le trias, le jurassique et le crétacé, durant lesquelles cette région s'est couverte de sédiments.

Le temps est le fil conducteur de l'exposition, depuis les premières manifestations de la vie sur Terre jusqu'à l'apparition de l'homme. Un effrayant sauropode de 20 m de long occupe toute une salle, et beaucoup d'autres reproductions de dinosaures et de reptiles ponctuent le parcours, ainsi que des jeux interactifs sur écrans pour les enfants et des animations audiovisuelles.

NOS ADRESSES À VILLAVICIOSA

HÉBERGEMENT

BUDGET MOYEN

Hôtel Carlos I – *Plaza Carlos I, I-4 - 985 890 121 - 16 ch. 45/65 € - 4 €.* Espaces communs réduits, mais grandes chambres dans une *casona* du 18e s., décorées avec du mobilier d'époque, quelques-unes mansardées.

Hôtel Casa España – *Plaza Carlos I, 3 - 985 892 030 - 14 ch. 48/66 € - 4 €.* Une bâtisse seigneuriale, au cœur du quartier historique, abrite cet accueillant hôtel familial. Les chambres sont petites mais agréables. Très bon rapport qualité-prix.

Hôtel El Conventín – *Calle El Carmen, 14 - 985 893 389 - 8 ch. 48/66 € - 4 €.* Belles chambres design dans cet hôtel entièrement restauré à l'intérieur, avec ascenseur pour handicapés.

RESTAURATION

BUDGET MOYEN

Sidrería Bedriñana – *Calle Maliayo, 1 - 985 890 132 - 15/25 €.* Ce serait dommage de ne pas s'arrêter dans une cidrerie en visitant Villaviciosa, capitale du cidre des Asturies. Celle-ci sert une cuisine locale généreuse, dans un cadre typique. Spécialités de viandes et de poissons de la mer Cantabrique, desserts maison, cidre d'Appellation contrôlée.

À proximité de Villaviciosa

POUR SE FAIRE PLAISIR

La Corte de Lugàs – *Lugás, s/n - Lugás - dir. Infiesto par l'AS 332 - 985 890 203.* Une bonne table dans un hôtel luxueux aménagé dans une ancienne ferme rénovée. Cadre rustique agréable et très bon accueil.

ACHATS

Du cidre à la coopérative.

Gijón

277 554 habitants

NOS ADRESSES PAGE 394

S'INFORMER

Infogijón – *Rodríguez San Pedro, s/n (Espigón Central de Fomento) - 985 341 771 ou 902 013 500 (pour les tél. 3G) - www.gijon.info - juil.-août : tlj 10h-22h ; mai-juin, sept.-oct. et Sem. Sainte : tlj 10h-20h ; reste de l'année : 10h-14h30, 16h30-19h30 - fermé 1er et 6 janv., 24, 25 et 31 déc.*

Playa San Lorenzo, Escalerona - juil.-sept. : tlj 10h-22h ; de la Sem. sainte à fin juin : tlj 10h-14h, 16h-20h - fermé oct.-mars.

Vous pouvez acheter un billet combiné 3, 4 ou 5 musées pour 4,20 €, 5,70 € et 7,10 € respectivement, valable pour le musée du Train, le musée du Peuple Asturien, les thermes romains de Campo Valdés, le parc archéologique de Campa Torres et la Villa Romana de Veranes. Ces musées sont gratuits le dimanche.

Gijón Card – Disponible pour 1, 2 ou 3 jours (10/12/15 €). Accès gratuit aux transports en commun, au jardin botanique, aux musées municipaux et à 3h de vélo, ainsi qu'à de nombreuses réductions sur d'autres musées et activités touristiques et visite de la ville avec audioguide.

Visite de la ville avec audioguide – *2 € pour 4h (caution 10 €).*

SE REPÉRER

Carte de région C1 (p. 350) – *Carte Michelin n° 572 B 12-13.* Par l'A 8, Gijón se trouve à 27 km d'Avilés (à l'ouest) et 179 km de Santander (à l'est). Par l'A 66 Oviedo se trouve à 30mn au sud-ouest.

SE GARER

Préférez un parking payant, car les places sont rares en centre-ville.

À NE PAS MANQUER

Une promenade sur le sentier côtier.

ORGANISER SON TEMPS

Le quartier historique vous retiendra bien 2h.

AVEC LES ENFANTS

L'Aquarium, le musée du Train, le jardin botanique.

Grande cité animée et moderne de plus de 250 000 habitants, Gijón a été construite à l'origine sur l'étroite presqu'île de Santa Catalina, entre deux anses. L'une abrite aujourd'hui le port, à l'ouest, l'autre comprend la longue plage de San Lorenzo. Gijón peut s'enorgueillir de son beau front de mer, de son vieux quartier de pêcheurs et de ses nombreux musées de qualité. Enfin, et surtout, c'est incontestablement la ville la plus animée de la Costa Verde.

Le port de Gijón et ses bateaux.
M. Blanco / Office espagnol du tourisme

Se promener Plan de ville

PLAGES ET CENTRE-VILLE

Circuit tracé en vert sur le plan de ville ci-contre – Comptez 1h15 sans les visites.
Des **sentiers verts** permettent de se rendre en centre-ville. Ainsi, sans traverser les environs industriels plus ou moins avenants de la métropole, on peut se rendre à vélo ou à pied jusqu'au quartier historique, à l'ouest, et sur le très beau sentier côtier de Cervigón vers le Cabo San Lorenzo, à l'est de la ville.

★ Plage de San Lorenzo ABC2

Cette longue plage urbaine de sable fin est bordée par une grande promenade pavée de dalles blanches et délimitée par les fameuses *barandillas*, balustrades de fer forgé, blanches également. Elles sont le signe distinctif de beaucoup de plages du nord de l'Espagne, à commencer par celle de St-Sébastien.
Longez la plage en direction de l'église San Pedro. Devant Campo Valdés, tournez à gauche vers la plaza Mayor.

Plaza Mayor A1

À dominante ocre rouge, les façades de cette place carrée forment un ensemble harmonieux d'édifices baroques. Chaque dimanche s'y tient un marché d'artisanat et de produits régionaux en plein air.
Traversez la place pour aller en face et passez sous les arcades.

Plaza del Marqués A1

Admirez l'élégante façade du **palais de Revillagigedo**, accolé à la **Collégiale San Juan de Bautista** (fin 17e s.). D'apparence médiévale, l'ensemble est en réalité baroque.
Montez la calle Claudio Alvargonzález, du nom du célèbre marin et héros des Guerres du Pacifique, dont le buste en bronze se dresse en chemin.

Cimadevilla A1

Sur la colline de **Santa Catalina** s'échelonnent les maisons du quartier des pêcheurs appelées « Cimadevilla ». Pour y accéder, empruntez la **montée del Cerro** (Subida del Cerro) le long de la mer. Un **parc** domine toute la baie de Gijón. Autrefois propriété du ministère de la Défense qui l'utilisait pour ses manœuvres, il est aujourd'hui devenu l'un des lieux les plus visités de Gijón. Il reste de ce complexe militaire la calle Artillería (rue de l'Artillerie) et la Casa de las Piezas, qui protégeait la partie occidentale de la ville des attaques de corsaires au 17e s. À l'endroit le plus emblématique du parc, l'artiste basque **Eduardo Chillida** a réalisé en 1990 une gigantesque sculpture de béton brut, *Elogio del Horizonte* regardant l'infini et accueillant les marins dans ses bras en béton. Paradoxalement « pleine de vide », on peut écouter le bruit amplifié de la mer en se plaçant au centre de cette sculpture en forme d'escargot.

SE LOGER	SE RESTAURER	
Castilla ⑤	El Candil ⑤	Restaurante Ciudadela ⑦
Hôtel Begoña Playa ①	El Perro que fuma ③	**Casa Natal de Jovellanos A**
Hôtel Quinta Duro ④	La Pondala ①	**Torre del Reloj B**
Marqués de San Esteban ②	La Salgar ②	
Pasaje ③	La Zamorana ④	

Si elle a causé une large polémique lors de son installation, cette œuvre est maintenant emblématique de la colline.
Redescendez vers les maisons de pêcheurs en contrebas en empruntant la calle Artillería puis la calle Oscar Olavarría.

Plaza de la Corrada A1

Autrefois, on y donnait des spectacles en plein air. Un bâtiment en pierre à gauche de la place attire l'attention avec sa magnifique galerie de bois et son avant-toit profond, qui protège l'édifice des intempéries : il s'agit de la **Casa de los Alvargonzález**, siège de la fondation culturelle qui porte son nom.
Continuez par la calle Oscar Olavarría puis la calle Vicaría à gauche.

Plaza Arturo Arías A1

Elle est appelée aussi par les habitants du quartier, **plaza la Tabacalera**, car, outre l'art militaire, Cimadevilla abritait aussi une usine de cigarettes. Le grand édifice au nord de la place, était occupé par la Fabrique de tabac de Gijón, installée dans un ancien couvent. C'est la plus grande place du quartier et, avec ses bars à matelots, elle est restée très populaire. Au n° 4, se trouve une maison de pêcheurs traditionnelle en pierre, sur deux niveaux, avec un escalier extérieur.
Quittez la place par la calle Vizconde de Campogrande.

Tour de l'horloge (Torre del Reloj) A1 (B)

Ne se visite pas. Moderne et toute rose, cette tour a été édifiée en 1989 sur les vestiges d'une tour du 16e s., visibles au rez-de-chaussée. Elle sert aujourd'hui de réserve d'archives.

Maison natale de Jovellanos (Casa Natal de Jovellanos) A1 (A)

✆ 985 18 51 52 - www.jovellanos.net - mar.-vend. 9h30-14h, 17h-19h30, w.-end et j. fériés 10h-14h, 17h-19h30 - fermé 1er et 6 janv., mar. du carnaval, 15 août, 24, 25 et 31 déc. - gratuit.
Palais du 16e s. où est né et a vécu Gaspar Melchor de Jovellanos. En plus de sa fonction commémorative envers l'esprit éclairé de l'intellectuel asturien, le musée expose également le patrimoine artistique de toute la ville. Sont représentées les écoles des 17e et 18e s. européens et l'art asturien des 19e et 20e s. Deux autres salles présentent des objets et des meubles.
Traversez la plaza Jovellanos vers le sud.

Thermes romains del Campo Valdés (Termas Romanas) A1

Campo Valdés, s/n - ✆ 985 185 151 - mar.-vend. 9h30-14h, 17h-19h30, w.-end et j. fériés 10h-14h, 17h-19h30 - fermé 1er et 6 janv.,15 août, 24, 25 et 31 déc. - 2,40 € (-16 ans 1,40 €), gratuit dim.
Les thermes ont été construits entre le 1er et le 4e s. apr. J.-C. C'étaient les bains publics de l'époque dont nous sont parvenus des peintures murales et un système de chauffage par le sol. Les fouilles ont aussi mis au jour des objets de la vie quotidienne et des indications sur la flore et la faune de cette période. Une combinaison ingénieuse de passerelles et de points d'information permettent de parcourir et de reconstruire virtuellement cet endroit. En sortant du musée, remarquez au sol les traces de l'ancienne muraille romaine.
Non loin des thermes, le **palais des Valdés**, exemple parfait du palais asturien, donne son nom au lieu. Construit en 1570, il est composé d'une partie centrale encadrée par deux tours latérales, avec une chapelle sur le flanc gauche.

Église Mayor de San Pedro A1

Datée du 15e s., elle a été entièrement détruite pendant la guerre civile et reconstruite entre 1945 et 1954 dans le style néoroman par deux architectes d'Oviedo, Francisco et Federico Somolinos.

À voir aussi Plan de ville

Aquarium (Acuario) Hors plan

5mn à pied du centre-ville, à l'ouest de la plage de Poniente. ☎ 985 185 220 - www.acuariodegijon.com - juil.-août : tlj 10h-22h ; avril-juin : lun.-vend. 10h-19h, w.-end et j. fériés 10h-21h ; sept.-mars : lun.-vend. 10h-19h, w.-end et j. fériés 10h-20h - 12 € (3-14 ans 6 €).

Des milliers d'espèces de poissons et des requins sont à contempler dans cet aquarium dernier cri, doté d'un bassin géant.

Musée du Train (Museo del Ferrocaril) Hors plan

Plaza de la Estación del Norte, s/n - ☎ 985 308 575 - avr.-sept. : mar.-vend. 10h-19h, w.-end et j. fériés 10h30-19h ; reste de l'année : mar.-vend. 9h30-18h30, w.-end et j. fériés 10h-18h30 - 2,40 € (-16 ans 1,40 €), gratuit dim.

Dans cette ancienne gare reconvertie en musée, les enfants seront ravis de voir fonctionner une des premières locomotives à vapeur.

DÉVELOPPEMENT INDUSTRIEL ET INTELLECTUEL

De la forteresse romaine au port du 15e s. – Gijón entretient la mémoire de son passé romain avec les fouilles qui sont exposées dans le parc archéologique de la Campa de Torres, ville fortifiée du nord de l'Espagne datée de 490 av. J.-C. *(voir « À voir aussi »)*. La ville médiévale fut ensuite fondée en 1270. Théâtre des affrontements entre le roi légitime Pedro Ier et Enrique de Trastámara à la fin du 14e s., une grande partie de son territoire urbain a été détruit. Elle reprend sa croissance avec l'obtention de son statut de ville portuaire, octroyé en 1480 par les Rois Catholiques.

Une prospérité marchande et industrielle – À partir de cette date, l'histoire de Gijón est liée au développement de son activité maritime. À la fin du 18e s., elle revendique le titre de capitale économique des Asturies. Son essor industriel freiné par l'invasion napoléonienne (1809-1812) et, ensuite, sous Franco, ne l'empêche pas de rester un pôle industriel actif, lié notamment à l'exploitation de ses mines de charbon. Aujourd'hui, sa modernisation s'est accompagnée d'efforts de mise en valeur de son patrimoine passé et présent.

L'enfant du pays – Gijón est la patrie de **Gaspar de Jovellanos** (1744-1811), l'un des esprits les plus brillants de l'Espagne du 18e s. On lui reconnaît les talents d'un poète, d'un économiste partisan du libéralisme, et d'un homme politique éclairé. Né à Gijón en 1744, il est issu de la petite noblesse. En 1797, après avoir occupé un temps le poste d'ambassadeur d'Espagne en Russie, il est nommé ministre de la Justice, poste qu'il quitte un an plus tard sous la pression de Godoy, qui cherche à le destituer. Mais il se fait remarquer pour sa volonté de réformer le pays, de lutter contre l'Inquisition et la richesse de l'Église. Destitué, il rentre à Gijón, où il devient conseiller d'État, mais il se heurte à la vague conservatrice de l'époque. On l'accuse d'avoir fait connaître en Espagne une traduction du *Contrat social* de Rousseau, évidemment censuré, et il est arrêté et déporté à Mallorca en mars 1801.

Jardin Botanique (Jardín Botànico) Hors plan

Av. del Jardín Botánico, s/n. À côté de l'Universidad Laboral. Autobus 1, 2, 18 et 26. ✆ 985 130 713 - www.botanicoatlantico.com - juin-sept. : 10h-21h ; oct.-mai : 10h-18h - fermé lun. et 24, 25, 31 déc., 1er janv. - 5,70 € (-26 ans 2,80 €).

Seul jardin botanique dans cette région d'Espagne, on y découvre d'un coup toutes les espèces végétales de cette partie de la péninsule. Sur 16 ha, 30000 plants et 2000 variétés sont présentés avec un équipement muséographique complet, salles audiovisielles, audioguides et animations pour les enfants.

Parc archéologique de Campa Torres (Parque Arqueológico natural) Hors plan

Cabo Torres, accessible par le bus 21. ✆ 985 301 682 - avr.-sept. : tlj sf lun. 10h30-19h ; oct.-mars : tlj sf lun. 10h-17h - 2,40 €.

Avec vue panoramique sur la côte, le musée a été conçu à partir des restes d'un village de l'époque préromaine. Occupé à partir du 1er s. apr. J.-C. par les Romains, il était connu sous le nom de Noega. La visite des fouilles qui ont mis au jour les murailles et l'emplacement de maisons se prolonge avec les explications du musée et une exposition sur l'histoire de Gijón.

Fondation Evaristo Valle Hors plan

Camino de Cabueñes, 261 - Somió. Bus nº 10. ✆ 985 334 000 - www.evaristovalle.com - avr.-oct. : mar.-sam. 17h-20h, dim. et j. fériés 12h-14h ; nov.-mars : mar.-sam. 16h-18h, dim. et j. fériés 12h-14h - 3 € (-12 ans gratuit).

María Rodríguez del Valle, nièce du peintre, a légué sa collection personnelle de tableaux et d'objets de l'artiste ainsi que les deux résidences de « La Redonda » : l'une construite en 1971 pour héberger le musée, l'autre, un palais de la fin du 19e s rénové. Les deux sont situés dans un splendide parc de 16000 m², avec des jardins anglais et français, où sont exposées une vingtaine de sculptures d'artistes contemporains. La collection permanente du musée rassemble une centaine d'œuvres du peintre né à Gijón en 1873, et mort en 1951.

Musée du Peuple Asturien (Museo del Pueblo de Asturias) Hors plan

Paseo del Doctor Fleming, 877, La Güelga - Bus 1 et 10 - ✆ 985 182 960 - www.redmeda.com - avr.-sept. : mar.-vend. 10h-19h, w.-end et j. fériés 10h30-19h ; oct.-mars : mar.-vend. 9h30-18h30, w.-end et j. fériés 10h-18h30 - 2,40 € (gratuit dim.) - fermé 1er et 6 janv., mar. gras, 15 août, 24, 25 et 31 déc.

Sur une surface totale de 35000 m², ce musée vise à conserver la mémoire du peuple asturien et de ses traditions à travers des photos, vidéos, instruments de musique, outils et documents. Le bâtiment principal de ce musée est en fait le pavillon original qui représentait la région des Asturies à l'Exposition universelle de 1992 à Séville. Dans les jardins, sont disséminés plusieurs greniers à pain (*hórreos* et *paneras*) traditionnels des 18e et 19e s., des reconstitutions de moulins, d'habitations de paysans et d'une *bolera* où sont parfois organisées des compétitions de *bolos*, une sorte de pétanque locale. On y trouve également le **Museo internacional de la Gaita** (musée du Biniou), qui présente une impressionante collection de cornemuses de différentes régions et époques.

Musée Nicanor Piñole A3

Plaza de Europa 28 - ✆ 985 359 594 - mar.-vend. 9h30-14h, 17h-19h30, w.-end et j. fériés 10h-14h, 17h-19h30 - fermé 1er et 6 janv., mar. gras, 15 août, 24, 25 et 31 déc. - gratuit - audioguide 1,60 €.

Cette ancienne école, une élégante bâtisse du début du 20e s. abrite depuis 1991 les œuvres du peintre Nicanor Piñole. Celui-ci représente avec Evaristo

Valle l'essentiel de « l'École de Gijón ». Donation de la veuve de l'artiste, quelque 700 huiles, dessins, pastels et aquarelles retracent la trajectoire du peintre.

Villa Romana de Veranes Hors plan

Veranes, 12 km au sud de Gijón par l'AS-II, sortie 17 - ✆ 985 185 129 - mai-sept. : mar.-vend. 10h-20h, w.-ends et j. fériés 11h-20h ; reste de l'année : mar.-vend. 10h-17h, w.-end et j. fériés 11h-18h - 2,40 €, dim. gratuit.

Ouvert au public depuis 2007, ce complexe archéologique expose les restes d'une villa romaine qui s'étendent sur près d'un hectare. Étudié depuis le début du 20e s., c'est dans les années 1950 que l'on découvre l'origine romaine de ce gisement. La visite se fait avec un vidéo-guide présentant une reconstitution virtuelle des bâtiments.

Pendant l'été, la municipalité de Gijón propose des visites thématiques théâtralisées avec dégustation de plats romains *(réserv. indispensable. Se rens. à l'office de tourisme).*

★ **Laboral Ciudad de la Cultura** Hors plan

C/ Luis Moya Blanco, 261 (à côté de l'hôpital de Cabueñes et du jardin botanique) - bus 1, 2, 4 et 18 - ✆ 902 306 600 - www.laboralciudaddelacultura.com - visites guidées de déb. mai à mi-juin : lun.-vend. 13h, 17h, w.-end et j. fériés 12h, 13h, 17h et 18h ; de mi-juin à fin août : 12h, 13h, 17h, 18h et 19h - 4,20 €, montée à la tour seult : 1,60 €, billet combiné avec jardin botanique : 7,70 €.

Ouvert au public depuis 2007, après des années de travaux de réhabilitation, ce pharaonique ensemble architectural date de l'époque franquiste. Conçu dans les années 1940 par un officier un tantinet mégalomane, il devait servir d'orphelinat de l'industrie minière et piscicole. Le complexe fut en fait utilisé comme université entre 1955 et 1978. Les différents éléments ont été inspirés par les constructions grandioses des civilisations romaine, grecque et ottomane, entre autres : le Parthénon pour le théâtre, Ste-Sophie pour l'église. Aujourd'hui, la Laboral abrite une université avec ses résidences universitaires, ainsi qu'un centre de créations artistique et industrielle, une salle de spectacles à la pointe de la technologie, l'École supérieure d'art dramatique, le conservatoire de musique de Gijón, et les locaux de la Radiotelevisión de la principauté des Asturies. *Renseignez-vous sur les expositions temporaires et les spectacles.*

NOS ADRESSES À GIJÓN

TRANSPORTS

Gare RENFE – *Marqués de San Estebán, s/n - ✆ 985 170 202 - Départ ttes les 30mn pour Oviedo.*

Gare FEVE – *Estación de Langreo - ✆ 902 100 818.*

Bus touristique – *✆ 902 422 242 - www.alsa.es - dép. ttes les h, de fin juin à déb. sept. : 10h-15h, 16h-22h ; reste de l'année : seult w.-end de juin, Sem. sainte et ponts : 10h-15h, 16h-19h - 11 €/j., 16 €/2 j. (enf. 5,50 €, 8 €).*

Train touristique – *✆ 902 555 902 - www.trenesturisticosdelnorte.com - de juin à déb. sept., dim. à 9h20 - 54 €.* Au départ de Gijón, l'Itinéraire de la biosphère comprend la visite du Parc naturel de Redes, la Casa del Agua, la collégiale Sta María de Tanes, et la grotte Deboyu. Déjeuner et dégustation de fromage *casín.*

HÉBERGEMENT

PREMIER PRIX

Hôtel Begoña Playa – B3 - *Ezcurdía, 88 - ✆ 985 338 111 - www.hotelesbegona.com - 43 ch.*

46/67 € - ☕ 3,20 €. Idéalement situé à quelques mètres de la plage de San Lorenzo, cet hôtel sans charme particulier propose des chambres confortables à prix modérés. Parking municipal et cafétéria attenante.

BUDGET MOYEN

Hôtel Castilla – A2 - *Corrida, 50 - ✆ 985 346 364 - www.hotelcastillagijon.com - 43 ch. 59/91 € - ☕ 4,50 €.* Hôtel assez classique avec des chambres fonctionnelles et des salles de bain modernes et impeccablement propres, quoiqu'un peu petites. La salle du petit-déjeuner est le seul espace commun.

POUR SE FAIRE PLAISIR

Hôtel Marqués de San Esteban – A2 - *Marqués de San Esteban, 11 - ✆ 985 092 010 - www.bluehoteles.es - 27 ch. 55/130 € - ☕ 6 €.* Les chambres sont petites mais bien équipées, avec des sols en parquet et balcons pour la plupart. Deux d'entre elles sont mansardées. Petit-déjeuner buffet.

Hôtel Pasaje – A2 - *Marqués de San Esteban, 3 - ✆ 985 342 400 - www.hotelpasaje.net - 29 ch. 58/129 € ☕.* Hôtel familial avec vue sur le port de plaisance. Les chambres sont convenables et sont complétées par une cafétéria publique et un bar *lounge* au 1er étage.

À proximité

POUR SE FAIRE PLAISIR

Hôtel Quinta Duro – *Camino de las Quintas, 385 - Cabueñes - ✆ 985 330 443 - www.hotelquintaduro.com - 11 ch. 80/95 € - ☕ 6,42 €.* Ce magnifique hôtel est une ancienne demeure construite il y a trois siècles dans un parc de 20 ha. Situé à 3 km de Gijón, c'est un havre de quiétude où l'on entend seulement les oiseaux chanter. Les chambres sont pleines de charme ; meubles d'époque en bois foncé, murs clairs et salles de bains rutilantes. Le propriétaire connaît tout sur Gijón et ses alentours, et propose des vélos pour se promener dans la ville.

RESTAURATION

POUR SE FAIRE PLAISIR

Restaurante Ciudadela – B2 - *Capua, 7 - ✆ 985 347 732 - fermé le lundi - 30 €.* Ici, le décor est aussi important que l'assiette : de jolies petites grottes en sous-sol imitent les bodegas de la région de León. Poissons, viandes et desserts maison sont esthétiquement présentés.

La Zamorana – B3 - *Hermanos Felgueroso, 38-40 - ✆ 985 380 632 - fermé le lundi - 30/40 €.* Traditionnelle mais excellente carte de poissons et de fruits de mer, comme on en trouve sur cette côte.

El Candil – A2 - *Numa Guilhou 1 - ✆ 985 353 038 - www.elcandilgijon.es - 36/46 €.* Coquet restaurant décoré d'accessoires marins et de lampes à huile *(candil)*. On y déguste une cuisine traditionnelle basque, élaborée avec d'excellents produits de la région.

El Perro que Fuma – Hors plan - *Poeta Ángel González 18 (Viesques) par Anselmo Solar - ✆ 985 193 493 - www.elperroquefuma.com - 36/48 €.* Cette maison vous surprendra ! Dans la salle à manger moderne, on sert une carte assez variée, plusieurs menus du jour et de dégustation. Clientèle d'affaires.

La Salgar – Hors plan - *Paseo Dr. Fleming 859, por av. de Molinón - ✆ 985 331 155 - www.lasalgar.es - 36/50 €.* Ce restaurant moderne jouxte le musée du Peuple des Asturies. La salle à manger a du charme et vous pourrez y déguster une cuisine traditionnelle avec une touche de créativité.

À proximité de Gijón

BUDGET MOYEN

La Pondala – *Av. Dionisio Cifuentes, 58 - Somió - ✆ 985 361 160 - fermé jeu. - 20/30 €.* Agréable *casona* avec une grande cour intérieure pour dîner aux beaux jours. La carte innove sur certains plats tout en conservant des préparations typiques *(arroz con almejas, pescados de roca…).*

AGENDA

Semana Negra – 1re ou la 2e sem. de juil., pendant dix jours. Festival de la littérature policière et concerts de rue.

Semana grande – Autour du 15 août, pendant une sem. Concerts gratuits et feux d'artifices sur la plage.

Vallée de la Navia

Valle de la Navia

★

NOS ADRESSES PAGE 399

S'INFORMER

Office de tourisme – *Av. de la Dársena, s/n - 33710 Navia - ✆ 985 473 795 - www.ayto-navia.es - de mi-juin à mi-sept. : lun.-vend. 9h30-20h, w.-end 10h-14h, 16h-19h ; reste de l'année : mar.-vend. 9h30-14h, 16h-18h, sam. 10h-14h, 16h-19h, dim. 10h-13h.*

SE REPÉRER

Carte de région A1-2 (p. 350) – *Carte Michelin n° 572 B-C 8-9.* L'AS 12 suit le fleuve pendant 70 km au départ de Navia, sur la côte Verte (32 km à l'est de la frontière avec la Galice et Ribadeo).

À NE PAS MANQUER

Une excursion dans les montagnes de Los Oscos, à l'ouest de Grandas de Salime.

ORGANISER SON TEMPS

Comptez une journée pour faire l'aller-retour.

AVEC LES ENFANTS

Le Musée ethnographique.

Intérieur du Musée ethnographique de Grandas de Salime.
Museo Etnografico Grandas de Salime

Le fleuve Navia prend sa source dans les terres, près de Grandas de Salime, et se jette dans la mer à hauteur de Navia. Entre-temps, il coule par une vallée encaissée et très sauvage au pied de hautes cimes constituant d'admirables paysages. La route d'accès, très sinueuse, prend de l'altitude, offrant ainsi de magnifiques panoramas sur ces impressionnantes montagnes.

Circuit conseillé Carte de région

À TRAVERS LA VALLÉE DE LA NAVIA

Circuit de 70 km par l'AS 12 tracé sur la carte de région (p. 350) – Comptez 2h pour l'aller.

Navia A1

Ce village moderne doté d'un petit port de pêche, situé sur la rive droite de la ría, constitue le point de départ de l'excursion dans la vallée. Le **belvédère**, dédié aux navigateurs des Grandes Découvertes, offre une belle vue sur l'estuaire.

Franchissez le Navia, direction Coaña, que vous dépassez. Tournez ensuite à droite et suivez l'indication « Castro ».

Barrage d'Arbón A1

Un belvédère permet d'admirer un saisissant **panorama★** sur le barrage situé en amont d'un gigantesque méandre du fleuve.

Revenez sur l'AS 12.

Juste avant Vivedro, ne manquez pas la **vue panoramique★** jusqu'à l'estuaire du Navia, tandis que la boucle du fleuve se profile en contrebas.

Le **confluent★** du Navia et du río Frío forme un spectacle grandiose, que l'on domine d'une hauteur vertigineuse. Après le pont sur le río Frío, la route

retrouve bientôt le Navia pour le suivre jusqu'à Miñagón. Remarquez au passage la forme des *hórreos* de ces régions : rectangulaires, ils s'apparentent à ceux de la Galice toute proche.
La descente qui s'amorce au départ de Boal ramène au niveau du Navia. À 3 km de Boal, on arrive en vue de la **retenue de Doiras**. Le barrage, qui bloque une vallée très encaissée, est élevé. À la hauteur de San Estebán, le petit village de **Sarzol** est perché en corniche sur la rive opposée. Les pentes raides sont couvertes de cultures.
Continuez jusqu'à Grandas de Salime.

Grandas de Salime A2

La dernière étape du chemin de Compostelle dans les Asturies traverse ce gros bourg agricole où les maisons traditionnelles de pierres et d'ardoises entourent une grande place et sa collégiale.
Collégiale del Salvador – Ancien monastère du 12e s. dont il reste une grande porte romane, aujourd'hui église, elle recèle un magnifique retable baroque couronné par l'image du saint, sous une voûte en cul-de-four aux fresques florales.
Musée ethnographique (Museo etnográfico) – *Av. del Ferreriro, s/n - ✆ 985 627 243 - www.museodegrandas.com - juil.-août. : mar.-sam. 11h30-14h, 16h-19h30, dim. 11h-14h30 ; juin : mar.-vend. 11h30-14h, 16h-18h30, sam. 11h30-14h, 16h-19h30, dim. 11h30-14h30 ; sept.-mai : mar.-sam. 11h30-14h, 16h-18h30, dim. 11h30-14h30 - fermé lun. - 1,50 €.*
D'abord dédié à l'histoire rurale locale, ce musée rassemble aujourd'hui des pièces venues de toute l'Espagne et de l'Europe, offrant une reconstitution exhaustive de l'habitat, de l'artisanat et des techniques agricoles d'autrefois. On visite un village à l'ancienne : laiterie, forge, école, salon de coiffure, moulin, épicerie, etc. sans oublier l'*hórreo* (grenier à blé). Le site préserve ainsi certains artisanats et des méthodes de production ancestrales.
Quittez Grandas de Salime par l'AS 28 en direction de Lugo.

Castro A2

Sur une butte, se trouvent les vestiges d'un village celte avec ses rues pavées et les fondations circulaires de ses maisons.

Chao Samartin A2

✆ 985 627 143 - www.chaosamartin.es - ♿ - musée (comptez 45 min. pour la visite) : mar.-sam. 11h30-14h, 16h-19h30 (18h30 en hiver), dim. 11h30-14h30 ; visites guidées (1h) du site (en français et anglais sur demande) : mar.-sam. à 12h, 13h, 16h30, 17h30 et 18h30, dim. à 12h et 13h - 4 € (-16 ans, 2,50 €), gratuit mar. et -4 ans.
Les fouilles archéologiques débutées en 1990 sur la commune de Castro ont permis de découvrir un village habité il y a plus de 2000 ans, et dont la fondation, plus ancienne encore, remonterait à l'âge du bronze. La richesse énorme de ce gisement, enfoui et protégé suite à un tremblement de terre, a donné lieu à l'ouverture d'un musée tout neuf, sur le site même. Quelque 35 000 pièces admirablement conservées et mises en scène y sont exposées : céramiques, orfèvrerie, bijoux, clés, serrures, matériel chirurgical, jeux de dames, outils en bronze…
Revenez à Grandas de Salime et prenez la direction Cangas del Narcea par l'AS 14.

Barrage de Salime A2

Des belvédères surplombent la crête du barrage et sa centrale. De là, la route qui part vers Pola de Allende (57 km) et Cangas del Narcea *(voir p. 386)* est sublime.

Revenez sur l'AS 12, direction Navia, par Sanzo, et à Pesoz, tournez à gauche pour prendre l'AS 13, vers San Martín de Oscos.

★ Los Oscos A1-2

Entre Grandas de Salime à l'est, la province de Lugo au sud et le village de Taramundi au nord, le massif montagneux de **Los Oscos** offre de merveilleux points de vue et autant d'excursions. Pour le découvrir, trois villages de montagne balisent la vallée et sont le point de départ des randonnées : **San Martín de Los Oscos**, **Villanueva de Los Oscos** et **Santa Eulalia de Los Oscos.**

NOS ADRESSES DANS LA VALLÉE DE LA NAVIA

HÉBERGEMENT

À Sta Eulalia de Oscos

PREMIER PRIX

Casa Pedro – *Sta Eulalia de Oscos - ✆ 985 626 097 - 8 ch. - 25/35 € - ☕ 4,50 € - rest. 14 €.* Face au massif de Los Oscos, cet hôtel en pierre du pays, rural mais cossu, dispose de chambres tout confort. Ambiance familiale, bonne cuisine régionale, très généreuse. Bon plan week-end : 85 €/pers. pour deux nuits en pension complète.

POUR SE FAIRE PLAISIR

Casona del Bosque de Pumares – *Pumares Ouest - Sta Eulalia de Oscos - ✆ 985 621 297 - 9 ch. - 82/96 € - ☕ 7 €.* Splendide *casona* du 17e s., aux installations aussi rustiques que confortables. Agréable pièce avec cheminée, dans ce qui était autrefois la cuisine, et chambres au décor personnalisé.

À Taramundi

PREMIER PRIX

Hôtel Taramundi – *Mayor, 8 - Taramundi - ✆ 985 646 727 - www.hoteltaramundi.com - 8 ch. - 42/54 € - ☕ 4,70 € - rest. 12 €.* Petit hôtel simple et familial. La réception se trouve dans la cafétéria et les chambres, au décor rustique, sont impeccables et accueillantes.

POUR SE FAIRE PLAISIR

Hotel La Rectoral – *La Villa - Taramundi - ✆ 985 646 767 - www.arceahoteles.com - 18 ch. - 60/129 € - ☕ 12 €.* Cette imposante bâtisse du 18e s. rénovée dans un style rustique régionale, offre de belles vues sur la vallée. On trouve ici tout le confort moderne, allié au calme propre à l'emplacement. L'irréprochable salle à manger est complétée par une magnifique terrasse.

DÉCOUVRIR LA GALICE

La Corogne, nouveau parc archéologique.
A. Serrano / hemis.fr

La Galice 8

Carte Michelin Region n° 571– Galicia

Rue de la Corogne pendant une fête.

Coruña

LA GALICE
0
16 km
N
SANTIAGO DE COMPOSTELA
Rías Bajas
A Coruña
Allariz
★★★ Vaut le voyage
★★ Mérite un détour
★ Intéressant
À voir
Circuit conseillé avec ville de départ
Chemins de St-Jacques
A
B
C
1
2
GIJÓN
ASTURIAS
Los Oscos
Valle del Navia
Río Navia
Río Eo
Ría de Ribadeo
Ribadeo
Ría de Foz
Praia das Catedrais
San Martín de Mondoñedo
Mondoñedo
Viveiro
Punta da Estaca de Bares
Ortigueira
Sanctuario de San Andrés de Teixido
Cedeira
Ferrol
San Felipe
Fene
Betanzos
Cambre
A Coruña
Castro de Rei
Lugo
Sta Eulalia de Bóveda
Vilar de
Sobrado dos Monxes
Toques
Melide
Río Tambre
SANTIAGO DE COMPOSTELA
Malpica de Bergantiños
Corme
Laxe
Ponte do Porto
Camelle
Cabo Vilán
Camariñas
Sanctuario da Virxe da Barca
Corcubión
Caldebarcos
Cabo Fisterra
Costa da Muerte
OCÉANO ATLÁNTICO
Rías Altas
N 634
A 8
AS 12
LU 701
N 640
N 642
LU 862
AC 862
AG 64
LU 861
A 6
N 540
AC 566
AC 116
AP 9
N 634
N 547
N 550
AG 55
AC 414
AC 430
AC 433
AC 400
AC 550

GALICIA
CASTILLA Y LEÓN
PORTUGAL
Lira
Muros
Noia
Fundación C. J. Cela
Padrón
Ría de Muros y Noia
Castro de Baroña
498
La Curota
Duna de Corrubedo
Ribeira
Ría de Arousa
Vilagarcía de Arousa
290
Lobeira
Illa de Arousa
Cambados
Isla de Sálvora
A Toxa
Armenteira
Acquariumgalicia
Combarro
Playa da Lanzada
Pontevedra
Isla de Ons
Sanxenxo
Rías Bajas
Ría de Pontevedra
525
Coto Redondo
Cangas
Hío
Islas Cíes
Vigo
La Madroa
Ría de Vigo
Playa América
Baiona
Oia
Tui
A Guarda
Sta Tecla
Pazo de Oca
Carboeiro
Río Ulla
Sta María la Real de Oseira
Ourense
Ribadavia
Río Miño
Ribas de Sil
Gargantas del Sil
Río Sil
Monforte de Lemos
Portomarín
O Cebreiro
Chemins de St-Jacques
Villafranca del Bierzo
Sta Mariña de Augas Santas
Vilanova dos Infantes
Celanova
Allariz
Sta Comba de Bande
Monterrei
Verín
AP 9
N 640
PO 548
AP 53
PO 533
N 541
N 540
N 120
CG 21
LU 633
A 6
N 550
A 52
A 55
PO 552
OU 540
N 203
A 3
A 28
A 27
N 13
N 532
A 24
LEÓN
PORTO
BRAGA
VISEU
A
B
C
3
4

Rías Altas

★

NOS ADRESSES PAGE 411

S'INFORMER
Offices de tourisme – Voir aux localités décrites.

SE REPÉRER
Carte de région AC 1-2 (p. 404) – *Carte Michelin n° 571 A-B 4-8.* Les Rías Altas succèdent à la Costa Verde asturienne. Ribadeo, point de départ du circuit, se trouve sur la frontière provinciale, presque à mi-chemin entre Oviedo (143 km à l'est) et La Corogne à l'ouest.

À NE PAS MANQUER
San Andrés de Teixido et le cap Ortegal.

ORGANISER SON TEMPS
Comptez 2 jours pour aller de Ribadeo à Ferrol.

De Ribadeo à Ferrol, la côte nord de la Galice est découpée par des rías entourées de forêts denses de pins et d'eucalyptus. Moins profondes mais plus hautes que les Rías Bajas, les Rías Altas offrent un paysage somptueux de falaises qui se jettent dans la mer. Les roches nues, usées, les maisons de granit au toit d'ardoise donnent l'impression d'un climat rude. Pourtant les estivants ne dédaignent pas les plages de sable fin qui tapissent les criques et les petits ports de pêche, transformés en stations balnéaires aux beaux jours.

Circuit conseillé Carte des Rías Altas

DE RIBADEO À FERROL

Circuit de 175 km tracé sur la carte des Rías Altas (p. 408) – Comptez 2 jours. Départ de Ribadeo, à la frontière avec les Asturies.

Ría de Ribadeo

Dionisio Gamallo Fierros, 7 - ✆ 982 128 689 - www.ribadeo.org - juil.-août. : lun.-vend. 9h-14h, 16h-20h30, w.-end et j. fériés 11h-14h, 16h-19h ; reste de l'année : lun.-vend. 9h-14h, 16h-19h, w.-end et j. fériés 11h-14h, 16h-19h.

Elle correspond à l'estuaire de l'Eo, dont les derniers kilomètres forment la frontière entre Galice et Asturies. Après un parcours tumultueux, le fleuve s'assagit et sinue dans sa basse vallée aux versants évasés et verdoyants. Une belle **vue**★ d'ensemble s'offre du pont qui enjambe la ría à son embouchure. **Ribadeo**, port de cabotage très actif au 19e s., est aujourd'hui un centre d'importance régionale très animé pendant l'été.

Pour la partie asturienne de la ría, reportez-vous à la Costa Verde.

Depuis Ribadeo, prenez la N 634, direction Viveiro à l'ouest, pendant 10 km. La plage des Cathédrales est indiquée sur votre droite.

La plage des Cathédrales et ses arcs-boutants.
Turgalicia

★ **Plage des Cathédrales** (Praia das Catedrais)
Cette plage doit son nom aux falaises sculptées en arcs-boutants par la mer. Des formes qui ne sont pas sans rappeler la structure des cathédrales gothiques. Le spectacle est impressionnant. N'hésitez pas à descendre sur la plage pour passer sous ces arcs et découvrir de magnifiques grottes naturelles.
Renseignez-vous sur les horaires des marées à l'office de tourisme, car la plage n'est accessible qu'à marée basse. Une fois sur place, ne vous laissez pas surprendre par la montée des eaux!
Rejoignez de nouveau la N 634 puis la N 642 jusqu'à Foz.

Ría de Foz

Edificio Ceima, Av. da Ribeira, s/n - 982 132 426 - de déb. juin à mi-sept. : lun.-vend. 9h30-14h30, 17h-20h, sam. 10h-14h, 16h-20h ; reste de l'année : lun.-vend. 9h-14h, sam. 10h-14h.
Cette ría, toute petite, se présente sous forme d'estuaire. **Foz**, situé à l'embouchure, est un petit port tourné surtout vers la pêche côtière. Si la ville manque singulièrement de charme, les longues **plages** de sable fin à deux pas du centre valent le détour.
À la sortie de la ville, suivez la direction de San Martín de Mondoñedo par la LU 2001 pendant 5 km.

Église de San Martín de Mondoñedo

982 140 675 - juin-août : 11h-13h, 17h-19h ; reste de l'année : sur réserv., se rens. à l'office du tourisme de Foz.
L'église apparaît, quasi solitaire, sur une hauteur. Ce monastère de fondation très ancienne fut, jusqu'en 1112, le siège de l'épiscopat transporté ensuite à Mondoñedo. L'église est d'un type archaïque et, fait rarissime dans la région, totalement étrangère aux influences compostellanes. Le chevet, ourlé de bandes lombardes, est soutenu par de puissants contreforts ; à l'intérieur, on remarquera les **chapiteaux**★ du transept, naïvement sculptés et riches en

détails savoureux : dans celui illustrant la parabole du mauvais riche laissant mourir de faim Lazare, la table déborde de mets et, dessous, un chien lèche les pieds de Lazare étendu. Ces chapiteaux dateraient du 10e s. et l'on y note une influence wisigothique dans les motifs végétaux.

Revenez sur la LU 862 et continuez jusqu'à Viveiro.

Viveiro

Av. de Ramón Canosa - 982 560 879 - www.viveiro.es - juil.-août : lun.-vend. 11h-14h, 16h30-19h30, sam. 11h-14h, 17h-19h, dim. 11h-13h ; reste de l'année : lun.-vend. 11h-14h, 16h30-19h30, sam. 11h-14h.

Mer, campagne et montagne se mêlent dans les paysages de la ría de Viveiro. Paysages qui furent chantés par l'écrivain **Nicomedes Pastor Díaz** (1811-1863). Si l'été transforme le port de **Viveiro** en station balnéaire, la ville conserve aussi de son passé un agréable petit centre historique aux rues pavées et bordées de maisons à galeries.

L'office de tourisme propose 7 circuits de promenade sans difficulté entre 1h et 3h. Les itinéraires sont disponibles sur www.viveiro.es.

Depuis la praza Maior, descendez la rúa María Sarmiento.

Porte de Charles Quint (Porta de Carlos V) – Vestige de l'ancienne muraille, elle fut édifiée en 1548 en tant qu'entrée principale de la ville fortifiée. Sur la partie supérieure, on notera le blason de l'empereur.

Toujours depuis la praza Maior, remontez la rúa Teodoro de Quíros. L'église de Santa María do Campo se dresse sur votre droite.

Église de Santa María do Campo – Cette église romane date de la seconde moitié du 12e s. Sur la façade principale s'élèvent la tour des Cloches (Torre de las Campanas), de style baroque (18e s.) et la tour de l'Horloge (Torre del Reloj) datant du 19e s. À l'intérieur, remarquez la chapelle de San Gregorio (15e s.) et celle del Rosario (18e s.). L'église conserve également une croix de procession en argent du 16e s., visible uniquement lors de la Semaine sainte.

Reprenez la LU 862 en direction du joli petit port de pêche de Porto do Barqueiro. De là, suivez la ría jusqu'au phare de l'Estaca de Bares.

Pointe de l'Estaca de Bares (Punta da Estaca de Bares)

La route serpente entre les forêts denses et offre de magnifiques **points de vue** sur la ría. À l'extrémité de la pointe, le **phare** s'élève fièrement à 91 m au-dessus du niveau de la mer. C'est le point le plus septentrional de la péninsule Ibérique.

Revenez sur la LU 862.

Ortigueira

Ce port, dont les quais sont bordés de jardins soignés, offre une jolie vue sur la ría verdoyante qui l'entoure. Le centre, minuscule, se concentre autour de l'église et de l'hôtel de ville. La ville est réputée pour accueillir le **Festival du**

monde celte depuis bientôt 30 ans. Ce rendez-vous annuel se déroule durant la deuxième quinzaine de juillet *(voir « Nos adresses »).*
Reprenez la AC 862 vers Cedeira et à Mera tourner à droite vers Pedra. Suivez la route de la côte.

★★ Sanctuaire de San Andrés de Teixido

Sur le versant occidental et montagneux du cap Ortegal, dans un décor magique et rempli de légendes, se dresse le sanctuaire de San Andrés de Teixido. Au centre du petit village, cette chapelle en granit (16e s.-18e s.) domine la mer et fait l'objet d'un important pèlerinage chaque 8 septembre. Un proverbe affirme que « celui qui ne s'est pas rendu de son vivant à San Andrés de Teixido s'y rendra après sa mort, sous la forme d'un insecte ». Une autre croyance populaire, plus joyeuse, raconte que l'on récolte dans les environs une herbe qui rend amoureux. Avant de repartir, vous pouvez acheter la curiosité locale : une amulette en pâte à sel. Si vous avez la chance de venir hors saison, vous apprécierez encore plus la magie de ce paysage de bout du monde car en période estivale, les magasins de souvenirs sont assez nombreux.
Continuez par la même route jusqu'à Cedeira.
La route qui va de San Andrés de Teixido à Cedeira offre un **panorama** magnifiquement sauvage de falaises qui tombent dans la mer. Mais elle est étroite et sinueuse. Veillez donc à vous arrêter dans les aires prévues à cet effet si vous souhaitez prendre d'inoubliables clichés ou tout simplement admirer la beauté du paysage.

Cedeira

i Av. de Castelao - ✆ 981 482 187 - de déb.-juil. à mi-sept. : lun.-vend. 10h30-14h, 16h30-20h30, sam. 10h30-14h, dim. 12h-14h ; reste de l'année : lun.-vend. 10h30-14h, 16h30-18h30, sam. 10h30-14h.
La ville est traversée par le fleuve Condomiñas qui sépare les nouveaux quartiers du petit centre historique. Ce dernier s'étale autour de la bibliothèque peinte de jaune et blanc et de l'élégante église de Santa María del Mar, qui éblouit par la blancheur de ses murs. La longue plage du centre offre, une fois encore, une belle vue sur la ría.
L'AC 566 puis l'AC 116 vous permettent de rejoindre Ferrol en longeant de plus ou moins près la côte. Celle-ci compte de très belles plages.

Ferrol

i Pr. C. José Cela - ✆ 981 311 179 - www.turgalicia.es (onglet Où s'informer) juil.-août : lun.-vend. 9h-14h, 17h30-19h30, sam. 10h-12h30, 17h30-19h30, dim. 10h-12h30 ; reste de l'année : lun.-vend. 9h-14h, 16h-18h, sam. 10h-12h30.
La ría du même nom forme une magnifique rade dans laquelle on pénètre par un étroit chenal, long de 6 km et gardé par deux forts. Ce site exceptionnel et sa situation, qui en faisait un excellent point de départ pour les Amériques, ont décidé les rois Ferdinand VI et Charles III à faire de **Ferrol** un port militaire au 18e s. C'est à cette époque que fut dessiné le plan logique et symétrique qui caractérise le quartier ancien. Aujourd'hui, Ferrol est l'un des ports militaires les plus importants d'Espagne, comprenant un arsenal et des chantiers navals. Et si la ville peut paraître assez austère de prime abord, le quartier commercial de la Magdalena, autour de la praza das Armas, peut cependant faire l'objet d'une halte agréable. Avant de quitter la ville, vous pouvez également profiter des magnifiques plages de la côte au nord : **plage de Doniños, plage de San Xurxo**.
Château fort de San Felipe (Castelo de San Felipe) – *À 6 km à l'ouest de Ferrol. Accès par le chemin de Canido, en direction d'A Malata et d'A Graña.* Faisant face au château fort de La Palma, celui de San Felipe est le plus important de

Galice. Il permettait jadis de contrôler tout le trafic de la ría. Pendant la nuit, une chaîne était même tendue entre les 2 forts pour bloquer le passage des bateaux. Si les premières pierres furent posées vers le milieu du 16e s., l'édifice actuel, signé par l'ingénieur Montaigú, date du 18e s.
Rejoignez La Corogne (voir p. 414) par l'autoroute E 1-AP 9.

NOS ADRESSES DANS LES RÍAS ALTAS

HÉBERGEMENT

PREMIER PRIX

Boa Vista – *Carret. C 642, Celeiro - Viveiro - ✆ 982 562 290 - 20 ch. 35/65 € ☕ - rest. 23/32 €.* Les chambres sont amples et confortables. Cuisine traditionnelle servie dans une salle à manger moderne.

Hôtel Real – *Rúa Dolores, 11-13 - Ferrol - ✆ 981 369 255 - 40 ch. 36/45 € - ☕ 3 €.* Idéalement situé au cœur du centre ancien, cet hôtel propose de grandes chambres modernes et lumineuses à prix très raisonnable. Parking de la praza das Armas à 2mn.

BUDGET MOYEN

Hôtel Barceló Almirante – *Rúa María, 2 - Ferrol - ✆ 981 333 073 - 98 ch. 50/120 € - ☕ 10 € - rest. 28/45 €.* Cet hôtel récent dresse ses 8 étages à l'entrée du quartier de la Magdalena. Grandes chambres, bien équipées et décorées de façon sobre et moderne. Carte à la fois fine et traditionnelle au restaurant.

POUR SE FAIRE PLAISIR

Pazo da Trave – *Galdo/Viveiro - 3,5 km au sud de Viveiro par la C 640 - ✆ 982 598 163 - www.pazodatrave.com - P - 18 ch. 60/145 € - ☕ 8 € - rest. 22 €.* Cet hôtel décoré avec style et bon goût occupe une ancienne bâtisse en pierre du 15e s. Le parquet, les poutres et les meubles anciens rendent les chambres confortables. La cuisine, locale, est servie dans une salle au décor rustique.

Herbeira – *Cordobelas, 1 km de Ferrol - ✆ 981 492 167 - www.hotelherbeira.com - P - 16 ch. 60/140 € - ☕ 8 €.* Hôtel familial offrant de magnifiques vues sur la ría de Cedeira. Espaces communs au décor actuel et chambres confortables.

Casa do Castelo de Andrade – *Castelo de Andrade - ✆ 981 433 839 - www.casteloandrade.com - P - 10 ch. 82/100 € - ☕ 11 €.* Magnifique ensemble rural situé dans une vaste propriété. Le bâtiment principal dispose de deux salons communs de style rustique et les chambres sont méticuleusement décorées.

RESTAURATION

PREMIER PRIX

Mesón Imperial – *Rúa Pastor Diaz, 66 - Viveiro - ✆ 982 560 117 - menu à 8 € le midi uniquement - tapas et raciones 10 €.* En plein centre, cet établissement vous accueillera dans un décor chaleureux fait de murs en pierre et de tables en bois. Très bonnes *raciones* et carte des vins intéressante.

POUR SE FAIRE PLAISIR

O Café da Vaca – *Rúa Dolores, 34 - Ferrol - ✆ 981 357 505 - 25 €.* Dans un décor élégant et sur fond de musique celtique, ce restaurant propose une carte de qualité avec un bon rapport qualité-prix. Le service est aimable. Laissez-vous tenter par la *tarta de queso* aux fruits rouges, vous ne le regretterez pas !

Muiño do Vento – *Cadavás 4B, Magalofes - Fene - ✆ 981 340 921 - 25 €.* Maison familiale avec des installations confortables. Deux salles à manger agréables et une vaste cave avec 450 références.
Restaurante Badulaque – *Area Longa, 1 - Cedeira - ✆ 981 492 265 - 30 € - uniquement déjeuner hors période estivale.* Situé à côté du port, ce restaurant se compose d'un bar rustique à l'entrée et d'une salle à manger aux couleurs vives. Avec plus de 50 ans d'expérience, il sert une cuisine traditionnelle spécialisée en poissons et fruits de mer.
Medulio – *Lugar del Bosque 73 - Ferrol - ✆ 981 330 089 - 30/48 €.* Salle à manger principale au décor moderne, avec des détails en pierre, et une salle à l'étage supérieur. Produits de qualité et une bonne cave.

AGENDA

Festival du monde celte à Ortigueira – 2e quinzaine de juil. *www.festivaldeortigueira.com.*

Mondoñedo

4 508 habitants

NOS ADRESSES PAGE CI-CONTRE

S'INFORMER
Office de tourisme – *Praza da Catedral, 34 - ✆ 982 507 177 - www.mondonedo.net - tlj 10h-14h, 16h-19h30.*

SE REPÉRER
Carte de région C2 (p. 404) – *Carte Michelin n° 571 B 7.* Mondoñedo se trouve à 79 km au nord de Lugo et 38 km au sud-ouest de Ribadeo.

À NE PAS MANQUER
Les fresques à l'intérieur de la cathédrale.

ORGANISER SON TEMPS
Une demi-journée suffit pour visiter la ville.

Située au creux d'une vallée verdoyante, Mondoñedo est une petite ville paisible et agréable. Les rues pavées du centre rayonnent autour de l'imposante cathédrale, mélange réussi de plusieurs styles architecturaux. Sur la place qui la précède, des maisons à galeries surmontent de belles arcades en granit.

Se promener

★ Cathédrale

Tlj 10h-13h, 16h30-19h30.

Sa construction commença en 1219. L'imposante façade est composée d'un portail roman, surplombé par une immense rosace et entouré de trois grands arcs gothiques, du 13e s. Les deux tours baroques furent ajoutées au 18e s.

DES MÉGALITHES AUX ÉGLISES

La vallée de Mondoñedo abrite de nombreux dolmens et castros qui témoignent d'une ancienne présence préromaine. En 1156, **Alfonso VII** élève l'ancienne municipalité de Villa Maior au rang de ville. Au 16e s. et jusqu'en 1834, la cité fut l'une des 7 capitales provinciales du royaume de Galice. Le 18e s. sonna le début de son développement urbain. C'est aussi de cette époque que datent la majorité des monuments religieux encore visibles aujourd'hui.

À l'**intérieur**, sous le beau buffet d'orgues muni de trompettes (1710), on découvre des **fresques** de la fin du 14e s. qui racontent naïvement le Massacre des Innocents et la vie de saint Pierre. L'immense retable baroque s'intègre au chœur roman dont la voûte est ornée de polychromies médiévales. Dans le bas-côté droit, à l'intérieur de la chapelle del Santísimo Sacramento, Vierge en bois polychrome qui fut apportée de Londres au 16e s. Du même côté, enfeu de l'évêque Jean Muñoz. **Cloître** du 17e s.

Musée diocésain (Museo Diocesano) – *☎ 982 521 948 ou 686 416 111 - mar. - sam. 10h30 (hiver : 11h)-13h, 16h30-18h30, dim. 16h30-20h - 2 €.* Installé dans plusieurs salles de la cathédrale et du palais épiscopal, c'est l'un des musées d'art sacré les plus importants de Galice. Il abrite une collection de peintures, sculptures, pièces d'orfèvrerie du trésor de la cathédrale et objets liturgiques.

Le vieux centre (el casco antiguo)

En longeant le **palais épiscopal** (17e s.) attenant à la cathédrale, vous découvrirez la **Fonte vella**, fontaine du 16e s., aussi appelée *Fonte de Alvaro Cunqueiro*, du nom de l'écrivain originaire de Modoñedo. De l'autre côté du centre, en montant la rue où se trouve l'office de tourisme, **l'hôtel de ville** est aménagé dans un *pazo* du 18e s.

Sanctuaire de Nuestra señora de los Remedios

En haut du village, au bout de l'Alameda (située sur la droite en montant).

L'édifice actuel, construit en 1738 sous la direction de l'évêque Sarmento, a remplacé l'ermitage du 16e s. Il conserve une collection de 7 retables baroques. Au centre du retable majeur apparaît la patronne de la ville, **Nuestra señora de los remedios**.

NOS ADRESSES À MONDOÑEDO

HÉBERGEMENT

À proximité de Mondoñedo

BUDGET MOYEN

A Finca Galea – *O Castro de Ouro - 27773 Alfoz (18 km au nord de Mondoñedo) - ☎ 982 558 323 - 5 ch. 52/68 €* ☕. Ce charmant gîte rural est aménagé dans un ancien *pazo* (manoir) galicien, au décor et à l'accueil chaleureux. Dans le terrain qui l'entoure, des espaces consacrés à l'eau ont été aménagés (moulin à eau, étang, etc.). *Visite du terrain 2 €.*

PETITE PAUSE

O Rei das tartas – *Rúa de Guevara, 26. Depuis la plaza da Catedral, montez la rúa do Progreso.* Vous pourrez goûter à la spécialité de Mondoñedo : un gâteau (très) sucré à base de cheveux d'ange et de fruits confits.

La Corogne

A Coruña

★

246 056 habitants

NOS ADRESSES PAGE 420

S'INFORMER

Office du tourisme municipal – *Praza de María Pita - ☏ 618 790 665 - www.turismocoruna.com - mai-oct. : lun.-vend. 9h-20h30, sam. 10h-14h, 16h-20h, dim. 10h-15h ; reste de l'année : lun.-vend. 10h-14h, 16h-19h, sam. 10h-14h, 16h-20h, dim. et j. fériés 10h-15h.*

Office du tourisme régional – *Dársena de la Marina s/n - ☏ 981 221 822 - www.turgalicia.es - lun.-vend. 10h-14h, 16h-19h, sam. 11h-14h, 17h-19h, dim. et j. fériés 11h-14h.*

Visites guidées – *☏ 981 923 093 - sur réserv., gratuit.* L'office de tourisme propose des visites guidées thématiques : la tour d'Hercule, visite nocturne de la vieille ville ou le jeune Picasso et la ville moderne.

Segway – *☏ 677 550 351 - 20 €/35mn, 25 €/45mn.* Visite guidée en *segway* des jardins de la tour d'Hercule.

SE REPÉRER

Carte de région B2 (p. 404) – *Carte Michelin n° 571 B 4.* La capitale économique de la Galice est reliée à sa capitale culturelle, St-Jacques-de-Compostelle, par l'autoroute AP 9 (73 km au sud). Au sud-est, la A 6 passe par Lugo (97 km) et mène à Madrid.

SE GARER

Il vous faudra choisir entre les zones bleues du centre (max. 2h) ou les zones gratuites situées dans le sud (l'Ensanche) et rejoindre le centre en bus.

À NE PAS MANQUER

La tour d'Hercule (Torre de Hércules), l'ambiance le soir dans le centre.

ORGANISER SON TEMPS

Le centre et la cité peuvent se parcourir à pied, mais pour rejoindre la partie ouest, on peut aussi prendre le bus ou le tramway qui longent la côte. Prenez en compte le temps de transport.

AVEC LES ENFANTS

La Domus-maison de l'être humain, l'aquarium Finisterrae, le tramway *(voir « Nos adresses »).*

La Corogne est le principal moteur économique de la région. Concentrés à l'écart de la péninsule, la vaste zone industrielle et l'important port de marchandises et de pêche ne nuisent pas au charme d'antan du centre-ville. À l'ombre de ses petites rues piétonnes, églises romanes et terrasses de restaurant animées côtoient les façades art nouveau du début du 20e s. Les ensembles de galeries vitrées du 19e s. valent à la ville son surnom de « ville de cristal ». Aménagé pour la promenade autour de la péninsule sur une dizaine de kilomètres, le paseo marítimo longe le bord de mer, menant jusqu'à la tour d'Hercule au nord et aux magnifiques plages de Riazor et d'Orzán à l'ouest.

Vue aérienne de La Corogne.
Coruña

Se promener Plan de ville

CENTRE ET CITÉ (EL CENTRO Y LA CIUDAD VIEJA) Plan II

Circuit tracé en vert sur le plan de ville (p. 416) – Comptez 1h45 sans les visites. Départ face au port, depuis l'office du tourisme régional.
Situé entre les plages de Riazor et d'Orzán à l'ouest et le port à l'est, le centre constitue une zone commerciale animée, essentiellement piétonne. C'est ici que se concentrent la plupart des magasins (rúa Real et rúa Riego de Agua), restaurants (rúa da Franja), et bars (rúa Barrera).

★ Avenida da Marina AB 1-2

Ses hautes galeries forment l'image la plus caractéristique de La Corogne, « la ville de cristal » (« *la ciudad de cristal* »). Par sa beauté et ses dimensions, cet ensemble de galeries est unique en son genre. L'avenue commence au niveau des agréables **jardins de Méndez Núñez** et débouche sur le paseo de la Dársena.
Au niveau du rond-point, engagez-vous dans la petite calle de Santiago.

Église de Santiago B2

Elle est considérée comme la plus ancienne de la ville. Ses trois absides, qui donnent sur la place de Azcárraga, et le portail nord sont romans (12e s.). À l'époque gothique, on érigea le portail occidental, où, au-dessous du tympan, caracole saint Jacques Matamore et, aux piédroits, s'adossent saint Jean et saint Marc. De la même époque datent aussi les grands arcs qui soutiennent la charpente au-dessus de la nef. À l'intérieur, la chaire de pierre est joliment sculptée.
Longez l'église par la droite dans la calle del Parrote pour rejoindre le paseo del Parrote, jusqu'à la pointe du castelo de San Antón. Ou bien revenez sur vos pas, et prenez le tram (voir « Nos adresses »).

SE LOGER		SE RESTAURER	
Hotel Sol	3	Adega o Bebedeiro	1
Maycar Hotel	2	A la Brasa	4
NH Atlántico Hotel	1	A Mundiña	2
Nido Hotel	4	Coral	7
		Mesón del Pulpo	3

Château fort de San Antón - Musée archéologique et historique

(Castelo de San Antón - Museo Arqueológico e Histórico) B2

Paseo Alcalde Francisco Vázquez, 2 - ✆ 981 189 850 - juil.-août : mar.-sam. 10h-21h, dim. et j. fériés 10h-15h ; reste de l'année : mar.-sam. 10h-19h30, dim. et j. fériés 10h-14h30 ; fermé 1er janv., lun.-merc. du carnaval, 24-25 et 31 déc. - 2 € (-14 ans 1 €), gratuit sam.

Cette forteresse, qui date de l'époque de Philippe II, faisait partie du système défensif de La Corogne. Ses casemates ont servi de prison à d'illustres personnages, tels que Malaspina (1754-1810), militaire et navigateur espagnol qui, après une expédition en Amérique et en Asie, demande au gouvernement l'autonomie des colonies espagnoles. Cette requête et l'atteinte à l'autorité espagnole lui coûtent 10 ans d'emprisonnement.

Plus tard, le musée servit à mettre en quarantaine les voyageurs susceptibles d'avoir la lèpre. Aujourd'hui, il abrite le **Musée archéologique et historique**, doté d'une salle remarquable consacrée à l'orfèvrerie préhistorique. La terrasse offre une jolie vue sur le port.

L'INVINCIBLE ARMADA

En 1588, La Corogne fut le point de départ de la plus grande flotte du monde : l'Invincible Armada. Avec ses 130 vaisseaux de guerre, son équipage de 10 000 matelots et ses 19 000 soldats, elle se dirigea vers l'Angleterre sous prétexte de venger la mort de la catholique Marie Stuart, reine d'Écosse. Mais la véritable raison de ce départ était en réalité double : mettre fin aux attaques des corsaires anglais contre les navires espagnols et stopper l'aide qu'Élisabeth d'Angleterre apportait aux rebelles hollandais. L'expédition joua de malheur. Le mauvais temps la retarda et les Anglais, prévenus, s'étaient préparés au combat. Leurs voiliers rapides harcelèrent la flotte espagnole lourdement chargée. Au retour, la grande flotte avait perdu 63 navires et plus de 15 000 hommes. Ce fut la fin de l'hégémonie espagnole sur les mers. À titre de représailles, le corsaire Drake attaqua à son tour La Corogne en 1589 ; l'ennemi escaladait ses murs, mais **María Pita** veillait. Elle renversa le porte-étendard anglais qui pénétrait dans la ville, lui arracha son drapeau et donna l'alerte : la ville était sauvée.

Repartez vers la vieille ville. Avant de vous engager dans la calle San Francisco, vous pouvez faire une halte dans les jardins de San Carlos (jardínes de San Carlos), où repose le général John Moore, mort à la bataille d'Elviña le 16 janvier 1809.

Église et Couvent de Santo Domingo B1

✆ 981 205 850. Cette église fut édifiée au 13e s. dans un style roman en dehors des murailles de la ville. Elle fut reconstruite à son emplacement actuel au cours du 17e s., dans un style baroque. Ne furent conservées du bâtiment original que les chapelles des Remedios (Remèdes) et du Rosario (Rosaire).

À quelques pas de là se trouve la prazuela Santa Bárbara.

Prazuela de Santa Bárbara B1

Cette place paisible, cadre de récitals et de concerts de musique de chambre au mois d'août (fêtes de María Pita, *voir l'agenda dans « Nos adresses »*), semble protégée du monde extérieur par le sobre couvent Santa Bárbara, dont la porte est surmontée d'un linteau roman représentant la pesée des âmes en présence du Christ.

Prenez la calle Santa María.

Collégiale de Santa María del Campo B1

Église romane à trois vaisseaux coiffés de voûtes en plein cintre soutenues par des arcs doubleaux. À l'extérieur, citons le portail (13e-14e s.), la rosace gothique et le clocher. Sur le tympan est représentée l'Adoration des Rois Mages. Le **musée d'Art sacré** *(Puerta de Aires, 23 - ✆ 981 203 186 - mar.-vend. 10h-13h, 17h-19h, sam. 10h-13h - gratuit)* a été installé dans un bas-côté.

Sur la place, entre Santa María et une jolie résidence baroque, beau calvaire du 15e s.

Descendez la calle Damas en longeant la jolie place arborée du général Azcárrega, puis prenez à droite calle Ángeles jusqu'à la praza de María Pita.

Praza de María Pita B1

Juste derrière l'avenida da Marina, la **praza de María Pita** est une vaste place piétonne aux nombreuses terrasses de café. Elle porte le nom de l'héroïne du 16e s., aussi appelée la « Jeanne d'Arc » de Galice, qui sauva la ville de l'envahisseur anglais. Au centre, trône une statue en son honneur. La place

SE LOGER		SE RESTAURER	
Hôtel Mar del Plata	1	Comarea	2
Hôtel Plaza	4	Domus	1
Moon Hotel	2		

est entourée, sur trois côtés, d'édifices à galeries vitrées sur arcades et, sur le quatrième, par l'**hôtel de ville**. Ce dernier, dessiné par l'architecte Pedro Mariño, fut construit entre 1904 et 1917.

À la gauche de l'ayuntamiento, remontez la cuesta de San Agustín jusqu'à la praza de España et là, prenez à gauche dans la calle de las Panaderas.

Musée des Beaux-Arts (Museo de Bellas Artes) A1

Rúa de Zalaeta, non loin de la plage de l'Orzan, de l'autre côté de l'isthme. ✆ 981 223 723 - http://museobelasartescoruna.xunta.es - mar.-vend. 10h-20h, sam. 10h-14h, 16h30-20h, dim. 10h-14h - fermé lun. et j. fériés - 2,40 €, gratuit sam. apr.-midi et dim.

Une belle luminosité et des salles de grande ampleur caractérisent ce musée moderne. Il est principalement consacré à la peinture espagnole et européenne du 16e au 20e s. ainsi qu'à la peinture galicienne des 19e et 20e s.

On remarque les gravures de **Goya** et des céramiques de **Sargadelos**.

Rejoignez le centre piéton par la calle San Nicolás, jusqu'au croisement avec la calle Real.

C'est au n° 20 de la calle Real que **Picasso** réalisa sa toute première exposition de peinture à l'huile, à l'âge de 13 ans. Il ne subsiste rien, aujourd'hui, de la galerie d'art.

À voir aussi Plan de ville

LA PARTIE NORD Plan I

Circuit tracé en vert sur le plan de ville ci-contre – Comptez 1h sans les visites.

Domus-Maison de l'être humain (Domus-Casa del Hombre) 1

Santa Teresa, 1 - ✆ 981 189 840 - www.casaciencias.org - ♿ - juil.-août : tlj 11h-21h ; reste de l'année : tlj 10h-19h - fermé 1er et 6 janv., 25 déc. - 2 € (-14 ans 1 €).

Situé sur la baie de Riazor, cet **édifice★** surprenant conçu par l'architecte japonais **Arata Isozaki** est déjà devenu l'un des symboles architecturaux de la ville. La façade tournée vers la baie présente une double courbe qui adopte la forme d'une grande voile recouverte d'écailles d'ardoise. L'autre mur de l'édifice s'appuie sur une ancienne carrière pour créer un espace de grands blocs de pierre formant un paravent. Le musée est entièrement consacré à l'être humain et examine de façon interactive (textes, photographies, écrans informatiques…) différentes facettes de la condition humaine comme la génétique, la reproduction ou les sens.

Aquarium Finisterrae 1

Paseo Alcalde Francisco Vázquez, 34 - ✆ 981 189 842 - www.casaciencias.org/aquarium - juil.-août : tlj 10h-21h ; reste de l'année : lun.-vend. 10h-19h, w.-end et j. fériés 10h-20h - 10 € (-14 ans 4 €).

Situé à côté de la tour d'Hercule, il est aussi connu sous le nom de Maison des poissons (Casa de los Peces). Principalement consacré à l'écosystème marin des côtes galiciennes, il dévoile aussi, de façon interactive et didactique, les secrets des mers et des océans du monde. Au sous-sol, ne manquez pas le *Nautilus*, très réussi. Le décor et la musique donnent le sentiment d'être dans le sous-marin du capitaine Nemo. *Les explications sont exclusivement données en espagnol et en galicien.*

Tour d'Hercule (Torre de Hércules) 1

Av. de Navarra, s/n - ✆ 981 223 730 - www.torrehercules.org - juin et sept. : tlj 10h-18h45 ; juil.-août : tlj 10h-21h45 ; reste de l'année : tlj 10h-17h45 - fermé 1er et 6 janv., 25 déc. - 2,50 € (-14 ans 1,50 €).

Classé au Patrimoine mondial de l'humanité depuis l'été 2009, c'est le plus ancien phare au monde toujours en service. La tour porte ce nom en référence à la légende selon laquelle Hercule aurait enterré la tête d'un de ses ennemis Gérion, dans les fondations. Construit par les Romains au 1er s. sur une hauteur de 41,5 m, elle subit plusieurs modifications au cours de son histoire. Le phare était à l'origine ceint d'une rampe extérieure que Charles III transforma en 1790 en escalier intérieur, lorsqu'il donna à l'édifice sa forme carrée actuelle. Le sommet (104 m) offre une belle **vue★** sur la côte et la ville. Dans les jardins environnants sont disséminées toute une série de sculptures à l'air libre réalisées par des artistes contemporains locaux. C'est une belle occasion de promenade, faisable également en *segway (voir « Nos adresses »).*

À proximité Carte de région

Cambre B2

11 km au sud en prenant l'AP 9, sortie 7, puis l'AC 1706.

Dans ce village rustique, l'église romane **Santa María★**, du 12e s., présente une jolie façade composée de trois corps qui correspondent aux trois vaisseaux intérieurs. De chaque côté, une fenêtre est soulignée d'un arc polylobé d'influence arabe. On retrouve cette influence dans les chapiteaux des contreforts. Au tympan figure l'Agneau, dans un médaillon tenu par des anges. L'intérieur est d'une grande pureté ; comme dans maintes églises du chemin de St-Jacques, l'abside est entourée d'un déambulatoire à cinq chapelles rayonnantes. *✆ 981 675 157 ou 981 656 217 - lun.-vend. 10h-14h, 16h-20h, w.-end 10h-14h.*

NOS ADRESSES À LA COROGNE

TRANSPORTS

Tramway – *Juin : ttes les 30mn, 12h-20h30 ; juil.-août : ttes les 20mn, 12h-21h20 ; sept. : 11h55, 12h20, 12h35 - 2 €.* Le petit tram parcourt un trajet de 12 km autour de la péninsule et s'arrête aux principales attractions touristiques de la ville.

Vélo – *✆ 678 689 985 - www.bicicoruna.com.* Service municipal de prêt de vélo, avec bornes de retrait. Première 1/2h gratuite. Il faut être en possession d'une carte de crédit à puce.

HÉBERGEMENT

PREMIER PRIX

Hôtel Mar del Plata – Plan I 1 - *Paseo de Ronda, 58 - ✆ 981 257 962 - 27 ch. 38/46 € - ☕ 3 €.* Un hôtel simple et fonctionnel, situé à côté du stade de football de Riazor, en dehors du centre-ville. L'accueil est chaleureux et les chambres sont correctes. Certaines offrent une jolie vue sur la mer.

Hôtel Nido – Plan II A2 - *Rúa San Andrés, 146 - ✆ 981 213 201 - 40 ch. 42/57 € - ☕ 3 €.* Un bon rapport qualité-prix pour cet hôtel situé en plein centre et à deux pas de la plage. Les chambres sont propres et bien équipées. Essayez de préférence d'en demander une qui donne sur l'arrière pour éviter le bruit de l'avenue.

Hôtel Moon – Plan I 2 - *Ramón y Cajal, 47 - ✆ 981 919 100 - 26 ch. 45/55 € - ☕ 3 €.* Ce sympathique hôtel est petit mais accueillant, avec un salon et une cafétéria. Les chambres sont modernes et décorées de paysages lunaires.

Hôtel Maycar – Plan II 2 - *San Andrés, 159 - ✆ 981 225 600 - 54 ch. 48/60 € - ☕ 3,50 €.* La simplicité de cet hôtel est compensée par la localisation, près de la place de Pontevedra et de la plage. Chambres fonctionnelles et salles de bain modernes.

Hôtel Sol – Plan II A1 - *Sol 10 - ✆ 981 210 362 - P - 39 ch. 50/70 € ☕.* Idéalement situé entre la plage d'un côté et la zone piétonne commerçante de l'autre, l'hôtel Sol propose des chambres impeccables et pratiques. Avantage non négligeable dans cette ville : le parking sous-terrain de l'hôtel est compris dans le tarif.

BUDGET MOYEN

Hôtel Plaza – Plan I 2 - *Av. Fernández Latorre, 45 - ✆ 981 290 111 - ▤ - ♿ - 84 ch. 54/100 € - ☕ 8,50 € - rest. 12 €.* Hôtel à l'esthétique minimaliste reposant sur des lignes pures et une décoration soignée. Malgré la petitesse des espaces communs, l'établissement dispose de chambres modernes dotées de salles de bains stylées. Certaines chambres offrent de belles vues.

POUR SE FAIRE PLAISIR

Hôtel NH Atlántico – Plan II A2 - *Jardines de Méndez Núñez* - ✆ *981 226 500* - *194 ch. 124/175 €* - ☕ *15 €*. Cet hôtel, à la clientèle plutôt professionnelle, offre le confort habituel de sa chaîne. Les chambres sont entièrement équipées et le service est complet et cordial. Agréables salon et salle pour le petit-déjeuner.

RESTAURATION

PREMIER PRIX

Comarea – Plan I 2 - *Carlos Martínez Barbeito y Morás 4* - ✆ *981 132 658* - *tapa 5 €, ración 18 €*. Bar à *tapas* et vinothèque au décor contemporain situé dans un quartier résidentiel. Fruits de mer, poulpe, et assortiment de charcuteries. Excellente carte des vins.

Mesón del Pulpo – Plan II B1 - *Franja 9-11* - ✆ *981 202 444* - *12/20 €*. Ambiance très décontractée et clientèle locale abondante dans ce bar à *tapas* spécialisé en poulpe et fruits de mer.

Beaucoup d'autres options similaires dans cette rue animée, laissez-vous guider par les vitrines alléchantes de produits de la mer.

BUDGET MOYEN

Adega o Bebedeiro – Plan II A1 - *Ángel Rebollo, 34* - ✆ *981 210 609* - *25 €*. Cet établissement est renommé pour sa carte variée et ses prix accessibles. Le décor, rustique, met la pierre et le bois à l'honneur et le service est très aimable. Il est conseillé de réserver.

Coral – Plan II A1 - *Callejón de la Estacada, 9* - ✆ *981 200 569* - *fermé dim.* - ▤ - *25/44 €*. Un restaurant familial qui s'est fait une réputation. Bien situé dans le centre-ville, il offre une excellente cuisine typique dans un joli cadre en pierre et en bois. Sérieux et qualité garantis.

A la Brasa – Hors plan II - *Juan Florez, 38* - ✆ *981 270 727* - *26 €*. Situé en plein centre, cet établissement comprend un bar à l'entrée et deux agréables salles de restaurant. Il propose une carte complète de cuisine traditionnelle, spécialisée en viandes et en poissons grillés.

Domus – Plan I 1 - *Ángel Rebollo (Domus-Casa del Hombre)* - ✆ *981 201 136* - *fermé lun. et fév.* - ▤ - *27/35 €*. Au sein même du musée Domus, bien que bénéficiant de sa propre entrée, ce restaurant à l'aménagement moderne se distingue par sa belle salle à manger entièrement vitrée. Le chef vous proposera une cuisine à la fois traditionnelle et créative.

POUR SE FAIRE PLAISIR

A Mundiña – Plan II A2 - *Estrella, 10* - ✆ *881 899 627* - *31/48 €*. Ce petit restaurant dispose d'un bar-vinothèque à l'entrée et une salle avec cuisine semi-ouverte. Carte traditionnelle de plats galiciens, poissons et fruits de mer.

PETITE PAUSE

Veracruz – *Rúa Riego de Agua, 22* - ✆ *981 200 111*. Spécialisé en cafés, thés et chocolats en tous genres, cet endroit jeune et coloré est idéal pour le petit-déjeuner (plusieurs formules sont proposées) ou le goûter.

EN SOIRÉE

En soirée, l'animation est concentrée dans la rue Barrera, où la seule difficulté sera de faire votre choix entre tous les bars du quartier.

Dublin 50 – *Rúa Panaderas, 50.* Vous y retrouverez le charme des pubs irlandais, tant au niveau de la décoration que de la musique ou du large choix des bières. C'est aussi le rendez-vous régulier de groupes de musique celtique.

AGENDA

Feux de la Saint-Jean – 23 juin.
Fêtes de María Pita – 1er-31 août. Spectacles de rue, concerts, marché médiéval, riverains costumés…
Fêtes patronales de Nuestra Señora del Rosario – 7 oct.

Betanzos

★

13 680 habitants

NOS ADRESSES PAGE 424

S'INFORMER
Office de tourisme - *Praza de Galicia, 1 - ✆ 981 776 666 - www.betanzos.es - juin-sept. : lun.-vend. 10h-14h, 17h-20h, w.-end 11h-14h, 17h-19h, j. fériés 11h-14h ; reste de l'année : lun.-vend. 10h-14h, 16h30-19h30, sam. 10h30-13h.*

SE REPÉRER
Carte de région B2 (p. 404) – *Carte Michelin n° 571 B 5.* À 27 km au sud-est de La Corogne.

SE GARER
Il est difficile de se garer dans les rues de la ville. Mieux vaut opter pour le parking souterrain situé sous la praza de García Irmáns.

À NE PAS MANQUER
Le sépulcre de Fernán Pérez de Andradeo.

ORGANISER SON TEMPS
Une demi-journée suffit pour visiter la ville.

Construit sur une colline au fond de sa ría, Betanzos est un ancien port, aujourd'hui ensablé. Il fait bon se promener dans cette charmante petite ville chargée d'histoire. Dans le vieux centre, les rues pentues bordées de maisons à galeries et trois belles églises gothiques témoignent en effet de son riche passé.

Se promener

La **praza de García Irmáns** est le centre névralgique de la ville. Elle abrite plusieurs édifices remarquables comme **le couvent de Santo Domingo**, de style baroque (16e s.-18e s.), **les Archives du Royaume de Galice** (Arquivo do Reino do Galicia), de style néoclassique (18e s.) et la bibliothèque municipale (18e s.) qui fut autrefois le collège des Orphelines. Au centre, **la fontaine de Diane** qui date de 1866.

En entrant dans l'ancienne partie fortifiée de la ville par la Porta da Vila (3 portes témoignent encore aujourd'hui de **l'ancienne muraille**), on tombe sur la praza da Constitución. L'**église de Santiago** *(voir ci-dessous)* y côtoie l'**hôtel de ville** (16ᵉ s.), orné d'arcades et d'un beau blason sculpté, et la **Casa Nuñez** (19ᵉ s.), devenue aujourd'hui le Centre international de gravure contemporaine.
Au hasard des rues, vous noterez également les maisons anciennes et leurs galeries en bois. Jadis, les habitants y faisaient sécher du maïs et des oignons.

Église de Santiago

Construite entre le 14ᵉ et le 15ᵉ s. sous l'égide de la famille des Andrade, dans le style gothique galicien, elle présente des murs et des contreforts très épais. À l'intérieur, la chapelle de l'archidiacre Pedro de Ben héberge un retable (1525) d'une qualité impressionnante, œuvre du sculpteur Cornelius de Hollande. Sur le portail principal apparaît un Maure qui prie devant saint Jacques « Matamoros ».

Église de Santa María de Azougue

Son nom vient de *souk*, le marché en arabe. Elle date des 14ᵉ et 15ᵉ s. La façade, gracieusement asymétrique, présente un portail aux voussures dentelées, surmonté d'une belle rosace. De part et d'autre de la porte, deux niches abritent les statues archaïsantes de la Vierge et de l'archange Gabriel, symbolisant l'Annonciation. Sur le portail nord, on distingue saint Michel pesant les âmes. Trois vaisseaux d'égale hauteur sous une seule charpente rendent l'intérieur spacieux. La chapelle à droite du chœur abrite une colonne où est gravé un calendrier médiéval : chaque personnage représente un mois de l'année. Notez la Vierge vêtue de blanc au milieu du retable.

★ Église de San Francisco

✆ 981 770 110 - lun. 10h-13h, mar.-sam. 10h-13h, 16h30-19h30 (dim. 18h). Le comte Fernán Pérez de Andrade, seigneur de Betanzos et de la ville voisine de Puentedeume, fit construire en 1397, près de Santa María, un couvent de franciscains dont subsiste cette église. En forme de croix latine, elle est parée d'un chevet gothique élancé. Remarquez les nombreux tombeaux alignés le long de ses murs et la décoration sculptée des ogives et des arcs du chœur. Sous la tribune à gauche de l'entrée se trouve le **sépulcre★** monumental du fondateur, supporté par un sanglier et un ours, ses emblèmes. Sur les côtés courent des scènes de chasse. Des chiens, symboles de fidélité, sont couchés aux pieds du défunt tandis qu'à sa tête, quatre anges recueillent son âme.

Museo das Mariñas

Rúa de Emilio Romay, 1. ✆ 981 773 693 - lun.-vend. 10h-13h, 16h-20h, sam. 10h30-13h - 1,29 € (-14 ans gratuit).
Installé dans l'ancien couvent de Santo Domingo, ce musée résume l'histoire de la ville et de ses alentours depuis leurs origines. Il porte d'ailleurs le nom de la communauté de communes dont Betanzos est la capitale : As Mariñas. Au-rez-de-chaussée, une partie est consacrée à l'époque médiévale et présente de nombreux sépulcres, blasons et sculptures. Une autre partie est consacrée à l'archéologie romaine. À l'étage, on notera surtout la magnifique collection de costumes galiciens anciens et la salle dédiée à l'art populaire. Le musée comprend également une pièce d'exception : une peinture de l'*Apostolado* de Rubens (17ᵉ s.).

ORIGINES CELTES ET INFLUENCES FRANÇAISES

Des origines celtiques – Betanzos est l'une des plus anciennes villes de Galice, fondée par le chef celte Breogán. Sous l'Empire romain, elle était connue sous le nom de Flavium Brigantium. En 1219, sous le règne du Roi Alfonso IV, elle fut transférée de San Martiño de Tiobre (également appelée Betanzos O Vello) à son emplacement actuel sur l'ancien *castro* de Untia, au sommet d'une butte entre les fleuves Mendo et Mandeo. Le commerce commença alors à se développer, notamment grâce au port.

Un florissement moderne – En 1465, Enrique IV lui concèda le titre de ville et les Rois Catholiques la désignèrent comme l'une des 7 capitales provinciales du royaume de Galice en 1490, distinction qu'elle conserva jusqu'en 1834, quand elle fut intégrée à la province de La Corogne. La bourgeoisie locale exprima curieusement un vif intérêt pour la France qui se traduisit par une montgolfière, devenue le symbole de la ville, et par la **fontaine de Diane** (fuente de Diana), copie de la Diane chasseresse du Louvre. Depuis 1970, la ville est classée site historique.

À voir aussi

Parc Pasatiempo (Parque Pasatiempo)
À env. 1 km du centre. Depuis la praza de García Irmáns, prenez l'avenida do Carregal. Le parc est alors indiqué sur la gauche. Ce parc fut conçu en 1893 par les frères García Naveira. À leur retour d'Argentine, ces émigrants fortunés souhaitèrent enseigner le monde aux habitants de la ville. Cela explique qu'une partie du parc est à vocation pédagogique (volières d'oiseaux exotiques, jardin botanique, etc.).

NOS ADRESSES À BETANZOS

HÉBERGEMENT

POUR SE FAIRE PLAISIR

Hôtel San Roque – *Carret. de Castilla 38 - ✆ 981 775 555 - www.complejosanroque.es - 30 ch. 81/91 € - rest. 26/42 €.* Cet hôtel occupe un bâtiment restauré de 1920. Les espaces communs sont un peu limités, mais compensés par des chambres bien équipées, avec des sols parquetés.
Le restaurant est réputé pour ses journées gastronomiques.

ÉVÉNEMENT

Fiestas de San Roque – 14-25 août. Pendant ces dix jours, la ville fête son patron : San Roque. Le 16 août, on assiste au lâcher de montgolfière (el globo de San Roque), rendez-vous annuel remontant à 1875. Avec ses 25 m de hauteur, elle est considérée comme la montgolfière en papier la plus grande du monde. Le 18 et le 25 août sont dédiés à la fête populaire de Os Caneiros. Depuis 1880, les habitants (à l'origine les plus aisés) se dirigent en barque ou à pied au campo dos Caneiros (à 30mn de Betanzos), où la danse et la gastronomie sont à l'honneur.

Côte de la Mort

Costa da Muerte

★

NOS ADRESSES PAGE 430

S'INFORMER

Office du tourisme régional de La Corogne – *Dársena de la Marina s/n - ✆ 981 221 822 - www.turgalicia.es - lun.-vend. 10h-14h, 16h-19h, sam. 11h-14h, 17h-19h, dim. et j. fériés 11h-14h.*
Vous trouverez également des informations sur la côte de la Mort (itinéraires téléchargeables, routes thématiques, hébergements…), sur www.neria.es et www.turismocostadamorte.com.
Voir aussi les offices de tourisme aux localités décrites.

SE REPÉRER

Carte de région A2 (p. 404) – *Carte Michelin nº 571 B4-D2.* La côte s'étend de La Corogne, à l'est, jusqu'au nord des Rías Bajas, à moins de 70 km à l'ouest de St-Jacques-de-Compostelle.

À NE PAS MANQUER

Le Cabo Fisterra, au coucher du soleil.

ORGANISER SON TEMPS

Comptez 2 jours minimum car si le kilométrage n'est pas très élevé, les petites routes sinueuses (qui offrent un panorama magnifique) ne permettent pas une allure rapide.

Entre Malpica de Bergantiños et Muros s'étend une côte sauvage aux paysages austères et grandioses : la côte de la Mort. Son nom, peu hospitalier, vient des centaines de naufrages qui ont eu lieu sur cette côte battue par les tempêtes. Mais, au-delà de ce triste souvenir, la côte de la Mort, épargnée par un développement immobilier et touristique effréné, dévoile des panoramas d'une beauté à couper le souffle, essaimés de villages de pêcheurs qui ont su garder leur charme. Falaises abruptes, petites criques ombragées de pins maritimes et grandes plages désertes bordées de dunes se succèdent le long de petites routes escarpées. On peut y respirer l'air du grand large et s'émerveiller devant un coucher de soleil dans la plus parfaite solitude.

Circuit conseillé Carte de la côte de la Mort

DE MALPICA DE BERGANTIÑOS À MUROS

Circuit de 270 km, tracé en vert sur la carte de la côte de la Mort (p. 428) – Comptez au moins 2 jours.
Pour rejoindre Malpica de Bergantiños depuis La Corogne, prenez la AG 55 jusqu'à Carballo, puis la AC 414.

Malpica de Bergantiños

Ce village de pêcheurs, protégé par le cap San Adrián, fait face aux îles Sisargas (réserve d'oiseaux). La ville présente peu d'intérêt d'un point de vue touristique, sauf peut-être le petit port de pêche, entouré par deux énormes digues. À la sortie du village en direction de Corme, s'étend une belle plage de sable fin.

En sortant de Malpica, prenez la direction de Corme.

Corme

Petit port de pêche aux rues étroites et pentues, Corme possède aussi de jolies plages.

Après Corme, prenez la direction de Ponteceso et rejoignez Laxe par la côte.

Laxe

Cette station balnéaire est réputée pour sa longue plage de sable fin. L'**église de Santa María da Atalaia** (14e s.), de style gothique, mérite également un arrêt.

Poursuivez sur l'AC 433 puis, à Ponto do Porto, prenez à droite sur l'AC 1601 jusqu'à Camelle. Longez la plage sur la gauche, jusqu'au bout de la jetée.

Camelle

Petit village entouré d'éoliennes, sans grand intérêt en soi, mais avec une petite plage protégée, idéale pour les enfants.

Musée de l'Allemand (Museo do Alemán) – *Peirao de Camelle s/n - gratuit.* Jalousement gardé par des riverains affables, ce singulier musée en plein air est l'œuvre de Man, un Allemand arrivé à Camelle dans la période hippie des années 1970 à la recherche d'un coin de solitude propice à l'imagination. Composées d'éléments trouvés sur place (pierres, bouts de métaux et de bois échoués, filets de pêche…), ses créations se fondent dans l'environnement pour le magnifier, offrant un premier plan pour le moins original aux superbes vues sur la baie. Il est dit que Man, profondément affecté par les dégâts dûs au naufrage du pétrolier Prestige en 2002, en mourut de tristesse.

De l'autre côté de la baie, un petit sentier isolé de toute beauté longe la côte rocheuse jusqu'à la belle plage de Traba *(env. 1h15 aller)*. On peut continuer la promenade sur la plage, ou sur les passerelles qui traversent les dunes et une lagune (panneaux explicatifs sur les écosystèmes et la faune). Équipée d'aires de pique-nique et d'installations sanitaires, il n'est pourtant pas recommandé de s'y baigner en raison des forts courants qui font le bonheur des véliplanchistes et des surfeurs.

Repartez par l'AC 1601 et prenez à droite en direction d'Arou sur l'AC 1602. Au niveau de Santa Mariña, continuez à droite, sur la route qui longe la côte.

Arrêtez-vous à la Playa de Trece et dévalez la « Gran Duna » avant de poursuivre vers le **cap Vilán★**. Entouré d'une ferme d'éoliennes, le cap offre un panorama magnifique sur la côte sauvage. Le phare abrite le **musée du Phare** (Museo do Faro – *℘ 687 521 167 - tlj 11h-14h, 15h30-19h - gratuit)*, où l'on découvre entre autres l'histoire des naufrages de la côte de la Mort et le fonctionnement des phares à travers des vidéos et photos.

Rejoignez Camariñas par l'AC 432.

Camariñas

Praza da Insuela - ℘ 981 737 204 - www.camarinas.net - juil.-août : tlj 11h-15h, 16h-20h ; reste de l'année : fermé, rens. auprès de la mairie (℘ 981 736 000).

Petit port de pêche animé et agréable, Camariñas est sans aucun doute la capitale régionale de la dentelle. Le long du port, plusieurs boutiques proposent des modèles de cet artisanat local.

Sur la côte de la Mort, la pointe de Louro.
H. Hughes / hemis.fr

Musée de la Dentelle (Museo do Encaixe) – *Praza Insula. ☏ 981 736 340 - mar.-dim. 11h-14h, 16h-20h (se rens. pour confirmer) - 2 €.* Exposition de dentelles de Camariñas, bien sûr, et d'ailleurs, broderies et matériel utilisé par les *palilleiras* (dentellières), comme les fuseaux. Les pièces les plus anciennes datent du 17e s.

Église de San Xurxo – Dans la partie supérieure du village, cette église du 18e s. contient des retables baroques du sculpteur José Antonio Suarez Ferreiro.

À la sortie de Camariñas, prenez la direction de Muxía. De là, dirigez-vous vers le Santuario da Virxe da Barca (indiqué depuis le centre).

★ Sanctuaire da Virxe da Barca

Ce sanctuaire du 18e s. à l'apparence austère se dresse devant d'énormes rochers. De style baroque, il contient un magnifique retable, encadré par les peintures des douze apôtres. Chaque année, mi-septembre, la tradition réunit les pèlerins qui doivent passer sous la Pedra dos Cadris (pierre dos Cadris) et essayer de faire bouger la Pedra de Abalar (pierre de Abalar), désormais brisée. Le site offre un très beau point de vue sur la ría de Camariñas. On aperçoit en face le phare du **Cap Vilán** *(voir ci-contre)*.

À la sortie de Muxía, prenez la direction de Berdoias et rejoignez Corcubión par l'AC 552.

Corcubión

Corcubión a gardé tout le charme d'un port ancien, avec ses maisons à blasons et à galeries qui longent la mer.

La **route★** en corniche qui mène au cap Fisterra *(voir p. 428)* offre de très belles vues sur la baie.

Prenez la direction de Fisterra et arrêtez-vous à la sortie de la ville, en direction du cap.

Là vous pourrez admirer **l'église de Santa María das Areas** (12e s.). D'architecture romane, elle conserve précieusement une statue du Christ à la barbe dorée du 14e s.

★ Cap Fisterra (Cabo Fisterra)

Rua Real, 2 - 981 740 781 - tlj 13h-22h.

La légende raconte que ce sont les légions romaines qui, en arrivant, baptisèrent l'endroit *Finis Terrae* (la fin de la terre). Ce cap se revendique comme le point le plus occidental de l'Espagne continentale, distinction qu'il se dispute avec le Cabo Touriñan (à 29 km au nord). Quoi qu'il en soit, le cabo Fisterra a des airs de bout du monde et le phare offre un **panorama**★ magnifique sur l'océan et la baie.

Redescendez jusqu'à Corcubión et rejoignez le village d'O Pindo par la côte.

Avec ses 627 m de hauteur, le **Monte do Pindo** est surnommé « l'Olympe celte ». La nature y a sculpté de curieuses formes de pierre qui laissent libre cours à l'imagination. Depuis Moa, au sommet, la vue est impressionnante. On aperçoit au loin le Cabo Fisterra.

Rejoignez l'AC 550 et continuez à descendre vers le sud.

La côte est une suite de criques, de ports et de plages de sable sur fond de collines granitiques où tournent quelques éoliennes. Au niveau de Ézaro, vous pouvez faire un détour sur le río Xallas en tournant à gauche sur l'AC 2308, puis à droite vers la cascade de Noveira. Vous trouverez plusieurs autres petites cascades et piscines naturelles en remontant vers le réservoir de Fervenza.

Carnota

Ce village abrite le plus long **« hórreo »**★ (grenier à blé) de Galice. Construit en 1760, il mesure 34,76 m de long. Au « palmarès » de Carnota s'ajoute également la plus longue **plage**★ de la région (6 km de long sur 1 km de large), le long de la lagune de Caldebarcos. *Pour y parvenir, descendez la petite route qui passe devant l'église et continuez toujours tout droit jusqu'au parking. Reprenez la route jusqu'à Lira, à 4,5 km de là.*

Lira

Sur la gauche de la route on peut accéder à d'autres *hórreos* remarquables par leur longueur.
Continuez à longer la côte en direction de Muros.

Muros

Curro da Plaza, 1 - 981 826 050 - www.muros.es - de mi-juin à fin oct. : lun.-vend. 10h-14h, 16h-20h, sam. 10h-14h, dim. 11h-14h ; reste de l'année : lun.-vend. 8h-15h.

Du fait de sa position géographique, Muros est tantôt reliée à la côte de la Mort, tantôt aux Rías Bajas. En fait, cette petite ville donnant sur la ría, qui porte son nom et celui de Noia, présente déjà les caractéristiques de la côte sud de la Galice, avec ses plateformes mytilicoles (culture des moules) et une ría aux versants couverts de forêts.

Sur le port, les maisons à galeries surmontant des arcades en granit longent la mer. L'été, on peut s'installer aux terrasses de café pour suivre l'activité portuaire.

Le quartier ancien – Derrière l'hôtel de ville, les ruelles escarpées et les escaliers mènent à l'**église paroissiale** (15e s.). De style roman, elle fut jadis la collégiale de Santa María do Campo.

En quittant la ville en direction de Noia *(voir p. 454)*, on voit, au travers de la ría, un **moulin à eau de mer** (molino de marea) qui était activé par le flux et reflux de l'eau lors des marées. Aujourd'hui, ce beau bâtiment en granit sert de cadre à des expositions estivales sur l'artisanat.

NOS ADRESSES SUR LA CÔTE DE LA MORT

HÉBERGEMENT

PREMIER PRIX

Hôtel Panchito – *Praza Villar Amigo, 5 - Malpica de Bergantiños - ✆ 981 720 307 - 35/55 € - ☕ 4 €.* Ce petit hôtel est situé dans le centre de Malpica, à deux pas du port. Rien de luxueux mais les chambres sont lumineuses et bien équipées et l'accueil cordial. Il possède également un agréable salon au 1er étage.

Hôtel Rústico – *Praza do Carmen, 20 - Camariñas - ✆ 981 705 477 - 45 € - ☕ - www.puertoarnela.es.* Cet hôtel offre un très bon rapport qualité-prix. Le décor soigné, en bois et pierres apparentes, en fait un endroit à la fois élégant et chaleureux. Certaines chambres ont vue sur le port. Mais il n'y en a que 6 au total, donc pensez à réserver avant de venir.

RESTAURATION

BUDGET MOYEN

Casa Manolo – *Caldebarcos, route AC 550 à 6,5 km au nord de Carnota - ✆ 981 760 306 - fermé lun. sf été et j. fériés - 20/32 €.* Entreprise familiale bien établie. Bar et salle à manger agréables où sont servis des poissons et fruits de mer à prix raisonnables. Le plat le plus populaire est la *caldeirada* de poisson (soupe composée de différents poissons et fruits de mer, servie avec des pommes de terre).

POUR SE FAIRE PLAISIR

O'Centolo – *Bajada del Puerto - Fisterra - ✆ 981 740 452 - fermé 23 déc.-15 fév. - 24/36 €.* Ce restaurant familial est réputé pour la qualité de ses poissons et de ses fruits de mer. Remarquez le vivier à l'entrée ! À l'étage, la salle à manger offre une jolie vue sur le port.

Restaurante As Garzas – *Porto Barizo, 40 - 7 km au sud-ouest de Malpica de Bergantiños, direction Barizo - ✆ 981 721 765 - fermé lun., mar.-jeu. soir (sf j. fériés et en été) - ▤ - 28/37 €.* La salle à manger aux grandes baies vitrées offre une belle vue sur la mer. Le chef vous proposera une carte traditionnelle galicienne, majoritairement à base de poisson.

SPORTS ET LOISIRS

Plongée – Le centre de plongée Buceo Finisterre propose des plongées et des baptêmes dans la ría de Corcubión, aux îles Lobeira et près du cap Fisterra. Réserver à l'avance. *Port de Fisterra - ✆ 660 873 336 ou ✆ 981 740 180.*

Saint-Jacques-de-Compostelle

Santiago de Compostela

★★★

95 092 habitants

NOS ADRESSES PAGE 444

S'INFORMER

Office de tourisme – *Rúa do Vilar, 63 - ✆ 981 555 129 - juin-sept. et Sem. sainte : 9h-21h ; reste de l'année : lun.-vend. 9h-19h, w.-end et j. fériés 9h-14h, 16h-19h.*

Praza de Galicia - ✆ 981 573 990.

Visites guidées – Le centre historique en espagnol *(2h ; 8 €)* ; l'audioguide MP3 permet de découvrir les monuments importants de la ville selon un itinéraire prédéfini en toute autonomie *(12 € ; caution 50 €)* ; la visite des toits de la cathédrale offre de magnifiques points de vue sur la vieille ville *(10 €)* ; « Les secrets de l'Université », circuit reliant les plus beaux édifices universitaires du centre *(1h30 ; 7 €)*.

SE REPÉRER

Carte de région A2 (p. 404) – *Carte Michelin n° 571 C 4.* La ville se trouve à 72 km au sud de La Corogne, 84 km au nord de Vigo et 107 km à l'ouest de Lugo.

SE GARER

Le centre historique est interdit à la circulation. Optez pour le parking souterrain de la praza de Galicia *(10,20 €/24h)* ou l'un de ceux situés dans la ville nouvelle (à l'ouest de cette même place).

À NE PAS MANQUER

La cathédrale et son botafumeiro, le marché de la praza da Abastos le matin et une promenade dans le parc de l'Alameda pour les vues sur la cathédrale et la ville.

ORGANISER SON TEMPS

Comptez deux jours entiers pour visiter le centre historique.

Capitale politique et administrative de la Galice, St-Jacques-de-Compostelle est aussi la troisième plus grande ville de pèlerinage au monde après Jérusalem et Rome. Son quartier ancien, aux rues pavées et bordées d'arcades, forme un incroyable labyrinthe en pierre auquel seuls les piétons ont accès. Elle est animée par les étudiants qui fréquentent son université et les nombreux touristes et pèlerins qui déambulent sur ses agréables places. Étonnamment, ce n'est pas l'art roman qui prédomine à St-Jacques, mais les monuments des époques baroque et néoclassique, qui lui donnent un air un peu solennel. Néanmoins l'utilisation du granit à toutes les époques donne à la ville une unité assez remarquable. En 1985, l'Unesco déclara la ville Patrimoine de l'humanité.

Découvrir Plan de la cathédrale

★★★ Cathédrale

981 581 155 ou se rens. auprès de l'office de tourisme - www.catedraldesantiago.es - tlj 7h-21h (pas de visites pdt les services) - gratuit.

Succédant à la première basilique, bâtie sur la tombe de l'apôtre peu après sa découverte, et à celle d'Alphonse III détruite par le raid d'al-Mansour en 997, la **cathédrale** actuelle date presque entièrement d'une période allant du 11e s. au début du 13e s., bien que, de l'extérieur, elle ait toute l'apparence d'un édifice baroque.

★★★ **Facade de l'Obradoiro** (Fachada de l'Obradoiro) – Ce chef-d'œuvre baroque de **Fernando Casas y Novoa** déploie sa magnificence à l'entrée de la cathédrale depuis 1750 (son nom signifie l'« œuvre d'or »). Le corps central, richement sculpté et animé par un jeu savant de droites et de courbes, s'achève en triangle élancé où apparaît saint Jacques en pèlerin. Légèrement en retrait, deux hautes tours, elles aussi somptueuses, encadrent cette flèche et prolongent ses lignes ascendantes.

★★★ **Portique de la Gloire** (Pórtico de la Gloria) – Le portique de la Gloire (la galerie couverte du rez-de-chaussée), se trouve dans le narthex au-delà de la façade baroque. La statuaire de ce triple portail est d'une beauté exceptionnelle, offrant à la fois le spectacle d'un ensemble très harmonieux et celui des ressources d'un art varié dans son expression, ses détails, sa facture et sa polychromie.

D'une époque plus tardive que le reste de la cathédrale romane, ce chef-d'œuvre fut réalisé par le **Maître Mateo** à la fin du 12e s. et présente déjà quelques caractéristiques de l'art gothique. Le Maître Mateo, qui était constructeur de ponts, renforça la crypte au-dessous pour soutenir le poids du portique. Le portail central est dédié à l'Église chrétienne : sur le tympan, le Sauveur est entouré des quatre Évangélistes tandis qu'à l'archivolte siègent les 24 vieillards de l'Apocalypse. Sur les piédroits, couverts de statues d'apôtres et de prophètes, on remarquera Daniel au sourire voilé annonçant le célèbre ange de Reims. Sur le meneau, au-dessous de la statue assise de saint Jacques, est creusée l'empreinte des doigts d'une main. La tradition veut en effet que les pèlerins harassés posaient la main là pour signifier qu'ils sont enfin arrivés au but. Derrière se trouve la statue du « saint aux bosses », qui aurait la vertu de donner mémoire et intelligence à quiconque vient s'y cogner la tête. L'arc de gauche est dédié à l'Ancien Testament. Il raconte l'histoire du monde juif avant la venue de Jésus-Christ. Celui de droite est dédié au Nouveau Testament, c'est le Jugement dernier qui est montré avec les apôtres Pierre, Paul, Jacques et Jean.

Intérieur – L'immense cathédrale romane où se pressaient les pèlerins est restée intacte. On y retrouve les caractéristiques des églises de pèlerinage : plan en croix latine, vastes proportions, déambulatoire pour la circulation des pèlerins, triforium. La nef principale et le vaste transept, lui aussi pourvu de bas-côtés, sont d'une admirable sobriété alliée à une majesté incomparable. Les tribunes ouvrent sur ces nefs par des baies géminées que surmonte un arc de décharge. Des voûtes d'ogives couvrent les collatéraux. Le sanctuaire est d'une exubérance surprenante dans ce cadre roman. Le **maître-autel** que surmonte une statue de saint Jacques (13e s.), somptueusement parée, est dominé par un énorme dais sculpté. Les pèlerins peuvent aller baiser le manteau du saint par un escalier situé derrière l'autel.

La cathédrale de Saint-Jacques-de-Compostelle.
L. West / Photononstop

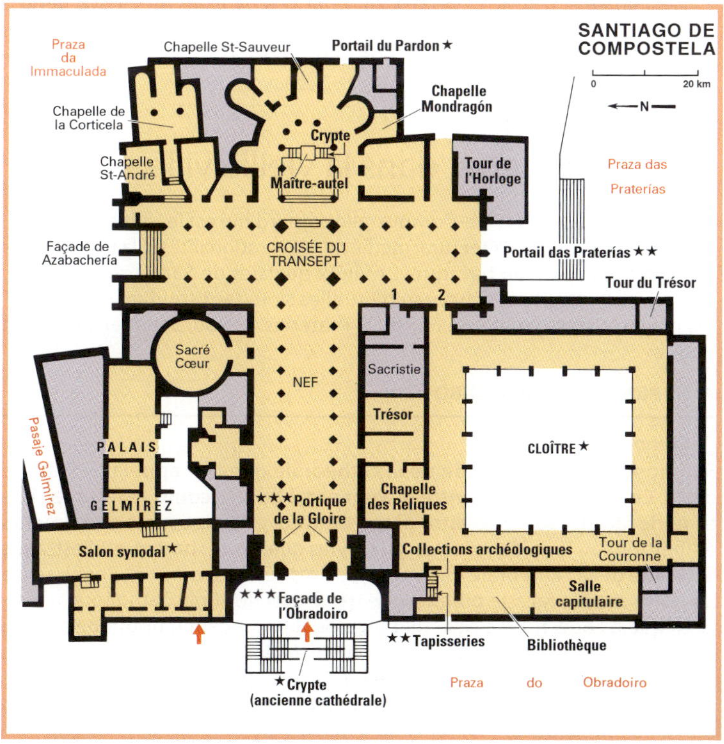

Sous le maître-autel, une **crypte**, constituée par les soubassements de l'église du 9e s. qui abritait le tombeau de l'apôtre, renferme les restes de saint Jacques et de ses disciples, saint Théodore et saint Athanase.
On remarquera, dans le déambulatoire, la voûte gothique de la **chapelle Mondragón** (1521) et **la chapelle de la Corticela**, qui, à sa construction au 9e s., était séparée de la cathédrale. Il en est de même dans le croisillon sud pour les portes Renaissance de la **sacristie** et le cloître.
Enfin, immanquable, le **botafumeiro** trône dans la nef. Grâce à un système de poulies placé sous la voûte à la croisée du transept, cet encensoir géant (1,50 m de haut et 53 kg) est balancé dans les airs par huit *tiraboleiros* (les hommes qui tirent les cordes). Le spectacle est impressionnant. *Renseignez-vous auprès de l'office de tourisme car il ne fonctionne que 8 à 10 fois par an, au cours des cérémonies importantes.*

ST-JACQUES-DE-COMPOSTELLE AUJOURD'HUI

La ville est toujours indissociable du pèlerinage qui porte son nom. Mais, fait important, depuis une décennie, on constate l'augmentation notable du nombre de marcheurs sur les chemins de Saint-Jacques. Une évolution à laquelle la ville s'est parfaitement adaptée en développant notamment une programmation culturelle riche et variée en toute saison *(procurez-vous le mini-magazine mensuel gratuit CulturAll à l'office de tourisme pour la programmation)*. Ville de caractère qui revendique son appartenance tout entière à la culture galicienne, St-Jacques-de-Compostelle est une ville animée et festive. L'effervescence qui s'empare des rues le soir venu est facilement palpable dans une localité qui compte près de 40 000 étudiants, soit un peu plus d'un tiers de sa population.
Voir également « Comprendre » p. 40 et « Découvrir » p. 137.

★★ Se promener dans la vieille ville Plan de ville

Le visage de St-Jacques-de-Compostelle aujourd'hui est le fruit de la combinaison, sur un fond architectural médiéval, de la rationalité de la Renaissance et de la théâtralité du baroque. Le vieux quartier de Santiago, toutefois, a gardé son complexe écheveau de ruelles s'ouvrant soudain sur de petites places comme celles de Fonseca, Praterías, Feijóo, San Martín ou San Roque.

★★★ PRAZA DO OBRADOIRO Plan II

Comptez une journée.
Son nom vient de la façade de la cathédrale que l'on appelait « l'œuvre d'or ». Cette place est le centre monumental de St-Jacques et résume l'histoire de la ville. Sur les quatre côtés, on trouve d'imposants monuments édifiés tout au long de 7 siècles, aux styles différents : baroque à l'est, avec la façade de la cathédrale (qui cache une cathédrale romane), Renaissance au nord, avec la façade plateresque de l'Hôtel des Rois Catholiques, néoclassique à l'ouest, avec celle du palais de Raxoi, et enfin gothique au sud, avec le portail du collège de San Jerónimo. Malgré ces différences de style, l'ensemble reste harmonieux grâce à l'unité du granit utilisé pour tous les bâtiments. Au centre de la place, une plaque indique le kilomètre 0 du chemin de Saint-Jacques.

La légende et l'histoire

L'apôtre **Jacques**, surnommé « le fils du tonnerre » à cause de son tempérament fougueux, traverse – dit-on – l'océan afin d'évangéliser l'Espagne ; son esquif s'échoue à l'embouchure de l'Ulla. Pendant sept ans, il sillonne le pays avant de retourner en Terre sainte où il est l'une des premières victimes d'Hérode Agrippa (an 42). Ses disciples, contraints de quitter la Palestine, emmènent en Espagne son corps, qu'ils ensevelissent près de la côte où les conduit leur barque, à l'endroit même où il avait accosté quelques années plus tôt. Les Barbares et plus tard les Arabes déferlent sur l'Espagne, faisant oublier jusqu'au lieu même de son tombeau.

Au début du 9e s., rapporte la légende, une étoile révèle à des bergers l'endroit où repose saint Jacques. Cette légende confortait la thèse selon laquelle l'origine de Compostelle vient de *campus stellae* (champ de l'étoile). Une thèse plus récente, liée aux découvertes concernant la nécropole sous la cathédrale, soutient que ce nom provient du bas latin *compostela* (cimetière).

La légende raconte également que durant la lutte contre les infidèles, le seigneur de Pimentel, contraint de traverser à la nage un bras de mer, aurait été sauvé par saint Jacques et serait sorti de l'eau couvert de coquilles. La coquille devint alors le symbole de Saint-Jacques, l'emblème du pèlerinage et le signe de reconnaissance tangible que tout pèlerin doit rapporter.

LA VILLE ET LE PÈLERINAGE

C'est à partir du 11e s. que Compostelle connaît véritablement son essor. Au moment où l'invasion turque rend périlleux le voyage en Terre sainte, son pèlerinage est aussi méritoire que ceux de Jérusalem et de Rome. Le sanctuaire exerce un attrait particulier sur les Français que la lutte contre l'infidèle a rapprochés de leurs frères Espagnols. Les abbés de Cluny, appelés naguère par le roi de Navarre pour réformer les monastères, puis ceux de Cîteaux prennent en charge l'organisation et le développement du pèlerinage.

En 1175, le pape Alexandre III confirme les statuts de l'ordre militaire de Santiago, destiné à assurer la protection des pèlerins et confirme son statut de ville sainte. Cet ordre de Santiago jouera un rôle capital pour la Reconquête tout comme les ordres de chevalerie de Calatrava et d'Alcántara.

VILLE SAINTE ET ANNÉES SAINTES

Depuis le 12e s. St-Jacques-de-Compostelle a le statut de ville sainte au même titre que Rome et Jérusalem. Les années saintes reviennent tous les 5, 6 et 11 ans, quand la Saint-Jacques (25 juillet) coïncide avec un dimanche. Ces années-là, des grâces spéciales (Jubilé) sont accordées aux pèlerins et les cérémonies revêtent alors un caractère particulièrement solennel. La dernière année sainte était en 2010.

SE LOGER		SE RESTAURER	
Casa Rosalía	3	Acio	1
Herradura	1	Asador Castellano	2
San Lorenzo	2	Caney	3
		Mercadito	4

★★★ Cathédrale A1

Voir description p. 432.

★★ Musée de la Cathédrale (Museo da catedral) A1

981 569 327 - www.catedraldesantiago.es - juin-sept. : lun.-sam. 10h-14h, 16h-20h, dim. 10h-14h ; oct.-mai : lun.-sam. 10h-13h30, 16h-18h30, dim. 10h-13h30. - fermé 1er et 6 janv., 25 juil., 15 août, 25 déc. - 5 € (-12 ans gratuit).

Le billet d'entrée donne accès à deux sites :

★ **La crypte du porche de la Gloire** (Cripta del pórtico de la Gloria) – *Accès par la praza do Obradoiro, à l'entrée des escaliers principaux de la cathédrale.* Elle fut construite au 11e s. pour compenser le dénivelé et soutenir le porche de la Gloire. *Y sont exposées les reproductions des instruments de musique visibles sur le porche.*

★ **Le trésor et les espaces du cloître** – *Entrée praza do Obradoiro, à droite de la cathédrale. Le trésor est aussi accessible à l'intérieur de la cathédrale par le bas-côté droit.* Quand on rentre par la Praza do Obradoiro, on visite d'abord un musée lapidaire où l'on peut voir la reconstitution du *coro* qui avait été construit, en pierre, par Maître Mateo. Ce chef-d'œuvre de l'art roman représentait la Nouvelle Jérusalem. Il a été reconstitué à partir de quelques éléments trouvés lors des fouilles, dont les chevaux des Rois mages.

On monte ensuite jusqu'au vaste cloître conçu par **Juan de Álava**, qui, suivant la mode du début du 16e s., combina une structure gothique avec une décoration plateresque. Il fut terminé par Rodrigo Gil de Hontañón et Gaspar de Arce. La salle capitulaire et sa voûte de granit ainsi que la chapelle gothique abritant le trésor donnent sur le cloître. La principale pièce exposée du trésor est un ostensoir doré d'**Antonio de Arfe** (1539-1566).

Un escalier mène ensuite à la bibliothèque, où sont conservés de vieux manuscrits et les encensoirs, et enfin aux salles où est exposée une remarquable collection de **tapisseries★★** conçues par Goya, Bayeu, Rubens et Teniers.

Le palais de Gelmirez A1 – *Accès par la praza do l'Obradoiro, à gauche de la cathédrale. ✆ 981 552 985 - tlj 10h-14h, 16h-20h - réserv. indispensable - 10 €.*

Premier archevêque de la ville, Diego Gelmirez fit construire ce monument en 1120. Situé à gauche de la cathédrale, il abrite aujourd'hui l'archevêché et contient une pièce d'exception : le salon synodal (lieu de rassemblement des ecclésiastiques). Long de plus de 30 m, ses voûtes sont sculptées en ogives et il ne comporte qu'un seul arc central : l'arc du Palais. Sur les culs-de-lampe se déroule, en haut-relief, le banquet nuptial d'Alphonse IX de León. *La visite guidée du palais est désormais couplée avec la visite des toits de la cathédrale (84 marches).*

★ Hôtel des Rois Catholiques (Hostal dos Reis Catolicos) A1

En 1486, les Rois Catholiques, Isabelle de Castille et Ferdinand d'Aragon, visitent la ville et fondent un hôpital royal pour les pèlerins. Le plan est donc celui de tous les hôpitaux de l'époque : une croix inscrite dans un carré qui délimite quatre élégants patios plateresques. L'imposante **façade plateresque★**, œuvre des maîtres français Martin de Blas et Guillén de Colas, est ornée d'un riche portail. Sur la partie gauche, on remarquera les statues d'Adam, de sainte Catherine et de saint Jean-Baptiste et sur celle de droite, celles d'Ève, de sainte Lucie et de Marie-Madeleine. De chaque côté, se trouve l'écusson avec les armes de Castille.

Les balcons, quant à eux, apparurent au 17e s. En 1954, l'hôpital se transforme en parador. Aujourd'hui, les 10 premiers pèlerins qui arrivent chaque jour à Saint-Jacques ont droit à trois repas gratuits dans cet hôtel, le plus luxueux de la ville.

Hôtel de ville (Ayuntamiento) A1

Installé dans l'ancien palais de Raxoi, il est le siège des gouvernements de la ville et de la communauté autonome (la Xunta de Galicia). Sa façade néoclassique fut confiée en 1764 au français Charles Lemaur. Sur le tympan, on distingue clairement un bas-relief représentant la bataille de Clavijo où l'apôtre figure en *matamoros* (celui qui tue les Maures).

Collège de San Jerónimo (Colegio de San Jerónimo) A1

Le collège de San Jerónimo, de style gothique, est aujourd'hui le siège du Rectorat. L'édifice a été fondé au 16e s. mais son portail roman date du 15e s. Au centre du tympan apparaît la Vierge à l'Enfant, entourée de nombreux saints.

★★★ LE TOUR DE LA VIEILLE VILLE Plan II

Circuit tracé en vert sur le plan de ville ci-contre - Comptez 1h sans les visites. Partez de la praza do Obradoiro, face à la cathédrale, puis prenez à droite, à gauche et montez la rúa Fonseca qui donne sur la praza das Praterías

Praza das Praterías A1

Elle doit son nom à l'unique portail roman que conserve la cathédrale : la **porte des Orfèvres★★** (Porta das Praterías), dont la richesse et la finesse des sculptures évoquent l'orfèvrerie. La figure la plus notable en est, sans doute, David jouant de la harpe, sur la gauche. À remarquer aussi Adam et Ève expulsés du paradis, et, dans l'angle droit du tympan gauche, la femme adultère.

S'élèvent, à droite, la **tour de l'Horloge** (torre del Reloj) et ses 70 m de haut, de la fin du 17e s. et, à gauche, sur une trompe, la **tour du Trésor**. De l'autre côté de la place, derrière la fontaine aux chevaux, la façade de la **Casa del Cabildo** est un décor baroque construit au 18e s.

Montez les marches et contournez la cathédrale par la droite.

★★ Praza da Quintana B1

Cette place qui prolonge la praza das Praterías servait autrefois de cimetière.

À gauche, au chevet de la cathédrale, se dresse la **porte du Pardon★** ou porte Sainte, qui n'est ouverte que pendant les années saintes (années où la Saint-Jacques, le 25 juillet, tombe un dimanche). Elle fut construite en 1611 par Fernandez Lechuga. Ce dernier réutilisa les statues de prophètes et de patriarches qui ornaient l'ancien *coro* roman sculpté par Maître Mateo. Sur la partie supérieure apparaît la statue baroque de saint Jacques, entouré de ses disciples saint Athanase et saint Théodore.

Pour la petite anecdote, si vous passez le soir, vous pourrez voir sur le mur près de la porte du Pardon, l'ombre du pèlerin, qui est en fait celle d'un lampadaire !

En haut des escaliers se trouve **la Maison de la Treille** (Casa da Parra - B1), belle construction baroque de la fin du 17e s. Au sud de la place, la **Maison du Chapitre** (Casa da Conga) présente des arcades sobres et bien rythmées datant de 1758.

En face de la cathédrale se dresse l'imposant monastère de San Payo de Antealtares (9e s.). Du parvis de l'église s'offre une vue imprenable sur la tour de l'Horloge.

Monastère et église de San Payo de Antealtares B1

La façade de l'austère monastère est habillée de 48 fenêtres aux grilles anciennes. Fondé au 9e s. pour abriter les reliques de saint Jacques (désormais conservées dans la cathédrale), il est aujourd'hui occupé par des sœurs bénédictines. Ces dernières sont réputées dans la ville pour leurs pâtisseries et les vêpres chantées tous les jours à 19h30. L'église, en plan de croix grecque, fut dessinée par Gabriel de Casas et abrite aujourd'hui le **musée d'Art sacré** (Museo de Arte Sacro).

Montez les marches et prenez le petit passage sur la gauche qui donne sur la praza da Immaculada.

Praza da Immaculada A1

De cette place, on aperçoit la façade nord de la cathédrale : la *fachada de Azabachería*, du nom des ateliers où l'on travaillait le jais (*azabache* en espagnol). Aujourd'hui encore, à gauche du parvis, des boutiques proposent des bijoux issus de cette pierre d'un noir brillant.

★ Monastère et église de San Martín Pinario AB1

L'ensemble de la fin du 16e s., formé par le monastère et l'église, constitue le deuxième monument le plus important de St-Jacques après la cathédrale. Il faut dire que le monastère occupe à lui seul 20 000 m^2 de surface !

La façade baroque du monastère donne sur la praza da Immaculada. Elle est dotée de grandes colonnes doriques qui s'élèvent par paire, avec, au centre, saint Benoît. Le monastère est occupé aujourd'hui par le séminaire et ne se visite pas.

Pour vous rendre à l'église, qui se trouve praza de San Martiño, prenez la petite rue da Moeda Vella à droite du monastère.

Église de San Martín Pinario – *Praza de San Martiño Pinario, s/n - ℘ 891 583 008 - www.museosanmartinpinario.com - de mi-juin à fin juil. : tlj 11h-13h30, 16h-19h ; août-sept. : tlj 11h-19h ; de déb oct. à mi-juin : tlj 11h-13h30, 16h-18h30 - fermé 1er et 6 janv., 25 et 31 déc. - 2,50 € (-12 ans gratuit).* La façade baroque de l'église, qui date de 1652, est précédée d'un escalier à double volée. Sur la partie supérieure, saint Martin est représenté, partageant sa cape avec un pauvre. L'intérieur frappe par l'ampleur de sa nef unique, voûtée d'un berceau à caissons et éclairée par une lanterne sans tambour, à la mode byzantine. Le retable du chœur, dessiné par l'architecte **Casas y Novoa** (1730), est impressionnant, tout comme les stalles du *coro* en noyer, situées

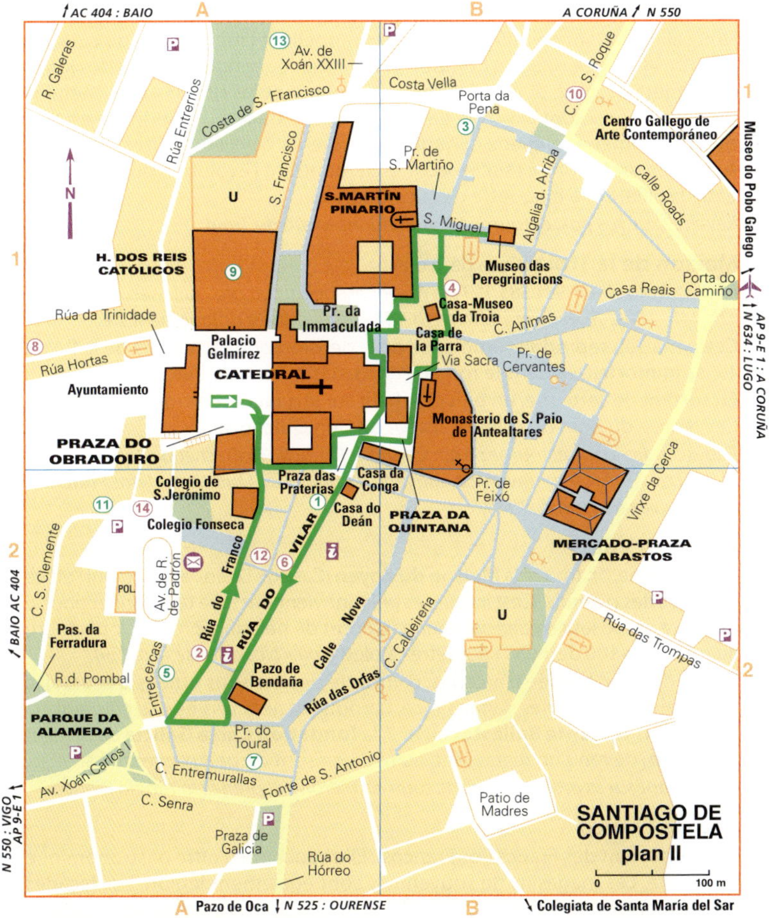

SE LOGER

- Airas Nunes .... (1)
- Costa Vella .... (3)
- Entrecercas .... (5)
- Mapoula .... (7)
- Parador Hotel dos Reyes Católicos .... (9)
- San Clemente .... (11)
- San Francisco .... (13)

SE RESTAURER

- A Taberna do Bispo .... (2)
- Bierzo Enxebre .... (4)
- Café Casino .... (6)
- Casa Marcelo .... (8)
- La Bodeguilla de San Roque .... (10)
- Los Caracoles .... (12)
- San Clemente .... (14)

derrière le grand autel. Elles ont été réalisées par Mateo do Prado en 1639. Ce sont les plus importantes de Galice. Les escaliers au fond de la sacristie conduisent au *coro alto*.

Remontez la rúa San Miguel jusqu'au musée des Pèlerinages (museo das Peregrinacions).

Musée des Pèlerinages (Museo das Peregrinacions) B1

San Miguel, 4 - ✆ 981 581 558 - www.mdperegrinacions.com - mar.-vend. 10h-20h, sam. 10h30-13h30, 17h-20h, dim. et j. fériés 10h30-13h30 - fermé lun., 1er et 6 janv., 1er Mai, 25 juil., 1er nov., 8, 24, 25 et 31 déc. - 2,40 € (gratuit -18 ans, sam. 17h-20h et dim., 18 mai, 12 oct., 6 déc.).

Le musée est installé dans la Maison gothique (Casa Gotica), construction du 15e s. qui connut de nombreuses modifications à partir du 17e s.

Huit salles traitant de différents thèmes rappellent l'importance du culte de l'Apôtre et du pèlerinage à Compostelle, depuis leur origine jusqu'à nos jours. Des objets de culte et des documents expliquant les rituels et les chemins du pèlerinage y sont exposés. La première salle traite du pèlerinage en tant que phénomène religieux commun à différents pays et cultures. Les salles suivantes sont centrées sur St-Jacques et montrent l'évolution du pèlerinage et de la ville. Belle maquette de la cathédrale.

Revenez sur vos pas, et tournez à droite dans la rúa da Troia.

Maison de la Troia (Casa da Troia) B1

Rúa da Troia, 5 - ✆ 981 585 159 - www.lacasadelatroya.org - juil.-déc. : mar.-sam. 11h-14h, 16h-20h, dim. et j. fériés 11h-14h - visite guidée uniquement 2 €.

Cette maison reproduit l'ambiance de la pension pour étudiants de la fin du 19e s., immortalisée dans le roman *La Casa de la Troia*, de Perez Lugin.

En sortant de cette rue, un peu plus haut sur la gauche, on trouve la praza de Cervantès, du nom du célèbre auteur de Don Quichotte.

Redescendez la rue et tournez à gauche dans la rúa da Acibecheria qui conduit à la Via Sacra. Après avoir traversé à nouveau les places da Quintana et das Praterías, vous arrivez à la rúa do Vilar.

★ **Rúa do Vilar** A2

Sur la gauche, on trouve la **Maison du doyen** (Casa de Deán), aujourd'hui l'office d'accueil des pèlerins. C'est ici que les pèlerins viennent faire tamponner pour la dernière étape leur *credencial* (leur passeport de pèlerin) après avoir parcouru au moins les 100 derniers kilomètres à pied *(voir « Nos adresses » p. 139)*.

La rúa do Vilar, bordée d'arcades, comporte des maisons ornées d'écussons. Les demeures de styles Renaissance, baroque et néoclassique se côtoient : la **fondation Torrente Ballester** au n° 7, la **fondation Caixa Galicia** au n° 19 et le **Casino,** devenu un restaurant, au n° 35 en sont de beaux exemples.

En arrivant sur la praza do Toural, tournez à droite et prenez la rúa do Franco.

Rúa do Franco A2

Son nom vient des Francs (los Francos). Elle concentre l'offre gastronomique de la ville. Les magasins de souvenirs y sont également légion. Les façades de ses maisons sont ornées de symboles : la coquille, l'arbre et les étoiles de l'écusson de l'université.

La rúa do Franco est aussi connue pour son Paris-Dakar, une tradition estudiantine qui consiste à rejoindre les deux bars situés aux extrémités de la rue : le bar « Paris » et le bar « Dakar ». Les participants doivent alors boire un verre de vin dans chacun des bars qui composent ladite rue et raconter une blague. Mais vu le nombre impressionnant d'établissements, ça tient de l'exploit !

Collège de Fonseca (Colegio de Fonseca) A2
Fondé en 1522, c'est une construction de style Renaissance avec une façade conçue comme un retable. Au centre, on distingue un blason, symbole de l'Université avec ses cinq étoiles. Sur la gauche en entrant, avant d'arriver sur le magnifique cloître, on notera un plafond *artesonado* (plafond en marqueterie, de l'époque des Almohades, très développé dans l'Espagne des 15e et 16e s.), assez rare en Galice. Le collège comprend le siège de la bibliothèque universitaire et une salle d'expositions.

À voir aussi Plan I et II

Musée du Peuple galicien (Museo do Pobo Galego) Plan I 1
San Domingos de Bonaval - ✆ 981 583 620 - www.museodopobo.es - mar.-sam. 10h-14h, 16h-20h, dim. et j. fériés 11h-13h - fermé lun., 1er janv., 25 déc. - gratuit.
Il est installé dans l'ancien couvent Santo Domingo de Bonaval, fondé au 13e s. De l'édifice original, il ne reste que l'église gothique, qui abrite le panthéon de Galiciens illustres (Castelao, Rosalia de Castro, etc.). Le couvent connut ensuite de nombreuses modifications aux 17e et 18e s., sous la direction de Domingo de Andrade. Aujourd'hui, le musée vise à donner une vision globale de la culture galicienne en mettant l'accent sur sa diversité. Ses salles sont consacrées à la mer, aux métiers, aux instruments musicaux ou à l'habitat. Au cours de la visite, il faut absolument voir le remarquable **escalier hélicoïdal★★**, véritable prouesse technique, qui fait communiquer les différentes salles.

Centre galicien d'Art contemporain (Centro Galego de Arte Contemporánea) Plan I 1
Rúa de Ramon del Valle-Inclan. Face au musée du Peuple galicien. ✆ 981 546 619 - www.cgac.org - du 21 juin au 21 sept. : tlj sf lun. 12h-21h ; reste de l'année : tlj sf lun. 11h-20h - gratuit.
Situé en face du musée du Peuple galicien, l'édifice, dessiné par le célèbre architecte portugais Alvaro Siza, a ouvert ses portes en 1993. À l'intérieur, les vastes espaces répartis sur trois niveaux servent de cadre essentiellement à des expositions temporaires d'artistes contemporains locaux et internationaux.

★ **Parc de l'Alameda** (Parque da Alameda) Plan II A2
C'est le lieu de promenade par excellence des habitants de la ville. De ses allées, en particulier du paseo da Ferradura, s'offrent de très belles vues sur la cathédrale et la vieille ville.

QUELQUES TRADITIONS ESTUDIANTINES

Les chansons de la Tuna – « Fonseca » est également célèbre dans les chansons de la Tuna. Ces groupes de musiciens et chanteurs (*los tunos*), qui étaient à l'origine des étudiants, arpentent encore aujourd'hui les rues de St-Jacques, vêtus de grandes capes noires aux rubans de couleur. La tradition remonte au 11e s., à l'époque où les étudiants peu fortunés chantaient et récitaient des poèmes au pied des maisons pour payer leurs études et gagner de quoi manger.
L'arbre de la Connaissance – On peut le voir sur un mur à droite du collège de Fonseca. Les étudiants y choisissaient autrefois leur avenir académique, de dos et les yeux fermés, en pointant au hasard une des filières représentées.

À l'entrée, on trouve la sculpture mythique des « deux Maries », de César Lombera. Dans les années 1950, ces deux femmes, vêtues de façon excentrique et outrageusement maquillées, attiraient l'attention des passants lors de leur promenade. Elles devinrent des célébrités de St-Jacques et la ville a décidé de les immortaliser.

★ **Marché** (Mercado) – **Praza da Abastos** Plan II B2

Tlj sf dim.

Les halles en granit furent construites à la fin des années 1930 et forment un ensemble assez remarquable. Aujourd'hui, c'est un marché très animé et très coloré où il fait bon flâner entre les étals de produits frais installés par les producteurs venus de toute la région. Le jour le plus important est le jeudi. Les paysannes s'installent avec leurs légumes le long de l'église voisine. La halle aux poissons est la plus spectaculaire et on peut y constater la richesse en ressources diverses de la côte Atlantique.

★ **Collégiale de Santa María del Sar** Plan I 2

Rúa de Sar, à l'extérieur du centre-ville. Depuis la praza de Galicia, remontez la Fonte de Santo Antonio puis prenez le Patio de Madres à droite. Continuez toujours tout droit par la rúa do Castrón Louro (environ 15mn à pied, très pentu au retour). ✆ 981 562 891 - lun.-vend. 10h-13h, 16h-19h, w.-end : 10h-13h (dim. église seult) - entrée par l'abside - 1 € (-11 ans gratuit).

Cette collégiale romane, comme en témoigne son portail, fut fondée au 12e s. par l'évêque de Mondoñedo et terminée par l'archevêque de St-Jacques, Diego Gelmírez. Au 18e s. furent ajoutés les contreforts et la façade.

À l'intérieur, on remarquera les piliers inclinés sous l'action des poussées de la voûte. Du cloître, attribué au Maître Mateo ou à son école, il ne reste que l'aile adossée à l'église, dont les **arcs★** géminés, décorés de fleurs et de feuillage, sont d'une grande élégance.

Un petit **musée** conserve des objets sacrés et des documents historiques.

À proximité Carte de région

★ **Pazo de Oca** B3

25 km au sud-est par N 525.

✆ 986 587 435 - tlj de 9h à la tombée du jour - 4 € (-9 ans gratuit).

Derrière la tour crénelée de cet austère **manoir** galicien ou *pazo* (18e-19 e s.), on découvre un splendide exemple de jardin dans cette région humide de l'Espagne.

Il surprend par son intégration dans l'environnement : l'humidité fait croître plantes aquatiques et mousses sur la pierre, créant une relation intime entre éléments architecturaux et végétaux. L'eau joue un rôle décisif, retenue dans des fontaines ou en mouvement. Après une zone de parterres, on découvre deux étangs entourés d'arbres et séparés par un petit pont en granit. L'élément le plus représentatif et le plus connu du *pazo* se trouve dans l'étang inférieur : la barque de pierre, plantée d'hortensias, avec ses deux rameurs pétrifiés.

Excursion Carte de région

Monastère San Lorenzo de Carboeiro
(San Lourenzo de Carboeiro) B3

40 km au sud-est par l'autoroute AP 53 en direction de Lallin. Sortez à Silleda. Indiqué depuis le village.

Escalier hélicoïdal du musée du Peuple galicien à Saint-Jacques-de-Compostelle.
Museo do Poblo Galego

986 580 000 - tlj 11h-13h, 16h-20h (en hiver 18h30) - visites guidées (espagnol ou anglais) : tlj sf lun. - gratuit - se rens. sur l'ouv. avant de s'y rendre.

La route qui mène au monastère offre un magnifique décor entre les chênes. Ce monastère bénédictin fut fondé au 10e s. et achevé à la fin du 12e s. Il a fortement subi les dégâts du temps, mais fait l'objet de différentes phases de restauration. Sur le tympan du portail occidental, on retrouve l'influence du célèbre porche de la Gloire de la cathédrale de St-Jacques-de-Compostelle, avec, entre autres, les vieillards de l'Apocalypse et leurs instruments de musique.

Monastère de Sobrado dos Monxes B2

56 km à l'est. Sortez de St-Jacques en suivant la direction de l'aéroport puis empruntez la N 547 jusqu'à Melide. De là, prenez la direction de Toques, à gauche, et continuez tout droit (sans tourner vers Toques) pendant 15 km. Au carrefour, tournez à droite.

981 787 509 - lun.-sam. 10h-13h, 16h30-19h, dim. et jours d'office 16h30-19h (en hiver, mieux vaut venir av. la tombée du jour car le monastère ne dispose pas d'éclairage électrique) - se rens. pour les horaires d'ouv. pour la Sem. sainte, Pâques, Pentecôte et Noël - 1 €.

L'origine de ce monastère cistercien remonte au 12e s. Il fut ensuite agrandi et transformé aux 17e et 18e s., avant d'être abandonné en 1834. Il faudra attendre 1954 pour voir le début de sa restauration. Il est encore aujourd'hui habité par une petite communauté cistercienne. À l'intérieur, les **coupoles** du transept, de la sacristie et de la chapelle du Rosaire sont d'un dessin remarquable, ainsi que le cloître des Médaillons. Des bâtiments médiévaux, il subsiste une cuisine à cheminée monumentale et une salle capitulaire.

NOS ADRESSES À SAINT-JACQUES

TRANSPORTS

L'aéroport se trouve au km 11 de la route Santiago-Lugo. Possibilité de rejoindre le centre-ville en taxi (tarif unique de 16,50 €) ou en bus (un bus ttes les 30mn en été, 30mn de trajet, 1,75 € l'aller) - *✆ 981 588 111 - www.empresafreire.com.*

La gare ferroviaire (RENFE) se trouve dans la ville nouvelle. *Avenida de Lugo - ✆ 902 240 202.*

La gare routière (estación de autobuses) se trouve à l'extérieur de la ville, à environ 1 km à l'est. *Praza Camilo Díaz Baliño - ✆ 981 542 416.*

HÉBERGEMENT

Les hôtels sont concentrés dans les rues de la vieille ville. En période estivale, le prix des chambres augmente de façon notable et il est préférable de réserver. Cependant, le rapport qualité-prix de l'hébergement reste très raisonnable pour une ville aussi touristique.

PREMIER PRIX

Hôtel Mapoula – Plan II A2 - *Entremurallas, 10, 3° - ✆ 981 580 124 - 12 ch. 34/40 €.* Ce petit hôtel familial est situé dans une venelle de la vieille ville, à côté de la praza do Toural. Rien de luxueux mais un bon service et des chambres propres avec salles de bain. Il est recommandable pour sa situation et son bon rapport qualité-prix.

Hôtel Airas Nunes – Plan II A2 - *Rúa do Vilar, 17 - ✆ 902 405 858 - 10 ch. 60/85 €.* En plein cœur de la vieille ville, il propose des chambres soignées au décor chaleureux. Certaines d'entre elles disposent d'un balcon. Demandez de préférence une chambre sur l'arrière (même tarif) car la rue peut s'avérer passagère.

Hôtel Entrecercas – Plan II A2 - *Entrecercas, 11 - ✆ 981 571 151 - 7 ch. 61/69,55 € ☕.* Les murs en pierre, les tapis et les couleurs chaudes de cette ancienne demeure forment un élégant décor. Située à deux pas de l'Alameda, elle possède de belles chambres au mobilier soigné.

Hôtel Costa Vella – Plan II B1 - *Porta da Pena, 17 - ✆ 981 569 530 - 14 ch. 64,20/72,76 € - ☕ 5,35 €.* À la fois élégant et confortable, ce petit hôtel est situé à deux pas du centre historique. Les chambres sont lumineuses et quatre d'entre elles disposent de galeries et d'une vue sur la terrasse et le magnifique jardin. Vous pouvez aussi venir boire un verre à l'ombre des arbres sans y dormir.

Hôtel San Clemente – Plan II A2 - *San Clemente, 28 - ✆ 902 405 858 - 10 ch. 64,20/85,60 € - ☕ 5,35 €.* Cet hôtel bénéficie d'un bel emplacement à deux minutes de la praza do Obradoiro. Les chambres sont bien décorées, en bois et pierres apparentes. Les prix sont modérés.

BUDGET MOYEN

Hôtel San Lorenzo – Plan I 1 - *San Lorenzo, 2 - ✆ 902 580 133 - 54 ch. - 68/103 € - ☕ 8 €.* Hôtel simple, mais tout près du centre historique. Espaces communs agréables et chambres convenables et pratiques.

Hôtel Herradura – Plan I 1 -*Av. Xoán Carlos I - ✆ 981 552 340 - 20 ch. 80/90 € - ☕ 8 €.* Bel immeuble pourvu des typiques galeries galiciennes en façade. Les chambres sont confortables, avec des salles de bains un peu petites.

POUR SE FAIRE PLAISIR

Hôtel San Francisco – Plan II A1 - *Campillo San Francisco, 3 - ✆ 981 581 634 - P - 76 ch.*

96,30/139,10 € - ☕ 12,80 €. Cet édifice chargé d'histoire propose des chambres spacieuses au décor plutôt sobre. Le service est complet et très aimable. Jouxtant l'un des deux cloîtres de l'établissement, la piscine couverte et son Jacuzzi permettent un bon moment de détente.

UNE FOLIE

Parador Hotel dos Reyes Católicos – Plan II A1 - *Praza do Obradoiro, 1 - ✆ 981 582 200 - 131 ch. à partir de 214 € - ☕ 12,80 €.* L'ancien hôpital royal fondé en 1499 par les Rois Catholiques est devenu un parador luxueux. Ses agréables patios rappellent l'architecture des hôpitaux du 16e s. Les chambres sont très élégantes, certaines possèdent des lits à baldaquin.

À proximité de Saint-Jacques

PREMIER PRIX

Casa Rosalía – Plan I Hors plan *-Soigrexa, nº 29 - 15280 Os Anxeles, Brión, 15 km à l'ouest de Santiago par l'AG 56 - ✆ 981 887 580 - 30 ch. 64 € ☕ - rest. 30 €.* À moins de 15mn de la route de Santiago, cet hôtel est l'endroit idéal pour se reposer et profiter d'un peu de calme dans le jardin au bord de la piscine. Il bénéficie de tout le charme de l'ancienne bâtisse en pierre qui l'abrite, associé aux lignes modernes et au confort actuel de ses chambres. Petit-déjeuner buffet copieux dans la véranda du restaurant. Celui-ci propose également une belle carte le soir, avec fruits de mer et spécialités locales.

RESTAURATION

Comme les hôtels, la majorité des restaurants sont concentrés dans la vieille ville. Vous n'aurez que l'embarras du choix dans la rúa do Franco et les rues avoisinantes.

PREMIER PRIX

A Taberna do Bispo – Plan II A2 *-Bar à tapas - Rúa do Franco, 37B - ✆ 981 586 045 - tapas 1,50/6 €.* Cet établissement est situé dans la rue la plus commerçante du centre. Sur le bar à l'entrée, les tapas et *montaditos* colorés n'offrent que l'embarras du choix. Arrivez tôt si vous souhaitez une place assise.

La Bodeguilla de San Roque – Plan II B1 - *Bar à tapas - San Roque, 13 - ✆ 981 564 379 - 4/7,50 €.* Cette maison, spécialisée en charcuterie et omelettes, s'est fait une réputation grâce à la qualité de ses tapas et de ses *raciones*. Bonne carte des vins aussi. Le restaurant est situé à l'étage.

Bierzo Enxebre – Plan II B1 - *Rúa da Troia, 10 - ✆ 981 581 909 - 6/10 €.* Niché dans une ruelle du centre historique, cet établissement se compose d'un bar et de 3 salles au décor rustique et élégant. Il propose des *raciones* de qualité.

Café Casino – Plan II A2 - *Rúa do Vilar, 35 - ✆ 981 577 503 - menu à 10 €.* L'ancien casino de St-Jacques a gardé tout son charme 19e s. Le menu du jour, servi uniquement le midi, se compose de plats fins et copieux. L'endroit est également idéal pour une pause-café à toute heure de la journée.

Los Caracoles – Plan II A2 - *Rúa da Raina, 14 - ✆ 981 561 498 - 10/15 €.* Un bon rapport qualité-prix fait de ce petit restaurant une halte agréable. Il dispose de deux salles au décor simple mais chaleureux : murs en pierre et tables en bois. Spécialité de la maison : les escargots.

BUDGET MOYEN

Asador Castellano – Plan I 1 - *Nova de Abaixo 2 - ✆ 981 590 357 - 27/39 €.* Bar avec quelques tables

de *tapeo* et deux salles de style classique castillan. Les spécialités sont les viandes et les grillades au feu de bois, accompagnés de vin de Ribeira del Duero.
Acio – Plan I 1 - *Galeras 28 - ✆ 981 577 003 - www.acio.es - 28/35 €.* Décoration simple et ambiance néo-rustique dans ce restaurant géré par un jeune couple. Cuisine actuelle avec un menu dégustation et un menu du jour.

POUR SE FAIRE PLAISIR

San Clemente – Plan II A2 - *San Clemente, 6 - ✆ 981 565 426 - fermé lun. - 27/44 €.* Proche de la cathédrale, dans une zone plus tranquille, ce restaurant propose une cuisine fine et variée pour un prix raisonnable. Préférez une des deux salles du fond, plus calmes que celle située à l'entrée.
Caney – Plan I 1 - *Alfredo Brañas 5 - ✆ 981 559 603 - 30/35 €.* Ce superbe bar à *tapas* doté d'un accès indépendant de l'hôtel organise différentes journées gastronomiques. Comptoir pour l'apéritif et salle à manger élégante au fond de la salle.

El Mercadito – Plan I 1 -*Galeras 18 - ✆ 981 574 239 - 30/40 €.* Restaurant au décor contemporain, avec un hall, deux salons privés et une salle à manger. Cuisine traditionnelle actualisée avec une touche créative et deux menus dégustation.
Casa Marcelo – Plan II A1 - *Rúa Hortas, 1 - ✆ 981 558 580 - fermé lun.-mar. et dim., de déb. fév. à mi-fév. et de déb. oct. à mi-oct. - ▤ - 46 €.* À deux pas de la praza do Obradoiro, ce restaurant sert une cuisine novatrice, dans un cadre parfait. Le menu dégustation est bien équilibré et varié. La carte des vins l'est tout autant.

PETITE PAUSE

Café Derby Bar – *Rúa das Orfas, 29 - ✆ 981 586 417.* Un café ancien que fréquentait, paraît-il, l'écrivain Valle Inclán. Proche de la praza de Galicia, il puise son charme dans son décor rétro.
Café Literario – *Praza da Quintana.* Situé en haut des marches, cet établissement bien décoré offre une belle vue sur la cathédrale et sur l'une des plus belles places de la ville.

EN SOIRÉE

Casa das Creichas – *Via sacra, 3.* Tous les mercredis soirs, concert gratuit de musique celtique et/ou folk au sous-sol. Ambiance assurée. Essayez d'arriver tôt car l'endroit est petit et réputé.
Modus Vivendi – *Praza de Feixó.* Ce petit bar installé dans une cave propose régulièrement de la musique jazz ou du blues.

ACHATS

Les petites sorcières porte-bonheur, la *tarta de Santiago* (à base d'amandes) et la liqueur de café sont les spécialités de St-Jacques. Vous en trouverez très facilement dans les rues du vieux centre et principalement dans la rúa do Franco.

C'est dans la ville nouvelle que vous trouverez tous les services : supermarchés, cybercafés, lavomatiques et autres commerces.

Les petites sorcières porte-bonheur – Pourquoi toutes ces petites sorcières dans les boutiques souvenirs de St-Jacques ? Dans les légendes galiciennes, elles sont omniprésentes, concoctant des potions magiques en vue de guérir les uns ou de jeter un mauvais sort aux autres. Pour conjurer leurs maléfices, on procède depuis des siècles à la *queimada*, cérémonie au cours de laquelle l'eau-de-vie locale *aguardiente* est brûlée avec du sucre et de l'écorce d'orange.

Les bijoux en jais – Depuis le Moyen Âge, St-Jacques-de-Compostelle est célèbre pour ses bijoux en jais (*azabaches* en espagnol) souvent travaillés avec de l'argent, qui se vendent dans les boutiques autour de la cathédrale et plus particulièrement près de la façade de la Azabachería, qui doit son nom à cette spécialité.

AGENDA

Fête de Saint-Jacques (fiestas del Apostol) – 2e quinzaine de juillet, avec un temps fort dans la nuit du 24 au 25.

Lugo

★

96 678 habitants

NOS ADRESSES PAGE 452

S'INFORMER

Office de tourisme municipal – *Praza da Constitución, s/n - ✆ 982 297 347 - tlj 10h30-14h, 16h30-18h - fermé 24 et 31 déc. apr. midi, 25 déc., 1er et 6 janv. tte la journée.*

Office de tourisme régional – *Rúa Dominio, 12 - ✆ 982 231 361 - juil.-août : lun.-sam. 10h-14h, 16h-19h, dim. 10h-14h ; reste de l'année : lun.-sam. 10h-14h, 16h-19h.*

SE REPÉRER

Carte de région C2 (p. 404) – *Carte Michelin n° 571 C 7.* Lugo est située à 485 m d'altitude sur la rive gauche du Miño. La Corogne se trouve à 97 km par la A 6, Ourense à 96 km par la N 540 et St-Jacques-de-Compostelle à 135 km par la A 6 et la E1/AP 9.

SE GARER

Vous pouvez opter pour l'un des 3 parkings souterrains intra-muros.

À NE PAS MANQUER

Le chemin de ronde de la muraille.

ORGANISER SON TEMPS

Comptez une journée pour visiter la ville et une pour le site indiqué dans la partie « À proximité ».

Lugo fut la capitale de la Gallaecia (Galice) sous l'occupation romaine, époque dont elle conserve de remarquables murailles. Aujourd'hui chef-lieu de la province du même nom, Lugo est un passage obligé pour qui vient du nord. Intra-muros, le quartier historique aux rues pavées et majoritairement piétonnes s'étale autour de l'imposante cathédrale. Ses nombreuses places sont animées par les terrasses de cafés et restaurants.

Se promener Plan de ville

LE CENTRE HISTORIQUE (El casco histórico)

Circuit au départ de la muraille. Voir le plan de ville ci-contre – Comptez 1h45 pour les 2 km de chemin de ronde et la promenade en ville.

★★ **Muraille** (Muralla) 1-2
Édifiée par les Romains au 3e s., la muraille fut modifiée au Moyen Âge. Faite de dalles de schiste, elle entoure la ville sur plus de 2 km et 11 m de hauteur et s'ouvre par dix portes sur le quartier ancien. Admirablement bien conservée, elle fut déclarée Patrimoine de l'humanité en l'an 2000. N'oubliez pas de monter sur le chemin de ronde. Vous pouvez le faire à partir de l'un ou l'autre

SE LOGER		SE RESTAURER	
Hotel Balneario	1	A Nosa terra	1
Hotel Méndez Núñez	4	La Barra	2
Orbán e Sangro	2	Mesón de Alberto	4
Pousada de Portomarín	7	Restaurante España	7

des escaliers placés aux portes, ou de la rampe située à la **porte de Santiago**, face à la cathédrale. De ces hauteurs, vous obtiendrez de belles vues de la ville et des environs. L'office du tourisme de la praza da Constitución abrite un petit **centre d'interprétation** sur la muraille.

★ Cathédrale 2

La construction de l'édifice roman commença en 1129, mais de nombreux ajouts gothiques et baroques le modifièrent par la suite. Au chevet, la chapelle de Nuestra Señora de los Ojos Grandes (la Vierge aux grands yeux) en est un bel exemple. Œuvre de **Fernando de Casas y Novoa**, qui « signa » la façade de l'Obradoiro à St-Jacques-de-Compostelle, elle présente une heureuse rotonde baroque soulignée par une balustrade de pierre. La façade principale, de style néoclassique, a été dessinée par Julián Sánchez Bort et date de la fin du 17e s. Le portail nord, abrité sous un porche construit au 15e s., comprend lui un très beau **Christ en majesté**★ roman, sculpté dans une sorte de médaillon, au-dessus de la Cène. À l'intérieur, la nef romane voûtée en berceau est bordée de tribunes. Au fond des bras du transept, on remarque deux immenses retables Renaissance, en bois sculpté. Celui de droite (1531) est signé Cornelius de Hollande. Le chœur expose de façon permanente un ostensoir en argent. Une porte dans le mur occidental du croisillon sud donne accès au **cloître**, petit mais élégant.

Prazas 2

Sur la **praza de Santa María,** face au portail nord de la cathédrale, s'élève le **palais épiscopal** (18e s.), qui est un *pazo* (ancienne demeure seigneuriale) typique avec ses murs lisses en pierre, son étage unique, ses deux ailes cubiques et un décor réduit au blason des Gil Taboada sur le portail. En été, cette place sert de cadre à des spectacles en plein air. Derrière le palais épiscopal se trouve la **praza do Campo**, ornée d'une fontaine et entourée de maisons anciennes. La rúa da Cruz avec ses nombreux bars et restaurants et la **praza Maior,** ou **praza da España**, avec ses jardins et son esplanade, qui relient la place de la cathédrale à l'hôtel de ville, sont les lieux de rencontre et de promenade des habitants de Lugo.

Musée provincial (Museo Provincial) 1

Praza da Soidade, s/n - ✆ 982 242 112 - www.museolugo.org - juil.-août : lun.-vend. 11h-14h, 17h-20h, sam. 10h-14h ; sept.-juin : lun.-vend. 10h30-14h, 16h30-20h30, sam. 10h30-14h, 16h30-20h, dim. et j. fériés 11h-14h, fermé 1er et 6 janv., mardi gras, 22 mai, 24, 25 et 31 déc. - gratuit.

Il est aménagé dans l'ancien couvent de San Francisco, très bien conservé et attenant à l'église de San Pedro (13e s.). De l'édifice originel, le musée conserve la cuisine, le réfectoire (18e s.) et le cloître (15e s.). Installé sur deux étages, il est dédié aux divers aspects de l'art régional et principalement axé sur l'archéologie et la peinture. On remarquera la collection de cadrans solaires (dans l'ancien cloître), la salle consacrée à la céramique de Sagardelos et la collection de torques (colliers celtes) en or. Les dernières salles sont consacrées à la peinture espagnole des 19e et 20e s., de la collection **Nelson Zúmel**.

UN PASSÉ TUMULTUEUX

Une cité antique – En -14 av. J.-C., Lugo fut fondée sur un *castro* par Paulo Fabio Máximo, administrateur de province sous l'Empire romain. Deux thèses expliquent l'origine de son nom. Certains affirment que son fondateur lui donna le nom de *Lucus Augusti* (*Lucus* signifie bois sacré en latin), en hommage à l'empereur César Auguste. Pour d'autres, l'origine du terme ferait référence à *Lugh*, dieu celte de la lumière. Quoi qu'il en soit, on sait qu'en 460, les Suèves prirent le pouvoir de la ville en tuant son gouverneur, domination qui fit place en 585 à celle des Wisigoths.

Entre conquista et autonomie – En 714, Lugo fut assaillie et détruite par des troupes musulmanes dirigées par Muza et, en 740, le roi asturien Alfonso Ier entreprit de reconquérir et de rebâtir la ville. Mais en 997, elle fut à nouveau la cible d'attaques arabes, avant d'entreprendre elle-même des tentatives indépendantistes contre la monarchie asturienne et de se révolter contre le pouvoir ecclésiastique (révolte de María Castaña au début du 15e s.). La ville connut enfin une époque de calme sous le règne des Rois Catholiques. Calme qui fut interrompu au 19e s. par les attaques françaises (campagne d'Espagne sous Napoléon, de 1808 à 1814) et les guerres carlistes.

À proximité Carte de région

Castro et musée de Viladonga à Castro de Rei

23 km au nord-est de Lugo, par la N 640.

✆ 982 314 255 - www.aaviladonga.es - juil.-août : tlj 10h-21h ; mars-juin et sept.-oct. : tlj 10h-20h ; nov.-fév. : tlj 10h-19h - fermé 24, 25 et 31 déc., 1er et 6 janv. - gratuit.

En 1971, des fouilles archéologiques ont mis au jour ce camp fortifié préromain, installé dans une sorte de « cratère ». Le musée attenant, aménagé au pied de l'ancienne muraille, expose les objets de la vie quotidienne trouvés sur le site : outils, céramiques, bijoux etc. Plusieurs maquettes permettent également d'imaginer comment étaient les lieux il y a plus de vingt siècles.

Circuit conseillé Carte de région B2-3 C2

Circuit de 110 km, tracé sur la carte de région (p. 404) – Comptez 3h. Suivez la route d'Ourense pendant 4 km puis prenez à droite vers Friol ; 2 km plus loin, tournez à gauche vers Burgo, et 7 km plus loin à droite, à Poutomillos.

Santa Eulalia de Bóveda B2

609 237 779 - lun.-vend. 8h-15h, 16h-19h, w.-end et j. fériés 11h30-19h30.

Ce beau village galicien a conservé ses fermes en granit à toit de lauzes et ses *hórreos*. En 1926, y a été découvert un **monument paléochrétien** (daté du 4e s.). On suppose qu'il eut à l'origine un rapport avec le culte des eaux, avant de devenir une **église** chrétienne au cours des siècles suivants. Il se compose d'un vestibule aujourd'hui à ciel ouvert et d'une salle rectangulaire comportant un bassin, une niche en plein cintre au fond et des fresques murales peuplées d'oiseaux et de feuillages.

Revenez à Poutomillos et prenez la direction de Retorta. Dépassez le village, traversez celui de Vilamaior de Negral et à l'intersection avec la LU 231, tournez à gauche, direction Palas de Rei. Parvenu au bourg, prenez à gauche sur la N 547 et suivez le fléchage « Vilar de Donas ».

Église de Vilar de Donas B2

Mai-oct. : tlj sf lun. 11h-14h, 15h30-18h30 - gratuit.

Légèrement à l'écart de la route, l'**église** s'ouvre par un beau portail roman. À l'**intérieur** sont alignées le long des murs les tombes des chevaliers de Saint-Jacques morts au combat contre les infidèles. Dans l'abside subsistent des **fresques**★ du 15e s. On voit au centre le Christ en majesté, à gauche saint Paul et saint Luc, à droite saint Pierre et saint Marc et, sur les murs du chœur, des figures de jeunes femmes élégantes (*donas* en galicien), qui ont donné leur nom au lieu.

Reprenez la N 547 et continuez jusqu'à croiser la N 540. Prenez la direction Ourense, et à Ligonde, tournez à gauche dans la LU 633.

Portomarín B3

La ville fut reconstruite sur la rive droite du Miño au cours de la seconde moitié du 20e s. La majeure partie du village d'origine fut engloutie lors de la construction du barrage de Belesar.

★ **L'église de San Xoán** (12e s.) est l'un des rares monuments à avoir été sauvé des eaux. Avec un peu d'attention, on notera le numéro que porte chaque pierre de l'église : elles furent en effet remontées une à une à leur emplacement actuel. Sa tour crénelée lui donne des allures de forteresse. De forme rectangulaire, elle est ornée de grands arcs de décharge et de portails romans aux voussures finement sculptées. Au portail occidental figure un Christ en majesté entouré des vingt-quatre vieillards musiciens de l'Apocalypse.

Revenez à Lugo par la LU 612.

NOS ADRESSES À LUGO

HÉBERGEMENT

PREMIER PRIX

Hotel Méndez Núñez – *Rúa da Raíña, 1 - ✆ 982 230 711 - www.hotelmendeznunez.com - 70 ch. 60/70 € - ☕ 6,50 €.* Au-delà de son apparence extérieure quelque peu austère, cet hôtel fondé en 1861 propose de grandes chambres soignées au mobilier ancien. La situation est idéale : à une minute de la praza Maior.

BUDGET MOYEN

Hotel Balneario – Hors plan - *Barrio da Ponte - ✆ 982 221 228 - www.balneariodelugo.com - 64 ch. 66 € - ☕ 4,50 €.* Situé un peu à l'extérieur de la ville, cet établissement, aux grandes chambres bien équipées et très calmes, est également un centre de soins thermaux. Vestiges de thermes romains au sous-sol.

POUR SE FAIRE PLAISIR

Hotel Orbán e Sangro – 2 - *Travesía do Miño, 6 - ✆ 982 245 645 - www.pazodeorban.es - 12 ch. - 86/128 € - ☕ 10 €.* Petit hôtel coquet installé dans une demeure seigneuriale du 18e s. Les chambres, quelques-unes mansardées, sont équipées avec du mobilier d'époque et les salles de bains sont magnifiques.

À proximité de Lugo

BUDGET MOYEN

Pousada de Portomarín – *Avenida de Sarria - Portomarín - ✆ 982 545 200 - P - 32 ch. 70/90 € - ☕ 7,60 € - rest. 12,50 €.* Cette auberge est installée dans un bâtiment moderne en pierre offrant de jolies vues sur le Miño. Les grandes chambres, avec parquet, sont bien décorées. Certaines disposent d'une terrasse. Cuisine traditionnelle à des prix raisonnables.

RESTAURATION

PREMIER PRIX

A Nosa terra – 2 - *Rúa Nova, 8 - ✆ 982 229 235 - 25 € - menu du jour 8 € le midi uniquement.* Ce restaurant est situé au cœur d'une des rues les plus animées du centre historique. Dans un décor rustique et chaleureux, il propose de bonnes *tapas* et des plats locaux.

BUDGET MOYEN

Mesón de Alberto – 2 - *Rúa da Cruz, 4 - ✆ 982 228 310 - 25 € - fermé le dim.* Situé dans une des étroites rues du centre, ce restaurant s'est fait une bonne réputation grâce à sa carte variée et à l'originalité de ses *tapas*.

Restaurante España – 1 - *Rúa do Teatro, 10 - ✆ 982 242 717 - 25/30 €.* Cet établissement à la décoration moderne se compose d'un bar au rez-de-chaussée et d'une élégante salle à manger au 1er étage. Vous pourrez y déguster une cuisine fine et traditionnelle.

POUR SE FAIRE PLAISIR

La Barra – 1 - *San Marcos, 27 - ✆ 982 252 920 - 37 € - fermé dim.* Bar et salle à manger de style néo-rustique, et trois salons privés plus modernes au sous-sol. La carte, traditionnelle et variée, est spécialisée en poissons et fruits de mer.

AGENDA

Fêtes patronales de San Froilán – 5 au 12 oct. Concerts, expositions et jeux jalonnent la ville. La gastronomie, et en particulier le poulpe, est également à l'honneur.

Rías Bajas

★★

NOS ADRESSES PAGE 459

S'INFORMER

Offices de tourisme – Voir aux localités décrites.

SE REPÉRER

Carte de région A3 (p. 404) – *Carte Michelin n° 571 D-E-F 2-3-4.* On compte 234 km de Muros, au nord des Rías Bajas, à Hio, au sud. Ce kilométrage correspond à l'ensemble de l'itinéraire qui longe la côte. Si vous choisissez de visiter uniquement certaines villes, vous pouvez emprunter l'autoroute E 1-AP 9 qui relie St-Jacques à Pontevedra et Vigo (88 km au sud).

À NE PAS MANQUER

Castro de Baroña.

ORGANISER SON TEMPS

Comptez 2 jours pour aller de Noia à Hio (sans la visite de Pontevedra).

AVEC LES ENFANTS

L'aquarium Galicia, à Reboredo.

Les Rías Bajas sont formées par quatre rías : celle de Muros et Noia, la plus petite, où débouche le Tambre ; la ría de Arousa, estuaire de l'Ulla, séparée de la précédente par la péninsule de Barbanza ; la ría de Pontevedra, entourée de belles plages, et enfin, la ría de Vigo, protégée par les îles Cíes. C'est une région privilégiée à laquelle la mer offre ses ressources et où les profondes échancrures de la côte procurent aux navires maints abris sûrs. En saison, les estivants, espagnols pour la plupart, affluent sur ses plages et dans ses stations typiques et luxueuses.

Circuits conseillés Carte des Rías Bajas

★★ RÍA DE MUROS Y NOIA

Circuit 1 de 71 km de Muros à Ribeira, tracé sur la carte des Rías Bajas (p. 456) – Comptez environ 1h30.

Muros (voir p. 429)

Cette ría séduit surtout par la beauté sauvage de ses paysages. La côte parsemée de rochers est plus basse que celle des autres rías. La rive nord, couverte de forêts, est la plus intéressante.

Longez la rive de la ría vers l'est en suivant l'AC 550. Passez le Tambre.

Noia

Pour accéder au vieux centre de Noia, descendez l'Alameda en laissant l'hôtel de ville sur votre gauche, puis continuez tout droit au carrefour. Le vieux centre est alors indiqué sur la droite.

Noia est une petite ville tranquille et agréable qui possède un quartier ancien aux rues pavées et bordées d'arcades. Certaines maisons sont ornées d'un blason. Après quelques minutes de marche, on découvre la praza do Tapal, qui abrite un calvaire et l'église de San Martiño.

★ **Église de San Martiño** – *Vous pouvez également trouver l'église en longeant le front de mer. Parking avant le pont sur la gauche. De là, montez la rúa Xan das estivadas, qui donne directement sur la praza do Tapal.* Cette église gothique du 15e s. se compose d'une nef unique. La façade principale est ornée d'une rosace et d'un portail magnifiquement sculpté, influencé par l'œuvre de Maître Mateo. Au centre, un Christ en majesté est entouré des douze vieillards de l'Apocalypse avec leurs instruments de musique. Sur l'archivolte, on distingue les seize anges, tandis que les statues des douze apôtres apparaissent sur les colonnes latérales.

Longez la côte par l'AC 550 sur 18 km. Castro de Baroña est indiqué sur la droite.

★ Castro de Baroña

Le sentier de gauche mène à une magnifique plage (en partie nudiste). Celui de droite vous conduira au *castro*. Cette fortification, installée sur une pointe rocheuse qui s'avance dans la mer, est le vestige des civilisations celtes à l'origine du peuplement de la Galice. Il fut habité jusqu'à l'arrivée des Suèves, au début du 5e s.

Continuez votre route vers Ribeira. Ce village marque le début de la ría suivante, mais avant d'arriver au bourg, prenez la direction d'Olveira sur la droite.

★ Dune de Corrubedo (Duna de Corrubedo)

Cette dune mobile impressionne par ses dimensions : 1 km de long et environ 15 m de haut. Elle se situe au cœur du Parc naturel de Corrubedo, qui comprend également les lagunes de Carregal et de Vixán.

★ RÍA DE AROUSA

Circuit 2 de 115 km de Ribeira à A Toxa, tracé sur la carte des Rías Bajas (p. 456) – Comptez environ 3h.

À l'embouchure du río Ulla, c'est la plus grande et la plus découpée des rías.

Remontez la ría en direction d'A Pobra do Caramiñal, puis suivez les indications.

★★ Mirador de la Curota

Il culmine à 512 m d'altitude et offre un magnifique **panorama★★** sur la ría de Arousa, le cap de Corrubedo et la sierra de Barbanza. Par temps clair, la vue s'étend du cap Fisterra, extrémité de la côte de la Mort, au nord, à A Guarda, à la frontière hispano-portugaise.

Suivez l'AC 305 et longez la côte jusqu'à Padrón.

Padrón

Av. Compostela s/n - 627 210 777 - mar.-sam. 10h-13h, 16h-19h, dim. 10h-13h.

La ville est réputée dans toute l'Espagne pour ses piments verts, petits et très doux, qui se dégustent entre fin juin et mi-septembre. C'est aussi à Padrón, dit-on, qu'aborda la barque de **saint Jacques**. Dans l'**église de Santiago** (14e s.), on peut voir sous le maître-autel la pierre *(pedrón)* où elle fut amarrée et qui donna son nom à la ville. La célèbre poétesse **Rosalía de Castro** (1837-1885) y habita également une maison, désormais aménagée en **musée**. *981 811 204 - www.fundacionrosaliadecastro.es - juil.-août : mar.-sam. 10h-14h, 16h-20h, dim. 10h-13h30 ; reste de l'année : mar.-sam. 10h-13h30, 16h-19h, dim. 10h-13h30 - fermé lun., 1er et 6 janv., 25 déc. - 1,50 €.*

À la sortie de la ville en direction de Santiago de Compostela, entrez dans Iria Flavia.

La ría de Arousa, la plus grande des rías de Galice.
Turgalicia

Fondation Camillo José Cela (Fundación Camilo José Cela) à **Iria Flavia**
Rúa Santa María, 22 - ✆ 981 812 424 - www.fundacioncela.com - juil.-août : lun.-vend. 10h-14h, 17h-20h, reste de l'année : lun.-jeu. 9h-14h, 16h-19h, vend. 9h-14h - 8 € (-11 ans gratuit). La fondation est installée dans une ancienne demeure en granit du 18e s. et rend hommage à l'écrivain **Camilo José Cela,** décédé en 2002. Auteur de *La familia de Pascual Duarte*, il se vit décerner le prix Nobel de littérature en 1989 pour l'ensemble de son œuvre. La fondation expose de façon chronologique ses nombreux ouvrages mais aussi des objets personnels. De l'autre côté de la route, admirez la collégiale du 13e s.
Revenez à Padrón et empruntez la N 550 vers le sud. Très vite, après avoir franchi l'Ulla et dépassé Enfesta, prenez à droite la PO 548 qui mène par la côte à Vilagarcía de Arousa.

Vilagarcía de Arousa

Av. da Mariña, s/n - ✆ 986 501 227 - lun.-vend. 10h-14h, 16h30-19h30, sam. 11h-14h, 16h30-19h30, dim. et j. fériés 11h-14h - fermé 24 et 25 déc., 1er et 6 janv. et 16 août.
Le long de la mer, une promenade aux jardins soignés fait de ce bourg côtier une véritable station balnéaire. C'est aussi un important port de commerce et de pêche. La ville conserve aujourd'hui peu de beaux édifices, cependant, à la sortie de la ville en direction de Cambados, remarquez le **couvent de Vista Alegre**. Fondé en 1648, cet édifice baroque est un ancien *pazo* aux tours carrées, décorées de blasons et de merlons pointus.
Sortez de Vilagarcía en direction de Cornazo. De là, prenez un chemin forestier signalé.

★ Mirador de Lobeira

Au sommet du mont Lobeira (alt. 290 m), le mirador offre une vue sur toute la ría d'Arousa et les collines de l'intérieur.
Revenez sur la côte et longez-la. Dépassez Vilanova de Arousa et prenez la direction de l'île d'Arousa.

L'île d'Arousa (Illa de Arousa)

On y accède par un récent pont long de 2 km. L'île est restée vierge de toute construction jusqu'au milieu du 19e s. Aujourd'hui encore, la partie située à gauche de l'île en arrivant a été préservée et classée zone protégée. Le site offre de belles promenades au milieu des forêts de pins, ponctuées par de magnifiques criques à l'eau translucide.

Revenez sur la côte et continuez à la longer jusqu'à Cambados.

★ Cambados

Praza do Consello - ✆ 986 520 786 - www.cambados.es - juin-sept. : tlj 10h-14h, 17h-20h ; reste de l'année : mar.-sam. 10h-14h, 16h30-19h30, dim. 10h-14h.

Cambados est considérée comme la capitale de l'*albariño*, un vin blanc de pays au goût légèrement fruité. À l'entrée nord de la ville, qui a conservé un quartier ancien aux ruelles bordées de belles maisons, la magnifique **praza**

de Fefiñans★, carrée, est encadrée sur deux côtés par le *pazo* de Fefiñanes (16e s.), à la façade blasonnée. Sur le troisième côté se dresse l'**église San Benito** (16e s.) et, sur le dernier, de jolies maisons à arcades sous lesquelles se nichent des *bodegas*. À l'autre extrémité du village s'élèvent les ruines romantiques de **Santa Mariña de Dozo**, église paroissiale du 12e s. qui sert de cimetière.

Longez toujours la côte vers O Grove, port de pêche réputé pour la qualité de ses fruits de mer. Avant de rentrer dans la ville, tournez à droite vers A Toxa.

Île d'A Toxa (Illa de A Toxa)

Un âne malade, abandonné sur l'île par son propriétaire et retrouvé guéri, fut le premier curiste de A Toxa. La source bienfaisante est aujourd'hui tarie, mais l'île, couverte d'une belle pinède est devenue une station balnéaire prisée. Elle sert de cadre à des villas, des hôtels luxueux et à un palace du début du 20e s. Une des curiosités de l'île est la petite église couverte de coquilles Saint-Jacques.

Revenez vers O Grove puis prenez la direction de San Vicente.

Aquarium Galicia à Rebordero

Dans Rebordero, suivez les indications. ✆ 986 73 15 15 - www.acquariumgalicia.com - ♿ - de déb. avr. à mi-sept. : 10h-14h30, 16h30-20h30 ; reste de l'année : 10h-14h, 16h-20h - 10 € (7-12 ans 6,50 €).

Cet aquarium compte plus de 150 espèces et 15 000 animaux répartis dans 18 bassins où sont reconstitués différents écosystèmes. Il dispose d'un vivier où sont élevées des espèces commercialement intéressantes, telles que le turbot ou la dorade. L'étage abrite des expositions temporaires.

Revenez vers O Grove et longez la côte en direction de Sanxenxo.

La **route★** d'A Toxa à la plage de Canelas offre une succession de dunes sauvages et de plages encadrées de rochers.

Plage de la Lanzada (Praia da Lanzada)

Cette plage sauvage s'étale sur 4 km et fait le bonheur des surfeurs expérimentés. Elle fait aussi l'objet d'une légende : celle du bain des « nove olas » (neuf vagues). Les femmes désireuses de devenir mères devaient se baigner sur cette plage la veille de la Saint-Jean. Au centre, sur une pointe rocheuse s'avançant dans la mer, se dresse le sanctuaire de Santa María da Lanzada.

★ RÍA DE PONTEVEDRA

Circuit 3 de 50 km de Sanxenxo à Hío, tracé sur la carte des Rías Bajas (p. 456) – Comptez environ 2h.

Sanxenxo

Pto deportivo JC I - ✆ 986 720 285 - de mi-juin à mi-oct : tlj 10h-14h, 16h-20h30 ; reste de l'année : mar.-sam. 9h30-14h, 16h-19h.

Très animée en été, cette station peut faire l'objet d'une halte pour sa plage longée par le Paseo Marítimo. Remarquez la sculpture posée sur une roche au milieu de la mer : c'est la « Madama de Silgar », devenue l'emblème de la ville. De l'autre côté de la baie, le port de plaisance abrite de luxueux bateaux.

Des ferrys partent du port à destination de la **Isla de Ons** qui fait partie du Parc national des îles Atlantiques de Galice (*✆ 886 218 090 - www.iatlanticas.es*), au même titre que l'archipel des îles Cíes (*voir p. 468*), et offre également plusieurs possibilités de promenades. L'île de Ons est habitée et dispose d'hôtels et de bungalows, en plus d'un camping.

Continuez à longer la côte vers Pontevedra et, à Samieria, prenez à gauche vers Armenteira.

Monastère d'Armenteira

Visite sur rendez-vous - ✆ 986 718 300 - www.armenteira.com.

Ce monastère cistercien fut fondé par le chevalier Ero de Armenteira en 1168. On peut aujourd'hui visiter l'église du 12e s. à la façade ornée d'une rosace et le cloître classique du 17e s.

Revenez sur la ría.

★ Combarro

Ce petit port de pêcheurs typique, aux ruelles irrégulières, conserve de nombreux calvaires et surtout des « **hórreos** »★ alignés le long de la mer. On regrettera cependant les nombreux magasins de souvenirs qui ont fleuri ces dernières années…

★ Pontevedra

(voir p. 460)

Après Pontevedra, prenez la N 558, direction Marín. Traversez la cité et poursuivez le long de la côte sur la PO 551, via Bueu et Aldán.

Hío

À la pointe de la presqu'île du Morrazo, ce village possède un célèbre **calvaire**★, sculpté par José Cerviño en 1872. Il représente la descente de Croix. Dessous apparaissent l'expulsion d'Adam et Ève du Paradis et les âmes du purgatoire.

★★ RÍA DE VIGO

Circuit 4 (p. 469). Voir sur la carte des Rías Bajas (p. 456).

★ROUTE DE BAIONA À A GARDA

Circuit 5 (p. 473). Voir sur la carte des Rías Bajas (p. 456).

NOS ADRESSES DANS LES RÍAS BAJAS

HÉBERGEMENT

PREMIER PRIX

Casa do Torno – *Lugar do Torno, 1 - 1,1 km au sud de Noia, dir. Boiro - ☏ 981 842 074 - 8 ch. 41/52 € - ☕ 4 €.* Cet hôtel de campagne est installé dans une maison de village toute simple avec un jardinet sur l'arrière. Les chambres sont accueillantes, avec parquet et meubles anciens, les salles de bains assez petites mais soignées.

BUDGET MOYEN

Pazo de Hermida – *Trasmuro, 21 - Lestrove - 1 km au sud-ouest de Padrón par la PO 552 - ☏ 981 81 71 10 - fermé de fin déc. à déb. janv. - P - 6 ch. 53/81 € - ☕ 6 €.* Dans ce manoir, construit au 17e s. sur deux anciennes tours de défense, séjourna Rosalía de Castro, attirée sans doute par le calme toujours prégnant. Chambres très confortables, certaines mansardées.

RESTAURATION

PREMIER PRIX

Tasca Típica – *Cantón, 15 - Noia - ☏ 981 821 270 - 12/21 €.* Située dans le centre de Noia, dans une vieille maison en pierre, cette taverne accueille une clientèle variée qui vient pour ses *tapas* et son menu du jour. Vous pouvez aussi manger sur la terrasse.

BUDGET MOYEN

Casa Ramallo – *Castro, 5 - Rois - 4 km au nord de Padrón par la AC 301 - ☏ 981 804 180 - fermé lun. et Noël - ▤ - réserv. conseillée - 25 €.* Ce petit restaurant familial propose une cuisine délicieuse avec des spécialités comme le pot-au-feu et le ragoût. Viandes et fruits de mer.

POUR SE FAIRE PLAISIR

Posta do Sol – *Ribeira de Fefiñans, 22 - Cambados - ☏ 986 542 285 - fermé de mi-janv. à fin janv., de mi-fév. à fin fév. et merc. (sf juin-déc.) - 29/41 €.* Installé dans un ancien bar, ce joli restaurant dispose d'une cheminée et d'un intérieur très rustique. À la carte : poissons et fruits de mer.

AGENDA

Fêtes de la Virxe do Carmen à O Grove – Mi-juil.

Fête de San Roque à Vilagarcía de Arousa – Mi-août.

Fête du vin d'Albariño à Cambados – 1er w.-end d'août.

Pontevedra

★

81 576 habitants

NOS ADRESSES PAGE 464

S'INFORMER

Office régional de tourisme – *General Gutiérrez Mellado, 1 - ✆ 986 850 814 - www.turgalicia.es - été : lun.-sam. 9h30-14h, 16h30-19h30, sam. 10h-14h, 16h30-19h30, dim. 10h-14h ; hiver : lun.-vend. 9h30-14h, 16h-18h, sam. 10h-12h30.*

Office municipal de tourisme – *Casa de la Luz, La Verdura s/n - ✆ 678 216 031 - juin-août : tlj 9h30-14h, 16h30-20h30 ; reste de l'année : tlj 9h30-13h30, 16h-19h30.*

SE REPÉRER

Carte de région A3 (p. 404) – *Carte Michelin n° 571 E 4.* Présidant la ría de Pontevedra, la ville est reliée par l'E 1-AP 9 à Vigo (27 km au sud) et à St-Jacques de Compostelle (57 km au nord) et à Ourense par la N 541 (100 km au sud-est).

À NE PAS MANQUER

La praza da Ferrería, bordée par les arcades de la rúa dos Soportais et d'agréables terrasses de café.

ORGANISER SON TEMPS

Une journée suffit pour visiter le centre historique.

Pontevedra est une ville de province tranquille où le temps s'écoule sans précipitation ni bouleversement. Bien que restreint, son centre historique recèle de beaux édifices, témoins de sa puissance passée. On se perd facilement dans son dédale de petites rues pavées et de places. La cité possède également d'agréables parcs et jardins, des cafés accueillants en hiver et de fraîches terrasses en été.

Se promener Plan de ville

★ LA VIEILLE VILLE

Circuit tracé en vert sur le plan de ville (p. 462) – Comptez 1h15. Malgré le développement de la ville nouvelle, le noyau ancien a été préservé. Il est compris entre le fleuve Lérez et les rues Michelena, Arcebispo Malvar et Cobián Roffignac.

Vous pouvez commencer le circuit depuis la praza de España, située au bout de l'Alameda. Sur votre droite se dressent les ruines de Santo Domingo.

Ruines de Santo Domingo (Ruinas de Santo Domingo) 2

✆ 986 851 455 - www.museo.depo.es - juin-sept. : mar.-sam. 10h-21h, dim. et j. fériés 11h-14h ; reste de l'année : 10h-14h, 16h-19h30 - demander la visite au musée de Pontevedra (voir ci-après) - gratuit.

Maisons et ***hórreos*** anciens sur la ría de Pontevedra.
J. Richter / Look/Photononstop

De l'église édifiée au 14e s. par les franciscains, il ne subsiste que le chevet gothique aux baies élancées : une véritable image du médiéval romantique… L'ancienne salle capitulaire renferme désormais un **musée lapidaire** *(ses collections appartiennent au Musée provincial - voir plus bas)* : stèles romaines, blasons galiciens et tombeaux d'artisans (dont les outils sont représentés) et de nobles. On notera celui de Payo Gómez de Sotomayor, qui fut l'ambassadeur du roi de Castille Henri III à la cour de Perse.
Longez ensuite la rúa Michelena jusqu'a la praza da Peregrina.

Sanctuaire de la Peregrina 2

Il s'agit d'une petite église baroque de la fin du 18e s., en forme de coquille Saint-Jacques et à la façade convexe. À l'intérieur, la statue de la Vierge pèlerine, patronne de la ville, rayonne au centre du retable. Sur votre gauche, la **praza da Ferrería** est le rendez-vous des habitants de la ville.

« VIEUX PONT » ET ANCIEN PORT

Une fondation antique – Si la légende attribue à Teucros, héros de la guerre de Troie, la fondation de Pontevedra, on pense plutôt que la ville fut construite à l'époque romaine. Son nom provient en effet de *Pontis Veteris* (vieux pont), en référence au pont situé sur la voie romaine XIX et aujourd'hui appelé « Pont du bourg » (Ponte do Burgo).

Un port important – Bien abrité au fond de sa ría, Pontevedra a été un port actif, peuplé de pêcheurs et de commerçants qui allaient vendre à l'étranger le produit des conserveries. Grâce à cette activité, la ville a connu une période de gloire entre les 15e et 16e s. Elle a aussi vu naître de grands marins comme **Pedro Sarmiento**, savant cosmographe du 16e s. et auteur d'un précieux *Voyage au détroit de Magellan*. L'ensablement de son port provoqua, à partir du 18e s., son déclin économique au profit de Vigo. Cela ne l'empêcha cependant pas de devenir, en 1833, la capitale de la province, qui porte aussi son nom.

SE LOGER		SE RESTAURER	
Parador de Pontevedra	1	Alameda 10	2
Rúas	4	Casa de las 5 Puertas (La)	3
		Casa Verdun	1
		Rianxo	4

Église de San Francisco 2

Construite entre les 14e et 15e s., elle présente une façade gothique, très simple, selon la coutume des ordres mendiants. Son plafond est recouvert de bois. Le bâtiment adjacent accueille l'administration fiscale de la province.

Empruntez la rúa Pasantería au pied du couvent jusqu'à la praza da Leña.

★ Praza da Leña 2

C'est l'une des places les plus pittoresques de la ville avec sa forme irrégulière et son calvaire du 16e s. Les façades des maisons qui l'entourent sont composées de galeries et de balcons colorés. À l'est de la place, les deux demeures du 18e s. abritent le musée provincial.

Musée provincial de Pontevedra (Museo Provincial de Pontevedra) 2

Pasantería, 2 - ✆ 986 851 455 - www.museo.depo.es - juin-sept. : mar.-sam. 10h-21h, dim. et j. fériés 11h-14h ; reste de l'année : 10h-14h, 16h-19h30 - gratuit.

Ce musée se distingue par la diversité de ses collections exposées dans 5 bâtiments différents, répartis dans la ville.

On entre par la **Casa Castro Monteagudo**. Cette partie est essentiellement consacrée à l'archéologie et à la peinture. Au rez-de-chaussée, on peut admirer les **trésors★** celtiques d'A Golada, Caldas de Reis et Foxados (2e s. av. J.-C.-1er s. apr. J.-C.) et la collection d'argenterie de Fernández de Mora y Mon, avec

plus de 600 pièces ouvrées à la main, antérieures à 1900 et provenant de différents pays. Au premier étage, consacré à la peinture, remarquez les œuvres des Primitifs aragonais (15e s.).
À côté, le **Palacio García Flórez** présente l'histoire maritime de la Galice. On a reconstitué une cabine de la frégate *Numancia* qui était commandée par l'amiral Méndez Núñez lors de la bataille désastreuse de Callao (port de Lima) en 1866. À ceux qui pensaient que c'était de la folie d'attaquer un port aussi bien défendu, Méndez Núñez rétorqua : « L'Espagne préfère l'honneur sans bateaux à des bateaux sans honneur. » Au deuxième étage, on verra une cuisine ancienne et des céramiques de Sargadelos (19e s.).
La **Casa Fernández López** est consacrée à la peinture des 19e et 20e s. On remarquera la salle consacrée aux gravures de Goya. Enfin, la **Casa Sarmiento**, à l'angle de la rúa Padre Amoedo, abrite les œuvres d'artistes galiciens contemporains et des expositions. Le **musée lapidaire** est quant à lui installé dans les ruines de l'église Santo Domingo *(voir ce nom en début de promenade)*.

Du musée de Pontevedra à la basilique de Santa María la Maior 1-2

En face de la **praza da Leña,** descendez la **rúa G. Fernández** qui conduit à la **praza da Pedreira**. Sur cette dernière s'élève le **pazo de Mugártegui**, bel édifice de style baroque datant du 18e s. Remontez ensuite la **rúa Padre Sarmiento** en laissant sur votre gauche la **praza da Verdura.** En été, les terrasses des cafés et des restaurants s'étalent autour de sa jolie fontaine. Vous arrivez ensuite sur la **praza Méndez Núñez** où vous accueille un étonnant personnage en bronze avec sa canne et ses lunettes. Continuez tout droit jusqu'à la **rúa Real**. À cette intersection, remontez sur votre gauche pour admirer la **praza de Teucro.** Les façades des maisons qui l'entourent sont ornées de blasons. Traversez la place et redescendez la **rúa Princesa** jusqu'à la **rúa de Isabel II**. À l'extrémité se dresse la basilique de Santa María la Maior.

★ Basilique de Santa María la Maior 1

✆ 986 866 185 - 10h-13h30, 17h-21h. Pas de visite pendant les offices.
Elle fut construite au 16e s près du quartier des pêcheurs, par leur puissante confrérie. Sa **façade occidentale★**, sculptée comme un retable, est un joyau du style plateresque. Œuvre du maître Corneluis de Hollande, elle se divise en registres où prennent place la Dormition et l'Assomption de la Vierge, la Trinité et, au sommet, la Crucifixion. Cette dernière est représentée au milieu d'un fin couronnement sculpté à claire-voie où l'on distingue des pêcheurs ramenant leurs filets. Remarquez sur un côté saint Jérôme et ses lunettes. L'**intérieur** présente un mélange assez réussi de styles gothique (arcs dentelés), isabélin (colonnettes torsadées) et Renaissance (voûtes à nervures). Le revers de la façade occidentale est couvert de bas-reliefs naïvement sculptés où l'on reconnaît des scènes de la Genèse (Adam et Ève, l'Arche de Noé) et du Nouveau Testament.
Pour rejoindre la praza de España, empruntez la avenida de Santa María.

À proximité Carte de région

★★ Mirador de Coto Redondo A3

14 km au sud.
La montée sur la colline avec points de vue parmi les bois de pins et d'eucalyptus est très agréable. À mi-chemin, un lac côtoie une aire de pique-nique. Du **belvédère**, le **panorama★★** s'étend sur les rías de Pontevedra et de Vigo.

NOS ADRESSES À PONTEVEDRA

HÉBERGEMENT

BUDGET MOYEN

Hôtel Rúas – 2 - *Rúa Padre Sarmiento, 20 - ✆ 986 846 416 - www.hotelruas.net - 22 ch. 45/65 € - ☕ 5 €* - Cet hôtel est installé dans une demeure en pierre du centre historique. Il propose de grandes chambres fonctionnelles avec parquet. L'accueil est aimable et l'ambiance familiale. Possibilité de demi-pension et pension complète.

UNE FOLIE

Parador de Pontevedra – 1 *-Barón, 19 - ✆ 986 855 800 - www.parador.es - 45 ch. 130/160 € - ☕ 13 € - rest. 28 €.* Il conserve l'architecture et l'élégance de l'ancien *pazo* du 18e s. dans lequel il est installé. Meubles anciens, tapis et tableaux constituent les éléments d'une décoration luxueuse. Plats gastronomiques régionaux au restaurant.

RESTAURATION

PREMIER PRIX

Casa Verdun – 1 - *Real, 46 - ✆ 986 842 289 - www.casaverdun.com - 10/20 €.* Ce restaurant ne propose pas de menu, mais la carte des *raciones* est fine et originale. Grand choix de vins. Le décor est élégant et chaleureux. La petite véranda est parfaite pour plus de calme.

BUDGET MOYEN

Rianxo – 2 - *Praza da Leña, 6 - ✆ 986 855 211 - 16/24 € - menu du jour à 8 €.* Cet établissement dispose d'un bar à *tapas* à l'entrée et d'une salle à manger au décor rustique au 1er étage. La cuisine est traditionnelle et copieuse.

POUR SE FAIRE PLAISIR

Alameda 10 – Hors plan - *Alameda, 10 - ✆ 986 857 412 - www.restaurantealameda10.com - 28/51 € - fermé dim., 15 j. en juil, 15 j. en janv.* Restaurant proposant des saveurs traditionnelles alliées à une excellente carte des vins.

La Casa de las 5 Puertas – 2 - *Av. Santa María, 8 - ✆ 986 851 948 - www.5puertas.com - 34 € - fermé dim. soir.* Derrière son attrayante façade en pierre, ce restaurant dispose d'un bar-vinothèque et de trois salles modernes sur plusieurs niveaux. Cuisine traditionnelle et bonne cave.

PETITE PAUSE

Cafétéria Carabela – Depuis sa terrasse, vous pourrez contempler l'église et le couvent de San Francisco et le sanctuaire de la Peregrina.

AGENDA

Fête de San Sebastián – 20 janv. Elle célèbre le patron de la ville.

Fêtes de la Peregrina – 15 août.

Vigo

297 332 habitants

NOS ADRESSES PAGE 470

S'INFORMER

Office du tourisme de Vigo – *Teófilo Llorente, 5 - ✆ 986 224 757 - www.turismodevigo.org - de mi-juil. à fin sept. : tlj 10h-14h, 16h-19h ; reste de l'année : lun.-sam. 10h-14h, 16h-19h - fermé dim.*

Office du tourisme régional – *Canóvas del Castillo, 22 - ✆ 986 430 577 - www.turgalicia.es - été : lun.-vend. 9h30-14h, 16h30-18h30, sam. 10h-13h30, 16h30-18h30 ; reste de l'année : lun.-vend.9h30-14h, 16h30-18h30, sam. 10h-13h30 - fermé dim.*

SE REPÉRER

Carte de région A3-4 (p. 404) – *Carte Michelin n° 571 F 3.* Située sur la rive sud de la ría du même nom, Vigo est reliée à Pontevedra (29 km au nord) et St-Jacques de Compostelle (86 km au nord) par l'autoroute E 1-AP 9. Ourense se trouve à 101 km plus à l'est par l'autoroute A52.

SE GARER

Il est aussi difficile de se repérer que de se garer dans cette grande ville. Vous pouvez opter pour l'un des parkings souterrains situés dans les rues adjacentes à l'avenida García Barbon.

À NE PAS MANQUER

La dégustation d'huîtres dans le quartier d'A Pedra, les îles Cíes.

ORGANISER SON TEMPS

Comptez une journée et demie. Si le centre-ville peut se parcourir à pied, vous devrez cependant prendre votre voiture ou emprunter les transports en commun pour rejoindre le musée Quiñones de León, la plage de Samil et le musée de la Mer.

Première ville de Galice en nombre d'habitants, premier port de pêche et principal port transatlantique d'Espagne, Vigo est l'un des centres industriels et commerciaux les plus importants du pays. La cité se distingue des autres villes régionales par ses grandes avenues et son tout petit centre historique. Un peu éteint et en partie à l'abandon, celui-ci fait actuellement l'objet d'une timide réhabilitation, stimulée par le tourisme de croisière. Au premier abord dénuée de charme et en perpétuel chantier, la ville séduit par le dynamisme d'une population plutôt jeune, et la gastronomie locale à base de poissons et fruits de mer tout juste sortis du bateau. Elle bénéficie de magnifiques plages de sable fin et de la proximité de sa ría★★, fermée par les îles Cíes★.

Se promener Plan de ville

Le quartier de pêcheurs d'**O Berbés** est la partie la plus ancienne de la ville et certainement une des plus pittoresques. À côté se trouve **A Pedra**, un curieux marché où les poissonnières vendent les huîtres qui se dégustent dans les innombrables bars. Non loin de là, ne manquez pas la **rúa dos Cesteiros** (rue des Paniers), où des boutiques proposent des modèles de cet artisanat local.

Cathédrale de Santa María A1

Également appelée collégiale de Santa María, elle est enclavée dans les ruelles du centre historique. Construite en 1816 dans un style néoclassique plutôt sobre, elle abrite le *Cristo da Victoria* (18e s.), vénéré pour être à l'origine de la victoire des habitants de la ville contre les troupes napoléoniennes en 1809.

El Sireno - Porta do Sol A1

Œuvre de Francisco Leiro, cette sculpture mi-homme mi-poisson est devenue l'emblème de Vigo. Elle domine fièrement la Porta do Sol, considéré comme le kilomètre 0 de la ville.

Parc du Castro (Parque do Castro) A2

C'est dans la partie inférieure de ce parc que l'on trouve les ruines du *castro* à l'origine de la ville (2e s. av. J.-C). On peut désormais visiter plusieurs bâtiments reconstitués (*✆ 986 295 070 - mai-sept. : mar.-dim. 10h-13h, 17h-20h ; oct.-avr. : mar.-dim. 10h-14h, 16h-18h - gratuit).*

Au sommet du parc (149 m), un charmant jardin entouré de murailles du 17e s. offre une vue d'ensemble sur la ville et sa baie, mais la grimpette pour y accéder est un peu ardue.

Musée d'Art contemporain - MARCO
(Museo de Arte Contemporánea) B2

Rúa do Príncipe, 54 - ✆ 986 113 900 - www.marcovigo.com - mar.-sam. et j. fériés 11h-21h, dim. 11h-15h - gratuit.

Réputé au niveau régional, ce musée expose les œuvres d'artistes avant-gardistes dans de multiples domaines : peinture, sculpture, dessin, architecture ou encore vidéo ou web art.

Musée Quiñones de León (Museo Quiñones de León) Hors plan (A1)

Hors centre-ville. Empruntez la Gran Vía jusqu'à la praza de America puis tournez à gauche avenida de Castrelos. Le musée sera indiqué sur votre gauche. Parque de Castrelos - ✆ 986 295 070 - www.museodevigo.org - mar., jeu et vend. 10h-13h30, 17h-20h, merc. 10h-20h, sam. 17h-20h, dim et j. fériés 10h-13h30 - gratuit. Ce musée est installé au cœur d'un parc de 20 ha, dans un *pazo* du 17e s. qui fut rénové à la fin du 19e s. et offert à la ville par son propriétaire, don Fernando Quiñones de León. Le décor luxueux et le mobilier de l'ancienne demeure seigneuriale ont été conservés. La collection s'articule principalement autour de la peinture galicienne des 19e et 20e s. On notera également une intéressante collection archéologique au rez-de-chaussée.

DES BATAILLES HISTORIQUES

En 1702, des galions espagnols et français rentrèrent d'Amérique chargés de richesses, de pièces d'or et d'argent. Alors qu'ils tentaient de se réfugier dans le port de Vigo, ils furent coulés par une flotte anglo-hollandaise. Ce fut la **bataille de Rande**. Depuis, une croyance populaire affirme qu'une multitude de trésors gisent encore au fond de la ría.

Un siècle plus tard, en 1809, un autre événement marqua l'histoire de la ville : les habitants chassèrent les troupes françaises qui occupaient les lieux. Événement qui valut à Vigo le titre de ville fidèle, loyale et valeureuse.

Les iles Cies
SIME / Gräfenhain / Sime / Photononstop

Plage de Samil (Praia de Samil) Hors plan (A1)
Hors centre-ville. Empruntez la Gran Vía en direction de la praza America puis continuez toujours tout droit (avenida de Castelao et avenida de Europa).
Cette plage de sable fin, longée par une digue piétonnière, s'étale sur presque 2 km. Très fréquentée en été, elle offre une jolie vue sur les îles Cíes.

Musée de la Mer (Museo do Mar) Hors plan (A1)
Longez la praia de Samil par la droite. Le musée sera indiqué sur votre gauche. Avenida Atlántida - ✆ 986 247 691 - www.museodomar.com - de mi-juin à mi-sept. : mar.-vend. 11h-14h, 17h-21h30, w.-end et j. fériés 11h-22h ; reste de l'année : mar.-vend. 10h-14h, 16h-19h, dim. et j. fériés 11h-22h - 3 €. Il est situé sur la pointe de Muiño, qui offre de splendides vues sur la ría. Créé par l'architecte italien Aldo Rossi et le galicien César Portela, il se consacre aux interactions entre la Galice et la mer. On y découvrira, entre autres, les différents écosystèmes marins de la région et l'histoire de la pêche galicienne depuis le 16e s. Une partie est également consacrée à la bataille de Rande *(voir encadré ci-contre).*

À proximité Carte de région

★ Îles Cíes (Illas Cíes) A3
✆ 886 218 090 - www.iatlanticas.es - Traversée en bateau depuis le port de Vigo. Voir « Nos adresses ».
Ces îles forment un bel archipel aux eaux turquoises et au sable d'une blancheur immaculée qui monte la garde à l'entrée de la ría de Vigo. Il compte trois îles : celle de Monteagudo, celle del Faro et celle de San Martiño. Les deux premières sont reliées entre elles par la plage de Rodas, élue plus belle plage du monde en 2007. À l'est de celle-ci, la plage nudiste Figueiras, plus petite et moins fréquentée, est tout aussi belle et accessible à 5mn de marche.

SE LOGER		SE RESTAURER	
Canaima	5	Casa Esperanza	3
Compostela	2	El Mosquito	1
Hôtel Aguila	1	El Puerto	4
Hôtel Lino	4	La Oca	7
Hôtel NH Palacio de Vigo	7	Maruja Limón	2
Puerta del Sol	3	Prada a Tope	5

Il existe 4 sentiers balisés très faciles, tous faisables en moins de 2h AR. Pour une belle vue panoramique, prenez celui du Monte Faro. Le centre d'information propose également des promenades guidées *(se rens. et s'inscrire au kiosque, en bout de jetée)*. Deux cafétérias permettent de se restaurer, et l'on peut également passer la nuit au camping *(7,95 € par pers., 8,95 € par tente, location de tentes sur place. Rens. et réserv. ☏ 986 438 358)*. Possibilité de faire une sortie en *snorkeling* (plongée avec masque et tuba) pour découvrir les fonds marins *(voir « Nos adresses »)*. Au-delà de leur grand intérêt naturel, ces îles protègent aussi la ría des fortes tempêtes. Peuplées d'oiseaux, elles ont été déclarées Parc naturel en 1980 et font aujourd'hui partie intégrante du **Parc national des îles Atlantiques de Galice**, créé en 2002. Consacré à la protection des milieux marins, ce dernier comprend également l'île d'Ons (ría de Pontevedra), l'île de Sálvora et l'île de Cortegada (ría d'Arousa).

Circuit conseillé Carte des Rías Bajas

★★ LA RÍA DE VIGO

Circuit 4 de 130 km tracé sur la carte des Rías Bajas (p.456) – Comptez une demi-journée. Sortez de Vigo par la E1–AP 9 puis prenez la sortie n° 146.

Cangas et Moaña

Face à Vigo, sur la rive nord de la ría, ces deux petites stations balnéaires sont notamment réputées pour leurs belles plages.

Revenez vers Vigo. Suivez la signalisation pour l'aéroport puis pour le parc zoologique.

★★ Mirador de la Madroa

De l'esplanade, très belle **vue**★★ sur Vigo et la ría.

Suivez la côte par la PO 552, direction Baiona.

Playa América

Cette grande plage de sable fin, très fréquentée en l'été, offre une **vue** magnifique sur les îles Cíes et le fort de Baiona.

Retournez à Vigo par l'AG 57.

NOS ADRESSES À VIGO

TRANSPORTS

Islas Cíes – De juin à septembre, des bateaux partent de Cangas et de Vigo quotidiennement pour les îles Cíes. La traversée dure entre 30 et 45mn et coûte entre 16 et 18,50 € suivant les périodes.

Mar d'Ons – *℘ 986 225 272 - www.mardeons.com.*

Nabia – *℘ 986 320 048 - www.piratasdenabia.com.*

Cruceros Rías Baixas – *℘ 986 731 343 - www.crucerosriasbaixas.com (bateau à fond transparent).*

HÉBERGEMENT

PREMIER PRIX

Hôtel Aguila – A1 - *Rúa Victoria, 6 - ℘ 986 431 398 - 22 ch. 40/50 €.* Cet hôtel propose de jolies chambres, dotées de plafonds à moulures. Les salles de bain sont quelque peu exiguës, mais l'accueil est aimable et la situation idéale : à la frontière du centre historique, devant les jardins de la praza de Compostela.

Hôtel Canaima – B1 - *Av. de García Barbón, 42 - ℘ 986 430 934 - 50 ch. - 43/60 € - ☕ 4 €.* Toutes les chambres sont meublées en style castillan. Demandez celles qui ont un balcon, ce sont les plus agréables.

Hôtel Lino – B2 - *Rúa Lepanto, 26-28 - ℘ 986 224 271 - 45 ch. 60/84 € - ☕ 4,50 €.* Sa situation (face à la gare et à l'entrée du centre en venant de Pontevedra) peut être une bonne alternative puisqu'elle évite de s'aventurer dans le centre-ville en voiture. Il dispose de chambres élégantes (mobilier en bois, moquette) et entièrement équipées. Le petit-déjeuner (non compris) est servi dans la cafétéria du rez-de-chaussée.

Hôtel Puerta del Sol – A1 - *Porta do Sol, 14 - ℘ 986 222 364 - www.alojamientosvigo.es - 15 ch. 61/72 € ☕.* Ce petit hôtel accueillant situé dans le centre historique propose des chambres lumineuses aux couleurs provençales, pourvues de charmants balcons à galerie. Les salles de bains sont petites mais équipées de jets hydro-masseurs. Le petit-déjeuner se prend dans un café voisin.

BUDGET MOYEN

Hôtel Compostela – A1 - *García Olloqui, 5 - ℘ 986 228 227 - 30 ch. 65/87 € - ☕ 7,50 €.* Excellente localisation dans le centre, tout près du port. Les chambres sont agréables, fonctionnelles bien équipées et parquetées.

POUR SE FAIRE PLAISIR

Hôtel NH Palacio de Vigo – B1 - *Av. de García Barbón, 17 - ℘ 986 433 643 - 107 ch. 50/186 € - ☕ 14 € - rest. 22 €.* Situé le long de l'une des principales artères du centre-ville, dans un beau bâtiment à la façade classique. Les chambres sont aussi élégantes que confortables et le service est complet, comme dans l'ensemble de la chaîne.

RESTAURATION

PREMIER PRIX

Prada a Tope – B1 - *Pl. de Compostela, 19 - ℘ 986 447 236 - www.pradaatope.es - tapa 9 €, ración 16 €.* En plus de la restauration, une alléchante vitrine propose des *tapas,* saucissons, jambons et autres charcuteries espagnoles. Grande terrasse. La boutique vend des produits du Bierzo.

BUDGET MOYEN

Bar el Puerto – B1 - *Arenal, 30 - ℘ 986 222 044 - 15/30 € - fermé dim. et j. fériés.* Ne jugez pas ce petit restaurant par sa façade et ses airs de cantine bruyante. C'est ici que les habitants viennent manger le poisson le plus frais. Il est préparé sans aucun chichi dans la cuisine ouverte. Demandez conseil au patron pour choisir parmi l'arrivage du jour et laissez-vous tenter par les fruits de mer et mollusques régionaux, comme les barnacles ou pouces-pieds *(percebe)*.

La Oca – Hors plan - *Purificación Saavedra, 8 (en face du marché de Teis) - ✆ 986 371 255 - fermé sam.-mar. soir, Sem. sainte et 20 j. en août - 25/33 €.* Son emplacement un peu excentré et sa façade vieillissante ne doivent pas vous empêcher d'essayer ce petit restaurant familial qui offre une cuisine galicienne novatrice. Carte créative, avec une petite touche française.

POUR SE FAIRE PLAISIR

Casa Esperanza – B1 - *Luis Taboada 28 - ✆ 986 228 615 - 30/45 € - fermé 2e quinz. d'août, dim. et j. fériés.* Restaurant de grande tradition familiale, avec deux petites salles. Cuisine traditionnelle.

Maruja Limón – A1 - *Victori 4 - ✆ 986 473 406 - 35/45 € - fermé 2e quinz. de sept., dim. et lun.* Salle lumineuse avec cuisine semi-ouverte, un mur en pierre et une décoration sobre. Carte réduite à prix fixe et menu complet de dégustation.

UNE FOLIE

El Mosquito – A1 - *Praza da Pedra, 4 - ✆ 986 224 441 - 49/68 €.* Ce restaurant spécialisé en poissons et fruits de mer est réputé pour la qualité de ses plats. Service aimable. Au cœur du quartier historique.

SPORTS ET LOISIRS

Beach Escolas – *✆ 986 446 060 ou 669 419 128 - www.beachescolas.com.* Cet organisme propose des cours et location de matériel pour windsurf, surf, catamaran, kayak, plongée sous-marine et vélo. Ils sont basés sur la plage del Bao à Vigo, et quelques kilomètres plus bas sur les plages América et Patos à Nigrán. À Patos, leur local dispose également d'un grand bar à l'air libre avec une terrasse offrant une belle vue sur la côte et les îles Cíes (musique live certains soirs).

Islas Cíes – Sorties de *snorkeling. ✆ 986 438 358 - tlj à 12h et 17h, 2h30 à 3h - 25 € (comprend la location de la combinaison, palmes, masque et tuba). Se rens. à la réception du camping*

Baiona

Bayona

★

12 091 habitants

NOS ADRESSES PAGE 474

S'INFORMER

Office de tourisme – *Paseo de Ribera, s/n - ✆ 986 687 067 - www.baiona.org - juil-août : tlj 10h-15h, 16h-21h ; avr.-juin et de déb. sept. à fin oct. (jusqu'au changement d'heure) : lun.-sam. 10h-14h, 16h-20h, dim. 11h-14h, 16h-20h ; de fin oct. à fin mars : lun.-sam. 10h-14h, 15h-19h, dim. 11h-14h, 16h-19h.*

SE REPÉRER

Carte de région A4 (p. 404) – *Carte Michelin n° 571 F 3.* Baiona se trouve à 40 km au sud de Vigo par l'autoroute AG 57.

À NE PAS MANQUER

Le chemin de ronde de Monterreal qui offre de jolies vues sur la baie et la ville.

ORGANISER SON TEMPS

Le centre historique. Nul besoin de vous en éloigner, la ville moderne n'offre que peu d'intérêt.

Baiona est une station balnéaire animée et touristique en été, qui a su conserver un charmant quartier ancien, aux maisons blasonnées et aux galeries vitrées. Le port de pêche et de plaisance est bordé par une promenade aux nombreuses terrasses de cafés, d'où l'on peut admirer l'imposante forteresse de Monterreal.

Se promener

Collégiale de Santa María

Tlj 10h-14h30, 17h-20h (21h été).

Elle fut construite entre les 12e et 14e s., dans un style de transition romano-gothique. Remarquez les symboles à l'intérieur des arcs : ciseaux, haches, couteaux, évoquant les différentes corporations qui contribuèrent à son édification, ainsi que la chaire en pierre du 14e s.

Fort de Monterreal (Castelo de Monterreal)

✆ 986 355 000 - tlj de 10h à la tombée du jour - 1 € (ou 5 € par voiture).

Les Rois Catholiques firent ceindre de murailles la presqu'île de Monterreal au début du 16e s. Au milieu d'une agréable pinède, le fort où résidait le gouverneur de la ville a été converti en parador. Ne manquez pas d'emprunter la **promenade sur les remparts★** *(environ 30 mn)* au pied desquels les vagues viennent se briser et d'où vous aurez une splendide **vue★★** sur la baie, le mont Ferro, les îles Estelas et la côte sud jusqu'au cap de Silleiro. Le long de la côte, de petites plages s'abritent entre les rochers.

BAIONA ET L'AMÉRIQUE
C'est à Baiona que, le 10 mars 1493, accosta la caravelle *La Pinta* – l'un des trois navires de la flotte de Christophe Colomb. Elle était commandée par Martín Alonso Pinzón, qui fut le premier à annoncer la découverte du Nouveau Monde. Aujourd'hui, une réplique de la caravelle a été installée dans le port. À l'intérieur, on y voit une reconstitution de la vie à bord, lors de son retour en terre ibérique.

Circuit conseillé Carte des Rías Bajas

DE BAIONA À A GUARDA

Circuit 5 *de 30 km tracé sur la carte des Rías Bajas (p. 455) – Comptez 2h. Sortez de Baiona, direction Oia, puis tournez tout de suite à gauche.*

Vierge de la Roca (Virgen da Roca)

Tlj 10h-14h, 15h30-20h - 1 €. Cette immense statue en granit (15 m de hauteur) fut construite par l'architecte Antonio Palacios en 1930. Elle représente la Vierge soutenant dans sa main droite un bateau. On y accède par un escalier intérieur en colimaçon. De là-haut, la vue sur la baie et l'océan est impressionnante.
Reprenez la PO 552, direction Ola.
Entre Baiona et A Guarda, la côte, plate mais découpée, est quasi déserte.

Oia

Ce village de pêcheurs regroupe ses maisons autour de l'ancienne abbaye cistercienne de **Santa María la Real**, à la façade baroque. De l'autre côté de la route viennent mourir en pente douce les collines à l'herbe drue où paissent les chevaux sauvages. C'est là, sur les hauteurs, que certains dimanches de mai et juin se déroulent les *curros* (marquage des poulains sauvages).

A Guarda

Ce petit port de pêche est situé à l'extrême pointe méridionale de la côte galicienne.
Continuez vers le sud en suivant la signalisation pour la « Citania de Sta Tegra ».
Mont Santa Tegra★ (Santa Tecla en castillan) (341 m) – Il domine l'embouchure du Miño en offrant de très belles **vues**★★ depuis le sommet. Pendant la montée *(il faut payer un péage et un droit d'entrée)*, on peut voir les ruines d'une **cité celte** (*castro*) appelée la **Citania de Santa Tegra**, témoignant d'un peuplement continu de l'âge du bronze au 3e s. de notre ère. On y a dénombré environ un millier de maisons circulaires.
Au bord de la route ont été reconstituées deux huttes rondes à mur de pierre et toit de chaume qui sont censées reproduire l'habitat de cette époque.

NOS ADRESSES À BAIONA

HÉBERGEMENT

POUR SE FAIRE PLAISIR

Hôtel Pazo de Mendoza – *Elduayen, 1 - ✆ 986 385 014 - 11 ch. 70/123 € - ☕ 4,50 € - rest. 30 €.* Il est installé dans un *pazo* du 18e s. à l'entrée du centre historique, face au port. Les chambres sont élégantes et confortables, toutes parquetées et bien meublées. Le restaurant propose une carte créative avec de bons produits.

UNE FOLIE

Parador de Bayona – *✆ 986 355 000 - baiona@parador.es - 117 ch. 180 € - ☕ 16 € - rest. 35 €.* Situé au bord de la mer, dans l'enceinte d'un château féodal, le bâtiment est inspiré de l'architecture typique d'un *pazo* galicien. À l'intérieur, on trouve tout le confort des *paradores* et un restaurant très agréable.

À proximité de Baiona

BUDGET MOYEN

Hôtel Convento de San Benito – *Praza de San Benito - Guarda - ✆ 986 611 166 - fermé en janv. - 23 ch. 57/77 € - ☕ 6 €.* Ses pierres séculaires vous offrent un havre de paix et de tranquillité dans les environs du port de pêche d'A Guarda. L'hôtel est installé dans un ancien monastère de bénédictines fondé au 16e s., qui conserve un joli cloître. Les chambres sont sobres et élégantes.

RESTAURATION

BUDGET MOYEN

Mesón Fonte de Zeta – *Praza Fonte de Zeta, 5 - ✆ 986 358 214 - fermé en nov. - 20 €.* Cet établissement occupe un édifice de caractère en granit. Situé sur une petite place tranquille de la vieille ville. Dans un décor chaleureux, vous pourrez y déguster une cuisine traditionnelle de qualité, essentiellement à base de poissons et fruits de mer. Agréable terrasse en été.

À proximité de Baiona

POUR SE FAIRE PLAISIR

Paco Durán – *Iglesia Louzans 60 - à 2,5 km au sud - Baiña - ✆ 986 355 017 - fermé oct.-juin et dim. soir - ▤ - 30 €.* Ce restaurant est situé sur les hauteurs et offre des vues spectaculaires sur Baiona et les rías. Dans la salle à manger, entièrement vitrée, on déguste une cuisine traditionnelle bien élaborée.

Anduriña – *Calvo Sotelo, 58 - Guarda - ✆ 986 611 108 - fermé en nov. - ▤ - 30/35 €.* L'aspect quelque peu modeste de ce restaurant, situé dans la zone touristique de la ville, ne doit pas vous arrêter. Réputé dans la région pour la qualité de ses produits, il dispose également d'une terrasse semi-couverte.

AGENDA

Festa da Arribada – 1er w.-end de mars. Les habitants mettent en scène l'abordage de la *Pinta*, l'un des trois navires de la flotte de Christophe Colomb *(voir encadré p. 473)*. Ambiance garantie dans toute la ville.

Tui

Tuy

★

17 262 habitants

NOS ADRESSES PAGE 476

S'INFORMER

Office de tourisme – *Colón, s/n - ✆ 986 601 789 - juil-sept. : lun.-vend. 10h-14h, 17h-19h30, sam. 10h-14h ; oct.-juin : lun.-vend. 9h30-13h30, 16h30-18h30, sam. 9h30-13h30 - fermé 24, 25 et 31 déc., 1er et 6 janv.*

SE REPÉRER

Carte de région A4 (p. 404) – *Carte Michelin n° 571 F 3.* Tui se trouve à 30 km au sud de Vigo par l'AP 9. Depuis la construction du pont international du Miño (1886) par Gustave Eiffel, la ville est devenue un nœud de communication entre le Portugal et la Galice.

À NE PAS MANQUER

La vue sur la vieille ville depuis le parc de Santo Domingo, au chevet de l'église gothique du même nom.

ORGANISER SON TEMPS

Comptez une matinée pour visiter le vieux centre.

Ville frontalière avec le Portugal, Tui frappe d'abord par le site de son quartier ancien escaladant une colline rocheuse sur la rive droite du Miño, face à la forteresse portugaise de Valença. Chargée d'histoire, la cité est l'une des villes les plus anciennes de Galice avec ses maisons blasonnées et ses ruelles entrecoupées d'escaliers montant vers la cathédrale.

Se promener

★ Cathédrale

✆ 986 600 511 - juil.-sept. : 10h30-14h, 16h-21h ; avr.-juin et oct. : 10h30-14h, 16h-20h ; nov.-mars : 9h30-13h30, 16h-19h - musée et clocher : 2 €.

Trapue, frangée de créneaux et flanquée de tours puissantes, elle a l'allure d'une forteresse. D'un style romano-gothique, elle fut consacrée en 1232. Le portail nord, roman, souligné d'arcades maçonnées dans le mur, est sévère. La façade occidentale, en revanche, s'orne d'un porche du 14e s. qui tire un grand parti décoratif de ses arcs en tiers-point et abrite un **portail**★ sculpté. Sous les voussures ciselées, le tympan glorifie la Mère de Dieu. Au-dessus de l'Adoration des Mages et des Bergers se profilent les tours de la Jérusalem céleste que l'artiste a su rendre aériennes par le jeu de la matière et du vide. À l'**intérieur**, les poutres de consolidation ajoutées entre le 15e s. et le 18e s. servent à pallier l'inclinaison des piliers. Dans le transept, à trois vaisseaux, se lit l'influence de Compostelle ; les deux églises sont les seules d'Espagne à posséder cette caractéristique. Les stalles du chœur racontent les miracles de saint Telmo, patron de Tui.

UN RÔLE DE CAPITALE ET DE VILLE FRONTALIÈRE

Capitale du royaume de Galice au temps des Suèves et des Wisigoths, Tui fut par la suite la cible des attaques arabes et normandes, jusqu'à ce que les rois de Galice lui redonnent son statut de capitale en 1071. Au cours de la première moitié du 12e s., le Portugal devint un royaume indépendant et le río Miño acquit son rôle de frontière entre les deux pays. À la fin du siècle, Fernando II fit construire des murailles autour de la ville, agrandies en 1640 à l'occasion des guerres contre le Portugal. Tui conserva son statut de capitale jusqu'en 1833, époque à laquelle elle dut également faire face aux invasions françaises. En 1886, le pont du Miño fut construit. Depuis cette date, Tui est un passage obligé pour qui va vers le sud.

Au-dessus des galeries du **cloître**, sobrement décorées à la manière cistercienne, le chemin de ronde réserve de jolies vues sur le fleuve et sa vallée. **Le Musée diocésain (Museo diocesano)** abrite des collections archéologiques et d'art religieux ainsi que de nombreuses pièces d'orfèvrerie.

Chapelle de San Telmo

Ouverte lors des fêtes religieuses.

Le dominicain **saint Pedro González Telmo** vécut à Tui, où il mourut vers 1240. À l'emplacement de la maison du saint, une chapelle de style baroque portugais du 18e s. conserve ses reliques. Dans la crypte *(accès rúa do Corpo Santo)*, les pèlerins se recueillent devant l'alcôve où il s'éteignit.

NOS ADRESSES À TUI

HÉBERGEMENT

PREMIER PRIX

O Novo Cabalo Furado – *Rúa Seijas, 3 - 2° Izqda - ✆ 986 604 445 - 40/60 €, 70/80 € pour les appart. Pas de petit-déjeuner.* En plein centre historique, cette résidence récente propose chambres et appartements à la décoration moderne et élégante. Un charmant patio vous accueille à l'entrée. Excellent rapport qualité-prix. Réservation conseillée.

UNE FOLIE

Parador de Tui – *Av. de Portugal - ✆ 986 600 300 - 31 ch. 115/145 € - ☕ 13 € - rest. 28 €.* Installé dans un ancien *pazo*, il offre une belle vue sur le Miño. Son intérieur, récemment refait, propose des chambres élégantes et tout confort. Piscine. Côté table, plats typiques du sud de la Galice.

RESTAURATION

PREMIER PRIX

Jaqueyvi – *Praza do Consello, 4 - ✆ 986 601 716 - 10 €.* Au cœur du quartier historique, dans une décor chaleureux de pierre et de bois, vous dégusterez de bonnes *tapas* et *raciones*. Pas de menu.

BUDGET MOYEN

O Novo Cabalo Furado – *Praza do Consello, 3 - ✆ 986 602 263 - 20/40 €.* Ce restaurant réputé, au décor modeste, offre une cuisine, traditionnelle, élaborée devant les clients. Bon rapport qualité-prix.

POUR SE FAIRE PLAISIR

Silabario – *Colón 11 - ✆ 986 607 000 - www.restaurantesilabario.com - 25/35 €.* Ce restaurant surprend par ses belles installations : intérieur minimaliste et design, baies vitrées, et bon service de table. Cuisine actuelle.

Ourense

Orense

★

107 742 habitants

NOS ADRESSES PAGE 482

S'INFORMER

Office du tourisme d'Ourense – *As Burgas, 12 - ✆ 988 366 064 - www.turismodeourense.com - lun.-vend. 9h-14h, 15h-20h ; w.-end et j. fériés 11h-14h.*

Office du tourisme provincial – *Rúa do Progreso, 28 - ✆ 988 391 085 - www.turismourense.com - de mi-juin à fin sept. : tlj 8h30-14h30 ; reste de l'année : lun.-vend. 8h30-14h30, 16h-19h.*

SE REPÉRER

Carte de région B3 (p. 404) – *Carte Michelin n° 571 E-F 6.* Ourense est la capitale de la seule province galicienne sans accès à la mer. Elle se trouve sur les rives du Miño, à 101 km à l'est de Vigo par l'autoroute A 52, à 100 km à l'est de Pontevedra par la N 541 et à 111 km au sud-est de St-Jacques-de-Compostelle par l'A 53 et la N 525.

SE GARER

Vous pouvez opter pour le parking souterrain situé près de l'Alameda et du marché (praza de Abastos).

À NE PAS MANQUER

Les sources As Burgas et le portail du Paradis à l'intérieur de la cathédrale.

ORGANISER SON TEMPS

Prenez une journée pour visiter le centre historique et comptez aussi une demi-journée pour découvrir les gorges du Sil.

Ville particulièrement dynamique et commerçante, Ourense a su conserver et mettre en valeur un beau quartier ancien, plein de charme et grouillant de vie. Réservé aux piétons, celui-ci regorge de petits cafés et de terrasses de restaurants animés qui se serrent à l'ombre des anciennes « casonas » en pierre et des nombreuses églises. Connue depuis l'Antiquité pour ses sources thermales, la ville a aménagé un agréable sentier verdoyant sur les rives du río Miño, permettant de profiter de ces eaux riches en minéraux, réputées pour leurs bienfaits sur la santé.

Se promener Plan de ville

LE CŒUR DE LA VILLE Plan II

Circuit tracé en vert sur le plan de ville (p. 480) – Comptez 1h15.
Partez de la praza El Alameda et descendez l'escalier vers le marché. Vous passerez entre les stands de fleuristes avant de tourner à gauche sous le pont.

★ **Sources thermales As Burgas** (Termas das Burgas) A2

Ces trois sources d'eau chaude (65 °C) sont devenues l'emblème de la ville. Ce sont les eaux les plus chaudes de Galice.

Engagez-vous dans la calle Barreira, sur la gauche après les sources.

Praza Maior A2

Cette élégante place pentue est bordée d'arcades datant des 17e et 18e s. L'hôtel de ville et sa façade classique (fin 19e s.) dominent l'ensemble. Elle fut pendant longtemps le théâtre de corridas.

Musée archéologique et des Beaux-Arts (Museo Arqueológico y de Bellas Artes) A2

Praza Maior, s/n - ✆ 988 223 884 - fermé pour travaux, se rens. à l'office de tourisme.

L'ancien palais épiscopal présente sur la praza Maior une belle façade blasonnée.

Remontez dans la rue qui longe le musée.

Église de Santa María Nai

Malgré sa façade baroque du 18e s., cette église date du Moyen Âge. Elle serait à l'emplacement de l'ancienne cathédrale d'Ourense.

Traversez la petite place tranquille de la Madalena pour aboutir à la cathédrale.

★ **Cathédrale** A1

✆ 988 220 992 - lun.-sam. 11h30-13h30, 16h (sam. 16h30)-19h30, dim. et j. fériés 16h30-19h30 - entrée par la porte nord - musée : lun.-sam. 11h30-13h, 17h-19h30 - 2 €.

DES THERMES AU CHEMIN DE FER

Le nom d'Ourense viendrait des sables aurifères du Miño dont parlent les auteurs anciens. Dès l'Antiquité, la ville se distingua par ses eaux thermales qui jaillissent à une température de 65 °C en trois abondantes sources : **As Burgas**. Après l'occupation romaine, la ville fut l'objet de convoitises de la part de tous les envahisseurs du moment : elle fut attaquée par les Wisigoths puis par les Maures et les Normands (10e s. et 11e s.). Au Moyen Âge, elle devint enfin une cité prospère, grâce notamment à sa situation au cœur de la région viticole du Ribeiro. À la fin du 19e s., la construction de la route nationale Villacastín-Vigo et l'arrivée du chemin de fer provoquèrent un essor sans précédent et Ourense devint un important centre commercial et administratif.

Le pont romain enjambant le Miño à Ourense.
Turgalicia

Construite entre le 12e s. et le 13e s., elle fut par la suite sans cesse remaniée. Le **portail sud**, sans tympan, à la manière compostellane, est sculpté sur les voussures et les chapiteaux avec profusion. Le **portail nord** possède en outre deux statues-colonnes. Sous le grand arc ornemental où il s'inscrit fut ajoutée au 15e s. une Pietà sous la Croix, entourée de la Fuite en Égypte et des saintes Femmes.

Dans le bras gauche du transept s'ouvre la **chapelle del Santísimo Cristo**, des 16e et 17e s., représentative du style baroque galicien par l'exubérance des sculptures qui la décorent. À l'extrémité ouest, le **portique du Paradis★★** (pórtico del Paraíso) reprend le schéma du portique de la Gloire de la cathédrale St-Jacques à Compostelle avec ses trois arcs merveilleusement sculptés et sa polychromie primitive. L'arc central porte les 24 vieillards de l'Apocalypse. Le tympan ajouré et les voûtes du narthex furent réalisés au 16e s.

Dans le collatéral droit s'ouvre la porte du **musée** situé dans l'ancienne salle capitulaire (13e s.). Il abrite divers objets de valeur : pièces d'orfèvrerie, statues, chasubles et un autel portatif du 12e s.

Descendez la praza Santa Eufemia, qui aboutit à l'église du même nom.

Église Santa Eufemia

La construction de cette église de l'ancien couvent jésuitique, à l'intérieur plutôt austère, commence au 17e s. Son impressionnante façade, typique du baroque galicien, ne s'achève qu'un siècle plus tard. L'architecte la conçut de forme concave pour pouvoir l'apprécier dans l'étroite ruelle, la place lui faisant face n'ayant été libérée qu'au cours du 20e s.

À voir aussi Plan de ville

★ Cloître de San Francisco (Claustro de San Francisco) A1

Emilia Pardo Bazán, s/n - fermé pour travaux, se rens. à l'office de tourisme.

Gracieux et élégant, ce cloître du 14e s. se compose d'arcades gothiques, légèrement outrepassées, reposant sur de fines colonnes jumelées. Le décor de pointes de diamant et de feuillages est simple et raffiné. Certains chapiteaux s'ornent de scènes de chasse ou de personnages.

Pont romain (Ponte vella) Plan I

Au nord de la ville, le pont romain, également appelé « vieux pont », enjambe le Miño. Si son origine remonte à l'époque romaine, il fut reconstruit au 13es.

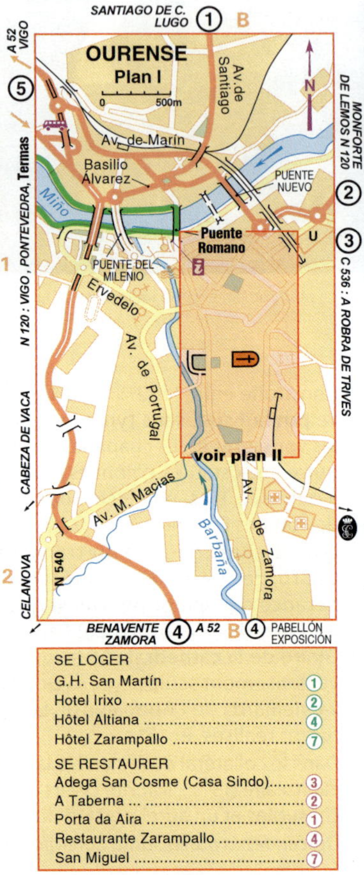

SE LOGER
- G.H. San Martín ... 1
- Hotel Irixo ... 2
- Hôtel Altiana ... 4
- Hôtel Zarampallo ... 7

SE RESTAURER
- Adega San Cosme (Casa Sindo) ... 3
- A Taberna ... 2
- Porta da Aira ... 1
- Restaurante Zarampallo ... 4
- San Miguel ... 7

pour faciliter le passage des pèlerins de St-Jacques. Juste avant d'arriver sur le pont, sur votre gauche, remarquez la chapelle de Los Remedios (16e s.).

Circuit des thermes Plan I

Vous pouvez combiner la promenade à pied avec un trajet en petit train ou en bus (voir « Nos adresses »). Comptez la demi-journée pour prendre le temps de profiter des thermes.

Les berges du río Miño ont été aménagées des deux côtés du fleuve pour la promenade à pied ou à vélo. S'étirant sur environ 4 km à partir du pont Romain, l'agréable chemin relie les différents établissements thermaux (payants) et piscines d'eau de source (en accès libre).

Circuit conseillé Carte de région

GORGES ET MONASTÈRES B3

Circuit de 130 km tracé sur la carte de région (p. 404) – Comptez une demi-journée. Sortez d'Ourense par la N 120 à l'est en direction de Monforte de Lemos.

Après 20 km tournez à droite, en direction de Luíntra. Traversez le village et suivez les panneaux de signalisation pour le parador.

Monastère de San Estevo de Ribas de Sil

✆ 988 010 110 - Accès libre aux cloîtres et à l'église (le matin) - visite guidée à 10h et à 19h30 (réservation obligatoire) - 4 €.

Après plusieurs années de travaux, ce monastère bénédictin fondé au 10e s. est aujourd'hui transformé en un luxueux parador. On le découvre soudain, étendu sur un vaste éperon avec au second plan les monts granitiques que le Sil a profondément entaillés. Le **site★** est très majestueux. Outre le chevet roman de l'église, on remarquera les trois cloîtres aux proportions grandioses, bâtis presque entièrement au 16e s. L'un d'eux conserve ses galeries romanes, surmontées d'élégantes arcades surbaissées.

Poursuivez sur la même route pour rejoindre les gorges du Sil. Après environ 1 km, prenez à gauche la CV 323.

★★ Gorges du Sil (Gargantas del Sil)

Les eaux bleues du Sil serpentent entre les rives pentues où la culture de la vigne en terrasses est de mise. Le tout compose un décor naturel majestueux qui fait le bonheur des randonneurs. On recense dans cette région un nombre important de monastères, d'églises et d'ermitages, ce qui lui a valu le nom de « Ribeira Sacra »(rive sacrée). Elle est également réputée depuis des siècles pour la qualité de ses vins.

Descendez les gorges vers l'ouest, en direction du río Miño. Après le barrage, franchissez le Sil, direction Peares, à gauche. N'allez pas jusqu'au village et continuez votre route tout droit, direction Vilaquinte, puis Castro Carballedo et La Barella. De là, roulez vers la sierra del Faro, vers Furco. Après le bourg, poursuivez votre route vers Cotelas. Le monastère se trouve à mi-chemin.

★ Monastère de Santa María la Real de Oseira

✆ 988 282 004 - visite guidée uniquement (en espagnol, demander le fascicule en français) merc.-sam. 11h30, 12h30, 15h30, 16h30, 17h30 ; dim. 12h45, 15h30, 16h30, 17h30 - 3 € (-9 ans gratuit).

Isolé dans la vallée du Arenteiro, ce grandiose **monastère** cistercien, fondé au milieu du 12e s. par Alphonse VII et entièrement restauré en 1960, évoque par son nom la présence des ours *(osos)* qui abondaient dans cette région. Il est aussi appelé « l'Escurial de Galice », en comparaison avec le site royal de Saint-Laurent-de-l'Escurial comprenant un monastère, un musée, un collège, une bibliothèque et un palais et qui représentait l'ancienne résidence des rois d'Espagne, situé à San Lorenzo de El Escorial.

La **façade** du monastère (1708) se divise en trois registres. Sous la statue de l'Espérance qui couronne le portail apparaissent dans une niche la Vierge et saint Bernard à ses pieds. À l'intérieur, on remarquera le grand **escalier d'honneur** (17e s.) et le **cloître des Médaillons** (16e s.), décoré de quarante bustes de personnages historiques.

EXCURSION EN BATEAU SUR LE SIL

Voilà une autre option pour apprécier la beauté du paysage. Pour arriver à l'embarcadère prenez la direction du monastère de San Estevo de Ribas de Sil puis suivez les indications jusqu'à l'embarcadère de San Estevo. Le voyage dure 1h30. *Voir « Nos adresses ».*

L'**église** (12e et 13e s.) conserve derrière sa façade baroque de 1637 la simplicité cistercienne habituelle, seulement altérée par les fresques du transept (1694).
La **salle capitulaire★** (fin du 15e - début du 16e s.) étonne par ses très belles voûtes, dont les nervures entrecroisées retombent en palmier sur quatre colonnes torses.
Revenez à Ourense par Cotelas, puis la N 525.

NOS ADRESSES À OURENSE

TRANSPORTS

Petit train des thermes - *✆ 988 510 672 - www.urbanosdeourense.com - dép. de la praza Maior ttes les heures - été : 10h-13h, 16h-20h (retour : dép. d'Outariz 1h plus tard) ; hiver : lun.-vend. 10h-12h, 16h-18h, w.-end et j. fériés 10h-12h, 16h-20h - 0,75 €.* C'est le moyen le plus simple d'accéder aux thermes, tout en vous mélangeant aux locaux.
Les lignes de **bus** 5, 15, 3 et 33 mènent également à proximité de la promenade.

HÉBERGEMENT

PREMIER PRIX

Hôtel Altiana – Plan II A1 - *Ervedelo, 14 - ✆ 988 370 952 - 32 ch. 42 € - ☕ 4 €.* Situé à 10mn à pied du centre historique, c'est un hôtel fonctionnel et plutôt familial. Les chambres sont simples mais bien équipées. On appréciera particulièrement ses prix compétitifs et le parking à 30 m.
Hôtel Irixo – Plan II A1 - *Hermanos Villar 15 - ✆ 988 254 620 - www.hotelirixo.es - 24 ch. 50/60 € - ☕ 2,70 €.* Le petit dernier du centre historique. Les chambres sont un peu exiguës et simples, mais elles sont flambant neuves et impeccablement propres. Au rez-de-chaussée, le café Irixo sert les petits-déjeuners. Il fait aussi restaurant et bar à *tapas*, avec quelques tables en terrasse sur la charmante petite place.
Hôtel Zarampallo – Plan II A1 - *Hermanos Villar, 19 - ✆ 988 230 008 - 14 ch. 50 € - ☕ 2,50 €.* Cet établissement est à recommander pour son emplacement dans le centre historique de la ville. Il dispose de chambres fonctionnelles et colorées.
Voir le restaurant ci-contre.

POUR SE FAIRE PLAISIR

G.H. San Martín – Plan II A1 - *Curros Enríquez, 1 - ✆ 988 371 811 - 89 ch. 126 € - ☕ 11 €.* Cet hôtel à la clientèle plutôt d'affaires, est installé dans un bâtiment moderne de la ville nouvelle. Les chambres sont grandes, élégantes et entièrement équipées. En semaine, le restaurant propose un menu dégustation composé de plats traditionnels galiciens.

RESTAURATION

PREMIER PRIX

Porta da Aira – Plan II A1 - *Fornos, 2 - ✆ 988 250 749 - fermé lun. et 15-30 sept. - 10 €.* Ce bar à *tapas* a su se faire une réputation grâce à la qualité de ses produits et à la spécialité de la maison : les œufs frits. Bonne carte des vins.

BUDGET MOYEN

Restaurante Zarampallo – Plan II A1 - *Hermanos Villar, 19 - ✆ 988 230 008 - fermé dim.*

soir - ▤ - *30 € - déj. 10 €.* Restaurant de l'hôtel du même nom *(voir ci-contre)*, il propose une cuisine internationale et une carte de qualité.

POUR SE FAIRE PLAISIR

Adega San Cosme (Casa Sindo) – Plan II A2 - *Pl. de San Cosme 2 - ✆ 988 248 800 - 30/44 €.* Décoration classique régionale sobre, dans un ancien bâtiment en pierre. La cuisine repose sur les produits du terroir, élaborés avec simplicité.

San Miguel – Plan II A1 - *San Miguel, 12 - ✆ 988 221 245 - 32 €.* Très réputé dans la ville, cet élégant restaurant au décor classique sert une cuisine fine et originale pour un très bon rapport qualité-prix. Le service est discret et aimable.

A Taberna – Plan II A2 - *Julio Prieto Nespereira 32 - ✆ 988 243 332 - www.ataberna.com - 32/43 €.* Un couple sympathique tient les rênes de cet établissement composé de deux salles à manger rustiques à l'aménagement soigné, où l'on propose une carte traditionnelle.

EN SOIRÉE

Café Latino – *Coronel Ceano 7 - ✆ 988 226 721 - www.cafelatino.es.* Véritable institution, le café Latino est l'endroit idéal pour passer une soirée animée. Résolument jazz, ce bar accueille souvent des groupes de musique live en semaine et organise chaque année, en mai, un festival de jazz. En été, la grande terrasse ne désemplit pas.

EXCURSIONS

Excursions en bateau sur le Sil – Le niveau des eaux est affecté par des travaux sur le barrage, se rens. à l'office de tourisme. Réservation anticipée indispensable.

Viajes Hemisferio – *✆ 982 252 545 - www.hemisferios.es - de mi-mars à fin oct. - tlj sf lun. dép. à 12h30, 16h (à 11h et 17h30 en fonction de la fréquentation, se rens.) - 11/14 €.*

Viajes Pardo – *✆ 988 215 100 - www.riosil.com - tlj dép. en fonction de la fréquentation, se rens. - 13/14 €.*

Excursion en train touristique – *✆ 607 866 029 - www.expresoribeirasacra.com - de mi-juil. à mi-sept. : w.-ends - dép. d'Ourense à 11h - 22 € AR.*

SPORTS ET LOISIRS

Galitur sport – *✆ 988 269 544 ou 988 265 830 - www.galitursport.com.* Promenades à cheval et en quad, kayak, VTT, rafting, randonnées guidées.

THERMES

Les piscines thermales sur les berges du río Miño sont en accès libre et disposent de vestiaires avec casiers et toilettes (ceux-ci ferment la nuit).

Termas de Outariz – *✆ 988 364 650 - www.termasoutariz.com - lun., merc., jeu., dim. 10h-minuit, vend.-sam. 10h-2h - fermé mar. - 5 €.* C'est l'établissement thermal le plus grand, avec piscine intérieure et extérieure offrant de belles vues. Service de massage et traitements esthétiques, cafétéria.

Termas de Chavasqueira – *✆ 988 214 821 - www.termaschavasqueira.com - mar.-jeu. 9h-1h, vend.-sam. 9h-3h, dim. 9h-23h30 - 3,90 €.* Mêmes services que les thermes d'Outariz, un peu plus petit, mais à 10 mn à pied du centre-ville.

Ribadavia

5 519 habitants

NOS ADRESSES CI-CONTRE

S'INFORMER

Office de tourisme – *Praza Maior, 7 - 988 471 275 - www.ribadavia.com - mai-sept. : lun.-vend. 9h30-14h30, 16h-20h, sam. 10h30-14h30, 16h30-20h, dim. 10h30-14h30 ; oct.-avr. : lun.-vend. 9h30-14h30, 16h-18h30, sam. 10h30-14h30, 16h-18h30, dim. 10h30-14h30 (en hiver, l'office de tourisme ferme les après-midi).*

Il occupe le *pazo* des comtes de Ribadavia, édifice qu'il partage avec le centre d'information sur l'histoire de la présence juive en Galice.

SE REPÉRER

Carte de région B3 (p. 408) – *Carte Michelin n° 571 F 5.* Ribadavia se situe à 31 km à l'ouest d'Ourense par l'autoroute A52.

À NE PAS MANQUER

L'église de Santo Domingo et la vue sur le château des comtes de Ribadavia depuis son chevet.

ORGANISER SON TEMPS

Comptez une demi-journée pour découvrir le centre historique.

Construite sur la rive droite du fleuve Avia, à un kilomètre du confluent avec le Miño, Ribadavia est la capitale de la région du Ribeiro, du nom du célèbre vin blanc galicien. En se promenant dans les rues escarpées du centre médiéval, on ressent facilement sa grandeur passée. Bien que restreint, il possède une grande valeur architecturale. Il fut également le berceau d'une importante communauté juive jusqu'au milieu du 15ᵉ s. Cette richesse patrimoniale lui a valu d'être classée « site historique » en 1947.

Se promener

Château des comtes de Ribadavia (Castelo dos Condes de Ribadavia)

Horaires et dates d'ouverture : se rens. à l'office de tourisme - 1 €.

Situé un peu à l'extérieur du centre historique, dans la partie haute de la ville, ce château est la propriété de la famille Sarmiento. Il fut construit en différentes étapes entre le 9ᵉ et le 15ᵉ s. et fut abandonné au 17ᵉ s. Les ruines apparentes donnent une bonne idée de ce qu'il fut à l'époque. Après d'importants travaux de restauration, le château a rouvert ses portes récemment. À l'intérieur, on trouve les restes d'une nécropole datant du 9ᵉ s. Sur la porte principale, remarquez le blason de la noble famille. Spectacles en période estivale.

★ Église de Santo Domingo

En face du château, de l'autre côté de la route.

De style gothique, elle date du 13ᵉ s. Au-dessus du portail principal, remarquez les 3 blasons : celui de Castille-et-León au centre, celui de la famille

UN HÉRITAGE JUIF

La communauté juive de Ribadavia – Capitale du royaume de Galice entre 1065 et 1071 sous le règne de Don García Ier, Ribadavia commença son développement économique et démographique au 12e s. C'est aussi à cette époque qu'une importante communauté juive s'installa dans le quartier qui va de la praza Maior à l'église de la Magdalena. Bien que parfaitement intégrée à la population locale, cette communauté fut expulsée en 1492, selon le décret des Rois Catholiques. Certains se convertirent pour pouvoir rester.

La tradition viticole – Les 15e, 16e et 17e s. furent synonymes de prospérité économique pour la ville avec l'exportation du vin de Ribeiro en Europe et en Amérique. Ce commerce déclina au 18e s., notamment à cause de la concurrence nouvelle des vins de La Rioja et de Castille. De nos jours, le ribeiro a retrouvé sa place. Avec plus de 3 000 ha, il constitue la zone viticole la plus importante de Galice.

Sarmiento à gauche (formé par 13 pièces d'or) et celui du moine Alonso de Cusanca à droite. À l'intérieur, le retable (1712) est une œuvre du sculpteur Castro Canseco.

Mitoyen, l'ancien couvent abrite désormais une maison de retraite. En contrebas, se dresse la petite église de Nuestra Señora del Portal (17e-18e s.), où est vénérée la patronne de la ville.

Église de Santiago

Datant du 12e s. et composée d'une nef unique, c'est l'église la plus ancienne de la ville. Sa façade romane est ornée d'une belle rosace. La tour adjacente, de style baroque, fut ajoutée postérieurement. À l'intérieur, remarquez la statue en pierre de saint Jacques (14e s.). Issue de l'école du Maître Mateo, elle figurait jadis au centre de la rosace.

NOS ADRESSES À RIBADAVIA

ACHATS

Ne manquez pas les pâtisseries locales traditionnelles : les *rosquillas*, à base de sucre et de jaune d'œuf.

ÉVÉNEMENTS

Fête du vin de Ribeiro (Feria del vino del Ribeiro) – Fin avr.-début mai.

Fête de l'Histoire (Festa da Istoria) – Cette manifestation médiévale a lieu le dernier samedi d'août.

Fête internationale du théâtre (Mostra internacional de Teatro) – Mi-juil.

Allariz

5 821 habitants

NOS ADRESSES PAGE 489

S'INFORMER

Office de tourisme – *Alameda, s/n - 988 442 008 - www.allariz.com/turismo - tlj 11h-14h, 16h-19h - fermé lun. (sf juil.-août).*

SE REPÉRER

Carte de région B4 (p. 404) – *Carte Michelin n° 571 F 6.* Allariz se situe à 23 km au sud-est d'Ourense par l'A 52.

À NE PAS MANQUER

Le musée du Cuir.

ORGANISER SON TEMPS

Visiter le centre prend une journée.

AVEC LES ENFANTS

Les différentes étapes de tannage au musée du Cuir.

Juchée sur sa colline et bordée par le fleuve Arnoia, Allariz est une petite ville de province qui a su tirer parti de ses atouts et se dynamiser après des années de déclin. Elle abrite un superbe quartier ancien aux rues déclives et de beaux édifices bien conservés. Déjà classée « site historique » en 1971, elle s'est vue décerner par l'Union européenne un prix pour la restauration de son patrimoine en 1994. Elle est aussi réputée dans la région pour son artisanat du cuir.

Se promener

Église de Santiago

Elle est située sur la praza Maior, face à l'hôtel de ville. De style roman, elle date de 1119 et se compose d'une nef unique et d'une abside semi-circulaire magnifiquement conservée.

Couvent de Santa Clara

Fondé en 1268 par la reine Violante, épouse d'Alphonse X le Sage, il fut en partie ravagé par un incendie en janvier 1757. L'édifice actuel date donc de la fin du 18e s. L'austérité de sa façade n'est brisée que par son porche d'entrée. Il abrite un impressionnant **cloître** de 3 600 m², œuvre de l'architecte frère Domingo Antonio de Puga. L'église, construite au 13e s. dans le style gothique, a été modifiée au 18e s., d'où les touches baroques. Le couvent abrite également le **musée d'Art sacré** (Museo de Arte sacro). On y trouve deux pièces de grandes valeurs : la *Vierge Abrideira* en ivoire et ébène (fin 13e s.) et une croix en cristal de roche (13e s.), qui combine à la perfection les techniques de l'orfèvrerie médiévale. *Musée : été : lun., merc.-sam. 10h30-12h45, 17h30-19h30, dim. 12h-14h ; reste de l'année : tlj sf mar. 10h30-12h30 - entrée libre.*

Musée du cuir (Museo do Coiro)

658 281 531 - de déb. juil. à mi sept. : mar., merc., dim. 12h-14h, jeu.-sam. 12h-14h, 19h-21h ; reste de l'année : w.-end et j. fériés 12h-14h, 17h-19h (confirmer auprès de l'office de tourisme) - 1 € pour un musée, ou billet combiné de 3,50 € pour les 6 musées. Visites guidées possibles, se rens.

Le musée est installé sur les bords du fleuve Arnoia, dans un beau bâtiment du 18e s. qui n'est autre que l'ancienne tannerie. On y apprend les différentes phases du processus de tannage des peaux. Au premier étage, une partie est consacrée au travail des cordonniers. Ce musée fait partie intégrante du **Parc ethnographique du fleuve Arnoia** (Parque Etnográfico del río Arnoia), qui comprend 6 musées visant à donner une vision complète de la vie économique et culturelle d'Allariz, de tout temps liée à son fleuve.

À proximité Carte de région

Santa Mariña de Augas Santas B4

12 km au nord d'Allariz.

Ce petit village tient son nom galicien de la belle église romane dédiée à la sainte galicienne Mariña et aux bains (deux vasques creusées dans le granit) dont l'eau est censée guérir les rhumatismes. En castillan on l'appelle Mariña de Aguas Santas. Tous les ans, le 18 juillet a lieu une *romería* à laquelle participent des malades.

Église Santa Mariña de Aguas Santas – Construite à la fin du 12e s. cette église romane présente une façade intéressante ; à l'intérieur on voit un retable représentant la vie et la passion de sainte Mariña, fille d'un procureur romain, gouverneur de cette région, qui voulut se convertir au christianisme.

Excursion Carte de région

Verín C4

57 km au sud-est d'Allariz par la A 52.

Dans la large vallée du Támega couverte de vignobles, **Verín** possède un petit centre historique avec des rues étroites et dallées et des maisons à galeries vitrées. Ses sources thermales, déjà fameuses au Moyen Âge, jaillissent alentour ; leurs eaux sont recommandées dans le traitement des affections rhumatismales et rénales. Mais la ville est surtout connue pour abriter le château de Monterrei.

Château de Monterrei (Castillo de Monterrei) C4

6 km à l'ouest de Verín.

On y monte (ainsi qu'au parador situé juste à côté sur la droite) par une jolie route bordée de tilleuls d'où se découvre un beau **panorama★** sur toute la vallée. Sa position dominante et la proximité du Portugal lui conférèrent un rôle important. Véritable forteresse, il abrita des couvents, un hôpital et tout un bourg, qui fut abandonné au 19e s.

Il faut franchir trois enceintes successives : la première, à la Vauban, fut construite au 17e s., lors de la guerre hispano-portugaise. Au centre se dressent le donjon carré du 15e s. et la tour des Dames du 14e s. La cour du palais à trois étages de galeries est moins austère. L'église du 13e s. s'orne d'un **portail★** finement dentelé portant au tympan le Christ en majesté entre les symboles des Évangélistes.

UNE VILLE ROYALE

Sous la protection royale – En 1075, Alphonse VI fit édifier des murailles et une forteresse pour protéger la ville. Quelques années plus tard, son successeur Alphonse VII, devenu roi de Castille-et-León, accorda à Allariz le titre de ville royale. Il y fit également élever son fils, Alphonse X, dit le Sage. Ces privilèges royaux permirent à Allariz de devenir une cité médiévale prospère. Aux 16e et 17e s., des maisons de nobles fleurirent dans toute la ville. Parallèlement commença une série de guerres contre le Portugal qui se prolongea jusqu'au 18e s.

La splendeur retrouvée – Après l'occupation des troupes napoléoniennes, puis la destruction du château et d'une grande partie des murailles au 19e s., Allariz dut attendre le 20e s. pour retrouver une certaine prospérité. Le travail du lin devint la principale activité de la ville, activité qui diminua au profit du cuir, et ce jusque dans les années 1960. À partir de cette date, la ville subit un véritable déclin économique et démographique. En 1990, la municipalité décida de mettre en place un projet de récupération et de mise en valeur du patrimoine historique et environnemental. Et vous le constaterez par vous-même, aujourd'hui le résultat est bel et bien là.

Circuit conseillé Carte de région

D'ÉGLISE EN ÉGLISE B4

Circuit de 90 km AR tracé sur la carte de région (p. 404) – Comptez 3h. Quittez Allariz à l'ouest et suivez la C 300 sur 11 km puis tournez à droite. Attention, la route offre de beaux panoramas mais elle est aussi étroite et sinueuse.

Celanova

Sur la praza Maior, Celanova conserve un célèbre monastère aux vastes proportions. Il fut fondé en 936 par saint Rosendo, évêque de San Martín de Mondoñedo, et bénéficia durant plusieurs siècles d'une importante renommée. L'**église** (fin du 17e s.), monumentale, présente une **façade** baroque encore teintée de classicisme. Les voûtes sont décorées de caissons et de lignes géométriques, la coupole de volutes. Un immense retable (1697) occupe le fond de l'abside. Remarquez les stalles, dont la partie inférieure est de style baroque et la partie supérieure de style gothique, ainsi que le bel orgue.
℘ 988 432 201 - visite guidée (50mn, en français et anglais) 11h, 12h, 13h, 16h, 17h (et 18h d'avr. à fin oct.), dim. 11h30, 13h, 16h, 17h, 18h - 2 €.
Bien que commencé en 1550, le **cloître★★** ne fut pas achevé avant le 18e s. Il possède de majestueux escaliers. À droite de l'église, la **chapelle de San Miguel** (937) est l'un des rares monuments mozarabes à nous être parvenu en bon état.

Vilanova dos Infantes

En direction d'Ourense, sur la gauche. Ce charmant petit village, dominé par une tour médiévale de 19 m de haut, est admirablement bien conservé.
Prenez plein sud la OU 540. 10 km après Bande, prenez à droite un chemin de terre et parcourez 400 m.

Santa Comba de Bande

À 150 m après la première église située à l'entrée du village.
La petite **église★** wisigothique (7e s.) domine le lac de Las Conchas, à quelques kilomètres seulement du Portugal. Elle a la forme d'une croix grecque

éclairée par une tour-lanterne. Précédant l'abside carrée, un arc de triomphe outrepassé repose sur quatre colonnes à chapiteaux corinthiens. Ses lignes pures et la parfaite maçonnerie des murs ajoutent la qualité à la rareté de cet édifice. À l'intérieur, de somptueuses fresques, datant du 16e s. et restaurées en 2003, ornent le plafond du chœur.

Revenez à Allariz par la même route, après avoir fait le tour du lac (36 km – 45mn).

NOS ADRESSES À ALLARIZ

HÉBERGEMENT

BUDGET MOYEN

O Portelo – *Rúa do Portelo, 20 - ✆ 988 440 740 - 14 ch. 48/57 € - ☕ 4 €.* Cet hôtel occupe une belle demeure en pierre située en plein cœur du centre historique. Les chambres, élégantes, sont dotées de parquet, de poutres apparentes et de mobilier en bois. Excellent rapport qualité-prix.

RESTAURATION

POUR SE FAIRE PLAISIR

Casa Tino Fandiño – *Carcere, 7 - ✆ 988 442 216 - 30 €.* À deux pas de la praza Maior, cet établissement familial fondé en 1917 est installé dans un ancien fournil restauré. Il sert une cuisine traditionnelle et des vins régionaux de qualité à des prix doux. Bar à l'entrée.

ACHATS

Los Almendrados – Biscuits à base d'amandes et de sucre.

AGENDA

Festa do Boi (Fête du bœuf) – Fin mai-déb. juin.

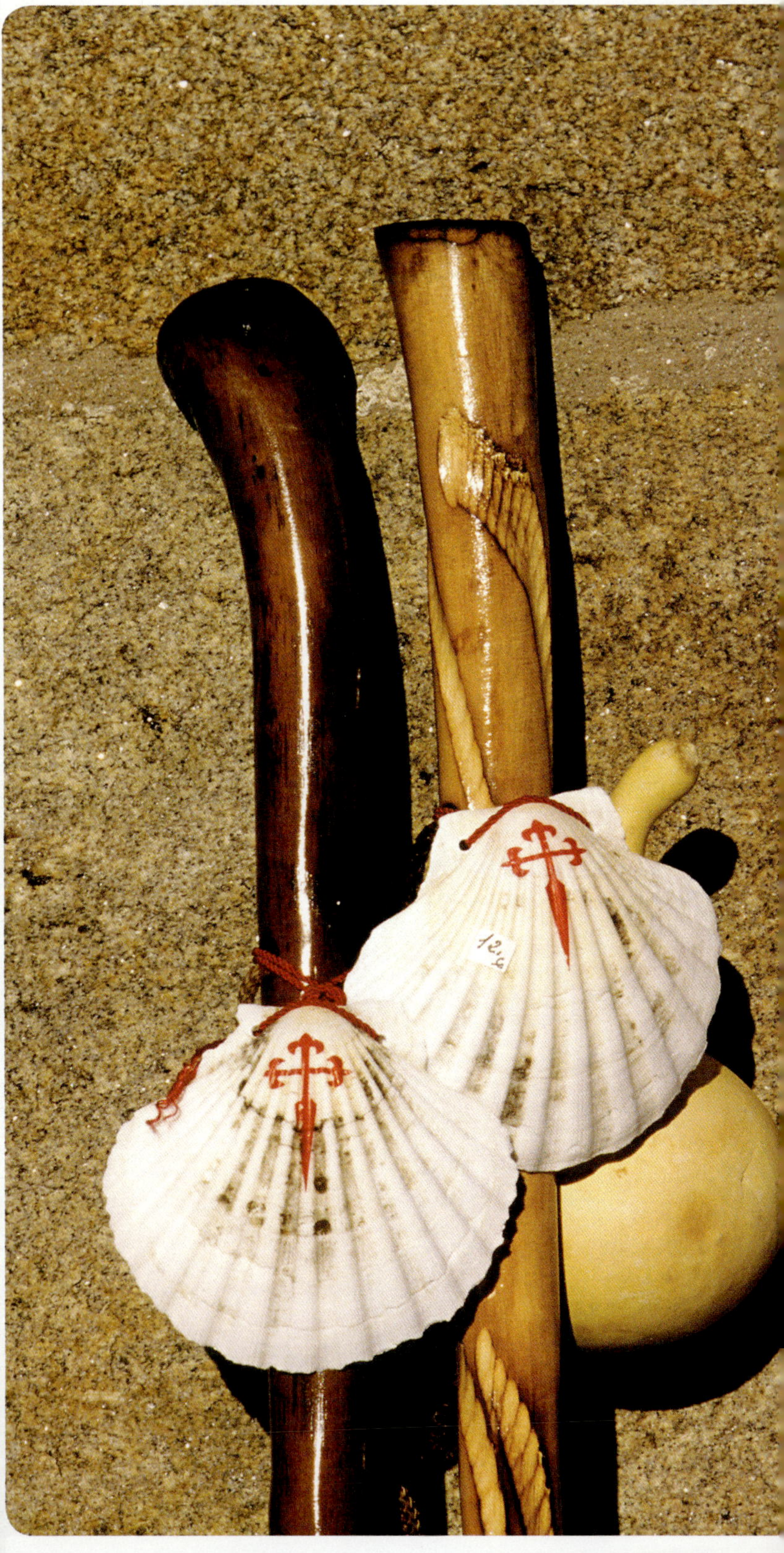

DÉCOUVRIR LE NORD DE LA CASTILLE-ET-LEÓN

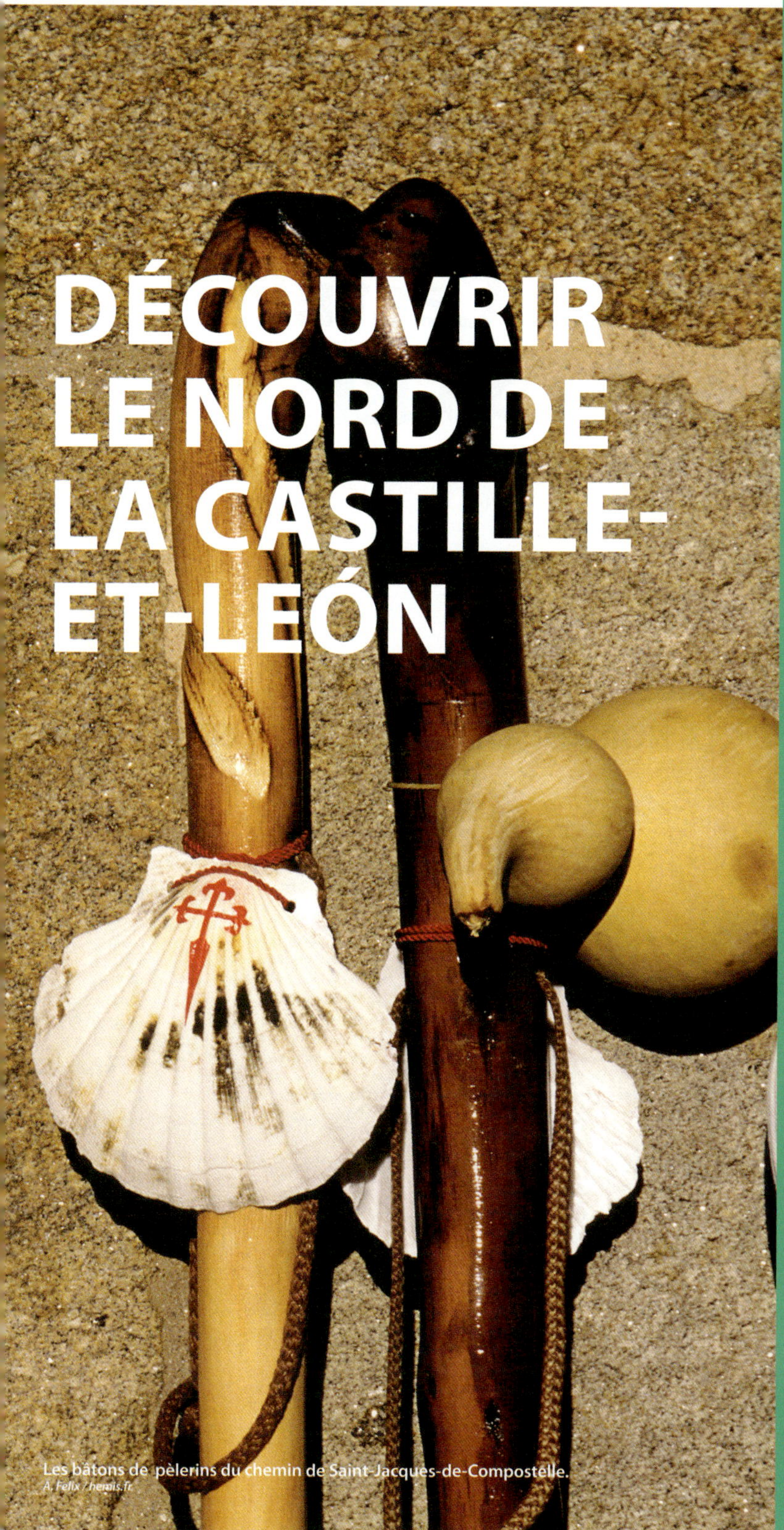

Les bâtons de pèlerins du chemin de Saint-Jacques-de-Compostelle.
A. Felix / hemis.fr

Le nord de La Castille-et-León 9

Carte Michelin Région nº 575 – Castilla y León

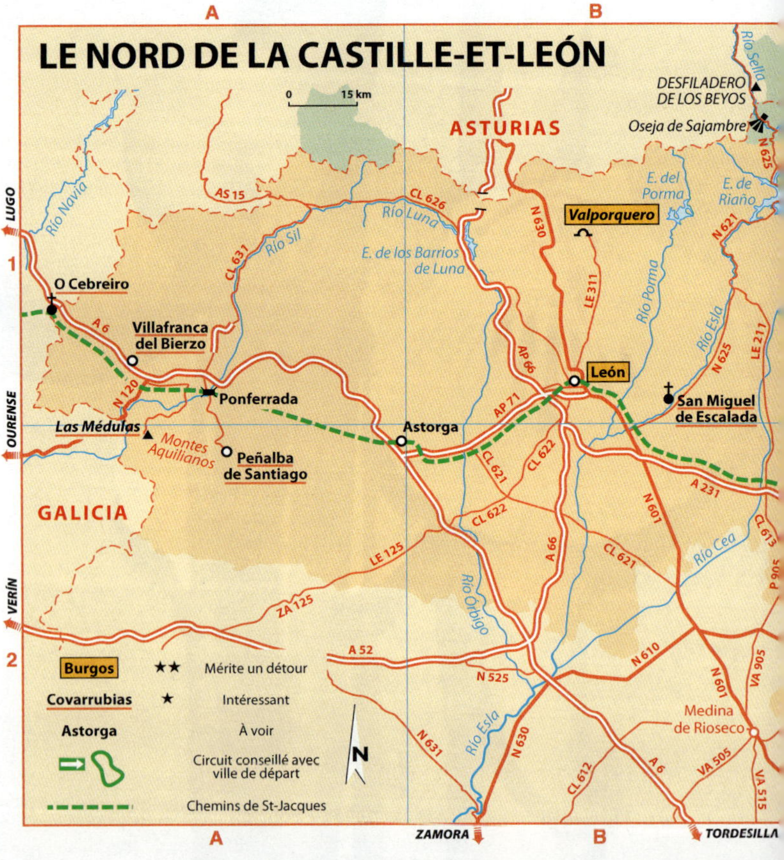

GIJÓN
C
SANTANDER
D
SANTANDER
DURANGO
BILBAO
1
VITORIA-GASTEIZ
LOGROÑO
2
SORIA
VALLADOLID
C
ARANDA DE DUERO
D
Panes
Parque nacional de los Picos de Europa
Desfiladero de la Hermida
Parque natural Saja-Besaya
Puente Viesgo
CANTABRIA
Río Cadagua
Artziniega
PAÍS VASCO
1609
Puerto de S. Glorio
E. de la Requejada
E. de Camporredondo
Cervatos
E. de Aguilar de Campoo
E. del Ebro
E. de Compuerto
Cervera de Pisuerga
Aguilar de Campoo
Velilla del Río Carrión
Perazancas de Ojeda
Olleros de Pisuerga
Sta María de Mave
San Andrés de Arroyo
Río Ebro
Hoz de Sobrón
Miranda de Ebro
CASTILLA
Y LEÓN
Santo Domingo de la Calzada
Villa romana la Olmeda
Carrión de los Condes
Burgos
Atapuerca
Chemins de St-Jacques
Villalcázar de Sirga
Frómista
LA RIOJA
R. Arlanzón
R. Pisuerga
Quintanilla de las Viñas
Covarrubias
Palencia
Lerma
R. Arlanza
Garganta de la Yecla
Sto Domingo de Silos
Baños de Cerrato
A 8
CA 181
CA 185
CA 184
CA 280
N 621
CL 627
CL 626
CA 171
N 634
N 623
CA 261
N 629
BI 630
BU 526
CL 629
A 625
AP 68
A 2122
N 627
N 232
CL 615
P 225
P 235
BU 627
A 67
AP 1
LR 111
A 231
A 12
N 120
P 980
A 62
N 234
CL 613
N 611
LR 113
BU 825
N 610
N 622
BU 904
CL 612
CL 619
BU 925
A 60

Burgos

★★

178 966 habitants

NOS ADRESSES PAGE 505

S'INFORMER

Office de tourisme – *Plaza del Rey San Fernando, s/n - ✆ 947 288 874 - lun.-jeu. 10h-14h, 16h30-19h30, vend.-dim. 10h-20h.*

Train touristique – Départ quotidien du train touristique à 12h pour 40mn depuis l'office de tourisme. Découverte aussi bien des hauteurs que de l'est de la cité. Commentaires en espagnol.

SE REPÉRER

Carte de région D2 (p. 492) – *carte Michelin n° 575 E 18-19.* La ville se trouve à 88 km à l'est de Palencia, à 120 km au nord-est de Valladolid et à 117 km au sud-ouest de Vitoria-Gasteiz.

SE GARER

Parking souterrain de la plaza de la Vega, rive gauche. Parking souterrain de la plaza de Santo Domingo de Guzmán, rive droite.

ORGANISER SON TEMPS

2 jours.

AVEC LES ENFANTS

Le train touristique.

Si la cathédrale est le joyau incontestable de Burgos, la rivière Arlanzón parvient à séduire de nombreux visiteurs : du pont de Santa María à la passerelle de l'Institut, ses rives aménagées en promenades offrent de beaux accès au centre historique, à ses monuments et à ses places colorées couvertes de terrasses de cafés.

Découvrir Plan de la cathédrale

Burgos compte trois ensembles religieux exceptionnels : la cathédrale, le monastère royal de Las Huelgas et la chartreuse de Miraflores.

★★★ CATHÉDRALE A

✆ 947 204 712 - www.catedraldeburgos.es - ♿ - 19 mars-31 oct. : tlj 9h30-19h30 ; reste de l'année : tlj 10h-19h (dernière entrée 1h av. fermeture) - fermé 1er janv., Jeu. saint après-midi, Vend. saint, 25 déc. - 5 € (-14 ans 1 €).

Troisième d'Espagne par ses dimensions, après Séville et Tolède, la cathédrale de Burgos a su adapter le style flamboyant venu de France et d'Allemagne à l'exubérance du style décoratif espagnol. Les nombreuses œuvres d'art qui se trouvent à l'intérieur en font un musée inestimable de la sculpture gothique européenne.

Après la pose de la première pierre par Ferdinand III en 1221, la construction de la cathédrale s'effectue en deux grandes étapes correspondant à deux styles de gothique : au 13e s., les vaisseaux et les portails sont édifiés par des architectes locaux d'après les plans rapportés par l'évêque don Mauricio d'un voyage en France alors en pleine « fièvre » gothique ; au 15e s., une nouvelle tranche de travaux élève les flèches de la façade, la chapelle du Connétable et la décoration des chapelles des bas-côtés. C'est alors le style nordique qui s'implante car Alonso de Carthagène, un autre grand prélat de Burgos, a ramené avec lui à son retour du concile de Bâle plusieurs architectes et sculpteurs venus des Flandres, de Rhénanie et de Bourgogne. Ces artistes trouvent dans l'art local, imprégné d'arabesques mudéjares, une source de renouvellement du gothique flamboyant qui décline alors dans le reste de l'Europe. Le Bourguignon **Felipe Bigarny**, le Flamand **Gil de Siloé** et le Rhénan **Jean de Cologne** se distinguent tout particulièrement. S'intégrant rapidement, ils créeront de véritables lignées de sculpteurs burgalais : Gil avec son fils Diego ; Jean avec son fils Simon et son petit-fils François. La construction du **cloître** a lieu entre-temps au 14e s. Quant à la magnifique tour-lanterne de la croisée du transept, effondrée après les travaux audacieux de Simon de Cologne, elle est réédifiée par Juan de Vallejo au milieu du 16e s.

Extérieur

En faisant le tour de la cathédrale, apparaît clairement la manière dont les architectes ont su utiliser l'irrégularité du terrain (le 1er étage du cloître est de plain-pied avec l'église) en formant de charmantes places coupées d'escaliers.

Façade principale – On admirera le décor fleuri de la partie haute avec la frise des Rois et ses deux flèches ajourées, chef-d'œuvre de Jean de Cologne.

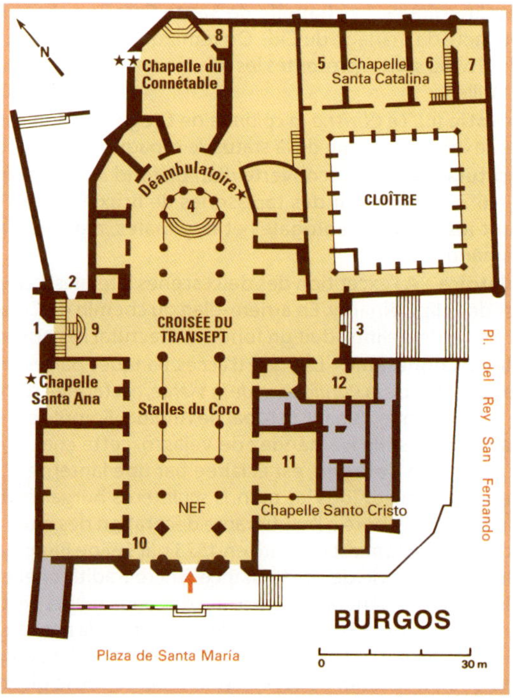

9

Portail de la Coronería (1) – Les statues des piédroits ont la grâce de leurs modèles d'Île-de-France, mais les plis de leurs vêtements sont plus mouvementés. Sur l'autre face du transept nord, le **portail de la Pellejería** (peausserie – 2) a été conçu par François de Cologne au début du 16e s. dans le style plateresque *(voir p. 68)*.

En longeant le chevet, on s'aperçoit que la chapelle du Connétable avec son décor isabélin et sa lanterne à pinacles est un ajout au plan initial.

Porte du Sarmental (3) – Les voussures illustrent la Cour céleste et le tympan est de fort belle venue. On notera la variété des attitudes des quatre évangélistes écrivant sur leurs tréteaux.

Intérieur

Croisée du transept, stalles du coro et chœur – La splendide lanterne étoilée de la croisée du transept s'élève à 54 m au-dessus du sol. Au-dessous se trouvent les dalles funéraires du Cid et de Chimène.

L'imposant ensemble des 103 stalles en noyer a été sculpté de 1507 à 1512 par Felipe **Bigarny**. Les scènes de l'Ancien et du Nouveau Testament occupent les dossiers hauts, les sujets mythologiques ou burlesques dominent dans la partie inférieure des stalles. Au centre se trouve le beau gisant de l'évêque fondateur Mauricio. Sculpté dans le bois, il est recouvert d'une plaque de cuivre émaillée (13e s.).

Le retable du maître-autel (4) est une œuvre Renaissance du 16e s. traitée en haut-relief sur fond de niches et de frontons classiques.

Cloître – Ses galeries gothiques du 14e s. exposent de nombreuses sculptures de l'école de Burgos, en bois polychrome, en pierre et en terre cuite. La **chapelle de Santiago** (5) renferme le trésor, riche de pièces d'orfèvrerie et d'ornements liturgiques. La **chapelle de Santa Catalina** abrite des manuscrits anciens (acte de mariage du Cid). On remarquera les consoles sculptées et peintes (15e s.) où sont représentés les rois maures venus rendre hommage au roi de Castille.

Dans la **sacristie** (6), *Le Christ à la colonne* de Diego de Siloé est un parfait exemple de l'expressionnisme de la statuaire espagnole à partir du 16e s.

La **salle capitulaire** (7) est recouverte d'un plafond à caissons mudéjar en bois peint (16e s.). Elle réunit des tapisseries de Bruxelles des 15e et 16e s. représentant les vertus théologales et cardinales, ainsi qu'un diptyque hispano-flamand.

★ **Déambulatoire** – À l'exception des deux scènes latérales, l'arrière du maître-autel est de Felipe Bigarny. En arrière-plan du chemin de Croix, étonnant d'expressivité, l'artiste a introduit un fond architectural Renaissance.

★★ **Chapelle du Connétable** – La porte d'accès, flanquée par les groupes de la *Naissance du Christ* et de la *Purification de la Vierge*, est fermée par une magnifique grille réalisée en 1523 par Cristóbal de Andino. Somptueuse fondation du connétable de Castille Hernández de Velasco, cette chapelle isabéline, élevée par **Simon de Cologne**, est éclairée par une lanterne coiffée d'une élégante coupole étoilée. Tous les grands sculpteurs burgalais du début de la Renaissance ont collaboré à l'exubérante décoration des murs et des retables. Le **retable principal** est exécuté en 1523 par Felipe Bigarny et le jeune Diego de Siloé. Il s'éloigne de l'ordonnance stricte traditionnelle pour privilégier la mise en scène générale. La marque des deux maîtres est facilement identifiable : le thème de la *Purification de la Vierge* trahit la minutie du premier et le groupe de la *Vierge à l'Enfant* accompagné de saint Joseph découvre la beauté classique du second. Le connétable et son épouse gisent dans leur mausolée en marbre de Carrare, à côté d'une immense dalle de jaspe grenat qu'ils destinaient à leurs enfants. Sur le côté droit de la chapelle s'ouvre la porte plateresque de la sacristie (1512 – 8), où l'on admire une *Marie-Madeleine* de l'école de Léonard de Vinci. Sur le côté gauche est exposée une *Vierge à l'Enfant* attribuée à Memling.

Escalier de la Coronería (9) – Du plus pur style Renaissance, ce majestueux escalier à double volée a été conçu par **Diego de Siloé** au début du 16e s. Il est fort probable que Siloé se soit inspiré du projet de Bramante pour le Belvédère, alors qu'il fréquentait son atelier à Rome. Cet escalier servit à son tour de modèle à Michel-Ange pour l'aménagement de la Bibliothèque laurentine à Florence. Le maître ferronnier français Hilaire participa à l'exécution de l'élégante rampe dorée. Les motifs ornant les arcs en pierre et la précieuse balustrade imitent les grotesques italiennes et montrent l'influence des gravures de Nicoletto Rosex de Modène, Agostini de Musi, Antonio de Monza, Giovanni de Brescia et Agostino Veneziano.

Chapelles latérales – Chacune de ces chapelles est un véritable musée d'art gothique et plateresque. Gil de Siloé et le peintre Diego de la Cruz ont travaillé ensemble, de 1486 à 1492, au grand retable gothique de la **chapelle de Santa Ana★** qui retrace la vie de la mère de la Vierge. Organisé à la manière d'un triptyque dont la verticalité est accentuée par la superposition de dais et pinacles, il donne l'impression d'une tenture monumentale. En son centre s'épanouit l'Arbre de Jessé au sommet duquel trônent la Vierge et l'Enfant. De chaque côté figurent l'allégorie de l'*Ancien Testament* et de la Synagogue (femme aux yeux bandés tenant les tables de la Loi) et l'allégorie du *Nouveau Testament* et de l'Église (femme tenant le calice). Au cœur de l'Arbre figure la rencontre d'Anne et de son futur époux Joachim. La chapelle abrite le sépulcre de l'évêque Don Luis de Acuña, œuvre Renaissance en marbre blanc de Diego de Siloé. Le prélat repose sur un lit, dont les flancs sont investis par des reliefs des Vertus.

Au bout de la nef, tout près des voûtes, **Papamoscas** (Gobemouches) (10) est un automate qui rythme les heures en ouvrant la bouche.

Au centre du retable de la **chapelle du Santo Cristo** figure un Christ fait de peau de buffle, de cheveux et de sourcils humains. Dans la **chapelle de la Présentation** (11) se trouve le tombeau de l'évêque de Lerma, par Felipe Bigarny, et dans la **chapelle de la Visitation** (12), celui du chanoine Alonso de Cartagena par Gil de Siloé.

★★ MONASTÈRE ROYAL DE LAS HUELGAS (REAL MONASTERIO DE LAS HUELGAS) A

1,5 km à l'ouest de la ville, par l'avenida del Monasterio de las Huelgas. Los Compases, s/n - ✆ 947 201 630 - www.patrimonionacional.es - mar.-sam. 10h-13h, 15h45-17h30, dim. et j. fériés 10h30-14h - fermé 1er et 6 janv., Vend. saint, 1er Mai, 11 et 29 juin, 24-25 et 31 déc. - 5 € (-16 ans 2,50 €), gratuit merc.

Fondé en 1180 par Alphonse VIII et sa femme Éléonore d'Angleterre, ce couvent « doré », construit à l'emplacement d'une demeure destinée aux loisirs *(las huelgas)* du roi, était réservé à des religieuses cisterciennes de haute lignée. Au 13e s., son pouvoir spirituel et temporel s'étend sur plus de cinquante localités. La famille royale de Castille en fait un lieu de retraite pour ses membres ainsi que son panthéon.

Divers travaux d'aménagement en ont fait un ensemble hétérogène et cloisonné. Si l'architecture cistercienne domine (12e et 13e s.), il s'y mêle des éléments romans et mudéjars (13e-15e s.), ainsi que du mobilier plateresque.

Église

L'extérieur revêt les lignes pures de l'art cistercien. L'intérieur est séparé en deux parties par la clôture, afin de respecter l'isolement des moniales. Dans le transept, ouvert aux fidèles, on remarquera la chaire tournante (1560), en fer repoussé et doré, qui permettait au prédicateur de dire la messe des deux côtés. De nombreuses sépultures royales et nobles, ornées de motifs héraldiques ou de sujets historiés, originellement polychromes, occupent la nef, dont celle du couple royal fondateur située dans le *coro* des religieuses au milieu du vaisseau central. Le retable du chœur est de style baroque, exécuté en 1655. Il épouse d'un seul tenant tout le volume de l'abside. Le **retable** qui ferme la clôture, orné de délicates ciselures Renaissance et entièrement peint, est surmonté d'une belle *Descente de Croix* du 13e s. De part et d'autre de l'autel se trouvent deux beaux tombeaux des 13e et 14e s.

Cloître gothique (Claustro gótico)

13e-15e s. Il subsiste des fragments des stucs mudéjars des voûtes, dont les entrelacs et motifs sont inspirés de tissus et d'ivoires persans.

Salle capitulaire (Sala capitular)

Elle abrite le « **pendón** », un trophée conquis à la bataille de Las Navas de Tolosa contre le calife Miramamolín et réalisé avec des petits bouts de soie.

Cloître roman (Claustro románico)

De fines colonnes géminées aux chapiteaux stylisés scandent le cloître datant de la fin du 12e s. On traverse ensuite plusieurs salles de l'ancien palais d'Alphonse VIII, de décoration mauresque. La **chapelle de l'Assomption** arbore une belle architecture almohade rythmée par des arcs polylobés. Édifiée dans le jardin, la **chapelle Santiago** a conservé un plafond à caissons avec sa polychromie d'origine et une belle frise de stucs. D'après la tradition, la statue de saint Jacques, aux bras articulés, armait chevalier les princes de sang royal.

Musée des Tissus médiévaux (Museo de Telas medievales)

L'ensemble d'étoffes et de parures exposé dans l'ancien grenier à grain est un témoignage exceptionnel sur l'habit royal castillan du 13e s. Ces vêtements (tunique, pelisse, cape) ont été retrouvés dans les tombeaux. Les plus précieux proviennent de la tombe de l'infant Ferdinand de la Cerda (mort en 1275), fils d'Alphonse X le Sage, qui, par chance, n'avait pas été profanée par les soldats de Napoléon en 1809. Ils comprennent une longue tunique, le *pellote* (pantalon très large à bretelles) et une immense cape à porter pardessus, tous réalisés dans une même étoffe brodée de soie et de fils d'argent. Sur la tête se portait le *birrete*, sorte de couronne en soie ornée de perles et de pierres précieuses.

★★ CHARTREUSE DE MIRAFLORES (CARTUJA DE MIRAFLORES) B

4 km à l'est.

947 252 586 - www.cartuja.org - Carretera de la Cartuja, km 3,5 - lun.-sam. 10h15-15h, 16h-18h, dim. et j. fériés 11h-15h, 16h-18h - gratuit.

La **chartreuse de Miraflores** occupe l'emplacement de l'ancien palais d'Henri III, détruit par un incendie. En 1454, Jean II et son épouse, Isabelle de Portugal, ordonnent la construction de l'église, destinée à recevoir leurs dépouilles. Les travaux, dirigés par Jean puis **Simon de Cologne**, ne s'achèvent qu'en 1498, à l'apogée du style isabélin.

Une capitale gothique, sur les terres du Cid

LE CID (1043-1099)

Les exploits de Rodrigo Díaz, natif de Vivar *(9 km de Burgos)*, ont marqué l'histoire de la Castille à la fin du 11e s. Ce brillant capitaine sert, tout d'abord, les ambitieux desseins du roi de Castille, Sanche II, puis ceux d'Alphonse VI qui succède à son frère dans des circonstances suspectes. Mécontent des soupçons que le Cid a émis à son égard, Alphonse VI le bannit de Castille en 1081, après lui avoir donné toutefois sa cousine Chimène en mariage. Rodrigue entre alors au service du souverain maure de Saragosse et livre de prestigieux combats contre les armées chrétiennes. Puis réconcilié avec son ancien suzerain, il s'empare de Valence en 1094. Riche et craint de ses ennemis, il meurt en 1099. La courageuse Chimène résiste encore trois ans dans Valence assiégée par les Maures, mais doit s'enfuir en Castille après l'incendie de la ville. Les deux époux sont inhumés au monastère **San Pedro de Cardeña** *(10 km à l'est de Burgos)*. En 1921, leurs cendres sont transportées dans la cathédrale de Burgos.

La légende n'a pas retenu le caractère obscur du *condottiere* ou de l'opportuniste. Au contraire, l'épopée a exalté la bravoure du héros, son rôle de « champion » *(campeador)* de l'hégémonie castillane. Un premier poème, **El Cantar del Mío Cid**, est écrit dès 1180 ; d'autres poèmes reprennent le thème. En 1618, **Guillén de Castro** donne une version romancée de l'histoire dans **Las Mocedades del Cid** *(Les Enfances du Cid)* dont **Corneille** s'est inspiré pour sa tragédie du *Cid* (1637).

RAYONNEMENT POLITIQUE, ÉCONOMIQUE ET ARTISTIQUE

Fondée en 884 par le comte de Castille Diego Rodríguez, Burgos est choisie comme capitale du royaume unifié de Castille-et-León en 1037, titre qu'elle cède à Valladolid en 1492 au moment de la chute de Grenade. À l'oubli politique répond un dynamisme économique et artistique. La ville centralise la laine des grands éleveurs de la Mesta. Des architectes et des sculpteurs, venus en majorité du nord, modifient la physionomie de la cité. Burgos devient alors la capitale gothique de l'Espagne, avec des réalisations remarquables comme la cathédrale, le monastère royal de las Huelgas et la chartreuse de Miraflores. À la fin du 16e s., le déclin de la Mesta met un terme à la prospérité burgalaise. Burgos retrouve brièvement une place dans l'histoire de 1936 à 1939, lorsque **Franco** y établit son gouvernement.

Église

La sobriété de la façade, modestement animée par les pinacles des contreforts, ne laisse aucunement présager de la richesse intérieure de l'édifice. L'accès se fait par le **portail ogival** nord de la Pietà, orné à gauche du blason royal de Castille-et-León et, à droite, des armes personnelles de Jean II. L'atrium, voûté en étoiles, précède une nouvelle entrée surmontée d'une Pietà, allusion à la Vierge de Miraflores. L'église est constituée d'une seule nef. Les chapelles latérales adossées au mur nord sont des adjonctions des 16e et 17e s. Dans l'antichambre des fidèles (la Estancia de los Fieles) se trouve un magnifique tableau du gothique tardif : l'*Annonciation* de Pedro **Berruguete**. L'esprit de la Renaissance y est déjà présent avec une nouvelle conception de l'espace. Au Coro de los Hermanos, succède le **Coro de los Padres**. Les 40 stalles gothiques en noyer ont été sculptées par Martín Sanchez en 1486.

Ensemble sculpté du chœur – Exécuté à la fin du 15e s. par **Gil de Siloé**, il comprend le retable, le mausolée royal et un enfeu.

Le **retable**, en bois polychrome, sculpté par **Gil de Siloé** et peint par Diego de la Cruz, est formé par deux registres. Des cercles, dans lesquels s'inscrivent les scènes, ont remplacé les habituels compartiments rectangulaires. L'espace principal est occupé par le Christ en Croix, entouré d'une **couronne d'anges**. Les bras de la croix sont soutenus par le père à droite et le Saint-Esprit à gauche (incarné ici exceptionnellement dans une figure humaine). Au pied de la croix se dressent les statues de la Vierge Marie et de saint Jean. L'ensemble est flanqué aux quatre angles des reliefs des quatre évangélistes, des quatre pères de l'église, de saint Pierre et de saint Paul. Dans le registre inférieur s'élèvent quatre effigies de saints pour lesquels les rois avaient une dévotion particulière : saint Jean-Baptiste (saint patron de Jean II et saint préféré d'Isabelle), sainte Madeleine (sainte vénérée par les Chartreux), sainte Catherine (nom de la mère de Jean II) et saint Jacques (saint tutélaire des Rois Catholiques). Aux extrémités, les hauts-reliefs de Jean II en orant guidé par saint Jacques et d'Isabelle du Portugal en orante accompagnée par sainte Isabelle sont surmontés d'un dais.

Le **mausolée royal** (1489), en albâtre, adopte la forme inédite d'une étoile à huit branches. Il supporte les gisants des rois fondateurs, Jean II et son épouse, parents d'Isabelle la Catholique. Le traitement de ces gisants est moins figé qu'à l'habitude : la reine tourne la tête, tenant un livre ouvert et le roi rabat son manteau d'apparat, tenant son sceptre de l'autre main. La précision et la finesse avec lesquels est abordé le rendu des vêtements ajoutent au réalisme de l'ouvrage. Les quatre évangélistes dominent ce mausolée à l'exubérante décoration flamboyante de rinceaux, de dais, de pinacles, d'amours et de blasons. Sur les côtés du lit mortuaire figurent des prophètes et des scènes de l'Ancien Testament (*Sacrifice d'Abraham*), des vertus théologales et cardinales, des chartreux ainsi que les armoiries royales tenues par des lions.

Dans le mur nord, un **enfeu** abrite le tombeau de l'infant Alphonse, dont la mort prématurée fit d'Isabelle la Catholique, sa sœur, l'héritière du trône de Castille. Le jeune prince, sculpté par **Gil de Siloé**, est représenté en orant devant un prie-Dieu.

À droite de l'autel se trouve un triptyque hispano-flamand du 15e s.

Se promener Plan de ville

★ Église de San Nicolás A

Son **retable**, de taille imposante, est exécuté en 1505 par **Simon de Cologne**. Sa décoration extrêmement abondante ne compte pas moins de 465 figures.

Burgos, vue sur la ville et la cathédrale.
V. Leduc / Author's Image/Photononstop

Dans la partie haute, la Vierge couronnée apparaît encerclée d'une légion d'anges. Autour de la statue centrale de saint Nicolas, le sculpteur a retracé la vie du saint – son voyage en caravelle à Alexandrie – et, en bas, la Cène, avec les apôtres de dos.

★ Arc de Santa María (Arco de Santa María) A

Paseo del Espolón, s/n - ✆ 947 288 868 - tlj sf lun. et j. fériés mat. et apr.-midi - gratuit dim. matin.

Parure très populaire de la cité, cette porte crénelée du 14e s. a été modifiée au 16e s. à l'occasion d'une visite de Charles Quint. Elle montre en façade les grands personnages de Burgos : en bas, Diego Porcelos Rodríguez est encadré par les deux juges mi-légendaires qui auraient dirigé les affaires de Castille au 10e s. ; en haut, le comte Fernán González et le Cid *(à droite)* tiennent compagnie à Charles Quint.

★ Église de San Esteban A

San Esteban, 1 - ✆ 947 273 752 - juin-oct. : tlj sf lun. 10h-14h, 17h-19h ; reste de l'année : sam. 10h-14h, 17h-19h, dim. 10h-14h - 2 €.

Cette ravissante **église** construite au 14e s. dans le style gothique burgalais sert aujourd'hui d'écrin au **musée du Retable** (Museo del Retablo). L'intérieur constitue un cadre magnifique pour les 18 retables répartis en fonction de leur signification religieuse dans les trois vaisseaux de l'église. Dans la partie supérieure du *coro* est présentée une petite exposition d'orfèvrerie.

★ Église de San Gil A-B

L'église de San Gil est une des plus belles églises de Burgos. Sa façade sobre cache un temple de la fin du gothique, où la chapelle de la Nativité et celle du Bon-Matin, avec un retable de Gil de Siloé, rivalisent de beauté.

Plaza Mayor B

Cette charmante grand-place circulaire, typiquement ourlée d'une galerie couverte, sert de cadre aux réjouissances populaires.

SE LOGER
- Hotel AC Burgos 1
- Hotel Abba Burgos 4
- Hotel Conde de Miranda 7
- Hotel Cordón 10
- Hotel Jacobeo 13
- Hotel Norte y Londres 16
- Landa 17
- NH Palacio de la Merced 19

SE RESTAURER
- El 24 de la Paloma 1
- La Favorita 4
- Mesón del Cid 7
- Mesón de los Infantes 10
- Ponte Vecchio 13
- Puerta Real 16
- Rincón de España 19
- Tapelia 22

Maison del Cordón (Casa del Cordón) B

Récemment restaurée, elle est occupée par la Caisse d'épargne (Caja de Ahorros). Édifiée au 15e s. pour les connétables de Castille, cette demeure arbore toujours, sur sa façade, le grand cordon franciscain qui lui a donné son nom. Les Rois Catholiques y reçurent Christophe Colomb au retour de son second voyage ; Philippe le Beau y mourut subitement d'un refroidissement pris après une partie de pelote, ce qui plongea définitivement son épouse Jeanne dans la folie ; François Ier, libéré de la captivité que lui valut sa défaite de Pavie en 1525, y logea avant de retourner en France.

Musée Marceliano Santa María (Museo Marceliano Santa María) B

✆ 947 205 687 - mar.-sam. 11h-13h50, 17h-21h, dim. 11h-13h50 - gratuit.

Installé dans l'ancien monastère bénédictin de San Juan, ce musée expose les œuvres d'un enfant de Burgos (1866-1952) dont la peinture impressionniste est proche de Zuloaga et de Sorolla.

★ **Musée de l'Évolution humaine** (Museo de la Evolución Humana) B

Paseo Sierra de Atapuerca, s/n - ✆ 902 024 246 - www.museoevolucionhumana.com - mar.-vend. 10h30-14h30, 16h30-20h30, w.-end et j. fériés 10h-20h - 6 € ; visite guidée combinée avec celle des gisements archéologiques (voir p. 504) : 10 €, visite guidée combinée avec celle des gisements et du parc archéologique : 14 € (voir horaires sur le site Internet).

Ce magnifique musée, ouvert à l'été 2010, occupe la partie centrale d'un grand ensemble moderne conçu par l'architecte, sculpteur et peintre **Juan Navarro Baldeweg**, qui inclut aussi le Palais des congrès et un centre de recherches archéologiques. Grâce à une muséographie très soignée, la visite s'apparente à une promenade archéologique et une leçon d'histoire naturelle passionnante. Au niveau -1, le cœur du musée se consacre au gisement archéologique de la Sierra de Atapuerca, mis en scène de façon spectaculaire. Le niveau 0 s'intéresse à la théorie de l'évolution de Darwin et à l'histoire de l'évolution humaine ; le niveau 1, aux différences et similitudes de l'homme actuel avec le chasseur-cueilleur d'il y a 9 000 ans ; au niveau 2 ont été reconstitués les écosystèmes fondamentaux de l'évolution humaine : la forêt, la savane et la tundra-steppe.

★ **Musée de Burgos** (Museo de Burgos) B

Miranda, 13 - ✆ 947 265 875 - www.museodeburgos.com - mar.-sam. 10h-14h, 17h-20h (16h-19h oct.-juin), dim. et j. fériés 10h-14h - fermé 1er et 6 janv., 11 et 29 juin, 1er nov., 24-25 et 31 déc. - 1,20 € (-18 ans gratuit).

Il comprend deux sections, installées chacune dans une demeure différente.

Section de préhistoire et d'archéologie – Aménagée dans la **Casa de Miranda**, belle demeure Renaissance du chanoine Miranda, à l'agréable patio, elle réunit le produit des fouilles effectuées dans la province de Burgos, couvrant la période préhistorique à l'époque wisigothique. L'âge du fer compte de beaux bijoux en or, dont le **torque de Castroieriz** et une paire de boucles d'oreille en forme de bovidé. De la civilisation romaine, on retiendra particulièrement la statuette en marbre de Espejuelo de la déesse **Isis**★ (2e s.), montrant un beau drapé plissé. Les **sarcophages**★ paléochrétiens de la Bureba sont ornés de bas-reliefs d'influence gréco-syrienne : astres, végétation (arbres stylisés et ceps de vignes), dieux et animaux persistent dans un décor païen. Un **autel**★ wisigothique porte une gravure anthropomorphe profonde et contrainte par le cadre de la stèle, imposant ainsi le placement des bras disproportionnés autour de la tête.

Section des beaux-arts – La production artistique de la région de Burgos du 9e au 20e s. est présentée dans la **Casa de Angulo**. Deux pièces exceptionnelles proviennent du monastère de Santo Domingo de Silos : un **coffret hispano-arabe**★★ en ivoire taillé à Cuenca au 11e s. et orné de plaques émaillées ; et un parement d'autel, dit **Urne de saint Dominique**★★, en cuivre repoussé et émaillé du 12e s. La sculpture funéraire des 14e et 15e s. est notamment représentée par le **tombeau de Juan de Padilla**★★, qui montre des similitudes frappantes avec celui de l'Infante Alphonse de la Charteuse de Miraflores. Enfin, ne pas rater l'ensemble de quatre gisants en bois polychrome du 14e s. et le **gisant en marbre de Doña María Manuel**★★ réalisé au 15e s. par **Simon de Cologne** : le hiératisme ascétique des premiers s'oppose au naturalisme précieux du second.

Dans la collection de peinture, le **Christ aux larmes**★, du 15e s., est attribué à Jan Mostaert, peintre flamand. La **Déploration**★ de 1515, signée Adrian Isenbrandt, suit une composition Renaissance pyramidale, dans laquelle la représentation du Christ témoigne d'une certaine maîtrise du « raccourci ». Splendide madonne à l'italienne, la **Vierge à l'Enfant**★★, du maître de las Medias Figuras, inspire une grande tendresse, qu'accentue l'emploi de couleurs chaudes. Enfin, deux superbes pièces font honneur à l'art moderne : **El Molino**★★ (1902) de Manero Miguel Luis, tableau impressionniste où apparaît une très belle technique d'empâtements, et la **Dama con abanico**★★ (1929) de Muñoz Melgoza où le portrait semble être surpris par le diaphragme d'un photographe. Les rouges confèrent à la jeune femme une sensualité particulière.

À voir aussi Plan de ville

Hôpital du Roi (Hospital del Rey) Hors plan (A)
Cette fondation d'Alphonse VIII était à l'origine destinée aux pèlerins. Il en subsiste l'entrée, le Patio de Romeros (patio des Pèlerins), avec une belle façade plateresque *(voir p. 64)* du 16e s. Il est désormais le siège de l'université de Burgos.

À proximité Carte de région

Gisements archéologiques de la sierra de Atapuerca D2
13 km à l'est. Prenez la N 120 vers Logroño jusqu'à Ibeas de Juarros. Là, rendez-vous à la salle Emiliano Aguirre (au bord de la route).
902 024 246 - www.visitasatapuerca.com - visite guidée (2h) des grottes juil.-sept. : tlj ; sept.-déc. et mars-juin : w-end et j. fériés ; horaires sur le site Internet - fermé janv.-fév. - 5 € (-12 ans 3 €) - visite guidée combinée avec le musée de l'Évolution humaine 10 €.
La construction d'une tranchée pour le chemin de fer, à la fin du 19e s., a révélé la présence de l'un des gisements archéologiques les plus importants au monde, déclaré récemment Patrimoine de l'humanité. Les fouilles de **La Dolina** ont mis au jour des restes d'hominidés présents sur les lieux il y a 800 000 ans environ. De son côté, le relevé de fossiles de la **Sima de los Huesos** est le plus riche d'Europe pour le pléistocène moyen (entre 400 000 et 200 000 ans avant notre ère). On peut parcourir la tranchée et visiter un petit musée.

NOS ADRESSES À BURGOS

TRANSPORTS

Gare ferroviaire – *Avenida Príncipe de Asturias, s/n - ✆ 902 432 343/320 320.* Plusieurs liaisons par jour avec Ávila (durée 2h30), León (1h30), Madrid (3h), Palencia (1h), Salamanque (2h30) et Valladolid (1h-1h30). Horaires sur www.renfe.es.

Gare routière – *Miranda, 4 - ✆ 947 288 855.* Nombreuses liaisons pour Madrid, 5 bus/j. pour León et Valladolid, et 2 bus/j. pour Salamanque.

VISITE

Train touristique – Départ quotidien du train touristique depuis l'office de tourisme. Découverte aussi bien des hauteurs que de l'est de la cité. Commentaires en espagnol. *www.chuchutren.com - lun.-vend. 15h, 16h, 17h et 18h, w.-end et j. fériés 11h, 12h, 13h, 15h, 16h, 17h et 18h. 4 € (4-13 ans 3 €).*

HÉBERGEMENT

PREMIER PRIX

Hotel Jacobeo – B - *San Juan, 24 - ✆ 947 260 102 - http://hoteljacobeo.com - 13 ch. 53/72 € - ☕ 4,50 €.* La situation en plein cœur de la vieille ville est l'atout principal de ce petit hôtel. Chambres petites mais bien aménagées.

BUDGET MOYEN

Hotel Conde de Miranda – B - *Calle Miranda, 4 - ✆ 947 265 267 - www.abc-hoteles.com - 14 ch. 55/80 €.* Situé à quelques pas du parking de la plaza de la Vega, cet hôtel est moderne, fonctionnel et lumineux. Restauration.

Hotel Norte y Londres – B - *Plaza Alonso Martínez, 10 - ✆ 947 264 125 - www.hotelnorteylondres.com - 50 ch. 55/120 € - ☕ 7 €.* À 100 m de la cathédrale, l'hôtel propose des chambres classiques et spacieuses. La touche *british* est sensible dans les tissus fleuris et les cuirs vieillis.

Hotel Cordón – B - *La puebla, 6 - ✆ 947 265 000 - www.hotelcordon.com - 35 ch. 50/130 € - ☕ 8 €.* Cet hôtel coquet et stylé est doté de parties communes originales : rampes d'escalier au design végétal, boiseries modernes, beaux carrelages…

Hotel AC Burgos – A - *Paseo de la Audiencia - ✆ 947 257 966 - www.ac-hotels.com - P - 70 ch. 75/140 € - ☕ 14 €.* L'hôtel jouit d'une Jolie vue sur la promenade au bord de l'Arlanzón. Intérieur design, noir et argent. Excellent restaurant.

POUR SE FAIRE PLAISIR

Hotel Abba Burgos – A - *Fernán González, 72 - ✆ 947 001 100 - www.abbaburgoshotel.com - P - 114 ch. 60/170 € - ☕ 14 €.* Installé sur les hauteurs de la ville, cet hôtel moderne possède des chambres particulièrement vastes et équipées high-tech.

NH Palacio de la Merced – A - *La Merced, 13 - ✆ 947 479 900 - www.nh-hotels.com - P - 107 ch. 95/249 € - ☕ 16 €.* Cet hôtel contemporain, aménagé autour du magnifique patio de l'ancien palais de la Merced, avance des prestations haut de gamme. Salon de lecture avec bar design.

UNE FOLIE

Landa – Hors plan - *3,5 km au sud de Burgos par la A 1 - ✆ 947 257 777 - www.landahotel.com - P - 39 ch. à partir de 170 € - ☕ 16 €.* Dans un ancien château médiéval, confort design et luxueux. Magnifiques chambres, toutes différentes, et très belle piscine couverte.

RESTAURATION

PREMIER PRIX

La Favorita – B - *Avelanos, 8 - ✆ 947 205 949.* Bar à tapas néo-rustique aux murs de pierres apparentes. Produits fins.

BUDGET MOYEN

Rincón de España – A - *Nuño Rasura, 11 - ✆ 947 205 955.* En contrebas de la cathédrale, cet établissement offre deux belles terrasses en été. Plats typiques castillans et spécialités cuites au four à bois.

Ponte Vecchio – Hors plan - *Vitoria, 111 (Passage) - ✆ 947 225 650.* Dans un superbe cadre, un restaurant italien décoré de fresques murales sur la Rome antique. Idéal pour un dîner en amoureux.

Mesón de los Infantes – A - *Corral de los Infantes, s/n (à deux pas de la cathédrale) - ✆ 947 279 542.* Restaurant touristique qui propose toutefois une bonne cuisine traditionnelle, en particulier le cochon rôti et les lentilles médiévales.

Tapelia – A - *Plaza Rey San Fernando - ✆ 947 278 000 - www.tapelia.com.* Cadre blanc et olive très agréable. Crêpes salées fourrées, spaghetti aux fruits de mer, brochettes de viande et morue gratinée à la mousseline d'ail. Un délice !

POUR SE FAIRE PLAISIR

Mesón del Cid – A - *Plaza de Santa María, 8 - ✆ 947 208 715 - www.mesondelcid.es.* Environnement rustique et traditionnel du 15e s. (brique, bois et azulejos) pour une excellente cuisine régionale et internationale.

El 24 de la Paloma – A - *La Paloma, 24 - ✆ 947 208 608 - www.restauranteel24delapaloma.com.* Un des meilleurs restaurants de Burgos, où se mélangent subtilement les traditions culinaires et la patte innovante du chef. Bar à tapas au rez-de-chaussée.

Puerta Real – A - *Plaza Rey San Fernando, 9 - ✆ 947 265 200 - www.puertareal.es.* Cafétéria en devanture, belle salle de restaurant au fond. Nappes blanches, service soigné et menu gourmet.

PETITE PAUSE

Café de Las Artes – *Calle Lain Calvo, 31.* En journée ou en soirée, ce café atypique est le lieu idéal pour marquer une jolie pause au milieu de livres, de magazines et de jeux de sociétés.

ACHATS

Pastelería Alonso de Linaje – *Plaza Mayor, 34 et Paseo del Espolon, 20 - ✆ 947 201 065.* Salon de thé un tantinet démodé où l'on trouve les meilleurs « *yemas de Burgos* » et « *camelitos del Cid* ».

AGENDA

La **Fiesta de Curpillo** a lieu début juin (le vend. après la Fête-Dieu) :processions et défilés jusqu'au Parque de Parral.

La **Fiesta de San Pedro y San Pablo** se tient à la fin du mois, avec des corridas et un festival folklorique de danse, de musique.

La frise de l'église de Quintanilla de las Viñas à Covarrubias.
G. Alameda / Ecovarrubias.com

Covarrubias

★

639 habitants

NOS ADRESSES PAGE 509

S'INFORMER
Office de tourisme – *Calle Monseñor Vargas - ✆ 947 406 461 - mars-déc : mar.-sam. 10h30-14h, 16h-19h ; dim. et j. fériés 11h-14h30 - fermé janv.-fév.* Visites guidées du village au départ de l'office de tourisme *(tlj à 11h, 12h30, 16h et 17h - 3 €).*

SE REPÉRER
Carte de région D2 (p. 492) – *carte Michelin Région n° 575 F19.* Covarrubias est située à 40 km au sud-est de Burgos.

SE GARER
Devant l'arche monumental de la ville, au commencement de la rue Monseñor Vargas.

ORGANISER SON TEMPS
Comptez une demi-journée.

Les remparts de Covarrubias sont défendus par la tour Doña Urraca et le fleuve Arlanza. Un palais Renaissance faisant arche sur la rue donne accès au quartier historique, caractérisé par ses maisons à colombages. La cité abrite la tombe d'un des grands personnages de l'histoire castillane, le comte Fernán González, artisan de l'autonomie castillane au 10e s.

Se promener

★ **Collégiale** (Colegiata)

✆ 947 406 311 - visite guidée (1/2h) lun., mer.-sam. 10h30-14h, 16h30-19h ; dim. et j. fériés 10h30-12h, 16h30-19h - 2 €.

L'église, construite au 15e s., possède trois nefs et quatre chapelles latérales. Le cloître attenant est du 16e s. Le tout forme un bel ensemble gothique et renferme le plus vieux des orgues de Castille à fonctionner encore actuellement (17e s.).

Véritable panthéon, la **collégiale** abrite une trentaine de tombeaux médiévaux, dont ceux de Ferdinand González et de son épouse Doña Sancha (inhumés dans des sarcophages de réemploi, d'époque romaine) et celui de la princesse norvégienne Christine qui épousa en 1258 l'infant Philippe de Castille, frère d'Alphonse X.

★ **Musée-Trésor** – Parmi une riche collection de sculptures, d'orfèvrerie, de vêtements ecclésiastiques et de peintures primitives, on distinguera un **triptyque** du 15e s. dont les hauts-reliefs du panneau central représentant l'*Adoration des Mages* sont attribués à Gil de Siloé ; une scène de genre de **Pedro Berruguete**, montrant des médecins affairés autour d'un malade ; et une *Vierge* de **Van Eyck**. Une splendide **croix processionnelle** ouvragée témoigne de la virtuosité des orfèvres de Calahorra au 16e s.

À proximité Carte de région

★ **Quintanilla de las Viñas** D2

▶ 25 km au nord-est de Covarrubias.

À la sortie de Covarrubias, la route suit la vallée de l'Arlanza qui s'encaisse dans de belles gorges boisées. Sur la droite apparaissent en contrebas les vestiges de l'**ancien monastère San Pedro de Arlanza** (noter les jolies absides romanes).

★ **Église de Quintanilla de las Viñas** – *Juil.-sept. et Sem. sainte : 10h-14h, 16h-20h (19h mai-juin), reste de l'année : 10h-17h - fermé lun., mar. et dernier w.-end du mois.*

Le grand âge de cet ermitage – dans lequel la plupart des archéologues reconnaissent un édifice wisigothique du 7e s. – lui confère une valeur archéologique considérable. Il ne reste que l'abside et le transept, édifiés avec de grandes pierres régulièrement appareillées. Les murs extérieurs sont décorés d'une frise de rinceaux (grappes de raisin, feuilles, oiseaux) et de médaillons et motifs stylisés. Ces mêmes motifs se retrouvent à l'intérieur sur les claveaux de l'arc triomphal. De chaque côté, les deux impostes sont ornées de figures symboliques représentant le soleil et la lune.

Excursion Carte de région

Lerma D2

▶ 47 km à l'ouest par la BU 905.

ℹ Audiencia, 6 - ✆ 947 177 002 (organise des visites guidées de la ville, durée 1h15, 2 € en groupe et 3 € en individuel).

Lerma doit sa splendeur à Francisco de Sandoval, duc de Lerma (1553-1625) et ambitieux favori de Philippe III, qui dirigea les destinées du pays de 1598 à 1618, date à laquelle il fut évincé par son propre fils, le duc de Uceda.

Confortablement enrichi, celui-ci s'attacha à embellir sa ville de Lerma, qui devint un des rares exemples d'urbanisme classique en Espagne.

Dans la partie haute de la ville se trouve le quartier historique aménagé par le duc au 17e s. Il conserve ses rues étroites, en forte montée, tapissées de pavés pointus et bordées de maisons anciennes sur portiques de bois ou de pierre. Sur la **plaza Mayor★** s'élève l'élégante façade du palais ducal. La **collégiale** conserve la statue agenouillée en bronze doré de l'archevêque Cristóbal de Rojas, neveu du duc, œuvre de Juan de Arfe (17e s.).

NOS ADRESSES À COVARRUBIAS

HÉBERGEMENT

À Covarrubias

BUDGET MOYEN

Pensión Casa Galín – *Plaza Doña Urraca, 4 - ✆ 947 406 552 - www.casagalin.com - 8 ch. 42 €.* Dans une maison à colombages, chambres avec poutres, parquet et boiseries. Bar-restaurant.

Hotel Doña Sancha – *Avenida Victor Barbadillo, 31 - ✆ 947 406 400 - www.hoteldonasancha.com - P - 14 ch. 42/52 € - ☕ 4 €.* Situé à 300 m du cœur historique, le Doña Sancha est un hôtel confortable entouré d'un joli verger de cerisiers et bordé de vignes.

Hotel del Rey Chindasvinto – *Plaza del Rey Chindasvinto, 5 - ✆ 947 406 560 - www.hotelchindasvinto.com - 14 ch. 55 € ☕.* Cet établissement de charme, admirablement situé à côté de la Colegiata, arbore un décor soigné de pierre, de brique et de stuc, ainsi qu'un mobilier castillan. Agréable terrasse.

À Lerma

BUDGET MOYEN

Hotel Villa de Lerma – *Calle Mayor, 52 - ✆ 947 177 070 - www.hotelvilladelerma.com - P - 20 ch. 45 €.* Un 2 étoiles sans charme mais confortable, à 50 m de la plaza Mayor. Cafétéria.

UNE FOLIE

Parador de Lerma – *Plaza Mayor, 1 - ✆ 947 177 110 - www.parador.es - P - 70 ch. 160/171 € - ☕ 17 €.* L'hôtel palatial s'articule autour d'un magnifique patio. Les chambres sont hautes et spacieuses, ornées de boiseries, les salles de bains parées d'*azulejos*. Excellent restaurant gastronomique : réservation conseillée.

RESTAURATION

À Covarrubias

BUDGET MOYEN

De Galo – *Monseñor Vargas, 10 - ✆ 947 406 393 - www.degalo.com.* Cadre rustique et intimiste, plats régionaux.

À Lerma

BUDGET MOYEN

Mesón del Duque – *Calle Audiencia, 2 - ✆ 947 172 122.* Spécialités de viandes cuites au four à bois.

Bodega San Blas – *Plaza San Blas, 5 - ✆ 947 171 181 - www.bodegasanblas.com.* Restaurant sous la cafétéria. Menu copieux. Viandes et poissons (vieille de mer, turbot, bar, lotte et saint-pierre).

POUR SE FAIRE PLAISIR

Casa Brigante – *Plaza Mayor, 5 - ✆ 947 170 594.* Pour les amateurs de bonne viande, une adresse plébiscitée des habitants.

Santo Domingo de Silos

★★

NOS ADRESSES PAGE 512

S'INFORMER

Office de tourisme – *Cuatro Cantones, 10 - ✆ 947 390 119 - juin.-sept. : mar.-sam. 10h-14h, 16h-19h, dim. 10h-14h ; reste de l'année : information au ✆ 947 390 070 (hôtel de ville).*

SE REPÉRER

Carte de région D2 (p. 492) – *carte Michelin Région n° 575 F19.* Santo Domingo de Silos se trouve à 18 km au sud de Covarrubias et à 69 km au sud-est de Burgos.

ORGANISER SON TEMPS

Comptez une demi-journée.

Situé à l'entrée d'un village de trois cents âmes, Santo Domingo accueille d'innombrables visiteurs, attirés par sa beauté et ses chants grégoriens. Au 11e s., le moine Dominique, devenu évêque de Silos, fait reconstruire les bâtiments d'une ancienne abbaye wisigothique et donne son nom au nouveau monastère. En 1512, la communauté adhère à la congrégation bénédictine de Valladolid. Les lieux sont abandonnés en 1835, suite au décret gouvernemental sur la sécularisation. Mais Santo Domingo est choisi comme refuge par des bénédictins français, conduits par un moine de l'abbaye de Solesmes, en 1880. À leur arrivée, ils plantent un cyprès au centre du cloître, aujourd'hui emblème du monastère.

Découvrir Plan du monastère

★★ Monastère de Santo Domingo de Silos

✆ 947 390 049 - www.abadiadesilos.es - mar.-sam. 10h-13h, 16h30-18h, dim. et j. fériés 16h30-18h - fermé 1er et 6 janv., 19 mars, Jeu. et Vend. saints apr.-midi, 15 août, 12 oct., 1er nov., 8, 20 et 25 déc. - 3 €.

Cloître (Claustro) – C'est l'un des plus beaux cloîtres d'Espagne. Particulièrement vaste pour un édifice roman, il comprend deux étages d'une parfaite homogénéité. Les galeries du rez-de-chaussée se composent d'une soixantaine d'arcs en plein cintre soutenus par des colonnes géminées, et au centre de chaque galerie par un ensemble de cinq colonnes. Les huit **bas-reliefs** qui se trouvent aux angles comptent parmi les

CHANTS GRÉGORIENS

Dans tous les offices religieux, les moines du monastère utilisent le chant grégorien pour prier. Ne laissez pas passer l'occasion d'assister à une cérémonie pour les écouter. Voici quelques sites : **Vigilias** à 6h, **Laudes** à 7h30 (8h dim. et j. fériés), **Tercia** à 10h30 uniquement dim. et j. fériés, la messe à 9h (12h dim. et j. fériés), **Sexta** à 13h45, **Vísperas** à 19h (20h jeu. juil.-sep.) et **Complètes** à 21h30.

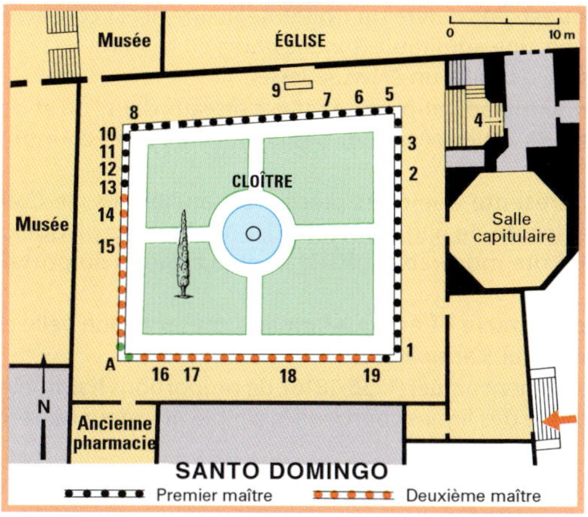

chefs-d'œuvre de la sculpture romane. Plusieurs artistes se sont succédé. Le premier maître (2e moitié du 11e s.), le plus original, utilise le dessin linéaire, les attitudes hiératiques, et donne la prépondérance au symbole sur le réalisme. On lui doit les galeries est, nord et en partie ouest, ainsi que les bas-reliefs des piliers sud-est, nord-est et nord-ouest. Le second artiste (début du 12e s.) joue du volume et individualise ses personnages. Les bas-reliefs du pilier sud-ouest (12e s.) sont d'une troisième main, et d'une facture très différente.

Les **chapiteaux**, dans leur ensemble, constituent un bestiaire fantastique à partir de thèmes animaliers et végétaux d'influence mudéjare. *Les plus intéressants sont cités dans la description des galeries ci-dessous.*

Pilier sud-est : on identifie à gauche l'*Ascension* et à droite la *Pentecôte*. Leur composition s'apparente à celle d'un diptyque d'ivoire.

Galerie est : vannerie (1), entrelacs végétaux (2), harpies défendues par des chiens (3).

Pilier nord-est : il évoque la Descente de Croix avec, au registre supérieur, la terre et la lune dont les faces vont se couvrir d'un voile ; de l'autre côté sont synthétisées en une seule scène, très originale, la *Mise au tombeau* et la *Résurrection*.

En face de ce pilier se trouve la porte de l'ancienne abbatiale romane, ou **porte des Vierges** (4), dont l'arc outrepassé est encadré de colonnes supportant d'intéressants chapiteaux.

Galerie nord : entrelacs végétaux (5), les vieillards de l'Apocalypse (6), harpies attaquées par des aigles (7), couples d'oiseaux (8). Dans cette galerie se trouve le tombeau de saint Dominique de Silos (13e s.) : trois lions romans portant le gisant du saint (9).

Pilier nord-ouest : il se rapporte aux doutes que sema la *Résurrection* de Jésus dans l'esprit de certains disciples : l'*Apparition aux disciples d'Emmaüs*, l'*Incrédulité de saint Thomas*.

Galerie ouest : vannerie de pierre (10), oiseaux affrontés avec les cous entrecroisés (11), flamants au galbe parfait (12), entrelacs végétaux emprisonnant des oiseaux et des lions (13). Les chapiteaux suivants sont du deuxième artiste : *Naissance de Jésus* (14), scènes de la *Passion* (15). Remarquer le plafond *artesonado* du 14e s., bien conservé dans cette galerie.

Pilier sud-ouest (A) : œuvre du troisième maître, il est consacré à la Vierge, avec, à gauche, une admirable *Annonciation*, où la Vierge est couronnée par deux anges, et, à droite, un *Arbre de Jessé*.

Galerie sud : entrelacs emprisonnant des oiseaux dans l'un et des cerfs dans l'autre (16 et 17), aigles enserrant des lièvres (18), têtes de monstres grimaçants (19).

Musée – Il présente quelques pièces fort anciennes : le Calice de saint Dominique décoré de filigranes (11e s.), un reliquaire plaqué d'émaux, un manuscrit de rite mozarabe (10e-11e s.) et le tympan du portail de l'église primitive.

Ancienne pharmacie – L'Antigua farmacia conserve une belle collection de pots de Talavera aux armoiries du monastère.

Église – Le bâtiment actuel (1756-1816), de proportions harmonieuses, allie la science baroque des lignes courbes à la simple grandeur herrérienne.

À proximité Carte de région

Gorge de la Yecla (Garganta de la Yecla) D2

21 km au sud-est et 3 km au sud-ouest de Santo Domingo de Silos.

20mn. Une passerelle permet de suivre le parcours d'un profond et étroit canyon taillé dans une épaisse couche de calcaire gris.

NOS ADRESSES À SANTO DOMINGO DE SILOS

HÉBERGEMENT, RESTAURATION

PREMIER PRIX

Posada Villa de Silos – *Plaza Mayor, 10 - 947 390 017 - 7 ch. 40 € - 3,50 €.* Maison coquette en pierre du début du 20e s., joliment restaurée et ouverte en 2002. Bon rapport qualité/prix.

BUDGET MOYEN

Hotel Santo Domingo de Silos – *Calle Santo Domingo de Silos, 14-20 - 947 390 053 - www.hotelsantodomingodesilos.com - 40 ch. 52/62 € - 3,50 €.* Situé face au monastère, cet hôtel au charme rustique dispose de chambres sobres, avec parquet et tête de lit en fer forgé.

POUR SE FAIRE PLAISIR

Hotel Tres Coronas de Silos – *Plaza Mayor, 6 - www.hoteltrescoronasdesilos.com - 947 390 047 - 16 ch. 89/111 €.* Une bâtisse seigneuriale du 17e s., sur la plaza Mayor, héberge cet agréable hôtel. Décoration de style castillan, pierre murale apparente. Excellent restaurant.

AGENDA

La **fête de la sainte Croix** a lieu le 2 mai, la **fête de Santa Isabel** le 2 juillet.

Palencia

82 651 habitants

NOS ADRESSES PAGE 518

S'INFORMER
Office de tourisme – *Mayor, 105 - ✆ 979 740 068 - tlj tte la journée en haute sais., mat. et apr.-midi reste de l'année - www.palenciaturismo.com, www.turismocastillayleon.com.*

SE REPÉRER
Carte de région C2 (p. 492) – *carte Michelin Région n° 575 F16.* Palencia se trouve à 70 km à l'ouest de Burgos, à 50 km au nord-est de Valladolid et à 125 km au sud-est de León.

SE GARER
Parking souterrain de la calle Felipe Prieto, accessible par l'avenida Casado del Alisal, aux portes du centre historique.

À NE PAS MANQUER
Le musée de la cathédrale.

ORGANISER SON TEMPS
Comptez deux jours avec les alentours.

AVEC LES ENFANTS
Le canal de Castille et la villa romaine La Olmeda.

Palencia s'étire du nord au sud, contrainte dans les limites étroites que lui imposent la rivière Carrión à l'ouest et la voie ferrée à l'est. Si cette capitale de province castillane possède un patrimoine plus modeste que ses consœurs – exception faite de son admirable cathédrale –, il est toutefois agréable de s'y promener, entre la calle Mayor et le Puente Mayor, et de découvrir au détour d'une rue un portail baroque, une façade Art nouveau ou une place pittoresque. Autour de la ville, les terres irriguées par le canal de Castille et les canaux afférents alimentent une industrie horticole.

Se promener Plan de ville

★★ Cathédrale A1

✆ 979 701 347 - tlj mat. et apr.-midi - 1, 50 € (3 € avec le musée).

La « belle méconnue » – les habitants de Palencia considèrent en effet qu'il n'est pas rendu justice à la beauté de leur cathédrale – est un édifice gothique édifié entre les 14e et 16e s.

Au 7e s., le site possède une chapelle, élevée pour abriter les reliques du saint wisigoth Antolín. Tombée dans l'oubli après le sac de la ville par les Maures, elle est d'après la tradition miraculeusement redécouverte par le roi de Navarre, Sanche le Grand, alors qu'il chasse le sanglier. Aussitôt, le souverain bâtit en 1034 une nouvelle chapelle, qui sert de crypte à la cathédrale actuelle.

★★ **Intérieur** – La cathédrale se caractérise par une multiplicité de courants stylistiques architecturaux et sculpturaux du 16e s. : du gothique flamboyant à

9

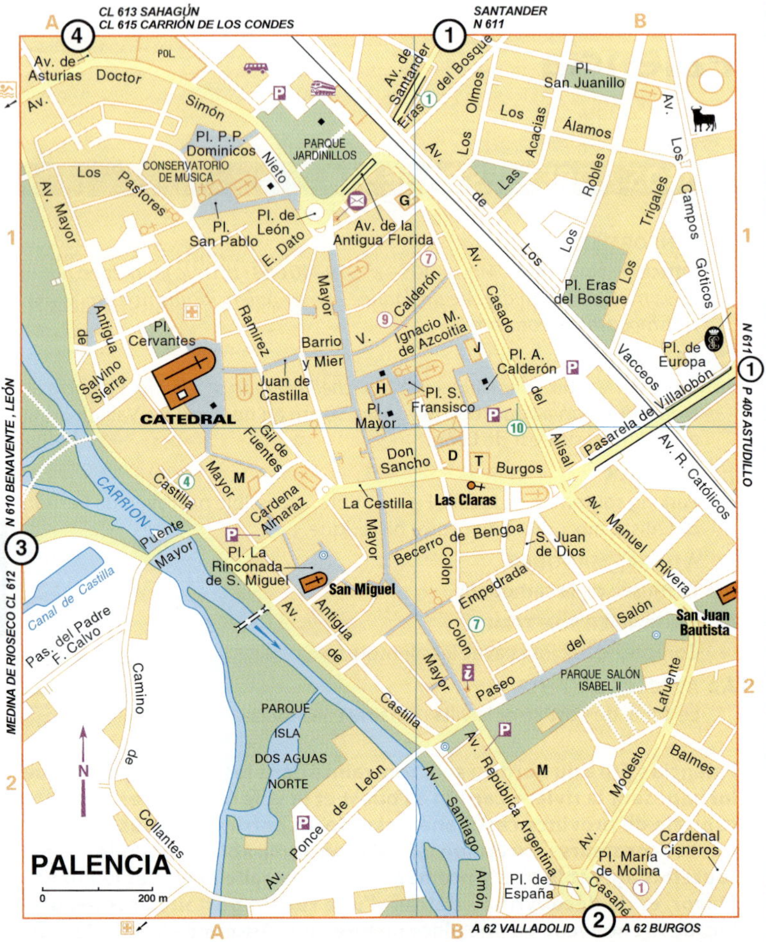

SE LOGER
- Diana Palace 1
- Don Rodrigo 4
- Hôtel Colón 27 7
- Hôtel SUCO Castilla Vieja 10

SE RESTAURER
- Asador La Encina 1
- Casa Matias-Bar Ecuador 7
- Isabel 9

la typologie Renaissance, en passant par les styles isabélin et plateresque. Elle concentre également de très belles œuvres d'art, une richesse due à l'évêque Fonseca, qui sut s'entourer d'artistes de renommée.

Le monumental **retable** du maître-autel, daté du début du 16e s., est composé d'une multitude de niches alternant les sculptures de **Felipe Bigarny** et les tableaux de **Jean de Flandre**. Il est surmonté d'un calvaire de Juan de Valmaseda. Sur les côtés se trouvent des tapisseries du 16e s., commandées par l'évêque Fonseca. La grille du *coro*, au couronnement délicatement ouvragé, est l'œuvre de Gaspar Rodríguez (1563). Au-dessus des stalles gothiques s'élève la **tribune d'orgues** (1716) en bois polychrome. Derrière le maître-autel, fermée par une jolie grille romane, la **chapelle del Sagrario**, d'un gothique exubérant,

conserve un riche retable de Valmaseda (1529) et, à gauche en hauteur, le sarcophage de doña Urraca de Navarre, morte en 1189. Les sculptures du *trascoro* sont signées Gil de Siloé et de Simon de Cologne. Le **triptyque★** central est un chef-d'œuvre de l'art flamand, peint par **Jan Joest de Calcar** en 1505. L'évêque de Fonseca y apparaît au centre, en donateur.
À côté du *trascoro*, un escalier plateresque mène à la **crypte**, construction romane conservant quelques vestiges (arcs, chapiteaux) de la première chapelle wisigothique.
Musée – *Installé dans la salle capitulaire.* Cet extraordinaire petit musée d'art sacré conserve, entre autres, un *Saint Sébastien* du **Greco**, un étonnant portrait anamorphique de *Charles Quint* peint par **Lucas Cranach**, un diptyque (*Crucifixion et Pietà*) de **Pedro Berruguete**, une *Vierge à l'Enfant* de **Paul Coeck** (16e s.) fortement inspirée du style de Jan Gossaert, une *Sainte Catherine* de **Zurbarán**, deux statuettes romanes polychromes de saint Pierre et saint Paul, un pyxide-ostensoir en cuivre argenté du 12e s. incrusté d'émaux figurant des dragons et des fleurs de lys, et quatre **tapisseries** flamandes du 15e s., représentant l'*Adoration*, l'*Ascension*, le *Péché originel* et la *Résurrection de Lazare*. Après les avoir achetées, l'évêque de Fonseca fit tisser son blason dans les coins.

9

Église de San Miguel A2

☏ 979 740 769 - tlj 9h30-13h30 et 18h30-19h30 (20h dim.).
Près du fleuve s'élève, imposante, cette belle église dont le style marque la transition du roman au gothique (12-13e s.). Elle attire l'attention par la magnifique **tour clocher★** crénelée dominant sa façade. L'intérieur sobre est le domaine de la pierre, de l'architecture sans artifice. Notez, dans le bas-côté droit, les restes d'une peinture murale gothique.

Église de Las Claras B2

☏ 979 700 043 - tlj 7h15-20h.
L'église gothique (fin 14e s.) du couvent de Santa Clara est très visitée par les habitants de Palencia car elle abrite, dans une chapelle, un impressionnant **Christ gisant** (14e s.) très vénéré, appelé « Christ de la bonne mort ». À voir également, un magnifique *artesonado* mudéjar.

Église de San Juan Bautista B2

☏ 979 718 197 - juil.-août : mar.-dim. 10h30-14h, 17h-20h30 ; reste de l'année : vend. apr.-midi, sam. mat. et apr.-midi, dim. mat. - gratuit.
Située dans le parc Huerta de Guadián, cette petite et charmante église romane a été transportée pierre par pierre depuis son emplacement d'origine, inondé par les eaux lors de la construction du barrage d'Aguilar de Campoo *(voir p. 520)*. Elle abrite un **point d'information du Roman** *(audiovisuel intéressant, uniquement en espagnol)*.

À proximité Carte de région

Baños de Cerrato C2

▷ 14 km au sud-est. À Venta de Baños, traversez la voie ferrée et tournez à droite vers Cevico de la Torre, puis tournez à gauche au premier croisement.
★ **Basilique de San Juan Bautista** – *Tlj sf lun. 10h30-13h30, 17h-20h (16h-18h nov.-mars) - ☏ 979 770 812 (mairie) - 1 € (gratuit merc.).* La plus ancienne église d'Espagne qui soit parvenue en bon état de conservation est un exemple d'architecture wisigothique. Édifiée par le roi Receswinthe en 661

(date gravée sous l'arc de l'abside), elle comprend une nef et deux bas-côtés couverts d'une charpente de bois, un transept et trois absides. Les arcs en fer à cheval séparant les vaisseaux reposent sur des colonnes antiques au fût de marbre et des chapiteaux sculptés de motifs floraux stylisés, où apparaît déjà la longue feuille à nervures, très répandue dans l'art asturien. Une élégante frise court le long de l'abside centrale.
À l'extérieur, belles petites fenêtres en pierres ouvragées sculptées d'entrelacs.

Circuit conseillé Carte de région

LES ÉGLISES DU CHEMIN DE SAINT-JACQUES C2

Circuit de 52 km tracé sur la carte de région p. 492 – Comptez 3h, une matinée si vous prolongez le circuit pour visiter la Villa romaine La Olmeda (voir « Excursion »).

★★ Église de Frómista

32 km au nord-est par la N 611 - ✆ 979 810 1128 - avr.-sept. : 9h30-14h, 16h30-20h ; reste de l'année : 10h-14h, 15h30-18h30 - 1 € (gratuit merc.).

Du célèbre **monastère** bénédictin **San-Martín**, seule subsiste l'église qui se dresse au centre d'une place. Édifiée en **1066**, avec de grandes pierres de taille minutieusement appareillées, cette église marque une étape très importante dans l'histoire de l'architecture romane en Castille. À la suite des expériences faites à Palencia, Jaca et San Isidoro de León, elle a atteint la perfection dans l'ordonnancement architectural.
De l'extérieur, on reconnaît le classique **étagement du chevet** avec, de bas en haut, les trois absides, le mur du transept, le léger ressaut des trompes de la coupole et la tour-lanterne octogonale. La décoration n'omet ni les frises de billettes soulignant les fenêtres, ni les colonnettes engagées, ni même les corniches aux corbeaux sculptés.
L'église suit un plan strictement **basilical** qui comprend trois vaisseaux, croisés par un transept non saillant à l'extérieur. Habité par un Christ de la fin du 13e s., l'intérieur, très sobre, arbore une pureté de lignes de toute beauté dans le dessin des voûtes en berceau, des **absides en cul-de-four**, de la **coupole** sur trompes et des arcades à double rouleau.
Les **chapiteaux** puisent leur répertoire dans l'iconographie biblique (le *Péché originel*, *Adam et Ève chassés du Paradis*, l'*Adoration des Mages*, etc.) mais aussi mythologique, fait particulièrement rare dans la sculpture romane : le haut-relief *Oreste poursuivi par les Érinyes après le meurtre de Clytemnestre et d'Egisthe* aurait été copié d'après un sarcophage romain du 2e s. retrouvé dans l'abbaye de Santa María de Husillos, à 25 km de Frómista. De beaux chapiteaux végétaux, géométriques (tressage) et animaliers (bestiaire fantastique, lions assis) complètent harmonieusement l'ensemble.
Vous pouvez profiter de votre visite à Frómista pour rejoindre le **canal de Castilla** *(1 km en direction d'Astudillo)* et admirer l'une des écluses de ce surprenant ouvrage.
Parcourez 13 km vers le nord-ouest par la P 980.

★ Église de Villalcázar de Sirga

Dans ce petit village s'élève l'impressionnante **église Santa María la Blanca**, édifiée dans un style de transition roman-gothique (12e-13e s.). De son magnifique **portail★** méridional sculpté, protégé par un porche, ressort la double frise gothique dont le centre est occupé par une Vierge (en bas) et un Pantocrator

Le collège Villandrando, bâti en 1910-1911, est un bel exemple de modernisme floral.
T. Bognar / Photononstop

(en haut). À l'intérieur, remarquez le monumental **retable** du cœur orné de belles peintures hispano-flamandes avec, au centre, une sculpture de la Vierge Blanche. Dans le croisillon sud se trouvent une vierge gothique en pierre polychromé (Virgen de las Cantigas) et les **tombeaux** gothiques d'un frère d'Alphonse X et de sa femme Léonore, qui conservent un peu de la polychromie d'origine. Sur le tombeau du prince, le sculpteur a détaillé les funérailles avec un grand sens de la narration. *✆ 639 843 093 - Sem. sainte à fin oct. : tlj 10h-14h, 17h-20h ; reste de l'année. : w.-end et j. fériés 12h-14h, 17h-19h - 1 €.*

Poursuivez sur 7 km.

Carrión de los Condes

Un épisode du *Poema del Mio Cid* a fait la renommée du village : les comtes de Carrión, attirés par la belle dot promise aux filles du Cid, les épousèrent, les maltraitèrent et eurent à s'en repentir, car leur beau-père les fit condamner à mort par le roi.

Aux abords de la localité, le **monastère San Zoilo**, reconstruit à la Renaissance, renferme un **cloître★** édifié d'après les plans de Juan de Badajoz, qui présente des **voûtes** remarquables : 230 portraits de personnages (médaillons, bustes, reliefs), appartenant à la généalogie du Christ et à l'ordre bénédictin, ornent les clés et les culs-de-lampe. De l'ancien monastère roman, on a conservé le **portail de l'église**, fait de quatre colonnes romaines en marbre et de magnifiques chapiteaux historiés. À l'intérieur de l'église, vous verrez plusieurs tombeaux appartenants aux comtes de Carrión (11e-13e s.). *✆ 979 880 902 - 10h30-14h, 16h30-20h - 2 €.*

L'**église de Santiago**, située à côté de la plaza Mayor, possède un remarquable **portail★** roman du 12e s. Sur la voussure centrale, 25 personnages illustrent divers métiers : l'architecte avec son compas, le coiffeur avec ses ciseaux, le potier et son tour, le savetier… La magnifique frise, malheureusement abîmée, présente au centre un Pantocrator accompagné du tétramorphe.

Ne partez pas sans voir le portail sud de l'**église de Santa María** (détérioré malgré le porche qui le protège) et sa frise figurant l'Adoration des Rois mages.

Excursion Carte de région

★ **Villa romaine La Olmeda** (Villa Romana La Olmeda) C2

62 km au nord ouest par la CL 615 (19 km depuis Carrión de los Condes). 3 km avant Saldaña, suivez les panneaux.

979 119 997 - tlj sf lun. 10h30-18h30 - fermé 1er et 6 janv., 24, 25 et 31 déc. - 5 € (le ticket donne accès au Musée monographique de la Ville romaine La Olmeda à Saldaña) - panneaux et écrans tactiles en français.

Une belle muséographie moderne rend passionnante la visite de cette superbe villa romaine du Bas-Empire (4e s.). Aménagé sur des passerelles jetées au-dessus des fouilles, le parcours s'agrémente d'écrans proposant des reconstitutions. Sur les 4 400 m² de la villa, 1 416 m² sont recouverts de **mosaïques**★. La résidence s'organise autour d'un jardin entouré de galeries qui donnent accès aux différentes pièces. La salle principale (V 14), **Le Oecus**, conserve une magnifique **mosaïque**★★ affichant un sujet mythologique (au centre), des scènes de chasse (en bas), des motifs géométriques et végétaux. Dans la grande **pièce absidiale** (V16), on admire le système de chauffage par hypocauste (fourneau sous terre permettant de chauffer chambres et bains).

Un large couloir relie l'habitation aux **bains**, placés à l'ouest. On y trouve l'organisation typique en salles de plus en plus chaudes, et le chauffage par hypocauste.

L'église de San Pedro à **Saldaña** *(3 km au nord par la CL 615)* abrite le tout petit **musée monographique de la Villa romaine** qui présente des objets trouvés lors des fouilles (monnaies, vaisselle, etc.). Si vous décidez de vous y rendre, ne manquez pas la charmante place du village.

NOS ADRESSES À PALENCIA

TRANSPORTS

Gare ferroviaire RENFE – *Plaza de los Jardinillos - 902 320 320.*
Gare routière – *Calle Pedro Berruguete, s/n - 979 743 222.*

HÉBERGEMENT

À Palencia

PREMIER PRIX

Hotel Colón 27 – B2 -*Calle Colón, 27 - 979 740 737 - www.hotelcolon27.com - 22 ch. 46 €.* Un premier prix très correct pour cet hôtel sans prétention esthétique, au cœur de la ville historique. Accueil chaleureux.

Don Rodrigo – A2 - *Los Gatos, 1 - 979 700 937 - www.hotelessuco.com - 24 ch. 55 € - 3 €.* Récemment rénové, cet hôtel possède des chambres simples et bien tenues. Cafétéria.

BUDGET MOYEN

Hotel SUCO Castilla Vieja – B1 - *Avenida Casado del Alisal, 26 - 979 749 044 - www.hotelessuco.com - P - 70 ch. 70 € - 12 €.* Établissement moderne proposant des chambres tout confort à 5mn à pied de la cathédrale. Évitez celles donnant sur le boulevard. Cafétéria.

POUR SE FAIRE PLAISIR

Diana Palace – B1 -*Avenida de Santander, 12 - 979 018 050 - www.eurostarsdianapalace.com - 65 ch. 50 €/200 € - 9 €.* Ligne urbaine, mobilier design, ambiance glamour pour ce digne représentant de la chaîne Eurostars. Situation centrale et restaurant gourmet.

À Frómista

PREMIER PRIX

Hotel San Martín – *Plaza San Martín, 7 - ✆ 979 810 000 - P - 12 ch. 45 € - ☕ 5 €.* Situé près de l'église romane San Martín. Chambres tout équipées. Restaurant avec un four à bois.

À Carrión de los Condes

BUDGET MOYEN

Hotel Real Monasterio San Zoilo – *Obispo Souto - ✆ 979 880 050 - P - 49 ch. 79/92 € - ☕ 7,50 € - ✕ 40 €.* Cet ancien monastère bénédictin a perdu son austérité d'antan pour se transformer en un hôtel de charme. La brique, le bois et la pierre se combinent avec élégance. Excellent rapport qualité/prix.

À Villalcázar de Sirga

PREMIER PRIX

Hostal Infanta Doña Leonor – *Condes de Toreno, 1 - ✆ 979 888 015 - P - 10 ch. 55/65 €.* Dans un bâtiment moderne, cet hôtel calme propose des chambres accueillantes. Trois sont mansardées. Parquet et meubles en bois.

RESTAURATION

À Palencia

PREMIER PRIX

Casa Matias-Bar Ecuador – B1 *-Los Soldados, 19 - ✆ 979 744 118.* Bar à tapas historique et populaire. Tables au sous-sol.

BUDGET MOYEN

Isabel – A1 - *Calle Valentín Calderón, 6 - ✆ 979 749 998 - fermé dim. soir, lun. et de fin fév. à mi-mars - 21/28 €.* Très bon rapport qualité/prix pour cet agréable restaurant qui propose une cuisine traditionnelle.

POUR SE FAIRE PLAISIR

Asador La Encina – B2 - *Casañe, 2 - ✆ 979 710 936 - www.asadorlaencina.com - 44 €.* Ce restaurant se spécialise dans la cuisine au feu de bois. Viandes et poissons de qualité.

PETITE PAUSE

Debla Cafe – *Plaza Mayor, 16 - ✆ 979 742 927.* Un agréable café branché au cadre clair et contemporain.

Aguilar de Campoo

7 242 habitants

NOS ADRESSES PAGE 523

S'INFORMER
Office de tourisme – *Plaza de España, 30 - 979 123 641 - tlj sf dim. mat. et lun.*

SE REPÉRER
Carte de région C1 (p.492) – *carte Michelin Région n° 575 D17.* Le village se trouve à 99 km au nord de Palencia, à 104 km au sud-ouest de Santander et à 80 km au nord-ouest de Burgos.

SE GARER
Sur la plaza de España.

ORGANISER SON TEMPS
Comptez une demi-journée, une journée et demie avec les circuits.

Sur l'une des buttes qui caractérisent le relief de cette zone de la Meseta, le château d'Aguilar résiste au temps. À ses pieds, le village conserve sa muraille du 12e s., ses demeures nobiliaires aux murs blasonnées et ses églises. Aguilar de Campoo est une étape plaisante sur le circuit touristique baptisé « Route de l'art roman ».

Se promener

La longue **plaza de España★** montre du côté ouest un portique de tradition castillane, et du côté est une architecture proche de celle des villages de pêcheurs de Cantabrie.

Collégiale San Miguel (Colegiata de San Miguel)

Ouvert pendant la Sem. sainte et juin-sept. - horaires : se renseigner auprès de l'office de tourisme.

L'église de San Miguel se dresse à l'extrémité nord de la plaza de España. Élevée au rang de collégiale en 1541 à la demande du 3e marquis d'Aguilar, elle porte sur sa tour le blason de ce dernier. De sa construction au 11e s., à l'emplacement d'un temple wisigothique, elle conserve son portail principal, de style roman tardif. Le reste de l'édifice reste majoritairement gothique, excepté la tour de style herrerien (de Juan de Herrera, architecte de Philippe II et mathématicien à qui l'on doit la création d'un nouveau style architectural de la Renaissance, où la rigueur est de mise et qui mit fin à la prédominance du style plateresque) et le retable baroque. À l'intérieur, ses vastes vaisseaux gothiques abritent de beaux **mausolées** : celui des marquis d'Aguilar (statues orantes du 16e s.) et celui de l'archiprêtre García González, situé dans l'absidiole gauche, sculpté avec un réalisme surprenant.

Derrière la collégiale San Miguel se trouve la **Puerta de la Torrejona**, fastueuse entrée Renaissance d'un palais du 16e s. aujourd'hui disparu. En vous dirigeant vers l'est, la Puerta del Portazgo s'ouvre sur le **pont médiéval**, où s'effectuaient les échanges commerciaux à l'époque où le quartier appartenait aux Juifs. À l'ouest, le paseo del Monasterio (promenade du monastère) mène au monastère de Santa María.

Monastère de Santa Maria la Real

À la sortie du village vers Cervera de Pisuerga - ✆ 979 123 053 - www.santamarialareal.org - juil.-août : tlj sf lun. 10h30-14h, 16h30-19h ; reste de l'année : tlj sf lun. 16h-19h - gratuit (5 € visite guidée).

En 1169, le roi Alphonse VIII remet le monastère à l'ordre des Prémontrés. En 1222, l'église est consacrée par Mauricio, évêque de Burgos. En 1871, dans le cadre d'une restauration, sont découverts 23 chapiteaux romans historiés, provenant de l'église, du cloître et d'autres complexes monastiques environnants. Le monastère abrite le **Rom**, espace d'exposition consacré à l'art roman.

Circuits conseillés Carte de région

★ LA ROUTE DE L'ART ROMAN C1

La concentration d'églises romanes fait du nord de la province de Palencia l'une des zones les plus riches d'Europe à cet égard.

▶ *Circuit de 80 km tracé sur la carte de région p. 492 – Comptez une bonne demi-journée. Quittez Aguilar par la CL 626 en direction de Cervera de Pisuerga ; 13 km plus loin, tournez à gauche en direction de Salinas et continuez jusqu'au barrio de Santa María.*

Barrio de Santa María

Sur la place de ce petit village en pierre, très caractéristique, se dresse l'**église paroissiale de la Asunción**. Très remaniée au fil du temps, elle a cependant conservé son abside romane du 12e s. Surprise à l'intérieur : cachée par le retable du 16e s, la voûte en cul-de-four de l'abside et ses peintures du 15e s. se découvrent grâce à un panneau escamotable. *Les clefs sont conservées chez une habitante de la place.*

Le joyau du village est son **ermitage de Santa Eulalia★** (11e-12e s.), dressé en haut d'une butte. L'abside s'orne de trois belles fenêtres : remarquez les boules en forme de pains qui représentent l'abondance, le chapiteau figurant Adam et Ève et, dans le tympan de la fenêtre centrale, l'ange aux ailes étendues. L'intérieur conserve les **fresques romanes★** (13e s.) de l'abside : un Pantocrator avec le tétramorphe (symboles des évangélistes) dans le cul-de-four, les apôtres sur la voûte et le Jugement dernier sur les murs (à droite les élus, à gauche les condamnés).

Continuez et, après Foldada, tournez à droite.

Vallespinoso de Aguilar

Ermitage de Santa Cecilia – *(Accès très escarpé)* Posé sur un rocher abrupt, cet ermitage du 12e s. à l'air militaire compose un cadre très pittoresque avec ses murs, qui semblent prolonger des rochers, et sa tour cylindrique. De son **portail**, admirez les **chapiteaux★** historiés qui forment une frise en continu.

Continuez ; au carrefour, prenez à droite la P 227 direction Cervera de Pisuerga.

Perazancas de Ojeda

Sur la droite de la route *(1 km avant le village)*, le minuscule **ermitage de San Pelayo** est l'un des plus anciens de la province (11e s). L'influence catalane et lombarde (très rare dans cette zone) se lit dans la frise d'arcatures de l'abside *(actuellement en travaux)*. Par une fente de la porte, vous apercevrez les restes de fresques romanes de l'intérieur.

Dans le village même, l'**église paroissiale de l'Asunción** conserve une abside et un portail de style roman (voussure ornée de personnages).

Reprenez la P 227 dans le sens contraire et tournez à gauche en suivant l'indication « Santa Eufemia de Ojeda » par une petite route plantée d'arbres.

Monastère de Santa Eufemia de Cozuelos

✆ 979 142 414 - fermé lun. - 2 €.

Les restes de ce monastère, qui conserve sa belle **église★** des 11e et 12e s., s'élèvent en pleine nature, sur le terrain d'une propriété *(accès libre)*. De l'extérieur, on admire l'harmonie des volumes. Les arcs des baies, en plein cintre surhaussés, s'ornent de boules et de billettes, et le portail, de chevrons et de feuilles de vigne ; remarquez (sur la droite) le chapiteau figurant les harpies. À l'intérieur, la croisée du transept est marquée d'une coupole sur trompes, sur lesquelles on reconnaît les évangélistes.

Continuez sur la P 227.

Moarves de Ojeda

L'**église paroissiale** de ce petit village arbore un remarquable **portail** dont des voussures en plein cintre sont décorées de billettes, de boules et d'éléments végétaux. Remarquez la charmante et délicate **frise★** d'apôtres, présidée par un Pantocrator entouré du tétramorphe.

Continuez sur la P 227 et, à 2 km, tournez à gauche.

★ Monastère de San Andrés de Arroyo

✆ 979 142 003 - visite guidée (30 mn) tlj sf lun. à 10h, 11h, 12h, 15h15, 16h, 17h et 18h - 3 €.

Fondé au 12e s., ce grand ensemble, qui continue à être habité par une communauté de religieuses, se dresse, solitaire, dans un paysage tranquille. Il dépendait du monastère de Las Huelgas de Burgos *(voir p. 497)* et, tout comme lui, fut édifié dans un style cistercien. Le **cloître★** constitue un splendide exemple de simplicité et d'harmonie, dans le plus pur style cistercien, avec ses arcs à peine brisés, ses colonnettes et ses chapiteaux végétaux. Dans le coin nord-ouest, admirez l'élégante colonne que décore un zigzag parsemé de fleurs, et la délicatesse de son chapiteau.

Également remarquable, la **salle capitulaire** (13e s.) abrite le tombeau de l'abbesse fondatrice. On visite aussi l'ancien entrepôt (16e s.) et l'**église**, très transformée, mais qui arbore une belle abside polygonale.

En sortant du monastère, tournez à droite en direction d'Alar del Rey pour prendre l'autoroute A 67, jusqu'à la sortie « Mave ».

Monastère de Santa María de Mave

La belle **église★** de ce monastère, dont l'origine remonte au 9e s., fut construite au début du 13e s. dans un style de transition roman-gothique. Le portail est tout simplement décoré de baguettes et de chevrons, une influence du nord. L'intérieur, très harmonieux, présente trois nefs couvertes de voûtes en berceau brisé, une tour-lanterne sur trompes à la croisée du transept et trois absides aux voûtes en cul-de-four.

Après Mave, tournez à gauche.

★Église rupestre de Olleros de Pisuerga

Pour visiter, demander au bar Feli au centre du village. ✆ 979 122 385 - 1,20 €.

Ne manquez pas ce charmant et rare exemple d'église rupestre, taillée dans un grès très veiné. Réalisée au 12e s. sur l'emplacement d'un ermitage plus ancien, elle est dédiée aux saints Justo et Pastor (voir le retable du 16e s). À l'extérieur se dresse, indépendante, la tour-clocher du 17e s.

Revenez à Aguilar.

★ LA ROUTE DES BARRAGES (RUTA DE LOS PANTANOS) C1

Circuit de 81 km tracé sur la carte de région p. 492 (56 km par la P 210 de Cervera de Pisuerga à Velilla del Río) – Comptez 2 h. Sortez d'Aguilar par la CL 626 et, à Cervera de Pisuerga, suivez « Ruta de los pantanos ».

Cette route pittoresque (P 210) relie Cervera de Pisuerga (église romane de Santa María del Castillo) à Velilla del Río. Dans son parcours à travers la belle région de la montagne de Palencia, elle ne croise que quelques minuscules villages, mais longe trois barrages : on se situe en effet à un « nœud hydrologique » (rivières Pisuerga et Carrión en particulier). Les jours ensoleillés, quand les eaux scintillent dans leur cadre de verdure, le paysage est plein de charme. Tout près de Cervera se trouve le **parador**, qui domine le petit **barrage de Ruesga** ; très belle **vue★** depuis la terrasse. Après le parador, la route s'élève parfois pour contourner les lacs des **barrages de Camporredondo** et de **Compuerto** : plusieurs belvedères (Alto de la Varga, Alba de Cardaños, etc.) offrent des **vues★** magnifiques. Après avoir traversé une forêt de pins, on arrive à **Velilla del Río Carrión**, dans un surprenant environnement rocheux. Le long du parcours, vous verrez peut-être galoper des chevaux en liberté…

NOS ADRESSES À AGUILAR DE CAMPOO

HÉBERGEMENT ET RESTAURATION

BUDGET MOYEN

Posada Santa María la Real – *Avenida Cervera - ✆ 979 122 000 - www.posadasantamarialareal.com -* 🅿 *- 22 ch. 69,55/90,95 €* ☕. Logé dans les anciennes dépendances du monastère, cet hôtel de charme dépayse. 18 chambres en duplex, dont quatre de plain-pied, donnent sur un magnifique jardin. Restaurant.

POUR SE FAIRE PLAISIR

Cortés – *Puente, 39 - ✆ 979 125 080.* Restaurant familial. Cuisine castillane traditionnelle.

À Cervera de Pisuerga

POUR SE FAIRE PLAISIR

Parador de Cervera de Pisuerga – *Ctra. de Resoba -2,5 km - ✆ 979 870 075 - www.paradores.es - 88 ch. 70/128 €.* Cosy et boisé. Certaines chambres ont une terrasse donnant sur le lac.

ACTIVITÉS

Baignade et sports nautiques sur le lac de **barrage d'Aguilar** *(suivre « Área recreativa » à la sortie de la ville en dir. de Cervera de Pisuerga).*

AGENDA

Carnaval de la Galleta – 2ᵉ quinzaine de fév.

León

★★

134 305 habitants

NOS ADRESSES PAGE 533

S'INFORMER
Office de tourisme – *Plaza de Regla, 3 - 987 237 082 - tlj tte la journée - www.leon.es.*

SE REPÉRER
Carte de région B1 (p.492) - *carte Michelin Région n° 575 E13.* León se trouve à 121 km au sud d'Oviedo, à 128 km au nord-ouest de Palencia et à 139 km au nord de Valladolid.

SE GARER
Dans le parking souterrain de la plaza Santo Domingo.

À NE PAS MANQUER
Le musée de León.

ORGANISER SON TEMPS
Comptez 2 jours.

AVEC LES ENFANTS
La grotte de Valporquero.

Sur le versant sud de la cordillère Cantabrique, l'ancienne capitale du royaume de León se dresse au cœur de la Meseta, bordée par la rivière Bernesga. De l'imposante plaza de toros et l'esplanade de San Marcos partent les élégantes avenues d'Ordono II et de San Marcos, qui convergent vers le centre historique, où les tours de la cathédrale et de l'église San Isidoro semblent saluer les pèlerins. Dédale homogène et animé, León séduit non seulement par la beauté de son patrimoine, mais également par l'authenticité de ses quartiers, en particulier le barrio Húmedo.

Se promener Plan de ville

Circuit tracé en vert sur le plan de ville (p. 526).

★ Porte du château (Puerta del Castillo) B

La découverte de León commence par l'unique porte de la cité conservée de la muraille antique et médiévale. Construite au 1er s. puis au 3e s., et remaniée du 12e s. au 15e s., celle-ci formait à l'origine un quadrilatère, scandé par 72 tours semi-circulaires en plus des 8 tours qui flanquaient les portes d'accès. Il en reste aujourd'hui 36, allant de la tour de los Ponces située derrière la plaza Mayor jusqu'à la tour de San Isidoro. L'appareillage romain dit « en bandelette », fait de petits moellons rectangulaires en pierre disposés en assises régulières, a été consolidé par une structure de blocs de pierre plus importants joints au mortier.

Dirigez-vous plaza Santo Martino, puis plaza San Isidoro via la calle Sacramento.

★ Église collégiale de San Isidoro B

La basilique, dédiée en 1063 à Isidore, archevêque de Séville, accueille les cendres du saint rapatriées avec l'accord du prince musulman de Séville, afin que le plus illustre docteur de l'Église wisigothique repose en terre chrétienne. De l'église de cette époque ne subsiste que le panthéon royal. La construction de la basilique commence à la fin du 11e s. L'abside et le transept sont transformés à l'époque gothique. À la Renaissance, on ajoute la balustrade et le fronton de la façade sud. Les portails romans montrent des sculptures contemporaines à celles de Frómista et de la première époque de Compostelle, représentant le sacrifice d'Abraham et la Descente de Croix. Sur le parvis, des coquilles en métal doré incrustées servent à guider les pèlerins.

★★★ **Panthéon royal (Panteón Real)** – *Plaza de San Isidoro, 4 - ✆ 987 876 161 - www.sanisidorodeleon.net - juil.-août : 9h-20h, dim. et j. fériés 9h-14h ; reste de l'année : 10h-13h30, 16h-18h30, dim. et j. fériés 10h-13h30 - fermé 1er janv., 25 déc. - 4 € (-12 ans gratuit).*

Connu aussi sous le nom de chapelle de Santa Catalina, le panthéon royal est l'une des premières manifestations de l'art roman en Castille. Il s'ouvre sur un espace de 64 m^2 divisé en 3 travées par des colonnes massives. Vingt et un **chapiteaux** témoignent à la fois de réminiscences wisigothiques et d'innovations en matière iconographique. Les uns s'inspirent du style « asturien » privilégiant le décor végétal, les autres supportent de véritables scènes historiées. Deux d'entre eux, de chaque côté de la porte d'entrée murée de la première église fernandine, retiennent particulièrement l'attention. À droite, la résurrection de Lazare met en scène un groupe d'hommes, dont le Christ auréolé, devant la représentation du tombeau d'où sort le miraculé. À gauche, la guérison du lépreux, agenouillé, recevant l'imposition d'une main de Jésus. Ce sont les premiers chapiteaux romans de la péninsule ibérique à illustrer des passages des Évangiles. En plus des reliefs floraux et des épisodes de la vie du Christ, sont représentées des scènes mythologiques montrant des animaux fantastiques affrontés autour d'un arbre ou d'un vase (thème oriental) et des scènes de chasse. En dépit d'une expression sculpturale hiératique, contraintes par le cadre du chapiteau, toutes ces images n'en sont pas moins vivantes et remplissent avec succès leur objectif didactique auprès des catéchumènes et d'un petit peuple illettré.

Les **peintures murales**, antérieures à 1150, magnifiquement conservées, composent un ensemble exceptionnel appelé communément la *Chapelle Sixtine de l'art roman*.

Elles abordent les thèmes de prédilection de la messe mozarabe, c'est-à-dire : l'Annonciation, la Nativité, l'Annonce aux bergers, la Circoncision, l'Épiphanie, le Massacre des Innocents, la Cène, l'Arrestation au jardin des oliviers, la Crucifixion, la Glorification et le Christ en Majesté. Ces fresques à dominante rouge et bleu accaparent le ciel des voûtes. Les arcs en plein cintre se contentent de frises végétales (entrelacs et pampres de vignes). Les écoinçons reçoivent des personnages ou des architectures, comme les églises de l'Apocalypse de saint Jean. Des scènes païennes, liées au quotidien, accompagnent les tableaux religieux : le Christ pantocrator jouxte un calendrier agricole. Le style, proche de l'art byzantin, s'essaie timidement à la troisième dimension, harmonise les perspectives et tente un dessin réaliste de la figure humaine : regard signifié par des yeux ronds, corps souligné par des cercles au niveau des articulations et mouvement suggéré par les stries des drapés.

Sous cette tenture picturale eschatologique reposent 11 rois et 14 reines du León, ainsi que de nombreux infants.

SE LOGER		SE RESTAURER	
El RIncón del Conde	1	Casa Pozo	1
Hostal Albany	4	La Posada	4
Hostal Boccalino	7	Palacio Jabalquinto	7
Hôtel Paris	10	Rancho Chico	10
La Posada Regia	13	Vivaldi	13
NH Plaza Mayor	16		
Parador H. San Marcos	19		

★★★ **Trésor** – *À l'étage.* Ce musée ecclésiastique réunit des œuvres d'une grande valeur historique et artistique. Pour n'en citer que quelques-unes : la **châsse de St-Isidore** (11e s.) est un coffre en bois plaqué d'or et d'argent travaillé au repoussé. Remarquer la scène figurant Adam et Ève au paradis, des plus savoureuses : les deux protagonistes, aux corps graciles, campent de part et d'autre d'un arbre stylisé à l'image d'un candélabre, laissant découvrir la tête du serpent. La côte d'Adam est vigoureusement marquée. L'effort de représentation anatomique, bien que maladroit (mains et pieds disproportionnés), confère à l'ouvrage fraîcheur et authenticité. Le couvercle est tapissé d'une superbe broderie cordouane aux couleurs vives, étageant des registres d'animaux fantastiques. Le **calice de Doña Urraca** se compose de deux coupes romano-orientales en onyx, réunies au 11e s. dans une monture en or, sertie de pierres précieuses et dotée d'un camée. Un **livre de chant** *(cantoral)* du 15e s. révèle une magnifique *Nativité*, enluminure du peintre Nicolás Francès. Logée dans une architecture médiévale, une Vierge d'une grâce éblouissante est saluée par un berger. La **bibliothèque** du trésor compte 800 documents sur parchemin (le

UNE VILLE CAPITALE

Fondée en 68 apr. J.-C., León alias **Legio Septima**, du nom de la 7e légion romaine, installée sur le site pour assurer la sécurité du transport de l'or extrait de la province et en particulier à Las Medulas, est une cité de 20 ha, ceinte de fortifications. Conquise en 712 par les Arabes, elle est délivrée en 856 par le roi Ordoño Ier puis faite **capitale du royaume asturléonien** par son successeur en **914**. Mais les armées d'al-Mansour envahissent le nord de l'Espagne en 987.

León connaît un nouvel essor sous le règne d'Alphonse V, qui la dote en 1017 du *Fuero de León*, un ensemble de lois lui permettant d'établir son administration et de développer son économie. Le royaume, puissant et prospère, est bientôt élevé au rang d'Empire de León, par le pape Grégoire VII. En 1188, le roi **Alphonse IX** crée la première assemblée médiévale européenne réunissant tous les représentants des États du royaume : les **Cortes de León**.

Le chemin de St-Jacques-de-Compostelle joue un rôle important dans le rayonnement de la cité. Les pèlerins qui affluent dans la région stimulent le commerce et l'échange des idées. De nouveaux quartiers d'artisans apparaissent et la ville s'étend au-delà des murs. Foyer culturel reconnu, on y publie les premiers ouvrages en langue romane. L'année **1230** consacre définitivement l'**union des royaumes de León et de Castille**.

Au Moyen Âge, León tire ses richesses de l'élevage. Mais le déclin s'amorce au 16e s. alors que d'autres villes accueillent le trône royal. León se contente du titre de **capitale** de la province éponyme, statut confirmé lors de la division territoriale de 1833.

À la fin du 19e s., l'exploitation des mines de **charbon** donne un nouvel élan à l'économie locale. Devenue au 20e s. un carrefour routier et commercial essentiel du nord-est de l'Espagne, León multiplie les infrastructures. Son réseau ferroviaire est particulièrement dense et performant.

plus ancien datant de 1043), 400 incunables dont une bible mozarabe de 960 et certains exemplaires uniques, et 1055 volumes de livres anciens et rares du 16e s. au 18e s. La **châsse des ivoires** (Arqueta de los Marfiles, 11e s.) contenait les reliques de saint Jean-Baptiste et saint Pelayo. Sa structure en bois, recouverte autrefois d'or (les clous sont encore visibles), intègre 25 plaques d'ivoire finement sculptées, dont 12 représentant les apôtres sur les parois verticales, et 12 autres placées sur les chanfreins du couvercle troncopyramidal, alliant anges, archanges, séraphins et symboles des quatre fleuves du paradis. Une plaque décorée de l'Agneau mystique entouré des symboles des quatre évangélistes trône au sommet. Le **coffret aux émaux** (12e s.) épouse la forme d'une église. Son armature en bois de chêne est plaquée de 17 panneaux de cuivre, habillés d'émaux de Limoges. On peut y voir un Christ en Majesté, Marie et Jean, le Tétramorphe, des anges et des apôtres.

Longez le jardin du Cid, côté Ruiz de Salazar pour rejoindre la calle Ancha.

★ Palais des Guzman (Palacio de los Guzmanes) B

Construit au 16e s. pour la famille Guzman, ce palais Renaissance est l'œuvre des deux grands architectes travaillant dans toute la Castille : Rodrigo Gil de Hontañon et Juan del Ribero. Flanqué par deux tours, élevé sur trois niveaux, le palais supporte un décor héraldique et oppose deux guerriers en façade, de chaque côté du balcon situé au-dessus du portail principal. Le **patio**, de style plateresque, comprend deux étages de galerie – arcs en plein cintre au rez-de-chaussée et arcs en anse de panier au premier – ornée de blasons et d'éléments végétaux. Sous un magnifique **escalier**, est exposé un **bouclier** d'apparat, travaillé au repoussé. Une frise d'anges et de fruits entoure une scène de bataille, où, à la Paolo Uccello, les lances se croisent pour dynamiser la composition. Traitée comme un tableau, la représentation d'un village fortifié autour d'un château et d'un paysage de roches rappelle les « lointains » de la peinture italienne et flamande contemporaine.

★ Maison Botinàs (Casa Botinàs) B

Actuellement siège d'une banque espagnole, cette maison aux allures de palais fut commandée à l'artiste moderniste **Gaudí** par la société Fernandez y Andres, successeur de l'entreprise textile fondée par **Joan Homs i Botinàs**. Commencé en 1891 et terminé à la fin de l'année suivante, l'édifice, de plan rectangulaire, affiche un style néogothique. Les structures métalliques allégeant la construction permirent de réaliser des espaces amples et lumineux, adaptés aux besoins des bureaux et ateliers qui allaient l'intégrer. Le toit en ardoise grise s'harmonise avec la couleur de la pierre du bâtiment. Au-dessus de l'entrée, la statue de **saint Georges terrassant le dragon** est signée Antoni Cantó et Vicenç Matamala.

★★ Musée de León (Museo provincial de León) B

Plaza de Santo Domingo, 8 - ✆ 987 236 405 - www.museodeleon.com - ♿ - mar.-sam. 10h-14h, 16h-19h (17h-20h juil.-sept.), dim. et j. fériés 10h-14h - 1,20 € (-18 ans et w.-end gratuit).

Sur trois niveaux, le musée de León articule l'Antiquité, le Moyen Âge et les Temps modernes grâce à une muséographie soignée, attractive et interactive. Parmi les œuvres majeures du musée, citons la **croix votive de Santiago de Peñalba** (10e s.), réalisée en remerciement de la protection accordée par saint Jacques au roi Ramiro II pendant la bataille de Simancas contre l'armée arabe d'Abd al-Rahman III ; le **Christ de Carrizo** (11e s.), statuette en ivoire dont le regard pénétrant, les cheveux finement nattés et le drapé de la tunique trahissent l'influence byzantine ; le portrait idéalisé de **Santa Barbara**, délicate peinture sur cuivre ; le **triptyque de la Crucifixion** (1535), attribué à Jan et Cornelis Metsys, ascétique et mystique, où l'influence de Patinir est sensible dans le paysage ; un curieux **autel portatif** monumental datant de 1671, en bois polychrome et doré, surmonté de la statue de Fernand II ; des **costumes traditionnels** des Magaratos.

Profitez de la vue splendide sur le jardin du Cid.

Traversez et prenez la rùa jusqu'à la plaza de las Concepciones.

★ Couvent de las Concepciónistas B

Avec sa galerie en bois, son portail gothique et son décor de blasons et de médaillons agrémenté de motifs picturaux mudéjars, ce lieu ne manque pas de charme. Dans le jardin du couvent, on faisait pousser l'herbe de « rompe-piedra », remède contre les maladies du rein. Les pèlerins avaient l'habitude de venir prier devant la Vierge, en façade, et les moines sortaient ensuite pour demander l'aumône.

Dirigez-vous vers la plaza Santa María del Camino.

★ Église de Santa María del Camino B

Ouvrant sur la très jolie place du marché, vestige médiéval de León avec ses portiques en bois caractéristiques, l'église des pèlerins du 12e s. a subi quelques

remaniements. Des trois absides primitives demeurent deux absides latérales ayant conservé leurs voûtes en cul-de-four et leurs chapiteaux romans. L'abside centrale fut démolie et reconstruite au 18e s. par Manuel de Lastra, l'architecte de la cathédrale d'Astorga, pour aménager une niche destinée à recevoir la très vénérée Vierge du Chemin, œuvre du 15e s.
Rendez-vous plaza San Martín

★ Plaza San Martín B

Cette place est le cœur du Barrio Húmedo ou quartier humide, baptisé ainsi du fait de la grande concentration de bars y servant généreusement la bière et le vin local ! Ce quartier populaire, partiellement cerné par les fortifications de l'ancienne muraille, date du Moyen Âge. En témoignent encore les noms de ses rues, chacune correspondant à une ancienne corporation artisanale. Vous pourrez en effet arpenter la rue des forgerons *(herreros)*, la rue des cordonniers *(zapaterías)*, la rue des boucheries *(carnicerías)* ou encore la rue des orfèvres *(platerías)*. On y vient aujourd'hui pour ses bars à tapas, goûter ses spécialités culinaires, comme la soupe à l'ail, le chorizo et le boudin leonais, accompagnées de bière et de vin, et apprécier son ambiance nocturne.
Empruntez la Plegaria pour gagner la plaza Mayor.

★★ Plaza Mayor B

Construite en 1665, la plaza Mayor est un manifeste d'élégance architecturale. Ses arcades et ses balcons s'ouvrent sur de gracieuses perspectives et de beaux édifices, comme celui qu'occupe la police municipale, de style baroque, surligné d'une balustrade. Cette place fut témoin de la bataille opposant les habitants de León aux Français durant la guerre d'Indépendance. Aujourd'hui, la plaza Mayor accueille les célébrations de la Semaine sainte.
Après la plaza Mayor et la calle de Serradores se dresse, plaza Regla, la cathédrale.

★★★ Cathédrale B

☎ 987 875 770 - www.catedraldeleon.org - tlj mat. et apr.-midi - gratuit.
Érigé pour le gros œuvre entre le milieu du 13e s. et la fin du 14e s., cet édifice est la seule cathédrale d'Espagne à avoir adopté le gothique français, aussi bien dans son plan (proche de celui de la cathédrale de Reims), son élévation (équivalente à celle des cathédrales de Chartres et d'Amiens) et sa lumière, que dans la conception de ses vitraux.

Façade principale – Entre trois portails d'une grande profondeur et d'une grande richesse statuaire s'intercalent deux arcades aiguës. Au portail central trône sainte Marie la Blanche au doux sourire (c'est une copie : l'original se trouve dans la chapelle absidiale) ; le linteau, sur le thème du Jugement dernier, oppose de façon expressive le sort des bienheureux et celui des damnés. Le tympan du portail gauche retrace divers épisodes de la vie du Christ. À droite, le portail de San Francisco présente la Dormition et le Couronnement de la Vierge.

Façade sud – La porte centrale figure saint Froilán, patron de León, deux images de la Vierge, Samuel et les Rois mages sur les piédroits, ainsi qu'un Christ en Majesté accompagné des quatre évangélistes sur le tympan. Sur les archivoltes, des vieillards jouent de la musique et des anges portent des cierges. Le style général est vivement marqué par l'esthétique créée par le maître du Sarmental de Burgos.

Intérieur – L'exceptionnel ensemble de **vitraux** qui éclaire le vaisseau – 1 700 m^2, en 125 panneaux et 57 médaillons – est unique en Espagne et a fortement compromis la solidité de l'ensemble (la dernière restauration date de la fin du 19e s.). Les plus anciens vitraux (du 13e au 15e s.) habillent la rosace de la façade principale et les trois chapelles centrales de l'abside ; ceux de la chapelle St-Jacques ont déjà une allure Renaissance ; ceux de la nef, plus tardifs, voire contemporains, illustrent trois grands thèmes : en bas, le règne végétal et minéral ; derrière le triforium, des personnages civils et des blasons ; sur les fenêtres hautes, la théorie des bienheureux. Le **trascoro** Renaissance a été réalisé d'après les plans de Juan de Badajoz. L'arc triomphal, encadré de magnifiques bas-reliefs en albâtre, œuvre d'Esteban Jordán, libère la perspective sur la nef. Remarquez également le **retable** du maître-autel, par Nicolás Francés, bel exemple du style international du 15e s. À sa gauche, une remarquable **Mise au tombeau** d'influence flamande est attribuée au maître de Palanquinos. Au pied de l'autel, une châsse en argent abrite les reliques de saint Froilán, tandis que de nombreux **tombeaux gothiques** jonchent le déambulatoire et le transept : à noter, celui de l'évêque don Rodrigo, surmonté d'un arc polylobé, dans la chapelle de la Vierge del Carmen *(à droite du maître-autel)*.

Cloître – Avant d'y pénétrer, observez le portail nord du transept, abrité des intempéries, qui a conservé sa polychromie. Il est dédié à la Vierge de l'Offrande. Les arcades datent de la construction de la nef, mais les voûtes avec leurs clés ouvragées ont été ajoutées au début du 16e s. Les murs des galeries s'ornent des fresques murales de Nicolás Francés et de tombeaux romans et gothiques.

Musée de la cathédrale (Museo de la catedral) – *✆ 987 875 770 - www.catedraldeleon.org - juil.-sept : tlj sf dim. et j. fériés 9h30-14h, 16h-19h30 (19h sam.) ; reste de l'année : tlj sf dim. et j. fériés 9h30-13h30, 16h-19h, sam. 9h30-13h30 - fermé 1er et 6 janv., 24 juin, 5 oct., 8 et 25 déc. - 4 € (-12 ans gratuit).*
La zone 1 dévoile une splendide **Déploration** de Nicolás Francès (15e s.) Au rez-de-chaussée, la statuaire médiévale révèle de belles pièces, telles que la **santa Catalina** (15e s.) en bois polychrome et l'**archange Gabriel** de l'École de Reims, dans lequel on retrouve les traits de l'*Ange au sourire* de la cathédrale française. Un superbe **escalier** plateresque dû à Juan de Badajoz le Jeune donne accès à la salle capitulaire, consacrée au gothique international et à la peinture flamande. Le chef-d'œuvre de la collection est l'ensemble des 18 panneaux en bois provenant de l'ancien retable gothique, peints par Nicolás Francès, et qui formaient le trône de l'évêque jusqu'à la fin du 20e s. La préciosité des fonds d'or, la pureté des lignes et le sentiment d'intériorité qui s'en dégage rivalisent avec l'art des icônes. Le **triptyque de l'Adoration des Mages** (16e s.) figure le donateur, commanditaire du tableau, au centre, remettant un cadeau à l'Enfant. Enfin, le **coffret d'Enrique d'Arfe**, en argent, du 16e s., présente en partie supérieure des motifs plateresques.
La zone 2 montre, entre autres, un **Christ en Croix** de Juan de Juni (1576), jadis accroché en hauteur, expliquant ainsi l'impression première de disproportion ; une bible mozarabe enluminée (920), un **antiphonaire** de la même époque, ainsi que le *Livre des estampes* du 13e s.

À voir aussi Plan de ville

Musée d'Art contemporain de Castille et de León (MUSAC) A

Avenida de los Reyes Leoneses, 24 - ✆ 987 090 000 - www.musac.es - mar.-vend. 10h-15h, 17h-20h, w.-end 11h-15h, 17h-21h - fermé lun., 1er janv., 25 déc. - gratuit.

Le cloître du monastère de San Marcos à León.
L. West / Photononstop

Érigé par les architectes Mansilla et Muñon, cet édifice frappant (prix Mies van der Rohe 2007) arbore une façade vitrée multicolore. Ce musée a pour vocation de soutenir l'avant-garde contemporaine en organisant des expositions temporaires.

★★ Ancien couvent de San Marcos A

✆ 987 245 061 - www.museodeleon.com - mar.-sam. 10h-14h, 16h-19h (17h-20 juil.-sept.), dim. et j. fériés 10h-14h - 0,60 € (-18 ans et w.-end gratuit).

Le parador en occupe une partie importante. Au 12e s. s'élevait ici la maison mère des chevaliers de l'ordre de St-Jacques, moines-soldats protecteurs des pèlerins sur la route de Compostelle. Trois siècles plus tard, quand les Rois Catholiques suppriment les prérogatives des ordres militaires et en deviennent les grands maîtres, Ferdinand ordonne de réédifier un monastère digne de la puissance et de la richesse acquises par les chevaliers lors de la Reconquête. Le somptueux monument fut construit en pleine Renaissance. L'église fut terminée en 1541, mais les travaux continuèrent jusqu'au 18e s.

La **façade** déploie sur une centaine de mètres, avec une remarquable unité de style malgré l'ajout d'un fronton baroque au 18e s., deux étages de niches et de fenêtres, disposées dans un quadrillage de frises et de corniches, de colonnes engagées et de pilastres. Les médaillons en haut-relief reproduisent les traits de quelques grands personnages de la Bible, de Rome ou d'Espagne : Lucrèce et Judith encadrent Isabelle la Catholique, Trajan et Auguste tiennent compagnie à Charles Quint. Au-dessus du portail central, saint Jacques terrasse les Maures et, juchée au sommet du fronton, se trouve la Renommée.

À l'extrémité droite, la façade de l'**église** parsemée de coquilles, symboles du pèlerinage, reste inachevée. On retrouve les mêmes coquilles à l'intérieur, sur le mur derrière le maître-autel.

Trois salles retracent l'histoire du monument, qui fut entre autres le premier siège du musée de León en 1869.

À proximité Carte de région

★ San Miguel de Escalada B1

28 km à l'est par la N 601 puis la N 625.

987 237 082 - avr.-sept. : tlj sf lun. 10h15-14h, 16h30-20h ; reste de l'année : tlj sf lun. 10h40-14h, 15h-17h50 - fermé 1er et 6 janv., 24 avr., 24-25 et 31 déc. - gratuit.

Au 11e s., Alphonse III fit don d'un monastère détruit à une communauté de moines expulsés de Cordoue, avec mission de le reconstruire. De leur œuvre subsiste l'église isolée sur la terrasse, un des rares monuments mozarabes et le mieux conservé. La **galerie extérieure**, datée de 1050, dessine des arcs outrepassés, soutenus par des colonnes polies coiffées de chapiteaux sculptés. L'**église**, plus ancienne (913), comprend trois nefs couvertes d'une charpente de bois, séparées des absides voûtées par un portique de trois arcades et une balustrade faite de plaques sculptées, illustrant des motifs wisigothiques (oiseau picorant et grappes de raisin) et mauresques (feuillages stylisés).

Excursion Carte de région

★★ Grottes de Valporquero (Cueva de Valporquero) B1

47 km au nord par la route LE 311.

987 576 408 - visite guidée (1h15) - de mi-mai à sept. : tlj ; de mars à mi-mai et de déb. oct. au 19 déc. : jeu.-dim. et j. fériés - fermé janv.-fév. - horaires variables, voir www.dipuleon.es - 6,95 € (3,50 € -14 ans).

Ce qui n'est en réalité qu'une seule et même grotte, pourvue de trois entrées différentes, s'étend sous le village de Valporquero de Torío. Elle s'est formée à l'époque du miocène, soit entre 23 et 5 millions d'années. Les eaux souterraines continuent de forer la cavité. La température y est constante, de l'ordre de 7 °C. Un éclairage neutre met en valeur la variété des concrétions (un bouquet de stalactites excentriques forme une vaste étoile au plafond de la grande galerie) et de leurs couleurs : on a compté 35 nuances de rouge, de gris et de noir dues aux oxydes de fer et de soufre. La hauteur du plafond sous roche atteint jusqu'à 20 m. La visite s'achève par un étroit couloir, long de 1 500 m, taillé en oblique sur une hauteur de 40 m et correspondant à une couche de roche tendre déblayée par un fort courant d'eau.

Prévoir des vêtements chauds et des chaussures adaptées au sol glissant.

NOS ADRESSES À LEÓN

TRANSPORTS

Aéroport régional de León – *Virgen del Camino* (à 5 km à l'ouest de la ville) - *℘ 987 877 700/902 404 704.*
Gare ferroviaire RENFE – *Avenida de Astorga, 11 - ℘ 902 432 343/902 320 320.*
Gare ferroviaire de Vía Estrecha (FEVE) – *Avenida Padre Isla, 48 - ℘ 987 225 919.*
Gare routière – *Paseo Sáenz de Miera - ℘ 987 211 000.*
Taxis – *℘ 987 261 415/987 070 305.*

VISITE

Un petit **train touristique** est mis en service de juin à septembre.

HÉBERGEMENT

BUDGET MOYEN

Hostal Albany – B - *Calle La Paloma, 13 - ℘ 987 264 600 - www.albanyleon.com - 19 ch. 67 € ☕.* Un très bon rapport qualité/prix pour cet hôtel situé face à la cathédrale. Selon l'humeur et… selon l'étage, choisissez une chambre de couleur bleue, jaune ou verte. Très fonctionnel.
Hostal Boccalino – B - *Plaza de San Isidoro 1 et 9 - ℘ 987 223 060 / ℘ 987 220 017 - 45 ch. 63/70 € - ☕ 3,20 €.* Cet hôtel non fumeur, réparti sur deux bâtiments de chaque côté de la place, dispose de chambres confortables avec vue sur San Isidoro. Bar et coin Internet.
Hotel Paris – B - *Calle Ancha, 18 - ℘ 987 238 600 - www.hotelparisleon.com - 61 ch. 78 € - ☕ 3,50 €.* Hôtel idéalement établi sur l'artère commerçante du centre historique. Spa appartenant à l'hôtel à deux pas *(c/ Cervantes, 5).*
El Rincón del Conde – B - *Conde Rebodello, 11 - ℘ 987 849 021 - www.hotelrincondelconde.es - 16 ch. 90 € ☕ à la carte.* Aménagé dans un édifice historique, à côté du futur musée du Palais des comtes de Luna, ce bel établissement possède de jolies chambres contemporaines.
Posada Regia – B - *Regidores, 11 - ℘ 987 213 173 - www.regialeon.com - 36 ch. 90 € ☕.* Hôtel de caractère aux jolies boiseries, à deux pas de la cathédrale. Chambres spacieuses, dont certaines mansardées.

POUR SE FAIRE PLAISIR

NH Plaza Mayor – B - *Plaza Mayor, 15 - ℘ 987 344 357 - www.nh-hotels.com - P -51 ch. 83/180 € - ☕ 13 €.* Coup de cœur pour cet hôtel de plain-pied sur la splendide plaza Mayor, au design chaleureux. Avec son salon de détente chocolat-orangé, le bar, *El Nhube*, est plein d'élégance.

UNE FOLIE

Parador H. San Marcos – A - *Plaza San Marcos, 7 - ℘ 987 237 300 - P - 186 ch. 198 € - ☕ 20 €.* L'un des plus luxueux *paradores* d'Espagne. est installé dans un ancien couvent et hospice de pèlerins. À l'intérieur, on découvre une église majestueuse et un cloître Renaissance.

RESTAURATION

PREMIER PRIX

Rancho Chico – B - *Plaza San Martín - ℘ 987 260 483.* Situé sur une place animée, ce restaurant bénéficie d'une excellente réputation. La cuisine simple et traditionnelle est aussi servie en terrasse.

La Posada – B - *Rúa, 33 - ✆ 987 258 266*. Face au casino, ce bar-restaurant au cadre rustique, voire vieillot, propose un grand choix de tapas. Service souriant.

BUDGET MOYEN

Casa Pozo – B - *Plaza San Marcelo, 15 - ✆ 987 223 039*. Le plus ancien établissement de la ville n'a cessé de fonctionner depuis son ouverture en 1936 : l'endroit idéal pour goûter aux plats régionaux.

POUR SE FAIRE PLAISIR

Palacio Jabalquinto – B - *Juan de Arfe, 2 - ✆ 987 215 322 - www.palaciojabalquinto.com - 35/44 €.* Situé à l'étage d'un charmant patio, ce restaurant prépare une cuisine de gourmet dans un cadre lumineux, bleu et blanc. Délicieux carpaccio de gambas et cochon de lait au miel.

Vivaldi – B - *Platerias, 4 - ✆ 987 260 760 - www.restaurantevivaldi.com - 45/52 €.* Laissez-vous tenter par le menu dégustation de cette adresse gastronomique. Un grand moment ! Une tenue vestimentaire adéquate est recommandée.

PETITE PAUSE

El Valenciano – *Plaza Santo Domingo - ✆ 987 237 139 -* Ce salon de thé et glacier constitue une halte gourmande recommandée après la visite du musée de León.

Café Europa – *Plaza de Regla, 9 - ✆ 987 256 117*. Pour ne rien manquer du spectacle de la cathédrale de León, devant un verre ou une savoureuse pâtisserie.

ACHATS

Galatea – *Sierra Pambley, 1 - ✆ 987 272 652*. Une librairie agréable, beaux livres d'enfant.

EN SOIRÉE

El Gran Cafe – *Cervantes, 9 - ✆ 987 272 301*. Ce café musical produit des groupes en *live*. Ambiance garantie !

AGENDA

Les **Cabezadas** se déroulent le dernier dimanche d'avril dans le cloître de San Isidoro (offrandes à san Isidoro en remerciement des pluies qui mirent fin à une grande sécheresse, en 1158).

Les **fêtes de saint Jean et saint Pierre** (24 et 28 juin) donnent lieu à une semaine de réjouissances dans toute la ville.

La **semaine internationale de la truite** en mai ou juin est très populaire.

Astorga

12 078 habitants

NOS ADRESSES PAGE 537

NOS ADRESSES PAGE 537

S'INFORMER

Office de tourisme – *Plaza Eduardo de Castro, 5 - ✆ 987 618 222 - tlj mat. et apr.-midi.*

SE REPÉRER

Carte de région A2 (p. 492) – *carte Michelin Région n° 575 E11.* Astorga se trouve à 50 km à l'ouest de León et à 66 km à l'est de Ponferrada.

SE GARER

Sur le parking de la plaza Marqueses.

ORGANISER SON TEMPS

Comptez une demi-journée.

AVEC LES ENFANTS

Le jacquemart de l'hôtel de ville.

L'ancienne voie romaine qui reliait Astorga à Bordeaux n'est autre que celle empruntée ultérieurement par les pèlerins de St-Jacques et connue sous le nom de « chemin de Compostelle ». Astorga accueille les fervents dans sa cathédrale et leur consacre un musée historique, logé dans le palais néogothique fantasmagorique de Gaudí.

Se promener

★ Cathédrale

✆ 987 615 820 - été : 9h-12h, 17h-18h30 ; reste de l'année : 9h30-13h, 16h30-18h.
Commencée en 1471 par le chevet, dans le style gothique flamboyant, la cathédrale n'est achevée qu'au 18e s. La façade des Évêques date de la Renaissance et la façade principale déploie un style baroque. Cette dernière présente un **porche** dont les bas-reliefs illustrent certaines actions marquantes de la vie du Christ (*Marchands chassés du Temple, La femme adultère*). Au-dessus de la porte se trouve une belle Descente de Croix.

Intérieur – Les multiples colonnettes des piliers jaillissant vers la voûte amplifient l'élévation de la nef. Derrière le maître-autel, le **retable** est l'œuvre conjointe de Gaspar de Hoyos et Gaspar de Palencia pour le décor peint et sculpté, et de **Gaspar Becerra** (1520-1570) pour les bas-reliefs. Le style de cet Andalou, formé à l'école italienne de la Renaissance, élève de Vasari et admirateur de Michel-Ange, introduit dans l'art espagnol l'esthétique romaniste (imitation de l'art italien), caractérisée par des dimensions monumentales, des lignes de composition architecturales et un grand sens de l'anatomie.

Le **musée de la Cathédrale** possède une riche collection d'orfèvrerie, dont le reliquaire de la Vraie Croix (13e s.) en filigrane d'or et l'**Arqueta de San Genadio**, châsse d'Alphonse III le Grand (10e s.). Le magnifique **Arcón de Carrizo**, reliquaire en bois polychrome du 13e s., arbore un style gothique linéaire (importance attribuée au dessin), tandis que la tête romane du 12e s. montre une

LE PAYS DES MARAGATOS

Dans la région fit souche, il y a bien longtemps, un groupe ethnique d'origine méconnue dans lequel on a cru voir un croisement de Maures et de Goths. Les Maragatos vivaient isolés au cœur d'une contrée montagneuse inhospitalière et exerçaient traditionnellement le métier de muletier. On peut voir parfois, à l'occasion d'une fête, un Maragato vêtu de la culotte bouffante, du plastron et de la large ceinture brodée. Sur la **plaza Mayor** d'Astorga, remarquez en haut de l'**hôtel de ville** le célèbre jacquemart, où deux Maragatos en costume frappent les heures.

filiation certaine avec les portraits romano-byzantins. Un **calvaire** miniature du 16e s. atteste de la virtuosité des émailleurs de Limoges. *✆ 987 615 429 - tlj mat. et apr.-midi - 2,50 €, 4 € (visite combinée avec le Palais épiscopal).*

★ **Palais épiscopal** (Palacio Episcopal)

✆ 987 616 882 - mar.-sam. 10h-14h, 16h-20h, dim. et j. fériés 10h-14h - 2,50 €, visite combinée avec la cathédrale et son musée 4 €.

Cette version moderniste du palais médiéval est née en 1889 de l'imagination d'Antonio **Gaudí** ; l'architecte Ricardo Garciá en termina la construction en 1913. Il est bâti à l'aide de matériaux régionaux : le **granit** du Monte Arenas, la brique de Jiménez de Jamuz et l'**ardoise** de Galice. La plus belle pièce de l'édifice est la **chapelle** (*capilla*) : Enrique Marín y a réalisé les statues en marbre ; Juan Moya, l'autel et le retable ; Fernando de Villodas, les fresques des parois latérales ; Maumejean, les verrières de l'abside ; Zuloaga, les azulejos. Le palais abrite le **musée des Chemins** (museo de los Caminos), qui propose une exposition permanente sur le thème du pèlerinage de Saint-Jacques-de-Compostelle. À l'entrée, un intéressant document intitulé « **Le Chemin de Monsieur** », imprimé à Paris en 1621, mentionne toutes les villes-étapes du pèlerinage en faisant le total des 359 lieues à parcourir. Parmi la collection des Vierges à l'Enfant, on notera celle, assise et de petite taille, baptisée **La Santina** (13e s.). La simulation d'une broderie incrustée de pierres précieuses rehausse son vêtement bleu nuit. Les **statues de pèlerins** offrent des contrastes d'exécution selon les périodes. Celles des 13e et 14e s., hiératiques, se contentent d'une expression identitaire à l'aide des attributs suivants : le bâton, la Bible, la cape et la coquille. Au 16e s., on s'autorise un traitement expressif et artistique. Enfin, l'étonnant **buste-reliquaire** des *Una de las once mil virgenes* montre une grâce gothique sophistiquée.

NOS ADRESSES À ASTORGA

TRANSPORTS

RENFE – *Plaza de la Estacion - ✆ 902 320 320/902 432 343.*
Gare routière – *Avenida de las Murallas, 52 - ✆ 987 619 100.*

HÉBERGEMENT

POUR SE FAIRE PLAISIR

Hotel Gaudí – *Eduardo de Castro, 6 - ✆ 987 615 654 - www.hotelgaudiastorga.com - P - 35 ch. 72/78 € - ☕ 9 €.* Face au palais épiscopal de Gaudí, à deux pas de la cathédrale, cet établissement offre au voyageur un cadre rustique et sombre mais confortable.
Astur Plaza – *Plaza de España, 2 - ✆ 987 618 900 - www.asturplaza.com - P - 32 ch. 69/98 € - ☕ 7,50 €.* Situé sur la jolie place de l'hôtel de ville *(ayuntamiento)*, cet hôtel propose des chambres spacieuses et élégantes avec salles de bain en marbre, ainsi qu'un agréable patio vitré.

RESTAURATION

La spécialité locale est le **Cocido Maragato**. Ce plat, composé de 7 viandes différentes, de chou et de pois chiches, s'accompagne d'une soupe, que l'on mange après. Les restaurants servent aussi de la viande cuite sur la braise. Les bars-cafétérias proposent des tapas typiques au poulpe et aux gésiers.

BUDGET MOYEN

Las Termas – *Santiago, 1 - ✆ 987 602 212 - 20/28 €.* Une adresse prisée des pèlerins pour sa cuisine familiale, ainsi qu'un bon rapport qualité/prix.
La Peseta – *Plaza San Bartolomé, 3 - ✆ 987 617 275 - 24/30 €.* Restaurant familial réputé. Décoration classique, un peu vieillotte. Plats traditionnels et prix modérés.
Ruta Romana – *Plaza Santocildes, 9 - ✆ 987 603 020 - www.complejosantocildes.es.* Cafétéria et restaurant. Bonne cuisine des produits du terroir et menu touristique très correct.

ACHATS

Dans les épiceries fines sont vendus les **mantecadas**, biscuits au beurre traditionnels.
Aux 18e et 19e s., la fabrication du **chocolat** était une des principales industries de la région. Un **musée** relate l'histoire de cette production autour de machines et de lithographies publicitaires *(José María Goy, 5 - ✆ 987 616 220).*

Villafranca del Bierzo

★

3 481habitants

NOS ADRESSES PAGE 541

S'INFORMER
Office de tourisme – *Av. Díez de Ovelar, 10 - 987 540 028 - tlj mat. et apr.-midi.*

SE REPÉRER
Carte de région A1 (p.492) – *carte Michelin Région n° 575 E19.* À 26 km de la frontière portugaise, et 21 km à l'ouest de Ponferrada.

SE GARER
Sur le parking du jardin de l'Alameda.

ORGANISER SON TEMPS
Comptez 3 jours pour visiter la région.

El Bierzo désigne la région qui s'étend au nord-ouest de la province de León dans le lit d'un ancien lac glaciaire. Autour de Ponferrada et Villafranca, les deux villes principales, la terre, riche en minerais, est plantée d'épineux. Vignobles et vergers témoignent d'une économie agricole dominante. Le chemin de Compostelle y circule à travers de superbes villages médiévaux. Villafranca, surnommée « la petite Compostelle », offre un beau cadre naturel sur la rive du río Burbia.

Se promener

Bordée de façades nobiliaires allant du Moyen Âge au 18e s., la **calle Agua** est un véritable musée d'architecture à ciel ouvert. Le **palais de Torquemada**, de style baroque, jouxte une belle maison mauresque de trois étages. En face se trouve l'ancienne demeure de la famille Alvarez de Toledo, ornée d'un immense blason aux armes des marquis de Villafranca. Plus loin, le **couvent de San José** arbore un portail à fronton du 17e s. Située en contrebas de la

Les reliefs étonnants de Las Médulas, constitués de déblais de mines d'or.
Office espagnol du tourisme

cuesta Zamora, calle Sucubo, se dresse la maison du sculpteur contemporain Arturo **Nogueira**. L'intégralité du mur latéral est prétexte à l'expression de l'artiste, alternant citations poétiques (« Que mes rêves, mes racines et ma liberté soient un mur de lumière et d'air pur, tel est mon souhait ») et bas-reliefs (une superbe *Léda et le cygne* et un portrait d'homme à la manière de Cocteau). Au bout de cette rue s'écoule la rivière, enjambée par le **pont médiéval**. Parmi les nombreux édifices religieux de Villafranca, le plus emblématique est l'église romane des pèlerins, l'**église de Santiago**. Construite en 1186 par l'évêque d'Astorga Don Fernando, en schiste gris-vert, elle se compose d'une nef unique couverte d'un toit en bois et terminée par une abside semi-circulaire percée de trois fenêtres. Le **portail** nord, coiffé d'une belle archivolte historiée, est appelé **Porte du Pardon** (Puerta del Perdón). Sur son seuil se présentaient les pèlerins fatigués et malades venus demander une dispense des 150 km qui les séparaient de Saint-Jacques-de-Compostelle et implorer à ce titre le pardon de Dieu. Absous, ils pouvaient ensuite se reposer à l'**auberge** voisine, dont les fenêtres ont conservé leur bel ouvrage en fer forgé dessinant les symboles du calice et de la coquille.

À proximité, le **château** du 16ᵉ s. arbore quatre tours d'angle crénelées.

À proximité Carte de région

Ponferrada A1

22 km au sud-est.

Centre d'une région minière importante et capitale du Bierzo, bassin d'effondrement très fertile, Ponferrada doit son nom à un pont de fer lancé à la fin du 11ᵉ s. sur le Sil pour faciliter le passage des pèlerins vers Saint-Jacques. Elle est dominée par les ruines d'un **château** des Templiers.

★ O Cebreiro A1

26 km au nord-ouest par la N VI.

Non loin du col de Piedrafita, O Cebreiro culmine à 1 300 m d'altitude. Ses **Pallozas**, curieuses maisons elliptiques en pierres sèches couvertes d'un toit de chaume, sont une survivance des huttes celtiques. Encore habitées il y a peu, elles constituent dorénavant un **musée ethnographique**. Dans la petite **église** préromane de **Santa María** (9ᵉ s.), les jacquets venaient vénérer les reliques du miracle des saintes espèces… Au 14ᵉ s., un habitant d'un village de la vallée vint assister à la messe d'O Cebreiro en dépit du mauvais temps. L'officiant, de peu de foi, se moqua du zèle du fidèle mais, alors qu'il donnait la communion, le pain se changea en chair et le vin en sang. L'épisode aurait inspiré Richard Wagner pour son opéra « Perceval ». Les reliques, conservées dans des ampoules d'argent et offertes par Isabelle la Catholique, sont exposées avec le calice et la patène du miracle.

Excursions Carte de région

★ Peñalba de Santiago A2

43 km au sud-est.

Isolée au cœur de la vallée du Silence, Peñalba a conservé intacte sa singulière architecture. Les maisons, aux murs de schiste et balcons de bois, sont couvertes par des toits de lauzes.

★ Las Médulas A2

44 km au sud.

Sur le versant nord-ouest des monts Aquilianos, sur la rive gauche du Sil, apparaît un paysage insolite de pitons et de collines ocre et rose aux formes capricieuses. Ces reliefs sont en réalité le fait d'accumulation de déblais des mines d'or exploitées par les Romains. Avec le temps, ils se sont laissés recouvrir par une végétation de vieux châtaigniers aux silhouettes torturées. Le site est inscrit depuis 1997 sur la liste du Patrimoine mondial de l'Unesco.

NOS ADRESSES À VILLAFRANCA DEL BIERZO

HÉBERGEMENT

À Villafranca del Bierzo

BUDGET MOYEN

Casa Mendez – *Espíritu Santo, 1 - ✆ 987 542 408 - www.casamendez.es - 12 ch. 43/49 € - ☕ 6 €.* Petite structure familiale au confort simple et mobilier traditionnel. Cafétéria.

UNE FOLIE

Parador – *Avenida Calvo Sotelo, 28 - ✆ 902 547 979 - www.parador.es - P - 39 ch. 104/127 € - ☕ 15 €.* Préférez les chambres avec terrasses. Architecture galicienne et intérieur castillan. Lounge avec cheminée pour l'hiver et jardin enchanteur pour l'été.

À Ponferrada

BUDGET MOYEN

Hotel Madrid – *Avenida de La Puebla, 44 - ✆ 987 411 550 - www.hotelmadridponferrada.com - 45 ch. 55/62 € - ☕ 4,50 €.* Situation centrale. Chambres propres et confortables au décor des années 1970.

POUR SE FAIRE PLAISIR

AC Ponferrada – *Av. Astorga, 2 - ✆ 987 409 973 - www.ac-hotels.com - P - ♿ - 55 ch. 65/130 € - ☕ 10 €.* Établissement moderne, chambres contemporaines, ambiance cosy.

RESTAURATION

Villafranca concentre ses bars-restaurants autour de la plaza Mayor. Ils proposent une cuisine simple et familiale. Goûtez la **truite aux poivrons**, le **botillo** (charcuterie typique), le pâté en croûte et le veau à l'étouffée à la mode du Bierzo.

ACHATS

Les cerises à l'eau-de-vie sont la spécialité du Bierzo.

AGENDA

Villafranca del Bierzo organise chaque année au début du printemps la **Fiesta de la Poesía**, qui donne rendez-vous à tous les écrivains et intellectuels d'Espagne. Les 8 et 9 septembre a lieu le pèlerinage de la **Vierge de Cebreiro**.

Notes

Notes

Notes

Notes

Notes

Notes

Bilbao : villes, curiosités et régions touristiques.
Jacques, saint : noms historiques ou termes faisant l'objet d'une explication.
Les sites isolés (châteaux, monastères, grottes…) sont répertoriés à leur propre nom. Quand ce nom commence par La, L', Las ou Los, l'ordre alphabétique du nom qui suit a été adopté. Ainsi par exemple Las Arenas de Cabrales sera classé à A.

A

B

C

P

Q

R

T

Comprendre les symboles utilisés dans le guide

LES ÉTOILES

★★★ **Vaut le voyage** ★★ **Mérite un détour** ★ **Intéressant**

HÔTELS ET RESTAURANTS

9 ch.	Nombre de chambres		Piscine
7,5 €	Prix du petit-déjeuner en sus	CC	Paiement par cartes de crédit
50 €	Prix de la chambre double, petit-déjeuner compris		Carte de crédit non acceptée
bc	Menu boisson comprise	P	Parking réservé à la clientèle
	Air conditionné dans les chambres	Tram	Station de tramway la plus proche
	Restaurant dans l'hôtel	M	Station de métro la plus proche
	Établissement servant de l'alcool (à l'étranger)		

SYMBOLES DANS LE TEXTE

	À faire en famille		Randonnée à vélo
	Pour aller au-delà		Facilité d'accès pour les handicapés
	Promenade à pied	A2 B	Repère sur le plan

Manufacture française des pneumatiques Michelin
Société en commandite par actions au capital de 304 000 000 EUR
Place des Carmes-Déchaux - 63000 Clermont-Ferrand (France)
R.C.S. Clermont-Fd B 855 200 507

Dépôt légal : Janvier 2011 – ISSN 0293-9436
Compograveur : NordCompo, Villeneuve-d'Ascq
Imprimeur : Chirat, Saint-Just-la-Pendue - N° 201202.0027
Imprimé en France : 02-2012

Sur du papier issu de forêts gérées durablement